**자본주의
사회주의
민주주의**

자본주의 사회주의 민주주의

CAPITALISM, SOCIALISM and DEMOCRACY

요제프 슘페터 지음
이종인 옮김

자본주의 사회주의 민주주의
CAPITALISM, SOCIALISM and DEMOCRACY

초판 1쇄_2016년 10월 20일
3쇄_2021년 12월 31일

지은이   요제프 슘페터
옮긴이   이종인
펴낸이   배경완
펴낸곳   북길드
등록번호   제406-2010-000044호
주소   제주특별자치도 서귀포시 신중로55(법환동)
　　　서귀포시청2청사 1층 서귀포창업스튜디오
전화   031-955-0360
팩스   031-955-0361
이메일   bookus@naver.com

이 책의 무단 전재와 무단 복제를 금합니다.

ISBN 978-89-969374-3-2   03300

이 도서의 국립중앙도서관 출판예정도서목록(CIP)은 서지정보유통지원시스템 홈페이지(http://seoji.nl.go.kr)와 국가자료공동목록시스템(http://www.nl.go.kr/kolisnet)에서 이용하실 수 있습니다.(CIP제어번호: CIP2016023894)

책값은 뒤표지에 있습니다.
잘못된 책은 구입하신 곳에서 바꿔 드립니다.

■ 차례 ■

초판 서문	8
재판 서문	12

1부 마르크스의 이론 17
    프롤로그 19
  01 예언자 마르크스 21
  02 사회학자 마르크스 27
  03 경제학자 마르크스 45
  04 역사의 의미를 가르치는 마르크스 76

2부 자본주의는 살아남을 수 있는가? 97
    프롤로그 99
  05 총생산량의 증가율 101
  06 그럴듯해 보이는 자본주의 112
  07 창조적 파괴의 과정 123
  08 독점 기업의 행동 130
  09 사냥 금지의 계절 155
  10 투자 기회의 소멸 161
  11 자본주의 문명 175
  12 허물어지는 보호 장벽들 188
    1. 기업가 기능의 소멸 188
    2. 지지 계층의 파괴 194
    3. 자본주의 사회를 지탱하는 제도적 틀의 파괴 201
  13 점점 커지는 적개심 206
    1.자본주의의 사회적 분위기 206
    2.지식인들의 사회학 210
  14 자본주의의 해체 225

3부 사회주의는 작동할 수 있는가?   237
  15 사전 준비 작업   239
  16 사회주의 청사진   247
  17 청사진들의 상호 비교   266
    1.미리 알아두기   266
    2.효율성의 상호 비교   268
    3.사회주의 청사진이 우월하다고 주장하는 논거   274
  18 인간성의 요소   284
    두 가지 사전 경고   284
    1.이 논의가 갖고 있는 역사적 상대성   285
    2.신적 존재와 대천사   287
    3.관료적 관리의 문제   290
    4.저축과 규율   297
    5.사회주의 내의 권위주의적 규율: 러시아의 사례   301
  19 이행기   311
    1.구분되어야 하는 두 가지 다른 문제들   311
    2.성숙 상태에서 벌어지는 사회화   314
    3.미성숙 상태에서 벌어지는 사회화   317
    4.행위(사회주의 채택) 이전의 사회주의적 정책: 영국의 사례   325

4부 사회주의와 민주주의   331
  20 문제 제기   333
    1.프롤레타리아의 독재   333
    2.사회주의 정당들의 이력   337
    3.하나의 심리 실험   341
    4.민주주의의 정확한 정의를 찾아서   345
  21 민주주의의 고전 이론   355
    1.공동선과 국민의 의지   355
    2.국민의 의지와 개인의 욕구   359
    3.정치에서 인간성의 요소   363
    4.고전 민주주의 이론이 살아남은 이유들   374
  22 또 다른 민주주의 이론   380
    1.정치적 리더십을 얻기 위한 경쟁   380
    2.원칙의 적용   385
  23 도출된 추론   397
    1. 민주적 과정의 분석에서 파생된 의미들   397
    2. 민주적 방법이 성공을 거두는 데 필요한 조건들   404
    3. 사회주의 체제하에서의 민주주의   414

5부 사회주의 정당들의 역사적 스케치 425
    프롤로그 427
  24 사회주의의 초창기 429
  25 마르크스 생존 당시의 상황 438
  26 1875년에서 1914년까지 452
    1. 영국의 발전 사항과 페이비언주의 452
    2. 스웨덴과 러시아 459
    3. 미국의 사회주의자 그룹들 467
    4. 프랑스의 사례: 생디칼리슴의 분석 474
    5. 독일 사회주의 정당과 수정주의, 오스트리아 사회주의자들 481
    6. 제2인터내셔널 493
  27 제1차 세계대전에서 제2차 세계대전까지 496
    1. "그란 리피우토" 496
    2. 제1차 세계대전이 유럽의 사회주의 정당들에 미친 영향 499
    3. 공산주의와 러시아적 요소 504
    4. 자본주의를 운영하기? 511
    5. 현재의 제2차 세계대전과 사회주의 정당들의 미래 524
  28 제2차 세계대전의 파급 효과 529
    1. 영국과 정통파 사회주의 530
    2. 미국의 경제적 가능성 536
    3. 러시아 제국주의와 공산주의 553

전후 발전 사항에 대한 추가 논평 563
  영국에서 출간된 제3판(1949) 서문 565
  사회주의로의 전진 574

옮긴이의 말 589
주석 611
찾아보기 691

초판 서문

이 책은 사회주의라는 주제에 관하여 근 40년 동안 사색하고 관찰하고 연구해온 방대한 결과를 읽기 좋게 한 권의 단행본으로 묶은 것이다. 이 책에서 민주주의 문제를 이처럼 크게 다룬 것은, 그것에 대한 광범위한 분석 없이는 사회주의 체제와 민주 정부 사이의 상관관계를 내 생각대로 풀어낼 수 없었기 때문이다.

 이 책을 쓰는 일은 생각보다 훨씬 어려웠다. 이 책에서는 여러 이질적인 자료들을 잘 정리해야 할 필요가 있었다. 그런 정리 작업은 저자의 사상과 체험을 은연중에 드러낸다. 저자는 인생의 여러 단계에서 비사회주의자들이 통상적으로 겪는 것보다 더 많은 관찰 기회를 가졌고, 또 내가 목격한 현실에 대하여 비관습적인 방식으로 반응한 바 있다. 나는 이러한 인생의 흔적을 지워버리고 싶은 생각은 없었다. 만약 이런 흔적을 지워버렸더라면 이 책이 갖고 있는 흥미는 상당 부분 사라졌을 것이다.

 더욱이 이 자료에는 저자의 분석적 노력이 반영되어 있다. 저자는 늘 표면 밑의 심층을 탐구하려고 애썼다. 또 사회주의의 문제를 전문 연구의 주요 주제로 삼은 적이 없었기 때문에 사회주의보다는 다른 화제들에 대해서 할 말이 더 많다. 이 책을 쓰면서 균형 잡힌 연구서를 쓰겠다는 생각은 하지 않았다. 그런 인상을 피하기 위해, 나는 자료들을 다섯 개의 핵심 주제로 편성하는 것이 좋겠다고 생각했다. 그리하여 다섯 부분에 대한 연결 고리와 가교를 마련하였고, 나름대로 일관된 통일성을 구축했다. 이 다섯 부분이 서로 연결되어 있기는 하지만 각각 독자적인 분석이라고 보아도 무방하다.

1부에서는 비전문적인 방식으로 마르크스 원리에 대해서 언급했는데, 이것은 내가 지난 수십 년 동안 가르쳐온 분야이기도 하다. 마르크스주의자들이라면 사회주의의 주된 문제들을 논의하면서 그들에게 '복음'이나 다름없는 마르크스 이론을 맨 앞에 서론으로 내세우는 것이 당연할 것이다. 하지만 마르크스주의자가 아닌 사람이 지은 집에 이런 서론을 문패로 삼아도 괜찮을까? 나는 마르크스주의자가 아니지만 마르크스의 이론이 독특한 중요성을 갖는다고 생각했기 때문에 그런 문패를 걸게 되었다. 그리고 마르크스 이론의 이런 중요성은 우리가 그것을 받아들이든 혹은 거부하든 그것과는 무관하게 존재한다. 하지만 마르크스의 이론에 대한 나의 설명을 읽어내기란 결코 쉽지 않을 것이다. 1부 이후의 작업에서는 마르크스 이론의 도구를 전혀 사용하지 않았다. 2부부터의 내용이 위대한 사회주의 사상가(마르크스)의 이론과 재차 비교되기는 하지만, 마르크스주의에 관심이 없는 독자라면 2부부터 읽어나가도 무방하겠다.

2부 "자본주의는 살아남을 수 있는가?"에서 나는 필연적으로 해체될 자본주의 사회로부터 사회주의 형태의 사회가 필연적으로 생겨날 것이라고 예측했다. 보수적인 사람들에게까지 급속하게 일반 여론이 되어가는 이 사실(사회주의로의 전진)을 증명하기 위해 그토록 정교하고 복잡한 분석이 필요했을까, 하고 많은 독자들이 의아하게 여길 것이다. 그 이유는 우리들 대부분이 그런 결과에 대해서는 동의하지만, 자본주의를 멸망시키는 과정의 성격, "필연적"이라는 단어에 부착된 정확한 의미 등에 대해서는 의견이 분분하기 때문이다. 나는 마르크스 노선이나 혹은 보다 대중적인 노선에서 나오는 대부분의 논의들이 틀렸다고 생각하므로, 독자들을 나의 역설적인 결론으로 이끌기 위해서는 독자들에게 상당한 번거로움을 끼치면서까지도 상당한 공을 들이는 것이 나의 의무라고 생각했다. 여기서 말하는 나의 역설적인 결론이란 바로, 자본주의는 그 눈부신 성취로 인해 멸망하게 된다는 것이다.

현실적 명제인 사회주의가 현재 진행 중인 제2차 세계대전의 결과로 인해 **급속하게** 현실이 되리라고 전망한다. 때문에 3부 "사회주의는 작동할 수 있는가?"에서는 사회주의 체제가 경제적 성공을 거둘 수 있는 여러 조건들을 비롯해 광범위한 문제들을 다룰 것이다. 3부는 "이행기"의 문제들을 포함하여 다양한 화제들을 균형 있게 다룬다. 사회주의에 대해서는 극심한 사랑과 증오의 반응이 존재한다. 그리하여 그 사상에 관한 지금까지의 진지한 연구들 — 이런 연구가 많지도 않다 — 의 결과는 그런 애증 때문에 그 본모습이 흐려지기 십상이었다. 이 책에서는 그런 애증 관계를 피하기 위해 가장 널리 받아들여지는 통설을 여기저기에서 원용했다.

4부 "사회주의와 민주주의"는 이 나라 미국에서 한동안 전개되어온 논쟁을 다루었다. 4부에서는 오로지 원칙의 문제만 다루었음을 유념하기 바란다. 이 주제와 관련된 사실들과 논평들은 이 책 전반에 널리 제시되었으며, 특히 3부와 5부에 집중되어 있다.

5부는 그냥 하나의 스케치이다. 다른 부에 비해서 내가 직접 목격한 것, 내가 연구한 단편적인 것들을 진술하는 데 그쳤다. 따라서 이 5부에 들어간 자료는 쑥스러울 정도로 불완전하다. 하지만 아주 생생한 자료임을 밝히고 싶다.

이 책의 내용은 다른 곳에서는 출판된 적이 없다. 2부의 초창기 원고는 1936년 1월 18일 미국 농무부대학원에서 행한 강연의 밑바탕이 되었고, 동 대학원은 이 강연을 논문으로 발간했다. 그 논문을 확대 수정하여 이 책에 수록하도록 허락해주신 준비위원회 위원장 A.C. 에드워즈 씨에게 감사를 전한다.

1942년 3월 코네티컷 주써 타코닉에서
요제프 A. 슘페터

재판 서문

이 판본은 새로운 챕터인 28장을 추가하여 1942년 책을 있는 그대로 다시 출간한 것이다. 여러 군데 문구를 수정할 필요가 있었음에도 그렇게 하지 않은 것은, 이 책에서 다룬 주제들은 문구를 수정하면 그 의미가 바뀔 가능성이 크고, 또 그런 의심을 사지 않으면서 문구를 수정하는 것이 불가능했기 때문이다. 지난 4년 동안 벌어진 사건들이나 서평에서 제기된 비판들은 나의 진단이나 예후에 대하여 아무런 영향도 미치지 못했다. 나는 이 사실을 중시한다. 나의 진단과 예후는 그동안 벌어진 일들로 인해 더욱 단단하게 증명되었기 때문이다. 새로운 장을 추가한 유일한 목적은 새롭게 나타난 사실들에 비추어서 초판본에서 말했던 것들, 특히 19장 4절과 27장 5절의 주장들을 더 자세히 전개하고, 또 현재의 상황이 이 책에서 당초 제시했던 역사 철학과 부합한다는 것을 증명하기 위해서이다. 이 서문에서는 나의 주장에 대하여 가해진 비판들 또는 비판의 유형에 대하여 잠시 언급하고자 한다(그 비판들이 반드시 인쇄물의 형태는 아니었다). 이것은 나의 답변이 독자들에게 어느 정도 도움이 되기를 바라는 의도에서이지, 내 책에 대한 반응을 비난하려는 것은 결코 아니다. 또 이 기회를 빌려 내 책을 예의 바르고 자상하게 비평해준 논평가들과 7개국의 번역가들에게 감사의 말씀을 전하고 싶다.

먼저 전문가들의 두 가지 비판에 대해 언급하겠다. 국제적으로 명성이 자자한 경제학자는 장기적으로 이윤이 사라질 것이라는 사회 과정을 예측한 나의 명제에 대하여 이의를 제기했다. 그 경제학자는 판매 노력이 언제나 물품의 가격을 결정한다, 라고 말했다. 나는 그 경제학자와 나 사이에 의견 차이가 별반 없다고 생각한다. 단지 우리는 "이윤"이라는 용어를 다른 의미로 사용하고 있을 뿐이다. 안정된 상태로 접어든 경제 체제에서도 물론 그런 판매 노력은 필요하고, 또 그런 노력은 사업 관리에 부수되는 다른 행동이 그러하듯 이윤을 거둘 것이다. 그러나 나는 산업 소득 — 새로운 상품, 새로운 생산 방법, 새로운 조직 형태를 성공적으로 도입하기 위하여 자본주의 체제가 강조하는 이윤 — 의 근본적 원천을 강조하기 위하여 그것(이윤)을 관리 임금 안에 포함시켰다. 산업의 역사는 자본가 이윤의 요소가 굉장히 중요하다는 것을 증언한다. 그 학자가 어떻게 이런 사실을 부정할 수 있는지 나로서는 의아할 뿐이다. 산업의 "발전"(연구 부서의 팀워크 등)이 점점 기계화됨에 따라 이 요소가 장차 사라지게 되면 자본가 계급의 경제적 지위를 떠받치는 가장 중요한 기둥(이윤 발생에 의한 착취 구조)도 언젠가 붕괴할 가능성이 상당히 크다.

 내 책의 순수 경제적 주장에 대한 가장 흔한 비판 — 때로는 충고 — 은 내가 지나치게 독점적 관행을 옹호한다는 것이다. 현재 저축의 나쁜 효과에 대해 나오는 **모든** 이야기들처럼 현재 독점에 관해 나오는 **대부분의** 얘기들은 과격한 이데올로기에 지나지 않으며 사실에 근거하지 못했다. 사석에서 나는 이러한 이데올로기에 바탕을 둔 실제적 혹은 제안 단계의 "정책들"을 강력하게 비판해왔다. 하지만 이 책에서는 전문가로서의 의무감도 있고, 또 독자들의 편의를 위해서, 이 책에서 펼친 독점 관련 주장을 아래와 같이 요약하겠다. 유능한 경제학자라면 아래의 이 3항에 대하여 이의가 없으리라 본다.

 (1) 독점 가격의 고전 이론(쿠르노-마셜 이론)이 완전히 무가치한 것은

아니다. 잘 수정하여 독점 소득의 즉각적인 극대화와 시간 경과에 따른 극대화에 대응할 수만 있다면 나름대로 가치를 가질 수 있을 것이다. 그러나 이 이론은 너무나 제한적인 전제 아래에서 작동하기 때문에 현실에 **직접** 적용할 수는 없다. 특히 현재 대학에서 가르치는 교과 내용에서는 더욱 그러하다(사용하기 어렵다). 대학에서는 순수 경쟁적 경제가 작동하는 방식과, 상당 부분 독점 요소를 포함하는 경제가 작동하는 방식을 비교한다. 이 고전적인 독점 이론이 사용될 수 없는 주된 이유는 이러하다. 고전적인 독점 이론은 경쟁 경제든 독점 경제든 동일한 수요와 비용의 조건들을 전제로 한다. 그러나 실제 상황은 그렇지 않다. 현대 대기업들은 그들의 상당수 제품들과 관련하여 그들에게 유리한 — 필연적으로 이렇게 될 수밖에 없다 — 수요와 비용의 조건들을 필요로 하고 또 결정한다. 그러니까 대기업은 완전 경쟁하의 동일한 산업들에 존재하는 조건들보다 더 유리한 조건들을 누리고 있는 것이다.

(2) 현재의 경제 이론은 거의 전적으로 특정한 산업 장치에 대한 관리 이론이다. 자본주의가 특정 산업 구조를 관리하는 방식보다는 자본주의가 그 구조를 창조하는 방식이 훨씬 더 중요하다(7장과 8장을 참조). 그리고 이런 창조의 과정에는 독점적 요소가 반드시 끼어든다. 이러한 점은 독점의 문제에 대해 완전히 다른 성격을 부여하고, 또 이 문제를 다루는 사법적·행정적 방법들에게도 완전히 다른 시각을 부여한다.

(3) 카르텔과 기타 산업 자치에 대해 분노하는 경제학자들은 종종 그 자체로는 별반 틀린 것이 없는 주장을 편다. 하지만 그들은 카르텔이 나쁘다는 얘기만 하지, 그것이 불가피한 경우들에 대해서는 말하지 않는다. 이런 불가피한 경우를 언급하지 않는 것은 진리를 전체적으로 말하지 않는 것이다. 다른 것들도 더 언급하고 싶지만, 두 번째 종류의 비판으로 시선을 돌리기 위해 독점 문제는 이 정도로 해두겠다.

나는 이 책이 정치학 책이 아니라는 점을 분명히 밝혔고, 또 그 어떤 정치적 사항도 옹호하고 싶은 생각이 없다. 그런데도 내가 "외국의 집산주의를 옹호"하려 든다면서 내 의도를 지적하는 사람이 나타나서 나를 어리둥절하게 만들었다. (여러 번 그런 지적을 받았는데 지면을 통한 반론은 아니었다.) 이 반론을 언급하는 것은 그 자체보다는 그 뒤에 어른거리는 또 다른 비판 때문이다. 가령 이런 식이다. 외국이든 국내든 혹은 뭐든, 집산주의를 옹호할 생각이 아니었다면 왜 이런 책을 썼는가? 관련된 사실들로부터 정교한 추론만 이끌어내고 실용적인 권고는 하지 않다니, 정말 웃기는 일 아닌가? 나는 이런 반론을 접할 때마다 실소를 금할 수 없었다. 그것은 어떤 태도를 드러내는 좋은 징후인데, 그 태도는 현대 생활의 많은 부분을 설명해준다. 우리는 언제나 계획만 너무 많이 세우면서, 정작 생각은 별로 하지 않는다. 우리는 생각을 해보라는 얘기에 화를 내고, 우리가 이미 믿고 있거나 혹은 믿고 싶어 하는 것과 일치하지 않는 낯선 논의라면 질색한다. 우리는 눈을 가린 채 전쟁에 뛰어들었던 것처럼 미래에도 그런 식으로 들어가려 한다. 나는 바로 이 점에서 독자들께 봉사하고 싶었다. 나는 독자들께서 깊이 생각하기를 바란다. 그렇게 하려면 어떤 특정 관점에서 "그것은 이렇게 해야 한다"라고 하면서 독자의 관심을 독점하는 그런 논의들에는 현혹되지 말아야 한다. 분석은 그 나름의 기준을 가진 엄정한 작업이고, 나는 이 책을 쓰면서 그것을 명심했다. 이 때문에 몇 페이지에 걸쳐 실제적 결론들을 제시했더라면 사람들로부터 받았을지도 모를 열렬한 반응을 포기해야 했다.

그 결과 마침내 나는 "패배주의"라는 비난을 받기에 이르렀다. 나는 결코 이런 용어들이 어떤 분석에 적용될 수 있다고 보지 않는다. 패배주의는 행동과 관련될 때에만 의미를 지니는 특정한 심리 상태이다. 사실facts 그 자체와 사실로부터 도출된 추론은 결코 패배주의 혹은 승리주의가 될 수 없다. 어떤 배가 가라앉고 있다고 보고하는 것이 그 자체로 패배주의는 아니다. 그 보고서를 낙담하면서 받아들이는 것이 패배주의다. 배의 선원들은 그대로 눌러앉아 술을 마실 수도 있고, 아니면 얼른 일어나 양수기 쪽으로 달려갈 수도 있다. 조심스럽게 사실을 입증한 보고서를 부정하는 사람들이 있다면, 그들이야말로 도피주의자들이다. 더욱이, 설사 현대의 추세에 대한 나의 진단이 당초 의도보다 더 강력하게 자본주의의 멸망을 예언했다 하더라도, 그것을 패배주의적이라고 할 수는 없다. 정상인이라면 자신의 목숨이 위태로운 지경에 빠지면 그것을 지키기 위해 최선을 다할 것이다. 사람은 어차피 죽는데 무엇하러 반응하나, 라고 말할 사람은 없을 것이다. 이것은 나를 비판한 두 그룹, 즉 사유기업 사회 지지자들과 민주적 사회주의 지지자들에게 그대로 적용된다. 이 그룹들은 자신들이 처한 사회 상황을 평소보다 더 분명하게 인식하고, 또 그에 따라 행동에 나선다면 많은 소득이 있을 것이다.

  지금의 시대처럼 불길한 사실을 솔직하게 제시해야 하는 때도 없었다. 왜냐하면 우리는 도피주의를 사상의 체계로 발전시켰기 때문이다. 이것이 내가 새로운 장을 추가한 이유이며 변명이다. 거기에 제시된 사실이나 추론은 확실히 불쾌하고 불편하다. 그렇다고 **그것들이** 패배주의적인 것은 아니다. 그리스도교와 우리 문명의 다른 가치들에 대해서는 입에 발린 말을 하면서도 그것들을 옹호하기 위해 분연히 일어서지 않는 사람, 그런 사람이야말로 패배주의자이다. 그 사람이 그런 가치들의 패배를 기정사실로 받아들이든 혹은 엉뚱한 희망으로 자신을 기만하든 여전히 패배주의자인 것이다. 그것은 낙관론이 곧 배신이 되어버리는 그런 상황인 것이다.

1946년 7월 코네티커트 주께 타코닉에서
요제프 A. 슘페터

1

마르크스의 이론

그의 동지들이 볼 때,
마르크스는 단순한 직업적 이론가 이상의 존재였기 때문에
이론가의 측면을 너무 부각시키는 것은
신성모독의 불경한 행위가 된다.
반면에 마르크스의 연구 자세와 이론적 논증을
못마땅하게 여기는 적들은
마르크스 저작의 일부 업적을 인정해줄 수가 없다.

프롤로그

인간의 지성이나 공상이 만들어낸 대부분의 창작물들은 일정 기간, 가령 저녁 식사 후의 한두 시간이나 혹은 한 세대가 지나면 영원히 소멸해버린다. 그러나 어떤 창작물들은 소멸하지 않는다. 그것들은 다소 훼손되기는 하지만 다시 살아난다. 그 창작물들은 과거의 모습을 지운 채 문화적 유산의 요소로 소생하는 것이 아니라, 그들 나름의 개별적인 외양, 사람들이 보고 만질 수 있는 개인적 상처를 가지고 소생한다. 이런 창작물들을 우리는 위대한 사상이라고 부른다. 이런 소생의 능력과 결부시킨 위대함이라는 정의定義는 결코 무익한 것이 아니다. 이런 관점에서 볼 때, 카를 마르크스Karl Heinrich Marx, 1818~1883의 메시지에는 의심할 나위 없이 "위대한"이라는 형용사를 붙일만하다. 위대함을 소생과 관련지어 정의하는 데에는 또 다른 이점이 있다. 그렇게 함으로써 그것을 우리의 사랑이나 미움으로부터 단절시킬 수 있다. 위대한 업적이 반드시 광명의 원천이라거나 근본 설계나 세부 사항이 완벽한 어떤 것이라고 생각할 필요는 없다. 마르크스 사상의 경우, 비판적 판단이나 정확한 반론이 그 사상에 치명적인 손상을 입히지 못함으로써 오히려 그 힘을 돋보이게 해주었다.

지난 20년 동안 마르크스 사상이 소생하는 흥미로운 현상을 목격할 수 있었다. 사회주의 사상의 위대한 스승인 마르크스가 소비에트 러시아에서 사상의 대가로 추앙받는 것은 그리 놀라운 일이 아니다. 하지만 이런 성인 숭배화의 과정에는 한 가지 특징이 수반된다. 즉, 마르크스 사상의 진정한 의미와 볼셰비키의 실천(이데올로기) 사이에는 엄청난 심연이 가로놓여 있는 것이다. 비유적으로 말해서 그 차이는 겸손한 갈릴리 사람들의 종교와, 중세의 교회와 군벌들의 종교적 실천(이데올로기) 사이에 엄청난 괴리가 있는 것과 비슷하다.

다만 마르크스 사상의 소생 중에서 한 가지 현상, 즉 미국 내에서 벌어지는 마르크스주의의 소생은 설명하기가 좀체 쉽지 않다. 1920년대까지만 해도 미국의 노동 운동이나 미국 지식인들의 생각에서는 이렇다 하게 주목할만한 마르크스적 성향이 발견되지 않기 때문에, 이런 소생은 더더욱 흥미로운 현상이다. 그 이전에 미국 내의 마르크스주의라는 것은 언제나 피상적이고 유명무실했으며 그다지 지위도 없었다. 게다가 볼셰비키 스타일의 마르크스주의의 소생은 예전에 그 사상에 심취해 있던 국가들에서 러시아 혁명과 유사한 혁명의 불꽃을 피워 올리지 못했다. 여러 국가들 중에서도 특히 마르크스 전통이 강했던 독일에서는 소수의 정통파 파벌이 예전의 대공황기에 그러했던 것처럼 제1차 세계대전 전후에 사회주의 붐을 되살리기는 했다. 하지만 사회주의 사상의 지도자들(사회 민주당과 동맹한 사람들은 물론이고 실천 문제에 있어서 온건한 보수주의를 훌쩍 뛰어넘은 사람들까지 포함)은 예전의 교리로 되돌아가는 데 별로 흥미를 보이지 않았다. 그들은 교주를 숭배하기는 했지만, 그와는 일정한 거리를 두려 했고, 경제적인 문제들에 있어서는 여느 경제학자들과 다를 바 없이 생각했다. 따라서 마르크스 사상에 관한 한, 러시아를 제외하면 미국의 현상이 우뚝하다. 우리는 그 원인들에 대해서는 관심이 없다. 하지만 많은 미국인들이 자신의 것으로 만든 마르크스 사상의 윤곽과 의미에 대해서는 살펴볼 가치가 충분히 있다.[01]

01
예언자 마르크스

종교와의 유사성을 1장의 제목으로 삼은 것은 우연한 실수가 아니다. 여기에는 유사성 이상의 의미가 있다. 한 가지 중요한 의미에서 마르크스주의는 하나의 종교**이다**. 그 사상을 믿는 사람에게 마르크스주의는 두 가지 사항을 제공한다. 첫째, 이 사상은 인생의 의미를 구현해주는 궁극적 목적들의 체계이고, 그 목적들은 인간의 사건과 행위를 판단하는 절대적 기준이 된다. 둘째, 이 사상은 그런 목적들로 안내하는 구체적 길라잡이다. 길라잡이인 만큼 구원의 계획을 암시하며, 인류 전체 혹은 선택된 부류의 인간들이 빠져 있는 악덕을 고발하면서 그것으로부터 빠져나오는 방법을 일러준다. 우리는 이 사상을 이런 식으로 좀 더 구체적으로 말해볼 수 있다. 즉, 마르크스 사회주의는 무덤 이편의 현세에서 천국을 약속하는 소집단의 사상이다. 만약 종교학자가 이런 특징을 정식화하려고 한다면 다양한 분류와 논평을 내놓아야 할 것인데, 그 과정에서 종교학자는 마르크스주의의 경제학적 측면보다는 사회학적 본질을 더 깊이 파고들어야 할 것이다.

이(사상의 종교적 측면)와 관련하여 중요도가 제일 떨어지는 점을 먼저 말해보자면, 그것이 역설적으로 마르크스주의의 성공을 설명해준다는 것이다.[01] 순전히 과학적 성취만을 따진다면, 마르크스의 경우보다 훨씬 완벽한 다른 어떤 성취가 있었다고 할지라도, 마르크스가 거둔 역사적 의미에서의 영원한 명성을 얻지는 못했을 것이다. 그가 표방한 각종 정당의 슬로건들도 과학적 성취만을 주장했더라면 그런 역사적 성과를 올리지 못했을 것이다. 그가 올린 성공은 부분적으로(아주 작은 부분이기는 하지만) 백열白熱처럼 뜨거운 선전 구호들, 열정적인 비난과 분노하는 몸짓 등에 힘입은 것이었다. 그는 자신을 따르는 무리들에게 이런 표어와 제스처를 제공했고, 그것들은 그 어떤 연단에서도 즉시 써먹을 수 있었다. 마르크스 사상의 이런 측면에 대해서 한 가지 해두고 싶은 말은, 이런 무기가 지금까지 사상의 목적에 잘 봉사해왔고, 지금도 여전히 효력을 발휘한다는 점이다. 하지만 이런 무기를 생산하는 데에는 한 가지 불리한 점이 있다. 사회적 투쟁의 경기장에서 이런 무기들을 사용하기 위해, 마르크스는 자신의 사상 체계에서 논리적으로 파생되는 의견들을 종종 왜곡하거나 일탈해야만 했다. 그렇지만 마르크스가 단지 각종 요란한 선전 구호를 전달하는 사람에 그쳤다면 그의 사상은 지금쯤 죽어버렸을 것이다. 인류는 그런 종류의 값싼 서비스를 우습게 여기는 경향이 있으며, 정치적 오페라의 대본을 써대는 사람의 이름 따위는 금방 잊어버리기 때문이다.

마르크스는 예언자였다. 이러한 성취의 본질을 이해하기 위하여 우리는 그가 살았던 시대의 환경 속에서 그런 측면을 구체화해야 한다. 그 시대는 부르주아 성취의 최고 정점이었는가 하면 부르주아 문명의 밑바닥이었고, 또 기계적 유물론의 시대였다. 당시의 문화적 환경은 새로운 기술, 새로운 생활양식이 태동 중이라는 징후를 아직 보이지 않았고, 그 환경 속에서는 가장 역겨운 통속성이 난무했다. 이렇다 할만한 착실한 신앙은 사회의 모든 계급에게서 급속히 사라져가고 있었고, 그와 함께 노동자들의 세계에서는 유일한 광명의 빛이 (로치데일 노동조합•과 저축은행에서

• 로치데일(Rochdale)은 1844년에 세계 최초로 조직된 영국의 협동조합.

흘러나오는 빛을 제외하고) 죽어버렸다. 반면에 지식인들은 존 스튜어트 밀John Stuart Mill, 1806~1873의 『논리학Logic』과 구빈법이 대단히 만족스럽다고 말하고 있었다.

이런 상황에서 지상낙원의 사회주의를 약속하는 마르크스주의의 메시지는 수백만 명의 사람들에게 한 줄기 새로운 빛이었고, 또 새로운 인생의 의미였다. 우리는 마르크스주의를 가짜 종교라고 부를 수도 있고, 또 종교의 희화화라고 말할 수도 있을 것이다. 이러한 견해를 지지하면서 내놓을 말도 많이 있다. 하지만 이 업적의 위대함을 간과하거나 무시해서는 안 된다. 이 사상에 감동 받은 수백만의 사람들이 그 메시지의 진정한 의미를 이해하거나 납득하지 못했다는 것도 문제가 되지 않는다. 그건 모든 메시지의 운명이다. 중요한 점은 마르크스의 메시지가 그 시대의 실증주의적 정신에 부합하는 방식으로 포장되고 전달되었다는 사실이다. 물론 그 실증적 정신은 본질적으로 부르주아의 산물이었지만, 그렇다고 해서 마르크스주의가 본질적으로 부르주아 정신의 산물이라는 말이 모순되는 것은 아니다. 마르크스주의는 어떻게 하여 이런 호소를 할 수 있었을까? 그 이유는 두 가지이다. 한편으로는 실패한 다수의 자기 치유적 태도인 좌절의 느낌과 부당한 대우를 받았다는 느낌을 아주 강력한 힘으로 정식화했기 때문이다. 또 다른 한편으로는 그런 질환으로부터 사회적으로 치유되는 방법이 확실하게 있으며, 그것도 합리적 증거로 뒷받침된다고 선언했기 때문이다.

초이성적인 동경과 합리주의적·물질적 경향을 교묘하게 엮어 넣어 성공을 거둔 이 놀라운 기술! 이 기술을 눈여겨볼 필요가 있다. 당시 쇠퇴해가던 종교는 그 뒤에다 초이성적인 동경을 주인 없는 유기견遺棄犬처럼 남겨놓았고, 당시의 사람들은 과학적 혹은 준準과학적 함의가 없는 사상을 용납하려 들지 않았다. 초이성적 동경을 충족시켜주겠다고 설교만 했다면 아마도 효과가 없었을 것이다. 만약 그랬다면 사회 과정을 분석하는 작업은 고작 수백 명 전문가들의 흥미를 끄는 데 그쳤으리라. 하지만 분석의 외양을 갖추고 설교를 하고 또 절실한 욕구에 알맞게 분석하는 것, 바로 이것이 열정적인 동맹을 이끌어내고 마르크스주의자에게 지고의 축복을 가져다준 비결이다. 그 축복의 구체적 내용은 다음과 같은 확신이다. 즉, 인간이 존재하는 의미, 인간이 추구하는 궁극적 의미는 결코 패배할 수 없으며, 결국에는 모든 것을 정복하고 승리한다. 물론 이것만으로 마르크스 사상의 업적을 모두 말했다고 할 수는 없다. 개인적인 포스(힘)와 예언의 섬광은 사상의 내용과는 무관하게 작동한다. 이 두 가지가 없으면 새로운 생활과 새로운 생활의 의미는 효과적으로 계시되지 못한다.

이제 사회주의적 목표의 불가피성을 증명하려는 마르크스 논증의 설득력과 정확성에 대하여 언급하겠다. 하지만 그전에 위에서 말한 실패한 다수의 좌절된 감정을 정식화했다는 점에 대해서는 한마디만 하면 충분할 것이다. 물론 그것은 실제적 감정(의식적이든 잠재의식적이든)의 진실한 정식화가 아니었다. 그것은 사회적 진화의 논리(사회 내에서 실패한 사람들은 좌절의 감정을 갖는 경향이 있다는 추상적 논리)라는 진실일 수도 있고, 혹은 거짓일 수도 있는 계시를 가지고서 실제 감정을 대체한 것이라고 할 수 있다. 이렇게 감정을 추상으로 대체하고, 또 마르크스의 개념인 "계급의식class consciousness"이 일반 대중의 보편적 심리인 양 아주 비현실적인 진단을 함으로써 그는 의심할 나위 없이 노동자의 심리 상태를 왜곡했다. (노동자의 실제 소망은 소소부르주아지가 되는 것이고, 또 정치 세력의 도움을 받아 그런 지위를 얻고자 하는 것이다.) 마르크스는 자신의 가르침을 널리 펴기 위하여 계급의식이라는 개념을 확대했고, 또 고상한 것으로 격상시켰다. 그는 사회주의 사상의 숭고함에 대하여 감상적인 눈물 따위는 흘리지 않는다. 이것은 그의 사상이 소위 유토피아적 사회주의에 대하여 우월하다고 주장하는 근거들 중 하나이다. 또한 마르크스는 노동자들을 일상의 노동을 영위하는 영웅이라고 칭송하지도 않는다. (반면에 부르주아지는 그들의 배당금을 지키기 위하여 노심초사하면서 이런 입 발린 칭송을 즐겨 한다.) 일부 허약한 마르크스 추종자들은 노동자의 비위를 맞추려는 경향을 노골적으로 드러냈지만, 마르크스는 그런 경향에서 완벽하게 자유롭다. 그는 대중의 본질에 대하여 명확한 인식을 갖고 있었고, 그들의 머리 꼭대기를 넘어서 그들의 생각이나 소망을 훌쩍 뛰어넘는 사회적 목표를 바라보고 있었다. 그는 자신이 설정해놓은 어떤 이상들을 구구히 가르친 바도 없다. 그에게서는 그런 허영을 찾아볼 수 없다. 모든 진정한 예언자들이 자신을 하느님의 겸손한 대변인이라고 말하듯이, 마르크스는 역사의 변증법적 과정이라는 논리를 예언자처럼 말해주는 것으로 만족했다. 이런 태도에는 나름대로 위엄이 있어서 그의 저작과 생애에서 발견되는 수많은 사소함과 천박함을 보상해준다. 말하자면 예언자적 위엄이 주책없음과 기이한 동거를 하고 있는 것이다.

 마지막으로 한 가지 더 언급해야 할 사항이 있다. 마르크스는 개인적으로 너무 세련되어서 천박한 사회주의 교수들과 어울리지 않았다. 그들이야말로 문명의 신전神殿을 보아도 그 진가를 알아보지 못하는 자들이라고 마르크스는 생각했다. 그는 문명을 완벽하게 이해할 수 있었고 문명적 가치들의 "상대적인 절대" 가치를 알아보았다. 그가 어떤 문명으로부터 아무리 멀리 떨어져 있다고 느껴도 그 가치를 파악할 수 있다고 생각했다. 이와 관련하여 그의 넓은 마음을 증명해주는 근거로 『공산당 선언*Communist Manifesto*』보다 더 좋은 자료는 없을 것이다. 이 문서는 자본주의의 찬란한 업적을 열거한 것이라고 해도 과언이 아니다.[02] 자본주의에 대하여 **미래에 있게 될***pro futuro* 사망 선고를 내리면서도 그는 자본주의의 역사적 필연성에 주목했다. 물론 이러한 태도는 마르크스 자신이 인정할법하지 않은 많은 사항들을 암시한다. 하지만 이런 태도 덕분에 그의 입장이 강화되었다. 사물의 유기적 논리에 대한 날카로운 인식 때문에, 그의 역사 이론은 아주 독특한 의견 표명이 되었고 그리하여 마르크스는 그런 태도(자본주의 찬양)를 취하기가 한결 쉬워졌다. 그가 볼 때 사회적인 것들은 모두 일정한 질서를 갖춘다. 그가 생애의 여러 시기에 커피 하우스•의 음모꾼이었던 적도 있었지만, 그의 진정한 자아는 그런 것을 경멸했다. 그가 생각하는 사회주의는 인생의 모든 색깔을 빼앗아버리고 다른 문명들에 대하여 불건전하고 어리석은 증오나 경멸을 품고 있는, 그런 강박 증세가 결코 아니었다. 여러 면에서 그가 주장하는 사회주의는 공상적 사회주의와는 다른 것이었다. 그것은 그의 근본적 입장을 잘 엮어놓은, 단단한 구조를 갖춘 사회주의 사상이었다. 마르크스는 그것을 과학적 사회주의라고 명명했고, 그런 호칭을 정당화하는 여러 요인들이 있다고 확신했다.

• 17~18세기 영국에서 유행하던 커피 전문점으로 문인과 정객들이 서로 교제하던 사교장.

02
사회학자 마르크스

우리가 이제 말하려는 것은 (마르크스교) 신앙인들에게 매우 혐오스러운 어떤 것이 될지 모른다. 그들은 진리의 원천에 냉정한 분석의 칼을 들이대면 당연히 분개한다. 게다가 그들이 엄청나게 화를 내는 일들 중 하나가 마르크스의 저작을 여러 조각으로 나눈 뒤 그것을 하나하나 분석하는 것이다. 그들은 그런 분석 행위 자체가 마르크스 사상의 빛나는 전체를 파악하지 못하는 부르주아의 무능력을 보여주는 것이라고 말한다. 마르크스의 사상은 모든 부분들이 서로 보완하기 때문에 그중 어떤 한 부분만 따로 떼어내어 살펴보는 순간 진정한 전체의 의미가 사라진다는 것이다. 그러나 우리에겐 다른 선택이 없다. 나는 이미 예언자 마르크스를 살펴보았고, 이제 사회학자 마르크스를 분석하려는 죄를 지으려 한다. 그렇다고 이것이 그의 사회적 비전에 통일성이 없다고 고소하려는 것은 아니다. 마르크스 저작은 분석적 통일성을 획득하고 있으며, 또 저작 전반을 통하여 어떤 통일성의 외관을 갖추고 있다. 또한 마르크스 저작의 모든 부분들은, 비록 그중 어떤 것은 본질적으로 사소한 것들일지라도, 저자에 의해 서로 긴밀하게 연결되어 있다. 하지만 동시에 마르크스의 광범위한 연구 분야들은 각 부분들이 여전히 충분한 독립성을 갖고 있기 때문에 연구자는 갑이라는 분야의 연구 결과들을 거부하면서도 을이라는 분야의 연구 결과를 받아들일 수가 있다. 이런 과정에서 신앙의 찬란한 빛은 상당 부분 소실되겠지만, 무망한 난파 상태에 도매금으로 묶여 있기보다는 그 자체로 독립해 있을 때 더욱 중요하고 흥미로운 진리를 발산할 수 있다.

무엇보다도 이러한 점을 마르크스의 철학에 먼저 적용할 수 있는데, 우리는 철학을 마르크스의 연구에서 아예 빼버리는 게 좋을 것이다. 마르크스는 독일에서 훈련받았고, 사변적인 마음가짐을 갖고 있었기 때문에 완벽한 철학적 기초와 열정을 갖고 있었다. 독일의 순수 철학은 그의 출발점이었고 젊은 날의 사랑이었다. 한동안 그는 철학을 자신의 진정한 직업이라고 생각했다. 그는 신新헤겔학파였다. 이 학파는 스승의 근본적인 태도와 방법은 받아들이되, 다른 많은 헤겔 지지자들이 주장하는 헤겔 철학의 보수적 해석들을 제거하면서, 그 대신 정반대의 해석들을 주장했다. 이러한 배경은 기회가 될 때마다 마르크스의 저서에서 고개를 내민다. 마르크스의 독일 독자 및 러시아 독자들은 그와 유사한 지적 훈련과 심성을 갖고 있기 때문에, 이런 철학의 측면에 주로 집착하여 그것을 마르크스 사상의 핵심 열쇠로 삼은 것은 그리 놀라운 일이 아니다.

나는 이것이 오류이고, 마르크스의 과학적 논증에 피해를 입힌다고 본다. 그는 평생 동안 철학을 사랑했다. 그는 자신의 논증과 헤겔의 논증 사이에서 발견되는 특정한 형태적 유사성들을 즐겼다. 그는 자신의 헤겔 철학 배경을 증언하고 또 헤겔의 용어를 즐겨 사용했다. 하지만 이게 전부이다. 그는 형이상학을 위하여 실증적 과학을 배신한 적이 단 한 번도 없다. 그는 『자본론Das Kapital』 제1권의 제2판 서문에서 이것을 명시적으로 말했다. 이런 실증적 태도의 고백은 완전한 진실이며 그의 논증이나 주장을 분석해봐도 자기 기만의 증거는 찾을 수 없다. 그의 논증은 어디까지나 사회적 사실에 바탕을 두었고, 그가 주장한 것들의 진정한 원천은 철학 분야에 있지 않았다. 그러나 철학적 관점에서 마르크스 사상을 연구하기 시작한 논평가나 비평가들은 이런 주장을 받아들일 수가 없다. 왜냐하면 그들은 마르크스 사상에 깃들어있는 사회과학에 대하여 충분하게 알지 못하기 때문이다. 게다가 철학적 체계를 구축하려는 사람들은 철학적 원칙에서 나온 해석이 아닌, 다른 학문 분야의 해석들에 대해서는 혐오감을 보이는 경향이 있다. 그래서 그들은 경제학적 체험에 대한 명백한 진술들을 철학의 관점으로 보며, 그로 인해 논의를 영 엉뚱한 방향으로 끌고 가서는 그들의 친구와 적들을 동시에 오도誤導하는 것이다.

 사회학자 마르크스는 자신의 연구에 특별한 장비를 동원했는데, 그 장비는 주로 역사적 사실과 현대적 사실에 대한 광범위한 파악을 비유적으로 말하는 것이었다. 하지만 현대적 사실들에 대한 그의 지식은 시기적으로 다소 뒤떨어지는 경향이 있었다. 그는 단행본을 아주 좋아하는 사람이었고, 따라서 그날그날의 정보가 실리는 신문 기사와는 성격이 좀 다른 근본적인 자료들이 다소 시차를 두고서 그에게 전달되었다. 그는 당대에 나온 중요하거나 규모 있는 역사적 저서들을 놓치는 법이 없었다. 하지만 중요 논문들은 상당수 놓치기도 했다. 분명 사회학 분야에 대한 그의 정보는 경제 이론 분야에 대한 그의 박식함에 비할 때, 똑같이 칭찬해줄만한 수준은 아니었다. 그렇지만 그는 거대한 역사적 벽화壁畵들을 그려냄으로써 자신의 사회적 비전을 예증할 수 있었고, 또 그가 제시한 많은 세부 사항들은 그 신빙성에 있어서 당대의 다른 사회학자들의 수준을 뛰어넘었다. 그는 이런 역사적, 현대적 사실들을 날카로운 시선으로 보듬었다. 표면의 무작위적인 불규칙성을 꿰뚫고 그 내면으로 들어가 역사적 사태의 웅장한 논리를 살펴보았다. 열정만으로 이렇게 한 것은 아니었다. 그렇다고 분석적 충동만 있는 것도 아니었다. 열정과 충동이 모두 그의 시선에 존재했다. 그 웅장한 논리를 정식화한 결과가 소위 말하는 역사의 경제적 해석[01]인데 이는 오늘날까지 사회학의 가장 위대한 개별 업적 중 하나로 평가된다. 이렇게 업적이 확립되기 이전에는, 아주 사소한 논의가 무성했었다. 가령 마르크스의 업적이 전적으로 독창적인 것이냐, 독일과 프랑스의 선배 학자들에게 어느 정도 그 공로를 돌리는 게 옳지 않은가, 따위를 놓고 설전이 벌어졌던 것이다.

역사의 경제적 해석이라고 해서 인간이 ― 의식적이든 무의식적이든, 전반적이든 일차적이든 ― 경제적 동기에 의해서만 움직인다는 뜻은 아니다. 그와는 반대로, 비경제적 동기들의 역할과 작용에 대한 설명, 사회적 현실이 개인의 정신에 반영되는 방식에 대한 분석, 뭐 이런 것들이 마르크스 이론의 핵심적 부분이고, 또 가장 중요한 성과의 하나인 것이다. 마르크스는 종교, 형이상학, 예술의 학파들, 윤리적 이상, 정치적 의지 등이 결국 경제적 **동기**들로 귀속된다고 하지도 않았고 또 사소한 것이라고 주장하지도 않았다. 그는 단지 이런 것들을 형성하고 또 그것들의 흥망을 결정짓는 경제적 **조건**들을 폭로하려 했다. 막스 베버Max Weber, 1864~1920의 전반적 사실과 논증은[02] 마르크스의 시스템과 완벽하게 들어맞는다. 사회적 집단, 사회적 계급, 이들 집단이나 계급이 그들의 체험·위치·행태를 그들 자신에게 설명하는 방식(이데올로기 혹은 파레토라면 '파생물derivations'이라고 말했을법한 것) 등은 마르크스가 가장 많은 관심을 가진 사항들이었다. 마르크스는 특정 역사가들, 그러니까 이런 집단과 계급의 태도들, 그리고 그것들을 설명하는 방식을 액면 그대로 받아들여 그 태도와 방식으로 사회적 현실을 해석하려는 역사가들에게 강한 분노를 터트린다. 마르크스에게 이상이나 가치는 사회적 과정의 주된 동인이 아니었으며, 그렇다고 해서 그것들이 그 과정을 가리는 연막도 아니었다. 내가 여기서 비유를 들자면, 그 이상과 가치는 사회라는 엔진에서 구동 벨트의 역할을 한다고 말할 수 있다. 전후에 이것을 잘 설명해주는 지식 사회학[03]이라는 아주 흥미로운 학문이 등장했다. 하지만 여기서는 자세히 다룰 수가 없어 유감이다. 아무튼 이와 관련하여 마르크스가 지속적으로 오해받아왔다는 점만 지적해두고자 한다. 심지어 그의 친구인 엥겔스조차도 마르크스의 무덤 앞에서 역사의 경제적 해석 이론과 관련하여 개인이나 집단이나 일차적으로 경제적 동기들에 의해 움직인다고 정의定義했다. 이러한 정의는 몇몇 중요한 측면에서 살펴보면 완전히 잘못된 것이고 나머지 측면들과 관련해서도 한심할 정도로 웃기는 해석인 것이다.

이왕 오해의 얘기가 나온 김에 우리는 또 다른 오해에 대해서도 마르크스를 방어하는 게 좋겠다. 역사의 **경제적** 해석은 종종 **유물론적** 해석과 같은 것으로 취급되어 왔다. 마르크스 자신도 이렇게 말한 적이 있다. 이 표현은 일부 사람들에게는 마르크스 사상의 인기를 크게 높였고, 또 일부 사람들에게는 인기 없음을 더욱 심화시켰다. 하지만 이런 해석은 무의미하다. 헤겔의 철학이 유물론이 아니듯 마르크스의 철학도 유물론이 아니다. 역사적 과정을 경험 과학의 수단으로 설명하려는 마르크스 이외의 다른 방법론을 유물론이라고 부를 수 없는 것처럼, 마르크스의 역사 해석 또한 유물론적인 것이 아니다. 역사 해석은 분명 다른 형이상학적 신념이나 종교적 신념과 논리적으로 양립할 수 있다. 이 세상의 구체적 그림이 형이상학이나 종교와 양립할 수 있는 것처럼 말이다. 가령, 중세 시대의 신학은 이런 양립성을 확립해주는 방법론을 제공한다.[04]

역사의 경제적 해석 이론은 다음 두 가지 주장으로 요약될 수 있다.

(1) 생산 양식이나 생산조건은 사회 구조를 결정짓는 근본적 요인이다. 그리하여 이 사회 구조로부터 사람들의 태도, 행동, 문명이 생겨난다. 마르크스는 "손으로 돌리는 맷돌이 봉건사회를 만들어냈고, 증기로 돌리는 맷돌이 자본주의 사회를 만들어냈다"라는 유명한 진술로 이것을 예증했다. 이것은 테크놀로지의 요소를 위험할 정도로 강조하는 것이지만, 테크놀로지만이 사태의 전부는 아니다, 라는 전제하에서 받아들일 수

있다. 이 주장을 좀 더 대중화해보면 이렇게 된다. (이렇게 함으로써 그 포괄적 의미를 상당 부분 잃어버리겠지만, 독자의 빠른 이해를 위한 것임을 양해하기 바란다.) 우리의 정신을 결정하는 것은 우리가 날마다 하는 노동(일)이다. 사물 — 혹은 우리가 바라보는 사물 — 에 대한 우리의 전망과, 우리가 누릴 수 있는 사회적 활동 범위, 이렇게 두 가지를 결정하는 것은 날마다 하는 일(생산 과정)에서 우리가 차지하고 있는 위치(지위)이다.

(2) 생산 양식은 그 나름의 논리를 가지고 있다. 생산 양식은 그 안에 내재된 필연성에 따라 바뀌며, 후속으로 나온 생산 양식은 결국 이전 생산 양식의 작용에 의한 것이다. 다시 위에서 나온 마르크스의 사례를 가지고 설명하면 이러하다. "손으로 돌리는 맷돌" 시스템은 어떤 경제적, 사회적 상황을 만들어내는데, 그 상황에서는 손 맷돌의 기계적 방식을 채택하는 것이 현실적 필연이며, 개인이나 집단은 그것을 바꾸어 놓을 힘이 없다. 이어서 "증기로 돌리는 맷돌"의 출현과 작용은 새로운 사회적 기능과 위치, 새로운 집단과 견해를 창조하고, 이것들은 또 발전하고 상호작용하여 그것들의 틀을 뛰어넘게 된다. 따라서 맷돌은 여기서 먼저 경제적 변화, 이어 다른 사회적 변화들을 가져오는 프로펠러(추진력)이고, 이 프로펠러의 작동은 자신의 외부에 있는 어떤 힘의 작용을 필요로 하지 않는다.

이 두 주장은 의심할 나위 없이 상당히 많은 진실을 포함하고 있고, 또 우리가 뒤로 가면서 여러 번 만나게 되겠지만, 아주 가치 높은 효과적 가설들이다. 이에 대하여 현재 나와 있는 대부분의 반론들은 완전 실패작이다. 가령 윤리적·종교적 요인들의 영향을 내세우는 반론들로는 에두아르트 베른슈타인Eduard Bernstein, 1850~1932이 내놓은 것이 대표적이다. 베른슈타인은 아주 단순하게도 "인간은 머리를 가지고 있다"라고 주장하면서 인간은 선택을 하면서 행동할 수 있다고 반박했다. 하지만 마르크스의 두 가지 주장을 면밀히 살펴보면 이런 반론들의 논리가 허약하다는 것을 금방 알 수 있다. 물론 인간은 환경의 객관적 데이터(여건)가 직접 강요하지 않는 행동 노선을 "선택"한다. 하지만 선택에는 관점, 견해, 경향이 반드시 수반되는데, 이런 것들은 그 자체로 독립된 데이터를 형성하는 것이 아니라, 다른 객관적 데이터에 의해 형성되는 것이다.

그렇지만 역사의 경제적 해석은 어떤 경우에는 다른 경우에 비해 잘 작동하지 않는 편의적 정식화가 아닐까, 하는 의문이 제기된다. 이 이론에는 분명한 한계점이 처음부터 발생한다. 사회의 구조, 사회의 유형, 사회의 태도들은 서로 잘 융화가 되지 않는 동전들이다. 이런 것들은 일단 정착이 되면 몇 세기 동안이나 그대로 지속된다. 서로 다른 사회 구조와 유형은 서로 다른 존속 기간의 능력을 보여준다. 그 때문에 우리가 실제 움직이고 있는 어떤 집단의 행동이나 국가의 행동에 대하여 생산 양식이라는 이론을 적용함으로써 그 행동의 양태를 예상하려고 하면, 그 양태는 거의 언제나 예상을 빗나간다. 이러한 발견은 거의 일반적으로 적용되는데, 특히 아주 내구적인 어떤 사회 구조가 어느 한 나라에서 다른 나라로 구체적으로 옮겨갈 때, 이것은 더욱 분명하게 발견된다. 노르만 족의 정복에 의하여 시칠리아에 확립된 사회적 상황은 내 말뜻을 잘 예증해줄 것이다. 마르크스는 이런 사실들을 간과하지는 않았지만 그 안에 내포된 모든 의미들을 명확하게 깨닫지도 못했다.

프랑크 족과 관련하여 좀 더 심대한 의미를 갖는 사례가 있다. 서기 6세기와 7세기에 프랑크 족의 왕국에 생겨난 봉건적 형태의 지주 제도를 살펴보자. 이 제도는 그 후 여러 시대에 사회 구조를 형성했던 가장 중요한 사건이었고, 또 **필요와 테크놀로지를 포함하여 생산 조건에도 영향을 주었던 사건**이었다. 하지만 이런 사건이 발생한 것은 생산 양식의 변화 때문이라기보다는, 전에 가족과 개인들이 수행했던 군사적 리더십의 기능 때문이었다. 이들은 새로운 땅을 정복한 이후에도 그런 기능을 그대로 유지한 채 봉건 영주가 되었다. 이 사례는 마르크스의 역사 도식과는 전혀 일치하지 않으며 오히려 그와는 정반대 방향을 가리킨다. 이런 성질의 역사적 사실들을 기존 이론의 품 안으로 포섭하려면 또 다른 보조 가설들을 내세워야 할 것이다. 하지만 그런 가설들이 필요하다는 사실은 곧 그 이론이 붕괴되는 시초인 것이다.

역사적 해석이라는 마르크스의 도식 속에서 발생하는 많은 다른 난점들은 생산의 영역과 사회생활의 다른 영역들 사이에 어느 정도 상호작용을 인정함으로써 해결될 수 있다.[05] 하지만 이 이론을 둘러싼 근본적 진리의 빛은, 그 이론이 주장하는 단호하면서도 단순한 일방적 관계에서 나온다. 만약 이러한 일방적 관계에 대해 의문이 제기된다면, 역사의 경제적 해석은 다른 유사한 이론의 처지 — 부분적 진실을 갖춘 많은 이론들의 하나 — 로 전락할 것이고, 그게 아니라면 보다 근본적인 진실을 말해주는 다른 주장에 밀려나야 할 것이다. 그렇다고 해서 마르크스 이론이 성취한 업적이나 그 가설의 간편성이 훼손되는 것은 아니다.

그러나 마르크스 사상을 신앙처럼 떠받드는 사람들에게, 이 이론은 인간 역사의 모든 비밀을 풀어주는 열쇠이다. 우리가 그런 순진한 태도에 미소를 짓고 싶은 심정이라면 그에 앞서 이 이론이 어떤 논증을 대체했는지 기억해보는 것이 좋으리라. 우리가 이것을 유념한다면, 역사의 경제적 해석 이론에 부수되는, 망가진 자매편인 사회 계급 이론도 좀 더 우호적인 관점에서 검토할 수 있게 된다.

사회 계급 이론 또한 우리가 기억해두어야 할 중요한 공헌이다. 경제학자들은 사회 계급이라는 현상을 인식하는 과정이 기이할 정도로 굼떴다. 물론 경제학자들은 자신들이 다루는 경제 과정을 만들어내는 여러 요소들(의 상호작용)을 늘 분류했다. 하지만 이런 분류(사회 내의 계급)는 어떤 공통적 특징을 드러내는 개인들의 집단이었다. 그리하여 어떤 사람들은 땅을 갖고 있기 때문에 또 어떤 사람은 노동의 서비스를 판매하기 때문에 지주 계급 혹은 노동자 계급으로 분류되었다. 하지만 사회 계급은 관찰자가 만들어낸 분류상의 창작품이 아니라, 그 스스로의 명맥을 가지고 존재하는 살아있는 실체이다. 그런 계급들의 존재는 어떤 결과들을 내포하고 있는데, 그것(결과)들은 사회를 개인과 가족의 형체 없는 집단으로 바라보는 도식으로는 전혀 파악되지 않는다. 사회 계급이라는 현상이 순수 경제 이론 분야에서 얼마나 중요한가, 하는 문제는 아직도 정확한 답이 나오지 않았다. 하지만 많은 실용적 응용이나 일반 사회 과정의 더욱 광범위한 측면에서 그것이 아주 중요하다는 점은 의심의 여지가 없다.

대체로 사회 계급이라는 말은 『공산당 선언』 속의 유명한 진술인 사회의 역사는 계급 투쟁의 역사이다, 에서 처음 등장했다. 물론 이 진술이 사회 계급 이론의 최고 하이라이트이기는 하다. 우리가 그 빛을 조금만 낮추면 이런 주장이 된다. 역사적 사건들은 종종 계급 이해利害와 계급 태도의 관점에서 해석될 수 있고, 기존의 계급 구조들은 언제나 역사적 해석에서 중요한 요소이다. 이리하여 우리는 역사의 경제적 해석 못지않게 중요한 개념인 계급 투쟁에 대해서도 알아볼 필요가 있다.

사실, 계급 투쟁 원칙의 성공 여부는 특정 계급 이론의 타당성 여부에 달려 있다. 우리의 역사관과 문화적 패턴 및 사회적 변화의 메커니즘에 관한 견해는 우리가 어떤 이론을 선택하느냐에 따라 달라진다. 가령 계급의 종족 이론을 선택한다면 우리는 고비노Joseph-Arthur de Gobineau, 1816~1882처럼 인류의 역사를 종족의 역사로 환원시킬 수 있다. 슈몰러Gustav von Schmoller, 1838~1917나 뒤르켐David Emile Durkheim, 1858~1917처럼 계급의 노동 분업 이론을 선택한다면 계급 갈등을 직업 집단 간의 갈등으로 파악할 수 있다. 분석 방법의 차이는 단순히 계급의 본질을 파악하는 문제에 국한되지 않는다. 우리가 그 본질에 대해서 어떤 생각을 갖고 있든 간에, 계급의 이해[06]를 다르게 정의하거나 계급의 행동에 대해서 다른 생각을 갖고 있다면, 그 본질에 대하여 다른 해석을 내리게 된다. 이 주제는 오늘날까지도 편견의 온상이고 과학적 단계까지 진입하지 못했다.

기이하게도 마르크스는 자신의 핵심 사상 중 하나인 게 틀림없는 사항(계급 이론)에 대하여 체계적인 작업을 해놓지 않았다. 그는 이 과업을 미루다가 시간을 놓친듯하다. 그의 사색이 계급의 관념적인 측면에만 너무 편중된 나머지, 그것에 대한 단정적 진술을 불필요하다고 느낀듯하다. 어쩌면 그의 마음속에서는 계급 이론에 대한 미진한 여러 사항들이 남아 있었을지도 모른다. 계급을 순전히 경제적인 개념 혹은 너무 단순화시킨 개념으로 생각한 나머지 난점에 봉착했고, 이것 때문에 완벽한 계급 이론으로 나가는 길이 막혀버렸을지도 모른다. 마르크스 자신과 그의 제자들은 이 덜 익은 이론을 특정한 사회 형태에 적용시켰다. 가령 마르크스 자신의 『프랑스에서의 계급 투쟁의 역사 History of the Class Struggles in France』가 좋은 사례이다.[07] 그러나 이 이상을 넘어서는 진정한 발전은 없었다. 그의 주된 협력자인 엥겔스의 이론은 노동 분업 이론이었고, 그 때문에 본질적으로 비非마르크스적인 것이었다. 이것 이외에 우리는 마르크스의 저작들, 특히 『자본론』과 『공산당 선언』에 산재하는 간접 설명과 통찰들 — 그중 어떤 것은 아주 강력하게 반짝거린다 — 을 가지고 마르크스의 계급 이론을 미루어 짐작할 뿐이다.

이런 파편 조각들을 꿰어 맞추는 작업은 복잡 미묘해서 여기서는 시도할 수가 없다. 하지만 기본적 사상은 분명하다. 계급을 분류하는 원칙은 소유권 혹은 소유권의 박탈이다. 여기서 말하는 소유권은 공장 건물, 기계, 원자재, 노동자의 예산으로 잡히는 소비재 따위를 뭉뚱그린 것으로서, 생산 수단의 소유권을 가리킨다. 이렇게 하여 우리는 소유권을 가진 자와 그렇지 못한 자라는 단 두 개의 계급만 갖게 된다. 전자는 자본가를 말하며, 후자는 자신들의 노동력을 팔아야 하는 노동자 계급 혹은 프롤레타리아이다. 노동을 투입하여 수작업을 하는 농부와 장인, 사무직, 전문직 등 중간 집단의 존재도 물론 인정한다. 하지만 이들은 자본주의의 과정에서 곧 사라지게 되는 변칙적 존재로 취급된다. 이 두 근본적 계급은 그 입장의 논리에 따라 개인적인 의지와는 무관하게 서로 적대적이다. 각 계급 내의 균열이나 하부 그룹들 사이의 충돌 따위도 역사적으로 결정적 중요성을 가질 수는 있다. 하지만 결국에는 이런 균열이나 충돌은 부수적인 것이다. 자본주의 사회의 기본 구도에서 부수적이 아닌 내재적인(본질적인) 단 하나의 갈등은, 생산 수단을 개인이 통제한다는 사실에서 나온다. 따라서 자본가 계급과 프롤레타리아의 관계는 본질적으로 계급 투쟁의 관계이다.

우리가 곧 살펴보겠지만, 마르크스는 이 계급 투쟁에서 자본가들이 서로를 파괴하고 궁극적으로는 자본주의 제도마저 파괴해버릴 것이라고 예상한다. 그는 자본의 소유가 더 많은 자본의 축적으로 이어진다는 것을 보여주려 한다. 이런 주장과 소유권을 사회적 계급의 핵심적인 특징으로 보는 주장은 "원시적(최초의) 축적"이라는 아주 중요한 질문을 제기한다. 다시 말해 자본가가 맨 처음에 어떻게 하여 자본가가 되었느냐는 질문이다. 마르크스 학설에 따르면 재화의 축적이 자본가로 하여금 착취를 시작하게 만드는 계기라고 하는데, 이런 계기를 자본가들은 어떻게 잡게 되었는가? 이 질문에 대하여 마르크스의 대답은 다소 불분명하다.[08] 그는 부르주아의 동화童話(환상적 이야기)를 경멸하는 비웃음으로 거부한다. 그 동화에 따르면 어떤 사람들은 다른 사람들에 비하여 더 똑똑하고 일과 저축에서 더 근면하기 때문에 매일 자본가가 되고 있다. 마르크스가 열심히 일하는 착한 사람들을 비웃어버린 것은 그 나름 현명한 처사였다. 이런 비웃음의 태도는 불편한 진실을 간단히 처치하는 좋은 방법이고, 그래서 모든 정치가들이 이 수법을 적절히 써먹는다. 역사적 사실과 현대적 사실을 편견 없는 마음으로 바라보는 사람이라면 이 동화가 백 퍼센트 진실을 말하는 것은 아니더라도, 상당한 진실을 말한다고 인정할 것이다. 십중팔구, 뛰어난 지능과 근면이 산업적 성공을 설명해주고 특히 산업적 지위의 **확보**를 설명해주는 것이다. 자본주의의 초기 단계에서 그리고 개인의 산업적 출세의 초기 단계에서, 저축은 중요한 요소였고 지금도 그러하다. 물론 고전 경제학에서 설명하는 것처럼 절대적으로 중요하다고 할 수는 없어도 말이다. 물론 임금과 봉급을 모아서 공장을 건설하고 그로 인해 자본가(산업 시설의 소유자)가 될 수는 없다. 축적의 상당 부분은 이익에서 나오고 이 때문에 축적은 곧 수익을 전제로 한다. 바로 이것이 저축과 축적을 구분하는 **건전한** 근거인 것이다. 사업을 시작하는 데 필요한 자금은 보통 다른 사람들의 저축을 빌려와서 마련한다. 많은 사람들이 보유하고 있는 자그마한 목돈이나, 은행이 예비 창업자들을 위해 마련해 놓은 창업 대출 기금 등이 그런 출처이다. 예비 창업자는 어떤 원칙에 입각하여 저축을 한다. 그가 저축하는 이유는 일용할 빵 때문에 매일 지겨운 일을 반복해야 하는 필요성에서 벗어나, 숨 쉴 여유를 갖고 주위를 한번 돌아다보면서, 자신의 계획을 개발하고 또 다른 사람들의 협력을 얻기 위해서이다. 따라서 경제 이론의 측면에서 보자면 마르크스의 비웃음 — 고전 경제학자들이 저축에 부여한 커다란 역할을 거부한 것 — 은 비록 과장된 것이긴 하지만 나름대로 그럴듯한 근거가 있다. 하지만 비웃음에 뒤이어 그의 추론이 따라 나오지 않는다. 게다가 고전 경제학 이론이 만약 정확한 것이라면 그 비웃음은 전혀 정당화되지 못한다.[09]

하지만 그 비웃음은 나름대로 효과가 있었고, 원시적 축적에 대한 마르크스의 대체 이론으로 가는 길을 열어주었다. 아쉽게도 그 대체 이론은 우리가 바라는 만큼 결정적이지 않다. 대중에 대한 강제, 강도, 종속이 그들의 착취를 쉽게 해주었고, 그런 착취가 다시 예속을 더욱 쉽게 만들었다, 라는 얘기는 모든 유형의 지식인들 사이에서 널리 퍼져 있는 사상과 놀라울 정도로 일치되는 것이고, 마르크스의 시대보다 우리들의 시대에서 더욱 손쉽게 목격된다. 하지만 이런 설명은 문제를 해결해주지 못한다. 다시 말해 일부 사람들이 어떻게 남들을 종속시키고 강탈하는 권력을 얻게 되는지 그 과정을 설명하지 못하는 것이다. 통속적인 문헌들은 이 문제에 대해서 별로 깊이 생각하지 않는다. 나는 대중적인 작가 리드John Reed, 1887~1920의 저서에서 이 질문에 대한 답변을 구하고 싶은 생각은 없다. 하지만 상대가 마르크스라면 얘기는 달라지고, 좀 더 그럴듯한 답변을 해주었어야 하는 것이다.

그런데 마르크스의 주요 이론들의 역사성으로 인해 어느 정도 해결의 외양이 갖추어졌다. 마르크스가 볼 때 남들을 종속시키고 강탈하는 권력은 사회의 봉건적 상태로부터 나왔는데 이 사실은 객관적 **사실**일 뿐만 아니라 자본주의의 **논리**를 위해서 반드시 필요하다. 물론 이 경우에도 사회적 계층화의 원인과 메커니즘에 대하여 똑같은 질문이 제기된다. 마르크스는 부르주아의 견해, 즉 봉건주의가 힘의 지배[10]였으며 그 제도 아래서 대중의 종속과 착취는 기정사실이었다는 견해를 본질적으로 받아들인다. 이렇게 하여 당초 자본주의 사회의 조건을 탐구하기 위해 고안된 계급 이론이 그 선배 시대인 봉건 사회에까지 확대 적용되었다. 당연히 자본주의의 경제 이론에 부수되는 개념적 도구들도 상당수 봉건 사회에 그대로 적용되었다.[11] 그리하여 일부 아주 까다로운 문제들은 봉건 사회의 창고에 처박아 두었다가 나중에 객관적 데이터의 형태로 재등장하여 자본주의 패턴의 분석에 활용되었다. 봉건 시대의 착취자가 간단히 자본주의 시대의 착취자로 둔갑해버린 것이다. 봉건 영주가 산업 자본가로 둔갑해버리게 되면, 이것만 가지고도 미진한 문제로 남아 있던 부분을 해결할 수가 있다. 역사적 증거는 이런 마르크스의 견해를 어느 정도 뒷받침해주기도 한다. 많은 봉건 영주들 특히 독일의 봉건 영주들은 실제로 공장을 지어서 운영했고, 그들의 봉건적 지대로부터 재정적 수단을 마련했으며, 또 농업 인구(반드시 그런 것은 아니지만 때때로 봉건 영주 예하의 농노들)로부터 노동력을 제공받았다.[12] 이런 경우를 제외하고, 다른 경우들에서는 마르크스 이론의 빈 구멍을 메워줄 자료가 크게 부족하다. 그래서 이 상황을 솔직하게 표현해보자면 이렇게 된다. 마르크스의 관점에서는 만족할만한 설명이 나오지 않는다. 다시 말해 비非마르크스적 결론을 암시하는 비마르크스적 요소들에 의지하지 않고서는 착취 권력의 획득을 제대로 설명할 수가 없다.[13]

이런 엉거주춤한 상황은 마르크스 이론의 역사적 원천과 논리적 원천, 이렇게 두 가지 측면에 피해를 입힌다. 대부분의 원시적 축적의 방법이 후대의 축적을 설명하기 때문에 — 그러니까 원시적 축적이 자본주의 시대 내내 계속 되니까 — 마르크스의 사회 계급 이론이 옳다, 라고 말할 수가 없게 된다. 게다가 먼 과거에 벌어진 과정을 제대로 설명하지 못하는 난점도 갖고 있다. 마르크스의 계급 이론은 가장 우호적인 상황에서도 자신(이론)이 설명하려는 현상의 핵심을 찌르지 못한다. 이처럼 별로 진지하게 대접해줄 가치가 없는 이론의 단점들을 우리가 자꾸 지적하는 것은 무익한 일이다. 마르크스 이론에 우호적인 사례들은 주로 중간 규모의 오너社主 관리 회사들이 많았던 자본주의 시대에서 주로 발견된다. 이런 유형 이외의 곳에서는, 계급의 입장은 대부분 상응하는 경제적 입장을 반영하기 마련이지만, 전자(계급의 입장)는 후자(경제적 입장)의 결과라기보다 원인인 경우가 더 많았다. 다시 말해, 사업 성공은 어느 지역에서나 사회적 지위를 획득하는 유일한 통로가 아니었다. 그것이 유일한 통로가 되는 곳에서만, 생산 수단의 소유가 인과적으로 그 사회 구조 내에서 그 집단의 지위를 결정한다. 그렇지만 이 경우에도 소유권을 결정적 요소로 파악하는 것은 비유적으로 말하자면, 우연히 총을 소유한 사람을 군인이라고 정의하는 것만큼이나 불합리하다. 한 번 자본가이면 영원한 자본가(그들의 후손을 포함하여)이고, 한 번 프롤레타리아이면 영원히 프롤레타리아(그들의 후손을 포함하여)라는 칼 같은 구분은 여러 번 지적된 바 있지만 완전히 비현실적인 얘기이다. 뿐만 아니라 그것은 사회 계급의 특징적인 사항을 간과하고 있다. 개별 가족들은 끊임없이 사회의 상층부에 진입하기도 하고, 또 추락하기도 한다. 내가 언급한 사실들은 모두 명백하여 반박이 불가능하다. 이런 사실들이 마르크스의 이론 화폭畵幅에 등장하지 않는다면, 그 이유는 그런 사실들이 비마르크스적인 함의를 갖고 있기 때문이다.

그렇지만 마르크스의 계급 이론이 마르크스의 사상 구조 내에서 어떤 역할을 하는지 살펴보고, 또 마르크스가 그 이론에 어떤 분석적 의도 — 선동가들의 요란한 구호로 사용되는 것 이외의 의도 — 를 부여했는지 알아보는 것은 유익하다.

한편으로 우리는 다음의 사실을 명심해야 한다. 마르크스에게 있어서 사회 계급 이론과 역사의 경제적 해석은 우리들이 별도로 파악한 것과는 다르게 두 개의 독립된 학설이 아니었다. 마르크스에게 있어서 전자(사회 계급 이론)는 후자(역사의 경제적 해석)를 아주 특별한 방식으로 작동시키고, 그리하여 그것(사회 계급 이론)은 생산의 조건 혹은 생산 양식의 **운영 방식** modus operandi을 구속하거나 더욱 확정적인 것으로 만든다. 이 생산 조건 혹은 생산 양식은 사회 구조를 결정한다. 또 그 구조를 통하여 문명의 모든 발현물이 나타나고, 문화적 · 정치적 역사의 전반적인 행진이 시작된다. 하지만 사회 구조는 모든 비非사회주의적 시대에 대해서도 계급의 관점 — 두 개의 계급 — 에서 규정된다. 이 두 계급은 드라마의 진정한 주인공들이고 동시에 자본주의 생산 체제(두 계급을 통하여 모든 것에 영향을 미치는 체제)의 논리에서 유일한 **직접적** 창조물이다. 이 때문에 마르크스는 자신의 두 계급을 순전히 경제적인 현상, 그것도 아주 협소한 의미의 경제적 현상으로 만들어버렸다. 이렇게 하여 그는 계급들을 좀 더 심오하게 관찰할 수 있는 입장에서 멀어졌다. 아무튼 마르크스의 논리적 도식에서는 두 계급을 오로지 경제적 현상으로 만드는 방법밖에 없었다.

다른 한편으로 마르크스는 자신의 계급적 특징을 가지고 자본주의를 규정하고 싶어 했다. 독자들이 조금만 깊이 생각해보면, 이렇게 하는 것이 필연적인 것도 자연스러운 것도 아님을 확신하게 될 것이다. 계급 현상의 운명을 자본주의의 운명과 결부시킨 것은 분석의 전략상 과감한 조치이기는 했다. 그렇게 함으로써 실제로는 사회적 계급의 있고 없음과는 무관한 사회주의가, 정의定義상, 계급 없는 사회를 실현할 가능성을 가진 유일한 사상(단, 원시인들의 집단은 제외)인 것처럼 규정되었다. 이런 교묘한 동어반복은 마르크스가 선택한 계급과 자본주의의 정의가 아니고서는 확보되지 못했을 것이다. 마르크스는 생산 수단의 개인적 소유라는 정의定義가 곧 계급과 자본주의의 정의인 양 처방한다. 이렇게 하여 소유주와 비소유주 두 계급만 남았고, 훨씬 더 그럴듯한 다른 구분의 원칙들은 아예 무시되거나 폄하되었으며 그렇지 않으면 소유/비소유의 원칙으로 강제 환원되었다.

마르크스는 자본가와 프롤레타리아를 구분하고서 그 중요성을 지나치게 과장했고, 이어 이 둘 사이의 갈등을 그런 구분의 중요성보다 더욱 더 과장했다. 마르크스 사상을 종교처럼 받는 습관에 절어 있는 사람들이 아니라면, 양자의 관계는 평상시에 주로 협력의 관계라는 것을 명백하게 알아볼 것이다. 또 마르크스와는 정반대의 주장을 펴는 이론은 마르크스가 아주 병리적인(비정상적인) 사례들에 입각하여 자신을 정당화한다는 것을 간파할 것이다. 사회생활에서 갈등과 화합은 어디서나 볼 수 있고, 아주 예외적인 사례를 제외하고는 불가분의 관계인 것이다. 도구 소유자와 도구 사용자 사이에 건널 수 없는 심연을 설정한 마르크스의 구조물보다는 고대의 조화론적 사상이 그래도 헛소리가 좀 덜 들어간 게 아닌가(물론 이 사상에도 헛소리는 많이 있다), 라고 말하고 싶은 심정이다. 하지만 마르크스는 달리 선택이 없었다. 그가 혁명적 결과에 도달하고 싶어서 이런 선택을 했던 것은 아니고 — 그는 다른 수십 가지 도식으로도 이런 결과에 도달할 수 있었을 것이다 — 단지 그 자신의 분석이 그런 태도를 필연적으로 요구했을 것이다. **만약** 계급 투쟁이 역사의 주제이고 또 사회주의의 여명을 가져오는 것이라면, 그리고 단 두 개의 계급만 있어야 하는 것이라면, 그 둘의 관계는 원칙적으로 적대적인 것이어야 하고, 그렇지 않을 경우에는 마르크스 사회사상의 동력학은 그 동력을 잃어버리게 된다.

마르크스는 자본주의를 사회학적으로, 즉 생산 수단에 대한 개인적 통제의 제도로 **정의**했지만, 실제로 자본주의 사회의 **역학**mechanics은 그의 경제 이론에 의해 설명된다. 마르크스 경제 이론은 계급, 계급 이해, 계급 행태, 계급 간의 교환 따위의 개념들에 구현된 사회학적 데이터가 어떻게 경제적 가치, 이익, 임금, 투자 등의 경제적 수단을 통하여 발현되는지 그 과정을 보여준다. 또 그런 데이터가 어떻게 독특한 경제 과정을 창출하는지 보여준다. 그 경제 과정은 마침내 그 자체의 제도적 틀을 부수면서 동시에 또 다른 사회적 세계의 출현을 위한 조건들을 창조한다. 이 특별한 사회 계급 이론은 분석의 도구이다. 그것은 역사의 경제적 해석과 이익 경제의 개념들을 결합시킴으로써, 모든 사회적 사실들을 교통정리하고,

모든 현상을 공통의 초점 속으로 끌어들인다. 따라서 이것은 어떤 개별적 현상을 설명하고 끝나버리는 그런 이론이 아니다. 이 이론은 유기적 기능을 갖고 있다. 마르크스 체계에서는 그 이론으로 어떤 직접적인 문제를 해결하여 성공을 거두는 것보다 그런 유기적 기능을 발휘하는 것이 훨씬 더 중요하다. 마르크스의 논증력을 분석하는 사람이 그 사상의 단점들을 묵과하는 경우가 종종 있음을 이해하기 위해서는 이 유기적 기능을 반드시 명심해야 한다.

하지만 이 변변치 못한 마르크스의 사회 계급 이론을 존경하는 열광자들이 과거에도 있었고 지금도 있다. 물론 마르크스 사상의 전반적 종합력과 장대함을 존경하는 사람들의 심정을 이해하지 못할 바는 아니다. 그들은 그런 장대함에 압도된 나머지 이론 구성 부분들의 많은 단점들을 기꺼이 묵인해줄 준비가 되어 있다. 우리는 앞으로 이 문제를 직접 살펴보게 될 것이다(4장). 그 전에 마르크스의 경제 역학이 어떻게 그의 종합적 플랜 내의 과업을 수행하는지 그 과정을 살펴보기로 하자.

03
경제학자 마르크스

경제 이론가 마르크스는 무엇보다도 아주 박식한 사람이었다. 내가 이미 천재요 예언자라고 지칭했던 마르크스의 이런 측면을 이렇게까지 강조하는 것이 다소 기이하게 보일 수도 있다. 하지만 이 사실을 알아두는 것이 중요하다. 천재와 예언자는 통상적으로 학문적 지식이 뛰어나지 않으며, 그들의 독창성은 종종 그런 사실(학문이 깊지 않음)에서 나오는 것이다. 하지만 마르크스는 이론 분석의 기술과 관련하여 학문이나 지식이 부족한 사람이 결코 아니다. 그는 독서광이었으며, 지칠 줄 모르고 일하는 사람이었다. 당대의 중요한 저작물들을 거의 놓치지 않고 읽었다. 그는 어떤 책을 읽든 그 내용을 잘 소화했고, 모든 사실과 논증을 철저히 파고들었으며, 세부 사항에 대한 열정도 대단하여, 전체 문명과 세속적 발전 사항을 포괄적으로 알아채는 사람이라고는 생각되지 않을 정도였다. 그는 비판하면서 거부하거나 수용하면서 협력하는 과정에서 모든 사물의 밑바닥까지 파고들었다. 이런 학문적 자세의 구체적 증거가 그의 저서 『잉여 가치론 *Theories of Surplus Value*』(1862)인데, 이론적 열정의 기념비라고 할만하다. 자기 자신을 단련한 후에야 습득될 수 있는 것을 반드시 습득하는 이런 꾸준한 노력 덕분에 그는 편견이나 비과학적 목적으로부터 상당히 자유로울 수 있었다. 그러면서도 그는 어떤 확정적 비전vision을 확증하기 위하여 무진 애를 썼다. 그는 뛰어난 지성의 소유자였기 때문에 어떤 문제를 개별적 문제로 파악하면서 그것에 대하여 느끼는 애착과 흥미가 남달랐다. 그가 최종적으로 얻은 **결과들**의 의미를 임의로 왜곡하는 경우도 있지만, 연구에 임해서는 당시의 과학이 제공하는 분석 도구를 날카롭게 유지했다. 또 논리적 어려움들을 해결하고서 얻은 토대를 바탕으로 하여 그 성격이나 의도에 있어서 진정으로 과학적인 이론을 도출하려 했다(물론 이렇게 해도 그 이론에 단점들이 내재되었다).

순수 경제학 분야에서 왜 마르크스의 동지나 적들이 마르크스 업적의 성격을 오해하는지 그 이유를 쉽게 발견할 수 있다. 그의 동지들이 볼 때, 마르크스는 단순한 직업적 이론가 이상의 존재였기 때문에 이론가의 측면을 너무 부각시키는 것은 신성모독의 불경한 행위가 된다. 반면에 마르크스의 연구 자세와 이론적 논증을 못마땅하게 여기는 적들은 마르크스 저작의 일부 업적을 인정해줄 수가 없다. 가령 그들(적들)은 다른 학자들의 저서에서 그토록 높게 평가하는 업적을 마르크스에게서도 발견할 수 있다는 얘기를 거부한다. 게다가 경제 이론이라는 차가운 금속이 마르크스 저서의 갈피에서는 아주 따뜻한 선전 구호들로 표현되어 있어서, 차가운 금속의 느낌이 나지 않는 것이다. 자신을 과학적 분석가로 인정해 달라는 마르크스의 주장에 대해서 어깨를 움찔하며 거부하는 사람들은 먼저 이 따뜻한 선전 구호들을 머리에 떠올린다. 그 분석에 깃든 사상, 열정적인 언어, "착취"와 "궁핍화"(이것은 독일어 Verelendung을 번역한 것으로서 영어로는 immiserization이고 이탈리아어로는 immiserimento인데 독일어 원어나 영어 번역어나 둘 다 좋은 번역어는 되지 못한다)에 대한 신랄한 고발 등은 머리에 떠올리지 않는 것이다. 그러나 이런 것들(따뜻한 구호들)과 기타 많은 것들, 가령 레이디 오크니Lady Orkney[01]에 대한 마르크스의 야유 혹은 천박한 논평은 분명 저작의 중요한 부분들이다. 그것들은 마르크스 자신에게도 중요했고, 그 후에는 마르크스 종교宗教의 신자나 비신자 모두에게 중요해졌다. 바로 이 때문에 많은 사람들이 마르크스의 원리들에서 그 이상의 것을 보기를 고집했고, 그리하여 스승이 내놓은 명제들과는 생판 다른 어떤 것을 생각해내기에 이르렀다. 하지만 그 따뜻한 선전 구호들은 마르크스 분석의 본질에 영향을 미치지 않는다.

그렇다면 마르크스에게도 스승이 있었을까? 있었다. 마르크스 경제학에 대한 진정한 이해는 그가 리카도David Ricardo, 1772~1823의 제자였다는 점을 파악하는 데서 시작된다. 마르크스의 논증이 리카도의 명제들로부터 시작된다는 점, 그리고 리카도로부터 입론의 기술을 배웠다는 점 등으로 미루어보아 마르크스는 리카도의 제자가 분명하다. 그는 언제나 리카도의 분석 도구들을 사용했다. 그가 겪은 이론적 문제는 곧 리카도를 깊이 연구하는 과정에서 발생한 어려움들이었고, 또 그 연구로부터 더 개척해야 할 과제의 암시를 얻었다. 마르크스 자신도 이 정도는 인정했다. 하지만 리카도에 대한 자신의 태도는 사숙私淑하는 것이었지, 교수를 찾아가서 그의 말을 곧이곧대로 받아쓰는 제자의 태도, 가령 인구의 과잉과 과잉 상태의 인구에 대한 얘기를 연속적으로 듣고 이어 인구 과잉을 가져오는 기계류에 대한 얘기를 들은 다음 집으로 돌아가서 그것을 곰곰이 생각하며 해결하려는 제자, 다시 말해 시키는 것만 하는 그런 제자의 태도는 아니었다. 마르크스 자신도 그런 것은 인정하지 않았을 것이다. 따라서 마르크스 논쟁의 찬반 양파가 모두 이런 태도에 대해서 혐오감을 느끼는 것은 이해할만한 일이다.

마르크스 경제학에 영향을 미친 사람은 리카도만이 아니었다. 마르크스는 전반적 경제 과정의 근본 개념들을 케네François Quesnay, 1694~1774에게서 배웠다. 하지만 이런 작은 책자에서 이들 두 사람 이외에 더 자세히 언급하는 것은 번거로운 일이다. 1800년과 1840년 사이에 노동 가치론을 개발하려 했던 한 무리의 영국 저작가들이 많은 암시와 세부 사항들을 제시했겠지만, 이것은 리카도의 경제 사상을 언급함으로써 충분히 커버된다고 생각한다. 마르크스가 가까이 지냈으면서도 불친절하게 대한 몇몇 저작가들, 그러니까 여러 점에서 마르크스의 사상과 나란히 달린 시스몽디Jean Charles Léonard Simonde de Sismondi, 1773~1842, 로트베르투스Johann Karl Rodbertus, 1805~1875, 존 스튜어트 밀도 논외로 하겠다. 마찬가지 이유로 주된 논지와 직접 관련이 없는 것들도 모두 제외하겠다. 가령 마르크스는 화폐 분야에 취약하여 리카도의 수준에 육박하지 못했다.

이제부터 마르크스의 경제 사상을 아주 간략하게 개요만 말하겠다. 그러다보니 『자본론』의 구조와 관련하여 여러 면에서 불가피하게 부당한 논평을 하게 될 것임을 미리 밝혀둔다. 이 책은 부분적으로 미완이고, 부분적으로 성공적인 공격 때문에 타격을 입었지만 여전히 위대한 저서이다. 그리하여 아직도 그 웅장한 스카이라인을 우리 앞에 펼쳐 보인다!

(1) 마르크스는 노동 가치론을 이론적 분석의 주춧돌로 삼았다는 점에서 당대의 많은 이론가들 및 후대의 이론가들과 사상적 궤적을 같이 한다. 그의 가치론은 리카도의 것이다. 그러나 타우시그Frank William Taussig, 1859~1940 교수 같은 저명한 권위자는 이에 동의하지 않으며 둘 사이의 차이점을 강조한다. 물론 어휘, 연역 방법, 사회학적 의미 등에서는 많은 차이가 있지만, 순수 원리의 측면에서는 별 차이가 없다. 오늘날의 이론가에게는 다른 것보다 이 원리가 중요하다.[02] 리카도와 마르크스는 이렇게 주장한다. 모든 상품의 가치는 (완전 균형과 완전 경쟁의 상태에서) 그 상품에 투입된 노동의 양量에 비례한다. 단, 이 노동은 기존 생산 효율성의 기준을 준수하는 것이어야 한다("사회적으로 필요한 노동량"). 두 경제학자는 노동량을 작업 시간으로 측정하고, 노동의 서로 다른 품질을 단일 기준으로 환원시키기 위하여 동일한 방법을 사용한다. 두 학자는 이런 접근 방법에 수반되는 한계 때문에 유사한 어려움에 봉착한다(다시 말해, 마르크스는

리카도의 이론을 따르면서 똑같은 어려움에 직면한다). 두 학자는 독점이나, 소위 불완전 경쟁에 대해서는 별반 유익한 말을 해주지 않으며, 동일한 논증으로 비판가들에게 답변한다. 마르크스의 논증은 리카도에 비해 덜 공손하고, 더욱 장황하며, 더 "철학적"이다.

노동 가치론이 불만족스럽다는 것은 누구나 알고 있다. 이 이론을 두고 진행되어온 엄청난 찬반 논의에서 어느 한쪽이 일방적으로 옳은 것은 아니었다. 반대파도 많은 잘못된 논증을 내세웠다. 과연 노동이 경제 가치의 진정한 "원천" 혹은 "원인"인가 하는 문제는 핵심 사항이 아니다. 그러나 이 질문은 사회 철학자들에게는 아주 중요한 것이었다. 왜냐하면 그들은 이 질문으로부터 제품에 대한 윤리적 주장을 내세우려 했기 때문이다. 그리고 마르크스 자신도 문제의 이런 측면에 무관심하지 않았다. 그러나 실제 과정들을 기술하거나 설명해야 하는 실증적 학문인 경제학은 그보다 더 핵심적인 질문을 갖고 있었다. 그 질문은 이러하다. 노동 가치론은 분석의 도구로서 잘 작동하는가? 그런데 그 작동 상태가 별로 신통치 않다. 바로 이것이 진짜 문제이다.

첫째, 이 이론은 완전 경쟁 이외의 상황에서는 작동하지 않는다. 둘째, 설사 완전 경쟁이 유지된다 하더라도 노동이 생산의 유일한 요소이고 그나마 노동이 단 한 가지인 경우[03]에만, 이 이론은 **원활하게** 작동한다. 이 두 가지 조건이 충족되지 않으면 추가 전제 조건이 도입되어야 하고, 그 경우 분석적 어려움은 너무나 커져서 이론이 아예 유지되지 않는다. 따라서 노동 가치론을 바탕으로 하는 추론은 실제적 중요성이 별로 없는 아주 특별한 경우의 추론이다. 물론 상대적 가치들의 역사적 경향에 대한 개략적 접근 방법이라면, 이 이론은 나름대로 쓸모가 있을지 모르나 여기서는 논외로 하겠다. 이것을 대체하는 이론 — 초창기에는 그렇게 알려졌고 지금은 다소 낡은 용어가 된 한계 효용론 — 은 여러 점에서 노동 가치론보다 우수하다. 훨씬 포괄적일 뿐 아니라 여러 국면에 똑같이 잘 적용된다. 가령 독점과 불완전 경쟁의 경우에도 잘 작동하고, 그 외의 다른 요소들의 존재나 다양한 품질을 가진 노동들이 있을 경우에도 잘 작동한다. 더욱이 우리가 이 이론에다 위에서 말한 제약적 조건들("상품의 가치는 노동의 양에 비례한다")를 적용해도, 그로부터 가치와 노동량 사이의 비례성이 도출된다.[04] 따라서 마르크스주의자들이 처음에 의심했던 것처럼, 한계 효용 가치 이론의 타당성을 의심한다는 것은 이제 완전히 어리석은 일이다. 뿐만 아니라 노동 가치론을 "틀렸다"고 말하는 것도 부정확한 표현이다. 이 이론은 이제 죽어서 땅에 묻힌 것이다.

(2) 리카도도 마르크스도 이런 출발점으로 인한 자신들의 허약한 입장을 완벽하게 인식하지 못한듯하다. 하지만 그들은 몇 가지 취약점은 분명하게 인식했다. 특히 두 학자는 자연력自然力의 서비스라는 요소를 제거하는 문제로 씨름했다. 물론 노동 가치론의 정당성을 주장할 때에는 이 요소가 생산과 분배의 과정에서 아무런 위치도 차지하지 못한다. 리카도의 지대 (토지 임대료) 이론은 본질적으로 그런 요소를 제거하기 위해 나왔고, 마르크스 이론은 또 다른 사례이다. 그런데 우리가 임금을 처리해주는 것처럼 자연스럽게 지대를 처리해주는 분석 도구를 갖고 있으면, 모든 분석적 어려움이 사라진다. 이 경우 절대 지대와 차등 지대를 구분하는 마르크스 이론의 본질적 장단점이나, 마르크스 이론과 로트베르투스 이론의 관계 등에 대해서 더 이상 언급할 필요가 없게 된다.

설사 우리가 이 문제는 그냥 넘어간다 하더라도 생산 수단의 축적이라고 볼 수 있는 자본(이 생산 수단이라는 것도 생산되는 것인데)이 존재하고, 여기서 또 다른 난점이 생겨난다. 리카도는 이 문제를 아주 간단하게 생각했다. 그의 저서 『정치 경제학과 조세의 원리들*On the Principles of Political Economy and Taxation*』 제1장 4절에서 그는 다음과 같은 사실을 당연시한다. 즉,

공장, 기계, 원자재 같은 자본재가 상품 제작에 사용되었을 경우, 거기서 나온 상품은 이 자본재 소유주에게 순이윤을 올려주는 가격으로 팔리게 된다. 리카도는 이 사실이 경과된 시간과 관련이 있다고 생각했다. 노동의 투입에서 판매 가능한 제품이 나오기까지 시간이 경과되는데, 그것이 "투입된" 노동 인시人時•(인원 수×노동 시간) — 자본재의 생산에 들어간 인시를 포함 — 와 제품의 비례성에서 나오는 제품의 실제 가치를 왜곡시킨다. 그러니까 이 시간 경과가 기업들마다 다를 경우, 판매 제품의 가격 차이가 발생한다는 것이다. 리카도는 이것(시간 경과에 의한 가치 차이)이 자신의 노동 가치론에서 자연스럽게 도출되는 것인 양 세련되게 말했으나, 실은 그 이론을 반박하고 있는 것이다. 리카도는 여기까지만 말하고선 이와 관련된 몇 가지 2차적인 문제들로 넘어갔는데, 자신의 이론이 가치의 기본적 결정 요인을 잘 설명한다고 생각한듯하다.

마르크스 또한 이 사실을 도입하고, 받아들이고, 토론했으나, 그것을 의문시하지 않았다. 하지만 그는 이것이 노동 가치론을 반박하고 있다는 것도 깨달았다. 또한 리카도가 이 문제를 부적절하게 다루었다는 것을 깨달았다. 그는 리카도가 제시한 형태로 이 문제를 받아들여 진지하게 탐구했다. 리카도가 수백 개 문장으로 다룬 문제를 마르크스는 수백 페이지에서 다룬다.

• 인시人時(man-hour)란 3년 이상의 숙련자가 한 시간 동안 할 수 있는 작업량을 의미하며 생산성과 직결된다. 즉, 1인 1시간의 업무량을 뜻한다. 이는 생산 공정을 각 단위 작업으로 나누어 작업에 필요한 인원을 산정한 후 단위 작업의 작업 표준 시간을 설정하고, 특별한 문제없이 이를 한 시간 동안 수행했을 경우 어느 정도의 분량을 생산할 수 있는지 측정하는 것이다. 작업자의 능력은 개인마다 차이가 있어서 작업 시 작업자의 기술 수준을 숙련공(1.00), 준숙련공(0.75), 미숙련공(0.5)로 분류한다. 예를 들어 숙련공 한 사람이 8시간 작업하였다면 8인시가 된다.

(3) 그렇게 하면서 그는 관련된 문제의 본질을 더욱 깊이 인식했고, 또 자신이 물려받은 개념적 도구를 더욱 개선시켰다. 가령 그는 리카도의 불변 자본과 가변 자본이라는 구분을 고정 자본과 유동(임금) 자본으로 대체했고, 생산 과정의 지속 기간이라는 리카도의 초보적 개념을 "자본의 유기적 구조"라는 보다 엄정한 개념으로 대체했다. 이 구조는 고정 자본과 유동 자본의 상호 관계에 바탕을 두고 있다. 마르크스는 또한 자본 이론에 다른 많은 기여를 했다. 하지만 여기서는 자본에 대한 순이윤, 즉 착취 이론에 대해서만 집중하겠다.

일반 대중은 자신들이 좌절을 느끼고 착취를 당한다는 생각을 늘 하는 것은 아니다. 하지만 그들을 위해 어떤 이론을 정식화하려는 지식인들은 그들이 늘 그런 생각을 한다고 말하는데, 그들의 말에 반드시 정확한 의미가 깃들어 있는 것은 아니었다. 설령 마르크스가 좌절이나 착취라는 말을 쓰지 않으려 했어도, 결국 그렇게 하지 못했을 것이다. 그의 능력이나 업적으로 미루어보아 그는 다양한 예전 논증들의 취약점을 잘 알고 있었을 것이다. 마르크스 이전의 대중 심리를 연구한 스승들은 착취가 어떻게 발생했는지 그것을 파헤치는 논증을 폈으나 대체로 허약했으며, 그런 허약한 논증들은 심지어 오늘날에도 평범한 과격파의 단골 메뉴가 되고 있다. 그러나 협상력과 기만술을 비난하는 이런 통상적인 슬로건들은 마르크스를 만족시키지 못했다. 그는 착취가 개별적 상황에서 산발적으로 또 부수적으로 발생하는 게 아님을 증명하려 했다. 자본주의 체제의 논리에서 착취는 필연적으로 발생하며 개인의 의도와는 무관하다는 것을 보여주려 했다.

그가 착취를 증명한 방식은 이러하다. 노동자의 두뇌, 근육, 신경은 말하자면 노동력의 밑천을 형성한다(일반적으로 Arbeitkraft라는 독일어는 보통 노동력으로 번역되나 썩 만족스러운 번역어는 아니다). 마르크스는 이

밑천이 확정적 수량으로 존재하는 실체의 일종이고, 자본주의 사회에서는 여느 다른 상품들과 마찬가지로 상품으로 취급된다고 보았다. 우리는 노예 제도를 생각하면서 이 문제에 대한 생각을 정리해볼 수 있다. 마르크스는 임금 노동이나 노예의 매입 사이에는 본질적으로 차이가 없다고 보며, 단지 2차적인 차이들이 많다고 보았다. "자유로운" 노동 시장의 고용주는 노예 제도처럼 노동자를 사들이는 것이 아니라, 노동력의 총계 중 어떤 확정적인 부분을 사들인다.

이런 의미에서의 노동(노동의 서비스나 실제 투입된 인시人時가 아닌)은 상품이기 때문에, 가치 법칙이 그 노동에 적용된다. 다시 말해 완전 균형과 완전 경쟁의 상태 아래에서 노동은 제품 "생산"에 들어간 노동 **시간**들의 숫자에 비례하는 임금을 올리게 된다. 하지만 노동자의 체내에 축적되어 있는 잠재 노동의 스톡stock(비축분)을 "생산"하기 위해 몇 단위(숫자)의 노동 **시간**들이 들어갔는가? 그러니까 노동자를 키우고, 먹이고, 입히고, 재우는 데 이미 들어갔고 현재도 들어가는 노동 **시간**들의 숫자 말이다.[05] 이것이 그 스톡의 가치를 구성한다. 만약 노동자가 그 품목의 부분들 — 가령 며칠, 몇 주, 혹은 몇 년으로 표시된 것 — 을 판다면 그는 그 부분들의 노동 가치에 상응하는 임금을 받게 될 것이다. 이것은 노예를 판매하는 노예 상인이 완전 균형의 상태에서 노동 **시간**들의 총수에 비례하여 가격을 받는 것과 똑같다. 이렇게 해서 마르크스는 저 흔한 대중적 구호들로부터 조심스럽게 벗어난다. 그 구호는 대개 이렇게 외치는 것들이다. 자본주의 노동 시장에서 노동자는 강탈당하거나 기만당한다. 노동자는 개탄할 정도로 취약한 입장에 있기 때문에 일방적으로 제시된 조건들에 그냥 복종할 수밖에 없다. 하지만 문제는 이렇게 간단하지가 않다. 노동자는 자신의 노동력에 대하여 온전한 가치를 얻고 있는 것이다.

그러나 "자본가들"이 일단 잠재 서비스의 스톡을 획득하면, 그들은 노동자로 하여금 그 스톡 혹은 잠재 품목을 생산하게 만드는 데 들어가는 것보다 더 많은 시간을 일하게 만드는 — 실제적으로 더 많은 서비스를 강요하는 — 입장을 취하게 된다. 이런 의미에서 그들은 실제 지불한 것보다 더 많은 노동 시간을 강요할 수 있다. 그 결과 생산된 제품은 거기에 들어간 인시人時에 비례하는 가격에 팔릴 것이므로, 두 가치 사이에는 차이가 발생한다. 이 가치 차이는 오로지 마르크스 가치 법칙의 **운영 방식**에서 생겨나는데, 자본주의 시장의 메커니즘에 의해 필연적으로 자본가에게 돌아간다. 이것이 잉여 가치Mehrwert이다.[06] 이것을 착복함으로써 자본가는 노동을 "착취한다." 비록 자본가는 노동자들에게 노동력의 온전한 가치를 지불하고, 또 판매 제품의 온전한 가격을 소비자들로부터 지급받지만 말이다. 여기서 또다시 지적해두지만, 마르크스는 착취를 설명하면서 불공정한 가격 책정, 제품 생산의 제약, 제품 시장의 속임수 따위에 호소하지 않는다. 마르크스는 물론 이런 관행들이 있다는 것을 부정하지 않는다. 하지만 그는 이런 것들의 실상을 꿰뚫어 보았고 그래서 그것들로부터 근본적인 결론을 도출하지 않는다.

지나가는 김에 하는 말이지만, 우리는 이러한 논증의 교묘한 교육 방식을 찬탄하게 된다. 착취라는 용어는 이제 일상적 의미에서 크게 벗어나 독특한 뜻을 갖게 되었다. 하지만 이러한 용어의 뜻이 과연 자연법이나, 계몽 시대의 학자나 저술가들의 철학으로부터 지지를 받을 것인지는 의심스럽다. 그럼에도 불구하고 이 용어는 과학적 논증의 울타리 안으로 받아들여졌고, 그리하여 마르크스의 싸움을 수행하며 전진하는 제자들을 크게 위로해주었다.

이 과학적 논증의 장점에 대하여 우리는 그에 따른 두 가지 측면을 조심스럽게 검토해야 한다. 그중 한 측면은 비판가들에 의해 지속적으로 무시되었다. 정태적靜態的(안정된) 경제 과정 이론의 일상적 수준에서 볼 때, 마르크스 자신의 전제 조건하에서도 잉여 가치론은 유지되기 어렵다. 설사 노동 가치론이 다른 모든 제품에도 타당하게 적용된다고 양보하더라도, 이것을 노동이라는 제품에는 적용할 수가 없다. 노동을 상품과 동일시하는 것은 노동자가 기계류처럼 합리적 비용 계산에 의해 생산된다고 전제하는 것이기 때문이다. 그러나 노동자는 기계처럼 생산되는 존재가 아니므로 노동력의 가치가 "생산"에 들어간 인시人時와 비례한다고 전제할 근거가 없다. 논리적으로 볼 때, 마르크스가 라살레Ferdinand Lassalle, 1825~1864의 임금 철칙을 받아들였거나 리카도가 그랬던 것처럼 맬서스Thomas Robert Malthus, 1766~1834의 노선을 따라서 논증했더라면, 그는 자신의 입장을 한결 개선했을 것이다. 하지만 마르크스는 어리석게도 그렇게 하지 않았고, 그의 착취 이론은 시작부터 중요한 지지대들 중 하나를 잃고 말았다.[07]

게다가 모든 자본가-고용주들이 착취 이윤을 올리는 상황에서는 완벽하게 경쟁적인 균형이 존재하지 않는다. 이런 경우, 그들은 개별적으로 생산을 늘리려 들 것이고, 이런 움직임의 대대적 효과는 불가피하게 임금 비율을 상승시키고 관련 이윤을 제로 수준으로 떨어트릴 것이다. 이런 사태를 설명하고 시정하기 위해서는 불완전 경쟁의 이론을 꺼내들고, 경쟁 작용의 마찰을 인정하며, 그 작용에 제도적 억제를 도입함으로써, 또 화폐, 신용(금융), 기타 영역에서 장애가 발생할 수 있다는 가능성을 강조함으로써, 다소 성과를 거둘 수 있다. 그러나 이런 방식으로도 사태를 단지 어느 정도 설명할 수 있을 뿐 완전하게 설명하지는 못한다. 마르크스는 이런 불완전한 설명 따위는 마음속 깊이 경멸했을 것이다.

하지만 이 문제에는 또 다른 측면이 있다. 마르크스는 자신이 간단히 패배당할 곳을 전투 지역으로 선정하지 않았다. 이것은 마르크스의 분석적 목표를 살펴보면 금방 알 수 있다. 잉여 가치론은 완전 균형 상황하의 정태적 경제 과정에서나 통하는 주장일 뿐이다, 라고만 생각하면 그를 패배시키기 쉽지 않다. 왜냐하면 그의 분석 목표는 균형 상태가 아니기 때문이다. 마르크스는 자본주의 사회가 그런 상태를 결코 획득하지 못한다고 보았고, 오히려 경제 구조상 끊임없는 변화의 과정을 거쳐 나간다고 생각했다. 따라서 위와 같은 노선에 입각한 비판은 완벽하게 결정적이지가 못했다. 잉여 가치는 완전 균형하에서는 불가능할지 모르지만 경우에 따라서는 실현될 수도 있다. 왜냐하면 그 균형이라는 것은 스스로 확립되는 게 아니기 때문이다. 잉여 가치는 언제나 사라지는 **경향**이 있지만 꾸준히 재창조되기 때문에 실제로 나타나기도 한다. 그러나 이런 옹호론은 노동 가치론(특히 상품으로서의 노동에 적용할 경우)이나 위에서 설명한 착취 논증을 구제해주지 못한다. 그것은 우리로 하여금 결과(잉여 가치가 나타난 결과)에 대하여 좀 더 우호적인 해석을 내리도록 도와줄 것이다. 그러나 만족스러운 잉여 이론은 결국 잉여 가치로부터 마르크스적인 함의를 박탈하는데, 이 측면은 상당히 중요하다. 이것은 마르크스의 경제 분석 도구에 새로운 빛을 던진다. 또 마르크스의 분석 도구가 그 근본으로부터 파괴적인 비판을 당했음에도 완전히 파괴되지 않은 이유를 상당 부분 설명해준다.

(4) 마르크스 학설에 대한 논의가 통상적으로 진행되는 수준으로 나아가려고 하면 우리는 점점 더 어려운 국면으로 빠져든다. 아니, 그보다는 어떤 종교의 신자들이 교주를 따라가려고 할 때의 당혹감을 느끼게 된다. 우선 잉여 가치론은 위에서 언급한 것처럼 노동 가치론과 명백한 경제 현실의 차이에서 생겨나는 문제들을 잘 해결해주는 것이 아니라, 그것들을 더 강조한다. 왜냐하면 그 이론에 따르면 고정 자본—그러니까, 비非임금 자본—은 제품의 생산에서 아무런 가치도 상실하지 않기 때문에 제품에 아무런 가치도 전달하지 않는다. 오로지 임금 자본만이 가치를

전달한다. 따라서 획득된 이윤은 자본의 유기적 구성 비율에 따라 회사들마다 다르다. 마르크스는 자본가들 사이의 경쟁이 잉여 가치의 전체적 "덩어리"의 재분배를 유도할 것이라고 보았다. 그러니까 각 회사는 회사 총자본에 비례하여 이윤을 올리고 또 이윤의 개별적 비율이 평준화되리라고 보았다. 우리는 여기에서 하나의 난점을 본다. 불건전한 이론[08]을 도입하려는 시도에서는 언제나 가짜 문제들의 클래스(부류)가 생겨나고, 절망적인 견해들의 클래스가 해결안으로 제시된다. 하지만 마르크스는 그런 해결안 때문에 균일한 이윤 비율이 확립되고, 또 상품들의 상대적 가격이 노동 관련 가치로부터 일탈할 수 있다고 생각한다.[09] 뿐만 아니라 그의 이론이 고전 경제학 원리에서 중요한 위치를 차지하는 또 다른 "법칙"을 설명해준다고 본다. 그 법칙은 이윤 비율은 하락하는 내재적 경향을 갖는다는 것이다. 임금재貨金材 산업에서 총자본 중 상대적으로 중요한 고정 자본이 증가하게 되면 이런 현상이 벌어진다는 그럴듯한 설명인 것이다. 만약 이들 산업에서 공장이나 설비의 상대적 중요성이 증가하고(자본주의의 발전에 따라 그렇게 되기 마련인데), 반면에 잉여 가치의 비율이나 착취의 정도가 예전과 같다면, 총자본에 대한 이윤율은 전반적으로 하락하게 된다. 이 논증은 많은 찬사를 받았다. 하지만 마르크스 자신은 이런 찬사를 어떻게 보았을까? 자신의 이론이 자신이 의도하지 않은 현상을 설명하는 데 동원되는 것을 보고서 야릇한 만족을 느끼는 그런 심정이 아니었을까? 마르크스가 이 논증을 도출하면서 저지른 오류들과 무관하게 이 논증의 장점만을 따져보는 것은 흥미로운 일이다. 하지만 여기서는 그렇게 하지 않겠다. 그 논증은 전제 사항들의 오류에 의해 충분히 비난되었기 때문이다. 하지만 이와 비슷하지만 같지는 않은 명제가 마르크스 동력학의 가장 중요한 "힘들"의 하나를 제공해주고, 또 착취 이론과 마르크스의 다음 분석 도구인 축적 이론을 연결시켜준다.

노동을 착취하여 생긴 전리품의 대부분(마르크스 제자들 중 일부에 따르면, 전부)은 자본가들에 의하여 자본, 즉 생산 수단이 된다. 마르크스의 현란한 선전 구호가 불러일으키는 함의를 배제하고 그 자체만 놓고 보면, 이것은 저축과 투자라는 용어로 간단히 설명될 수 있다. 그러나 마르크스는 이런 단순한 사실만으로는 성에 차지 않았다. 자본주의 과정이 필연적 논리 속에서 전개되려면 저축과 투자는 이 논리의 한 부분이 되어야 했고, 다시 말해 필연적 사항이 되어야 했다. 또 이런 필연성이 자본가 계급의 사회 심리학에서 흘러나온다는 설명도 성에 차지 않았다. 가령 막스 베버는 그런 사회 심리학의 좋은 사례이다. 베버는 청교도적 태도 ― 이윤을 쾌락의 탐닉에 사용하는 것을 절제하는 태도는 이런 패턴과 잘 들어맞는다 ― 가 자본주의적 행동의 인과적 결정 요인이라고 진단했다. 마르크스는 이런 방법론에서 도움을 얻는 것을 경멸하지 않았다.[10] 하지만 그가 구상하는 시스템을 위해서는 이것보다 더 강력하고 더 실제적인 어떤 것이 있어야 했다. 자본가들의 의사와 상관없이 자본가들을 축적하도록 강요하는 어떤 것, 그런 축적의 심리 패턴을 강력하게 설명해줄 수 있는 어떤 것 말이다. 그리고 다행스럽게도 그런 것이 있었다.

저축 충동의 본질을 설명하는 데 있어서 나는 편의상 단 한 가지 점에 있어서 마르크스의 가르침을 그대로 따르고자 한다. 그는 자본가 계급의 저축이 **그 사실 자체로서** *ipso facto* 실질 자본의 증가에 상응한다고 암시했다.[11] 이러한 움직임은 총자본의 가변 부분인 임금 자본에서 먼저 발생한다. 설사 그 의도가 고정 자본, 특히 리카도가 말한 불변 자본(특히 기계류)을 증가시키는 것이라고 할지라도 말이다.

마르크스의 착취 이론을 논의하면서 나는 다음과 같은 점을 지적했다. 완전 경쟁적 경제하에서 착취 이윤은 자본가들로 하여금 생산을 확대하도록 유도하거나, 생산의 확대를 시도하게 한다. 왜냐하면 자본가의 입장에서는 그렇게 하는 것이 더 많은 이윤을 올릴 수 있기 때문이다. 그래서 자본가들은 축적을 한다. 그런데 이런 축적의 대대적 효과는 제품 가격의 하락을 통하여 혹은 결과적인 임금 비율의 상승을 통하여 잉여 가치를 축소시키는 경향이 있다. 이것은 자본주의에 내재된 모순을 보여주는 아주 그럴듯한 사례로서 마르크스는 이런 모순을 아주 소중하게 생각했다. 이런 경향은 개별 자본가들이 축적을 강제당하는 또 다른 이유가 된다.[12] 하지만 이것은 전체 자본가 계급의 상황을 더욱 악화시킨다. 심지어 이와는 다른 정태적 과정에서도 일종의 축적 충동이 발생한다. 이미 위에서 언급한 것처럼 이 과정은 안정된 균형 상태에 이르지 못하고 축적이 잉여 가치를 제로 수준으로 떨어트려 자본주의 그 자체를 파괴한다.[13]

하지만 훨씬 더 중요하고 또 훨씬 더 강제적인 것은 다른 어떤 것이다. 사실 자본주의 경제는 정태적이지도 않고, 또 그렇게 될 수도 없다. 그 경제는 꾸준한 방식으로 내내 확대되어 나가지도 않는다. 그것은 새로운 기업에 의해 **내부로부터** 끊임없이 변혁을 이루어나간다. 즉 그 어느 때든 새로운 상품, 새로운 생산 방법, 새로운 상업적 기회가 기존 산업 구조로 흘러드는 것이다. 기존 구조와 사업 수행 조건들은 언제나 변화하는 과정 속에 있다. 어떤 상황은 제대로 정착되기도 전에 뒤집힌다. 자본주의 사회에서 경제 발전은 곧 동요를 의미한다. 우리가 다음의 2부에서 살펴보겠지만, 이런 동요 속에서, 경쟁은 정태적인 과정(비록 경쟁적이라 할지라도)에서 작동하는 것과는 완전 다르게 작동한다. 새로운 제품을 생산하여 이윤을 올릴 가능성, 낡은 제품을 더 값싸게 생산하여 이윤을 올릴 가능성 등이 한결같이 발생하며 새로운 투자를 요구한다. 이런 새로운 제품과 새로운 방법은 낡은 제품 및 낡은 방법과 공평한 조건에서 경쟁하는 것이 아니라 후자에게는 죽음을 안겨주는 불공평한 방식으로 경쟁한다.

이것이 자본주의 사회에서 "발전"이 이루어지는 방식이다. 가격에서 남한테 밀리는 것을 피하기 위해 **모든** 회사는 결국 남들 하는 대로 투자를 해야 하고, 그렇게 하기 위해서는 이윤의 일부를 재투자, 즉 축적해야 하는 것이다.[14] 이렇게 하여 누구나 축적을 한다.

그런데 마르크스는 이러한 산업 변화의 과정을 분명하게 보았고, 당대의 그 어떤 경제학자보다 원숙하게 그 핵심적 중요성을 알아보았다. 물론 이렇게 말한다고 해서 그가 축적의 본질을 정확하게 이해했다거나 그 메커니즘을 정확하게 분석했다는 뜻은 아니다. 그는 그 메커니즘을 단순히 자본 덩어리의 동력학mechanics으로 보았다. 그는 진취적 기업 정신을 설명하는 타당한 이론이 없었고, 기업가와 자본가를 구분하지 못했으며, 결점 많은 이론적 테크닉을 구사했다. 이 때문에 많은 불합리한 추론*non sequitur*•을 내세우고 많은 오류를 저질렀다. 하지만 자본주의 과정에 대하여 비전을 갖고 있는 것만으로도 마르크스가 구상한 여러 목적에 충분히 소용이 되었다. 마르크스의 논증에서 타당한 근거가 따라 나오지 않으면 다른 사람의 논증에서 따라 나오게 만듦으로써 그의 불합리한 추론은 결정적 하자를 모면했다. 노골적인 오류와 잘못된 해석도 그것들(오류와 해석)이 발생하는 논증의 전반적 방향이 정확하면 그런대로 구제가 되었다. 특히 그것들은 분석의 다음 단계들을 방해하지 않도록 유도되었다. 이런 역설적 상황을 이해하지 못하는 비판가들은 그 다음 단계들을 구제 불능의 엉터리라고 생각했다.

우리는 앞에서도 이런 사례를 보았다. 있는 그대로 놓고 보면 마르크스의 잉여 가치론은 유지될 수 없는 것이다. 자본주의 과정이 비용에 대한

• 불합리한 추론이란 타당한 근거가 따르지 않는 추론. 직역하자면 "근거가 뒤따르지 않음."

일시적 잉여 이윤들을 파상형으로 발생시키기 때문에(물론 비非마르크스적인 방식으로 발생시키지만) 다른 이론들은 타당한 것으로 간주되고, 그리하여 축적과 관련된 마르크스의 다음 단계는 예전의 오류들로부터 치명적 피해를 입지는 않는 것이다. 마찬가지로 마르크스는 자신의 논증에서 아주 중요한 개념인 축적의 충동을 만족스럽게 설명하지 못했다. 하지만 이런 설명의 단점 때문에 큰 피해를 입지는 않았다. 왜냐하면 이미 언급한 방식(다른 사람의 논증에서 나오게 하는 방식)으로, 우리 자신이 더 만족스러운 설명을 내놓을 수 있기 때문이다. 가령 이윤의 하락은 적절하게도 올바른 자리를 찾아들어간다. 총 산업 자본에 대한 누적 이윤 비율은 마르크스가 제시한 이유(고정 자본은 유동 자본에 비하여 상대적으로 증가한다)나 혹은 다른 이유로 인해 반드시 저하된다고 볼 수 없다.[15] 이미 살펴본 바와 같이 모든 개별 공장의 이윤은 새로운 제품이나 새로운 방법으로부터 끊임없는 실제적·잠재적 위협을 받고 있고, 또 그 때문에 조만간 이윤이 손실로 바뀌게 된다는 점만 지적하면 충분하리라 본다. 그리하여 우리는 타당성이 의심스러운 마르크스 논증의 관련 부분들에 의지하지 않고서도 강력한 추동력을 얻었고, 고정 자본은 잉여 가치를 생산하지 않는다는 마르크스의 명제에 맞서는 유사한 명제까지 얻게 되었다. 이렇게 된 것은 개별적으로 모아 놓은 자본재의 집합이 영원히 잉여 가치의 원천으로 남을 수 없기 때문이다.

또 다른 사례는 마르크스의 연쇄 논리에서 다음 연결 고리가 되는 집중화 이론이다. 그는 자본주의 과정이 산업 공장과 통제 단위의 규모를 계속 증가시키는 경향이 있다고 진단했다. 그의 화려한 선전 구호를 제외하고, 마르크스가 이에 대하여 내놓는 설명은 결국 이런 멋없는 진술에 불과하다.[16] "경쟁의 전투는 상품의 저렴화에 의해 치러지며" 저렴화는 **다른 조건들이 동일하다면**caeteris paribus "노동의 생산성에 달려 있다." 생산성은 다시 생산 규모에 달려 있고, "대자본은 소자본을 이긴다."[17] 이것은 경제학 교과서에 나와 있는 그대로이고, 그 자체로는 그리 심오하거나 찬탄할 만한 것은 아니다. 하지만 이 정의는 오로지 개별 "자본들"만 강조하기 때문에 부적절하다. 게다가 마르크스는 자본의 효과를 기술하는 데 있어서 독점이나 과점을 거의 무시하는 테크닉을 구사함으로써 많은 어려움을 겪는다.

하지만 많은 비非마르크스 경제학자들이 이 집중 이론을 높이 평가하는 데에는 상당한 이유가 있다. 우선 마르크스 당시의 상황을 놓고 볼 때, 대기업의 등장을 예측한 것은 그 자체로 하나의 업적이다. 하지만 그는 거기서 그치지 않고, 예측 이상의 것을 했다. 그는 자본의 집중을 축적 과정에다 산뜻하게 연결시켰고, 또 집중이 후자(축적 과정)의 한 부분이라고 판단했다. 집중은 축적 패턴의 한 부분일 뿐만 아니라 그 논리의 필연적 결과라는 것이다. 그는 어떤 결과는 정확하게 예측했다. 가령 "계속 늘어나는 개별 자본의 덩어리는 생산 방식의 지속적인 혁명을 이끌어내는 구체적 바탕이 된다"고 예측했다. 마르크스는 이것 이외에도 일방적이거나 왜곡된 방식으로 여러 가지 결과를 예측했다. 그는 계급 투쟁과 정치라는 발전기發電機를 가지고 자본과 축적의 분위기에 전기電氣를 집어넣었다. 마르크스는 이것만 가지고도 건조한 경제 이론을 훌쩍 뛰어넘는 설명을 할 수 있었다. 특히 자기만의 상상력을 가지지 못한 사람들은 이런 설명을 좋아했다. 그리고 더 중요한 사실은 마르크스가 이론 구도상 불충분한 개별적 특징들, 그리고 전문가의 눈으로 볼 때 엉성한 논증, 이런 것들을 가지고도 별 지장을 받지 않고 자신의 설명을 계속해 나갈 수 있었다는 것이다. 왜? 실제로 산업 재벌들이 생겨나는 중이었고, 이런 재벌들이 장차 만들어낼 사회적 상황 또한 조성되고 있었기 때문이다.

(5) 이제 두 개의 사항만 더 살펴보면 이 스케치를 완성하게 될 것이다.

하나는 마르크스의 궁핍화 이론이고, 다른 하나는 그의(그리고 엥겔스의) 경기 순환론이다. 궁핍화 이론은 구제 불능일 정도로 분석과 비전이 허약하다. 그러나 경기 순환론에서는 분석과 비전이 돋보인다.

마르크스는 자본주의 발달 과정에서 대중의 실질 임금률과 생활 수준이, 좋은 봉급(보수)을 받는 계층에서는 하락하고, 최악의 봉급을 받는 계층에서는 개선되지 않는다고 진단했다. 이런 현상은 우연한 환경적 요인에서 비롯되는 것이 아니라 자본주의 과정의 필연적 논리라고 보았다.[18] 이것은 아주 부적절한 예측이었다. 그래서 모든 유형의 마르크스주의자들은 이 불리한 증거를 극복하기 위해서 고심할 수밖에 없었다. 처음에, 그리고 오늘날까지도 일부 산발적 사례들에서 그들은 임금 통계가 그런 경향을 실제로 입증한다면서 그 "법칙"을 옹호하려 했다. 그러다가 그게 잘 안 되니까, 이 법칙을 다르게 해석하려고 시도했다. 그러니까 이 법칙이 실질 임금률이나 노동자 계급에 돌아가는 절대 분배 몫을 가리키는 것이 아니라, 총 국민 소득에서 노동 소득의 상대적 몫을 가리키는 것이라고 주장한다. 마르크스 저서의 일부 문장들은 이런 주장을 뒷받침하지만, 마르크스의 전반적인 의미와는 상치되는 것이다. 게다가 이런 해석을 받아들인다고 해도 별로 득이 될 게 없다. 왜냐하면 마르크스의 주된 논지는 노동 1인당 **절대적** 분배 몫이 반드시 하락하거나, 하다못해 증가하지는 않는다고 전제하는 것이기 때문이다. 그가 정말로 상대적 몫을 생각했다고 하더라도 그건 마르크스를 더욱 곤란하게 만들 뿐이다. 그렇게 되면 그의 명제가 더욱 우스꽝스럽게 되어버린다. 왜냐하면 총 소득상에서 차지하는 임금과 봉급의 상대적 몫은 해마다 거의 변동이 없고 상당 기간 아주 일정하기 때문이다. 다시 말해 하락의 경향을 전혀 보이지 않는 것이다.

하지만 이 어려움에서 빠져나가는 또 다른 방법이 있다. 어떤 통계적 시간대에서 어떤 경향이 나타나지 않는 수가 있다고 설명하는 것이다. 가령 임금 하락은 자본주의 체제에 내재되어 있어서 반드시 나타나게 되어 있는데, 단지 예외적인 조건들 때문에 발현이 억압되어 있다는 것이다. 이것이 대부분의 현대 마르크스주의자들이 취하는 노선이다. 그 예외적인 조건들이란 바로 식민지의 확장을 가리킨다. 19세기 동안에 새로운 식민지 국가들이 생겨나서 착취의 희생자들에게 "사냥 금지의 계절"을 주었다는 설명이다.[19] 이 문제에 대해서는 다른 부분(2부)에서 언급할 기회가 있을 것이다. 아무튼 식민지 개척의 사실은 이런 수정적 논증에 **기정사실**_prima facie_을 지원하고 있으며, 그리하여 이 논증은 논리상으로도 그럴듯하게 되었다. 또 이것(수정 논증)이 없었더라면 확립되기 어려웠을 임금 하락의 경향을 입증해주는 듯하다.

하지만 진짜 문제는 마르크스의 이론 구조가 그 부문에 있어서도 결코 믿음직스럽지 않다는 점이다. 그의 비전도 결점이 많지만, 분석의 기반 또한 결점 투성이다. 궁핍화 이론의 바탕은 "산업 예비군 이론", 즉 생산 과정의 기계화에 따른 실업의 이론이다.[20] 그리고 산업 예비군 이론은 리카도가 기계류를 다룬 장에서 내놓은 학설에 바탕을 두고 있다. 마르크스의 이 이론은 — 노동 가치론과 함께 — 리카도의 학설에 전적으로 기대고 있고, 마르크스 자신이 보탠 본질적인 것은 하나도 없다.[21] 나는 여기서 순수 이론의 측면만 말하고 있다. 물론 마르크스는 많은 사소한 세부 사항들을 추가했다. 가령 실업의 개념에다가 비숙련 노동자가 숙련 노동자를 대체하는 적절한 일반화도 추가했고, 또 무수한 예증과 수사(선전 구호)를 추가했다. 또 더 중요한 사항으로는 사회 과정의 폭넓은 배경에 대하여 인상적인 무대를 꾸며 보였다.

리카도는 처음에 기계를 생산 과정에 도입하면 대중에게 혜택이 된다는, 예전부터 아주 흔하게 돌아다니던 견해를 받아들이는듯했다. 하지만 이 견해의 전반적 타당성을 의심하게 되자, 리카도는 특유의 솔직함을 발휘하며 자신의 입장을 수정했다. 그는 평소의 그답게 과거 쪽으로 시선을 돌리면서 "과도한 경우를 상상하는" 그의 통상적 방법을 사용하였다. 그리하여 모든 경제학자들에게 잘 알려진 다수의 사례들을 제시하면서, 사태가 정반대로 돌아갈 수도 있음을 증명했다. 그는 이렇게 함으로써 있을 수 있는 하나의 가능성을 입증한 것이었다. 그렇다고 기계화가 총생산과 가격 등에 궁극적 효과를 미쳐서 노동자에게 순 혜택을 가져다줄 수 있음을 리카도가 부인하려는 것은 아니었다.

   리카도의 사례는 그 나름대로 정확하다.[22] 오늘날의 세련된 방법들은 리카도 사례의 결과를 뒷받침한다. 오늘날의 방법들은 리카도 사례가 확립하려는 가능성(갑)을 인정하는가 하면 동시에 그 반대의 가능성(을)도 인정한다. 아니 거기서 한술 더 떠서 갑의 가능성 혹은 을의 가능성을 뒤따라 나오게 하는 형식적 조건들을 제시하기까지 한다. 이것은 물론 순수 이론의 차원이다. 실제 효과를 예측하려면 더 많은 데이터가 필요하다. 리카도 사례는 우리의 목적을 위하여 또 다른 흥미로운 특징을 제시한다. 리카도는 일정한 양의 자본과 일정한 수의 노동자를 가지고 있으면서 기계화 조치를 취하기로 결정한 회사를 상상한다. 이 회사는 일단의 노동자들에게 기계를 건설하는 일을 부여한다. 그 기계가 완성되어 설치되면 회사는 그 일을 하던 노동자 무리를 해고한다. 이윤은 결과적으로 종전과 같은 수준이 될 것이지만(일시적 소득을 희생시키는 경쟁적 조정 후에), 총수입은 이제 "해고해버린" 예전의 노동자들에게 지불한 임금의 똑같은 액수만큼 줄어들 것이다. 고정 자본이 변동(임금) 자본을 대체한다는 마르크스 이론은 이런 사고방식을 복제한 것에 지나지 않는다. 리카도가 강조한 기계화로부터 생겨나는 인구의 **잉여**는 마르크스가 "산업 예비군"의 대체 용어로 사용하는 **잉여** 인구와 똑같은 것이다. 마르크스는 리카도의 가르침을 통째로 가져온 것이다.

그러나 리카도 논증의 제한된 범위 내에서 움직이기만 하면 타당하던 것이, 그 범위를 벗어나는 순간에 완전 불합리한 것이 되어버린다. 또 다른 불합리한 추론이 제시된 것인데, 이번에는 궁극적 결과를 정확하게 내다본 비전vision(자본주의의 멸망)에 의해서도 구제되지 않는다. 마르크스가 이 허약한 토대 위에 세워놓은 상부 구조를 우리가 살펴보는 순간, 이 불합리성은 금방 간파된다. 마르크스 자신도 이것을 느낀듯하다. 왜냐하면 그는 거의 절망적인 몸짓으로 스승의 조건부 비관적 결과에 집착하기 때문이다. 마치 리카도의 강력한 주장이 유일하게 가능한 주장인 양 행동하고 있으며, 그보다 더 절망적인 몸짓으로 리카도의 낙관적 전망을 더욱 발전시킨 학자들과 싸우고 있는 것이다. 리카도는 기계화가 노동자에게 피해를 입히는 곳에서도 노동자에게 보상을 해줄 수 있다고 암시했다. 이것이 소위 보상 이론이라는 것인데, 모든 마르크스주의자들은 만장일치로 이 이론을 혐오한다.

그가 이런 노선을 취해야 할 많은 이유가 있었다. 그는 자신의 산업 예비군 이론을 위하여 확고한 기반을 필요로 했다. 그 이론은 다른 사소한 목적들에도 봉사하지만 무엇보다도 근본적으로 중요한 두 가지 목적에 봉사하는 것이었다. 첫째, 이미 살펴본 바와 같이 그는 자신의 착취 이론을 도와줄 수도 있는 중요한 지지대 하나를 거부했는데 맬서스의 인구 이론이 그것이다. 마르크스는 이 이론 대신에 언제나 존재하고 언제나 재창조되는[23] 산업 예비군을 내세웠다. 둘째, 그가 채택한 협량한 기계화 견해는 『자본론』 제1권 32장에 나오는 장엄한 선전 구호를 작동시키기 위하여 꼭 필요한 것이었다. 나는 그 문장을 여기에 전문全文 인용하겠다. 이런 인용은 우리의 논의에 필요한 범위를 초과하는 것이지만, 마르크스의 기본적 태도를 독자들에게 보여주기 위해서는 필요하다. 마르크스의 이런 태도는 어떤 사람들에게는 열광의 원천이었고, 어떤 사람들에게는 경멸의 대상이었다. 이것이 예언적 진리의 핵심인지 혹은 온갖 잡동사니의 뒤범벅인지 그것은 논외로 하고 말이다.

"이 집중화 혹은 소수의 자본가에 의한 다수의 자본가 수탈과 발맞추어…모든 국가가 세계 시장의 그물에 뒤엉키는 현상이 벌어진다. 또한 이와 함께 자본주의 체제의 국제적 성격이 나타난다. 이 변화 과정을 수탈하고 독점하는 거대 자본가들의 숫자가 점점 감소되면서, 비참, 탄압, 노예제, 타락, 착취 등의 제반 현상이 점점 심화된다. 그러나 이와 함께 노동 계급의 반발도 따라서 커진다. 이 계급은 숫자가 늘 늘어나고 있으며, 자본주의 생산 과정의 메커니즘으로 인해 잘 단련되고, 통합되고, 조직된다. 자본의 독점은 생산 방식에 족쇄가 되며, 이러한 생산 방식은 자본과 함께 자본 아래서 생겨나 성장해온 것이다. 생산 수단의 집중화와 노동의 사회화는 마침내 자본주의 외피와는 양립할 수 없는 지경에 이른다. 이 외피는 터져버린다. 자본주의 사유 재산 제도에 조종이 울려퍼진다. 수탈하던 자들이 수탈당한다."

(6) 경기 순환 분야에서의 마르크스 업적은 평가하기가 아주 까다롭다. 그 업적의 가장 가치 있는 부분들은 수십 개의 관찰과 논평들로 구성되는데, 대부분 산만한 단편으로서 그의 무수한 편지들을 포함하여 전체 저작에 흩어져 있다. 이런 생각의 파편들은 구체적인 육체를 갖추고 나타난 적이 없고, 심지어 마르크스의 머릿속에서도 어쩌면 하나의 작은 씨앗 정도로 존재했을 것이다. 이런 파편들은 누가 그것들을 종합하느냐에 따라 다른 결과를 가져온다. 또 마르크스를 숭배하는 자들의 손에 들어가서는 그 숭배자가 인정하는 해석을 일방적으로 뒷받침하는 증거로 사용되어 원래의 뜻을 훼손시킬 수도 있다.

마르크스의 적과 동지들은 이 문제와 관련하여 논평가의 업무를 제대로 이해하지 못했고, 그건 지금도 마찬가지다. 이렇게 된 것은 마르크스가 이 문제에 대해 다양하고 변화무쌍한 기여를 했기 때문이다. 마르크스가 이 문제를 빈번히 언급했고 또 그의 근본 주제와 깊은 관계가 있다는 것을 보고서, 적이나 동지들은 어떤 간단명료한 마르크스 경기 순환론이 정립될 수 있다고 생각한다. 그러니까 자본주의 과정에 대한 그의 전반적인 논리로부터 그런 이론이 구축될 수 있다고 보는 것이다. 마치 착취 이론이 노동 이론에서 나오는 것처럼 말이다. 그래서 그들은 이런 이론을 찾아 나섰고, 그 다음에 그들이 어떻게 했을지는 쉽게 상상할 수 있다.

한편으로 마르크스는 사회의 생산 능력을 발전시키는 자본주의의 놀라운 힘을 칭송했다(하지만 그 힘의 동기에 대해서는 정확한 추론을 하지 못했다). 반면에 그는 대중의 궁핍화를 줄기차게 강조했다. 경제의 위기 혹은 침체를 구매력 부족으로 설명했다. 그러니까 착취당한 대중이 항상 늘어나는 생산 도구가 내놓은 혹은 내놓으려 하는 제품을 사들이지 못하기 때문이라는 것이다. 이런 이유로 인해 그리고 우리가 여기서 중언부언할 필요 없는 다른 이유들로 인해 이윤율이 파산 수준으로 떨어진다, 라고 결론짓는 것은 이 세상에서 가장 자연스러운 일이 아닐까? 이렇게 하여 우리는 어떤 점을 강조하느냐에 따라서 가장 한심스러운 유형의 저소비 이론 혹은 과도 생산 이론에 도달한다.

마르크스의 설명은 위기를 저소비 이론으로 설명하는 클래스로 분류된다.[24] 이 이론을 뒷받침하기 위하여 동원될 수 있는 두 가지 상황이 있다. 첫째, 잉여 가치론과 기타 문제들과 관련하여 마르크스의 가르침은 시스몽디와 로트베르투스의 그것과 유사성을 갖는다. 이 두 학자는 저소비 이론을 옹호했다. 따라서 마르크스도 그런 입장을 취했을 것이라고 추론할 수 있다. 둘째, 마르크스 저작의 몇몇 문장, 특히 『공산당 선언』에 들어 있는 위기에 관한 간단한 진술은 명확하게 이런 해석을 뒷받침한다.

엥겔스의 진술들이 훨씬 더 그 해석 쪽으로 기울어져 있기는 하지만 말이다.[25] 하지만 이것은 그리 중요하지 않다. 마르크스 자신이 뛰어난 분별력을 보이면서 이것을 명시적으로 부인했기 때문이다.[26]

사실을 말해보자면 그는 간단한 경기 순환론을 갖고 있지 않다. 논리적으로 보더라도 자본주의 과정을 기술한 그의 "법칙들"로부터는 그런 간단한 이론이 나올 수 없다. 여기서 백 보 양보해서 잉여 가치의 출현에 대한 마르크스의 설명을 그대로 받아들이고, 축적, 기계화(고정 자본의 상대적 증가), 잉여 인구, 이 인구에 의해 필연적으로 발생하는 궁핍화 현상 등이 서로 결합하여 자본주의의 대재앙을 가져온다는 논리에 동의하자. 그렇게 하더라도 우리는 자본주의 과정의 경기 변동을 꼭 집어 설명해 주고 또 번영과 침체가 교대하는 **내재적** 변화를 설명하는 요인을 얻지 못한다.[27] 물론 이런 근본적 설명 요인의 결핍을 때우기 위하여 우리는 많은 우연적·부수적 사건들에 의존할 수 있다. 거기에서 계산 착오, 잘못된 기대와 기타 오류들, 낙관과 비관의 파도들, 사변적思辨的 과도함, 그런 과도함에 대한 반발, 그리고 무궁무진한 "외부 요인들"의 원천이 생겨난다. 그러나 마르크스의 기계적 축적 과정이 일정한 속도로 진행된다면 — 원칙상, 그것이 일정한 속도로 진행되어서는 안 된다는 법도 없다 — 그가 기술記述하는 과정 또한 일정한 속도로 진행될 **수도** 있다. 논리적인 측면에서 볼 때, 그 과정은 번영도 없고 침체도 없는 것이다.

물론 이것을 가리켜 반드시 불운이라고 할 수는 없다. 다른 많은 이론가들도 뭔가 중요한 것이 잘못되었을 때 위기가 발생한다고 간단히 설명한다. 그것은 그리 나쁜 것도 아니다. 왜냐하면 마르크스를 그의 시스템의 구속으로부터 해방시켜, 사실들을 왜곡시키지 않으면서 사실들을 쳐다보게 만들기 때문이다. 따라서 그는 다소간 관련 있는 요소들을 아주 다양하게 검토한다. 가령 상품의 전반적 공급 과잉은 불가능하다는 세이Jean-

Baptiste Say, 1767~1832의 명제를 반박하기 위하여 상품 거래에 화폐 — 다른 것은 개입 안 하고 화폐만 — 가 개입한다는 것을 다소 피상적으로 언급한다. 내구 자본재에 과도하게 투자했을 때 발생하는 특징인 불균형적인 발전을 설명하기 위하여 손쉬운 화폐 시장의 얘기를 꺼내든다. "축적"의 갑작스러운 비약의 동기를 설명하기 위하여 새로운 시장들의 설립, 새로운 사회적 필요의 등장 등 특수한 자극을 지적한다. 그는 인구 증가를 경기 변동의 요인으로 만들어 보려고 하지만 그다지 성공을 거두지는 못한다.[28] 마르크스는 생산 규모가 "발작적으로" 확장하는데 이것이 "똑같이 갑작스러운 수축의 서곡"이라는 견해를 표시했을 뿐 구체적으로 설명하지 않는다. 그는 적절하게도 이렇게 말한다. "경제학의 피상성은 다음과 같은 사실에서 드러난다. 경제학은 산업 사이클의 주기적 변화를 보여주는 징후에 불과한 신용의 확대와 수축을 그 변화의 원인으로 간주한다."[29] 마르크스는 이처럼 일련의 부수적인 사건과 우연한 사건들을 마치 중요한 공헌을 하는 요인처럼 말하고 있다.

이 모든 것은 상식이고 본질적으로 건전한 것이다. 우리는 경기 사이클의 진지한 분석에 들어가는 모든 요소들을 발견했고, 전반적으로 오류를 발견하지 못했다. 더욱이 마르크스 당시에 경기 변동의 존재를 인식했다는 것이 하나의 커다란 업적이었음을 잊어서는 안 된다. 그의 선배 경제학자들도 경기 변동을 어렴풋하게나마 눈치는 챘다. 그러나 그들은 "위기들"이라고 알려진 대규모 붕괴에만 주목했을 뿐, 그 위기의 진면목을 알지는 못했다. 그러니까 그 위기들이 경기 순환 과정에서 발생하는 우발적 사건들임을 꿰뚫어 보지 못한 것이다. 그들은 보다 큰 그림 혹은 보다 세부적인 그림은 보지 못하고, 위기들을 오류, 과도함, 비행의 결과 혹은 신용 메커니즘의 오작동 등에서 발생하는 산발적 불운으로 여겼다. 내가 보기에 마르크스는 그런 전통을 극복한 최초의 경제학자였고 쥐글라Joseph Clément

Juglar, 1819~1905의 저작(통계적 보충은 예외)을 예고하는 사람이었다. 우리가 살펴본 바와 같이, 마르크스는 경기 사이클에 대한 합당한 설명을 제시하지는 못했지만, 그 현상을 분명히 꿰뚫어 보았고, 그 메커니즘을 상당 부분 이해했다. 또한 쥐글라와 마찬가지로 그는 "사소한 변동에 의해 장애를 받는" 10년 주기 사이클에 대해서 거침없이 말했다.[30] 그는 그런 주기의 원인이 무엇일까 궁금하게 여겼고, 목면 산업의 기계류 수명과 관련이 있을 것이라고 생각했다. 그리고 위기들의 문제와 뚜렷이 구분되는 경기 사이클의 문제에 대하여 마르크스가 깊이 몰두했음을 보여주는 많은 징표들이 존재한다. 이 때문에 그는 현대 경기 순환 연구 분야의 아버지들 중에서도 높은 자리를 차지하기에 부족함이 없었다.

이제 또 다른 측면에 대해서 언급해야 한다. 대부분의 경우 마르크스는 위기라는 용어를 보통의 의미로 사용했다. 여느 사람들과 마찬가지로 1825년의 위기, 1847년의 위기, 이런 식으로 말했다. 하지만 다른 의미로 사용하기도 했다. 자본주의 과정은 언젠가 자본주의 사회의 제도적 틀을 파괴할 것이라고 믿었기 때문에, 마르크스는 실제 파괴되기 전에 자본주의가 점점 삐걱거리는 소리를 내며 작동하고 또 치명적 질병의 징후를 보일 것이라고 생각했다. 이 붕괴 직전의 단계, 다소 지연된 역사적 시대에 대하여 마르크스는 위기라는 용어를 적용했다. 그는 경기 변동에 따르는 반복적인 위기들을 자본주의 질서의 이 독특한 위기(붕괴 직전)와 연결시키려는 경향을 보인다. 그는 심지어 반복적 위기들이 궁극적 붕괴의 예고편이라고 암시한다. 많은 독자들은 이것이 통상적 의미의 마르크스 위기 이론을 이해하는 단서라고 생각할지도 모르므로, 다음의 사항을 미리 알려두고자 한다. 마르크스가 궁극적 붕괴의 원인이라고 생각하는 요소들은 많은 추가적 가설들을 투입하지 않으면 반복적인 경기 침체를 설명하지 못하며,[31] 또 위기 이론을 이해하는 단서라는 것도 "수탈자들의 수탈"이

호경기보다 불경기에서 더 잘 벌어진다는 사소한 명제 이상의 것을 알려주지 못한다.

(7) 마지막으로 자본주의 과정은 자본주의 사회의 제도를 파괴 — 혹은 탈피 — 한다는 필연적 붕괴 이론Zusammenbruchstheorie을 살펴보자. 이 이론은 **불합리한 추론**에다가 거대한 비전을 결합시킨 마지막 사례로서, 이 비전 때문에 불합리한 추론이 간신히 구제된다.

마르크스의 "변증법적 연역"은 궁핍과 압제에 바탕을 두는데 이것들이 대중을 자극하여 반란을 일으키게 한다는 것이다. 하지만 이것(변증법적 연역)은 궁핍의 불가피성 논증을 파괴하는 **불합리한 추론**에 의하여 부당한 것으로 판명된다. 더욱이 정통파 마르크스주의자들은 오래 전에 산업 통제의 집중은 "자본주의 외피"와 절대로 양립될 수 없다는 명제를 의심해 왔다. 잘 조직된 논증을 내세우며 이런 의심을 표명한 최초의 마르크스주의자는 힐퍼딩Rudolf Hilferding, 1877~1941이었다.³² 힐퍼딩은 중요한 네오마르크스 그룹의 지도자로서 마르크스와는 정반대의 추론으로 기울었다. 즉, 집중을 통하여 자본주의는 안정성이 높아질 수 있다는 것이었다.³³ 이 문제에 대한 논의는 2부로 미루어야겠지만 여기서는 힐퍼딩의 주장이 너무 멀리 나아갔다는 것을 지적해두고자 한다. 미국의 현재 동향을 살펴볼 때, 대기업이 "생산 방식에 족쇄가 된다"는 생각은 근거가 전혀 없어 보이고, 또 마르크스의 그런 결론이 그(마르크스)의 전제 조건들로부터 따라 나오지도 않는다.

마르크스의 사실들과 추론이 장점보다 결점이 더 많기는 하지만, 그가 예측하는 결과는 진실일 수도 있다. 다시 말해, 자본주의 과정이 자본주의 사회의 기반을 파괴한다, 라는 주장은 진실인 것이다. 나는 이 예측이 진실이라고 믿는다. 그 비전의 진실성은 1847년에 이미 의심의 여지없이 계시되었는데, 나는 그 비전을 가리켜 심오하다고 말해도 조금도 과장이 아니라고 생각한다. 그것은 이제 널리 알려져 있다. 그런 비전(자본주의의 멸망)을 최초로 내놓은 사람은 슈몰러였다. 대학 교수를 지냈고 프로이센 추밀 고문관에 상원의원을 역임한 슈몰러는 혁명가도 아니었고 선동적 행동을 좋아하지도 않았다. 하지만 그는 조용히 이 진실을 말했다. 하지만 그 이유와 방법에 대해서는 언급을 하지 않았다.

지금까지 해온 얘기를 정교하게 요약할 필요는 없을 것이다. 아무리 불완전하더라도 우리의 스케치는 다음 두 가지 사항을 확립해준다. 첫째, 순수한 경제 분석을 다루는 사람은 절대적 성공을 말하지 않는다. 둘째, 과감한 이론 구축을 시도하는 자는 절대적 실패를 말하지 않는다.

이론적 테크닉을 심리하는 법정이 개정된다면, 마르크스에게는 불리한 판결이 내려질 것이다. 그는 언제나 부적절한 분석 도구에 집착했으며 그나마 마르크스의 시대에도 이미 급속하게 낡은 도구로 전락했다. 그는 근거가 따라 나오지 않고, 게다가 노골적으로 잘못된 결론들을 아주 길게 내놓았다. 그가 저지른 실수들은 만약 수정해버리면 그의 본질적 추론들이 파괴되고 때로는 정반대의 결론을 도출한다. 이 모든 혐의를 이론 기술자인 마르크스에게 적용시켜 입증할 수 있다.

하지만 이론적 테크닉의 심리 법정에서도, 마르크스에 대한 판결은 두 가지 점에서 제약을 가해야 한다.

첫째, 마르크스는 때때로 — 어떤 때는 구제 불능일 정도로 — 틀렸지만, 그렇다고 그의 비판가들이 언제나 옳은 것도 아니었다. 그 비판가들 중에는 뛰어난 경제학자들도 있었는데 이런 사실은 마르크스에게 유리하게 기록되어야 한다. 특히 마르크스는 살아생전에 그런 경제학자들 대부분을 만나보지 못했다.

둘째, 비판적인 것이든 긍정적인 것이든 마르크스의 분석은 많은 훌륭한 개별적 문제들에 기여했다. 이와 같은 짧은 스케치에서 그런 기여를 일일이 거론하기는 어렵고 평가하는 것은 더 어렵다. 우리는 그런 기여 중 그의 경기 순환론을 살펴보았다. 또한 실물 자본의 구조 이론을 개선시킨 공로도 살펴보았다. 마르크스가 자본 분야에서 고안한 도식은 — 비난받을 점도 있지만 — 최근의 연구에서 도움이 되는 것으로 판명되었고, 그리하여 최근의 자본 연구는 많은 점에서 마르크스적인 측면을 보인다.

그런데 상소 법원은 — 물론 이 경우에도 이론적 문제에 국한되어야 하겠지만 — 이론가 마르크스에게 1심 법원과는 정반대의 판결을 내릴지도 모른다. 마르크스의 이론적 비행에도 불구하고 진정으로 위대한 업적이 거기에 깃들어 있기 때문이다. 그의 분석은 잘못되고 심지어 비과학적이지만, 그 분석 전반을 통하여 하나의 근본적인 아이디어가 관통하고 있다. 그 아이디어(이론)는 무수한 파편화된 개별적 패턴을 다루는 것이 아니고 또 일반적 경제 수량의 논리를 다루는 것도 아니다. 그것은 진행 중인 패턴들 혹은 경제 과정들의 실제 선후 관계를 다루는 이론이다. 그 과정들은 역사적 시간 속에서 그 고유의 속도로 움직이면서 매 시간 어떤 상태를 만들어내고 그 상태는 이어 그 다음의 상태를 결정한다. 이렇게 하여 이론 분석에서 많은 오류를 저지른 저자(마르크스)가 지금 이 순간에도 아주 중요한 미래 예측의 경제 이론을 구체화한 최초의 인물이 되었다. 우리는 지금도 그 경제 이론을 구축하기 위하여 천천히 또 고통스럽게 돌과 역청(기본 자료)과 통계 자료와 함수 방정식 등을 주워 모으고 있다.

그는 이런 아이디어를 구상했을 뿐만 아니라 그것을 실행하고자 했다. 그의 저작을 훼손시키는 모든 단점들은 그의 논증이 추구하는 이 위대한 비전 때문에 달리 평가되어야 한다. 그 단점들이 어떤 경우에는 그 비전에 의해 구제되고, 어떤 때는 구제되지 못하기도 하지만 말이다. 그가 실제로 성취한 경제학 방법론 중에는 아주 중요한 것이 한 가지 있다. 경제학자들은 언제나 경제의 역사를 직접 연구하거나 아니면 다른 학자들의 역사서를 활용했다. 하지만 경제사經濟史의 사실들을 별도의 공간에다 따로 모셔놓았다. 경제사의 사실들이 이론에 도입될 때에는 예증의 역할 혹은 결과 검증의 역할만 할 수 있었다. 경제사의 사실들은 그 이론과 기계적으로 섞였을 뿐이다. 그런데 마르크스는 사실과 이론을 화학적으로 결합시켰다. 다시 말해 그는 사실들을 논증의 중심으로 도입하여 결과를 도출했던 것이다. 그는 경제 이론이 역사 분석으로 전환될 수 있음을 알아보았고, 그것을 체계적으로 가르친 최초의 일급 경제학자였다. 다시 말해 역사 이야기가 **이론적으로 규명된 역사**histoire raisonnée가 될 수 있음을 보여주었다.[34] 통계학과 관련해서도 유사하게 문제를 해결할 수 있었으나 그는 그렇게 하지 않았다. 하지만 이것은 이론적으로 규명된 그의 역사에 이미 내포되어 있는 것이다. 이것은 또한 마르크스의 경제 이론이 그의 사회학적 주장을, 우리가 제2장 말미에서 설명한 방식으로(마르크스는 자본주의를 사회학적으로, 즉 생산 수단에 대한 개인적 통제의 제도로 정의했지만, 자본주의 사회의 역학은 그의 경제 이론으로 작동된다고 한 것) 어느 정도까지 실행하고 있는가, 하는 질문에 대답을 해준다. 마르크스 경제 이론은 이 실행에서 성공하지 못했다. 하지만 실패를 하면서도 하나의 목적과 하나의 방법을 확립했다.

04
역사의 의미를 가르치는 마르크스

지금까지 마르크스 사상의 주요 부분들을 살펴보았다. 그러면 그 부분들을 하나의 전체로 뭉뚱그린 종합은 어떠한가? 이 질문은 결코 엉뚱한 게 아니다. 만약 그 종합이 진실이라면, 이 경우 전체는 부분들의 총합보다 더 큰 것이 된다. 더욱이 그 종합은 알곡(본질)을 망쳐놓거나 왕겨(지엽 혹은 말단)를 너무 활용할 수도 있는데 — 거의 모든 지점에서 알곡과 왕겨가 혼재한다 — 그럴 경우 전체는 어느 부분보다 더 진실하거나 아니면 더 그릇될 수 있다. 마지막으로 오로지 전체(종합)에서만 나오는 메시지가 있다. 하지만 그 메시지에 대해서는 더 이상 언급하지 않을 것이다. 우리 각자가 그 의미를 결정해야 한다.

우리의 시대는 전문화의 엄정한 필요성에 반발하면서 종합을 소리쳐 요구한다. 이러한 종합의 요구는 비전문적 요소가 상당 부분을 차지하는[01] 사회과학 분야에서 가장 절실하게 터져 나온다. 하지만 마르크스의 사상 체계는 주요 부분들의 종합이 새로운 빛을 던지는가 하면 새로운 족쇄가 될 수도 있음을 보여준다.

우리는 마르크스의 논증에서 사회학과 경제학이 상호 침투하고 있음을 보았다. 그 의도와 그 실천(어느 정도까지는)에 있어서 둘은 하나이다. 모든 주요 개념과 명제는 경제적이면서 사회적인 것이고, 두 학문의 관점에서 똑같은 의미를 갖는다(사실 이렇게 두 학문이라고 구분하는 게 가능할지 의문이다). 그리하여 경제학의 **범주**인 "노동"과 사회학의 **계급**인 "프롤레타리아"가 원칙상 겹쳐지면서 동일한 것이 되어버린다. 또 경제학의 기능적 분배 — 다시 말해, 생산적 서비스로부터 발생하는 소득의 수혜자가 어떤 사회 계급에 속하는가를 따지지 아니하고, 그 소득을 이윤으로 파악하는 방식 — 는 마르크스 체계에서는 사회 계급들 사이의 분배라는 형태를 띠며, 그리하여 아주 다른 함의를 갖게 된다. 또 마르크스 체계에서는 자본이 오로지 명확한 자본가 계급의 손에 있어야만 자본으로 인정된다. 똑같은 자본이라도 그것이 노동자들의 손에 있으면 자본이 아니다.

이렇게 사회학과 경제학을 하나로 보는 분석 방법에서 당연히 어떤 활력이 생겨나게 된다. 무미건조한 경제학 이론이 느닷없이 소생하여 숨을 내쉰다. 핏기 없던 원리가 싸우는 사람들의 **전투 대형**agmen, **전투의 먼지와 함성**pulverem et clamorem으로 바뀌게 된다. 논리적 성질을 여전히 유지하면서도, 그것은 논리의 추상 체계를 훌쩍 뛰어넘는다. 그것은 사회적 생활의 혼란하고 잡다한 양상을 그려내는 강력한 붓질이 된다. 이런 분석은 경제 분석의 풍요로운 의미 전달은 물론이고, 그보다 훨씬 더 넓은 분야를 포섭한다. 이 분석은 모든 종류의 계급 행동을 그 그림 속으로 집어넣는다. 이런 계급 행동이 기업 절차의 통상적 규칙에 부응하는가 여부는 상관없는 문제이다. 비非마르크스 경제학이 외부의 장애 요인으로 생각하는 것들, 가령 전쟁, 혁명, 각종 유형의 입법, 정부 구조의 변경 등이 마르크스 체계에서는 기계류에 대한 투자, 노동자들과의 협상 등과 나란한 위치를 갖게 된다. 다시 말해 모든 것이 단 하나의 설명 도식으로 포섭되는 것이다.

그러나 이런 절차는 그 나름의 단점을 갖는다. 이런 개념적 구도는 쉽게 그 활기를 얻은 것만큼이나 쉽게 그 효율성을 잃어버린다. 노동자-프롤레타리아라는 짝은 인상적인 사례인가 하면 동시에 진부한 사례이다.

비非마르크스 경제학에서 노동 서비스에 대한 모든 보수는 임금의 형태를 취한다. 그 수혜자가 최상급 변호사, 영화배우, 회사 임원, 거리의 청소부인지 여부는 따지지 않는다. 이런 사람들이 받는 수입은 경제 현상의 관점에서 보자면 공통적인 것이고, 이런 일반화는 유익한 것으로 결코 쓸모없거나 근거 없지 않다. 이렇게 일반화하는 것은 사회학적 관점에서도 유익하다. 하지만 노동과 프롤레타리아를 동일시하면 이런 일반화가 흐릿해진다. 아니, 그것(일반화)을 우리의 구도에서 전적으로 배제하는 것이 된다. 마찬가지로, 가치 있는 경제 원리가 사회학적 개념으로 변신해 버리면 풍요로운 의미를 획득하기보다는 오류를 일으키게 된다. 반대로 사회학적 개념이 경제학 개념으로 둔갑할 경우에도 사정은 마찬가지이다. 그리하여 일반적 의미의 종합, 혹은 보다 구체적으로 마르크스 노선을 따르는 종합은 더 나쁜 경제학, 더 나쁜 사회학을 가져올 수도 있다.

일반적 의미의 종합, 그러니까 접근 방법이 서로 다른 학문들의 방법과 결과를 종합하는 것은 까다로운 일로서, 이것을 능숙하게 해낼 수 있는 사람은 사실상 거의 없다. 설사 무리하게 종합한다고 해도 결과는 신통치 않다. 그리하여 개별 나무만 보도록 가르침을 받은 학생들은 종합의 숲은 어디에 있느냐고 불만스럽게 소리친다. 학생들은 문제가 부분적으로 **방법과 결과의 풍요로움이 갖고 있는 당황스러움**embarras de richesse에 있다는 것을 깨닫지 못하고, 또 종합의 숲이 무리한 지적知的 강제 수용소(서로 다른 방법과 결과들을 억지로 한군데에다 모아 놓은 것)가 되었다는 것을 알지 못한다.

보다 구체적으로 마르크스 노선을 따르는 종합, 그러니까 경제학과 사회학의 분석을 종합하여 모든 것을 단 하나의 목적에 봉사시키는 방식은 바로 위에서 말한 지적 강제 수용소인 것이다. 마르크스의 목적 — 즉 자본주의 사회의 **"이론적으로 규명된 역사"** — 은 광범위한 것이긴 하지만 그 분석 도구는 그렇지 못하다. 정치적 사실들과 경제적 원리들을 장엄하게 결합시키기는 했지만, 억지로 결합시킨 것이어서 정치적 사실들도 경제적 원리들도 그 비좁은 공간에 갇혀서 자연스럽게 숨을 쉬지 못한다. 마르크스주의자들은 비非마르크스 경제학을 난처하게 만드는 모든 어려운 문제들을 마르크스 체제가 해결한다고 주장한다. 해결을 하기는 하는데, 문제 자체를 해결하는 것이 아니라, 문제를 문제가 아닌 것으로 만들어버림으로써 그렇게 하는 것이다. 이 점은 좀 더 자세한 설명을 필요로 한다.

나는 조금 전에 비非마르크스 경제학자들이 전쟁, 혁명, 법령의 변화 등 역사적 사건들과 재산, 계약 관계, 정부 형태 등 사회적 제도들을 외부 장애 요인 혹은 데이터(주어진 환경)로 취급하고 그리하여 이것들의 원인을 설명하려는 것이 아니라 그 **운영 방식들**modi operandi 혹은 결과들만 다룬다고 지적했다. 연구 프로그램의 목적과 범위를 규정하기 위해서는 이런 데이터들이 필요하다. 이런 데이터를 명시적으로 제시하지 않는 경우도 있는데, 그 이유는 모두가 그런 것들의 존재를 알고 있으리라고 보기 때문이다. 그런데 마르크스 체계는 이런 데이터를 그런 식으로 보지 않는다. 이런 역사적 사건들과 사회적 제도들을 경제 분석의 설명 과정에 종속시키는 것이다. 전문 용어를 사용하자면, 그런 것들을 데이터로 보는 게 아니라 변수로 보는 것이다.

그리하여 나폴레옹 전쟁, 크리미아 전쟁, 미국 남북전쟁, 1914년의 세계 대전, 프랑스 프롱드 당의 반란, 프랑스 대혁명, 1830년과 1848년의 혁명, 영국 자유 무역, 노동 운동 전체와 그 지엽적 움직임, 식민지의 확장, 제도의 변화, 모든 시대와 장소의 국가 정책과 정당 정치 등, 역사 속에서 벌어진 모든 사건이 마르크스 경제학에서는 이론적 설명의 대상이 된다. 그러니까 계급 투쟁, 착취 시도와 그에 대한 반발, 축적과 자본 구조의 질적 변화, 잉여 가치율과 이윤율의 변화라는 관점에서 파악한다. 더 이상 경제학자는 전문적인 문제에 대하여 전문적인 답변을 내놓는 존재가 아니다. 그는 인류에게 역사적 투쟁의 감추어진 의미를 가르쳐주는 사람이 되어야 하는 것이다. 더 이상 "정치"는 기본 사항들을 추상하는 과정에서 독립적 요인으로 취급되지 않는다. 과거에 정치는 경제에 틈입하여 일정한 역할을 했다. 비유적으로 말하자면 엔지니어가 등을 돌리고 있을 때 기계를 사악하게 만지작거리는 악동의 역할을 하거나, 아니면 "정치가"라는 그럴듯한 이름을 가진 수상한 포유류가 신비한 지혜를 발휘하여 **갑작스러운 정치적 해결**deus ex machina•을 내놓았다. 하지만 이제는 그게 아니다. 정치 그 자체도 경제 과정의 구조와 상태에 의해 결정된다. 그리하여 정치는 제품의 매입이나 판매와 마찬가지로, 경제 이론의 범위 내에서만 작동하는 효과의 도관導管이 된다.

이런 거대한 종합이 우리에게 일으키는 매혹을 이해하지 못할 바는 아니다. 그것은 특히 젊은이들 그리고 언론계의 지적인 언론인들 — 신들이 영원한 젊음의 선물을 내린듯한 사람들 — 에게 특히 매혹적이다. 이들은 자신들이 영향력을 발휘하는 세상을 갖기를 바라고, 세상을 이런 저런 악행으로부터 구제하기를 열망하고, 한없이 지루한 교과서에 염증을 느끼고, 정신적으로나 감정적으로 불만이 가득하지만 자기 자신의 힘만으로는 종합을 이룩할 능력이 없는 자들이다. 이런 그들은 평소 자신들이 열망해오던 것을 마르크스에게서 발견했다. 마르크스 사상은 모든

• 라틴어 'deus ex machina'는 그리스 비극에서 종종 이용하던 기법으로 '신의 기계적 출현'을 의미한다. 인간의 힘으로는 어찌할 수 없는 절박한 상황에서 무대에 설치한 기계 장치를 타고 신이 홀연히 등장하여 초자연적인 힘으로 문제를 해결하고, 자연스럽게 결말로 이끌어가던 방식.

내밀한 비밀에 대한 열쇠를 제공했고, 세상의 대소사를 일목요연하게 정리해주는 마법의 지팡이였다. 그들은 놀라운 설명 도식을 발견했고 — 내가 잠시 헤겔의 용어를 빌려온다면 — 일반적이면서도 구체적인 사상을 찾아냈다. 그들은 인생의 대사건들 속에서 더 이상 당황하지 않았다. 그들은 사태의 진상을 전혀 모르는 정치와 경제 분야의 거만한 꼭두각시들의 실상을 꿰뚫어 보았다. 그런 그들에게 장엄하고 거대하면서 모든 것을 설명한다는 이론이 나타났으니 어찌 매혹되지 않을 것이며, 어느 누가 감히 이런 그들을 비난할 것인가?

그런 매혹의 효과 이외에 마르크스 종합은 구체적으로 어떤 서비스를 해줄까? 미안하지만 그것 이외에는 거의 없다고 본다. 영국의 자유 무역이나 영국 공장 입법의 초창기 성과를 기술記述하는 겸손한 경제학자는 그런 정책을 낳은 영국 경제의 구조적 조건들을 반드시 감안한다. 그가 순수 이론을 다루는 강좌나 단행본에서 그것들을 언급하지 않았다면, 좀 더 간결하고 효율적인 분석을 위해 일부러 생략했을 뿐이다. 그리고 마르크스주의자들이 여기에 추가한 것은 그 분석을 실천하는 데 필요한 원리, 그것도 아주 협량하고 왜곡된 이론뿐이다. 이 이론은 물론 결과를 내놓는다. 그것도 아주 간명하고 확정적인 결과를 말이다. 하지만 우리가 그 이론을 개별 사례들에다 체계적으로 적용해보면, 곧 소유주와 비소유주 사이의 계급 투쟁이라는 얘기만 지루할 정도로 듣게 된다. 그리하여 우리는 그 이론의 부적합성과 더 나쁠 경우 그 보잘것없음을 뼈아프게 느끼게 된다. 우리가 마르크스의 내재된 이론 도식을 믿지 않는다면 전자(부적합성)를, 믿는다면 후자(보잘것없음)를 철저히 인식하게 된다.

마르크스주의자들은 습관적으로 또 의기양양한 목소리로 주장한다. 마르크스의 진단은 자본주의 과정에 내재된 경제와 사회 동향을 성공적으로 지적했다고 말이다. 우리가 앞에서 살펴보았듯이 이 주장에는 약간의 일리가 있다. 마르크스는 동시대의 저술가들보다 더 분명하게 대기업의 출현과 그에 부수되는 결과적 상황들을 내다보았다. 이 경우 비전이 분석보다 우세하여, 분석의 일부 단점들을 시정하고 또 종합의 의미가 분석 효과들보다 더 진실에 가깝다는 점도 이미 지적했다. 하지만 이게 전부이다. 거기다 노동자가 점점 궁핍해진다는 이론의 참담한 실패를 함께 감안해야 한다. 이것은 엉성한 비전과 잘못된 분석이 결합한 결과인데, 이 실패한 궁핍화 이론을 바탕으로 하여 마르크스는 많은 사회적 사건들의 장래를 예측한다. 따라서 현재의 상황이나 문제를 이해하기 위하여 마르크스의 종합에 의존하는 사람은 커다란 낭패를 겪을 것이다.[02] 이 점은 지금 당장 많은 마르크스주의자들이 느끼고 있는듯하다.

  보다 구체적으로 마르크스 종합이 지난 10년의 경험을 설명해준다고 내세울만한 근거가 없다. 불황이나 불만족스러운 회복이 일정 기간 지속된 사실은 마르크스의 예측뿐 아니라 다른 어떤 비관적 예측도 뒷받침해준다. 그런데도 유독 마르크스의 예측이 맞는듯한 인상을 주는 것은 불황에 실망한 부르주아지나 불황의 희망을 보는 좌파 지식인들이 그런 식으로 말들을 하고, 또 그런 실망과 희망에 자연스럽게 마르크스적 색채를 입히기 때문이다. 하지만 실제 사실은 마르크스의 진단을 구체적으로 입증해 주지 않는다. 우리가 목격하는 것이 일시적 불황이 아니라 자본주의 과정에 구조적 변화가 일어나려는 징후라는 마르크스의 추론은 더더욱 입증되지 않는다. 우리가 2부에서 살펴보겠지만, 비정상적인 실업, 투자 기회의 결핍, 화폐 가치의 축소, 상실 등은 불황기의 잘 알려진 패턴인 것이다. 엥겔스는 1870년대와 1880년대의 경기 불황을 조심스럽게 이런 식으로 진단했는데, 이런 조심성은 오늘날의 추종자들도 배워야 할 점이다.

  다음의 두 가지 탁월한 사례들은 문제 해결 엔진으로 제시된 마르크스 종합의 장단점을 잘 보여줄 것이다.

첫째, 우리는 마르크스의 제국주의 이론을 살펴볼 것이다. 그 뿌리는 마르크스의 주요 저작에서 모두 발견될 수 있으나, 20세기의 첫 20년 동안에 활약한 네오마르크스 학파에 의해 개발되었다. 이 학파는 카를 카우츠키Karl Johann Kautsky, 1854~1938 같은 마르크스 신앙의 옛 옹호자들과 연대하지 않고서도, 마르크스 체계를 상당 부분 보수했다. 오스트리아 빈이 이 학파의 중심지였고, 오토 바우어Otto Bauer, 1881~1938, 루돌프 힐퍼딩, 막스 아들러Max Adler, 1873~1937 등이 지도자였다. 이 학파의 제국주의 분야 작업은 이후 세대들에 의해 지속되었으며, 부수적인 강조점의 변화만 있었다. 이 세대의 대표자는 로자 룩셈부르크Rosa Luxemburg, 1871~1919와 프리츠 슈테른버그Fritz Sternberg, 1895~1963이다. 이들의 주장은 대략 이러하다.

자본주의 사회는 이윤이 없으면 존재하지 못하고, 그 경제 체제는 돌아가지 못한다. 또 이윤은 자본주의 체제의 작동으로 인해 꾸준히 사라지기 때문에 이윤 유지의 꾸준한 노력은 자본가 계급의 핵심 과제가 된다. 자본 구성의 질적 변화에 수반되는 축적은 개별 자본가의 상황을 일시적으로 완화시켜주는 구제책이지만 장기적으로는 그 상황을 악화시킨다. 고정 자본이 변동 자본에 비해 상대적으로 증가하고, 또 임금이 오르면서 노동 시간이 단축되면 잉여 가치율이 떨어지고 따라서 이윤율도 떨어진다. 그래서 자본은 떨어지는 이윤율의 압박에 굴복하여 해외 국가들에서 출구를 찾으려 한다. 그런 나라들에는 임의적으로 착취할 노동력이 남아 있고, 아직 기계화의 과정이 많이 진행되지 않았다. 이렇게 하여 우리는 저개발 국가들로 자본을 수출한다. 그것은 본질적으로는 자본 설비 혹은 소비재의 수출이다. 이런 것들을 사용하여 노동을 사들이거나 노동을 사들이는 물건들을 획득한다.[03] 하지만 그것은 통상적 의미의 자본 수출이기도 하다. 왜냐하면 수출품들은 — 적어도 당분간 — 수입국의 재화, 서비스, 화폐로 지불되지 않을 것이기 때문이다. 투자를 수입국의 적대적 반발로부터 보호하기 위하여 — 혹은 착취에 대한 수입국의 저항을 막아내기 위하여 — 그리고 다른 자본주의 국가들을 물리치기 위하여, 저개발 국가를 정치적으로 예속시키게 된다. 이 과정에는 보통 군사력이 동원되고, 그 힘은 식민지 진출에 나선 자본가들 혹은 그들의 본국 정부가 제공한다. 이렇게 하여 정부는 『공산당 선언』에 나온 정부의 역할을 수행한다. "근대 국가의 행정부는…부르주아지의 공통 관심사를 관리하는 위원회이다." 물론 그 군사적 힘은 방어 목적으로만 사용되지는 않는다. 정복 목적도 있고, 자본주의 국가들 사이의 마찰도 있고, 라이벌 부르주아지들끼리의 내전도 있다.

또 다른 요소가 현재 통용되는 이런 제국주의 이론을 보충한다. 식민지 확장은 자본주의 국가들에서 이윤율의 저하로 촉발되는 것이니만큼, 자본주의 과정의 후기 단계에서 벌어진다. 마르크스주의자들은 제국주의를 자본주의의 한 단계, 혹은 마지막 단계라고 말한다. 따라서 산업에 대한 자본가의 통제가 고도로 집중되고, 중소기업 시대의 특징 유형인 경쟁이 쇠퇴하는 때와 시기적으로 일치한다. 마르크스 자신은 생산량을 독점적으로 제한하려는 결과적 경향이나, 다른 자본주의 국가들로부터 국내 시장을 보호하려는 결과적 경향에 대하여 그다지 크게 강조하지 않았다. 어쩌면 그는 너무나 유능한 경제학자여서 이런 논증의 방향을 그리 믿지 않았는지 모른다. 하지만 네오마르크스주의자들은 이것을 기꺼이 활용했다. 이렇게 하여 우리는 제국주의 정책을 밀어붙이는 또 다른 자극, 제국주의적 분규의 또 다른 원천을 얻게 되었다. 하지만 이 부산물, 현대 보호주의라는 이론이 그 자체로는 반드시 제국주의적인 성격을 갖는다고 볼 수 없다.

그 과정에 한 가지 더 장애가 있는데 이것은 추가적인 어려움들을 설명하려는 마르크스주의자를 도와주는 대목이다. 저개발 국가가 발전을 하면, 앞에서 말한 자본 수출은 줄어들게 된다. 식민 종주국과 식민지가 완제품과 원자재를 서로 교환하는 시기가 올 것이다. 하지만 결국에는 식민지가 종주국을 상대로 경쟁력을 주장하고 나설 것이므로, 제품 수출은 줄어들게 될 것이다. 이런 사태를 가능한 한 늦추려는 시도는 결국 식민 종주국과 식민지 사이에 마찰의 원인이나 독립 운동의 원인이 된다. 아무튼 식민지는 식민 종주국의 국내 자본을 상대로 문을 닫게 될 것이다. 그 자본은 더 이상 국내의 이윤 증발을 피하여 해외의 푸른 풀밭으로 나아가지 못하게 된다. 출구 부재, 과잉 생산력, 완전 정체, 국내 부도와 기타 재앙의 주기적 발생 등은 충분히 예측될 수 있는 일이다. 역사는 이처럼 간단한 것이다.

이 이론은 마르크스 종합이 문제를 해결하여 권위를 획득하는 방식의 좋은 — 혹은 최선의 — 사례이다. 이것은 계급 이론과 축적 이론이라는 마르크스의 두 근본 사상에서 흘러나온 것이다. 우리 시대의 일련의 중요한 사건들이 이 이론에 의하여 설명이 되는듯하다. 단 하나의 강력한 분석에 의하여 국제 정치의 혼란스러운 미로가 정리되는 것 같다. 우리는 그 과정에서 계급 행동(이 행동은 본질적으로 늘 그대로이다)이 전략적 방법과 수사(선전 구호)를 결정하는 상황에 따라 정치 행위 혹은 비즈니스 행위의 형태를 취하는 이유와 과정을 파악한다. 만약 자본가 집단이 갖고 있는 수단과 기회에 비추어 융자를 협상하는 것이 더 유리하다면 융자를 협상할 것이다. 만약 현재의 수단과 기회로 미루어 전쟁을 하는 것이 더 유리하다면 전쟁을 할 것이다. 후자의 선택은 전자 못지않게 경제 이론 속으로 들어올 자격이 있다. 보호주의도 자본주의 과정의 논리에 의해서 생겨날 수 있다.

더욱이 이 이론은 응용 경제학 분야에서 대부분의 마르크스 개념이 갖고 있는 미덕을 최대한 공유한다. 그것이 무엇인가 하면, 역사적 사건 및 현대적 사건과 긴밀한 동맹을 맺고 있다는 것이다. 독자들은 지금껏 나의 스케치를 읽으면서, 마르크스 논증에서는 역사적 사건들이 아주 수월하게 도입되어 논리를 지탱하고 있는 것을 발견했으리라. 독자는 세계 여러 곳에서 유럽인들이 원주민 노동을 억압하고 있다는 얘기를 듣지 않았는가? 가령 스페인 사람들의 손에서 중남미 원주민들이 고통을 받았다는 얘기를 듣지 않았는가? 노예사냥, 노예 무역, 쿨리coolie•들의 동원에 대해서 듣지 않았는가? 거기에는 군사적 정복이 수반되어 원주민을 제압하고 또 다른 유럽 국가들과 싸우지 않았는가? 식민지 사업은 동인도 회사나 영국의 남아프리카 회사 등 순수 민간 기업이 전담해도 군사적인 측면이 두드러지지 않았던가? 마르크스는 세실 로즈Cecil John Rhodes, 1853~1902나 보어 전쟁 이외의 더 좋은 예증 사례를 어디서 갖고 올 것인가? 1700년 이래 식민지 야욕이 유럽 문제의 중요한 요인이 아니었던가? 요사이의 문제로는, 한쪽에서는 "원자재 전략"이라는 말이 많이 나오고, 다른 한쪽에서는 열대 지방의 원주민 자본의 성장이 유럽에 반향을 일으킨다는 말을 듣고 있지 않은가? 이런 여러 사건들에는 보호주의가 엄연히 작용하고 있는 것이다.

하지만 우리는 이런 설명을 받아들이기 전에 아주 조심하는 것이 좋다. 자기에게 유리한 기정사실을 가지고 손쉽게 입증하면서 세부 사항을 자세히 분석하지 않는 논증은 사람을 잘 속이기 때문이다. 더구나 모든 변호사와 정치가가 잘 알고 있듯이, 익숙한 사실들에 의한 열정적인 호소는 배심원이나 의회를 그(변호사 혹은 정치가)가 원하는 쪽으로 끌어들이는

• 제2차 세계대전 이전에 짐꾼이나 광부, 인력거꾼으로 종사하던 중국과 인도의 노동자.

데 크게 유리하다. 마르크스는 이 테크닉을 최대한 활용했다. 이 경우, 그 방법은 특별한 성공을 거두었는데 모든 사람이 그것(제국주의)을 피상적으로 알고 있다는 점과, 실제로 그것을 깊이 이해하는 사람은 극소수라는 점을 교묘하게 종합했기 때문이다. 여기서 이 문제를 깊이 파고들 수는 없지만, 간략히 생각해보더라도 "사실은 그렇지 않다"라는 의심이 떠오르는 것이다.

다음 2부에서는 제국주의와 부르주아지의 관계에 대해서 몇 마디 언급할 것이다. 지금은 다음의 사항만 살펴보기로 하자. 만약 자본 수출, 식민화, 보호주의 등에 대한 마르크스의 해석이 옳다면, 그 느슨하면서도 오용된 용어(제국주의)를 사용할 때 우리가 생각하게 되는 다른 모든 현상에 대해서도 그것이 타당하게 적용될 수 있는 이론인가? 물론 우리는 제국주의를 언제나 마르크스 해석이 뜻하는 바대로 정의할 수 있다. 그리고 모든 현상이 마르크스 방식으로 **틀림없이** 설명된다고 확신할 수 있다. 하지만 그때에도 제국주의의 문제 — 그 이론이 그 자체로 정확하다고 인정하더라도 — 는 동어 반복적으로만 "해결"될 뿐이다.[04] 마르크스의 접근 방법이, 그리고 말이 난 김에 하는 말인데, 그 어떤 순수 경제 분석이 동어 반복•이 아닌 해결책을 내놓는지는 여전히 깊이 따져보아야 할 문제이다. 하지만 우리가 이 문제를 여기서 오래 붙들고 있을 필요는 없다. 거기에 가기도 전에 이론의 지반이 붕괴되기 때문이다.

언뜻 보기에 제국주의 이론은 몇몇 사례들에 잘 들어맞는 것처럼 보인

• 동어 반복은 앞에서 나온 불합리한 추론과 비슷한 개념으로, 관련 근거를 제시하지 않고서 "내가 알고 있기 때문에 나는 안다"라고 말하는 것이다. 이것을 마르크스의 논증에 적용하면 "내가 제국주의는 그렇게 움직인다고 생각하기 때문에 제국주의가 바로 그렇게 움직인다"가 된다.

다. 가장 중요한 사례는 영국과 네덜란드가 열대 지방을 정복한 경우이다. 그러나 다른 사례, 가령 영국이 뉴잉글랜드에 식민지를 건설한 경우에는 전혀 맞지 않는다. 그리고 전자의 사례들도 마르크스의 제국주의 이론으로는 만족스럽게 설명되지 않는다. 소득의 유혹이 식민지 확대에 결정적 역할을 했다는 것은 충분한 설명이 아니다.[05] 네오마르크스주의자들은 이런 끔찍하게 진부한 사실을 주장하려는 의도는 아니었다. 만약 이런 사례들이 그들에게 소용이 된다면, 식민지 확대가 이윤율에 미치는 축적의 압박 때문에, 그러니까 부패하는(혹은 성숙한) 자본주의의 특징 때문에 생겨났다는 얘기도 가능하게 된다. 하지만 영웅적인 식민 사업이 시작된 것은 자본주의의 초창기 혹은 미성숙한 시기였다. 축적은 아직 시작 단계였고 축적에 의한 압박 — 혹은 보다 구체적으로 국내의 노동 착취에 대한 장애물 — 은 현저하게 가시적이지 않았으며 뚜렷이 눈에 띄는 현상도 아니었다. 축적의 압박은 오히려 오늘날 아주 선명한 현상이다. 이런 사실은 독점과 정복을 후기 자본주의의 구체적 성질로 삼은 이론 구축의 어리석음을 지적해주는 또 다른 사항이다.

게다가 제국주의 이론을 지탱하는 또 다른 지지대인 계급 투쟁 또한 별반 사정이 낫지 않다. 눈가리개를 한다면 모를까 명백한 사실을 외면할 수는 없다. 가령 식민지 확대에서 계급 투쟁은 2차적 역할을 한 것밖에 없고, 또 식민지 확대는 계급 투쟁이 아니라 계급 협동의 놀라운 사례였다. 식민지 확대는 높은 이윤을 향해 나아가는 길이면서 동시에 높은 임금을 향해 나아가는 운동이었다. 장기적으로 볼 때, 그것은 자본가의 이익보다는 프롤레타리아의 이익에 더 득이 되었다(부분적으로 원주민 노동의 착취 덕분에). 하지만 나는 그 **효과**를 강조하고 싶지 않다. 중요한 점은 그 인과관계가 계급 투쟁과는 무관하고, 또 계급 구조와는 더욱 상관이 없다는 것이다. 여기서 말하는 계급 구조는 집단 혹은 개인들이 소속된 자본가 계급 또는 식민 사업을 통하여 그런 계급으로 올라선 집단 혹은 개인들의 계급을 말한다. 우리가 눈가리개를 떼어내고 또 식민 사업과 제국주의를 계급 투쟁의 일환으로 보지 않는다면, 이 문제에는 마르크스적인 것이 거의 남지 않게 된다. 차라리 아담 스미스Adam Smith, 1723~1790의 말이 여기에 잘 적용된다. 물론 조금 더 잘 적용되는 정도이지만.

그러나 마르크스 이론의 부산물인 네오마르크스주의의 현대 보호주의 이론은 아직도 남아 있다. 고전 경제학 문헌은 "사악한 이해관계" — 그 당시에 전적인 것은 아니지만 주로 농업 분야의 이해관계 — 를 반대하는 비난으로 가득 차 있다. 농업 분야는 산업 보호를 주장하면서 공공복지에 위배되는 용서받지 못할 죄악을 저질렀다는 것이다. 이렇게 볼 때 고전 경제학은 — 단지 효과의 이론에 그치지 않고 — 인과 관계마저 설명해주는 보호주의 이론을 갖고 있었다. 여기에다 현대 대기업의 보호주의 이해관계를 추가한다면 우리는 보호주의에 대해서 아주 합리적으로 기술한 것이 된다. 마르크스 사상에 동조하는 현대 경제학자들은 부르주아를 지지하는 동료 경제학자들을 비난하면서 그들(부르주아를 지지하는 학자들)이 아직도 보호주의로 가는 추세와 대규모 통제 단위(대기업)로 향하는 추세 사이의 상관관계를 보지 못한다고 지적한다. 하지만 이런 비난은 근거가 없다. 동료 경제학자들은 명백한 사실을 꿰뚫어 보고 있지만 그것을 항상 강조해야 한다고 느끼지는 않는 것이다. 물론 이렇게 얘기한다고 해서 고전 경제학자들과 오늘날에 이르는 그 후계자들이 보호주의 문제에 대하여 백 퍼센트 맞는다는 얘기는 아니다. 그들의 해석도 마르크스 해석 못지않게 일방적이며, 보호주의의 결과를 잘못 평가한다든지 관련 이해관계를 헛짚고 있다. 하지만 적어도 50년 동안 그들은 마르크스주의자들과 마찬가지로 보호주의의 독점 요소에 대해서 알고 있었다. 그런 발견의 평범한 특성을 감안하면 그건 그리 어려운 일도 아니었다.

그들은 한 가지 중요한 점에서 마르크스 이론보다 우월했다. 그들이 지지하는 경제학의 가치가 뭐든 간에 — 그리 대단한 것은 아니었지만 — 그들은 대부분 그것을 고수했다.[06] 이 경우 그것은 하나의 장점이었다. 많은 보호 관세들은 대기업의 압박 때문에 생겨난 것이었다. 대기업은 국내 물품 가격을 실제보다 높게 받고, 또 해외에서는 싸게 팔기 위하여 관세를 활용했다. 이러한 명제는 진부하지만 정확한 것이다. 단 관세가 전적으로 또는 주로 이 목적을 위해서 부과된다고 할 수는 없더라도 말이다. 이 명제를 부적당한 것 혹은 엉뚱한 것으로 만드는 게 바로 마르크스 종합이다. 만약 우리의 목적이 단지 현대 보호주의의 정치적, 사회적, 경제적 원인과 의미를 이해하기 위한 것이라면, 그것은 부적당한 명제이다. 가령 미국 국민들이 은근히 보호주의 정책을 지지하는 것은 대기업에 대한 선호나 대기업 지배로는 설명이 안 되고, 그들만의 세상을 구축하여 나머지 세상의 모든 변천들로부터 자유로워지고 싶다는 열망에 의해서 설명된다. 이런 요소들을 무시하는 종합은 플러스가 아니라 마이너스이다. 현대 보호주의의 원인과 의미를 현대 산업의 독점적 요인으로 환원시켜 그것을 **원인을 일으키는 원인**causa causans으로 삼는다면, 그것은 엉뚱한 명제가 된다. 대기업은 대중의 심리를 이용할 줄 알고, 또 그것을 부추겼다. 그렇다고 해서 대기업이 대중의 심리를 만들어냈다고 하는 것은 어리석은 얘기이다. 이런 결과를 만들어내는 — 보다 정확하게 말하면, 원리라고 주장하는 — 종합은 아예 종합을 하지 않는 것만 못하다.

사실과 상식을 위반하는 자본 수출 이론과 식민화 이론이 국제 정치를 설명하는 근본 원리로 칭송되면 문제는 아주 악화된다. 그리하여 그 이론은 한편에서는 독점적 자본가 집단의 투쟁이 벌어지고, 다른 한편에서는 자본가 집단이 그들 각자의 프롤레타리아와 갈등을 빚는다고 설명한다. 이런 종류의 설명은 당黨의 홍보 자료로는 유익할지 모르나, 유아원의 동화(사실과 상식을 위반하는 믿기 어려운 이야기)가 부르주아 경제학의 전유물이 아님을 보여줄 뿐이다. 사실 대기업은 — 혹은 푸거 가문Fuggers에서 모건 가문Morgans에 이르는 **거대 금융 자본**haute finance은 — 해외 정책에 별로 영향을 미치지 못했다. 대부분의 경우, 대기업이나 대규모 은행이 그들의 주장을 펴는 대부분의 경우에는 그들의 순진한 딜레탕티즘Dilettantism*이 일을 좌절시켰을 뿐이다. 국가 정책에 대한 자본가 그룹의 태도는 주도적인 것이 아니라 순종적인 것이었고, 오늘날은 이런 경향이 더욱 두드러진다. 게다가 그들은 놀라울 정도로 단거리 과제에 매달리기 때문에 심층적 계획이나 "객관적" 계급 이해관계 따위와는 거리가 멀다. 이 점에서 마르크스주의는 대중적 미신을 재포장한 수준으로 타락한다.[07]

마르크스 구조의 모든 부분에는 이와 유사한 상태를 보여주는 사례들이 여럿 있다. 그런 사례 하나를 들어보자면, 앞서 『공산당 선언』에서 인용한 정부의 성격은 그런대로 일리가 있다. 많은 경우에 이 진실은 계급 갈등의 여러 사례들에 대한 정부의 태도를 설명해줄 것이다. 하지만 진실이라는 측면에서 보자면, 그 정의定義에서 구현된 이론은 사소한 것이다. 정말로 중요한 것은 그 이론이 대부분의 사례들에서 사실과 일치하는지 살펴보는 것이다. 만약 일치한다면, "부르주아지의 공통 관심사를 관리하는 위원회"의 실제 행동을 정확하게 기술하는지, 대다수 사례들의 발생 이유와 과정을 그 이론에 비추어 살펴보아야 한다. 이렇게 해보면, 그 이론의

---

* '즐기다'라는 뜻의 이탈리아어 딜레타레(dilettare)가 어원이다. 딜레탕트(dilettante)는 '즐기는 사람'을 칭한다. 원래는 예술이나 학문에 대하여 자신만의 입장을 고집하지 않으면서 폭넓게 즐기는 자세를 뜻했지만, 현재는 치열한 직업의식 없이 취미로 예술이나 학문을 즐기는 사람을 의미한다. 여기서는 수박 겉핥기 지식 혹은 어설픈 전문가주의로 쓰였다.

진실이 거의 모든 사례에서 동어 반복적임을 알 수 있다. 왜냐하면 부르주아지를 완전 배제한 정책의 수립은 불가능하기 때문이다. 어떤 정책이 되었든 경제적으로 혹은 비경제적으로, 단기적으로 또는 장기적으로, 부르주아지의 이해관계를 반영하게 되는 것이다. 완전 배제에 따른 사태의 악화를 막기 위해서라도 이렇게 할 수밖에 없다. 사정이 이렇다고 해서 그 이론을 더욱 가치 있는 것으로 만들어주지는 않는다. 자, 이제 마르크스 종합의 문제 해결 능력의 두 번째 사례를 살펴보기로 하자.

마르크스에 의하면 과학적 사회주의라는 표어는 공상적 사회주의와 구분하기 위한 것이었다. 이것은 개인의 의지 혹은 욕망과는 상관없이 사회주의가 필연적이라는 명제이다. 앞에서 이미 언급했지만, 이 명제에 의하면 자본주의 과정은 그 논리적 필연에 의하여 자본주의 구도를 파괴하고 사회주의적 구도를 만들어낸다.[08] 마르크스는 이런 경향의 존재를 입증하는 데 얼마나 성공했는가?

자기 파괴의 경향, 이 문제에 대해서는 이미 답변이 되었다.[09] 자본주의 경제가 순전히 경제적 이유들로 인해 붕괴하리라는 원리는 마르크스에 의해서 확립된 것이 아니다. 이것은 네오마르크스주의자인 힐퍼딩의 반론이 잘 보여주었다. 한편으로, 미래를 예측하는 마르크스 정통 교리의 명제들 중에서 궁핍과 압제의 증가 이론은 유지될 수가 없다. 다른 한편으로 자본주의 질서가 붕괴하리라는 명제가 설사 진실이라 할지라도, 반드시 위의 명제들로부터 나오는 것은 아니다. 하지만 자본주의 과정이 발전하는 상황에서 벌어지는 다른 요소들은 마르크스가 정확하게 파악했다. 가령 내가 이미 위에서 말한 것처럼 자본주의의 궁극적 결과에 대한 예측이 그러하다. 궁극적 결과에 대하여 마르크스의 연결 고리(그런 결과를 일으키는 요인)를 다른 것으로 바꾸어야 할 필요가 있다. 이 경우 "붕괴"는 적절한 용어가 아니다. 특히 붕괴가 자본주의 생산 엔진의 실패로 벌어진다고 보는데 이게 올바른 인과 관계가 아닌 것이다. 마르크스의 잘못된 연결 관계가 이런 정식화나 그 관련 의미를 왜곡시키기는 하지만, 원리의 본질("결국에는 붕괴")을 바꾸어 놓지는 못한다.

사회주의로 향하는 경향에 대해서는, 먼저 이것이 별개의 문제임을 깨달아야 한다. 자본주의 체제든 기타 체제든 분명 붕괴한다. 혹은 경제적, 사회적 진화 과정이 그것을 탈피한다. 하지만 사회주의의 불사조가 그 잿더미 속에서 부활하지 못할 수도 있다. 혼란이 있을 수도 있고, 만약 사회주의를 가리켜 자본주의를 대체하는 비非혼란적 대안으로 정의하지 않는다면 다른 가능성들도 있을 수 있다. 평균적인 정통파 마르크스주의자 — 볼셰비키 도래 이전의 마르크스주의자 — 가 생각하는 사회 조직의 특정 유형은 많은 가능성들 중 하나일 뿐이다.

마르크스는 현명하게도 사회주의 사회를 세부적으로 기술하는 것을 자제하면서도, 그 사회의 출현에 필요한 조건들은 강조했다. 한편으로는 사회화를 크게 촉진하는 대규모 산업 통제 단위들이 있어야 하고, 다른 한편으로는 억압받고, 노예화하고, 착취당하면서도 무수하게 많고, **훈련되고**, 단합하고, 조직된 프롤레타리아가 있어야 한다. 이것은 두 계급 사이에 첨예한 싸움이 벌어지는 마지막 단계를 웅변한다. 이 단계에서 두 계급은 최종적으로 총궐기하여 건곤일척의 대결을 벌이게 된다. 이것은 그 후에 벌어질 일도 암시한다. 최후의 싸움에서 승리한 프롤레타리아는 정권을 "접수하고", 독재 정치를 통하여 "인간에 의한 인간의 착취"를 중단시키며 계급 없는 사회를 실현시킨다. 우리의 목적이 마르크스주의가 천년 왕국의 도래를 외치는 종교의 일파임을 증명하려는 것이라면, 이것만으로도 충분할 것이다. 하지만 우리의 관심은 그보다는 과학적 예측에 있기 때문에 그것만으로 충분하지 못하다. 슈몰러는 훨씬 안전한 땅 위에 서 있었다. 그 또한 세부 사항들을 제시하지는 않았지만, 그 붕괴 과정을 점진적 관료화와 국유화 등을 거쳐 국가 사회주의로 가는 것으로 보았다. 우리가 이런 추론을 좋아하든 말든, 그것은 상당히 합리적이다. 아무튼 우리가 마르크스에게 붕괴 이론의 공로를 온전하게 인정해 준다 하더라도 그는 사회주의적 가능성을 확실한 사항으로 만들어놓는 데에는 실패했다. 만약 우리가 그에게 붕괴 이론의 공로마저 인정하지 않는다면, 그의 실패는 **더욱 강력한 논거로부터**a fortiori 뒤따라 나오게 될 것이다.

우리가 마르크스의 추론을 받아들이든 않든, 그 어떤 경우에도 사회주의적 질서가 저절로 실현되지는 않을 것이다. 설사 자본주의 과정이 마르크스가 예상한 방식대로 사회주의 사회의 조건들을 제공했다 하더라도, 그것을 성사시키기 위해서는 별개의 행동이 필요할 것이다.[10] 이것은 물론 마르크스의 가르침에 따른 것이다. 그의 혁명 이론은 그의 상상력이 별개의 행동에 옷을 입히는 특별한 의상이다. 마르크스 자신이 성격 형성기에 1848년의 흥분을 경험했고, 또 혁명의 이데올로기를 경멸하면서도 그 속박을 완전히 벗어던지지는 못했다. 그런 마르크스가 폭력을 강조하는 것은 이해할만한 일이다. 더욱이 그의 청중들 중 대다수가 거룩한 전쟁 나팔이 없는 메시지는 싫어했을 것이다. 마지막으로 그는 엥겔스를 위하여 평화로운 전환의 가능성도 생각해보았겠지만, 그 실현성을 높게 보지는 않았다. 그의 시대에는 그걸 보는 게 쉽지 않았고, 또 두 계급의 갈등이라는 그의 핵심 사상이 그런 태도를 더 어렵게 만들었다. 그의 친구 엥겔스는 실제로 그런 전략을 연구했다. 그리하여 혁명을 비본질적인 것의 복합물로 격하시킬 수는 있었지만, 별개의 행동에 대한 필요성은 여전히 남아 있다.

이것은 또한 그의 제자들을 분열시켰던 문제, 즉 혁명이냐 진화냐를 해결해줄 것이다. 내가 마르크스의 진의를 올바르게 파악했다면, 그 대답을 내놓기가 어렵지는 않다. 그가 볼 때 진화는 사회주의의 부모였다. 그는 사회적 구도의 내재적 논리를 너무나 확신했기 때문에 혁명이 진화 과정의 어떤 부분을 대체하리라고 보지 않았다. 그렇지만 혁명(구체적으로 1917년의 러시아 혁명)이 도입되었고, 완전히 다른 전제 조건들 아래에서 발생했다. 따라서 마르크스 혁명은 그 성격이나 기능에 있어서 부르주아 과격파의 혁명이나 사회주의 음모꾼의 혁명과는 완전히 다르다. 그것은 본질적으로 시간의 충만함 속에서(시간이 무르익었을 때) 벌어지는 혁명이다.[11] 이런 결론을 싫어하는 제자들, 특히 그 결론을 러시아 혁명[12]에 적용하는 것을 싫어하는 제자들은 성스러운 마르크스 텍스트 중 그런 결론을 반박하는 많은 문장들을 인용할 수 있으리라. 그러나 그런 문장들 속에서 마르크스 자신도 『자본론』의 이론 구조에서 명백하게 흘러나오는 자신의 가장 심오하고 원숙한 사상을 반박하고 있다. 그리고 사물의 내재적 논리에 의해 촉발된 여느 사상들이 그러하듯이, 그 심오하고 원숙한 사상은 의심스러운 환상적 번쩍거림 아래에 뚜렷이 보수적인 의미를 감추고 있다. 사실 그렇게 하지 못할 이유도 없지 않은가? 그 어떤 진지한 논증도 무조건적으로 "이즘ism"을 지지하지는 않는다.[13] 화려한 수사修辭를 벗겨보면, 우리는 마르크스에게서 보수적 의미의 해석을 발견한다. 이렇게 말하는 것은 그가 아주 진지한 대접을 받을만한 사상가라고 말하는 것과 같다.

2

자본주의는 살아남을 수 있는가?

자본주의에 대한 적대적 분위기 때문에
우리는 그 경제적, 문화적 업적에 대하여
합리적인 의견을 형성하기가 쉽지 않다.
공공 정신(여론)은 이제 자본주의 체제에 대하여
완벽한 혐오증을 느끼면서
그 체제를 비난하고
또 그 업적을 실패작으로 규정하고 있다.

프롤로그

자본주의는 살아남을 수 있는가? 없다. 나는 살아남지 못하리라고 생각한다. 하지만 나의 이런 견해는 이 문제에 대하여 의견을 밝힌 다른 경제학자들과 마찬가지로, 그 자체로는 그다지 흥미롭지 못하다. 사회적 예후를 말하는 작업에서 그런 예후를 요약하는 '그렇다' 혹은 '아니다'라는 간단한 대답은 중요치 않으며, 그런 결론을 도출해낸 사실과 논증 그 자체가 정말로 중요하다. 그런 사실과 논증이 결국에는 과학적인 사항을 모두 포함한다. 그 이외의 것은 과학이 아니라 예언일 뿐이다. 경제적인 것이든 혹은 다른 것이든 분석은 관찰된 패턴 속에 존재하는 경향들에 대해서 진술하는 것이다. 이런 분석은 그 패턴에 어떤 일이 **반드시** 발생한다고 진단하는 것이 아니라, 발생할 **수도 있다**는 것을 진단한다. 단 우리가 관찰하는 기간 동안에 그 패턴이 일정하게 작동하고, 또 다른 요인들이 개입하지 않다는 것을 전제로 한다. "불가피성"이나 "필연성"은 이것 이상의 의미를 갖지 못한다.

 다음의 내용들은 그런 전제 위에서 읽어나가야 한다. 하지만 우리의 결과와 그 신빙성에는 또 다른 제약들이 존재한다. 사회생활의 과정은 많은 변수들이 작용한다. 이런 변수들 중 상당수는 객관적 측정이 불가능하기 때문에 어떤 주어진 상황의 진단은 아주 의심스러운 것이 되고, 때로는 진단을 내리려고 하는 순간 엄청난 오류의 원천이 되어버린다. 그러나 이런 어려움들을 과장해서는 안 된다. 어떤 구도의 지배적 특징들은 어떤 추론을 분명하게 뒷받침한다. 비록 일부 제약을 가하는 일이 있더라도 이런 추론은 아주 강력하기 때문에 유크리드 정리처럼 분명하지 못하다는 이유로 무시해버려서는 안 된다.

2부를 시작하기 전에 한마디 더 해두고자 한다. 내가 정립하고자 하는 이론은 이런 것이다. 자본주의 체제의 실제 업적 혹은 장래 업적은 아주 훌륭하여 그 경제적 실패의 무게 때문에 붕괴한다고는 볼 수 없다. 오히려 체제의 성공 때문에 그 체제를 보호해주는 사회 제도가 훼손되고, "불가피하게" 그 체제가 망해버리는 조건들이 생겨나면서 결과적으로 사회주의를 그 체제의 후계자로 지목하게 된다는 것이다. 따라서 논증 방식에서는 비록 차이가 있더라도 나의 최종 결론은 사회주의 저술가들의 결론, 특히 모든 마르크스주의자들의 결론과 별반 다를 것이 없게 된다. 하지만 이런 결론을 내린다고 해서 내가 반드시 사회주의자여야 할 필요는 없다. 예후를 말하는 것이 곧 그런 결과의 바람직함을 말하는 것은 아니기 때문이다. 의사가 어떤 환자에게 그가 곧 죽을 것이라는 진단을 내린다고 해서, 그 환자의 죽음을 바란다고 볼 수 없는 것과 마찬가지이다. 사회주의를 싫어하고, 또 그것을 비판적으로 바라보는 사람이라고 해도 얼마든지 사회주의의 도래를 예측할 수는 있다. 많은 보수주의자들이 이렇게 했고, 또 현재도 이렇게 하고 있다.

또한 사회주의자의 자격을 획득하기 위하여 이런 결론을 받아들여야 할 필요도 없다. 사회주의를 좋아하고 또 경제적, 문화적, 윤리적으로 사회주의가 우월한 체제라고 생각하는 사람도, 동시에 자본주의 사회에는 자기 파괴적인 경향이 없다고 생각할 수도 있다. 실제로 이렇게 생각하는 사회주의자들도 있다. 그들은 자본주의 질서가 시간이 갈수록 힘이 세지고 있고 더욱 단단하게 틀을 잡아가고 있으므로, 그 체제의 붕괴를 내다보는 것을 환상이라고 판단한다.

05
총생산량의 증가율

자본주의에 대한 적대적 분위기 때문에 우리는 그 경제적, 문화적 업적에 대하여 합리적인 의견을 형성하기가 쉽지 않다. 공공 정신(여론)은 이제 자본주의 체제에 대하여 완벽한 혐오증을 느끼면서 그 체제를 비난하고, 또 그 업적을 실패작으로 규정하고 있다. 이제 이런 태도를 취하는 것이 토론장의 기본 에티켓 정도로 여겨지게 되었다. 그들의 정치적 선호도가 무엇이든 간에 모든 작가 혹은 연설자는 이런 코드에 부응하고 있다. 그들은 자신이 자본주의를 반대한다는 태도를 강조하고, "자기만족"으로부터 자유롭다는 것을 과시하고, 자본주의의 업적을 부적절하게 생각한다는 의견을 밝히고, 자본주의에 대한 염증과 반자본주의 이해관계에 대한 동정심을 표명한다. 이에 반대하는 태도는 어리석은 것, 반사회적인 것, 부도덕한 예종의 표시로 여겨진다. 물론 이런 사고방식은 아주 자연스러운 것이다. 새로운 사회적 종교들은 언제나 그런 효과를 발휘했다. 하지만 그것이 분석자의 일을 더 쉽게 만들어주지는 않는다. 가령 서기 300년에는 열렬한 그리스도교 신자에게 고대 문화의 업적을 설명해주는 일이 쉽지 않았을 것이다. 아무튼 자본주의와 관련하여, 가장 명백한 진리들은 간단히 법정의 **문지방으로부터** *a limine* 쫓겨나고,[01] 아주 황당한 선언은 선뜻 수용되거나 찬양을 받고 있다.

경제적 성과에 대한 최초의 테스트는 총생산량이다. 총생산량은 어떤 단위 시간 — 1년, 1사분기, 1달 — 내에 생산되는 모든 상품과 서비스의 총량을 가리킨다. 경제학자들은 개별 상품의 생산량을 나타내는 다수의 계열에서 도출된 지표를 가지고 이 총량의 변화를 측정한다. "철저한 논리는 너무 가혹한 스승이다. 만약 우리가 그 논리를 존중한다면 우리는 그 어떤 생산 지표도 구축하거나 활용하지 못할 것이다."[02] 왜냐하면 이런 지표를 구축하는 데 사용하는 자료나 테크닉은 물론이고, 늘 생산 비율이 바뀌면서 생산되는 서로 다른 상품들의 총생산량이라는 개념이 아주 의심스러운 것이기 때문이다.[03] 하지만 나는 이 장치가 어느 정도 신빙성이 있고, 그래서 전반적인 아이디어를 파악하는 데 도움이 된다고 본다.

미국의 경우, 이런 생산 지표의 구축을 뒷받침하는 훌륭하고 많은 종류의 개별 시리즈가 남북전쟁 이후부터 존재해왔다. 데이-퍼슨스Day-Persons 총생산량 지표를 선택할 경우,[04] 1870년부터 1930년까지 연평균 성장률은 3.7퍼센트였고 제조업 분야만 놓고 보면 4.3퍼센트였다. 우선 3.7퍼센트에 집중하면서 이것이 무엇을 의미하는지 살펴보기로 하자. 이렇게 하기 위해서 우리는 먼저 적절한 수정을 가해야 한다. 산업의 내구 설비는 상대적 중요성이 늘 증가하기 때문에, 소비 생산량은 총생산량과 같은 퍼센트로 증가할 수가 없다. 우리는 이 점을 감안해야 한다. 따라서 전체 성장률에서 1.7퍼센트 정도를 빼면 충분하다.[05] 이렇게 하여 우리는 연간 2퍼센트(복리)라는 "소비 가능한 생산"의 증가율을 얻게 된다.

자, 이제 자본주의 엔진이 그런 증가율로 1928년부터 50년간 생산을 계속해왔다고 해보자. 이런 전제 조건에 대해서 다양한 반론이 있을 수 있다(이 점은 뒤에서 다루기로 한다). 가령 1929년부터 1939년까지 자본주의가 그런 기준을 충족시키지 못했다는 이유만으로는 이 전제 조건을 반대하지 못한다. 왜냐하면 1929년 4/4분기에서 시작하여 1932년 3/4분기에 끝난 불황은 자본주의 생산 추진력의 대대적 단절을 의미하는 게 아니기 때문이다. 그런 정도의 불황은 대략 55년마다 한 번씩 발생했다. 그런 류의 불황, 가령 1873년에서 1877년까지의 불황은 연간 2퍼센트 성장률에 이미 반영되어 있다. 1935년까지 정상 이하의 회복, 1937년까지 정상 이하의 번영, 그 후의 침체 등은 간단히 설명될 수 있다. 그것은 미국 정부가 내놓은 새로운 재정 정책, 새로운 노동 법규, 사기업에 대한 미국 정부의 전반적 변화 등 뉴딜 정책에 적응하면서 발생한 어려움이었던 것이다. 뒤에서 더 설명하겠지만, 이런 변화들은 자본주의 생산 엔진의 본질적 기능과는 구분되어야 한다.

이 시점에서 내 말이 오해되는 것을 막기 위해 다음과 같은 점을 강조해 두고자 한다. 위의 문장은 뉴딜 정책을 나쁘다고 비판하는 것이 아니며, 이런 유형의 정책이 장기적으로 사기업 체제의 효과적인 작동을 방해한다는 주장을 암시하지 않는다(나는 이 주장이 옳다고 보지만 이 문제는 여기서 다룰 사안은 아니다). 여기서 지적해두고 싶은 것은 그처럼 광범위하고 급속한 사회적 무대의 변경은 한동안 생산 업적에 영향을 미친다는 사실이다. 그러니 열렬한 뉴딜 정책 지지자들은 그 정도는 주장할만하고 또 **주장할 수도 있다**. 그렇지 않으면, 재빠른 회복의 가장 좋은 기회를 갖고 있는 미국이 가장 불만족스러운 회복을 체험한 이유를 설명하기가 불가능해진다. 이와 유사한 프랑스의 사례도 이런 추론을 뒷받침한다. 따라서 1929년에서 1939년까지 10년 동안에 벌어진 사건들은 **그 자체로는***per se* 현재의 주장(연간 성장률 2퍼센트)을 부정할만한 타당한 근거가 되지 못한다. 더욱이 이 주장은 어느 경우가 되었든 과거 업적의 의미를 잘 예증해주고 있다.

따라서 자본주의 체제가 1928년부터 예전에 해왔던 것처럼 연평균 2퍼센트의 성장을 해나간다면 50년 뒤인 1978년에는 그 생산량이 대략

1928년 수치의 2.7(2.6916)배가 될 것이다. 이것을 국민 **1인당** 평균 실질 소득으로 환산하려면 이렇게 해야 한다. 첫째, 총생산량 증가율을 소비[06]에 필요한 개인 화폐 소득 총액(소비자 달러의 구매력 변화를 감안한 것)의 증가율과 대체로 비슷하다고 본다. 둘째, 우리가 예상하는 인구 증가율을 결정해야 한다. 우리는 1978년에 미국 인구가 1억 6,000만 명이 될 거라고 예상한 슬론Mr. Sloane의 예측을 선택한다. 따라서 50년 동안에 1인당 평균 개인 소득 증가는 1928년의 650달러보다 두 배를 약간 상회하게 된다. 그러니까 **1928년의 구매력**으로 보면 1,300달러가 되는 것이다.[07]

어쩌면 일부 독자들은 총화폐 소득의 분배에 대해서도 약간의 단서를 달아야 하지 않을까, 하고 생각할 것이다. 약 40년 전만 하더라도 마르크스 이외의 많은 경제학자들은 다음과 같이 믿었다. 자본주의 과정은 총국민 소득 중 상대적 분배 몫을 변화시키는 경향을 갖고 있고, 따라서 1인당 평균 소득으로부터 도출되는 명백한 낙관론("다 같이 잘 살게 된다")은 빈익빈, 부익부 현상에 의해서 파괴된다. 하지만 자본주의의 그런 경향은 존재하지 않는다. 이런 목적을 위해서 고안된 통계 수단에 대하여 어떤 생각을 품고 있든 간에, 다음의 사항은 아주 확실한 사실이다. 화폐 액수로 표시된 임금의 피라미드 구조는 우리의 자료가 커버하는 기간 — 영국의 경우 19세기 내내[08] — 동안에 크게 변하지 않았고, 임금과 봉급의 상대적 분배 몫은 이 기간 동안 아주 일정했다. 저 혼자 내버려두면 자본주의 엔진이 어떻게 작동할 것인가 하는 문제에 관한 한, 1978년이나 1928년이나 소득의 분배, 혹은 1인당 평균 소득의 분포는 크게 달라지지 않을 것이다. 실제로도 이렇지 않다고 믿을 근거가 어디에도 없다.

이러한 결과를 구체적으로 표현하면 이렇다. 자본주의 체제가 1928년을 기준으로 그 앞 50년 동안의 실적을 향후 50년 동안 되풀이한다면, 그것은 현재의 기준에서 가난이라고 불리는 현상을 완전 일소할 것이다.

아주 극단적인 경우를 제외한다면, 최하층 인구의 가난도 모두 구제할 것이다.

  이것이 이야기의 전부가 아니다. 우리의 지수(2퍼센트 성장률)가 무엇을 가리키든 혹은 가리키지 않든, 그 지수는 실제 성장률을 과장하지 않는다. 그것은 자발적 여가라는 상품을 감안하지 않고, 또 새로운 상품들도 반영하지 않는다. 지수는 대체로 기본적 상품과 중간 상품을 바탕으로 하여 고안되기 때문이다. 마찬가지로 품질 개선도 지수에 반영되지 않는다. 여러 면에서 품질 개선은 실제 발전의 핵심을 차지하는데도 말이다. 1940년의 자동차와 1900년의 자동차 사이의 품질을 적절히 표현할 방법이 없다. 또는 효용의 단위당 자동차 가격이 하락한 정도를 표현할 수도 없다. 그보다는 원자재나 반제품의 일정량이 예전보다 위력을 발휘한 비율을 측정하는 것이 더 쉽다. 가령 1개의 강괴鋼塊steel ingot나 1톤의 석탄은 물리적 성질은 달라진 것이 없지만, 60년 전에는 다양한 경제적 효율성을 발휘했다. 그러나 이런 쪽으로는 작업이 거의 이루어지지 않았다. 이런 요소들 혹은 이와 유사한 요소들을 반영할 수 있는 방법이 존재했더라면, 우리의 지수라는 것이 어떻게 되었을지 궁금해진다. 아무튼 퍼센티지로 표시되는 변화율은 높아졌을 것이고, 이런 유보 사항들 덕분에 우리의 지수가 하향 조정되지는 않을 것이다. 더욱이 우리가 산업 제품의 기술적 효용도 변화를 측정하는 수단을 갖고 있다 하더라도, 그 수단은 여전히 인간 생활의 위엄, 품위, 즐거움에 대해서는 적절하게 측정하지 못한다. 초창기 세대의 경제학자들이 욕망의 충족이라는 제목으로 포섭한 그것들(위엄, 품위, 즐거움) 말이다. 이것은 우리가 볼 때 관련 있는 고려 사항이고, 자본주의 생산의 진정한 "생산량"이며 우리가 생산 지수, 파운드와 갤런 등에 관심을 갖는 참된 이유이다. 이런 목적에 부응하지 않는다면, 지수, 파운드, 갤런 등은 그 자체로는 아무 의미도 없는 숫자이다.

자, 이제 우리의 2퍼센트에 집중하자. 이 수치를 정확하게 평가하기 위해서는 한 가지 사항을 더 파악하는 것이 중요하다. 나는 위에서 지난 백 년 동안 국민 소득의 상대적 분배 몫이 상당히 일정했다고 말했다. 이것은 우리가 그 상대적 몫을 화폐 액수로 측정했을 때에만 진실이다. 실질 가치로 측정했을 때, 상대적 분배 몫은 저소득 그룹에게 유리한 쪽으로 상당히 변했다. 왜 이런가 하면, 자본주의 엔진은 처음도 끝도 대량 생산 엔진이므로 불가피하게 대중을 위한 생산을 지향하기 때문이다. 반면에 개인 소득의 눈금에서 위쪽으로 올라가게 되면, 개인적 몫의 상당 부분이 개인적 서비스나 손으로 만든 제품에 소비되고 있음을 발견하는데, 이런 서비스 혹은 제품의 가격은 대체로 임금률의 작용이 크다.

이러한 사실을 확인하는 것은 어렵지 않다. 가령 현대의 치과 시술처럼, 루이 16세가 누렸더라면 틀림없이 기뻐했겠지만 그가 누리지 못했던 서비스를 현대의 노동자는 누리고 있다. 하지만 전반적으로 볼 때, 그런 수준에서의 예산은 자본주의 업적에서 나오는 소득에는 거의 영향을 미치지 못한다. 여행의 빠른 속도조차도 신분이 아주 높은 신사에게는 가벼운 고려 사항에 지나지 않을 것이다. 충분한 양초를 사서 하인들을 시켜 불을 켜게 할 수 있는 사람에게는 형광등조차도 그리 큰 축복이 되지는 못한다. 자본주의 생산의 전형적인 업적은 값싼 천, 값싼 목면, 레이온(인견) 직물, 구두, 자동차 등이다. 하지만 부자들에게는 이런 것들이 그리 큰 개선 사항이라고 할 수 없다. 엘리자베스 여왕은 실크 스타킹을 소유했다. 자본주의의 업적은 여왕에게 더 많은 실크 스타킹을 제공하는 것이 아니라, 그것을 얻기 위한 적은 노력(대가)으로도 공장 여공들에게도 실크 스타킹을 제공하는 데 있다.

우리가 경제 활동의 장기적인 파동들을 살펴보면 그런 사실이 더욱 뚜렷하게 드러난다. 그런 파동들의 분석은 그 어떤 것보다 자본주의 과정의 성격과 메커니즘을 잘 보여준다. 각 파동은 "산업 혁명"과 그 효과의 흡수로 구성된다. 우리는 통계적으로나 역사적으로 1780년대 말에 장기적인 파동이 발생하여 1800년대에 정점에 이르고, 그 후 하강하여 1840년대 초에 끝나는 회복을 관찰할 수 있다. 이 현상은 너무나 분명하여 우리가 갖고 있는 소량의 정보만으로도 그것을 확립할 수 있다. 이것은 교과서 저술가들이 아주 소중하게 여기는 '산업 혁명'이다. 그 발뒤꿈치를 따라서 또 다른 혁명이 도래했는데, 이 파동은 1840년대에 발생하여 1857년 직전에 정점에 이르렀고, 1897년까지 퇴조의 패턴을 보였다. 뒤이어 일어난 파동은 1911년경에 정점에 도달했다가 현재는 빠지고 있는 중이다.[09]

이러한 혁명들은 새로운 생산 방법 — 기계화 공장, 전기화 공장, 화학적 합성 등 — 을 도입함으로써 기존 생산 구조를 정기적으로 바꾸어 놓는다. 또한 철도 서비스, 자동차, 전기 제품 등의 새로운 상품들을 소개하고, 합병 운동 같은 새로운 조직 방법을 도입하며, 라플라타 모직, 아메리카 목면, 카탕가 구리 같은 새로운 공급원을 도입하고, 그것들을 판매하기 위한 새로운 판로와 시장을 개척한다. 이러한 산업 변화의 과정은 기존 사업의 전반적 분위기에 대파동大波動을 가져온다. 이런 일들이 진행되는 동안, 지출은 활발하고 "번영"은 압도적인 것이 된다. 이런 대파동에 부과되는 짧은 사이클의 부정적 기간에도 지장을 받지 않는다. 이어 이런 일들이 완료되고 그 결과가 생겨나면, 우리는 산업 구조의 낡은 요소들과 압도적인 "불황"을 제거하게 된다. 이렇게 하여 가격, 이자율, 고용이 상승하거나 하락하는 기간들이 지속되고, 이런 현상은 생산 장치의 반복적인 활성화 과정을 촉진시키는 요소들이 된다.

이런 결과는 매번 소비자 상품의 홍수를 이루는데, 이것은 실질 소득의 흐름을 항구적으로 넓고 깊게 만든다. 다만 처음에는 혼란, 상실, 실업을 일으키기도 한다. 우리가 그 홍수 같은 소비재를 살펴보면, 각 소비자

제품은 대량 소비의 물품들로 구성되어 있다. 또 그것은 그 어떤 달러보다 임금 달러의 구매력을 높인다. 달리 말해서, 자본주의 과정은 우연의 작용이 아니라 그 메커니즘의 공력으로 인해 점진적으로 일반 대중의 생활 수준을 높인다. 자본주의 과정은 일련의 변천을 통하여 그렇게 하는데, 그 변천의 강도는 발전의 속도에 비례하면서도 아주 효과적으로 그 작업을 수행한다. 대중들에게 상품을 공급하는 문제들은 하나씩 하나씩 자본주의 생산 방식의 사정권 내에 들어옴으로써 성공적으로 해결되었다.[10] 남겨진 문제들 중에서도 특히 중요한 주택 공급은 조립식 주택이라는 수단으로 해결을 향해 다가가고 있다.

  그렇지만 이게 이야기의 전부는 아니다. 경제 질서 — 특히 비非마르크스적인 질서 — 의 평가는 경제적 컨베이어 벨트가 사회의 다양한 그룹에게 제공하는 생산량만 따진다면 불완전한 것이 된다. 그 외에 그 벨트가 직접적으로 제공하지는 않지만 간접적으로 수단을 제공하는 것들이 있고, 또 그 벨트의 정신 작용이 유도하는 정치적 의지와 문화적 업적도 감안해야 한다. 문화적 업적은 11장에서 다루기로 하고, 여기서는 정치적 의지의 몇 가지 양상을 살펴보기로 하자.

  사회적 법제화의 테크닉과 분위기는 다음과 같은 명백한 사실을 모호하게 만드는 경향이 있다. 이 법제화는 부분적으로 예전의 자본주의 성공을 당연시한다(달리 말해 예전에 부富는 자본주의적 사업에 의해 창출되었다). 또 예전에 추진되었던 사회적 법제화는 자본가 계급의 행동에 의해서 주도되었다. 이러한 두 가지 사실은 자본주의 업적의 총계에 추가되어야 마땅하다. 만약 자본주의 체제가 1928년 이전의 60년 동안에 누렸던 호황을 다시 누려 **인구 1인당** 1,300달러의 소득 수준에 도달할 수 있다면, 사회 개혁가들이 강력하게 주장하는 미해결 소망 사항들 — 아주 괴짜 같은 소망 사항들을 포함하여 거의 예외 없이 모든 사항들 — 이 자동적으로 해결되거나 아니면 **자본주의 과정을 크게 손대지 않고서도** 성취될 수 있다. 특히 실업자들을 넉넉히 돌보는 것이 감당할 수 있는 부담일 뿐 아니라 가벼운 부담이 된다. 실업 문제를 야기하고, 또 실업자들을 재정적으로 지원하지 않는 무책임은 어느 시기에서나 해결하기 어려운 문제를 만들어낸다. 그러나 평소대로 신중하게 잘 관리한다면, 인구 10퍼센트에 해당하는 1,600만 명 실업자(식솔 포함)의 평균 숫자에 연평균 160억 달러를 지출하는 것은 그 자체로 그리 심각한 문제가 아니다. 2,000억 달러(1928년의 구매력) 규모의 국민 소득을 가진 나라에서는 말이다.

실업은 자본주의를 논의할 때 누구나 동의하는 아주 중요한 문제 중 하나이다. 어떤 자본주의 비판가들은 아예 이 요소 하나만을 가지고 자본주의 체제를 비판한다. 그런데 이 실업 문제가 나의 논증에서는 비교적 작은 역할밖에 하지 못한다. 나는 이에 대하여 독자들의 주의를 환기시키고자 한다. 나는 실업이 자본주의 과정이 제거해야 할 과제, 가령 가난처럼 심각한 문제라고는 보지 않는다. 또 실업률이 장기적으로 상승하리라고 보지도 않는다. 영국 노동조합의 실업률은 상당히 긴 기간 — 대략 제1차 세계대전 이전의 60년 동안 — 을 포함하는 유일한 시계열時系列•이다. 하지만, 그것은 전형적인 순환적 시계열이며 그 어떤 추세도 보여주지 않는다(혹은 수평적 추세).[11] 이것은 이론적으로 납득할만하기 때문에 — 문제의 증거를 의문시할 이론적 근거는 없다 — 이 두 가지 명제(순환과 추세 없음)는 1913년을 포함하는 제1차 세계대전 이전 기간의 실업률 문제를 확립해주는 듯하다. 전후에 대부분의 나라에서 실업률은 비정상

• 어떤 양의 관측 결과를 일정한 기준에 따라 계열로 정리한 것을 통계 계열이라고 하는데, 시계열은 이런 통계 계열의 일종으로 어떤 관측치나 통계량의 변화를 시간의 경과에 따라 측정하고 이것을 시간에 따라 계열화한 것.

적일 정도로 높았고 심지어 1930년 이전에도 그러했다. 하지만 이런 사실과 1930년대의 실업은 충분히 해명될 수 있고, 또 그 해명은 **자본주의 메커니즘에 내재된 원인들로부터** 실업률이 상승하는 장기적인 경향과도 무관하다. 나는 위에서 자본주의 과정의 특징인 산업 혁명들에 대하여 언급했다. 정상 이하의 실업은 각 산업 혁명의 "번영 단계"에 뒤따라오는 적응 기간의 특징들 중 하나이다. 우리는 그것을 1820년대와 1870년대에 목격했고, 1920년 이후의 시기도 그런 기간들 중 하나이다. 현재까지 그 현상은 본질적으로 일시적이고, 따라서 그 현상으로부터 장래의 동향을 추론할 수가 없다. 하지만 그런 현상을 강화시키는 다수의 요인들이 있었다. 전쟁 효과, 해외 무역의 이탈, 임금 정책, 통계 수치를 불려놓는 제도적 변화, 영국과 독일의 재정 정책(1935년 이후에는 미국에서도 이 정책이 중요해짐) 등이 그런 요인이다. 이런 것들 중 일부는 자본주의의 효율성이 저하되는 "분위기"의 징후이기도 하다. 하지만 이것은 다른 문제이고 나중에 더 자세히 다룰 것이다.

지속적이든 일시적이든, 더 나빠지든 아니든, 실업은 언제나 골칫거리였다. 이 책의 3부에서 우리는 사회주의 체제가 더 우수하다고 주장하는 근거 가운데 이 실업의 제거가 들어 있음을 살펴볼 것이다. 그렇지만 진정한 비극은 실업 **그 자체가**_per se_ 아니다. 실업이 발생했는데도 **추가 경제 발전의 조건들을 훼손하지 않는 상태에서** 실업자들에게 적절한 지원 수단을 제공하지 못하는 것, 이것이 비극이다. 만약 실업자들의 개인적 생활이 실업에 의해 크게 영향을 받지 않는다면, 실업과 관련하여 연상되는 고통과 타락 — 인간 가치의 파괴 — 은 상당 부분 제거될 것이고, 실업은 더 이상 공포의 대상이 아니다(물론 산업 자원의 낭비라는 점은 남아 있겠지만). 19세기 말까지 이런 고발이 횡행했다. 자본주의 질서는 이것(실업 구제)을 해줄 의사가 없고, 또 그것을 보장해줄 능력도 없다.

하지만 자본주의 체제가 앞으로 50년간 과거의 실적을 유지한다면, 이러한 고발은 망각의 공동묘지로 들어가야 한다. 그 묘지에는 현재 아동 노동, 하루 16시간 노동, 방 하나에 다섯 식구 거주 등의 유령이 잠들어 있다. 이런 유령들은 과거에 자본주의 업적의 사회적 비용으로 자주 거론되었으나, 장래의 나머지 대안들을 생각할 때 반드시 관련 있는 사항들이라고 할 수 없다. 우리의 현시대는 자본주의 발달의 초창기 시대의 무능력과, 완전하게 성숙한 자본주의 체제의 능력 사이의 중간쯤에 서 있다. 적어도 미국에서는 이런 과제의 상당한 부분들을 그 체제에 대한 부당한 제약 없이 지금 당장 수행할 수 있다. 충분한 잉여가 부족해서 자본주의 구도의 가장 어두운 색깔을 지워 없애는 데 실제적 어려움을 겪는 것은 아니다. 그보다는 반反자본주의적 정책 때문에 1930년대의 수준을 훨씬 넘어설 정도로 실업률이 증가한다는 게 문제이다. 또 실업 문제와 그 구제에 대한 여론이 환기되면, 여론은 경제적으로 불합리한 재정 지원 방식을 요구하고, 또 그 재정을 지원하는 데 있어서 느슨하고 낭비적인 방법들을 고집한다는 것도 문제이다.

  노인, 병자, 교육, 위생 등의 문제와 관련하여, 장래에 — 어느 정도까지는 현재에도 — 실업 문제와 유사한 논증이 제기될 것이다. 또 개별 가구家口의 관점에서 보자면, 점점 많은 상품들이 값비싼 경제재의 범주를 벗어나 널리 사용되면서 실제적으로 포화점에 도달할 것이다. 이것은 공공 기관이나 생산 회사들에 의해서 실현되거나 아니면 국유화나 시유화市有化에 의해 달성될 것이다. 이런 점진적인 발전은 제약을 받지 않는 자유로운 자본주의 체제가 가져올 장래의 발전 사항의 특징이기도 하다.

06
그럴듯해 보이는 자본주의

앞 장의 논증은 명백하면서도 파괴적인 답변에 노출될 수 있다. 그 논증은 1928년 이전의 60년 동안에 있었던 평균 총생산량 증가율이 미래에 적용된 것이었다. 이것이 단지 과거 업적의 중요성을 예증하기 위한 것이었다면 여기에는 통계적 양심에 충격을 줄만한 사항이 없다. 하지만 그 다음 50년도 유사한 평균 증가율을 보일 것이라고 암시한다면, 나는 통계적 범죄를 저지르는 것이 된다. 어떤 특정 기간 동안의 생산 기록은 이후 50년 동안의 추론은 고사하고, 그 어떤 추론도 정당화하지 못한다.[01] 따라서 나의 추론은 미래의 실제 생산 동태를 예측하려는 게 아님을 강조하고 싶다. 그 추론은 과거 업적의 의미를 예증하는 것 이외에, 그 후 50년간 자본주의의 과거 업적이 반복된다면 자본주의 엔진이 어느 정도 업적을 올릴지, 그 수량적 윤곽을 보여주기 위한 것이었다. 실제로 그런 실적을 올릴 수 있을 것인가의 문제는 전혀 다른 사안으로서, 나의 추론과는 무관하게 답변될 수도 있다. 이 목적을 위해 이제 우리는 길고도 까다로운 탐구를 떠나야 한다.

　자본주의가 과거 업적을 되풀이할 수 있겠는가, 하는 문제를 논의하기에 앞서, 관측된 생산 증가율이 어떤 방식으로 과거의 업적을 평가하는지 알아보아야 한다. 의심할 나위 없이, 우리의 데이터를 제공한 시기는 비교적 제약 없는 자본주의 시기들 중 하나였다. 하지만 이 사실은 실제

성과와 자본주의 엔진 사이의 충분한 연결 고리를 자동적으로 제공하지는 않는다. 이것이 우연의 일치 이상의 것임을 확신하기 위하여 우리는 다음 두 가지 사항을 증명할 수 있어야 한다. 첫째, 자본주의 질서와 관측된 생산 증가율 사이에는 납득할만한 상관관계가 있다. 둘째, 이런 상관관계를 감안할 때, 증가율은 실제로 자본주의 질서 덕분이지 그 체제와 무관한 호조건들 때문은 아니다.

"과거 업적의 반복"을 다루기 전에 이 두 가지 사항을 먼저 해결해야 한다. 여기서 세 번째 사항이 제기되는데, 지난 40년 동안 자본주의 엔진이 과거와 같이 작동하지 못한 데에는 어떤 구체적 이유가 있었는가, 하는 질문이 그것이다.

우리는 먼저 이 세 가지 사항을 차례로 다루기로 하자.

첫 번째 사항은 이렇게 재규정될 수 있다. 한편으로, 우리는 아주 윤리적인 사람들도 인정할만한 "발전" 비율을 보여주는 상당한 통계 자료를 가지고 있다. 다른 한편으로, 우리는 그 시대의 경제 구조와 작동 방식에 대하여 상당한 사실들을 가지고 있다. 이런 사실들을 잘 분석하여, 자본주의적 "모델", 즉 그 현실의 본질적 특징들을 일반화한 그림을 그려낼 수 있다. 우리는 그런 타입의 경제가 과거 실적에 유리한 것이었는지, 무관한 것이었는지 혹은 불리한 것이었는지 알기를 원한다. 만약 유리한 것이었다면 이런 특징들이 과거 업적을 타당하게 설명해줄 수 있는지 알고 싶다. 우리는 가능한 한 전문 용어를 사용하지 않으면서 이 문제를 상식적인 관점에서 접근할 것이다.

(1) 봉건 영주들의 계급과는 다르게, 상업적이고 산업적인 부르주아지는 비즈니스의 성공 덕분에 출세했다. 부르주아 사회는 순전히 경제적 틀에 의해 생겨난 것이다. 그 기초, 그 들보, 그 탑 등은 모두 경제적 재료들로 만들어졌다. 그 건물은 인생의 경제적 측면을 바라보고 있다.

상벌은 금전적 기준으로 평가되었다. 그 사회에서 출세하거나 몰락하는 것은 곧바로 돈을 벌거나 잃는 것을 의미했다. 이것은 아무도 부정하지 않는다. 그 고유의 틀 내에서, 사회적 배치가 아주 효과적이었다는 사실을 첨언하고 싶다. 그것은 부분적으로 동기들의 도식에 호소했고 또 그런 도식을 창조했는데, 그 도식의 단순함과 추진력은 타의 추종을 불허한다. 부의 약속과 가난의 위협을 그 사회적 배치는 가차 없이 실천한다. 부르주아 생활 방식이 당당히 치고 나와 다른 사회적 세계의 횃불을 희미하게 만들어버리는 곳에서는 이런 약속들이 대다수의 우수한 두뇌들을 끌어들이고, 또 성공이라고 하면 곧 비즈니스의 성공을 의미한다. 그 약속들이 무작위로 제공되는 것은 아니지만, 거기에는 아주 매혹적일 정도로 우연의 기회가 가미되어 있다. 그 게임은 룰렛이 아니라 포커와 비슷하다. 그 약속들은 능력, 정력, 우수한 일처리 능력과 연계되어 있다. 어떤 성공 사례에 투입된 능력이나 개인적 성취를 측정하는 방법이 있다 하더라도, 실제 지불된 프리미엄은 그 둘(능력과 성취)에 반드시 비례하는 것은 아니다. 실제 들어간 노력에 비해서 엄청나게 큰 상금이 소수의 성공한 사람들에게 돌아간다. 그리하여 이것(불공평한 논공행상)은 그보다 공평하고 그보다 "공정한" 분배가 이루어졌을 경우보다 더 강력하고 더 효율적으로 대다수의 사업가들을 밀어붙인다. 그들은 아주 소액의 보상, 본전, 혹은 손실을 입었는데도 불구하고 여전히 최선의 노력을 다한다. 왜냐하면 엄청나게 큰 상금이 그들의 눈앞에 어른거리기 때문이다. 그리하여 자신도 소수의 성공한 사람들처럼 잘할 수 있다고 자신의 능력을 과대평가하는 것이다. 마찬가지로, 위협들은 무능력에 연계되어 있다. 무능력한 사람들과 낡은 방법들은 때로는 신속하게 때로는 천천히 도태되지만, 실패는 많은 유능한 사람들을 위협하고 또 그들을 짓누른다. 이렇게 하여 보다 공평하고 보다 공정한 처벌이 이루어졌을 경우보다 더 강력하고 더 효율적으로 **모든 사람들에게** 분발의 채찍질을 가한다. 마지막으로 사업의 성공과 사업의 실패는 아주 엄정한 원인을 따라 발생한다. 성공이나 실패나 변명의 말로 구슬프게 사정한다고 봐주는 법이 없다.

이런 측면은 미래의 참고를 위해서나 현재의 중요한 논증을 위해서나 특히 주목해야 한다. 이미 언급한 방식대로, 또 앞으로 언급하게 될 다른 방식대로, 사기업 제도에 구현된 자본주의적 제도는 아주 효율적으로 부르주아 계층을 그 과업에 연계시킨다. 하지만 그 제도는 그 이상의 일을 한다. 어떤 특정 시기에 개인과 가정의 업적에 조건을 부여하는 그 동일한 장치(사회적 제도)는 부르주아 계급을 형성하고, **그런 사실로 인하여** 그 계급에 편입될 개인과 가정, 그리고 그 계급에서 탈락해야 할 개인과 가정을 선택한다. 이런 조건화와 선택 기능의 조합은 자동적으로 연계되는 것은 아니다. 오히려, 사회적 선택의 대부분 방법은, 생물학적 선택의 "방법들"과는 다르게, 선택된 개인의 업적을 보장해주지 않는다. 그 개인이 요구되는 업적을 올리지 못하고 실패하는 사례는 사회주의적 조직의 중요한 문제들 중 하나가 되는데, 이 문제는 뒤에서 관련 주제가 나올 때 논의될 것이다. 우선 당장은 자본주의 체제가 이 문제를 어느 정도로 잘 해결하는지 살펴보기로 하자. 대부분의 경우, 비즈니스 클래스(사업가 계급)에 처음 **들어온** 사업가는 **그 내부에서** 유능한 사업가이고 또 그의 능력이 허용하는 범위 내에서 출세할 것으로 예상된다. 이 도식에서는, 그 계급에 들어왔다는 것과 그 계급 내에서 잘 버틴다는 것은 둘이면서 하나이기 때문이다. 그 클래스에 들어가지 못한 실패한 사업가는 자기 치유의 한 방법으로 이 사실을 부정하는데, 이 사실은 자본주의 사회와 그 문화를 평가하는 데 아주 중요하다. 이는 자본주의 엔진에 대한 순수 이론에서 얻어올 수 있는 그 어떤 사실보다 중요한 것이다.

(2) 하지만 "최적으로 선택된 그룹의 최대 업적"에서 추론되는 모든

것이 다음 사실에 의해 훼손되지 않는가? 즉, 그 업적이 사회적 서비스 — 그러니까 소비를 위한 생산 — 보다는 돈벌이에 연계되고, 또 복지보다는 이윤을 극대화하는 것을 겨냥하지 않는가? 이런 주장이 부르주아지 계층 이외의 사람들에게는 널리 받아들여졌다. 경제학자들도 각자의 형편에 따라 때로는 이 주장을 반박하고 때로는 옹호했다. 이렇게 반박하고 옹호하는 과정에서 그들은 자신들이 내놓은 최종 판단보다 더 소중한 것을 제공했다. 사실 그들의 최종 판단이라는 것은 대부분의 경우에 그들의 사회적 지위, 이해관계, 동정심과 반감 등을 반영하는 것이었다. 그들은 객관적 사실들과 분석 능력을 서서히 증가시켰고, 그래서 우리가 오늘날 제기하는 많은 질문들에 대한 답변이 더 정확해졌다. 하지만 우리 선배들의 답변처럼 간명하면서도 포괄적이지는 못했다.

더 멀리 갈 것도 없이, 소위 고전 경제학자들[02]은 사실상 한마음으로 똑같은 생각을 했다. 그들은 당시의 사회 제도나 그 제도가 작동하는 방식을 못마땅하게 생각했다. 그들은 지주 계급을 상대로 싸웠고, 전적으로 **자유방임주의**_laissez faire_ 노선을 추종하지는 않는 사회적 개혁 — 특히 공장 관련 법안 — 을 지지했다. 하지만 자본주의의 제도적 틀 내에서 제조업자와 상인의 자기 이익이 모든 사람들에게 이득이 되는 최대 업적을 실현한다고 확신했다. 우리들이 현재 다루고 있는 문제를 그들에게 들이댄다면, 그들은 망설이지 않고 총생산량의 증가율이 비교적 제약 없는 기업 활동과 이윤 동기 덕분이라고 답변할 것이다. 어쩌면 그들은 이렇게 답변하는 조건으로 "혜택적 법제beneficial legislation"를 언급할지도 모른다. 이 법제는 제약의 제거, 즉 19세기에 존속했던 보호 관세의 철폐 혹은 축소를 의미하는 것이었다.

오늘날의 시점에서 이런 견해를 공정한 것으로 받아들이기는 대단히 어렵다. 그것은 영국 부르주아 계급의 전형적 견해였고, 고전 경제학자들의 저서에서는 매 페이지마다 부르주아의 눈가리개(편견)가 여기저기 보인다. 또 다른 종류의 눈가리개도 목격된다. 고전 경제학자들은 특정한 역사적 상황의 관점에서 추론을 했다. 그들은 그 상황을 무비판적으로 이상화했고, 또 그것을 바탕으로 무비판적으로 일반화했다. 그들은 오로지 영국의 이해관계와 그들 당시의 문제라는 기준에서만 논증을 펼쳤다. 이 때문에 다른 장소, 다른 시대의 사람들은 그들의 경제학을 싫어하고, 또 어떤 사람들은 그들의 경제학이라면 아예 무시해버릴 정도로 싫어한다. 하지만 이런 이유 때문에 그들의 가르침을 치지도외하려는 것은 안 될 일이다. 편견에 사로잡힌 사람이라도 진실을 말할 수 있다. 특별한 사례에서 추출된 명제들이라 할지라도 일반적으로 타당할 수 있다. 고전 경제학의 계승자와 반대자는 서로 다른 편견과 선입관을 갖고 있으며, 그 숫자는 서로 비슷할 정도로 많다. 또 그들은 서로 다른 사례들을 관찰하는데, 그 사례라는 것들이 쌍방 간에 아주 특별한 것에 한정된다.

경제 분석가의 관점에서 볼 때, 고전 경제학의 주된 장점은 다른 많은 오류들을 불식하면서 다음과 같은 순진한 생각을 물리쳤다는 것이다. 즉, 자본주의 사회에서의 경제 활동은 이윤 동기로 돌아가기 때문에, 그 사실 하나만으로도 소비자의 이익에 반하게 된다. 이것을 조금 다르게 말하면, 돈벌이는 생산 행위를 사회적 목적으로부터 벗어나게 만든다는 것이다. 그리하여 개인의 이윤은 그 자체에 있어서나 또 그 이윤이 빚어내는 경제 과정의 왜곡을 통하여 이윤 수혜자 이외의 모든 사람들에게 순손실이 되며, 사회화에 의한 순이윤으로 그것을 보충해야 한다. 훈련된 경제학자들이라면 간단히 거부해버릴 이 순진한 생각의 논리를 살펴보면, 고전 경제학자들의 반박은 사소하게 보일지도 모른다. 그러나 이런 생각에 바탕을 둔 이론과 슬로건을 살펴보고 또 그런 것들이 오늘날에도 통용된다는 사실을 감안하면, 우리는 고전 경제학자들의 업적에 존경심을 느끼게 된다. 또 한 가지 첨언할 사실은 고전 경제학자들이 저축과 축적의 역할을 다소 과장하기는 했지만 명확하게 간파했다는 점이다. 그들은 저축을 정확한(비록 근사치이지만) 방법으로 관찰한 "발전" 비율과 연계시켰다. 무엇보다도 그들의 학설에는 실제적인 지혜, 책임감 넘치는 장기적 견해, 남성적인 어조 등이 있어서 현대의 신경질적인 분석가와는 좋은 대조를 이룬다.

  최대 이윤의 추구와 최대 생산 업적의 달성이 반드시 양립 불가능한 게 아님을 깨닫는 것, 그리고 전자(이윤 추구)가 반드시 — 혹은 대부분의 경우 — 후자를 내포한다고 증명하는 것 사이에는 고전 경제학자들이 생각한 것보다 훨씬 넓은 간극이 있다. 그들의 학설을 연구하는 현대의 연구자는 그들이 어떻게 그런 논증으로 만족하고 또 그것이 곧 증명인 것처럼 착각했는지 의아하게 여긴다. 후대의 분석에 비추어 보면 그들의 **이론**은 모래 위에 지어진 집처럼 보인다. 그들의 **비전**에 아무리 많은 진리가 깃들어 있다고 해도 말이다.[03]

  (3) 이 후대의 분석을 우리는 두 갈래로 살펴볼 것이다. 그렇게 하는 것이 우리의 문제를 해명하는 데 도움이 될듯하다. 역사적으로 볼 때, 첫 번째 갈래는 우리를 1900년대의 10년 기간으로 데려갈 것이고, 두 번째 갈래는 전후의 과학적 경제학의 발달과 관련이 있다. 솔직히 나는 이런 방식이 비전문가 독자들에게 얼마나 도움이 될지 알지 못한다. 지식의 다른 분야도 마찬가지지만, 경제학도 분석 장치가 개선되면서 과거 행복했던 시대로부터 멀어졌다. 과거에는 특별한 훈련을 받지 않았더라도 교양인이라면 경제학의 모든 문제와 방법, 그리고 결과를 쉽게 이해할 수 있었다. 지금은 사정이 그렇지 못하지만 아무튼 나는 최선을 다할 생각이다.

  첫 번째 갈래는 오늘날까지도 무수한 제자들에 의해 존중받고 있는

― 어떤 제자들은 위대한 인물이나 사물에 대하여 공개적으로 존경을 표시하는 것이 좋다고 보지만, 많은 제자들은 버릇없다고 생각한다 ― 두 위대한 학자와 관련이 있다. 그들은 알프레드 마셜Alfred Marshall, 1842~1924과 크누트 빅셀Johan Gustaf Knut Wicksell, 1851~1926이다.[04] 마셜은 그 사실을 숨기려고 애를 썼지만, 두 사람의 이론 구조는 고전 경제학자들과 관련이 없다. 하지만 그들의 구조는 완전 경쟁하에서 이윤 동기가 생산을 최대화하는 경향이 있다는 고전 명제를 포함하고 있으며, 심지어 아주 만족스러운 증거도 제시한다. 하지만 보다 정확하게 진술하고 증명하는 과정에서, 그 명제는 실제적 내용을 상당 부분 잃어버린다. 그러니까 비유적으로 말하자면, 수술실에서 나오기는 했으되, 아주 수척해져서 간신히 살아있는 상태로 나온 것이다.[05] 그러나 마셜-빅셀 분석의 일반적 전제 내에서 다음 사실을 발견할 수 있다. 자신의 개별 행동으로써 그들의 제품 가격이나 생산 요소에 영향력을 미치지 못하는 회사들 ― 다시 말해, 생산량을 증가시키면 제품 가격이 떨어지고 또 생산 요소의 가격을 증가시키는 회사들 ― 은 그들의 생산을 일정 지점에 도달할 때까지 확대할 것이다. 그 지점에서는 제품의 양을 조금 더 증가시키는 데 들어가는 부가적 비용(한계 비용)이 그 증가분에 대해서 받을 수 있는 가격과 정확히 일치한다. 다시 말해 그 기업은 손해를 보지 않고 생산할 수 있는 한도까지 제품을 생산할 것이다. 이것은 일반적으로 말해서 "사회적으로 바람직한" 생산 방식이다. 보다 전문적인 용어로 말하자면 이 경우에 가격은 그 개별 회사의 입장에서는 그냥 변수가 아니라 매개 변수가 된다. 사정이 이러하다면 균형의 상태가 존재하게 되어, 모든 생산이 최대치에 도달하고 모든 요인들이 동원된다. 이 경우를 가리켜 통상적으로 완전 경쟁이라고 한다. 모든 회사와 모든 사장들에게 작용하는 상벌의 선택 과정을 감안할 때, 우리는 완전 경쟁으로부터 최적의 결과를 얻으리라고 예상할

수 있다. 고도로 선택된 집단의 사람들이 그 패턴 내에서 이윤 동기에 의해 움직이면서 생산을 극대화하고 비용을 최소화하기 위해 최대한의 노력을 경주하는 것이다. 특히, 이런 패턴에 순응하는 체제는 사회적 낭비의 몇몇 주된 원천들을 제거할 것이다. 조금만 생각해봐도 알 수 있듯이, 이것은 앞 문장의 내용을 약간 다르게 표현한 것에 지나지 않는다.

(4) 이제 두 번째 갈래로 넘어가보자. 마셜-빅셀 분석은 그런 패턴에 부응하지 않는 많은 사례들도 살펴본다. 말이 난 김에 하는 말이지만, 고전 경제학자들도 이 문제를 간과하지는 않았다. 그들도 "독점"의 사례들을 인식했다. 아담 스미스 자신도 경쟁을 억제하는 장치들이 만연한다는 것을 주목했으며,[06] 그로 인해 가격의 유연성에 차이가 많다는 점을 알았다. 하지만 그들은 이런 사례들을 예외적인 것으로 보았으며, 시간이 흘러가면 저절로 없어질 사항으로 인식했다. 마셜 또한 이런 태도를 취했다. 그러나 그는 쿠르노Antoine Augustin Cournot, 1801~1877의 독점 이론을 더욱 발전시켰고,[07] 대부분의 회사들이 가격을 따라가는 것이 아니라[08] 가격을 선도하는 시장이 있다는 사실을 지적하여 후대의 유사한 분석을 예고했다. 그렇지만 그와 빅셀은 완전 경쟁의 패턴에 대하여 일반적인 결론을 내렸고, 그리하여 고전 경제학자들과 마찬가지로 완전 경쟁을 통례로 인식했다. 마셜과 빅셀, 그리고 고전 경제학자들 모두 완전 경쟁이 예외적인 사항임을 꿰뚫어 보지 못했다. 설사 완전 경쟁이 시장의 통례라고 할지라도 그들의 생각처럼 축하해줄 이유가 별로 없다는 것을 알지 못했다.

우리가 완전 경쟁을 충족시키는 조건들 — 마셜과 빅셀이 명시적으로 설명한 조건들이나 분명하게 인식했던 조건들을 모두 살펴볼 필요는 없다 — 을 면밀하게 살펴보면, 대량 농업 생산 이외에는 그런 사례들이 많지 않다는 사실을 금방 알 수 있다. 농부는 그의 목면이나 밀을 다음의 조건 아래서 공급한다. 그의 관점에서 보자면 목면이나 밀의 통상적 가격은 데이터이고 그의 개인적 노력으로 그 가격에 영향을 미치지 못한다. 그는 단지 그의 생산량을 조절할 수 있을 뿐이다. 모든 농부들이 이렇게 할 것이기 때문에, 가격과 수량은 결국에 완전 경쟁 이론이 예측한 것처럼 조절될 것이다. 그러나 다른 농산물들 가령 오리, 소시지, 야채, 낙농 제품 등의 경우는 사정이 다르다. 산업과 상업의 모든 완제품이나 서비스를 살펴보면, 모든 야채상, 모든 주유소, 장갑 혹은 면도 크림이나 톱 등을 만드는 제조업자는 그 나름의 불안정하고 소규모인 시장을 갖고 있다. 그는 가격 전략, 품질 전략 — "제품 차별화" — 홍보 등을 통하여 그 시장을 육성하고 유지해야 한다. 이렇게 해서 우리는 전혀 다른 패턴을 갖게 되는데, 이 경우는 완전 경쟁의 결과를 예측할 수 없고 오히려 독점 구도에 더 잘 어울리는 것으로 보인다. 이런 경우들을 가리켜 우리는 독점적 경쟁이라고 한다. 이 이론은 전후 경제에서 나온 중요한 공헌들 중 하나이다.[09]

독점적 경쟁이 생겨날 것 같지 않은 넓은 분야의 동종 제품들이 있는데, 주로 강괴, 시멘트, 원면 제품 등 산업 원자재나 반제품이 여기에 해당한다. 하지만 이런 분야에 대해서도 유사한 결과가 생겨난다. 왜냐하면 대기업들이 개별적으로 혹은 집단적으로 제품을 차별화하지 않으면서도 가격을 조종할 수 있기 때문이다. 이 경우를 가리켜 과점이라고 한다. 또다시 적절하게 조정된 독점 도식이 이런 유형의 행동을 완전 경쟁 도식보다 더 잘 설명한다.

이런 독점 경쟁, 과점 경쟁 혹은 그 둘을 종합한 경쟁이 득세하면, 마셜-빅셀 세대의 경제학자들이 자신 있게 가르쳤던 많은 명제들이 적용 불가능해지거나 증명 불가능해진다. 첫째, 균형이라는 가장 기본적 개념이 피해를 입게 된다. 균형은 경제 조직의 확정적 상태를 말하는 것으로서, 어떤 주어진 경제 상태는 이 균형을 향해 기울어지며 또 명확한 단순 성질들을 내보인다고 가르쳤는데, 이 이론이 맞지 않는 얘기가 된다. 과점의 일반적인 경우, 균형이라는 확정 상태는 아예 없으며, 무한한 시퀀스(선후 관계)의 움직임과 반대 움직임, 회사들 사이에 무한정 상태의 전쟁이 벌어질 가능성이 제시된다. 물론 균형 상태가 이론적으로 존재하는 많은 특수 경우들이 있기는 하지만 말이다. 둘째, 이런 경우들에서도 완전 경쟁하의 균형을 획득하기가 더 어려울 뿐만 아니라 유지하기는 더더욱 어렵다. 고전적 형태의 "혜택적" 경쟁은 "약탈적" 혹은 "살인적" 경쟁으로 대체될 가능성이 높고, 아니면 재정 분야의 지배력 쟁탈전으로 변질되어버릴 것이다. 이런 것들은 사회적 낭비의 원천이 되는데, 홍보전 비용, 새로운 생산 방법의 억압(그 특허를 사들여 그 방법을 사용하지 못하게 하는 것) 등 다른 많은 사례들이 있다. 그리고 가장 중요한 사항은 이것이다. 현재 예견되는 조건 아래에서, 설혹 아주 비싼 방법으로 마침내 균형을 획득했다고 하더라도, 그것(균형)은 완전 이론 경쟁이 예상한 완전 고용이나 최대 생산량을 보장해주지 않는다. 그것은 완전 고용 없이도 존재할 **수 있다**. 그것은 최대 생산 이하의 수준에서도 존재할 **수밖에 없다**. 왜냐하면 완전 경쟁 조건 아래에서는 실행 불가능한 이윤 보존 전략이 이제는 가능할 뿐만 아니라 그 전략의 채택을 압박하고 있기 때문이다.

그렇다면 이것은 거리의 사람(그 사람이 사업가가 아니라면)이 사기업에 대해서 늘 생각해오던 것을 확인해주지 않는가? 현대적 분석은 고전 학설을 완벽하게 반박하고, 또 대중들의 견해를 정당화하지 않는가? 이윤을 위한 생산과 소비자를 위한 생산 사이에는 아무런 관련이 없고, 사기업은 이윤을 강탈하기 위해 생산을 조종하는 기구에 지나지 않는다는 얘기가 맞는 말 아닌가? 그 이윤이란 소비자로부터 거둬가는 세금 혹은 배상금 같은 것이라고 비난해도 정당한 얘기가 아닌가?

07
창조적 파괴의 과정

독점 경쟁 이론, 과점 경쟁 이론, 그리고 그 이론의 통속적인 변종들은 두 가지 방식으로 다음과 같은 견해를 지지할 수도 있다. 하나는 자본주의 현실(독점과 과점이 판을 치는 현실)이 최대 생산에 비우호적이라는 것이고, 다른 하나는 관리 계층인 부르주아지가 저지른 세속적 사보타주에도 불구하고 생산은 확대되었다, 라는 것이다. 이런 주장을 지지하는 사람들은 관련 증거를 제시해야 할 것이다. 그러니까, 관측된 생산 증가율이 사기업 메커니즘과 무관하고 또 그 메커니즘의 저항을 이겨낼 정도로 강력한, 일련의 우호적 환경에 의해 달성되었다고 증명해야 한다. 우리는 이 문제를 9장에서 다룰 것이다. 하지만 이 주장(생산 증가율은 사기업과 무관)을 펴는 사람들은 다른 주장(생산 증가율은 사기업과 관련 있음)을 펴는 사람이 대면하는 역사적 문제를 회피할 수 있다. 후자의 입장에서 보자면, 자본주의 현실은 한때 최대 생산 실적을 선호하는 경향을 보였다. 생산 실적이 너무나 압도적이어서 그 체제를 평가하는 핵심 요소로 부상했다. 그러던 것이 나중에 독점 구조가 퍼지면서 경쟁을 죽였고, 그리하여 그런 경향을 역전시켰다.

첫째, 이런 주장을 펼치려면 완전 경쟁이라는 상상적 황금시대를 창조하여, 그 황금시대가 어쩌다보니 독점 시대로 변질되었다고 전제해야 한다. 하지만 완전 경쟁이 지금도 현실이 아닌 것처럼 과거에도 현실이 아니었다. 둘째, 대기업이 제조업 분야에서 시장 주도권을 잡은 시점인 1890년대 이후 생산 증가율이 감소되지 않았다는 것을 증명해야 한다. 총생산량의 시계열 행태에서 "추세의 변화"를 암시하는 것이 없고, 또 더 중요한 사실은 비교적 제약 없는 "대기업" 득세 시절에 일반 대중의 현대적 생활수준이 생겨났다는 것을 증명해야 한다. 우리가 현대 노동자의 예산 안에 들어오는 물품들의 명단을 작성하고, 1899년부터 그 물품들의 가격을 화폐 단위가 아니라 그 물품들을 사들인 노동 시간 단위로 살펴본다면 — 그러니까 각 연도의 화폐 가격을 각 연도의 시간당 임금으로 나누는 것 — 상당한 진전이 있었음을 발견하게 된다. 제품 품질의 엄청난 향상을 감안할 때 이러한 진전은 예전의 그것보다 훨씬 크다. 만약 우리 경제학자들이 소망 사항에 몰두하지 않고 객관적 사실에 집중한다면, 우리에게 전혀 다른 결과를 예상하게 만들었던 이론의 현실적 가치에 대해 즉각적으로 의문을 품게 될 것이다. 이게 이야기의 전부가 아니다. 세부 사항으로 들어가서 뚜렷한 진전이 있었던 개별 제품들을 살펴보면, 그 발생 경로는 비교적 자유로운 경쟁 조건 아래에서 영업한 회사들을 가리키는 것이 아니라, 곧바로 대기업의 대문을 가리키는 것을 알 수 있다. 또한 농기계류의 경우에서도, 경쟁 부문의 진전이 이루어진 것은 대부분 대기업 덕분이었다. 그리하여 대기업이 생활 수준을 저하시키기는커녕 오히려 높여주었다는 충격적인 의문이 떠오르게 된다.

그러니 앞 장의 끝부분에 나온 얘기, 기업은 소비자에게서 세금처럼 이윤을 강탈해가는 존재라는 얘기는 완전히 틀린 주장이 되어버린다. 하지만 그 주장은 거의 완전하게[01] 진실인 관찰과 원리에서 나온 결론이었다. 경제학자들과 대중 저술가들은 또다시 그들이 우연히 파악한 현실의 몇몇 파편들에 속아 넘어갔다. 그 파편들은 그 자체로는 정확하게 파악된 것이었다. 그러나 이런 파편적 분석들로부터는 전반적인 자본주의 현실에 관한 결론이 도출되지 않는다. 그런데도 우리가 무리하게 결론을 도출한다면 우리는 행운의 우연에 의해서만 정당화된다. 아쉽게도 우리가 결론을 도출했으나 행운의 우연은 발생하지 않았다.

우리가 파악해야 할 핵심 사항은 이런 것이다. 자본주의를 다룬다는 것은 곧 진화적 과정을 다루는 것이다. 아주 오래 전에 마르크스가 강조한 이런 분명한 사실을 아무도 보지 못하다니 기이한 일이다. 현대 자본주의 체제에 대하여 많은 명제를 내놓게 만든 저 파편적 분석은 집요하게도 이 사실을 무시하고 있다. 이 점을 다시 진술하고, 그것이 우리의 문제와 어떻게 관련되는지 살펴보기로 하자.

자본주의는 그 성질상 경제적 변화의 형태 혹은 방법이 결코 정태적이었던 적이 없으며 그렇게 될 수도 없다. 자본주의 과정의 이런 진화적 특징은 경제생활이 사회 환경이나 자연 환경(늘 변화하고 그 변화로 경제 활동의 데이터를 변화시키는 환경) 속에서 진행된다는 사실에서만 유래하는 것은 아니다. 이런 사실은 중요하고 이런 변화들(전쟁, 혁명 등)이 종종 산업 변화의 조건이 되기도 하지만, 그런 것들이 주된 동인은 아니다. 진화적 특성이 인구와 자본의 준자동적인 증가 혹은 화폐 제도의 변덕에서 기인하는 것도 아니다. 자본주의 엔진을 작동시키고 유지하는 근본적 충동은 새로운 소비자 물품, 새로운 생산이나 수송 방법, 새로운 시장, 기업이 창조하는 새로운 형태의 산업 조직 등에서 나온다.

우리가 앞 장에서 살펴보았듯이, 1760년부터 1940년에 이르는 노동자 예산의 내역은 불변하는 노선에 따라 증가한 것이 아니라, 상당한 질적 변화의 과정을 겪으며 증가했다. 마찬가지로 표본적 농장에서 벌어진 생산 기구의 역사, 가령 윤작, 밭갈이, 거름주기의 합리화에서 엘리베이터 및 철도와 연결되는 오늘날의 기계화된 기구에 이르는 역사는 혁신의 역사이다. 목탄 용광로에서 오늘날의 화력 용광로에 이르는 철강 산업의 생산 설비 역사 또한 그러하다. 수차에서 현대적 발전소에 이르는 전력 회사의 설비 역사 또한 그러하며, 우편 마차에서 항공기에 이르는 수송 산업의 역사도 마찬가지이다. 국내외 새로운 시장의 개발, 직인 조합, 공장, 오늘날의 U.S.스틸 같은 대기업에 이르기까지의 회사 조직 발달 등은 산업상의 돌연변이 — 이런 생물학 용어가 적절해 보인다 — 의 동일한 과정을 예증한다. 이 과정은 **내부로부터** 경제 구조를 혁명적으로 꾸준히 변화시키면서, 낡은 것을 파괴하고 새로운 것을 창조한다.[02] 이 창조적 파괴의 과정이 자본주의의 핵심적 사항이다. 이것이 자본주의의 본질이고, 모든 자본주의적 회사들이 명심해야 할 사항이다. 이 사실은 두 가지 방식으로 우리의 문제와 관련된다.

첫째, 우리는 모든 구성 요소들이 그 진면목과 궁극적 특징을 드러내는 데 상당한 시간이 걸리는 과정을 다루고 있다. 따라서 그 과정의 실적을 특정 시기의 **관점에서***ex visu* 평가하는 것은 무의미하다. 우리는 수십 년 단위 혹은 수 세기 단위로 펼쳐지는 과정을 관찰해야 한다. 경제적인 것이든 기타의 것이든 어떤 특정 시기에 그 가능성을 최대한 활용하는 체제는, 그렇지 않은 체제보다 장기적으로는 열등하다. 왜냐하면 후자의 체제는 어떤 특정 시기를 기준으로 삼지 않는다는 그 점 때문에 정기적 업적의 수준과 속도를 확보하기 때문이다.

둘째, 우리는 어떤 유기적인 과정을 다루고 있기 때문에, 그 과정의 특정 부분에서 벌어진 것 — 가령 한 기업이나 한 산업 — 을 분석하는 건 그 메커니즘의 세부 사항을 설명해줄지는 몰라도, 그 이상의 결론을 제시하지는 못한다. 기업 전략의 모든 부분은, 그 과정의 배경과 그런 배경이 만들어내는 상황 속에서만 진정한 의미를 획득한다. 창조적 파괴라는 상시적常時的 폭풍 속에서 그 역할이 파악되어야 한다. 그것은 그런 과정과 무관하게 파악될 수 없으며, 또 상시적 안정이라는 가설 위에서는 더더욱 파악되지 못한다.

그러나 어떤 일정한 시점의 관점에서, 높은 가격과 생산 제한을 노리는 과점 산업의 행태를 살펴보는 경제학자들은 바로 그런 가설을 내놓고 있다. 그들은 어떤 특정 상황의 데이터를 받아들이면서 그 상황의 과거 혹은 미래가 없는 것처럼 행동한다. 그런 데이터와 관련하여 이윤 극대화의 원칙에 입각해 움직이는 회사들의 행태만 파악하면 모든 것을 다 파악했다고 생각한다. 이론가의 논문이나 정부 위원회의 보고서는 그런 행동이 과거 역사의 결과이며, 또 곧 변하게 될 상황에 적응하기 위한 시도임을 보려 하지 않는다. 늘 그들의 발밑에서 사라져가는 땅 위에 굳건히 버티고 서려는 노력임을 인정하지 않는 것이다. 달리 말해서 그들은 자본주의가 어떻게 현재의 구조를 갖추게 되었는지 살펴보려고 할 뿐, 자본주의가 어떻게 그 구조를 창조하고 파괴하는가, 하는 중요한 문제를 도외시하는 것이다. 이 점을 인식하지 못한다면 탐구자는 무의미한 일을 하는 것이다. 이것을 인식하는 순간 탐구자는 자본주의 관행과 그 사회적 결과에 대한 전망이 크게 바뀌게 된다.[03]

먼저 사라져야 할 것은 경쟁의 **운영 방식**에 대한 기존의 생각이다. 경제학자들은 드디어 가격 경쟁만 관찰하면 된다는 단계에서 벗어나고 있다. 품질 경쟁과 판촉 노력이 이론의 성스러운 영역에 도입되는 순간, 가격 변수는 그 주도적 위치에서 밀려났다. 그러나 여전히 학자들의 주목을 사로잡는 것은, 불변 조건들(특히 생산 방법과 산업 조직의 형태)의 경직된 패턴 내에서의 경쟁이다. 하지만 경제 교서와는 엄연히 구분되는 자본주의 현실 내에서 중요한 것은 그런 종류의 경쟁이 아니라, 새로운 상품, 새로운 테크놀로지, 새로운 공급 원천, 새로운 조직 유형(가령 대규모 통제 단위) 등에서 오는 경쟁이다. 이런 경쟁은 이윤의 마진이나 기존 회사들의 생산을 공격하는 것이 아니라, 그들의 근본 혹은 그들의 생존 방식을 공격하는, 획기적인 가격 및 품질 우위를 갖고 있다. 이런 경쟁의 위력은 기존의 것에 비하면 너무나 효과적이어서 비유적으로 말하자면 소총과 포탄의 차이라고 할 수 있다. 이런 종류의 경쟁은 너무나 중요해서 기존의 일상적 경쟁이 신속하게 작동하는지 여부는 이제 관심 밖으로 밀려난다. 장기적으로 생산을 확대하고 가격을 인하시키는 힘센 지렛대는 아예 다른 재료로 만들어진다.

우리가 방금 지적한 경쟁은 현존하는 경우뿐 아니라 향후에도 상존하는 위협이 되어 영향력을 발휘한다. 그것은 공격하기에 앞서서 먼저 단련을 시킨다. 사업가는 그가 진출한 분야에서 혼자일 때에도 경쟁적 입장에 있다고 느낀다. 설사 혼자는 아니더라도 정부 감독관이 보기에 그 이외에 이렇다 할 경쟁자가 없어서 그의 경쟁 운운이 사업가의 상투적인 불평이라고 여겨지는 상황에서도, 실은 경쟁을 느끼는 것이다. 모든 경우가 그렇지는 않겠지만, 많은 경우에서 이것은 완전 경쟁의 패턴과 유사한 행동을 강제한다.

많은 이론가들이 구체적 사례의 교훈과는 정반대되는 생각을 갖고 있다. 어떤 동네에 여러 명의 소매상(가게)들이 있다고 해보자. 그들은 서비스와 "분위기"를 개선하되, 가격 경쟁은 피하면서 기존의 전통 방식을 고수하려고 한다. 이것은 정체된 가게 운영을 드러내는 것이다. 다른 상인들이 그 사업에 뛰어들면서 준(準)균형의 상태는 흐트러지지만, 그렇다고 해서 고객들에게 혜택을 주는 방식으로 균형이 깨지는 것은 아니다. 각 가게의 경제 공간은 협소해졌으므로, 가게 소유주들은 더 이상 생계를 유지할 수 없고 그래서 암묵적으로 가격을 올림으로써 상황을 개선하려 한다. 이것은 결국 그들의 매출을 더욱 떨어뜨릴 것이고, 연속적인 피라미드화에 의하여, 공급 증가가 가격을 내리는 것이 아니라 높이게 되고, 또 매출을 신장시키는 것이 아니라 떨어뜨리는 결과를 가져온다.

이런 사례가 실제로 발생하고 있고, 그런 사례를 해결하는 것은 옳고도 적절한 일이다. 하지만 실제적 사례들이 보여주듯이, 그런 것들은 자본주의 행동의 가장 특징적인 면에서 제일 멀리 떨어진 분야에서 발견된다.[04] 더욱이 그것들은 본질상 일시적이다. 소매업의 경우, 경쟁은 동일한 유형의 업소가 추가되는 데에서 생겨나는 것이 아니라, 백화점, 연쇄점, 우편 주문 판매점, 슈퍼마켓 등 기존의 가게 피라미드를 곧 파괴하게 될 새로운 형태의 조직으로부터 생겨나는 것이다.[05] 이런 본질적인 요소를 무시하는 이론 구조는 가장 전형적인 자본주의적 특징을 무시하는 것이다. 그것은 사실이나 논리에 있어서 정확할지 모르나, 덴마크 황태자(햄릿)가 등장하지 않는 『햄릿』과 같다 하겠다.

08
독점 기업의 행동

지금까지 말해온 것들이 독자들에게 실제 사례의 진면목을 깨닫게 해주었을 것이고, 또 이윤 경제에 대한 기존의 비판이 부당함도 알게 해주었을 것이다. 사실 이윤 경제라는 것은 직간접적으로 완전 경쟁의 부재에 바탕을 두고 있다. 기존 비판에 대한 우리의 논증이 일견 분명해 보이지 않기 때문에, 몇 가지 사항을 확실히 해두기 위해 좀 더 자세한 설명이 필요하다.

(1) 우리는 앞에서 객관적 현실로서 혹은 잠재적 위협으로서 새로운 것들, 가령 새로운 테크놀로지가 기존 산업 구조에 커다란 영향력을 미친다는 점을 살펴보았다. 기존 산업 구조는 생산을 제한하고 기존의 위치를 유지하면서 그런 위치에서 나오는 이윤을 극대화하려고 하는데, 이것이 새로운 형태의 경쟁으로부터 커다란 위협을 받는다. 여기서 우리는 한 가지 사실을 추가로 깨달아야 한다. 무엇인가 하면, 이런 종류의 제한적 행동이 효과를 발휘할 때, 창조적 파괴의 상시적 강풍 속에서 새로운 의미를 획득하게 된다는 것이다. 물론 정체 상태나 느리고 균형 잡힌 성장의 상태에서는 제한적 행동이 이런 새로운 의미를 가져오지 못한다. 정체되었거나 성장이 느린 상태에서는 제한 전략이 소비자를 희생시켜서 이윤을 증가시킨다는 것 이외에는 아무런 결과도 내놓지 못한다. 균형 성장의 경우, 그것은 추가 투자의 수단을 마련하는 가장 손쉽고 효과적인 방법이다.[01] 창조적 파괴의 과정에서, 제한 행동은 때때로 흔들리는 배를

안정시켜서 일시적인 어려움을 완화하기도 한다. 이것은 불황의 시기에는 언제나 나타나는 아주 낯익은 논증이다. 또 누구나 알다시피 정부 관리나 경제 고문관들이 애용하는 전략이다. 가령 **NRA**(전국 산업 부흥청: National Recovery Adminstration)를 보라. 이 전략이 너무 오용되고 또 엉성하게 실천되어 대부분의 경제학자들이 속으로 그걸 경멸하고 있지만, 이 조직의 책임 있는 고문관들은[02] 그 전략의 보다 일반적인 근거를 보지 못한다.

사실 그 어떤 투자든 기업 행위에 필요한 보완책으로서 보험이나 위험 회피 수단 같은 특정한 안전 행위들을 포함한다. 급변하는 조건들, 특히 새로운 상품과 테크놀로지의 도입으로 언제 어떻게 변할지 모르는 조건들 아래에서, 장기적인 투자를 한다는 것은 불분명하게 움직이는(그것도 흔들리면서 움직이는) 목표물을 향해 총을 쏘는 것과 비슷하다. 따라서 기업은 특허, 일시적 비밀, 사전 확보된 장기 계약 등의 보호 장치에 의존하게 되는 것이다. 대부분의 경제학자들이 합리적 경영의 정상 요소로 간주하는[03] 이런 보호 장치들은 더 큰 보호 장치 클래스의 특별 사례들이다. 하지만 경제학자들은 이런 더 큰 클래스의 장치들이 정상 요소로 간주되는 장치들과 근본적으로 다르지 않음에도 불구하고, 이 클래스를 경멸한다.

가령 전쟁 리스크를 보험에 가입할 수 있다면, 회사가 제품의 구매자들로부터 이 보험의 비용을 징수하는 데 대해 아무도 반대하지 않을 것이다. 설사 전쟁 리스크에 대해 보험을 들 수 없다 하더라도, 이 리스크는 장기적 비용의 한 요소이다. 그러나 이 경우(보험 못 드는 경우), 보험에 드는 것과 같은 동일한 목적을 겨냥하는 가격 전략은 불필요한 제한을 개입시키고 그리하여 과잉 이윤을 낳게 된다. 마찬가지로 어떤 특허가 확보되지 못하거나 확보되었더라도 효과적으로 보호를 해주지 못한다면, 투자를 정당화하기 위하여 다른 수단을 사용해야 할 것이다. 그런 수단으로는 평상시보다 더 재빠르게 투자를 손해 처리하는 가격 정책이 있고, 아니면 돈을 더 투자하여 공격용 혹은 방어용 과잉 생산을 유도하는 정책이 있을 수 있다. 또한 장기 계약을 사전에 확보할 수 없다면 잠재 고객들을 투자 기업에 묶어두기 위하여 다른 수단을 강구해야 한다.

어떤 특정 시간대의 **관점에서** 이런 기업 전략을 분석하는 경제학자나 정부 관리는 가격 정책들을 보면서 그것이 너무 약탈적이라고 생각하고, 생산 제한을 검토하면서 그것을 곧 생산 기회의 상실이라고 생각해버린다. 이런 경제학자나 정부 관리는 이런 유형의 제한이 상시적 폭풍의 조건 아래에서는 종종 불가피한 일임을 보지 못한다. 또 생산 확대의 장기적인 과정에서는 그런 제한이 장애가 아니라 보호가 된다는 것도 깨닫지 못한다. 자동차에 브레이크가 달려 있기 **때문에** 그렇지 않을 경우보다 더 빨리 달릴 수 있다고 말하는 게 모순이 아니듯이, 생산에 일부 제한이 있기 때문에 생산이 확대된다고 말하는 것도 모순이 아니다.

(2) 이런 현상은 새로운 현상, 새로운 방법이 기존 산업 구조에 강하게 영향을 미치는 경제 부문에서 더 분명하게 드러난다. 산업 전략에 대한 생생하고 현실적인 그림을 얻는 가장 좋은 방법은 새로운 산업과 새로운 회사를 살펴보는 것이다. 가령 새로운 상품이나 과정을 도입하는 알루미늄 산업이나, 산업의 일부 혹은 전부를 새롭게 조직하는 예전의 스탠다드 정유 회사가 그런 경우이다.

우리가 살펴본 바와 같이, 이런 회사들은 본성상 공격적이고 아주 효과적인 경쟁 무기를 휘두른다. 그들의 개입은 거의 언제나 수량과 품질의 총생산을 개선시킨다. 새로운 방법 — 어떤 경우든 백 퍼센트까지 밀고 나가지는 않지만 — 이나 기존 회사들에 대하여 압력을 가함으로써 그런 개선을 이룩하는 것이다. 이런 공격자들은 그들의 위치 때문에 공격용이나 방어용으로 제품의 가격이나 품질 이외의 무기를 갖추고 있다. 그들은 이런 무기를 전략적으로 구사하기 때문에 항시적으로 생산을 제한하고 가격을 높게 유지하는 것처럼 보인다.

대부분의 경우, 경쟁이 대규모 자본 집중이나 경험 부족 때문에 억제되리라는 사실이 처음부터 알려질 때에만, 대규모 계획이 수립되어 추가 개발을 위한 시간과 공간을 확보하게 된다. 견고한 입장의 기존 경쟁사들을 견제하기 위해 재정적 지배권을 확보한다거나 페어플레이 정신에 다소 위배되는 방식 ― 철도 요금의 일부를 반환 ― 으로 우위를 확보하는 것은, 전체 생산량에 미치는 장기적 효과 하나만 두고 볼 때, 그렇게 나쁘게만 볼 수도 없다.[04] 이것들은 사유 재산 제도가 발전의 과정에서 내어놓는 장애물을 제거하는 방법일 **수도 있다**. 사회주의 사회라면 그런 시간과 공간은 불필요할 것이다. 중앙청의 명령 하나만으로 그것들(시간과 공간)이 확보되니까.

그런데 가격, 품질과 수량 조절 등으로 좋은 이윤을 실현하여 아주 어려운 상황을 넘길 수 있는, 아주 좋은 상황이 벌어질 것이다, 라는 조건이 처음부터 알려지지 않는다면, 기업 활동은 대부분의 경우 불가능할 것이다. 이것 또한 단기적으로는 종종 생산 제한적인 전략을 필요로 한다. 대부분의 성공적인 사례에서, 이 전략은 그 목적에 잘 부응한다. 그러나 일부 사례에서는 너무나 성공적이어서 상응하는 투자 비용을 상회하는 이윤을 산출한다. 이런 사례들은 자본을 유도하여 미지의 영역에 들어서게 하는 미끼가 된다. 이것은 자본주의 세계의 상당 부분이 소득을 못 올려도 계속 일하는 상황을 부분적으로 설명해준다. 번영하던 1920년대 중반에 절반 이상의 미국 기업들이 적자, 제로 이윤율, 기존의 노력과 지출에 상응하지 못하는 낮은 이윤율의 상태로 운영되었다.

그러나 우리의 논증은 새로운 회사들, 새로운 방법들, 새로운 산업들 너머로 확대된다. 오래된 회사들과 확립된 산업들은 직접적으로 공격을 받든 말든 상시적인 강풍 속에서 아직도 살아 있다. 창조적 파괴의 과정에서 많은 회사들이 파산해야 마땅한데도 특정 폭풍우를 잘 견디고서 여전히 힘차고 씩씩하게 살아 있다. 이런 전반적인 위기 혹은 불황을 제외하고, 창조적 파괴의 과정인 데이터의 급속한 변화가 부분적으로 발생하는 상황들이 있다. 이 상황에서 관련 산업은 한동안 타격을 받아서 기능적 손실을 입게 되고, 다른 때 같았더라면 피할 수도 있는 실업을 겪게 된다. 마지막으로, 낡은 산업들을 무한정 유지하려는 것은 무의미하다. 하지만 그런 산업들의 급속한 붕괴 현상 — 불황의 누적 핵심 효과 — 을 막으면서 질서정연하게 퇴각을 유도하는 것은 의미가 있다. 따라서 패망의 씨앗을 뿌렸으되 아직도 이윤을 올리면서 터전을 잃지 않는 산업들이 나오게 되는데, 이것이 질서정연한 전진으로 보이는 것이다.[05]

이 모든 것은 진부한 상식이다. 하지만 집요할 정도로 무시되고 있어서 때때로 그런 무시하는 태도의 성실성에 대하여 의문마저 든다. 창조적 파괴의 과정 중, 이론가들이 단행본이나 강좌에서 경기 순환론으로 격하시키는 버릇이 있는 이 모든 현실에는, 이론가들이 생각하는 것 이상으로 산업적 자기 조직의 측면이 있다. 카르텔 유형의 "거래 제한"과 가격 경쟁에 대한 암묵적 양해 등은 불황의 조건 아래에서는 유효한 치유책이 될 수 있다. 이 치유책은 총생산량을 더 안정적으로 확대할 뿐만 아니라 더 크게 만들 것이므로, 재앙으로 끝나고 말 무제한적인 돌진보다는 더욱 효과적이다. 이러한 재앙이 어떠한 경우에도 벌어질 것이라고 주장할 수도 없다. 우리는 각각의 역사적 사례에서 어떤 일이 벌어졌는지 알고 있다. 자본주의 과정이 엄청나게 발전해왔다는 것을 감안할 때, 이런 견제 장치가 없었더라면 어떤 일이 벌어졌을지 상상하기조차 어렵다.

우리는 논의의 범위를 이미 크게 확대했지만 그럼에도 불구하고, 제한 전략 혹은 규제 전략의 모든 사례들을 커버하지는 못했다. 이런 전략들 중 상당수가 총생산의 장기적 발전에 해로운 영향을 끼치는데, 그런 전략들이 싸잡혀서 유해한 효과를 가져왔다고 무비판적으로 비난받고 있다. 우리의 논의가 커버한 사례들 중에서도, 그 실질적 효과는 각각의 개별 사례에서 산업이 그 자신을 규제하는 상황, 방식, 정도에 의해 실현되는 것이었다. 모든 부문에 스며든 카르텔 체제는 더 적은 사회적·개인적 비용으로 완전 경쟁에 의해 실현 가능한 진보를 실현할 수도 있고, 반대로 그 진보를 막아버릴 수도 있다. 이 때문에 우리의 논의는 국가의 규제를 반대하지 않는다. 무차별적인 "트러스트 때리기"를 일반적으로 주장할 근거는 없고, 또 거래를 제한하는 모든 것을 고발해야 한다는 얘기도 일반적 근거가 없다. 공공 기관에 의한 합리적 규제(보복적 규제가 아닌 규제)는 아주 까다로운 문제이고, 대기업 성토가 무성한 분위기 아래에서는, 정부 기관이 믿음직스럽게 해결할 수 있는 그런 문제가 아니다.[06] 현대 자본주의와 총생산량의 발전이라는 상관관계를 논하는 기존의 **이론**과 그 이론에서 나온 추론들을 검토하는 우리의 논의는, 또 다른 **이론**을 낳고 말았다. 그러니까 사실들을 바라보는 또 다른 관점과 사실들을 해석하는 또 다른 원칙을 낳은 것이다. 우리의 목적을 위해서 우선은 이것으로 충분하다. 나머지 것에 대해서는 사실들이 발언하도록 내버려두자.

(3) 다음으로 최근에 많은 주목을 받고 있는 경직된 가격에 대해서 몇 마디 하고자 한다. 이것은 우리가 다루어온 문제의 특별한 한 부분이다. 우리는 경직성을 이렇게 정의한다. 완전 경쟁하에서 수요 공급의 원칙에 따라 가격이 변하는 탄력성에 비해서 덜 탄력적이라면, 그 가격은 경직된 것이다.[07]

가격 경직성의 범위는 우리가 선택하는 자료와 측정 방법에 달려 있기 때문에, 양적으로 봤을 때 그 범위는 의심스러운 것이 된다. 하지만 그 재료와 방법이 무엇이든 간에 가격이 겉보기처럼 그렇게 경직되어 있지는 않다. 효과적인 면에서는 가격 변화가 있으면서도 정작 통계 수치에 나타나지 않는 데에는 여러 가지 이유들이 있다. 다시 말해 가짜 경직성의 이유들이 있는 것이다. 우리의 분석과 밀접하게 관계있는 이유의 한 종류만 언급해보겠다.

나는 자본주의 과정, 그리고 그 경쟁 메커니즘과 관련하여 새로운 상품의 등장이 아주 중요하다고 언급했다. 새로운 상품은 기존의 구조를 효과적으로 낮추고 서비스(가령 수송 서비스) 단위당 훨씬 낮은 가격으로 주어진 수요를 충족시키면서도, 그 과정에서 기록된 가격을 단 하나도 변경시키지 않을 수 있다. 상대적 의미의 신축성에 형식적 의미의 경직성이 수반된 것이다. 이런 유형이 아닌 다른 사례들도 있다. 즉, 새로운 브랜드를 출하하는 유일한 동기가 가격 인하인 반면, 오래된 브랜드는 예전 가격 그대로인 사례가 그러하다. 이 가격 인하는 통계 수치에 잡히지 않는다. 게다가 대부분의 새로운 소비자 상품들 — 특히 현대 생활을 윤택하게 해주는 소품들 — 은 처음에는 실험적이고 불만족스러운 형태로 출하되어, 잠재적 시장을 결코 정복하지 못한다. 이렇게 볼 때 제품의 품질 개선은 개별 회사나 산업의 보편적 특징이다. 이런 품질 개선이 추가 비용을 일으켰는지 여부는 불문하고서, 품질이 개선된 제품의 단위당 가격이 일정하게 경직되어 있다고 단정할 수는 없다. 이 문제에 대해서는 추가 연구가 필요하다.

물론 진정한 가격 경직성의 사례들도 많이 있다. 기업 정책의 일환으로 가격이 한결같을 수도 있고, 또 정교한 담합 끝에 카르텔에 의해 책정된 가격이기 때문에 바꾸기가 어려워서 언제나 가격이 그대로인 경우도 있다. 이런 사실이 생산의 장기적 발전에 미치는 영향을 옳게 평가하기 위해서는 무엇보다도 이런 경직성이 본질적으로 단기적 현상임을 깨달아야 한다. 장기적 가격 경직성의 주요 사례들은 없다. 어떤 제조업이건 또 어떤 중요한 제조품의 그룹이건 간에, 일정 기간 동안의 가격 상태를 연구해보면 결국에는 가격이 테크놀로지의 발달에 적응한다는 것을 발견하게 된다. 이런 발달에 적응하지 못해 크게 망해버린 경우도 빈번하다.[08] 물론 화폐 정책이나 임금률의 자동적 변화로 인해 가격이 변하지 않는 경우도 있다. 임금 변동은 제품의 품질 변화와 마찬가지로 그 정도에 따라 정확하게 가중치가 반영되어야 한다.[09] 우리는 앞에서 자본주의 과정을 분석하는 데 있어서 이것이 중요하다는 점을 지적한 바 있다.

  기업 전략이 노리는 것 — 혹은 성취하기를 바라는 것 — 은 계절적, 무작위적, 순환적 가격 변동을 피하고, 그런 변동에 내재된 근본적 조건 변화에 적절히 부응하는 것이다. 이런 근본적 변화들을 가시화하는 데에는 시간이 걸리므로 서로 독립적인 단계를 따라서 천천히 움직인다. 가령 새롭고 지속적인 형태가 가시적으로 등장할 때까지는 일정한 가격을 유지하는 것이다. 전문적인 용어로 표현하자면, 이 전략은 추세의 근사치를 제공하는 단계적 함수에 따라 움직인다. 바로 이것이 대부분의 경우에 있어서 진정하고 자발적인 가격 경직성이다. 사실 대부분의 경제학자들은 이것을 혹은 이에 내포된 의미를 인정한다. 하지만 일부 경제학자들의 가격 경직성 이론은, 그것이 장기적인 현상이라는 조건 아래에서만 진실이다(그들은 가격 경직성이 기술 발전의 열매를 소비자로부터 빼앗아간다고 주장한다). 그들은 주로 순환적 경직성을 측정하고 논의하며, 특히 많은 가격들이 불경기나 불황에서는 급속히 떨어지지 않는다는 사실에 집중한다. 따라서 중요한 질문은 이런 단기적 경직성이[10] 어떻게 총생산의 장기적 발전에 영향을 미칠 수 있는가, 하는 것이다. 이 질문 내에서, 유일하게 중요한 문제는 이런 것이다. 불경기나 불황에서 올라간 상태를 유지하는 가격은 경기 순환의 그 단계(불경기나 불황)에서 기업 상황에 영향을 미친다. 만약 그 영향력이 아주 해로운 것이라면 — 이것은 완전한 가격 신축성이 존재했을 때보다 더 사태를 악화시킨다 — 매번 저질러진 파괴는 추후의 회복이나 번영에서 생산에 영향을 미칠 것이고, 그리하여 이런 가격 경직성이 없었을 때에 비하여 생산 증가율을 항구적으로 감소시킬 것이다. 이 견해를 지지하기 위해서는 다음과 같은 두 가지 논의를 펼칠 수 있다고 본다.

첫째, 이 첫 번째 논의를 좀 더 강력하게 펼치기 위해 이런 산업이 있다고 가정해보자. 그 산업은 불경기에 가격 인하를 거부하고, 가격 인하를 했더라면 팔았을법한 제품의 수량만큼 팔 때까지 불변 가격으로 판매를 계속한다. 그 결과 구매자는 이 산업이 가격 경직성에 의해 올리는 만큼의 이윤을 주머니에서 빼앗기는 꼴이 된다. 만약 이 구매자들이 가지고 있는 것을 모두 소비한 사람들이고, 그 순이익을 차지한 산업이 그 증가분만큼을 소비하지 않고 놀려둔다든가 은행 빚을 되갚는 데 쓴다면, 경제의 총지출은 그만큼 줄어들게 된다. 만약 이런 일이 벌어진다면 다른 산업들 혹은 회사들은 피해를 볼 수 있고, 또 그에 대응하여 생산을 제한한다면 그때에는 누적적인 불황 효과가 나타날 것이다. 달리 말해서 경직성은 국민 소득의 총액과 분배에 심하게 영향을 미쳐서 잔고를 줄이거나 혹은 놀고 있는 잔고(통속적인 용어로 저축)를 늘리게 된다. 이런 사례는 얼마든지 생각해볼 수 있다. 하지만 독자들은 이런 사례의 실제적 중요성이 별로 크지 않다는 것을 스스로 납득할 것이다.[11]

둘째, 이 논의는 가격 경직성이 가져오는 교란 효과에 관한 것이다. 개별 산업이나 다른 분야에서 가격 경직성은 생산의 추가 제한을 가져온다. 즉, 불경기에 발생할 수 있는 것보다 더 심각한 제한을 가져오는데, 이것이 과연 어떤 교란 효과를 낳느냐, 하는 것이다. 교란 효과가 가장 크게 유도하는 것은 실업의 부수적 증가이고 — 고용 불안은 가격 경직성이 매도되는 가장 큰 원인이다 — 또 그에 따른 총지출의 감소이다. 따라서 이 두 번째 논의는 첫 번째 논의의 길을 따라가게 된다. 경제학자들에 따라 의견 차이가 있기는 하지만, 이 두 번째 논의의 중요성은 다음의 고려 사항에 의해 상당히 감소된다. 대부분의 뚜렷한 사례들에 있어서, 가격 경직성은 단기적 가격 변화에 따른 수요에 대해 실행 가능한 범위 내에서 민감하게 반응하지 못하기 때문에 벌어진다. 불황이어서 장래를 걱정하는 사람들은 자동차 가격이 25퍼센트 떨어진다 하더라도 그것을 사지는 않는다. 자동차 구매를 다음 기회로 연기하려 들 것이고, 또 가격이 더 떨어질 것이라고 기대하기 때문이다.

그러나 이런 사실과는 상관없이, 이 두 번째 논의는 결정적인 것이 되지 못한다. 왜냐하면 이 논의는 창조적 파괴 과정을 설명하는 데 있어서 받아들이기 어려운 **다른 조건들이 동일하다면**ceteris paribus이라는 조항을 원용하고 있기 때문이다. 이 논의대로라면 보다 신축적인 가격에서 더 많은 물량이 **다른 조건들이 동일하다면** 팔린다는 사실이 확립된다. 그렇다고 해서 이 사실로부터 해당 상품의 생산 혹은 총생산, 그리고 고용이 실제로 더 크게 확대되리라는 결론이 나오지는 않는다. 이와는 정반대의 가정도 해볼 수 있다. 가격의 인하를 거부하면 산업들의 입장이 강화된다. 산업들은 수입을 증가시킴으로써 혹은 시장에서의 혼란을 피함으로써 가격 고수 정책을 채택한다. 이것은 다른 상황에서라면 파괴의 중심부가 되었을법한 곳에서 강력한 성채를 세우게 된다. 우리가 앞에서 살펴본 바와 같이, 보다 일반적인 관점에서 관찰해보면 총생산과 고용은 가격 경직 정책에 부수되는 제한을 안고서도 더 높은 수준을 유지할 수 있다. 불황이 가격 구조를 완전히 파괴해버리는 그런 상황에 비해서 말이다.[12] 달리 말해서, 자본주의 진화에 의해 창조된 조건들 아래에서 불황기의 완전하고 보편적인 가격 신축성은 자본주의 체제를 안정시키는 것(일반 이론하의 조건들이 예측하는 것)이 아니라, 오히려 더 불안정하게 만든다. 이것은 경제학자들이 직접적인 관심을 갖고 있는 분야, 가령 노동과 농업의 사례에서 더욱 그러하다. 이 두 경우에 경제학자는 가격 경직성처럼 보이는 것이 실은 규제된 적응에 지나지 않는다고 즉각 시인한다.

어쩌면 독자들은 지난 몇 년 동안 그처럼 중요하게 여겨졌던 가격 경직성 이론에서 남아 있는 것이 별로 없음을 보고 놀랄지도 모른다. 일부 인사들에게 있어서 가격 경직성은 자본주의 엔진의 결정적 하자였고, 불황을 설명하는 근본적 요인이었다. 하지만 그 개념이 이처럼 하찮게 된 것을 의아하게 여길 필요는 없다. 개인과 집단은 '지금 이 순간의 정치적 경향을 지원해줄법한 사항이라면 뭐든지 거머쥐려고 한다. 진실이라고는 조금밖에 들어있지 않은 가격 경직성 학설이 바로 이런 종류의 사례이지만, 그나마 그중에서 최악의 것은 아니다.

(4) 또 하나의 학설이 대중적 슬로건으로 굳어졌는데 간략히 설명하면 이러하다. 대기업의 시대에서는 기존 투자의 가치 유지 — 자본의 보존 — 가 기업 활동의 주된 목적이 되었고, 이것이 가격 인하의 개선 노력을 중단시킨다. 따라서 자본주의 질서는 발전과 양립할 수 없다.

우리가 살펴본 바와 같이, 발전은 새로운 상품 혹은 생산 방법이 경쟁하는 계층에서 자본 가치를 파괴한다. 완전 경쟁하에서 옛 투자는 희생되거나 폐기됨으로써 조정된다. 그러나 완전 경쟁이 없고, 또 각 산업 분야가 소수의 대기업에 의해 통제되면, 이것은 여러 가지 방식으로 자본 구조에 대한 위협적인 공격과 싸울 수 있고, 또 그들의 자본 손실을 피할 수 있다. 다시 말해 그들은 발전을 방해하는 것이다.

이 학설이 제한적 사업 전략의 특정한 양상을 규정한 것이라면, 이 장에서 이미 스케치한 논의에 더 이상 추가할 필요가 없을 것이다. 창조적 파괴의 과정에서 이런 전략이 갖고 있는 한계와 기능에 대해서는, 앞에서 말한 것을 반복하기만 하면 된다. 자본 가치의 보존이 이윤의 보존과 똑같은 것임을 관찰한다면, 이것은 더욱 자명해진다. 현대의 이론은 실제로 이윤이라는 개념보다는 자산의 현재 순가치(=자본 가치)를 더 선호하는 경향이 있다. 자산 가치나 이윤은 단지 보존되는 것이 아니라 극대화된다.

하지만 비용 감소의 개선을 방해하는 것에 대해서는 여전히 간단한 논평을 필요로 한다. 잠시 생각해보면 알 수 있는 일이지만, 테크놀로지 장치 — 가령 어떤 특허 — 를 갖고 있는 회사가 그것을 사용하려면 기존의 공장 혹은 설비의 전부 또는 일부를 폐기해야 한다. 그렇다면 그 회사는 기존의 자본 가치를 보존하기 위하여 그 특허를 사용하지 않으려 할까? 자본주의적 이해관계에 얽매이지 않는 사회주의적 경영진이라면 모두의 이익을 위해 기꺼이 사용하려고 할 그 특허를?

여기서 또다시 사실 관계를 거론하고 싶어진다. 현대 회사가 여력이 있는 바로 그 순간부터 제일 먼저 하는 것이 연구 조사부의 설치이다. 이 부서의 부원들은 자신들의 생계가 개선 사항들을 고안하는 데 달려 있다는 것을 잘 안다. 이런 관행은 테크놀로지의 발전에 대해 아무런 혐오증도 드러내지 않는다. 그렇다고 해서 기업이 획득한 특허들을 즉각 사용하지 않거나 아예 사용하지 않는 경우를 상기할 필요도 없다. 여기에는 충분히 그럴만한 이유들이 있을 것이기 때문이다. 가령 특허 받은 과정이 쓸모가 없거나 상업적 적용의 가능성이 없는 것으로 판명되었을 수도 있다. 특허 발명자, 연구하는 경제학자, 정부 관리 등은 이에 대한 공정한 재판관이 될 수 없다. 우리는 이들의 항의 혹은 보고서로부터 아주 왜곡된 그림을 얻기 쉽다.[13]

하지만 우리는 지금 이론의 문제를 살펴보고 있다. 모든 사람들이 개인적(자본주의적) 경영진이나 사회주의적 경영진이 생산의 개선을 도입할 수 있다고 동의한다. 새로운 생산 방법을 사용하여 제품 1단위당 들어가는 총비용이 기존 생산 방법을 사용할 때 들어가는 총비용보다 적게 된다면, 그게 곧 개선이다. 만약 이런 조건이 충족되지 않는다면 개인적 경영은 기존의 공장과 설비가 완전 감가 상각될 때까지 비용 인하 방법을 채택하지 않을 것이다. 반면, 사회주의적 경영은 사회적 이익을 중시하여 기존의 자본 가치는 따지지 않고, 가격 인하 방식이 나오는 즉시 그것을 채택할 것이다. 이론적으로는 이렇게 예상되지만 실제로는 그렇지가 않다.[14]

개인 경영이 철저하게 이윤 동기에 의해서만 움직인다면, 사회주의 경영 이상으로 특정 건물이나 기계류의 가치를 유지하려고 하지 않는다. 개인 경영은 총자산의 현재 순가치를 극대화하려고 애쓰는데, 이 가치는 기대 순이익과 등가等價이다. 따라서 개인 경영은 장래 비용 단위당 더 큰 소득의 흐름(장래의 지출과 장래의 소득 둘 다 할인되어 현재 가치로 수정된 것)을 가져올 것으로 예상되는 새로운 생산 방법을 언제나 채택한다. 앞으로 상환해야 하는 사채 발행의 차입금 유무와는 상관없이, 과거 투자의 가치는 개인 경영에 있어서 오로지 다음 방식으로만 감안된다. 즉, 사회주의 경영의 결단을 뒷받침하는 계산속에 들어가는 과거 투자 가치의 수준으로만 감안되는 것이다. 낡은 기계의 사용이 새로운 방법의 즉각적인 도입에 비하여 장래 비용을 절약해주는 한, 이 서비스 가치의 잔여 부분이 개인적 경영진과 사회주의 경영진의 판단에 한 가지 감안 요소가 될 것이다. 그렇지 않다면 두 경영진은 과거의 것은 과거로 돌리고 잊어버릴 것이다. 이들이 과거의 투자 가치를 보존하려고 한다면 그것은 사회주의 경영진의 행동 원칙과도 상충되고, 또한 이윤 동기에서 나오는 원칙과도 상충된다.

하지만 다음과 같이 주장하는 것은 진실이 아니다. 새로운 생산 방법으로 인해 가치가 떨어진 설비를 가지고 있는 개인 기업들은 총생산 원가(새 생산 방법에 의한)가 예전의 제조 원가보다 낮거나, 또는 **새로운 생산 방법의 등장 이전에 확정된 스케줄에 따라** 과거의 가치를 완전 감가 상각하기로 결정해버렸다면, 그때는 반드시 새로운 생산 방법을 채택할 것이다. 왜냐하면 설치된 새 기계들이 옛 기계들의 나머지 사용 기한보다 더 오래갈 경우, 옛 기계들이 갖고 있는 그 사용 기한까지의 할인된 잔여 가치는 또 다른 자산으로서 반드시 감안되어야 하기 때문이다. 이와 유사한 이유들로 인해, 사회주의 경영진들이 총생산 원가가 적게 들고 또 사회적 이익을 가져오기 때문에 새로운 생산 방법을 즉각 채택하리라고 보는 주장도 진실이 아니다.

그런데 이 문제와 관련된 행동에 깊은 영향을 미치지만, 아예 무시되어 온 또 다른 요소가 있다.[15] 이것은 추가 개선을 예상하면서 **예전부터**ex $ante$ 자본을 보존해온 경우이다. 현업에 종사하는 회사들은 새로운 생산 방법 — 시장에 나와 있는 것 중에서 최선이고 즉각 사들일 수 있으며 당분간 그런 지위를 유지할 것으로 예상되는 방법 — 을 즉각 사들여야 할지 고민하지는 않는다. 새로운 유형의 기계는 일반적으로 말해서 개선의 연쇄 중에서 하나의 연결 고리이고 곧 낡은 것이 되어버릴 수도 있다. 진정한 문제는 어떤 연결 고리 부분에서 회사가 행동을 취해야 하는 것이다. 그 대답은 대체로 추측에 바탕을 둔 여러 가지 고려 사항들 사이의 타협에서 찾을 수 있다. 하지만 회사는 연쇄가 어떻게 움직이는지 파악하기 위해 당분간 관망(기다리는) 게임을 펼칠 것이다. 외부 관찰자가 볼 때 이런 태도는 **기존의** 자본 가치를 보존하기 위하여 개선을 질식시키는 것처럼 보일 수도 있다. 하지만 사회주의 경영진이 이론가의 조언에 따라서 해마다 공장과 설비를 폐기 처분한다면, 아무리 인내심이 많은 공산당 간부라도 역정을 낼 것이다.

(5) 내가 이 장의 제목을 "독점 기업의 행동"이라고 한 것은, 이 장의 내용이 독점 혹은 독점적 관행과 관련된 사실과 문제들을 다루기 때문이다. 나는 지금까지 이 용어들을 자제해왔다. 이 용어들과 특별히 관련된 화제들을 논평한 부분에서 써먹기 위해서였다. 그렇지만 아래에서 말하

려는 것들은 우리가 이미 이런저런 형태로 만나본 문제들이다.

ⓐ 먼저 독점이라는 용어의 문제가 있다. 독점자는 단일 판매자를 말한다. 문자적 의미를 적용한다면, 포장, 위치, 서비스 면에서 다른 사람들이 판매하는 것과 다른 어떤 것을 파는 사람은 모두가 독점자이다. 야채상, 잡화상, "굿 유머스"라는 아이스크림 가게(그 근처에서 같은 브랜드의 아이스크림을 팔지 않는다면) 등이 모두 독점자이다. 하지만 우리가 독점 기업을 논할 때 이런 가게를 생각하지는 않는다. 동일한 상품이나 유사한 상품의 생산자들에게 개방되지 않는 시장을 가진 판매자, 보다 전문적인 용어로 말하자면, 독립적인 행동을 하고 또 다른 회사들로부터 움직임의 제한을 받지 않는 상태로 특정한 수요 스케줄을 유지하는 판매자를 생각하는 것이다. 전통적인 쿠르노-마셜 독점 이론(후대의 학자들에 의해 확대되고 수정된 이론)은 독점을 위와 같은 방식으로 정의할 때에만 유효하다. 따라서 이 이론이 적용되지 않는 어떤 현상을 독점이라고 부르는 것은 의미가 없다.

하지만 우리가 독점을 이런 식으로 정의할 때, 장기 독점의 순수한 사례들은 아주 희귀한 종류임을 즉각 깨닫게 된다. 아니, 그런 정의에 근접하는 독점 사례들 또한 완전 경쟁의 사례만큼이나 희귀하다는 것을 발견한다. 특정 패턴의 수요 — 독점 기업의 행동이나 그 행동이 일으키는 반작용과 무관하게 변화하는 수요 — 를 마음대로 좌지우지할 수 있는 권력은 순수 자본주의 조건들 아래에서는 총생산에 영향을 미칠 정도로 오랫동안 지속될 수는 없다. 단 국가 기관이 인위적으로 떠받치는 경우는 예외인데, 재정적 독점의 사례가 그런 경우이다. 하지만 **이 정도로** 보호를 받는(수입 관세나 수입 제한을 통해 보호를 받는) 현대적 기업이나, 아주 일시적일지라도 그 정도로 권력을 휘두르는 현대 회사를 발견하기는 힘들고, 심지어 상상하기도 어렵다. 심지어 철도 회사, 동력 회사, 전기 회사 등도 먼저 그들의 서비스에 대한 수요를 불러일으켜야 하고, 그 일에 성공한 다음에는 경쟁자를 상대로 시장을 지켜야 한다. 공공사업 분야를 제외하고, 단독 판매자의 지위가 획득되고 또 수십 년 동안 유지되는 경우에는 독점 기업처럼 행동하지 않는다는 전제하에서만 가능하다. 단기 독점에 대해서는 뒤에서 곧바로 다룰 것이다.

 그런데도 왜 이처럼 독점에 대해서 말들이 많은가? 그 대답은 정치 심리학을 연구하는 학생들에게는 흥미로울 것이다. 물론 독점이라는 개념은 다른 개념들과 마찬가지로 느슨하게 사용되고 있다. 어떤 나라의 산업이 아주 경쟁적인데도 그 산업을 가리켜 독점적이라고 말하는 사람들도 있다.[16] 하지만 이것이 이야기의 전부는 아니다. 미국의 경제학자들, 정부 관리들, 언론인들, 정치인들은 이 용어를 사랑한다. 왜냐하면 그런 딱지가 붙은 회사에 대하여 대중의 반감을 불러일으키는 데 이것처럼 확실한 비난의 용어가 없기 때문이다. 영미권에서 독점은 무자비한 착취와 동일시되어 비난을 받아왔다. 실제로 16세기와 17세기의 영국에서 다수의 독점적 지위를 부여하는 것이 행정적 관행이었다. 이들 독점 기업은 독점 이론의 행동 패턴과 일치되는 행동을 했고, 그리하여 엄청난 분노의 파도를 일으켰는데 심지어 위대한 엘리자베스 여왕조차도 그런 분노에 영향을 받았다.

 한 국가의 기억처럼 보유력保有力이 강한 것도 없다. 우리의 시대는 여러 세기 전에 벌어진 사건에 대하여 아주 중요한 국가적 반응의 사례를 보여준다. 예전의 관행은 영미권 대중들에게 강력한 독점 혐오증을 불러일으켜서 기업의 못마땅한 점에 대해서는 뭐든지 전부 이 용어를 갖다 붙이는 습관을 형성시켰다. 특히 전형적인 자유주의적 부르주아 인사에게 독점은 만악萬惡의 아버지가 되었고, 사실상 그가 즐겨 비난하는 마귀가 되었다. 아담 스미스는[17] 주로 튜더 왕조와 스튜어트 왕조 유형의 독점들을 생각하며 한껏 위엄을 부리면서 그것들에 눈살을 찌푸렸다. 영국 총리 로버트 필Robert Peel, 1788~1850 경은 대중 선동의 무기고에서 가끔씩 무기를 빌려올 줄 아는 보수주의자들처럼 행동했다. 그는 동료를 많이 불쾌하게 만들었던 임기 말의 유명한 퇴임 연설에서 빵 혹은 밀의 독점에 대해서 언급했다. 하지만 영국의 곡물 생산은 그 보호 정책에도 불구하고 완전 경쟁적이었다.[18] 그리고 미국에서는 독점하면 사실상 대기업과 동의어인 것처럼 사용되고 있다.

ⓑ 단순 명료한 독점 이론은 이렇게 가르친다. 극단적인 사례를 제외하고, 독점 가격은 경쟁 가격보다 높으며 독점 생산은 경쟁 생산보다 소량이다. 그 두 경우(독점과 경쟁)에서 생산의 방법, 조직, 기타 사항들이 정확하게 똑같다면, 이 말은 사실이다. 하지만 실제에 있어서 독점 기업은 보다 우월한 생산 방법을 가지고 있다. 다수의 경쟁하는 업체들은 그 방법이 아예 없거나 그것을 즉각적으로 획득하지 못한다. 왜 이렇게 되는가 하면, 독점의 수준에서만 확보되는 이점들이 있기 때문이다. 가령 독점화는 우수한 두뇌들[19]의 영향 범위를 넓히는 반면, 열등한 두뇌들의 영향권을 좁혀 놓는다. 또한 독점은 엄청나게 높은 재정적 지위를 누린다. 사정이 이렇기 때문에 위의 단순 명료한 독점 이론은 더 이상 진리가 아니다. 달리 말해서 경쟁을 해야 한다고 주장하는 요소들이 성립되지 않는다. 독점 가격과 생산은 경쟁 가설을 따르는 회사들의 생산적·조직적 효율에서 나오는 경쟁 가격이나 생산량보다 반드시 높거나 소량인 것은 아니다.

기업의 규모 정도程度(대기업 여부)가 반드시 기업 생존의 필요조건이거나 충분조건인 것은 아니다. 그렇지만 우리 시대의 조건들 아래서, 이런 우월성이 전형적인 대규모 통제 단위(회사)의 주도적 특징임은 의심할 여지가 없다. 이런 대기업들은 창조적 파괴의 과정에서 생겨나와 정태적 도식과는 전혀 다른 방식으로 기능을 발휘한다. 뿐만 아니라 결정적으로 중요한 많은 사례들에 있어서, 대기업들은 그런 업적 성취에 필요한 형태를 제공한다. 그들은 대체로 자기가 활용하는 것을 스스로 창조한다. 따라서 독점 기업이 장기적 생산에 유해한 영향을 미친다는 통상적 결론은 잘못된 것이다. 그들이 전문적 의미에서 진정한 독점 기업이라고 할지라도 말이다.

동기動機는 이 문제와 무관하다. 설령 독점 가격을 매기는 기회를 얻는 것이 유일한 목적이라 할지라도, 개선된 방법의 압력 혹은 대규모 설비의 압력은 독점 기업의 최적점을 경쟁적 생산 단가 너머로 밀어붙이는 경향이 있다. 그 결과 이 압력은 위에서 말한 것처럼 경쟁적 메커니즘의 기능을 부분적으로 혹은 전체적으로 혹은 그 이상으로 수행한다. **설사 이 과정에서 제한이 실천되고 과잉 생산력이 목격된다고 하더라도** 그 압력은 계속 작동한다.[20] 물론 통상적인 카르텔의 경우처럼 생산 방법이나 조직 등이 독점화에 의해 개선되지 않는다면 독점 가격은 높고 독점 생산량은 소량이라는 고전적 독점 이론이 다시 유효해진다.[21] 독점과 관련된 통념인 최면催眠 효과가 다시 유효해지는 경우도 있다. 이에 대한 사례를 발견하는 것은 어렵지 않다. 하지만 이를 바탕으로 일반 이론을 정립해서는 안 된다. 왜냐하면 특히 제조업 분야에서는 일반적으로 독점 지위가 그 위에서 잠이 들만한 쿠션(소파)이 아니기 때문이다. 그것은 기민함과 열정적 태도에 의해서 획득되고 또 보유된다. 현대 기업에서 발견되는 최면 효과는 다른 원인에 기인하는 것으로, 그것은 뒤에서 언급하겠다.

ⓒ 단기적으로 볼 때, 진정한 독점의 지위 혹은 독점에 근사한 지위는 훨씬 빈번하게 발견된다. 오하이오 주의 어떤 마을에서 영업하는 야채상은 홍수가 났을 때 몇 시간 혹은 며칠 동안 진정한 독점자가 될 수 있다. 마을의 코너에서 성공을 거두는 가게는 잠시 동안 독점적 지위를 누릴 수 있다. 맥주병에 붙이는 종이 레이블을 생산하는 회사는 주로 그 입장

덕분에 — 잠재적 경쟁자들이 이 시장에 진입하면 곧바로 좋은 이윤이 파괴된다는 것을 알기 때문에 — 소량이지만 그래도 한정적인 수요 곡선 위에서 느긋하게 움직일 수 있다. 철제鐵製 레이블이 그 수요를 박살내어버리기 전에 말이다.

새로운 생산 방법, 특히 새로운 상품 등이 단일 회사에 의해서 사용되거나 제조된다고 해서, **그 자체로** 독점 지위를 부여해주지는 않는다. 새로운 방법의 상품은 구식 방법의 상품과 경쟁해야 하고, 새로운 상품은 시장에 소개되어 그 수요 스케줄을 구축해야 한다. 대체로 특허나 독점적 관행은 이런 현상을 비켜가지 못한다. 하지만 새로운 방법이 아주 탁월하게 우수하다거나(가령 구두 기계처럼 임대를 줄 수 있는 것), 특허 기간이 만료되기 전에 항구적인 수요 스케줄이 구축된 새로운 상품의 경우에는, 이런 현상을 비켜갈 수도 있다.

따라서 성공한 혁신가에게 자본주의 사회가 제공하는 상금인 기업 이윤에는 진정한 독점적 소득의 요소가 있고, 또 있을 수도 있다. 하지만 그 요소의 수량적 중요성, 그 가변적 성격, 그 기능 등을 따져볼 때, 그런 이윤은 그 자체로 하나의 독립된 클래스를 형성한다. 특허나 독점 전략이 단독 판매 회사에 부여하는 가치는 독점적 도식에 의해 일시적으로 마음대로 행동하는 기회에 있는 것이 아니다. 오히려 시장의 일시적 교란으로부터 보호해주고, 또 장기적 계획을 세울 수 있는 공간을 확보해주는 데 있다. 여기서 우리의 논의는 앞에서 제시한 분석과 합쳐진다.

(6) 뒤돌아보면, 이 장에서 다룬 대부분의 사실들과 논의들은 완전 경쟁의 후광을 흐리게 하는 한편, 독점 관행에 대하여 좀 더 호의적인 견해를 제시한다. 나는 이 각도에서 우리의 논의를 간단히 다시 진술해보겠다.

전통적 이론은 정태적 경제와 지속 성장의 경제라는 제한된 범위 내에서조차도, 마셜과 에지워스Francis Ysidro Edgeworth, 1845~1926의 시대 이후

완전 경쟁과 자유 무역 옹호론에 대하여 점점 늘어나는 예외 사항들을 발견해왔다. 이런 예외 사항들은 리카도와 마셜의 사이에서 활약했던 세대 — 대체로 영국에서는 존 스튜어트 밀의 세대, 유럽 대륙에서는 프란체스코 페라라Francesco Ferrara, 1810~1900의 세대 — 가 품었던 완전 경쟁과 자유 무역에 대한 무제한적 믿음을 뒤흔들어 놓았다. 완전 경쟁 체제는 이상적으로 자원을 절약하여, 소득 분배와 관련하여 최적의 방식으로 그 자원을 배분한다, 라는 저 오래된 명제 — 생산 행동의 문제와 긴밀한 관계가 있는 명제 — 를 더 이상 예전처럼 자신 있게 주장할 수 없게 되었다.[22]

동태 이론 분야에서 최근에 나온 프리슈Ragner Anton Frisch, 1895~1973, 틴베르겐Jan Tinbergen, 1903~1994, 루스Charles Frederick Roos, 1901~1958, 힉스John Richard Hicks, 1904~1989 등의 작업들은 보다 심각하게 예전의 명제를 파괴한다. 동태 분석은 시간의 선후 관계 분석이다. 어떤 특정 경제적 물동량(가령 가격)이 어떤 특정 시점에서 왜 이런 물량을 보이는가를 설명하는 데 있어서, 동태 분석은 특정 순간에서 다른 경제적 물동량의 상태를 감안하는 것(정체적 이론의 분석)은 물론이고, 나아가 그 시점 이전의 상태 그리고 그 시점 이후의 미래의 상태 등도 감안한다. 이처럼 물동량을 다른 시간대들과[23] 연결시켜서 발견하게 되는 첫 번째 사항은 다음과 같은 사실이다. 균형이 어떤 교란에 의해서 일단 파괴되면, 새로운 균형을 정립하는 과정은 과거의 완전 경쟁 이론이 예상하는 것처럼 그렇게 확실하고 신속하고 경제적인 과정은 아니라는 것이다. 오히려 이런 조정 노력이 경제 시스템을 새로운 균형 쪽으로 밀고 가는 게 아니라 더욱 멀어지게 할 가능성도 있다. 교란 효과가 미미하지 않는 한, 이것은 거의 모든 사례에서 발생한다. 많은 사례들에서, 지체된 조정은 이런 결과를 낳기에 충분하다.

나는 여기서 아주 오래되고, 간단하고 또 낯익은 사례 하나를 가지고 예증하려 한다. 가령 밀의 완전 경쟁 시장에서 수요와 **의도된** 공급이 완전 균형을 이루었다고 가정하자. 그러나 나쁜 날씨 탓에 작황이 농부의 예상 공급 수준보다 떨어졌다고 해보자. 따라서 가격이 오르고 농부가 그에 반응하여 수지를 보장해주는 새로운 균형 가격으로 그 부족분만큼 증산했다고 해보자. 그렇게 되면 그 다음 해에 밀 시장은 침체를 겪을 것이다. 만약 농부가 그에 반응하여 생산을 제한한다면 전년도(첫 번째 해)보다 더 높은 가격이 증산을 유도할 것이고, 그 결과 이 해(두 번째 해)에는 더 많은 증산이 이루어질 것이다. 이러한 과정의 순수 논리만 놓고 본다면 이것이 무한정 반복된다. 만약 독자들이 여기에 관련된 전제 조건들을 검토한다면 멸망의 날이 닥쳐올 때까지 가격 등귀와 생산 증가가 번갈아 찾아드는 공포를 걱정하지 않아도 된다는 것을 금방 파악하리라. 설사 적당한 비율로 축소시켜놓고 본다고 할지라도 이 현상은 완전 경쟁의 메커니즘 내에 깃들어 있는 가시적 취약성을 잘 보여준다. 이 점이 파악되는 순간, 완전 경쟁 이론의 실제적 의미를 우아하게 포장해주는 낙관론은 상아탑의 문으로 빠져나간다(헛된 꿈이 되어 버린다).

하지만 우리의 관점에서 우리는 그보다 더 멀리 나아가야 한다.[24] 우리가 창조적 파괴의 과정에서 완전 경쟁이 어떻게 작동하는지 그림을 그려보면, 우리는 더욱 실망스러운 결과에 도달한다. 완전 경쟁을 주장하는 전통적 명제의 경제생활 구도에서는 창조적 파괴의 과정이 없다는 점을 감안하면, 이것은 그리 놀라운 일도 아니다. 같은 말을 반복하는 위험을 무릅쓰고 나는 이 점을 다시 한 번 예증하고자 한다.

완전 경쟁은 모든 산업에의 자유로운 진입을 의미한다. 일반 이론의 범위 내에서는 자유 진입이 최적 자원 분배의 조건이고, 또 생산을 극대화하는 조건이다. 만약 우리의 경제 세계가 잘 확립된 불변의 생산 방식으로 친숙한 상품들을 생산하는 여러 개의 회사들로 구성되어 있고, 추가 인원과 추가 저축이 결합하여 똑같은 유형의 새로운 회사들을 복제하는 세계라면, 특정 산업에 신규 진입을 가로막는 것은 공동체에 손실을 가져올 것이다. 하지만 **새로운** 분야에 완벽하게 자유로운 진입이 허용된다면 그것은 오히려 진입을 불가능하게 만들 것이다. 무엇보다도 새로운 생산 방법과 새로운 상품에의 진입은 처음서부터 완전한 ─ 혹은 완전하게 신속한 ─ 경쟁 상황 아래에서는 생각하기가 어렵기 때문이다. 이것은 경제 발전의 상당 부분이 완전 경쟁과는 양립하지 않는다는 뜻이다. 사실, 완전 경쟁의 조건들이 이미 존재하는 상황에서도 새로운 어떤 것이 도입될 때마다 자동적으로 혹은 그 목적에 소용되는 조치들에 의하여, 완전 경쟁이 잠정적으로 중단된다.

마찬가지로 전통적인 체제 내에서는 경직된 가격에 대한 통상적 비난이 타당하다. 가격 경직성은 완전하고 신속한 경쟁하에서는 있을 수 없는 적응에의 저항이기 때문이다. 전통 이론이 다룬 이런 적응, 이런 조건하에서는 그런 저항이 당연히 손실과 생산 감소를 가져온다. 하지만 돌발적이고 변화적인 창조적 파괴의 과정에서는 정반대가 오히려 진실이 될 수도 있음을 우리는 살펴보았다. 다시 말해, 완전하고 즉각적인 신축성은 기능을 정지시키는 파국을 가져오기도 한다. 이것은 일반적인 동태 이론에 의해서도 입증되며, 위에서 살펴본 바와 같이 적응을 위한 시도가 오히려 불균형을 심화시킨다.

또한 전통 이론은 이윤과 완전 경쟁에 대하여 이렇게 주장한다. 기업의 개별 사례에 있어서, 기업 능력 등을 포함하여 생산 수단들과 균형량을 맞추는 데 필요한 것 이상의 이윤은 그 자체가 순사회적 손실이다. 또한 그런 이윤을 계속 유지하려고 노력하는 기업 전략은 총생산량의 증가에 적대적이다. 완전 경쟁은 이런 잉여 이윤을 예방하거나 즉각 제거하며 그런 기업 전략의 여지를 남겨두지 않는다. 이렇게 주장하는 전통 이론은 그 자체 내의 전제 조건들 속에서는 타당하다. 하지만 자본주의 진화 과정에서 이런 이윤은 새로운 유기적 기능을 획득하므로 — 나는 그 기능이 무엇인지 반복해서 말하지 않겠다 — 그 사실을 더 이상 무조건적으로 완전 경쟁 모델의 공로로 돌릴 수는 없다. 특히나 총생산량의 장기적 증가율을 염두에 둔다면 말이다.

마지막으로, 자본주의 사회의 가장 뚜렷한 특징들을 제외하는 것이나 다름없는 전제 조건들 아래에서, 완전 경쟁 경제는 낭비로부터 비교적 자유롭다. 특히나 사회주의 경제에서 발견되는 그런 종류의 낭비로부터 자유롭다. 하지만 창조적 파괴의 과정이 제시하는 조건들 아래서 자본주의 경제가 어떤 모습을 하고 있는지는 설명해주지 않는다.

그런데 이런 조건들(창조적 파괴)과 연관되지 않는 곳에서는 구제할 수 없는 낭비로 보이던 것들도 그것들과 연관되면 더 이상 낭비가 아니다. 가령 "수요를 앞서 달리며 구축하기" 관행 때문에, 혹은 수요의 순환적 정점에 대비하여 생산력을 준비하는 관행 때문에 생겨난 과잉 생산력의 타입은 완전 경쟁의 체제 아래에서는 의미가 크게 감소할 것이다. 하지만 이 사안(과잉 생산력의 타입)의 **모든** 사실들을 감안해보았을 때, 완전 경쟁이 이 점에서도 승리를 거둔다고 말하는 건 더 이상 정확한 얘기가 아니다. 주어진 가격을 그대로 받아들여야 하고 스스로 가격을 설정하지 못하는 갑甲이라는 회사는 현행 가격하에서 한계 생산비로써, 자신의 생산력을 총동원하여 생산에 나선다. 그러나 갑이 이렇게 행동한다고 해서 다음의 사실이 자동적으로 도출되는 것은 아니다. 보다 구체적으로 말해서, 대기업이 생산력을 "전략적으로" 사용할 위치에 있기 때문에 창조할 수 있었던 생산력의 수량과 품질을 갑도 또한 갖게 되는 것은 아니라는 얘기이다. 이런 타입의 과잉 생산력은 — 어떤 경우에는 그렇고 어떤 경우에는 그렇지 않지만 — 사회주의 경제가 자본주의 경제보다 우월하다고 주장할 수 있는 한 가지 근거가 된다. 하지만 그 우월성은 자본주의 경제의 완전 경쟁 모델(실제로는 존재하지 않는 모델)과 비교할 때 나오는 것이지, "독점적"(창조적 파괴가 수행되는) 자본주의에 대한 우월성은 아니라는 제한을 가해야 한다.

다른 한편으로, 자본주의 진화의 조건들 속에서 작동하면서 완전 경쟁 모델은 그 나름의 낭비를 보여준다. 완전 경쟁과 양립하는 형태의 회사는 많은 경우에 있어서 내부적 효율성, 특히 기술적 효율성이 떨어진다. 사정이 이렇기 때문에 그 회사는 기회들을 낭비한다. 그 회사는 생산 방법을 개선시키려고 노력하면서 자본을 낭비할 수도 있다. 그 회사는 새로운 가능성들을 발전시키고 판단할 좋은 입장에 있지 못하기 때문이다. 그리고 우리가 앞에서 살펴본 바와 같이, 완벽하게 경쟁적인 산업은 대기업에 비하여 발전과 외부적 교란의 영향 아래에서 파괴되기가 훨씬 쉽다. 또 불황의 세균을 퍼트리기가 더 쉽다는 말이다. 최후의 수단이라고 보아야겠지만, 미국의 농업, 영국의 탄광업, 영국의 섬유업은 소비자들에게 많은 비용을 안겨주고 있으며, 또 아주 해로운 방식으로 **총**생산량에 영향을 미치는데, 각 산업을 소수의 우수한 두뇌가 맡아서 경영한다면 지금보다는 피해가 덜할 것이다.

현재의 산업 조건들 아래에서는 완전 경쟁이 불가능하기 때문에 — 또는 그것이 늘 불가능했기 때문에 — 대기업 혹은 대규모 통제 단위가 경제 발전에서는 불가피한 필요악이며, 자본주의 생산 장치에 내재된 힘 때문에 대기업에 의한 경제 발전의 방해가 예방된다, 라고 말하는 것만으로는 충분하지가 않다. 우리는 다음의 사실을 받아들여야 한다. 대기업은 경제 발전의 가장 강력한 엔진이 되었고, 개별적 사례나 개별적 관점에서 보면 아주 제한적인 전략에도 불구하고 혹은 그것 때문에 대기업은 장기적인 총생산량의 확대에 기여했다. 이런 점에서 완전 경쟁은 불가능할 뿐만 아니라 열등한 모델이며, 이상적 효율성의 대명사로 찬양받을만한 자격도 없다. 따라서 정부의 산업 규제 이론이 기존의 대기업 이론에 바탕을 두는 것은 오류이다. 각 산업이 완전 경쟁하에서 작동하는 것과 똑같은 방식으로, 대기업도 움직여야 한다는 그런 원칙에 바탕을 두어서는 안 된다. 따라서 자본주의 경제를 비판하려는 사회주의자들은 경쟁 모델의 장점보다는 사회주의 경제의 장점을 가지고 비판에 나서야 한다.

09
사냥 금지의 계절

바로 앞의 분석이 목적을 어느 정도 달성했는지 여부는 독자들이 결정할 문제이다. 경제학은 관측과 해석에 바탕을 둔 학문으로서 우리가 다루고 있는 문제들과 마찬가지로 의견 차이를 좁힐 수는 있지만, 그 차이를 완전히 없애기는 어렵다. 그런 이유로 해서 우리가 첫 번째 문제를 해결하면 두 번째 문제의 문이 열린다. 실험 과학에서라면 이런 일이 벌어지지 않았을 것이다.

 첫 번째 문제는 내가 이미 언급한 것처럼(112~113쪽) 자본주의의 구조적 특징과 경제적 성과 사이에 "이해할만한 상관관계"가 있느냐, 하는 것이다. 구조적 특징은 다양한 분석적 "모델"에 의해 파악된 것이고, 경제적 성과는 비교적 자유로운 자본주의의 시기 동안에 총생산량의 지표에 의해 파악된 것이다. 나는 다음의 분석에 바탕을 두고서 이 둘 사이에 상관관계가 있다고 대답했다. 그 분석은 독점적 통제에 대한 현대적 경향이 등장하는 시점까지, 대부분의 경제학자들이 인정하는 노선을 따르는 것이었다. 그 후에 나의 분석은 통상적 노선을 벗어나서, 거의 모든 사람들이 완전 경쟁(이론적 구축물이든, 혹은 이런저런 시기의 역사적 현실이었든)의 자본주의에서 인정했던 가치를 대기업 자본주의에서도 상당 부분 인정해야 한다는 것을 보여주려 했다. 자본주의의 추진력과 엔진을 어떤 실험실에 집어넣어서 엄격하게 통제된 조건하에서 그 수행 정도를 실험해볼 수는 없는 노릇이다. 따라서 생산 결과를 내놓는 그것들(추진력과 엔진)의 타당성을 의심할 여지가 없을 정도로 입증할 수는 없다. 우리가 말할 수 있는 것이라고는 상당히 인상적인 성과가 있었고, 또 자본주의적 장치가 그런 성과의 생산에 우호적이었다는 지적뿐이다. 바로 이 때문에 우리는 그런 결론에 만족하지 않고, 또 다른 문제를 대면해야만 한다.

선험적으로는, 어떤 제도적 패턴으로 그 모습을 드러냈을법한 예외적 상황들에 의하여 관측된 성과를 설명하는 것이 여전히 가능하다. 이 가능성을 다루는 유일한 방법은 해당 시기의 경제적, 정치적 역사를 검토하면서 우리가 발견할 수 있는 그런 예외적 상황들을 논의하는 것이다. 우리는 경제학자와 역사학자들이 제시한 자본주의의 비즈니스 과정들에 내재하지 않는 예외적 상황들을 검토할 것이다. 그것은 총 다섯 가지로 정부 조치, 황금, 인구 증가, 새로운 땅, 기술의 발전이다.

첫 번째 요소는 정부 조치이다. 마르크스는 정치와 정책이 독립적 요소가 아니며 사회적 과정의 관련 요소들이라고 말했다. 나는 여기에 동의한다. 그렇지만 정부 조치는 논의의 목적을 위하여 비즈니스 세계 바깥에 있는 요소로 간주될 수 있다. 1870년에서 1914년까지의 시기는 거의 이상적인 사례를 제공한다. 사회적 과정의 정치 분야에서 나오는 자극 혹은 억압으로부터 이처럼 자유로울 수 있는 또 다른 시기를 찾아보기는 어렵다. 기업 행위와 산업 및 무역으로부터 족쇄를 제거하는 일은 대체로 이 시기 이전에 달성되었다. 하지만 새로우면서도 종류가 다른 족쇄와 부담 — 사회적 법제화 등 — 이 부과되고 있었음에도 불구하고, 이것들이 1914년 이전의 경제 상황에서 주요 요인이었다고 주장하는 사람은 없다. 물론 전쟁들이 있었다. 하지만 그 어떤 전쟁도 이런저런 방식으로 결정적 효과를 미칠 정도의 경제적 중요성을 갖지는 못했다. 독일 제국을 건설하는 과정에서 불거져 나온 프랑스-독일 전쟁은 의문의 여지를 남긴다. 하지만 경제적으로 관련 있는 사건은 결국 관세 동맹의 창설이었다. 군사비 지출도 있었다. 그것은 1914년에 끝난 10년 동안의 시기에서 중요한 차원을 차지하기는 했지만, 자극을 주었다기보다는 핸디캡으로 작용했다.

두 번째 요소는 황금이다. 1890년대부터 터져 나온 새로운 황금 과잉의 **운영 방식**을 둘러싸고 우리가 질문의 숲 속으로 들어가지 않아도 되는 것은 다행스러운 일이다. 이 시기의 첫 20년 동안 황금은 실제로 희귀했고 당시의 총생산량 증가율이 나중의 그것보다 떨어지지 않았으므로, 황금 생산은 번영이든 불황이든 자본주의의 생산 성과에서 중요한 요소가 되지 못한다. 당시 공격적이라기보다는 순응적 타입이었던 화폐 관리에 대해서도 똑같은 말을 해볼 수 있다.

세 번째 요소는 인구의 증가이다. 이것은 경제 발전의 원인이 되었든 혹은 결과가 되었든 경제 상황에서 주도적인 요인들 중의 하나이다. 그러나 인구 증가가 전적으로 생산량 증가와 인과 관계에 있고, 총생산량의 변화는 상응하는 인구 변화를 수반하며, 그렇지 않은 경우는 인정하지 않겠다, 라는 불합리한 태도를 취하지 않는 한, 인구 증가는 외적 요소로 간주되어야 한다. 당장은 간단한 몇 마디면 충분히 상황을 해명하리라 본다.

일반적으로 어떤 사회 조직이 되었든, 유급 고용 인구가 다수일수록 소수의 경우보다 더 많은 생산을 할 것이다. 따라서 해당 시기의 인구 증가는 어떤 경제 체제 아래에서도 발생했을 것이므로, 자본주의 체제에 의해 생산되는 결과와는 무관하다고 간주되어야 한다. 이런 의미에서 인구 증가는 외적 요소로 간주되어야 한다. 따라서 인구 증가에 따른 총생산량 증가는 자본주의 성과를 정확하게 측정하는 것이 아니라 과장하는 게 된다.

다른 조건이 동일하다면, 어떤 사회 조직이 되었든 유급 고용 인구가 다수일수록 소수의 경우보다 1인당 더 적게 생산할 것이다. 이것은 왜 그런가 하면 노동자의 숫자가 많을수록 개인 노동자가 협력해야 하는 다른 요소들의 양이 그만큼 적어지기 때문이다.[01] 따라서 자본주의 성과를 측정하기 위해 인구 1인당 생산량을 선택한다면, 관찰된 증가율은 실제 성과를 과소평가하게 된다. 왜냐하면 이 성과의 일부는 인구 증가가 없었을 경우에 발생했을 1인당 생산량의 저하를 보전하는 데 충당되었기 때문이다. 이 문제의 다른 양상들은 나중에 다시 언급할 것이다.

네 번째와 다섯 번째 요소는 경제학자들 사이에서 더 많은 지지를 받는 사항이지만, 과거의 성과를 다루는 한에 있어서는 간단히 무시할 수 있는 것들이다. 넷째는 새로운 땅이다. 해당 시기 동안에 엄청나게 큰 땅이 미국과 유럽의 영역 안으로 들어왔다. 그 땅으로부터 엄청난 식량과 원자재(농업 혹은 다른 분야의)가 흘러들어왔다. 모든 도시들과 산업들이 이런 자원들 덕분에 어디에서나 성장했다. 그것은 생산량 발전에서 아주 예외적인 요소 혹은 독특한 요소였다. 또 그 자원이 어떤 경제 체제로 흘러드는 광범위한 부를 생산해줄 축복이었다. 어떤 사회주의 사상 학파는 이 상황을 가지고서 마르크스의 엉터리 예측 — 궁핍화 이론 — 을 설명하려 든다. 이런 처녀지를 수탈하기에 바빠서 노동의 추가 착취가 발생하지 않았다고 그들은 설명하는 것이다. 이 새로운 토지라는 요소 덕분에 프롤레타리아가 사냥 금지의 계절을 즐길 수 있었다는 얘기이다.

새로 획득한 땅이 가져다주는 기회의 중요성에 대해서는 의문의 여지가 없다. 물론 그 기회는 독특한 것이다. 하지만 "객관적 기회들" — 그러니까 어떤 사회 구조로부터 독립되어 존재하는 기회들 — 은 늘 발전의 선행 조건이었고, 또 그런 기회는 각각 역사적으로 독특한 것이었다. 영국의 석탄과 철광석, 미국과 다른 나라들의 석유 등도 그에 못지않게 중요하면서 독특한 기회이다. 진화적인 다른 경제 과정과 마찬가지로, 자본주의 발전 과정은 사업가의 가시권 안에 들어온 기회들을 적절히 활용하는 과정이다. 따라서 새로운 토지의 획득만을 따로 떼어내서 외적 요소인 것처럼 해석하는 것은 무의미하다. 이런 새로운 땅들이 기업 활동에 의해 차근차근 성취되었기 때문에 더욱더 그렇게 해석해서는 안 된다. 기업가들이 그 땅에 필요한 모든 조건을 제공했던 것이다(철도, 발전소, 조선, 농기계 등). 따라서 그 과정은 자본주의 성과의 필수적 한 부분이며 다른 부분들과 동등한 자격을 갖는다. 그러므로 이 결과는 당연히 우리의 2퍼센트(필수적인 부분) 안으로 들어와야 한다. 우리는 이것을 뒷받침하기 위하여 다시 『공산당 선언』을 인용할 수도 있을 것이다.

다섯 번째 요소는 기술의 발전이다. 관측된 성과는 기업가의 이윤 사냥보다는 생산 기술을 혁신한 발명의 흐름 때문인가? 그 대답은 '아니오'이다. 그런 기술 혁신의 실행은 기업가들이 갖는 이윤 사냥의 본질이다. 곧 자세히 설명하겠지만 심지어 그 발명 자체도 자본주의 과정의 산물인 것이다. 자본주의 과정이 먼저 마음의 습관을 형성시켰고, 그 습관 덕분에 그런 발명이 나왔다. 따라서 일부 경제학자들이 말하는 것처럼 생산량 증가에 있어서 기업가 정신과 기술 발전이 각각 개별적인 요소라고 말하는 것은 아주 잘못된 일이며, 또한 이는 너무도 비非마르크스적인 주장이다. 그 둘은 사실상 하나이면서 같은 것이고, 기업가 정신이 기술 발전의 추진력인 것이다.

우리가 이 두 사항을 가지고 미지의 것을 추론하려고 한다면 이 둘은 곧 다루기 어려운 사안이 된다. 이 둘에 의한 성과는 자본주의의 성과이기는 하지만, 두 번 다시 되풀이되지 않을 성과일지 모르기 때문이다. 자본주의가 활짝 피어난 시기에 발생한 1인당 생산량이 우연한 사건이 아니라 자본주의 성과를 개략적으로 측정하게 해주는 사항임을 합리적으로 논증하기는 했다. 하지만, 우리는 또 다른 문제에 봉착하게 된다. 그것은 자본주의 엔진이 가까운 장래에 — 가령 향후 40년 동안에 — 과거처럼 성공을 되풀이 할 것이라고 추정하는 것이 과연 어느 정도까지 타당한가, 하는 문제이다.

# 10
투자 기회의 소멸

이 문제의 성격은 오늘날의 무성한 논의를 배경으로 삼아 생각해보면 더 잘 표출될 것이다. 현세대의 경제학자들은 아주 심각하고 오래 가는 전 세계적 불황을 목격하고 있고, 또 그 뒤를 잇는 미적거리면서 불만족스러운 회복의 과정을 목도한다. 나는 이미 이 불황에 대한 나의 해석을 제시했고,[01] 이것이 반드시 자본주의 진화 추세의 단절을 의미하는 것은 아니라고 보는 이유들을 진술했다. 하지만 많은(대부분이라고 할 수는 없더라도) 동료 경제학자들은 다른 견해를 취한다. 그들은 1873년과 1896년 사이에 몇몇 선배 경제학자들이 느꼈던 것 — 이런 느낌은 주로 유럽에 국한되었다 — 과 똑같은 느낌을 갖고 있다. 즉 자본주의 과정에 근본적 변화가 발생했다는 것이다. 그들의 견해에 따르면, 현재의 불황이나 느린 회복(어쩌면 반反자본주의적 정책들에 의해 더욱 강조된)만을 목격하고 있는 것이 아니라, 항구적인 활기의 상실을 보여주는 징후들을 목격한다는 것이다. 이런 상실은 앞으로도 계속될 것으로 보이고, 그런 만큼 자본주의 교향악의 나머지 악장들을 지배하는 주제가 될 것이라는 관측이다. 따라서 자본주의 엔진의 기능과 과거 성과의 기준만으로는 자본주의의 장래를 추론할 수 없다는 얘기이다.

많은 사람들이 이런 우울한 견해를 갖고 있다. 그들이 단순히 소망 사항을 믿지 않아서 이런 얘기를 하는 것은 아니다. 하지만 우리는 소망 사항을 사실인 양 말하는 사회주의자들이 이런 낙과落果(우연한 행운)를 냉큼 집어 드는 이유는 짐작할만하다. 그들 중 어떤 사람들은 기존의 반자본주의적 논의에서 180도 전환하여 아예 이 우울한 견해를 전폭적으로 지지하고 있다. 이렇게 태도를 전환함으로써 그들은 전통적인 마르크스 견해로 되돌아가는 추가적인 이점마저 누리고 있다. 내가 이미 지적한 바 있지만, 사회주의자들 중에서 훈련된 경제학자들은 점점 더 마르크스의 그런 전통적 견해를 포기하고 있는데도 말이다. 1장에서 설명했듯이 마르크스는 자본주의의 앞날을 이렇게 예측했다. 자본주의는 실제로 붕괴하기 직전에 항구적인 위기의 단계에 접어들게 되지만, 일시적으로 미약한 상승 국면 혹은 우호적인 행운이 간주곡처럼 끼어들 것이다. 하지만 이게 이야기의 전부는 아니다. 이것을 마르크스의 관점에서 다르게 설명하면 이렇게 된다. 자본 축적과 자본 증가는 이윤율에 영향을 미치고, 또 그 이윤율은 다시 투자 기회에 영향을 미친다. 자본주의 과정은 언제나 대규모 현행 투자에 연계되어 있으므로 그런 투자가 부분적으로 이루어지지 않더라도, 그 과정이 장애를 받을 것이라는 예측은 무척 그럴듯해보인다. 마르크스의 이러한 논증은 지난 10년간의 몇몇 뚜렷한 사건들 — 실업, 과잉 유보금, 금융 시장의 자금 과잉, 불만족스러운 이윤 폭, 개인 투자의 정체 — 과 일치할 뿐 아니라, 여러 비非마르크스적 해석들과도 일치한다. 이러한 예측에 있어서는, 마르크스와 마셜 혹은 빅셀 사이에 별 차이가 없듯이, 마르크스와 케인즈John Maynard Keynes, 1883~1946 사이에도 별 간극이 없다. 마르크스 학설이나 비非마르크스 학설이나 모두 투자 기회의 소멸 이론이라는 자명한 문구로 잘 설명된다.[02]

  그런데 이 이론은 뚜렷하게 다른 세 가지 질문들을 야기한다. 첫째 질문은 2부의 서두에서 나온 문제("자본주의는 살아남을 수 있는가?")와 유사하다. 사회적 세계에서 **영원불변의 분위기**aere perennius라는 것은 없고,

또 자본주의 질서가 경제적·사회적 변화의 과정이므로 그 대답에는 별 차이가 없을 것이다. 두 번째 질문은 투자 기회의 소멸 이론이 갖는 힘과 메커니즘이 강조할만한 것인가, 하는 점이다. 나는 다음 장들에서 자본주의를 죽게 만드는 이유에 대해서 다른 이론을 내놓을 예정인데, 다수의 유사점이 있다. 세 번째 질문은 향후 40년의 예측과 관련된 것이다. 가령 투자 기회의 소멸 이론이 갖는 힘과 메커니즘이 자본주의의 발전 과정과 장기적인 멸망 경향을 설명해줄 정도로 타당성이 있다고 하자. 그렇다 하더라도 지난 10년 동안의 경제적 변천이 그 이론의 힘과 메커니즘 때문에 생겨난 것이라는 결론을 반드시 도출하는 것은 아니다. 또한 ― 이것이 우리의 논의에서는 중요한데 ― 유사한 변천이 향후 40년 동안 지속될 것이라는 결론을 뒷받침해주는 것은 더욱 아니다.

우리는 잠시나마 위의 세 번째 질문에 주로 집중할 것이다. 하지만 내가 앞으로 말하려고 하는 것은 상당 부분 두 번째 질문과도 관련이 있다. 자본주의의 장래 성과에 대하여 비관적인 예측을 내리고, 또 과거 성적이 향후 반복되지 않을 것이라고 부정적인 예측을 내리게 만드는 요인들은 다음 세 가지 그룹으로 구분될 수 있다.

첫째, 환경적인 요인들이 있다. 자본주의 과정은 정치권력과 사회-심리적 태도를 널리 퍼트린다(그에 상응하는 정책들을 통하여 자기 자신, 즉 자본주의 과정을 표현한다). 그런데 이 권력과 태도가 자본주의 과정에 적대적인 세력이 되어 힘을 키워나다가 마침내 자본주의 엔진을 꺼버린다. 나는 이것을 앞에서 이미 말했고, 또 앞으로 증명하려 한다. 이것은 뒤에서 더 자세히 설명될 것이다(12장과 13장). 따라서 아래에서 설명할 것은 위의 단서(권력과 태도의 퍼트림)에 유념하면서 읽어나가야 한다. 무엇보다 그 태도와 관련 요소들이 부르주아 이윤 경제 그 자체의 동력에 영향을 미친다는 점을 명심해야 한다. 따라서 이 단서는 언뜻 생각하는 것과는 다르게 더 넓은 범위를 포섭한다. 다시 말해 단순히 "정치" 이상의 의미를 갖는다.

둘째, 자본주의 엔진 그 자체가 있다. 투자 기회의 소멸 이론은 또 다른 이론을 반드시 포섭한다고 볼 수는 없지만, 그 이론과 상당한 동맹 관계에 있다. 그것은 바로 현대 대기업은 자본주의의 경직된 형태라는 이론이다. 제한적 관행, 가격 경직성, 기존 자본 가치의 보존에 대한 지나친 집착 등이 대기업에 내재되어 있다는 설명이다. 이에 대해서는 앞에서 이미 다룬 바 있다.

셋째, 자본주의 엔진이 먹고 자라는 "재료"가 있다. 이 재료는 구체적으로 새로운 기업과 투자에 열려 있는 기회들을 가리킨다. 투자 기회의 소멸 이론은 이 요인을 특히 강조하기 때문에 그런 이론의 명칭이 그럴듯해 보인다. 개인 기업과 투자의 기회가 사라질 것이라고 내다보는 주된 이유는 이런 것들이다. 포화 상태, 인구, 새로운 땅, 테크놀로지의 가능성, 많은 기존 투자 기회가 사적 투자보다 공적 영역에 있다는 사실 등.

(1) 인간의 욕망과 기술(아주 폭넓은 의미의 욕망과 기술)이 존재하는 모든 특정 상태를 가정해보자. 그러면 실질 임금률에 대비하여, 포화점을 가져오는 고정 자본과 유통 자본의 일정량이 있다. 만약 욕망과 생산 방법(기술)이 1800년의 상태로 영구 동결되었더라면, 이런 포화점이 오래 전에 나타났을 것이다. 하지만 인간의 욕망이 장래 언젠가 완벽하게 충족되어 그 후에 영원히 동결되는 그런 사태를 생각해볼 수 있지 않을까? 이런 사태에 내포된 의미는 곧 살펴보겠지만, 향후 40년 동안의 포화 문제를 다루는 한에 있어서는 이런 가능성을 신경 쓸 필요가 없을 것이다.

만약 그런 사태가 실현된다면, 현재의 출산율 저하와 실제 인구 감소는 투자 기회를 대체하는 것이 아니라 감소시키는 중요한 요인이 될 것이다. 왜냐하면 만약 모든 사람의 욕망이 충족되거나 거의 충족된다면 소비자

수의 증가는 **가설적으로**_ex hypothesi_ 추가 수요의 유일한 원천이 될 것이기 때문이다. 하지만 이런 가능성을 제외하고, 인구 증가율 감소 그 자체가 투자 기회나 총생산량의 증가율을 위태롭게 하지는 않는다.[03] 우리는 그와 반대되는 통상적인 논쟁을 검토해봄으로써 이를 간단히 확인할 수 있다.

총인구 증가율의 감소 그 자체가 총생산율의 저하를 가져오고, 또 수요의 확대를 억제하기 때문에 투자의 저하를 가져온다는 주장이 제기되고 있다. 하지만 이것은 근거 없는 주장이다. 욕망과 유효 수요는 같은 것이 아니다. 만약 같은 것이라면, 가장 가난한 나라들이 가장 왕성한 수요를 현시했을 것이다. 사실, 출생률 저하에 따라 자유로워진 소득 부분은 다른 채널로 전용된다. 너무나 다양하게 전용되기 때문에 이런 대체 수요를 확대시키려는 욕망은 자녀를 두지 않는 직접적 동기가 된다. 인구 증가에 따른 수요의 동향은 예측 가능하여 아주 믿을만한 투자 기회를 제공하는데, 이런 사실로써 위의 주장을 어느 정도 뒷받침할 수 있다. 그러나 욕망이 충족된 어떤 상태에서는 대체로 기회를 제공하려는 욕망이 좀 덜해질 수도 있다. 물론 어떤 개별적 생산 부문, 특히 농업은 예후가 그리 밝지 못하다. 하지만 이것을 총생산량의 예후와 혼동해서는 안 된다.[04]

반면에, 우리는 인구 증가율 저하가 공급 측면에서 생산을 제한하는 경향이 있다고 주장할 수 있다. 과거에 급속한 인구 증가는 생산량 증가의 한 조건이었으므로, 우리는 **정반대로**_a contrario_ 노동 요소의 점차적 감소는 제한 요소가 된다고 결론을 내릴 수 있다. 그러나 이런 정반대 논증은 별로 안 나오는데 거기에는 여러 타당한 이유들이 있다. 1940년대 초 미국 제조업의 생산량은 1923~1925년 평균 생산량의 120퍼센트 정도인 반면, 공장 고용은 약 100퍼센트였다. 이런 사실은 관측 가능한 미래에 대하여 어느 정도 답변을 제공한다. 콜린 클라크Colin Grant Clark, 1905~1989는 인시人時당 생산량이 향후 30년 동안 증가할 것이라고 내다보았다.[05] 이에 대한 근거로는 현재 실업률의 규모, 출산율 저하에 따른 여성들의 노동 시장 진출, 사망률 저하에 따른 평균 수명의 증가, 지속적으로 등장하는 노동 절약 장치들, 열등한 생산에 대비한 보조 요인들을 회피할 가능성(이 가능성은 인구의 가파른 증가 시에 비하여 상대적으로 높고, 따라서 수확 체감의 법칙 효과를 어느 정도 물리쳐준다) 등을 들 수 있다.

물론 고임금 정책, 짧은 시간 근무 정책, 노동자들의 기강에 대한 정치적 개입 등으로 인해 노동 요인이 인위적으로 부족해질 수도 있다. 1933~1940년의 미국과 프랑스의 경제 성과를 같은 기간의 일본이나 독일과 비교해보면, 이와 비슷한 일이 이미 벌어졌음을 알 수 있다. 하지만 이것은 환경적 요인에 속하는 문제이다.

앞으로의 논증이 확연히 보여주겠지만, 나는 지금 다루고 있는 현상을 가볍게 여기는 사람이 아니다. 출산율의 저하는 내가 보기에 우리 시대의 가장 중요한 특징 중 하나이다. 순전히 경제적인 관점에서도 이것은 아주 중요하며, 변화하는 동기 요인의 징후인가 하면 원인이다. 그리고 이것은 좀 더 복잡한 문제이다. 여기서 우리는 인구 증가율 저하의 기계적 효과만 말했는데, 그것이 향후 40년 동안 국민 1인당 생산에 대하여 비관적인 예측을 확실히 뒷받침해주는 것은 아니다. 이 점에 관한 한, "하락"을 예측하는 경제학자들은 평소 경제학자들이 하는 버릇대로 행동하는 것일 뿐이다. 그들은 충분한 근거도 제시하지 않은 채, 먹여야 할 인구의 숫자가 과도하게 늘어나는 경제적 위험으로 대중을 위협했는데,[06] 이제 그보다 별반 나을 것도 없는 근거를 가지고서 인구 부족의 경제적 위험으로 대중을 위협하고 있는 것이다.

(2) 다음으로 새로운 땅의 개척에 대해서 살펴보자. 이 독특한 투자

기회는 다시는 되풀이 되지 않을 것이다. 논의의 편의를 위해서 인류의 지리적 경계가 영원히 닫혔다고 인정하자. 한때 논밭이 있었고 인구가 조밀했던 도시가 사막으로 변해버리는 상황을 감안하면 이것은 사실이 아니지만 일단 이렇게 양보하자. 또 새로운 땅에서 가져온 식량과 원자재처럼 인류의 **복지**에 기여하는 것은 없다는 점도 인정하고 들어가자. 이것은 지리적 경계가 폐쇄되었다는 것보다 훨씬 설득력 있는 얘기이다. 그렇지만 이런 사실들을 인정한다고 해도, 향후 50년 동안 1인당 총생산량이 그 때문에 떨어진다거나 혹은 소폭으로 증가한다는 결론이 도출되지는 않는다. 만약 19세기에 자본주의 영역으로 들어온 땅들이 지나치게 착취되어 이제 수확 체감 효과가 나타날 정도라면, 그런 결론을 내릴 수 있을 것이다. 하지만 그런 효과는 나타나지 않았다. 또한 방금 지적한 것처럼, 인구 증가율의 저하는 현실적인 고려 사항들의 범위에서 다음과 같은 생각을 제거했다. 즉, 인간의 노력에 대한 자연의 반응이 예전보다 덜 관대하거나 앞으로 덜 관대하게 되리라는 생각을 제거했다. 기술의 발전은 이런 경향을 효과적으로 역전시켰고, 따라서 우리는 가장 안전하게 이런 예측을 할 수 있다. 앞으로 계측 가능한 장래에 우리는 식량과 원자재의 **풍요에 의한 어려움**embarras de richesse 속에 살게 될 것이고, 그리하여 우리가 할 수 있는 힘껏 총생산량의 확대를 지향하게 될 것이다.

그런데 또 다른 가능성이 남아 있다. 현재의 1인당 식량과 원자재 생산량이 피해 없이 증가한다고 하더라도, 새로운 땅을 개발하여 얻은 방대한 기회들은 식민지가 닫히면서 사라졌고, 결과적으로 저축의 출구가 줄어들어 각종 어려움이 예측된다. 우리는 논의의 편의를 위하여 이런 땅들이 영구히 개발되었고, 출구 적응에 실패한 저축이 새로운 출구가 없다면 골칫거리와 낭비의 요인이 되리라고 가정해보자. 이러한 두 가지 가정은 실제로 아주 비현실적인 것이다. 우리는 이것을 문제 삼을 필요도 없다.

왜냐하면 장래의 생산량 증가에 대한 결론은 아주 근거 없는 제3의 가정, 즉 다른 출구가 없다는 가정에 바탕을 두고 있기 때문이다.

이러한 제3의 가정은 상상력 부족 때문에 벌어진 것으로, 아주 빈번하게 역사적 해석을 왜곡시키는 오류를 범한다. 역사적 과정의 어떤 특수한 특징들은 때로는 분석자의 마음속에 꽉 틀어박혀서 그럴 자격이 되는지 여부를 따져볼 겨를도 없이 근본적 원인으로 자리 잡게 된다. 가령 자본주의의 발흥 시기는 포토시Potosi 은광에서 은이 유입되던 시기, 군주들의 지출이 수입을 초과하여 군주들이 늘 돈을 빌리던 시기와 대체로 일치한다. 이러한 두 사실은 그 당시의 경제 발전에 다양한 방식으로 상관관계가 있다. 농민 반란과 종교적 동요를 이 두 사건과 연결시켜도 그리 어리석다고 할 수 없다. 따라서 분석자는 이런 성급한 결론을 내리기 쉽다. 자본주의 발흥은 이 두 사건과 인과 관계에 있고, 그 사건들(과 기타 몇 가지 유사한 타입의 요인들)이 없었더라면 봉건 세계는 자본주의 세계로 변모하지 않았을 것이다. 하지만 이런 주장은 전혀 다른 명제이고, 또 전혀 근거가 없는 얘기이다. 단지 사태가 경과해온 한 가지 길이었다고 말할 수 있을 뿐이다. 그것 이외에 다른 길은 없다는 얘기는 성립되지 않는다. 아무튼 그런 요소들이 자본주의 발달을 전적으로 지원했다고 주장할 수는 없다. 그런 요소들이 어떤 측면에서는 지원을 했지만 다른 면에서는 오히려 지체시켰던 것이다.

마찬가지로 우리가 앞 장에서 보았던 것처럼 새로운 땅이 제공하는 기업의 기회들이 독특한 것은 사실이지만, 다른 모든 기회들이 독특한 것 이상으로 독특한 것은 아니었다. "경계의 닫힘"이 진공 상태를 일으켰고, 그 진공 속으로 대신 들어온 것은 그 전에 있던 것보다 덜 중요하다는 주장은 근거가 없다. 우주의 정복은 인도의 정복보다 더 중요할 수도 있다. 우리는 지리적 경계를 경제적 경계와 혼동해서는 안 된다.

한 유형의 투자 기회가 다른 유형의 투자 기회로 대체되면, 어떤 나라 혹은 지역의 상대적 지위가 크게 변하는 것은 사실이다. 그 지역이나 나라가 작을수록, 그 행운은 생산 과정의 어떤 특정 요소에 연계되어 있다. 그 요소가 빠져버릴 경우, 우리는 그 지역 혹은 나라의 장래에 대하여 자신하지 못하게 된다. 따라서 농업 국가나 지역은 경쟁적인 합성 제품(가령 인견, 염료, 합성 고무 등)으로 인해 영구적으로 지위를 잃을 **수도 있고**, 그런 과정을 전체적으로 볼 때 총생산량의 순증가가 있을 수도 있다는 말은, 그 나라나 지역에 큰 위로가 되지 못한다. 경제권이 서로 적대적인 국가 간 영역에 따라 분열되면 이런 현상의 결과가 더 악화될 수도 있다. 마지막으로 강조하고 싶은 참된 사항은 이런 것이다. 새로운 나라들(식민지)의 개발에 부수되는 투자 기회의 소멸 — 그 기회는 이미 사라지고 있다고 봐야 한다 — 이 총생산량의 증가를 압박하는 공백을 **반드시** 유발한다고 볼 수 없다. 그런 기회들이 적어도 그에 상당하는 기회들로 대체될 것이라고 볼 수도 없다. 단지 그런 나라들 혹은 다른 나라들에서 개발에 따른 추가 개발이 자연스럽게 생겨나리라고 지적할 수는 있다. 우리는 자본주의 엔진이 새로운 기회를 발견하고 창조하는 능력을 믿어도 될 것이다. 그 엔진은 원래 그런 목적에 연계되어 있다. 하지만 이런 고려 사항들은 우리가 품고 있는 부정적 결과("자본주의는 망한다")를 극복해주지는 못한다. 이 화제에 착수할 때 우리가 갖고 있었던 여러 가지 이유들을 상기하면, 이 문제는 이 정도로 해두어도 충분할 것이다.

(3) 기술 진보의 대약진이 이루어졌으나 미미한 성과들만 남아 있다는 일반적인 견해에 대해서도, 위와 유사한 논증("사실이 아니다")이 가능하다. 이 견해는 세계 위기의 시기와 그 후의 시기에 나온 인상을 그대로 반영한 것은 아니다(세계 위기 때에는 일급 규모의 새로운 명제들이 없었는데, 그것은

그 어떤 대공황에서도 찾아볼 수 있다). 하지만 그런 이유 때문에 이 견해는 위에서 설명한 "인류의 지리적 경계의 닫힘"보다 경제학자들의 해석적 오류를 더 잘 예증한다. 우리는 지금 전기 발전소, 전기 산업, 전기화 농장과 가정, 자동차 등을 만들어냈던 기업 파동의 하향 곡선 위에 올라타 있다. 우리는 이 모든 것을 놀랍게 여기고 있으며, 이와 유사하게 중요한 기회들을 평생 동안 어디서 또다시 발견할 수 있을지 의아하다. 사실, 화학 산업 하나가 제공하는 약속은 가령 1880년에 기대할 수 있었던 것보다 훨씬 크다. 전기 시대의 성과를 이용하여 대중을 위한 현대식 주택을 생산하는 것은 앞으로 상당 기간 동안 투자 기회를 제공할 것이다.

　기술적 가능성은 해도海圖 없는 바다이다. 우리는 지리적 지역을 관측하면서 주어진 농업 생산의 기술, 개별적 토지들의 상대적 비옥도 등을 감안하며 평가를 내릴 것이다. 기술의 장래 발전 가능성을 무시하기 때문에, 우리는 가장 좋은 토지를 먼저 경작하고 이어 그 다음 좋은 토지를 경작하리라고 상상한다(하지만 이것은 역사적으로 잘못된 것이다). 이런 과정이 진행되는 어느 시기, 장래에 활용될 수 있는 것은 비교적 열등한 토지뿐이다. 하지만 우리는 기술 발전의 가능성들에 대해서는 이런 식으로 추론할 수가 없다. 어떤 가능성들이 다른 것들보다 먼저 활용되었다고 해서, 그것들이 다른 것들보다 더 생산적이라고 볼 수는 없다. 아직 하느님의 무릎 속에 남아 있는 기술적 가능성들이 이미 가시권 안에 들어와 있는 가능성들보다 더 생산적일 수도 있고, 반대로 덜 생산적일 수도 있다. 또다시 이것은 부정적 결과를 낳을 뿐이다. 기술적 "발전"이 연구와 관리의 체계화와 합리화를 통하여 보다 효과적이고 확실한 것이 되어 간다는 사실도 이 부정적 결과를 긍정적인 것으로 변화시키지는 못한다. 하지만 우리는 이 부정적 결과만으로 충분하다. 기술적 가능성의 고갈로 인해 생산율이 저하될 것이라고 내다볼 근거는 없는 것이다.

(4) 투자 기회 소멸 이론의 두 가지 변종을 이제 살펴보아야 한다. 몇몇 경제학자들은 모든 나라의 노동력이 이런저런 때에 필요한 설비를 갖추어야 했다고 주장한다. 그들의 주장에 의하면 이것은 대체로 19세기 중에 완수되었다. 이것이 완수되는 동안, 자본재에 대한 새로운 수요는 끊임없이 창조되었지만, 그 이후 추가 수요는 없고 오로지 대체 수요만 영구히 남아 있게 되었다. 이리하여 자본주의 설비 시대는 1회성 막간극으로 끝났고, 그 후 자본주의 경제는 그 자신에 필요한 보충적 도구와 기계를 마련하기 위하여 온 힘을 다해야 되었다. 그리하여 자본주의 경제는 유지하기 불가능한 생산율로 다음의 생산을 준비하며 설비를 갖춘 꼴이 되었다. 이러한 몇몇 경제학자들의 주장은 정말로 놀라운 경제 과정의 그림이 아닐 수 없다. 18세기에는 설비가 없었던가? 아니, 우리의 조상들이 동굴에서 살던 시절이라고 설비가 없었던가? 그런 시대에도 분명 설비가 있었다. 그런데 왜 19세기에 발생한 추가 설비만이 그 전 시대의 설비보다 더 확실하게 포화점에 도달했다는 것인가? 게다가 자본주의의 갑옷에 추가되는 설비는 일반적으로 말해서 그 전 시대의 설비보다 더 경쟁적이다. 따라서 설비를 제공하는 문제는 어느 한 시점에서 영구히 해결되는 게 아니다. 대체 유보금이 그 문제를 해결해줄 수 있는 케이스들 ― 기술적 변화가 없을 경우에 으레 생겨나는 사례들 ― 은 예외 사항이다. 새로운 산업에 새로운 방법이 도입된 경우에는 이것이 특히 분명하게 드러난다. 가령 자동차 공장은 철도의 감가상각비에서 나오는 돈으로 건설되지 않는 것이다.

독자는 아마도 이렇게 생각할 것이다. 설사 이런 논증의 전제를 받아들인다고 하더라도 총생산의 확대 비율에 대한 비관적 전망이 자동적으로 도출되는 것은 아니라고 말이다. 오히려 독자는 정반대로 추론할 수도 있다. 연속적인 경신을 통하여 경제적 영구성을 얻은 자본재들을 광범위하게 소유할 경우, 그것은 오히려 총생산량의 추가 증가를 촉진시킬 것이다. 만약 독자가 이렇게 생각한다면 그것은 옳게 추론한 것이다. 위의 논증은 교란 효과에 전적으로 의존하고 있는데, 그 교란은 자본 생산에 연계된 경제가 관련 수요가 떨어지는 상황에 직면했을 때 발생한다고 예상된다. 하지만 갑작스럽게 발생하는 게 아닌 이런 교란은 통상적으로 과장되는 경향이 있다. 가령 철강 산업은 변신을 시도하면서 큰 어려움을 겪지 않았다. 이 산업은 거의 전적으로 자본재만 생산하던 산업이었으나, 주로 내구 소비재 혹은 내구 소비재 생산을 위한 반+제품을 생산하는 산업으로 전환했어도 크게 곤란을 겪지 않았다. 기존 자본재 산업 내에서 변신에 따른 보상이 불가능할지 모르나, 모든 경우에 적용되는 원칙은 동일한 것이다.

위에서 투자 기회의 소멸 이론에 두 가지 변종이 있다고 했는데, 나머지 하나는 이러하다. 번영의 징후를 전 경제 조직에 퍼트리는 경제 활동의 대약진은 생산자 지출의 확대와 관련이 있고, 이 지출 확대는 다시 추가 공장 및 설비의 건설과 관련이 있다. 그런데 일부 경제학자들은 다음과 같은 사실을 발견했다(혹은 발견했다고 생각한다). 현재 새로운 기술 과정이 진행되어 과거(특히 철도 건설의 시대)보다 고정 자본 투입이 덜 필요하게 되었다는 것이다. 따라서 자본 건설을 위한 지출은 앞으로 상대적 중요성이 줄어들 거라는 얘기이다. 이것은 총생산량 증가율과 큰 상관이 있는 경제 활동의 대약진에 악영향을 미칠 것이고, 따라서 과거 비율대로 저축이 계속된다면 총생산율은 떨어질 수밖에 없다는 주장이다.

그러나 새로운 기술적 방법이 갖고 있는 자본 절약의 경향은 지금까지 타당한 것으로 확립되지 않았다. 1929년까지의 통계적 증거 — 그 후의 데이터는 이 목적에 소용되지 않는다 — 는 정반대의 길을 가리키고 있다. 기술이 총생산율을 떨어트린다고 주장하는 사람들이 내놓는 것이라고는 다수의 산발적 사례들뿐인데, 그것을 반증하는 사례들은 얼마든지 있다. 그렇지만 이런 경향이 있다고 인정하고 들어가자. 그러면 우리는 노동 절약 장치의 사례들과 관련하여 과거의 많은 경제학자들을 괴롭혔던 동일한 형식의 문제와 부딪치게 된다. 이런 장치들은 노동의 이해관계에 유리하게 혹은 불리하게 작용할 수 있다. 하지만 전반적으로 생산 확대에는 유리하다는 사실을 아무도 의심하지 않는다. 이런 사실은 **최종 생산물의 단위당** 필요한 자본재의 지출을 절약해주는 장치들에도 그대로 적용된다. 사실, 경제적으로 작동하는 거의 모든 새로운 과정이 노동과 자본을 절약해준다고 해도 그리 틀린 얘기가 아니다. 철도가 수송하는 승객 수와 화물량의 운송 비용, 그리고 동일한 승객 수와 화물량을 마차나 수레에 의해 수송할 때 들어가는 비용을 비교한다면, 아마도 철도가 자본 절약적일 것이다. 반대로, 뽕나무의 누에에 의해 일정량의 실크를 생산하면 같은 양의 레이온(인견) 직물을 생산하는 데 비해 더욱 자본 소비적일 것이다. 이것은 자본이 많이 들어가는 방식에 이미 자본을 투입한 소유주에게는 슬픈 사실이다. 그렇다고 해서 이것이 반드시 투자 기회의 감소를 의미하지는 않는다. 일정 생산량을 올리기 위해 자본 단위가 과거에 비해 더 들어가기 때문에, 그리고 오로지 그 이유 때문에 자본주의가 붕괴하리라고 보는 사람들은 헛다리를 짚은 것이다. 그들이 그런 사태를 목격하려면 아마도 아주 오래 기다려야 할 것이다.

(5) 마지막으로, 이 주제는 일반 대중들에게 정부의 결손 지출이 필요하다고 역설하는 경제학자들이 주로 내놓는 것이다. 그 때문에 또 다른 관련 문제가 반드시 제기된다. 즉, 남아 있는 투자 기회는 개인 기업보다는 공공 기업에게 더 적합하다는 주장이다. 이것은 어느 정도까지는 사실이다. 첫째, 부가 증가하면서 통상적인 비용-이윤 계산에서는 잘 감안되지 않는 성향의 지출들이 득세하게 된다. 가령 도시 미화, 공공 보건 등에

들어가는 비용이 그것이다. 둘째, 산업 활동의 점점 더 넓은 부문이 공적 관리의 영역으로 들어오게 된다. 가령 통신 수단, 조선소, 발전 설비, 보험 등이 그런 것이다. 이런 부문은 공적 관리의 방법이 더 잘 먹힌다. 그리하여 국가 투자와 지방 자치 단체의 투자는 완전한 자본주의 사회에서도 확대될 것으로 보인다. 공공 계획의 다른 형태들에 비해 그 투자량이 절대적으로 혹은 상대적으로 확대될 것인가, 하는 차이만 있을 뿐이다.

하지만 그게 전부이다. 그것을 알아차리기 위해, 우리는 산업 활동의 개인 부문에서 어떻게 사태가 전개될 것인지 가설을 세울 필요는 없다. 더욱이 장래에 투자와 생산 확대가 개인 기업보다 공공 기업에 의해 주도될 것이라는 주장은 우리의 당면 논의와는 무관한 문제이다. 물론 개인 기업이 장래에 **그 어떤** 투자에서 발생하는 손실을 감당하지 못해 공공 재정이 투입되는 경우는 예외이겠지만 말이다. 이 문제는 앞에서 이미 다룬 바 있다.

11
자본주의 문명

순수한 경제적 고려 사항을 떠나 이제부터 자본주의 경제의 문화적 보충물 — 마르크스의 용어를 사용하자면 그 경제의 사회적-심리적 **상부 구조** — 을 살펴보기로 하자. 아울러 자본주의 사회, 특히 부르주아 계급의 특징적인 심리 상태를 알아보기로 하자. 아주 간결하게 살펴본다면, 다음과 같은 현저한 사항들이 파악될 것이다.

5만 년 전 인류는 특정한 방식으로 환경의 위험과 기회에 대처했다. 일부 "선사先史학자들", 사회학자들, 민속학자들은 그 대처 방식이 현대 원시인들의 방식과 대체로 비슷했다고 동의한다.[01] 이런 태도 중 두 가지 요소가 우리의 논의를 위해서 특히 중요하다. 하나는 원시적 심리 과정의 "집단적"·"정서적" 성격이고, 다른 하나는 부분적으로 기능이 겹치는 마술의 역할이다. 첫 번째 요소는 이렇게 설명할 수 있다. 조직이 분화되어 있지 않거나 그다지 분화되어 있지 않은 소규모 사회 집단에서는 집단적 아이디어가 개인의 마음에 미치는 영향이 대규모의 복잡한 사회 집단에서보다도 훨씬 크다. 그 소규모 집단에서의 결론이나 결정은 부정적 기준에 근거를 둔 경우가 많다. 가령 그 집단은 논리를 무시하거나 아니면 모순 없는 원칙을 무시하는 것이다. 두 번째 마술의 요소는 이렇게 정의를 내리고자 한다. 마술은 일단의 믿음을 활용하는 것인데, 그 믿음은 경험으로부터 완전히 이탈하지는 않았으되 — 마술 장치는 계속 실패만 해서는 성공을 거두지 못한다 — 관측된 현상의 전후 관계에 비非경험적 원천에서 나온 실체나 영향력을 집어넣어 해석하는 것이다.[02] 이 마술이 신경증 환자의 심리 상태와 유사하다는 사실은 드로말Gabriel Dromard이 "해석의 정신착란délire d'interpretation"이라는 용어를 사용한 『진실에 대한 에세이 Essai sur la sincérité』(1911)에서 지적했다. 그와 함께 프로이트Sigmund Freud, 1856~1939도 『토템과 터부Totem und Tabu』(1913)에서 이미 지적했다. 하지만 마술이 현대의 정상인들에게 낯선 것이라고 생각해서는 안 된다. 오히려 정치 토론에 있어서 우리들의 심리적 과정 중 상당 부분이, 또 행동으로 나서게 만드는 가장 중요한 부분이 마술과 유사하다. 독자들은 이런 점을 납득할 것이다.

따라서 합리적인 언행과 합리적인 문명이라고 해서 위와 같은 기준(마술)이 아예 없다고 할 수는 없다. 단지 그 문명 속에 사는 사람 혹은 집단은 어떤 주어진 상황에서 다음 세 가지 방식으로 행동하는데 이렇게 행동하는 사람들이 천천히 그러나 꾸준히 많아지고 있을 뿐이다. 첫째, 그들은 자신들의 빛에 따라 — 하지만 전적으로 그 빛을 따르는 건 아니다 — 주어진 상황에서 최선을 다한다. 둘째, 그렇게 하는 데 있어서 우리가 논리라고 부르는 일관성의 원칙을 따른다. 셋째, 다음 두 가지 조건을 충족시키는 전제를 내세운다. 그런 상황(마술에 의존하는 상황)의 숫자가 최소한이어야 하고, 그런 상황일지라도 잠재적 체험의 관점에서 납득될 수 있는 것이어야 한다.[03]

이러한 것은 전반적인 관점에서 볼 때 아주 불충분하지만 우리의 논의를 위해서는 충분하다. 여기서 앞으로의 참조를 위해, 합리적 문명의 개념에 대해 한 가지 더 말해두고자 한다. 일상생활에서 합리적 분석이나 합리적 행동의 습관이 아주 강해지면, 그 습관은 집단적 아이디어들을 공격하고 비판하게 된다. 그리하여 왕, 교황, 복종, 십일조, 재산 같은 것이 왜 필요한

가? 라는 질문을 던지면서 그 집단 아이디어를 "합리적으로" 따지려 든다. 하지만 한 가지 명심해야 할 사항이 있다. 대부분의 사람들은 이런 태도를 심리 발달의 "더 높은 단계"를 드러내는 징후로 받아들이겠지만, 그렇다고 이러한 가치 판단이 결과물에 의해 반드시 뒷받침되는 것은 아니다. 합리적 태도는 엉터리 정보와 기술을 바탕으로 움직일 수도 있고, 그것들이 너무 엉터리여서 그 결과로 대대적인 유혈 사태가 벌어질 수도 있다. 그리하여 후대의 관찰자가 순수 지적인 관점에서 볼 때, 그러한 행동은 낮은 IQ를 가진 사람들의 행동이나 비非유혈적 성향보다 오히려 열등하게 보이는 것이다. 17세기와 18세기에 등장한 정치사상들은 이 망각된 진실을 잘 보여준다. 무슨 말인가 하면 사회적 비전이나 논리적 분석의 깊이에 있어서 후대에 나온 "보수적" 사상(계몽주의에 반대하는 사상)이 계몽사상보다 더 우수한 것이었다. 계몽 시대의 저자들에게는 한바탕 웃음거리밖에 안되었을 그런 의견이 말이다.

이제 합리적 태도는 주로 경제적 필요성을 가지고 인간의 마음을 압박한다. 인류는 합리적 사고와 행동을 기본적으로 훈련받을 때, 일상의 경제 활동에 주로 의존한다. 나는 모든 논리가 경제적 결정 구조로부터 흘러나온다고 주저 없이 말할 수 있다. 또는 내가 즐겨 쓰는 표현을 구사하자면, 경제의 패턴은 논리의 밑바탕이다. 이것은 다음의 사유에 의해 뒷받침된다. 가령 어떤 "원시인"이 우리의 고릴라 사촌이 사용하여 가치를 인정받은 가장 기초적 기계인 막대기를 사용한다고 가정해보자. 이 막대기가 그의 손 안에서 부러졌다. 그는 마술의 주문을 외우면서 그것을 수리하려 한다. 그는 "수요와 공급" 혹은 "계획과 통제"라는 주문을 정확하게 아홉 번 되풀이하면 그 부러진 두 쪽이 서로 붙을 것이라고 기대하면서 주문을 외운다. 이때 그 원시인의 사고방식은 전前 합리적 사고방식이다. 그가 부러진 막대기를 수리하는 다른 방법을 알아보거나 다른 막대기를 구한다면, 그는 현대적 의미의 합리적인 사람이다. 이 두 가지 태도 모두 가능하다. 하지만 이런 행위나 대부분의 다른 경제적 행위들에 있어서, 마술의 주문이 실패할 확률은 전투에서의 승리, 사랑에서의 행운, 양심에서 죄책감 덜어내기보다 높다고 보아야 한다. 이것은 대부분의 경우 경제 영역이 갖고 있는 객관적 확정성과 수량적 특성 때문에 그러하다. 이런 특징이 경제 행위를 다른 인간적 행위와 엄연하게 구분해준다. 어쩌면 경제적 욕망과 충족의 끝없는 리듬이 갖고 있는 정서적 무미건조함 때문에 실패 확률이 높은지 모른다. 이렇게 해서 한 번 각인이 되면 합리적인 습관은 유리한 체험의 교육적 영향력 아래 다른 분야로 퍼져나가고, 그리하여 저 놀라운 것, 즉 사실에 눈뜨게 만든다.

이런 과정은 경제 활동의 어떤 특별한 외양, 따라서 자본주의적 외양으로부터 독립되어 있다. 이윤 동기와 이기심 또한 그러하다. 자본주의 이전 시대의 인간도 자본주의 시대의 인간 못지않게 "탐욕적"이었다. 농노도 군벌도 모두 그들 나름의 공격적 열성을 발휘하며 자기 이익을 추구했다. 하지만 자본주의는 합리성을 발전시켰고, 두 가지 상호 연계된 방식으로 합리성에 새로운 경쟁력을 부여했다.

첫째, 그것은 화폐 단위 — 이 자체가 자본주의의 창조물은 아니다 — 를 계산 단위로 들어 올렸다. 다시 말해 자본주의 관행은 화폐 단위를 합리적 비용-이윤 계산의 도구로 바꾸었고, 이것의 가장 우뚝한 기념물은 복식 부기이다.[04] 주로 경제적 합리성이 진화하는 과정에서 나온 비용-이윤 계산은 이어 그 합리성에 영향을 미쳤다. 모든 것을 숫자로 정리하고 정의함으로써, 그것은 기업의 논리를 비약적으로 추진시켰다. 경제 부문을 위해 이런 식으로 정의되고 수량화된, 이러한 유형의 논리, 태도, 방법은 인간의 다른 것들을 복종시키는 — 합리화시키는 — 정복자의 길로 나섰다. 인간의 도구와 철학, 의학적 관행, 우주관, 인생관, 아름다움과 정의에 대한 생각, 정신적 야망 등 사실상 모든 것에 영향을 미쳤다.

이런 점에서 근대의 수학-실험 과학이 15, 16, 17세기에 스콜라 사상의 울타리를 벗어나 그 사상의 경멸을 받으며 자본주의 발흥의 사회적 과정을 따라 발달한 것은 의미심장한 일이다. 15세기에 수학은 주로 상업적 산술과 건축의 문제에만 집중되어 있었다. 직공 타입의 사람들이 발명해낸 공리적 기계 장치가 근대 물리학의 원천이었다. 갈릴레오Galileo Galilei, 1564~1642의 투박한 개인주의는 새롭게 올라오는 자본주의 계급이 갖고 있는 개인주의였다. 외과의는 조산원이나 이발사보다 더 높은 신분을 획득했다. 화가는 엔지니어이면서 동시에 기업가였다. 레오나르도 다 빈치Leonardo da Vinci, 1452~1519, 알베르티Leon Battista Alberti, 1404~1472, 첼리니Benvenuto Cellini, 1500~1571가 이런 유형의 화가였고, 심지어 뒤러Albrecht Dürer, 1471~1528마저도 축성의 계획도를 만지작거렸다는 사실이 나의 주장을 예증한다. 이 모든 것을 저주함으로써, 이탈리아 대학들의 스콜라 교수들은 우리가 그들에게 부여하는 것보다 더 많은 합리성을 보여주었다. 개인들이 내세우는 비정통적인 명제들은 골칫거리가 아니었다. 웬만한 학자라면 자신의 텍스트들을 비틀어서 코페르니쿠스 시스템에 일치시킬 수 있었다. 하지만 이 교수들은 이런 움직임 뒤에 있는 정신을 올바르게 간파했다. 그들은 막 생겨나는 자본주의가 만들어낸 정신, 즉 합리적 개인주의의 정신을 꿰뚫어 보았던 것이다.

발흥하는 자본주의는 근대 과학의 심리적 태도에 영향을 미쳤다. 그 태도는 특정한 방식으로 질문을 던지고, 또 그 대답을 추구했다. 뿐만 아니라 사람들과 그들이 갖고 있는 수단에도 영향을 미쳤다. 그것은 봉건적 환경을 붕괴시키고 장원과 마을의 지적 평화를 교란시켰으며(물론 수도원에서는 토론을 하다가 싸우게 되는 일들이 많이 있었지만), 또 경제 분야에서 개별적 성취를 이룬 새로운 계급을 위한 사회적 공간을 조성했다.

이렇게 함으로써 자본주의는 그 분야에 강력한 의지와 강력한 지성을 끌어들였다. 자본주의 이전의 경제생활은 계급의 경계를 뛰어넘게 해주는 성취의 기회가 없었다. 달리 말해 당시의 통치 계급이 누리는 사회적 지위에 비견될만한 그런 지위를 창조하지는 못했지만, 그렇다고 사회적 출세가 전반적으로 배제되었다는 뜻은 아니다.[05] 하지만 비즈니스 활동은 본질적으로 종속적인 것이었고, 직인 조합 내에서 성공의 정점에 있을 때조차도 이런 사정은 변함이 없어서 그 계급을 뛰어넘지 못했다. 사회적 성취와 대대적 소득으로 가는 주된 길은 교회였다. 이것은 중세 내내 그러했고 지금도 그렇다. 그 외에 지방 토호의 행정부와 군벌의 위계 제도가 있었는데 12세기 중반까지는 심신이 건강한 자들에게 문호가 개방되어 있었다. 그 후에도 문이 아주 닫힌 것은 아니었다. 자본주의적 기업 — 처음에는 상업과 금융업, 이어 광산업, 마지막으로 산업 — 이 여러 가지 가능성들을 풀어놓자, 뛰어난 능력과 야망을 가진 사람들이 사업을 출세로 가는 제3의 길로 여기기 시작했다. 성공은 신속하고 뚜렷한 것이었으나 그 사회적 무게에 대해서는 처음에 다소 과장하는 경향이 있었다. 가령 야콥 후거Jakob Fugger, 1459~1525나 아고스티노 키지Agostino Chigi, 1465~1520의 한평생을 살펴본다면, 그들이 카를 5세나 교황 레오 10세의 정책 수행에는 별 영향을 미치지 못했고, 그들이 누린 그런 특혜를 유지하기 위해 비싼 대가를 치렀다는 것을 알 수 있다.[06] 하지만 봉건 사회의 최상층을 제외하고, 기업의 성공은 누구에게나 매력적으로 보였다. 그래서 많은 인재들이 기업에 몰려들었고, 그리하여 더 많은 성공을 만들어냈다. 이것은 합리주의 엔진에 추가로 힘을 실어주었다. 이런 의미에서 자본주의는 단순히 경제 행위로 그치는 것이 아니라, 인간 행동의 합리화를 밀어붙이는 추진력이었다.

이리하여 마침내 우리는 저 복잡하지만 불충분한 논의를 도출시키는 즉각적인 목표[07]와 마주보게 되었다. 현대의 기계화된 공장, 그 공장에서 나오는 엄청난 생산량, 현대의 테크놀로지와 경제 조직뿐 아니라 현대 문명의 모든 특징과 성취가 직접적으로 혹은 간접적으로 자본주의 과정이 가져온 산물인 것이다. 그 과정의 대차 대조표에는 이런 것들을 반드시 기입해야 하고, 또 그 행위와 비행에 대해서 판결을 내리고자 할 때에도 이런 것들을 감안해야 한다.

합리적 과학의 성장이 있었고 거기서 나온 응용 제품의 기다란 리스트가 있다. 비행기, 냉장고, 텔레비전, 기타 편의 제품들은 이윤 경제의 산물이다. 현대의 병원은 오로지 이윤만을 위해 운영되지는 않지만 이것 또한 자본주의의 산물이다. 다시 말하거니와 자본주의 과정이 그 수단과 의지를 제공했고, 또 그보다 더 근본적으로는 자본주의 합리성이 합리적 정신의 습관을 만들어내어 병원에서 이용되는 각종 방법을 탄생시켰던 것이다. 완벽한 것은 아니지만 점진적으로 만들어지고 있는 암, 매독, 결핵에 대한 승리도 자동차, 파이프라인, 베세머 철강 못지않게 자본주의의 성취물이다. 의학의 경우, 그 방법론 뒤에는 자본주의의 직업 정신이 도사리고 있다. 그것은 상당 부분 기업 정신에 따라 움직이고, 또 산업 부르주아와 상업 부르주아를 혼합한 형태이다. 설사 이것을 그렇게 보지 않는다고 할지라도, 현대 의학과 위생은 현대 교육 못지않게 자본주의 과정의 산물인 것이다.

또한 자본주의적 예술과 자본주의적 생활 스타일이 있다. 우리의 논의를 회화에만 국한시켜 보자. 이렇게 하는 것은 논의를 간단하게 끌고 가려는 것도 있지만 내가 이 분야에 대해서는 남들보다 조금 덜 무식하다고 생각하기 때문이다. 조토Giotto di Bondone, 1266~1337의 아레나 성당 벽화들이 나온 시기로부터 시작하여 조토 — 마사치오Masaccio, 1401~1428 — 다빈치 — 미켈란젤로Buonarroti Michelangelo, 1475~1564 — 그레코El Greco,

1541~1614의 라인을 따라가면(아주 "직선적인" 라인이지만 그렇게 비난 받을 정도는 아니라고 생각한다), 거기에는 자본주의적 요소가 분명하게 드러난다. 특히 그레코의 경우 신비주의적 요소를 아무리 강조한다고 해도 이 점을 말살하지 못한다. 다 빈치의 실험들은 자본주의 합리성을 직접 손으로 만져보고 싶은 회의론자에게 설득력 높은 사례가 된다. 이 라인을 좀 더 길게 늘인다면 우리는 들라클루아Ferdinand Victor Eugène Delacroix, 1798~1863와 앵그르Jean Auguste Dominique Ingres, 1780~1867가 대조되는 지점에 이르게 될 것이다(놀라서 약간 숨을 멈추면서). 일단 이 지점에 도달하면 세잔, 반 고흐, 피카소 혹은 마티스 등의 화가는 현대 회화가 곧 자본주의 생활 스타일의 요약이라는 나머지 이야기를 전해준다. 표현주의 화가들이 대상의 윤곽을 없애버린 것은 놀라운 논리적 결론이었다. 콩쿠르 형제의 소설(『기록된 문서』)에서 정점을 이루는 자본주의 소설의 이야기는 이 점을 더욱 잘 보여줄 것이다. 그것은 명백한 사실이다. 자본주의 생활 스타일의 진화는 현대의 사교용 신사복의 관점에서도 손쉽게 혹은 더 설득력 있게 묘사될 수 있다.

마지막으로 글래드스턴William Ewart Gladstone, 1809~1898 자유주의라는 상징적 중심에 배치시킬 수 있는 것들이 있다. 글래드스턴 자유주의 대신에 개인주의적 민주주의라는 말도 적당할 것이고 어쩌면 더 좋을지도 모르겠다. 왜냐하면 우리는 글래드스턴이 승인할법하지 않은 것들, 신앙의 성채 속에 살았던 그가 실제로 증오했던 도덕적·정신적 태도를 지금 말하고 있기 때문이다. 자본주의를 비판하는 과격파들이 내가 지금까지 해온 주장("현대 사회의 많은 것이 자본주의에서 나왔다")을 조목조목 반대하지 않았더라면, 이 문제는 이 정도로 해두었을 것이다. 그러나 과격파들은 대중이 참을 수 없는 고통으로부터 구조해달라고 소리치고 있고, 또 절망과 어둠 속에서 족쇄를 철거덕거리며 흔들어대고 있다고 말한다. **모든**

사람을 위한 개인적 심신의 자유, 치명적 원수들을 참아주고 지원해주는 지도 계급의 아량, 실제적 혹은 상상적 고통에 대한 적극적 동정, 부담을 함께 지려는 적극적 자세, 이런 점들에 있어서 현대 자본주의 사회만큼 잘해준 사회가 일찍이 없었다. 농민 공동체들을 제외하고, 현재 존립하고 있는 민주주의는 역사적으로 봤을 때 근대와 고대의 자본주의의 발걸음을 따라 발전해왔다. 과격파들은 또다시 반론을 펴기 위해 과거로부터 많은 사례들을 가져올 수도 있다. 그런 것들은 효과적일지 모르나, 현재의 조건이나 미래의 대안 조건들을 토의하는 데에는 관련이 없다.[08] 우리가 역사적 근거를 들이대기 시작한다면, 과격파들에게 가장 합당한 것으로 보이는 많은 역사적 사건들이 자본주의 이전 시대의 상응하는 사건들과 함께 놓이면서 종종 전혀 다른 의미를 갖게 된다. 그들은 "그건 다른 시절 얘기야"라고 말할 수 없다. 왜냐하면 그런 차이를 만들어낸 것이 바로 자본주의 과정이기 때문이다.

  여기서 특히 두 가지 사항이 언급되어야 한다. 나는 앞에서 일반 대중의 복지를 위한 사회적 법제화, 혹은 보다 일반적 의미의 제도적 변화에 대해 언급했다. 이런 변화는 빈자들의 궁핍화를 경감하려는 필연적 필요에 의해 자본주의 사회에 강요된 어떤 것이 아니었다. 그것은 그 자동적 효과로 인해 대중의 생활 수준을 높인 것 이외에, 자본주의 과정으로부터 변화의 수단"과 의지"를 제공받았다. 따옴표를 친 단어("과 의지")는 추가 설명을 필요로 하는데, 그것은 점점 넓어지는 합리성의 원칙에서 발견될 수 있다. 자본주의 과정은 생각과 행동을 합리화하고 그렇게 함으로써 우리의 마음속으로부터 형이상학적 신념, 각종 신비하고 낭만적인 생각들을 몰아낸다. 이렇게 하여 목적을 성취하는 우리의 방법을 재편하고, 이것이 다시 궁극적 목적을 재편한다. 유물론적 일원론을 지향하는 "자유로운 사고방식", 세속주의, 이승을 보다 실용적인 관점에서 받아들이기 등이 자본주의 합리화에서 나온 것인데, 논리적 필연성보다 자연스러운 수순에 의해서 그런 사상이 힘을 얻게 되었다. 한편, 전통적 기반이 사라진 의무감은 인류 복지에 대한 공리적 사상에 집중하게 되었다. 하지만 그 공리적 사상이 다소 비논리적이기는 하지만 하느님에 대한 두려움이 합리주의의 비판을 견디는 것보다는 그(합리주의의) 비판을 더 잘 견디는듯 하다. 다른 한편으로, 영혼의 합리화는 온갖 종류의 계급 관련 권리들로부터 초超경험적 승인의 광휘를 걷어냈다. 이것에다, 효율과 서비스 — 과거 봉건 시대에 기사들이 갖고 있었던 동일한 용어들과는 아주 의미가 다른 — 에 대한 자본주의의 열광이 덧붙여져서, 부르주아지 계급 내에 "의지"가 생겨났다. 본질적으로 자본주의 현상인 페미니즘은 이 점을 더 분명하게 예증한다. 독자들은 이런 경향들이 "객관적으로" 이해되어야 한다는 것을 유념해야 한다. 따라서 반反페미니즘 혹은 반反개혁주의적 '이야기' 혹은 특정 조치에 대한 일시적 저항 등은 이런 분석에 반론을 제시하지 못한다. 이런 것들(반페미니즘, 반개혁주의적 이야기, 일시적 저항)은 그것들이 맞서 싸우려고 하는 경향들(자본주의적 경향들)의 증상인 것이다. 이 점에 대해서는 다음 장들에서 더 다루겠다.

또한 자본주의 문명은 합리적이고 "그리고 반反영웅적"이다. 물론 이 둘은 함께 간다. 산업과 상업에서의 성공은 엄청난 정력을 필요로 한다. 그러나 산업적·상업적 활동은 본질적으로 중세 기사의 활동과는 다르다. 바로 이런 점에서 비非영웅적인 것이다. 칼을 화려하게 휘두르는 것도 없고, 신체적 용감함을 발휘할 일도 없으며, 이단자든 이교도든 적들을 향해 군마를 맹렬히 달려야 할 필요도 없다. 이윤의 숫자들을 다루는 회사 사무실에서 전투를 위한 전투, 혹은 승리를 위한 승리라는 영광스러운 이데올로기는 사라질 수밖에 없다. 따라서 산업과 상업의 부르주아지는 강도와 세금 징수원을 끌어들이기 십상인 재산을 소유하고 있고, "합리적" 공리주의를 숭상하는 자신들의 사상과 배치되는 전사戰士 문화를 싫어한다. 그들은 근본적으로 평화주의자이고 개인 생활의 도덕적 원리들을 국제 관계에도 적용할 것을 고집한다. 물론 자본주의 문명의 일부 특징인 평화주의와 국제적 도덕성은 비非자본주의 환경에서도 옹호되었고, 또 자본주의 이전의 기관들에 의해서도 주장되었다. 가령 중세에는 로마 가톨릭교회가 그런 경우였다. 그렇다 하더라도 현대적 평화주의와 현대적 국제 도덕성은 자본주의의 산물이다.

우리가 앞의 1부에서 살펴본 바와 같이, 마르크스 학설 — 특히 네오마르크스 학설과 상당수 비非사회주의 견해 — 은 이런 명제[09]에 강력하게 반대한다. 이와 관련하여, 평화주의 명제를 말한다고 해서 많은 부르주아지가 국가와 가정을 위해 치열하게 싸웠다는 것을 부정하자는 것은 아니다. 아테네와 베네치아 등 순수 부르주아 공화국들도 수지가 맞을 때에는 종종 침략적인 태도를 보였다. 또 부르주아지는 전쟁 이윤을 혐오한 적도 없고, 정복에서 생겨나는 거래상의 이점을 싫어하지도 않았다. 혹은 봉건 영주나 지도자, 특별 이익 단체의 프로파간다에 의해서 호전적인 민족주의를 훈육받는 것을 거부하지도 않았다. 내가 여기서 주장하고자 하는 바는, 첫째로 이런 자본주의적 호전성의 사례들을 마르크스주의처럼 계급 이해 혹은 계급 상황(자본주의 정복 전쟁을 체계적으로 일으켜야 한다는 마르크스의 주장)의 관점으로 설명해서는 안 된다는 것이다. 둘째로 일상적 비즈니스 생활에서 날마다 하는 행위를 실천하는 것과, 비전문적인 행위를 하는 것 사이에는 차이가 있다. 후자의 행위를 하는 데에는 당신의 일상적 일과 심리 상태는 별로 도움이 되지 않으며 그 일에서 성공한다는 것은 비非부르주아적 직업의 품위만 높여줄 뿐이다. 셋째로 이러한 차이는 국내외 업무를 추진하는 데 있어서 무력의 사용을 싫어하고 평화적 타협을 좋아하게 만든다. 전쟁을 하는 것이 금전적으로 더 이득이 될 경우에도 평화를 선택하게 만드는 것이다(물론 현대적 상황에서는 이런 일이 있을법하지 않지만). 따라서 한 국가의 구조나 태도가 자본주의적일수록 그 나라는 더욱 평화적이 되고 전쟁의 비용을 더욱 따지게 된다. 모든 개별적 패턴의 복잡한 성격 때문에 이런 점은 자세한 역사적 분석을 가해야만 드러나게 된다. 따라서 군대(상비군)에 대한 부르주아의 태도, 부르주아 사회가 전쟁을 수행하는 정신과 방식, 심각한 장기전의 경우에도 부르주아가 비非부르주아 통치를 적극 수용하는 태도 등은 그 자체로 결론을 보여주는 확정적인 것이다. 따라서 자본주의 진화의 마지막 단계가 자본주의라는 마르크스 이론은 경제적 관점을 떠나서도 맞지 않는 얘기인 것이다.

하지만 나는 독자들이 기대하는 것처럼 이 장을 요약하지는 않겠다. 검증되지 않은 사람들이 내놓은 검증되지 않은 대안을 믿지 말고, 자본주의 질서의 인상적인 경제적 성취와 더 나아가 문화적 성취를 보면서 이 두 성취가 가져오는 엄청난 약속을 다시 한 번 살펴보라고 말하지도 않겠다. 또 이런 성취와 약속 덕분에 자본주의 과정이 앞으로 잘 나갈 것이며 인류의 어깨에서 가난의 짐을 덜어낼 것이라고 말하지도 않겠다.

그렇게 하는 것은 의미가 없다. 기업가가 두 개의 기계들 중에서 자유롭게 고를 수 있듯이 인류도 자본주의와 사회주의 중에서 자유롭게 선택할 수 있다. 그렇다 하더라도 내가 전달하려고 애쓴 사실들과 그 사실들의 관계로부터 반드시 확정적인 가치 판단이 도출되는 것은 아니다. 경제적 성취와 관련하여, 오늘날의 산업 사회에 사는 사람들이 중세의 장원이나 마을에 살았던 사람들보다 "더 행복"하다거나 "더 유복"하다고 할 수는 없다. 문화적 성취에 대해서도, 내가 해온 말들을 다 인정하면서도 그것을 미워할 수도 있다. 그 공리주의와 그에 부수되는 의미의 전반적 파괴를 진정으로 싫어할 수도 있는 것이다. 앞으로 사회주의 대안을 논의할 때 다시 강조하겠지만, 경제적·사회적 가치를 생산한 자본주의 과정의 효율성을 높이 평가하기보다는 자본주의 사회가 만들어내고 제멋대로 방치하여 그 인생을 엉망으로 만들어버리는 그런 인간들을 더 신경 쓸 수도 있는 것이다. 자본주의의 우둔함, 무지함 혹은 무책임 등을 오로지 비판하면서 자본주의에 대하여 불리한 판결을 내리는 과격파의 유형이 있다. 그들은 자본주의의 폭넓은 의미를 파악하지 못하는 것은 물론이고 가장 명백한 사실들도 파악하지 못하거나 파악하지 않으려 한다. 하지만 이보다 더 수준 높은 차원에서 자본주의에 대하여 완전 불가不可 판결을 내릴 수도 있다.

우호적인 것이든 비우호적인 것이든 자본주의 성과에 대한 가치 판단은 그리 깊은 관심사가 아니다. 왜냐하면 인류는 자유롭게 선택할 수 없기 때문이다. 이것은 사람들이 대안들을 합리적으로 검토할 입장이 아니고 남들이 하는 말을 늘 받아들이기만 하기 때문만은 아니다. 이보다 훨씬 심오한 사유가 있다. 경제적 사태와 사회적 사태는 그 나름의 운동력으로 움직이고, 그에 뒤이어 벌어지는 상황들은 개인과 집단들로 하여금 그들의 의사와는 무관한 특정 방식대로 행동하게 만든다. 그들의 선택적 자유를 파괴하는 방식이 아니라, 선택의 심리 상태를 교묘하게 조성하여 가능성의 리스트를 좁혀 놓은 다음 그중에서 선택하도록 만드는 것이다. 만약 이것이 마르크스주의의 핵심이라면, 우리 모두는 마르크스주의자가 되어야 한다. 그러면 자본주의 성과는 사회의 앞날에 대한 예측과도 무관한 것이 되어버린다. 대부분의 문명들은 그들이 내놓은 약속들을 온전히 성취할 시간을 누리기도 전에 사라져버렸다. 따라서 나는 자본주의의 성과만을 가지고 자본주의의 간주곡이 상당히 연장될 것 같다고 주장하지는 않으려 한다. 나는 지금 그와 정반대되는 추론을 내놓으려 한다.

12
허물어지는 보호 장벽들

1. 기업가 기능의 소멸

투자 기회의 소멸 이론을 논의하는 과정에서, 다음과 같은 한 가지 가능성이 우호적으로 예측되었다. 즉, 인간의 경제적 욕망이 장래 어느 때에 완벽하게 충족되어 생산 노력에 더욱 박차를 가하는 동기가 거의 남아 있지 않게 된다는 것이다. 우리가 현재의 욕망 구도에 만족한다 하더라도 이런 충족의 상태는 아주 요원한 일이다. 또 지금보다 더 높은 생활 수준이 달성된다 하더라도 경제적 욕망은 자동적으로 확대되고 새로운 욕망이 출현하거나 창조되어서[01] 충족은 더욱 요원한 목표가 된다. 특히 우리가 레저(여가 활동)를 소비재로 포함시킨다면 더욱 그러하다. 지금으로서는 비현실적이지만, 생산 방법이 완벽한 상태에 도달하여 더 이상 개선의 여지가 없는 그런 가능성을 일단 생각해보기로 하자.

그러면 다소간 정태적인 상태가 뒤따를 것이다. 본질적으로 진화 과정인 자본주의는 위축될 것이다. 이렇게 되면 기업가는 할 일이 남아있지 않게 된다. 비유적으로 말한다면 그들의 입장은 영구 평화의 상태에 도달한 사회 내에서 장군들이 차지하는 지위와 비슷해질 것이다. 이윤은 영(제로)으로 떨어지고 그와 함께 이자율도 영으로 수렴될 것이다. 이윤과 이자로 먹고살던 부르주아 계층이 점차 사라지는 경향을 보일 것이다. 산업과 무역의 경영은 일상적 관리의 문제가 되어버릴 것이고, 관련 인원들은 관료화의 경향을 보인다. 아주 진지한 유형의 사회주의가 거의 자동적으로 생겨날 것이다. 인간의 에너지는 비즈니스로부터 멀어지게 된다. 경제적 추구 이외의 다른 행위가 사람들의 주의를 사로잡으면서 모험을 제공할 것이다.

이런 비전이 계측 가능한 장래에는 중요하지 않을 것이다. 거의 완벽한 욕망의 충족 혹은 테크놀로지의 절대적 완성은 사회 구조와 생산 과정의 조직에 엄청난 영향을 미칠 것이다. 이 사실은 아무리 강조해도 지나치지 않다. 또한 오늘날에 볼 수 있는 여러 사실들에서도 이런 영향을 목격할 수 있다. 정태적 경제의 관리는 물론이고, 경제 발전 그 자체도 기계화될 것이다. 이런 기계화는 경제 발전의 중단만큼이나 기업가 정신과 자본주의 사회에 영향을 미칠 것이다. 이것을 명확하게 살펴보기 위해 다음 두 가지 사항을 간결하게 요약해보는 것이 절대적으로 필요하다. 첫째로 기업가 기능은 무엇으로 구성되는가? 둘째로 그 기능은 부르주아 사회에 어떤 의미를 안겨주고, 또 자본주의 질서의 존속에 어떤 영향을 주는가?

우리가 이미 살펴본 바와 같이, 기업가 기능은 새로운 발명을 활용하여 생산의 패턴을 개혁 혹은 혁신하는 것이다. 보다 폭넓게 말해서, 기업가는 새로운 제품을 생산하기 위하여 검증되지 않은 테크놀로지의 가능성을 시험한다. 혹은 낡은 제품을 새로운 방식으로 생산한다. 또는 산업을 재조직함으로써 재료의 새로운 공급원을 개척하고, 또 제품의 새로운 출구를 뚫는다. 초창기 단계의 철도 건설, 제1차 세계대전 이전의 발전소 건설, 증기와 철강, 식민지 개척 등은 대규모 생산 패턴의 사례들이면서, 특별한 종류의 소시지나 칫솔을 만드는 아주 소규모의 무수한 생산 패턴 변화를 포함하고 있다. 기업가의 기능은 이러한 종류의 활동인 경제 조직을 혁신시키는 반복적인 "번영들"의 주된 배후이고, 또 새로운 제품이나 방법들의 불균형적인 효과에 의해 발생하는 반복적인 "침체"의 주된 배후이다. 이런 새로운 것들을 수행하는 것은 아주 까다로운 일인 동시에 뚜렷한 경제적 기능을 구성한다. 그 이유는 첫째로 그런 새로운 것들이 모든 사람이 이해하는 일상적 업무의 바깥에 있기 때문이고, 둘째로 주변 환경이 다양한 방식으로 그 새로운 것들에 저항하기 때문이다. 새로운 것을 재정적으로 지원하지 않거나 사주지 않을 수도 있고, 그런 새로운 제품을 내놓으려는 사람을 신체적으로 공격하기도 한다. 친숙한 것들의 익숙한 범위를 넘어가서 자신 있게 행동하면서도 그런 저항을 극복하기 위해서는 소수의 사람들에게만 존재하는 그런 재능이 필요하다. 우리는 그것을 기업가 기능 혹은 기업가 유형이라고 정의한다. 이런 기능은 어떤 것을 새롭게 발명한다거나, 기업가가 활용할 수 있는 조건들을 창조하는 데 있지 않다. 그보다는 일 처리를 잘해내는 데 있다.

이런 사회적 기능은 이미 중요성을 잃고 있고, 장래에는 더욱 빠른 속도로 중요성을 잃을 것이다. 기업가 정신의 주된 동인인 경제 과정 그 자체가 앞으로도 계속 현상을 유지한다고 해도, 이런 전망에는 변함이 없다. 우선, 일상적인 업무routine 바깥에 있는 일들을 하는 것이 과거보다 현재가 훨씬 더 쉬워졌다. 혁신innovation 그 자체도 이제 일상적인 업무로 축소되고 있다. 테크놀로지의 개발은 점점 더 훈련받은 전문가 팀의 비즈니스가 되어가고 있고, 그 팀은 필요한 것을 제공하면서 그것이 예측 가능한 방식으로 작동하도록 만들고 있다. 초창기에 있었던 상업적 모험의 로맨스는 신속히 사라져간다. 과거에 천재의 섬광 속에서만 구상되던 많은 것들이 이제는 철저하게 사전에 계산될 수 있다.

반면, 경제적 변화 — 새로운 소비재와 생산재의 지속적인 흐름이 이런 변화를 잘 보여준다 — 에 적응되어 그런 변화를 아무런 이의 없이 받아들이는 상황에서는 개성이나 의지력이 별로 중요하지 않다. 자본주의 질서가 존속하는 한, 자신의 이익을 지키려는 저항, 즉 생산 과정의 이노베이션에 대한 저항은 사라지지 않을 것이다. 이런 저항은 값싼 주택의 대규모 공급에 커다란 장애 요소가 된다. 그런 주택을 제공하려면 대규모 기계화를 도입해야 하고, 건설 현장에서 벌어지는 비효율적인 작업 방식을 대대적으로 제거해야 한다. 그런데 기존 인력 혹은 작업 방식의 저항이 만만치 않은 것이다. 그러나 다른 모든 종류의 저항 — 단지 새롭다는 이유만으로 새로운 것을 거부하는 소비자와 생산자의 저항 — 은 이미 거의 모두가 사라졌다.

이리하여 경제 발전은 몰개성화되고 자동화된다. 공공 기관의 담당국 혹은 위원회가 개인의 활동을 대신한다. 다시 한 번 군대의 비유가 본질적 사항을 잘 드러내줄 것이다.

대체로 나폴레옹 전쟁 시기까지의 과거에는 장군이 곧 리더십의 대명사였고, 군사적 성공은 곧 장군 자신의 개인적 성공이었다. 따라서 그 장군은 사회적 위신이라는 "이윤"을 올렸다. 전쟁 기술과 군대 편성은 늘 같았으므로, 개인의 결단과 지도자의 추진력 — 화려한 말을 타고 등장하는 장군의 외모 — 이 전략과 전술의 성공에 필수적인 요소였다. 나폴레옹의 존재감은 그가 등장한 모든 전쟁터에서 강력하게 느껴졌다. 하지만 이제는 더 이상 그렇지 않다. 합리화되고 전문화된 사무실의 작업이 개성, 계측 가능한 결과, "비전" 따위를 몰아냈다. 지도자는 더 이상 전쟁터에 직접 나설 기회가 없다. 그는 또 다른 사무실 작업자가 되었다. 그런 작업자는 하시라도 대체가 가능하다.

또 다른 군대의 비유를 들어보자. 중세의 전쟁은 아주 개인적인 사건이었다. 갑옷을 입은 기사는 평생 수련한 무술을 사용했고, 그들은 각자 개인적인 기량과 용기의 미덕을 발휘했다. 왜 이 직종이 온전하고 풍성한 의미를 갖춘 사회적 계급의 기반이 되었는지 쉽게 이해할 수 있다. 그러나 사회적·기술적 변화가 기사 계급의 기능과 지위를 훼손시키더니 마침내 파괴해버렸다. 그렇다고 해서 그것 때문에 전쟁이 사라진 것은 아니었다. 전쟁은 점점 더 기계화되었다. 그리하여 전문 직업으로 바뀐 전쟁 수행의 성공은 더 이상 과거와 같은 개인적 성취의 함의를 가질 수 없게 되었다. 과거에는 그런 성취가 관련 당사자뿐 아니라 그가 소속된 집단을 사회적 리더십의 지속적인 지위까지 높이 들어 올렸던 것이다.

이제 그와 유사한 사회적 과정 — 결국에는 동일한 사회적 과정 — 이 자본주의 기업가의 역할과 그(역할)에 따른 기업가의 사회적 지위를 훼손하고 있다. 기업가의 역할은 중세 영주의 그것보다 화려하지는 않다. 하지만, 개인의 힘과 성공에 대한 책임 의식을 공유한다는 점에서 개인적 리더십의 또 다른 형태이다. 기업가의 지위는 전사 계급의 그것과 마찬가지로 그들의 기능이 사회적 과정 내에서 중요성을 잃게 되는 순간 위협을 받게 된다. 기업가가 봉사하는 사회적 욕구가 중단된 경우, 그리고 그런 욕구가 다른 몰개성적인 방식으로 훌륭하게 충족되는 경우, 이런 두 경우 모두 기업가의 지위를 위협한다.

그런데 이것이 파급적으로 전체 부르주아 계층의 지위에 영향을 미친다. 기업가들이 처음부터 이 계층의 핵심적·전형적 요소가 아니었다 하더라도, 그들은 성공을 거두면서 이 계층에 편입되었다. 이렇게 하여 기업가들이 그 자체로 사회적 계급을 형성하는 것은 아니지만, 부르주아 계급이 그들, 그들의 가정, 인척들을 흡수하여 계급을 활성화시키고, 동시에 "비즈니스"에 대한 적극적 관계를 유지하지 못하고 떨어져나간 가문들은 한두 세대 후에 그 계급에서 탈락된다. 기업가와 부르주아 사이에는 산업가, 상인, 금융가, 은행가 등의 사람들이 있다. 이들은 기업가적 사업과 물려받은 기업을 일상적으로 관리하는 부르주아 사이에서 중간적 단계에 있다. 부르주아 계급의 생활 원천인 이윤과 그 계급이 누리는 사회적 지위는 이 중간 역할을 하는 사람들의 성공에 달려있다. 또 부르주아 계급으로 올라서려고 노력하는 개인들의 성공에 달려있기도 하다. 이 중간 역할자들은 미국의 경우 부르주아 계층의 90퍼센트를 차지한다. 경제적으로나 사회적으로, 또 간접적으로나 직접적으로, 부르주아지는 기업가에 의존하고, 또 이 계급은 그와 함께 살고 죽는다고 봐야 한다. 하지만 봉건 문명에서도 과도기가 실제로 있었듯이, 상당히 오래 지속되는 과도기가 발생할 것으로 예상된다. 이 단계는 그들이 함께 살 수도, 또 죽을 수도 없는 단계이다.

지금까지의 논의를 요약하면 이러하다. 만약 자본주의 진화("발전")가 중지되거나 완전 자동화된다면, 산업 부르주아지의 경제적 기반은 현행 관리직에게 지불되는 임금 수준으로 격하될 것이다. 단 일부 예외로서, 유사 임대료나 독점적 소득은 당분간 더 지속될 것으로 보인다. 자본주의 기업 정신은 그 성취로 인해 발전을 자동화시키는 경향이 있으므로, 그 기업 정신은 그 자신을 불필요한 존재로 만들어버린다. 그 자체의 성공이 가져오는 압력으로 인해 스스로 산산 조각나버린다. 완전 관료화된 거대 산업 재벌은 중소기업들을 몰아내고 그 소유주들을 "수탈"할 뿐 아니라, 결국에는 기업가들을 추방하고 부르주아지 계급을 수탈한다. 그 과정에서 이 계급은 그 소득을 잃어버리고, 또 더욱 중요하게는 그 기능을 상실한다. 사회주의의 진정한 건설자는 그 사상을 선전하는 지식인이나 선동가들이 아니라, 밴더빌트Cornelius Vanderbilt, 1794~1877, 카네기Andrew Carnegie, 1835~1919, 록펠러John Davison Rockefeller, 1893~1937 같은 재벌들인 것이다. 이러한 결과는 마르크스식 사회주의자들의 입맛에는 맞지 않을 것이고, 보다 대중적인(마르크스는 '천박한'이라는 말을 썼다) 사회주의자들의 입맛에는 더더욱 혐오스러울 것이다. 하지만 최종 결과의 예측이라는 점에서, 우리의 논의는 그들의 것과 별반 다르지 않다.

2. 지지 계층의 파괴

우리는 지금껏 자본주의 과정이 자본주의 사회에서 상류 계층의 경제적 기반에 미치는 영향, 그리고 상류 계층의 사회적 지위와 위신에 미치는 영향을 살펴보았다. 하지만 이러한 영향들은 그 계층을 보호하는 제도적 틀로까지 확대된다. 이 점을 증명하기 위해 우리는 이 용어("제도적 틀")를 폭넓은 의미로 사용한다. 그러니까 제도적 틀이라 하면 법률적 제도뿐 아니라 대중의 정신과 태도, 대중적 정책들까지 포함하는 것이다.

(1) 자본주의 진화는 먼저 봉건 세계를 제도적으로 구성했던 장원, 마을, 직인 조합을 파괴했다. 이런 사실과 그 메커니즘은 너무나 명백하여 여기서 더 언급할 필요는 없을 것이다. 파괴는 세 가지 방식으로 전개되었다. 장인들의 세계는 주로 경쟁의 자동적 효과에 의해 파괴되었으며, 그 경쟁은 자본주의 기업가들에게서 나온 것이었다. 위축된 조직과 규정을 제거하려는 정치적 조치도 동일한 결과를 가져왔다. 영주와 농민들의 세계는 주로 정치적 — 어떤 경우에는 혁명적 — 조치에 의해 파괴되었고, 자본주의는 적응적 변신을 도와준 것에 지나지 않았다. 가령 독일의 장원 조직은 대규모 농업 생산 회사로 바뀌었다. 이런 산업적·농업적 변혁과 함께, 사법 당국과 여론의 전반적인 태도 변화도 혁명적인 것이었다. 예전의 경제 조직이 사라지면서, 그 조직에서 주도적 역할을 했던 계급 혹은 집단의 경제적·정치적 특권도 함께 사라졌다. 특히 지주 귀족, 지역 상류층, 사제 계급의 면세 혜택과 정치적 특권이 철폐되었다.

경제적으로 볼 때, 이것은 부르주아지를 괴롭히던 많은 족쇄와 장애를 파괴하고 제거해주었다. 정치적으로는 부르주아지가 비천한 신하 신분이었던 질서를 또 다른 질서로 바꾸어 놓는 것이었다. 그 새로운 질서 내에서 부르주아지는 자신의 합리적 정신과 즉각적 이해관계에 더욱 부응하는 활동을 펼칠 수 있었다. 하지만 오늘날의 관점에서 봉건 제도의 붕괴 과정을 살펴보면, 이런 완전한 해방이 부르주아지와 그들의 세계에 일방적으로 좋기만 했던 것은 아니다. 그런 족쇄들이 장애가 되기도 했지만 다른 한편으로는 그들을 보호해주었기 때문이다. 논의를 더 진행하기 전에 우리는 이 점을 좀 더 살펴보고 평가할 필요가 있다.

(2) 자본주의 부르주아지의 발흥과 민족 국가들의 발흥은 서로 관련되는 과정들이어서, 우리에게는 양서적兩棲的(중복적)인 혹은 과도기적인 과정으로 보인다(하지만 다른 과정에 비해서 더욱 과도기적인 성격을 갖는 것은 아니다). 가령 루이 14세의 군주제가 제시하는 좋은 사례를 한 번 생각해보라. 왕권은 지주 귀족 계급을 복종시켰지만 동시에 그 계급에게 일자리와 연금을 주어 달랬으며, 통치 혹은 주도 계급의 지위를 달라는 지주 귀족의 요구를 조건부로 받아들였다. 루이 14세의 왕권은 사제 계급을 복종시켰으면서도 동시에 그 계급과 동맹했다.[02] 그리고 왕권은 마지막으로 부르주아지에 대한 통제권을 강화했다. 부르주아지 계급은 왕이 예전에 지방 토호들과 싸울 때 왕의 동맹군이었으며, 왕권은 이 계급을 더 잘 활용하기 위해 그들의 기업을 보호하고 촉진시켜준 바 있었다. 농민들과 소규모 산업 프롤레타리아들도 공공 당국에 의하여 마찬가지 방식으로 관리, 활용, 보호되었다. 물론 이 보호가 프랑스의 앙시앵 레짐ancien régime•의 경우에는 마리아 테레자 혹은 요제프 2세의 오스트리아가 해준 보호에

• 1789년의 프랑스 대혁명에 의해 해체된 프랑스 사회 체제. 계몽사상에 근거한 신제도新制度에 대비되는 용어로서 구제도舊制度를 의미한다. 그 당시 프랑스 사회는 왕권신수설王權神授說에 바탕을 둔 군주제였으며, 의회가 거의 열리지 않았다. 또한 관습에 지배된 신분제 사회로 전제 군주가 성직자, 귀족 등과 결탁하여 인구의 90퍼센트를 차지하는 농민과 시민을 억압했다. 오늘날에는 이 개념의 의미가 더욱 넓어져서 각국의 시민 혁명이나 근대화 정책을 하나의 기점으로 하여 그 이전의 사회 정치 제도를 앙시앵 레짐이라 부르는 경향이 있다.

비해 훨씬 보잘 것 없는 것이었다. 정부 당국은 지주나 산업가들을 대신 내세워 농민들과 소규모 산업 프롤레타리아들을 보호해주기도 했다. 이것은 최소한의 예산으로 소수의 기능만을 수행하는 19세기식 자유주의 정부는 아니었다. 원칙적으로 군주제는 사람들의 양심이라는 추상적인 문제에서부터 리옹의 실크 직물에 들어가는 무늬 등 물질적 문제에 이르기까지 모든 것을 관리했다. 이와 함께 재정적으로는 세입의 극대화를 꾀했다. 왕은 절대적 권력자인 때가 결코 없었으나 공공 당국은 모든 일에 개입했다.

이런 패턴을 정확하게 진단하는 것은 우리의 논의를 위해서 아주 중요하다. 왕, 궁중, 군대, 교회, 관료제는 상당 부분 자본주의 과정에 의해 조성된 세입에 의존했고, 또 순수 봉건제에서 나오는 수입도 당대의 자본주의 발전의 여파로 크게 늘어났다. 국내외 정책들과 제도적 변화들도 상당 부분 이런 발전에 부응하고 촉진하는 쪽으로 편성되었다. **이런 사태를 놓고 볼 때**, 소위 절대 왕정 구조하의 봉건적 요소들은 격세유전隔世遺傳ata-vism(사라졌던 것이 갑자기 나타난 것)의 인상을 주는데, 사실 누구나 얼핏 보아서는 이런 인상을 가질만하다.

하지만 좀 더 자세히 살펴보면 봉건적 요소들은 그보다 더 깊은 의미를 갖는다. 그 구조물(군주제)의 철골 구조는 여전히 봉건 사회의 인적 재료로 이루어져 있고, 이 재료는 여전히 자본주의 이전의 행동 패턴을 따라 움직이는 것이다. 그것(인적 재료)은 정부의 사무실, 군대의 장교직, 정책 입안가의 지위를 차지하고 있다. 그것은 **지휘하는 계급**classe dirigente으로 기능을 발휘하고, 비록 부르주아지의 이해관계를 돌봐주면서도 부르주아지와 일정한 거리를 유지하려고 애쓴다. 군주제의 핵심은 왕권신수설(국왕은 하느님의 은총으로 왕이 된 자)이고, 그가 누리는 지위의 뿌리는 역사적으로나 사회적으로나 봉건적인 것이었다. 그가 자본주의에 의해 제공되는 경제적 가능성들을 십분 활용함에도, 그런 지위에는 변함이 없는 것이다. 이 모든 것은 격세유전 이상의 것이다. 그것은 두 사회 계층의 공생이고, 하나(자본주의)가 다른 하나(군주제)를 경제적으로 돕는 반면, 다른 하나는 상대를 정치적으로 돕는다. 이런 제도적 틀의 장단점에 대해서 우리가 어떻게 생각하든, 또한 당시에 혹은 후대에 부르주아지가 이런 틀 ― 게으르게 무위도식하는 귀족 계급 ― 을 어떻게 생각하든, 이것이 그 사회의 본질이었다.

(3) 그것이 그 사회만의 본질일까? 영국의 사례가 대표적으로 예증하는 다음과 같은 사태 발전은 그 대답이 된다. 귀족 계급은 **온전하고 활기 넘치는 자본주의 시대가 끝나는 바로 그때까지** 계속 통치했다. 물론 그 계급은 현재 다른 계층에서 두뇌를 가져온다(이것은 그 어떤 나라보다 영국이 가장 잘했다). 그 계급은 부르주아 이해의 대변자를 자처하면서 부르주아지와 경쟁했다. 그 계급은 마지막 법적 특권을 포기할 수밖에 없었다. 하지만 이런 제약 속에서 또 귀족 계급 자신의 것이 아닌 목적을 위해 그들은 계속하여 정치 엔진의 가동을 맡았고, 국가를 관리했으며, 통치했다.

부르주아지 계층의 경제 담당 부문은 이에 대하여 적극적인 반대를 제기하지 않았다. 전반적으로 그런 분업이 그들에게 적당했으며 또 비위에 맞았다. 그들은 그런 조치에 반대하지 않았고, 또 반역을 일으킬 필요 없이 정치적 지위에 들어가기는 했지만, 부르주아지는 그런 통치 분야에서 뚜렷한 성공을 거두지 못했고, 그들 자력에 의한 성공을 입증할 능력도 없었다. 따라서 이런 의문이 제기된다. 부르주아지가 그렇게 정치적으로 실패한 것은 정치적 경험이 부족했기 때문인가, 아니면 경험 부족보다는 정치적 통치 계급의 태도 때문인가? 아니, 이렇게 생각하는 것은 과연 옳은가?

그것은 옳지 않다. 그런 정치적 실패에는 보다 근본적인 이유들이 있는

데, 프랑스와 독일에서 부르주아가 통치를 시도했던 사례에서 잘 드러난다. 또 그 이유는 산업가 혹은 상인의 숫자를 중세 영주의 숫자와 대조해보면 더욱 잘 드러난다. 중세 영주의 "직분"은 자신의 계급 이익을 잘 옹호하라는 위임을 중세 영주에게 안겨주었다. 그는 그 이익을 지키기 위해 직접 몸 바쳐서 싸웠다. 그런 직분은 영주의 머리 주위에 후광을 안겨주었고, 그를 사람들의 통치자로 만들었다. 계급 이익도 중요했지만, 신비한 광채와 영주다운 태도가 더욱 중요했다. 사람들에게 명령을 내리고 그들의 복종을 이끌어내는 능력과 습관은 사회 모든 계급과 각계각층에서 그의 위신을 한껏 높여주었다. 그런 위신은 너무나 위대하고, 또 그런 태도는 너무나 유익해서 그런 계급적 지위는 그것(지위)을 만들어낸 사회적·기술적 조건들이 사라진 이후에도 존속했다. 그 지위는 계급 기능의 변신이라는 수단을 통해 아주 다른 사회적·경제적 조건들에 적응할 수 있었다. 아주 수월하고 우아하게도 영주와 기사들은 궁중의 신하, 행정가, 외교관, 정치가, 군대 조직의 장교(중세 기사들과는 아주 다른 지위) 등으로 변신했다. 생각해볼수록 더욱 놀라운 일은, 그 위신 높은 계급의 잔존 세력이 오늘날까지도 살아남았다는 것이다. 게다가 그들(예전의 귀족)은 여성들에게만 매력을 풍기는 게 아니라 많은 사람들에게 매력적이다.

산업가나 상인들에 대해서는 정반대가 진실이다. 그들에게는 통치 계급에게 너무도 중요한 신비한 광휘의 흔적이 없다. 증권 거래소는 성배聖杯 Holy Grail(황폐한 나라를 다시 회복시키는 성스러운 술잔)의 대용물이 될 수 없었다. 우리는 기업가 역할을 겸한 산업가와 상인들이 리더십의 기능을 보충하는 것을 살펴보았다. 하지만 이런 유형의 경제적 리더십은 중세 영주의 군사적 리더십과는 다르게, 전국적인 리더십으로는 결코 확대되지 않는다. 오히려 회계 장부와 비용 계산은 행동의 범위를 위축시키고 제한한다.

나는 부르주아 계급이 합리적이고 반反영웅적이라고 말했다. 부르주아지가 자신의 지위를 지키고 국가를 자신의 의지 쪽으로 움직이기 위해서는 합리적이고 반영웅적인 수단에만 의존한다. 그는 사람들이 그의 경제적 성과에서 기대하는 것들을 가지고 나름대로 영향력을 행사할 수 있다. 그는 자신의 주장을 펼 수 있고, 돈을 내놓겠다고 약속하거나 내놓지 않겠다고 위협할 수 있으며, 배신을 잘 하는 용병 부대 혹은 정치가 혹은 언론인을 돈 주고 고용할 수 있다. 하지만 이게 그가 할 수 있는 전부이고, 그 정치적 가치는 과대평가되어 있다. 그의 체험이나 생활 습관은 개인적 매력을 불러일으킬만한 것이 되지 못한다. 기업 사무실에서의 천재는 몹시 겁이 많아 그 사무실 바깥에서, 가령 공식 회견장이나 정치 집회 같은 곳에서는 제대로 말을 하지 못하는 경향이 있으며 실제로도 그러하다. 이것을 잘 알기 때문에 그는 혼자 있고 싶어 하며 정치에서 멀어지려 한다.

물론 독자들에게는 예외 사항이 떠오를 것이다. 하지만 그런 것은 별로 중요하지 않다. 지방 자치 단체에서 보여준 능력, 관심사, 성공 등은 유럽에서만 발견되는 중요한 예외 사항인데, 우리의 주장을 약화시키는 게 아니라 오히려 강화시켜준다. 현대적 대도시(이것은 더 이상 부르주아의 일이 아니다)가 생겨나기 전에, 도시의 경영은 기업의 경영과 유사했다. 그 도시 내에서 벌어진 문제를 파악하고 권위를 내세우는 일은 제조업자나 거래상이 자연스럽게 수행했다. 그 덕분에 도시의 정치적 문제들도 기업가 정신과 방법으로 처리할 수 있었다. 예외적으로 좋은 이런 여건 아래에서, 가령 베네치아 공화국이나 제노바 공화국이 예외적으로 발전했다. (벨기에나 네덜란드, 룩셈부르크와 같은) 저지대低地帶 국가들의 사례도 이와 비슷한 패턴을 보인다. 하지만 상인 공화국들은 국제 정치의 커다란 게임에서 예외 없이 실패했고, 비상사태에 직면해서는 중세적 외양의 군벌들에게 지배권을 넘겨주어야 했다는 사실은 시사하는 바가 크다. 미국의 경우에도 이런 주장(상인들의 도시 지배)을 설명해주는 독특하게 우호적인 상황들을 쉽게 열거할 수 있겠으나,[03] 현재 그런 상황들은 신속하게 사라지고 있다.

(4) 따라서 결론은 명백하다. 이런 예외적인 조건들을 제외하면, 부르주아 계급은 통상적으로 국가 차원에서 대처해야 하는 국내외 문제들에 대해 대처 능력이 미흡하다. 이것을 부정하는듯한 온갖 수사修辭에도 불구하고 부르주아 자신들도 이것을 느끼고 있으며 대중들 또한 느낀다. 부르주아 재료로 만들어지지 않은 보호벽 내에서, 부르주아는 정치적으로 방어적인 반대나 공격적인 반대에서 성공을 거둘 수 있다. 한동안 그 계급은 안전함을 느끼고서 그 보호벽을 공격하는 사치를 누릴 수 있을 것이다. 독일 제국 내에서 부르주아들이 보여주었던 반대는 이것을 아주 완벽하게 예증한다. 하지만 비非부르주아 그룹의 보호벽이 없으면 부르주아지는 정치적으로 무력하여 국가를 이끌 능력이 없으며, 나아가 그들 자신의 계급 이익조차도 관리하지 못한다. 다시 말해 이 계급은 그들을 부릴 주인이 필요한 것이다.

하지만 자본주의 과정은 그 경제적 동력과 심리-사회적 효과를 통해 이렇게 보호해주는 주인을 제거했고, 또는 미국에서처럼 그 주인 혹은 그 주인의 대타가 발전할 기회를 주지 않았다. 이러한 현상에 내포된 의미들은 동일한 과정의 또 다른 결과에 의해 강화된다. 자본주의의 발전은 **신의 은총**Dei Gratia이라는 왕정을 제거했고, 만약 유지가 되었더라면 마을이나 직인 조합에 의해 형성되었을법한 정치적 보호벽마저도 제거했다. 물론 왕정이든 직인 조합의 정치적 보호벽이든 자본주의가 처음 발흥하던 그 시점에 존재했던 그 형태대로는 유지될 수 없었을 것이다. 하지만 자본주의 정책들은 필요 이상으로 그것들을 파괴했다. 부르주아지는 그들(장인들)의 보호 지역에 그대로 놔두었더라면 무한정 존속했을법한 장인들을 파괴했다. 농민들에게는 초창기 자유주의의 축복을 강매했다. 자유롭지만 보호되지 않는 토지 소유권을 주었으나, 목매달아 죽기에 딱 좋은 개인주의의 밧줄도 함께 주었다.

  자본주의 이전의 사회적 보호 틀을 해체하면서, 자본주의는 발전의 장애를 제거하는 한편 그 자신의 붕괴를 막아주는 보호벽도 함께 날려버렸다. 그 과정은 무자비한 필요성의 측면에서 인상적이기는 했지만, 제도적 고사목枯死木을 제거하는 데 그치지 않고, 자본주의 계층의 협력자를 제거하는 데까지 나아갔다. 그 협력자와의 공생이 자본주의 구도에서 아주 핵심적 요소인데도 말이다. 많은 슬로건들에 의해 가려져 있던 이 엄연한 사실을 발견했으므로, 우리는 이제 이런 의문을 품게 된다. 자본주의를 **그 나름 독특한 종류의**<i>sui generis</i> 사회적 형태로 보아야 하는가, 아니면 소위 봉건주의 해체 과정의 마지막 단계로 보아야 하는가? 전반적으로 봤을 때, 자본주의의 특이성은 하나의 독특한 유형을 이루고 있다. 그래서 나는 계급들의 공생을 받아들이고 싶어진다. 계급들 사이의 공생은 다른 시대와 다른 과정들에 있어서 예외 사항이라기보다 원칙이었다. 지난 6천 년 동안 원시인 경작자가 말 탄 유목민들의 신하가 된 이래, 이것은 하나의 원칙이었다. 하지만 정반대의 견해("봉건주의 해체 과정의 마지막 단계")를 반대할만한 특별한 이유가 없다고 나는 생각한다.

3. 자본주의 사회를 지탱하는 제도적 틀의 파괴

우리는 많은 불길한 사실들을 가지고 우리의 일탈로부터 돌아왔다. 그 사실들은 우리의 다음 논지를 확립하기에 완벽하다고 할 수는 없어도 충분한 것들이다. 그 논지는 이러하다. 자본주의 과정은 봉건 사회의 제도적 틀을 파괴한 것과 동일한 방식으로 그 자신의 제도적 틀을 파괴할 것이다.

위에서 다음과 같은 사실이 지적되었다. 자본주의 기업의 성공은 역설적이게도 그 과정에 주로 관련되어 있는 계급의 위신 혹은 사회적 영향력을 훼손하는 경향이 있고, 또 대기업들은 부르주아지에게 사회적 영향력을 안겨주는 기능으로부터 부르주아지를 축출하는 경향이 있다. 그리하여 벌어진 의미의 변화, 부수적으로 따라오는 활기의 상실, 부르주아 세계를 지탱하는 제도와 그 전형적 태도의 변화 등을 손쉽게 추적할 수 있다.

자본주의 과정은 불가피하게도 소규모 제조업자와 거래상의 경제적 터전을 공격한다. 그 과정이 자본주의 이전의 계층에게 했던 것을 ― 똑같은 경쟁 메커니즘을 통해 ― 자본주의 산업의 하위 계층들에게도 저지른다. 이 점에서 마르크스의 주장은 옳다. 산업 집중화의 사실들은 일반 대중들이 그것(산업 집중화)에 대해서 믿고 있는 이상에 부응하지 못했다(19장 참조). 그 과정은 많은 대중적 설명이 가르치는 것과는 다르게, 좌절과 보상적 경향들로부터 벗어나 더 철저하게 앞으로 나아가지 못했으며, 또 이런 것들로부터 아주 자유로워지지도 못했다. 특히 대기업들은 소규모 제조업체나 거래상을 파괴했지만, 동시에 그들에게(특히 거래상) 보상 차원의 공간을 마련해주었다. 또한 농민과 농부들의 경우에도, 자본주의 세계는 값비싸지만 효과적인 보존 정책을 밀고 나가려 했고, 또 그럴 능력도 있었다. 하지만 장기적으로 볼 때, 우리가 현재 내다보고 있는 사실 혹은 그 결과에 대해서는 의문의 여지가 있을 수 없다. 더욱이 농업 분야를 제외한다면, 부르주아지는 문제의 심각성을 제대로 이해하지 못하고 있으며,[04] 자본주의 질서의 존속을 위해 그 문제가 아주 중요하다는 사실도 깨닫지 못하고 있다. 생산 조직을 합리화하고, 또 생산 공장에서 최종 소비자에게 들어가는 제품의 유통 경로를 단축하여 이윤을 올리는 것은 전형적인 기업가로서는 거부하기 어려운 일이다.

이제 이런 결과가 어떤 이유 때문이었는지 정확하게 파악하는 것이 중요하다. 우리가 만나게 되는 가장 흔한 사회적 비평은 "경쟁의 쇠퇴"를 한탄하고, 그런 쇠퇴를 자본주의의 쇠퇴와 동일시한다. 왜냐하면 자본주의는 경쟁을 미덕으로 치고, 현대적 산업의 "독점"을 악덕으로 치기 때문이다. 이런 해석의 도식을 따르자면, 독점화는 동맥 경화나 다름없으며, 점점 더 불만족스러운 경제 성과를 통해 자본주의 질서의 안녕에 부정적으로 작용한다. 우리는 이러한 해석을 거부하는 이유들을 이미 살펴보았다. 경제적으로 볼 때 경쟁이 옳다는 주장이나 산업 통제의 집중화가 틀렸다는 주장은 겉보기처럼 그리 강력하지 못하다. 그게 강력한가 아니면 허약한가의 여부를 떠나서, 그 주장은 아주 뚜렷한 사실을 놓치고 있다. 설사 대기업들이 완벽하게 관리되어 하늘의 천사들로부터 칭찬을 받을 정도로 착해진다 할지라도, 대기업 집중의 정치적 결과는 하나도 바뀌는 게 없을 것이다. 다수의 중소기업들이 사라지면 한 나라의 정치 구조는 크게 영향을 받는다. 중소기업의 소유주 겸 관리자들은 그들의 식솔, 심복, 관련 인사들과 함께 투표소에서 수량적으로 큰 영향력을 행사한다. 또 이들은 대기업 경영진이 결코 갖지 못한 영향력을 공장의 반장 계급들에게 행사한다. 가장 활기 넘치고, 가장 구체적이고, 가장 의미 있는 유형들의 사람들이 도덕적 시야에서 사라지는 나라, 그런 나라에서는 사유 재산과 자유 계약의 기초가 흔들리게 된다.

반면, 자본주의 과정은 대기업들의 경내境內에서 그(자본주의 과정) 자신의 보호 틀을 공격한다. 여기서 우리는 **전체를 가리키는 부분으로서**_partes pro toto_ "사유 재산"과 "자유 계약"을 좀 더 구체적으로 다루어보자. 어떤 회사가 한 사람의 개인이나 한 가문에 의해 소유되어 있어서 아직도 상당히 중요한 그런 경우들을 제외한다면, 소유주라는 인물과 소유주의 이해관계라는 것은 자본주의의 구도에서 사실상 사라졌다. 단지 월급 사장, 월급 임원, 월급 부장이 있고, 또 대주주들이 있으며, 소액 주주들이 있을 뿐이다. 첫 번째 그룹(회사 임직원)은 종업원의 태도를 취하면서 그 자신의 이익을 주주들의 이익과 일치시키는 법이 거의 없다. 회사의 이익을 자신의 이익과 동일시하는 아주 우호적인 상황에서도, 그런 소극적인 태도를 취한다. 두 번째 그룹(대주주)은 회사와의 관계를 항구적인 것으로 생각하고 또 경제학의 재정 이론에 나오는 것처럼 주주답게 행동하지만, 그래도 이들은 소유주의 기능이나 태도로부터는 한 단계 떨어져 있다. 세 번째 그룹(소액 주주)은 회사 운영에 대하여 무신경하다. 그들에게 주식은 사소한 소득의 원천일 뿐이다. 방해 가치를 활용하기 위하여 그들 자신이나 대리인을 주주 총회에 내보낼 때를 제외하고는 회사 일에 무관심하다. 소액 주주들은 때때로 이용을 당하고, 또 자신들이 이용당하는 존재라고 생각하기 때문에 "그들의" 회사와 대기업 일반에 대하여 적대적인 태도를 취한다. 또 경기가 나쁠 때는 자본주의 질서 자체에 대해 적대적으로 나온다. 내가 아무 조건 없이 그들의 전형적인 상황을 도식화한 이 세 그룹은 "사유 재산"이라는 용어에 포함된 저 심오한 의미(그러나 급속히 사라지고 있는)를 망각했고, 그 기이한 현상에 내포된 특징적 태도를 전혀 취하지 않는다.

자유 계약도 똑같은 배를 타고 있다. 그 본래의 온전한 취지는 개인이 무수한 가능성들 중에서 개인적으로 선택하여 계약을 한다는 것이었다. 오늘날의 정형화되고, 비개인적이고, 몰개성적이며, 관료화된 계약 — 이것은 일반적으로 적용될 수 있으나 **보다 더 강력한 근거에 의해***a potiori* 노동 계약에 집중시켜 볼 수 있다 — 은 제한된 선택의 자유를 제시할 뿐이고, 대체로 **제시된 계약을 받아들이거나 아니면 그만 둬***C'est à prendre ou à laisser*, 라는 원칙에 바탕을 두고 있다. 대기업이 다른 대기업을 상대하거나 혹은 몰개성적인 노동자와 소비자라는 대중을 상대할 때에도 과거의 계약에서 가장 중요한 부분이었던 무한정의 선택 가능성은 불가능해졌다. 그 중요한 부분이 빠져나간 빈 공간은 우후죽순처럼 생겨난 새로운 법적 구조들로 채워지고 있다. 조금만 생각해봐도 이것 이외에 다른 방식은 없다.

이렇게 하여 자본주의 과정은 모든 제도들, 특히 사유 재산과 자유 계약의 제도적 틀을 뒷전으로 내몰고 말았다. 진정으로 "사적인" 경제 활동의 욕망과 파도를 표현해주던 것들을 제거한 것이다. 노동 시장의 자유 계약은 이미 사라졌다. 또 그런 제도들을 철폐하지 않은 곳에서는 기존의 법적 형태의 상대적 중요성을 다르게 바꾸어 놓음으로써 ― 가령 합자 회사 혹은 개인 회사에 속하는 법적 형태를 주식회사의 법적 형태로 바꾸어 놓음으로써 ― 동일한 목적을 달성한다. 혹은 그 형태의 내용이나 의미를 바꾸기도 한다. 자본주의 과정은 공장의 담장과 기계류를 단순한 주식 뭉치로 대체함으로써, 사유 재산의 개념에서 생명력을 빼앗아버렸다. 그것은 한때 강력했던 장악력을 느슨하게 만들었다. 그 강력한 장악력은 법적인 권리와 자기의 것을 자기 마음대로 처분하는 실제적 능력을 의미했다. 재산권을 강력하게 장악하는 소유자는 "그의" 공장을 지키기 위해 경제적으로, 신체적으로, 정치적으로 싸울 의지가 있었고, 또 그 공장에 대한 통제권을 지키기 위해 필요시 그 문지방에서 죽을 각오도 되어 있었다. 사유 재산의 구체적 실체 ― 그 가시적이고 가촉적인 실체 ― 가 이처럼 사라지면서, 권리 소유주뿐 아니라 노동자와 일반 대중의 태도에도 변화가 생겼다. 구체성이 없고, 기능성이 없으며, 주인이 부재하는 소유권은 과거의 역동적인 재산권처럼 강력한 도덕적 동맹을 이끌어낼 힘이 없다. 결국, 사유 재산의 의미를 신경 쓰는 사람은 **아무도** 남아 있지 않게 될 것이다. 대기업들의 경내에서도, 대기업들의 바깥에서도 그런 사람을 찾아보기는 어려울 것이다.

13
점점 커지는 적개심

1. 자본주의의 사회적 분위기

앞선 두 장(11장과 12장)의 분석에서 알 수 있듯이, 자본주의 과정은 그 사회적 질서에 대하여 거의 보편적인 적개심의 분위기를 만들어냈다. 사실 이 적개심은 2부의 서두에서 이미 지적한 바 있다. 이러한 현상은 아주 두드러진 것이지만, 그에 대한 마르크스의 설명이나 기타 대중적 설명은 너무 부적절하다. 따라서 이 점을 좀 더 자세히 부연하는 것이 바람직할 것이다.

(1) 우리가 이미 살펴본 바와 같이, 자본주의 과정은 자본가 계급이 발휘하는 기능의 중요성을 점점 쇠퇴시킨다. 자본주의 과정은 보호 계층을 마모시키고, 그 보호벽을 붕괴시키고, 그 참호에 배치된 수비대들을 분산시키는 경향이 있다. 자본주의는 비판적 마음가짐을 창조하고, 이 마음가짐은 다른 많은 제도들의 도덕적 권위를 파괴한 후에는 마침내 그 자신을 상대로 내공內攻에 들어간다. 부르주아 계급은 왕들과 교황들의 자격에 대해 시비 거는 데 그치지 않고, 거기서 더 나아가 사유 재산과 부르주아 가치관의 전반적 구도를 공격한다. 심지어 그들 자신도 이런 태도에 스스로 놀란다.

이렇게 하여 부르주아 성채는 정치적으로 지켜낼 수 없게 된다. 방어할 수 없게 된 성채는 당연히 외부의 침략을 불러오게 되며, 그 성안에 풍요로운 전리품들이 있다면 공격은 더욱 집요해질 것이다. 또 침략자들은 교묘하게 작업하여 그들의 적개심을 합리화할[01] 것이다. 침략자들은 늘 그렇게 해왔다. 물론 한동안은 그들을 매수하는 것이 가능하다. 하지만 침략자들이 모든 것을 독차지할 수 있다는 것을 알게 되는 순간, 이 마지막 수단도 실패로 돌아갈 것이다. 이것은 우리가 앞으로 설명하려는 것을 부분적으로 설명해준다. 현재 상태로 볼 때 — 물론 이 상태가 끝까지 다 간 상태는 아니다 — 우리가 내세운 이론의 이 부분("자본주의는 방어 불가능")은 사실에 의해 확인이 된다. 그러니까 부르주아의 방어 무능력과 자본주의 질서에 대한 적개심 사이에는 역사적으로 높은 상관관계가 있었다. 부르주아의 지위가 안전한 동안에는 원칙적으로 적개심이 별로 없었다. 하지만 여기에도 나름대로 이유가 있다. 그 적개심은 보호벽의 붕괴와 발맞추어 **동일한 걸음걸이로**_pari passu_ 퍼져나갔다.

 (2) 그러나 다음과 같은 질문이 나옴직하다. 실제로 자신의 사회적 의무를 성실하게 수행하고 있다고 생각하는 많은 산업가들이 순진함과 놀라움의 어조로 이런 질문을 던진다. 왜 자본주의 질서가 초超자본주의적 권력 혹은 초超합리적 충성심에 의해 보호받아야 한단 말인가? 왜 자본주의는 아주 화려하게 깃발을 날리며 그런 시련에서 벗어나지 못한단 말인가? 우리가 앞에서 살펴본 것처럼, 자본주의는 내놓을만한 공리주의적 자격을 많이 갖고 있지 않은가? 자본주의에 대하여 완벽한 존립 옹호론이 나올만하지 않은가? 그러면서 산업가들은 이런 점을 지적하고 나설 것이다. 거대 철강 회사나 자동차 회사와 고용 계약을 맺으면서 찬반을 따지는 합리적 노동자라면 당연히 다음과 같은 결론을 내릴 것이다. 모든 것을 살펴볼 때, 그 노동자는 그리 형편이 나쁜 게 아니며, 이런 계약 흥정의 장점은 어느 한 편에게만 일방적으로 유리한 것도 아니다. 물론 이상과 같은 지적을 해볼 수는 있으나, 그런 지적은 문제의 본질과는 무관하다.

이에 대하여 다음 네 가지 이유를 제시할 수 있다.

첫째, 정치적 공격이 주로 불평불만에서 나오고 그런 공격은 정당한 답변으로 물리칠 수 있다, 라는 생각은 잘못된 것이다. 합리적 논증으로는 정치적 비판에 효과적으로 맞설 수 없다. 자본주의 질서에 대한 비판이 비판적 마음가짐(즉, 초합리적 가치를 일축하는 태도)에서 나온다고 해서, 합리적 반박이 반드시 받아들여지지는 않는다. 이러한 반박이 공격의 합리적 외피를 파괴할지는 몰라도, 그 뒤에 숨은 초합리적 추진력에 도달하지는 못한다. 자본주의 합리성은 합리적이지 못한 충동이나 합리성을 초월하는 충동을 죽이지는 않는다. 그것은 신성한 혹은 절반쯤 신성한 전통이 부과하는 제약을 없애버림으로써 그런 충동들을 걷잡을 수 없게 만든다. 그런 충동들을 다스리거나 혹은 인도할 수단이나 의지가 없는 문명에서는, 그런 충동들이 반역에 나선다. 그런 사태가 벌어지면 합리적인 문화에서는 그런 반역이 일반적으로 합리화되지만, 그건 그리 중요한 문제가 아니다. 왕, 귀족, 교황의 공리주의적 자격 시비는 만족할만한 대답이 나오면 받아들이겠다는 사법적 마음가짐 속에서 제기된 것이 아니었다. 이와 마찬가지로 자본주의 또한 이미 호주머니 속에 사망 선고서를 넣어가지고 나온 재판관들 앞에서 재판을 받고 있다. 재판관들은 어떤 변론을 듣든 그와 상관없이 사망 선고를 내릴 것이다. 변호인이 변론에서 성공하려면 고발장을 변경하는(자본주의가 비난 받는 이유를 바꾸는) 수밖에 없다. 어느 경우든 공리적 이유는 집단행동의 주된 동기가 되지 못한다. 그것은 또한 어느 경우든 초합리적 행동 결정 인자determinants의 상대가 되지 못한다.

둘째, 자본주의의 옹호 변론을 받아들이는 것이 무엇을 의미하는지 깨닫는 순간, 우리는 그 고발이 성공할 수밖에 없음을 이해하게 된다. 그 옹호 사유가 변론에 제시된 것보다 실제로는 더 강력한 것일지라도,

그런 옹호 주장을 간단하게 내놓을 수가 없다. 그러자면 많은 사람들이 그들의 능력 범위를 넘어서는 통찰력과 분석력을 갖추어야 하기 때문이다. 더욱 한심한 것은 자본주의에 대하여 나온 온갖 헛소리를 소위 경제학자라는 사람들마저도 옹호한다는 사실이다. 이런 현상을 무시한다 하더라도 자본주의의 경제적 성과와 미래에 대한 희망을 합리적으로 인식한다는 것은, 가난한 사람들에게는 거의 불가능한 도덕적 용기를 필요로 한다. 그런 성과는 장기적인 안목을 갖고 있어야 볼 수 있다. 자본주의 옹호론은 장기적인 고려 사항에 바탕을 두어야 한다. 단기적으로 볼 때는 이윤과 비효율성이 전반적 구도를 지배하고 있다. 자신의 운명을 받아들이기 위하여 과거의 수평파•나 차티스트••들은 증손曾孫의 시대에 희망을 걸면서 그들 자신을 위로해야만 했다. 자본주의 제도를 옹호하기 위해서라면, 오늘날의 실업자는 그의 개인적 운명을 완전히 잊어버려야 할 것이고, 오늘날의 정치가는 그의 개인적 야망을 내던져야 할 것이다. 사회의 장기적 이해관계는 부르주아 사회의 상부 계층과 너무나 긴밀하게 연결되어

• 소농과 직공들을 중심으로 1645~1946년 사이 영국 런던 근교에서 일어난 급진적 당파 운동. 수평파(Levellers)라는 이름은 이 운동이 '사람들의 재산을 균등하게' 하려 한다는 점을 나타내기 위해 적대 진영의 사람들이 붙인 것이다. 정치적인 부분에서는 하원으로의 주권 이양과 성인 남자의 보통 선거권, 의석의 재분배, 지방 공동체로의 정부 권한 분산 등을 주장했다. 경제 정책에서도 독점 폐지, 소작농의 권리 보장 등 강력한 경제 개혁을 요구했다. 이와 함께 영국 국교회의 십일조 폐지와 신앙과 결사의 완전 보장 등도 주장했다.

•• 차티스트 운동(Chartist Movement)은 1830년대 후반부터 1850년대 전반기에 걸쳐 일어나 영국 노동자의 참정권 확대 활동이다. 투표권을 유산 계급에게만 준 것에 불만을 품고 노동자의 정치적 권리, 특히 보통 선거권을 포함한 6개 항목의 요구 사항을 인민헌장에 제시하여 정부의 탄압을 받았다. 그러나 이후 그 요구 사항의 대부분이 실현되었다.

있기 때문에, 사람들이 그것을 그 계층의 이해관계라고 생각하는 것은 너무도 당연하다. 일반 대중들에게 정말로 중요한 것은 단기적인 견해이다. 루이 15세와 마찬가지로 그들은 **내가 죽은 다음에 대홍수가 발생해도 알 게 뭐야**après nous le déluge, 라는 느낌을 갖고 있다. 그런 개인적 공리주의의 관점에서 보자면, 그들은 그런 식으로 느끼는 것이 아주 합리적이다.

셋째, 어떤 사회 제도든 그 제도 안에 살고 있는 사람들이 날마다 겪는 어려움과 그런 어려움에 대한 예상이 존재한다. 그 어려움이란 마찰과 실망, 고통·고뇌·좌절을 안겨주는 크고 작은 불쾌한 일들을 말한다. 사람에 따라 정도의 차이는 있겠지만 우리는 이런 일들을 전적으로 우리 바깥에 있는 현실 탓으로 돌리는 습관이 있다. 우리가 이런 일들에 반응하는 적대적 충동을 다스리기 위해서는 사회 질서에 대한 정서적 애착이 필요하다. 그러나 자본주의는 구조상 이런 애착을 안겨주는 게 불가능한 제도이다. 따라서 사람들은 현 질서에 정서적 애착을 느끼지 못하고, 그런 충동은 자꾸 자라나 사람들의 심리적 구도의 항구적인 요소가 된다.

넷째, 점점 높아지는 생활 수준, 현대 자본주의가 완전 고용된 노동자에게 제공하는 여가, 그리고…. 내가 이 문장을 완성시킬 필요는 없을 것이다. 또 이미 진실인 이 진부하고, 낡고, 오래된 논의를 더 이상 정교하게 가다듬을 필요도 없으리라. 당연시되는 생활의 개선과 강하게 느껴지는 개인적 불안전성의 결합은 사회적 불안을 만들어내는 최고의 배경이다.

2. 지식인들의 사회학

그렇지만 공격 기회나 실제적 혹은 상상적 불평만 가지고는(아무리 좋은 사유가 된다 할지라도) 사회 질서에 대한 커다란 적개심을 불러일으키지는 못한다. 이런 적개심의 분위기가 형성되기 위해서는 그것을 부추기는 집단이 있어야 한다. 그러니까 그런 적개심을 부추기고, 조직하고, 표명하고, 인도하는 것이 그 집단의 이익이 되어야 한다. 4부에서 자세히 설명하겠지만, 일반 대중은 자발적으로 어떤 확정적인 의견을 형성하지 못한다. 그런 의견을 표명하거나 나아가 일관된 태도와 행동으로 실천하는 것은 더더욱 못한다. 그들이 할 수 있는 것은 그때그때 나타나는 집단 리더십을 따라가거나 아니면 따라가기를 거부하는 것뿐이다. 그런 역할(의견 표명과 실천)을 수행하는 사회적 집단들을 발견하기 전까지, 우리의 적대적 분위기 이론은 불완전한 것이다.

폭넓게 말해서, 어떤 사회 제도에 대한 전반적 적개심 혹은 그에 대한 구체적 공격을 이끌어내는 조건들은 그것들(조건들)을 활용하는 집단들을 불러내는 경향이 있다. 하지만 자본주의 사회의 경우에는 주목해야 할 또 다른 사실이 있다. 자본주의는 다른 사회 유형과는 다르게 그 문명의 논리적 필연에 의해 사회 불안을 지향하는 특정 이해관계를 창조, 배양, 지원한다.[02] 기이하면서도 동시에 중요한 이 현상에 대해서는 앞의 11장에서 이미 설명했으며, 지식인들의 사회학을 탐구해보면 그 현상이 더욱 두드러지게 나타날 것이다.

(1) 지식인이라는 타입은 정의하기가 쉽지 않다. 이러한 어려움은 지식인이라는 종種의 특성을 보여주는 징후이기도 하다. 지식인은 농민이나 산업 노동자처럼 뚜렷한 사회 계급을 형성하지는 않는다. 그들은 세상 구석구석에서 왔으며, 그들의 활동은 대부분 서로 싸우거나 그들의 것이 아닌 계급의 이익을 위해 선봉 부대를 형성하는 것이다. 그들은 집단 태도와 집단 이해관계를 개발했으며, 또 많은 지식인들이 사회 계급의 개념에 부합하는 방식으로 행동하고 있다. 그렇다고 고등 교육을 받은 사람들의 총합으로 그들을 정의할 수도 없다. 만약 그렇게 되면 이 유형의 가장 중요한 특징들을 말살하게 된다. 우선 고등 교육을 받은 사람들은 ― 일부 예외적인 경우도 있지만 ― 잠재적인 지식인이다. 그들의 마음

가짐이 서로 비슷하다는 사실은 그들 사이의 이해를 촉진시키고, 또 유대감을 형성시킨다. 그러나 지식인을 자유로운 직업의 소유자와 동일시하는 것은 우리의 목적에 도움이 되지 않는다. 가령 의사와 변호사는 직업이외의 분야에 대해서 연설하거나 집필하지 않는 한 지식인 그룹에 들어가지 않는다. 물론 그들은(특히 변호사) 가끔 그런 연설이나 집필을 하기도 하지만 여전히 지식인 그룹이라고는 할 수 없다. 그러나 지식인과 전문직 사이에는 긴밀한 연결 관계가 있다. **일부** 직업 — 특히 언론인 — 은 거의 전원이 지식인 타입에 들어간다. **모든** 전문직의 구성원들이 지식인이 될 기회가 있다. 또 많은 지식인들이 생계를 위해 전문직에 몸담는다. 마지막으로 지식인을 육체노동과 대비시키는 정의는 너무 광범위하다.[03] 그렇지만 웰링턴 공작Duke of Wellington이 (지식인을) "끄적거리는 자들"이라고 말한 것은 그 뜻이 너무 협소하다.[04] 문인들hommes de lettres이라는 정의도 협소하기는 마찬가지이다.

하지만 우리가 지식인의 정의와 관련하여 "무쇠 공작" 웰링턴 경의 정의를 따른다 해도 별로 나쁘지는 않을 것이다. 지식인들은 실제로 말과 글의 위력을 휘두르는 사람들이다. 다른 사람들도 말과 글을 휘두르지만, 이들과 지식인의 차이점은 그들(지식인들)이 실제적인 업무에 대하여 직접적인 책임을 지지 않는다는 것이다. 이 차이점은 두 번째 차이점을 설명해주는데, 지식인들은 실무 경험이 있어야만 알 수 있는 실제 업무의 1차적 지식이 결핍된 사람들이다. 세 번째 차이점은 지식인들이 구경꾼 혹은 국외자라는 것이다. 그들의 비판적 태도는 구경꾼 — 대부분의 경우 국외자 — 이라는 입장에서 나오고, 또 그들이 자기주장을 적극 펼 수 있는 주된 기회는 실제적 혹은 가상적 훼방꾼 역할에서 나온다. 비전문가를 위한 전문직? 전문적인 지식 자랑꾼? 아무것도 아는 것이 없기 때문에 모든 것에 대해서 말하는 사람? 버나드 쇼George Bernard Shaw, 1856~1950의

희곡 『의사의 딜레마 The Doctor's Dilemma』에 나오는 언론인? 아니, 아니. 나는 그렇게 말하지 않았고, 그런 뜻도 아니다. 이렇게 말하는 것은 공격적일 뿐 아니라 사실도 아니기 때문이다. 이런 정의를 포기하고, "과장법"이라는 수사법을 동원하여 정의해보기로 하자. 그리스 박물관에 가보면 우리는 멋진 설명이 달린 전시물을 볼 수가 있다. 지금 내가 말하는 전시물은 기원전 4, 5세기의 소피스트, 철학자, 수사학자 — 정작 당사자들은 이렇게 도매금으로 한데 묶이는 것을 강력하게 반대하겠지만 그들은 모두가 한통속이다 — 의 조각상인데, 이런 사람들이 내가 정의하려는 지식인의 모습과 일치한다. 그들이 모두 교사였다는 사실도 이런 과장법의 효과를 망쳐놓지 못한다.

(2) 자본주의 문명의 합리적 가치를 분석할 때(11장), 합리적 사상은 자본주의 질서의 발흥보다 수천 년 앞섰다고 지적한 바 있다. 자본주의는 단지 그 과정에 새로운 충동과 약간의 커브를 제공했을 뿐이다. 마찬가지로 우리는 전前 자본주의 조건들 속에서도 지식인들을 발견할 수 있다(그리스 로마 세계는 제외). 가령 프랑크 왕국과 샤를마뉴 이후 여러 개로 분할된 왕국들에서 지식인들을 볼 수 있다. 하지만 그들은 숫자가 적었다. 그들은 성직자였고, 주로 수도자였다. 그들이 집필한 저서는 아주 극소수의 사람들만 읽을 수 있었다. 물론 강력한 의지를 가진 개인들이 때때로 비非정통파적인 사상을 생각하기도 했고, 그것을 일반 대중들에게 퍼트리려고 애쓰기도 했다. 이것은 엄격하게 조직된 기존 환경에 반발하는 것이었으나, 그렇다고 해서 그 환경으로부터 달아나 이단으로 낙인찍히는 것도 쉬운 일은 아니었다. 그런 반발은 강력한 영주나 군벌의 지지 혹은 묵인이 없으면 불가능했고, 이는 선교사들의 선교 전략이 잘 보여준다. 전반적으로 지식인들은 제도권 내에 머물렀고, 그런 구속을 걷어차고서 궤도 밖으로 나가는 것은 쉽지 않았다. 심지어 예외적인 무질서와 방종의 시기,

가령 흑사병 시대(1348년 전후)에도 제도에 도전하는 것은 여전히 어려운 일이었다.

중세에 수도원이 지식인을 배출했다면, 자본주의는 지식인을 마음껏 풀어놓고 그들에게 인쇄기까지 제공했다. 세속 지식인의 점진적인 진화는 이런 과정의 한 양상일 뿐이다. 휴머니즘과 자본주의의 등장 시기가 일치한다는 것은 아주 인상적인 사건이다. 휴머니스트(인문주의자)들은 주로 문헌학자들이었으나 — 위에서 말한 바를 예증이라도 하듯이 — 이후 풍속, 정치, 종교, 철학의 분야로 퍼져나갔다. 이렇게 된 것은 그들이 문법을 해석할 때 사용한 고전 작품들의 내용 때문만은 아니었다. 텍스트 비평에서 사회 비평으로 나아가는 길이 보기보다 짧기는 했지만 말이다. 그렇지만 전형적인 지식인들은 이단자를 처단하는 화형대火刑臺의 말뚝을 별로 좋아하지 않았다. 대체로, 영예와 안락이 지식인들의 적성에 더 잘 맞았다. 그러나 이런 것들은 세속적 군주 혹은 정신적 군주에게서만 얻을 수 있었다. 휴머니스트들이 근대적 의미의 청중을 가진 최초의 지식인들이었지만, 그렇다고 군주들에게서 자유로웠던 것은 아니었다. 그들의 비판적 태도는 날이 갈수록 강해졌다. 하지만 **사회** 비판 — 가톨릭교회와 특히 그 수장에 대한 간접적 공격 이상의 비판 — 은 이런 조건 아래에서는 제대로 이루어지지 않았다.

영예와 보수는 한 가지 이상의 방식으로 획득될 수 있었다. 아첨과 복종은 때때로 그 반대의 태도(협박과 반발)보다 적은 보수를 가져왔다. 이런 사실은 아레티노[05]에 의해 처음 발견된 것은 아니었지만, 협박과 반발의 수단을 그처럼 잘 활용한 사람도 없을 것이다. 카를 5세는 아내를 사랑하는 남편이었으나, 멀리 원정에 나설 때는 한 번에 여러 달 동안 집을 비워야 했기 때문에 당시의 도덕과 계급으로서는 이해되는 그런 처신(외도)을 했다. 그렇다고 그런 사실을 일반 대중이나 또 카를 5세가 소중하게 여겼던 왕비에게 알릴 필요는 없었다. 정치와 도덕을 비판하는 자(아레티노)의 입을 막자면 그에게 적당한 종류와 무게의 논의를 정히 건네주어야 했다. 카를 5세는 돈을 주고 그의 입을 막았다. 하지만 요점은 이런 것이다. 그것은 어느 한쪽이 일방적으로 협박을 하고, 다른 한쪽은 속절없이 손실을 입는 그런 경우가 아니었다. 카를 5세는 보다 값싸고 잔인한 방법으로 침묵을 강요할 수도 있었지만, 왜 돈을 주어야 하는지 잘 알고 있었다. 왕은 아무런 적개심도 드러내지 않았다. 오히려 일부러 생색을 내면서 아레티노에게 명예를 안겨주기까지 했다. 왕은 침묵 이상의 것을 바란 게 분명했고, 당연히 그런 선물에 대하여 충분한 값어치를 얻어냈다.

(3) 어떻게 보면 아레티노의 펜이 칼보다 더 강하다. 내가 무지한 탓이겠지만, 나는 그 후 150년 동안 이와 유사한 사례들이 있었는지를 알지 못한다.[06] 그 세월 동안 지식인들은 기존의 확립된 두 전문직인 법률과 교회 이외의 분야에서는 커다란 역할을 하지 못했다. 이런 침체는 대체로 자본주의 진화의 침체와 일치한다. 유럽 대륙의 여러 나라들에서는 이 혼란스러운 시기에 자본주의의 발전이 침체했던 것이다. 그리고 그 후 자본주의 기업 활동이 회복되면서 지식인들의 활동도 회복되었다. 더 값싸진 책, 값싼 신문과 팸플릿, 대중 독서층의 확충 등으로 인해 그런 지식인의 활동이 커진 것이다. 대중 독서층의 확충은 부분적으로 지식인들의 노력에 기인했지만, 다른 한편으로는 독립적인 현상 덕분이었다. 산업 부르주아지의 부와 영향력이 늘어나고 이름 없는 일반 대중의 여론이 점점 중요해지면서 그런 현상(대중의 확충)이 더욱 두드러지게 되었다. 이 모든 것은 혜택인 동시에 제약으로부터의 점증하는 자유를 의미했고, 또 자본주의 엔진의 부산물이었다.

18세기의 첫 3사분기(75년) 동안에 지식인들의 개인 후원자들은 당초의 중요한 영향력이 점점 줄어들었다. 하지만 지식인들이 성공의 절정을 달리는 동안, 우리는 새로운 세력의 점증하는 중요성을 분명히 보게 된다. 즉, 지식인을 집단적으로 지원해주는 부르주아 대중이 등장한 것이다. 이와 관련해서도 그렇고 다른 측면에서 볼 때도 볼테르Voltaire: François-Marie Arouet, 1694~1778는 아주 귀중한 사례이다. 그는 아주 피상적인 사람으로서 종교에서 뉴턴 광학에 이르기까지 거의 모든 것에 손을 댔다. 그는 넘치는 활기에다 충족될 줄 모르는 호기심을 갖고 있었고, 그 어떤 금기 사항도 인정하지 않았으며 그 시대의 유머를 예민하게 포착하여 통째로 받아들이는 능력을 갖고 있었다. 이 덕분에 무비판적인 비평가요 평범한 시인 겸 역사가인 볼테르는 대중을 매혹시켰고, 자신의 영향력을 팔아먹을 수 있었다. 그는 또한 투기를 했고, 사기를 쳤으며, 선물과 관직을 받아들였다. 하지만 그의 독립성은 대중의 마음을 성공적으로 사로잡은 단단한 터전 위에 바탕을 둔 것이었다. 루소Jean-Jacques Rousseau, 1712~1778는 사정과 유형이 완전히 다르지만 그래도 연구해본다면 흥미로운 사례가 될 것이다.

18세기의 마지막 몇 십 년 동안, 놀라운 사건이 발생하여 프리랜서 지식인의 위력을 생생하게 보여주었다. 이 지식인들은 여론이라는 사회-심리적 메커니즘이 그들의 유일한 작업 수단이었다. 이 사건은 당시 자본주의의 진화 과정에서 가장 발달해 있었던 영국에서 벌어졌다. 윌크스John Wilkes, 1725~1797가 영국의 정치 제도를 공격할 수 있었던 것은 아주 우호적인 상황 덕분이었다. 그의 공격 때문에 뷰트 백작의 정부가 붕괴되었다고 말할 수는 없다. 그 정부는 그것 말고도 반드시 붕괴되어야 할 이유가 열 가지도 넘었다. 하지만 윌크스의 『노스 브리튼North Briton』은 뷰트 정부의 등을 부러뜨린 최후의 일격이 되었다. 『노스 브리튼』 제45호는 무제한 수색 영장의 폐지를 확보하고, 출판과 선거의 자유를 향해 큰 걸음을 내디딘 캠페인의 첫 신호탄이었다. 이것은 역사를 형성하지 못했고, 또 사회적 제도를 변화시킬 조건을 만들지도 못했지만, 조산원의 도우미 역할 정도는 수행했다.[07] 윌크스의 적들이 그를 좌절시키지 못했다는 사실도 의미심장하다. 잘 조직된 정부 권력을 양손에 쥐고 있었는데도, 뭔가 켕기는 게 있어서 그들은 뒷걸음질 쳤던 것이다.

프랑스에서는 대혁명 이전의 세월과 혁명 그 자체가 대중을 선동하는 타블로이드 신문(마라Marat와 데물랭Desmoulins 등이 발간한 것)을 야기했다. 하지만 미국의 타블로이드 신문과는 다르게, 스타일과 문법을 완전히 내팽개치지는 않았다. 아무튼 우리는 이야기의 속도를 좀 내야겠다. 공포정치와 프랑스 제1제국은 보다 조직적으로 이런 지식인 활동에 종지부를 찍었다. 이어서 프랑스 제2제국이 1860년대경에 그 탄압을 좀 늦추어줄 때까지 단호한 탄압의 시대가 지속되었다(중간의 부르주아 왕의 통치 시절에 탄압이 해제된 시기도 있었다). 중부와 남부 유럽에서도 이 시기가 그 정도로 길게 지속되었고, 영국에서도 유사한 조건이 혁명전쟁(미국의 독립 전쟁)의 시작 때부터 캐닝 총리의 집권 시점(1827년)까지 존속했다.

(4) 이 시기 동안에 거의 모든 유럽 정부들이 지식인들을 굴복시키려 했으나 — 일부 조치는 장기적이고 단호했다 — 실패했다. 이런 사실은 자본주의 사회의 제도적 틀 내에서 벌어지는 현상을 저지하는 게 얼마나 어려운지 잘 보여준다. 유럽 여러 정부들의 역사는 존 윌크스 활약의 재판에 다름 아니다. 자본주의 사회 — 혹은 결정적으로 중요한 자본주의 요소를 가진 사회 — 에서 지식인들에 대한 공격은 부르주아 기업의 개인적 성채를 공격하는 것이었고, 성채들은 그 공격의 대상(지식인)을 보호했다. 게다가 이런 공격은 부르주아의 입법·행정적 절차에 따라 진행되어야 했다. 그 때문에 입법과 행정의 절차는 얼마든지 늘어났다 줄어들었다 할 수 있었고, 어떤 지점까지는 기소를 하지 못하도록 견제했다. 부르주아

계층은 몹시 흥분하거나 겁을 먹으면 무법적 폭력도 받아들이거나 지지했지만, 어디까지나 일시적인 방편이었다. 루이 필리프Louis Philippe, 1773~1850같이 순수 부르주아 정치 체제에서는 군대가 시위자들에게 발포할 수 있었지만, 경찰은 지식인들을 검거할 수 없었고, 또 검거하더라도 곧 풀어주어야 했다. 그렇지 않으면 부르주아 계층이 그들 편을 들고 나섰다(속으로는 지식인들의 소행을 못마땅하게 생각하는 경우에도 이렇게 했다). 부르주아 계층이 못마땅하게 생각하는 자유를 깨트리면, 그들이 좋게 생각하는 자유 또한 깨트려야 하기 때문이었다.

나는 부르주아지에게 관대함이나 이상적 태도가 아주 많다고 강조하려는 것이 아니다. 사람들이 생각하고 느끼고 욕망하는 것을 과도하게 강조하려는 것도 아니다. 이런 것들이 중요하다는 마르크스의 입장에 전적으로는 아니더라도 상당히 동의하는 편이다. 지식인 집단을 옹호함으로써 ― 물론 모든 지식인을 옹호하는 것은 아니다 ― 부르주아지는 그 자신과 자신의 생활 구조를 옹호한다. 부르주아적인 성격이나 신조를 갖고 있지 않은 정부 ― 현대의 상황에서는 사회주의 정부나 파시스트 정부 ― 만이 지식인들을 단련시킬 수 있을 정도로 강력하다. 이렇게 하자면 전형적인 부르주아 제도들을 바꾸어야 하고, 국가 내 **모든** 계층의 개인적 자유를 급격히 축소시켜야 한다. 이런 정부라면 개인 기업을 그대로 놔둘 생각도 아량도 없을 것이다.

이런 사실로부터 자본주의 질서는 지식인 부문을 효율적으로 통제할 의욕이나 능력이 없다는 결론이 나온다. 여기서 말하는 의욕 없음은 자본주의 과정에 의해 형성된 심리와는 다른 방법들을 사용할 의욕이 없다는 뜻이다. 다시 말해, 자본주의 과정에 의해 형성된 제도의 틀 내에서 능력 없음은 다른 방법(비非부르주아적 방법) 말고는 지식인들을 통제할 능력이 없다는 뜻이다. 그리하여 공개적 논의의 자유는 장기적으로 자본주의 사회의 기반을 갉아먹는 자유가 된다. 또한 지식인 집단은 계속 갉아먹을 수밖에 없다. 왜냐하면 그들은 비판으로 먹고살고 그들의 지위는 남에게 고통을 주는 비판에 의존하기 때문이다. 그 어떤 것도 성스럽게 봐주지 않는 상황에서 개인과 시사時事에 대한 비판은, 곧 자본주의의 계급과 제도에 대한 비판이 된다.

(5) 이제 몇 번만 붓질을 더하면 현대의 그림이 완성될 것이다. 대중의 수입이 증가하면서, 생활 수준이 향상되고 여가 시간이 많아지고 있다. 이것은 지식인들이 비위를 맞추고 봉사해야 하는 집단 후원자의 구성을 바꾸어 놓았고, 또 현재도 바꾸고 있다. 책, 신문, 대규모 신문사의 가격이 점점 싸지고 있다.[08] 게다가 지금은 라디오까지 있다. 제약의 완전 제거 쪽으로 흐름이 진행되고 있고, 단기적인 저항 시도를 꾸준히 무력화시키고 있다. 부르주아 사회는 그런 무력한 시도들로 인해 무능력한 혹은 유치한 조련사라는 모습만 드러내고 말았다.

그러나 또 다른 요소가 있다. 자본주의 문명의 후기 단계가 보여주는 가장 중요한 특징 중 하나는 교육 장치, 특히 고등 교육의 장치가 엄청나게 확대되었다는 점이다. 이런 발전은 대규모 산업 단위의 발전처럼 불가피한 것이지만[09], 대규모 산업 단위와는 다르게 교육 장치는 여론과 공공 기관의 지원을 많이 받아서 저 혼자 굴러갔을 경우보다 훨씬 더 확대되었다. 우리가 이 문제를 어떤 관점에서 관찰하든, 또 그 어떤 정확한 인과 관계를 들이대든, 이것은 지식인 그룹의 규모와 태도에 영향을 주는 다음과 같은 여러 가지 결과를 가져왔다.

첫째, 고등 교육이 이처럼 전문직 혹은 준準전문직 서비스를 계속 공급한다면, 결국에는 모든 "화이트칼라" 인력이 비용-이윤 고려 사항을 넘어서는 수준까지 증대될 것이다. 이것은 그 부문의 실업이라는 중대한 사례를 가져올 수 있다.

둘째, 그런 실업과 함께 고용의 불만족스러운 조건들이 형성된다. 이 경우 수준 이하의 일을 하거나, 높은 봉급을 받는 육체노동자에 비하여 낮은 임금을 받으면서 일해야 한다.

셋째, 아주 난처한 유형의 실업을 만들어낸다. 대학을 졸업한 자는 반드시 전문직에 고용되는 것도 아니면서 육체노동은 못한다는 정신 구조를 가질 수 있다. 그가 취직하지 못하는 것은 자연적 능력의 결핍이거나 — 학위증을 가지고서도 얼마든지 이런 일이 벌어진다 — 부적절한 교육 탓일 수 있다. 많은 숫자가 계속 고등 교육 기관에 진출하고, 학자와 교사의 소질을 가진 사람들의 숫자와는 상관없이 교육해야 할 업무량이 점점 많아진다면, 위의 두 가지 일(능력 결핍과 부적절한 교육)은 얼마든지 벌어질 수 있다. 이런 사실을 무시하고 학업과 대학 진학이 결국 돈의 문제일 뿐이라는 이론으로 밀어붙인다면 그 결과가 어떠할지는 불문가지인 것이다. 어떤 일자리에 취직하겠다고 지원자가 십여 명 몰려들었는데, 그들은 외형적으로는 모두 자격을 갖추었으나 실제로는 그 일을 만족스럽게 해낼만한 인력이 되지 못했다. 이런 사례는 취직과 관련이 있는 사람이라면 누구나 잘 알고 있다. 다시 말해 이런 상황을 판단할 자격이 있는 사람들에게는 주지의 사실인 것이다.

취직을 하지 못했거나 불만족스럽게 취직하고 있는 사람들은 명확한 활동 기준도 없고 작업 태도나 자격이 전혀 생소한 직업으로 흘러들어가게 된다. 그들은 지식인들의 무리에 끼어들고, 그리하여 그 숫자가 엄청나게 늘어난다. 그들은 아주 불만스러운 심리 상태를 가지고 그 집단에 들어간다. 불만은 적개심을 낳는다. 지식인 집단은 자신의 비판을 사회 비판이라고 합리화한다. 하지만 그것은 우리가 앞에서 살펴본 바와 같이 인간, 계급, 제도(특히 합리적이고 공리적인 문명의)에 대한 전형적인 구경꾼 지식인의 태도인 것이다. 여기서 우리는 그들의 특징을 몇 가지로 제시해볼 수 있다. 그들은 프롤레타리아의 색깔을 띤 잘 정의된 집단 상황에 놓여 있다. 집단 이해관계는 집단 태도를 형성하고, 이것은 이론보다 더 실제적으로 자본주의 질서에 대한 적개심을 설명해준다. 그들이 내놓는 이론은 그 자체가 심리적 의미의 합리화이다. 하지만, 이 이론에 따르면 자본주의의 잘못에 대한 지식인들의 정의로운 분노는 끔찍한 현실로부터 나오는 논리적 추론이라는 것이다. 그렇더라도 이 이론은 사랑하는 사람들의 동어 반복적 이론보다 별반 나을 게 없다. 사랑하는 사람들은 사랑의 감정이 사랑받는 사람의 미덕으로부터 나오는 논리적 추론이라고 말한다.[10] 더욱이 우리의 이론은 자본주의 진화의 성취에 따라 적개심이 줄어드는 것이 아니라 늘어나는 사실도 설명해준다.

물론 지식인 그룹의 적개심 — 자본주의 질서에 대한 도덕적 부정 — 과 자본주의 엔진을 둘러싼 전반적인 적개심은 완전히 별개의 것이다. 후자는 정말로 의미심장한 현상이다. 이것은 단지 지식인들의 소행 탓만이 아니라, 독립된 원천들로부터 흘러나오고 있다. 그리고 그 원천들 중 일부는 앞에서 이미 언급하였다. 그처럼 다른 원천에서 흘러나오기 때문에 지식인 그룹이 작업하는 원재료가 된다. 이 둘 사이에는 주고받기의 관계가 성립되는데, 그것을 파헤치자면 너무 많은 지면이 필요하기 때문에 여기서는 생략하기로 하겠다. 이러한 분석의 전반적 윤곽은 너무나 분명하여 다음과 같이 반복하여 말해도 무방하다. 지식인 집단의 임무는 주로 이 원재료를 자극, 격려, 표명, 활성화하는 것이고, 그들은 2차적으로만 그 재료에 뭔가를 덧붙일 뿐이다. 몇몇 특정 양상들은 이 원칙을 예증할 것이다.

(6) 자본주의 진화는 노동 운동을 가져왔는데, 이것은 지식인 집단의 창조물은 분명 아니다. 하지만 이런 기회와 지식인 창조주가 서로 만난 것은 결코 놀랍지 않다. 노동계는 지식인의 리더십을 동경한 적이 없지만,

지식인들은 노동 정치학에 침투하여 중요한 기여를 했다. 노동 운동을 구체적인 언어로 표현했고, 그 운동의 이론과 표어를 제공했으며 — 계급투쟁은 좋은 사례이다 — 노동 계급으로 하여금 그 자신을 의식하게 만들었다. 그렇게 함으로써 그 계급의 의미를 바꾸어 놓았다. 그들(지식인)의 관점에서 이 과제를 풀어나감으로써 그들은 자연스럽게 그것을 급진화했고, 마침내 가장 부르주아적인 노동조합 관행에 혁명의 색채를 가미하기에 이르렀다. 대부분의 비非지식인 지도자들은 처음에는 이런 색채에 대해 크게 분개했다. 여기에는 또 다른 이유도 있었다. 지식인들의 말을 들으면서 노동자는 거의 예외 없이 노골적인 불신 혹은 건너기 어려운 심연을 의식하게 되었다. 노동자를 붙잡기 위하여 지식인들은 비지식인 지도자들이 볼 때 전혀 불필요한 노선을 취하게 되었다. 지식인들은 진정한 권위가 없는데다 당신 일이나 신경 쓰라는 노골적인 비난을 받을 위험이 늘 있으므로, 좌익과 인상 쓰는 소수파들에게 아첨하고, 약속하고, 격려하고, 두둔해야 할 필요가 있었다. 또 의심스럽고 주변적인 사례들을 후원하고, 사소한 목적에 호소하고, 그들 자신이 언제나 대중에게 복종할 준비가 되어 있다고 공언할 수밖에 없었다. 그들의 선배 지식인들이 처음에는 교회 당국, 나중에는 군주와 개인 후원자들, 그 뒤에는 집단 부르주아 주인에게 복종했던 것처럼 말이다.[11] 그 결과 지식인들이 노동 운동을 창조한 것은 아니지만, 그 운동을 상당히 육성했다. 노동 운동은 그들이 없었더라면 나아갔을법한 방향과는 상당히 다른 방향으로 전개되어 상당히 다른 모습을 갖추게 되었다.

우리는 지금껏 사회적 분위기의 이론을 구축하기 위하여 돌과 역청(기본 자료)을 수집해왔다. 그런데 이 사회적 분위기는 왜 공공 정책이 점점 더 자본주의 이해관계에 적대적이 되어 가고 있는지를 설명해준다. 공공 정책은 원칙적으로 자본주의 엔진의 요구 사항을 거부하고, 그 엔진의 작동에 심각한 장애가 되어버렸다. 지식인 그룹의 활동은 반反자본주의 정책들과 관련이 있는데, 그들이 말하는 것보다 더 직접적으로 관련되어 있다. 지식인들은 직업으로서의 정치에는 거의 진출하지 않았고, 책임 있는 자리에 앉는 경우는 더 드물다. 하지만 그들은 정치적 보직을 받고, 당의 팸플릿이나 연설문을 쓰고, 비서나 고문관으로 활동하며 신문 지상에 오르내리는 개별 정치인들의 명성을 관리해준다. 언론에서의 명성이 전부는 아니지만, 그 어떤 정치인도 이것을 무시하지 못한다. 그들은 이런 일들을 수행하면서 자신들이 담당한 거의 모든 일에 그들의 심리 상태를 어느 정도 각인시킨다.

실제로 행사된 영향력은 정치 게임의 상태에 따라 정도 차이가 있다. 그냥 선언 수준에서 정치적으로 가능한 혹은 불가능한 조치의 집행에 이르기까지 다양하다. 하지만 영향력을 행사할 범위는 아주 넓다. 개인 정치가나 정당이 어떤 계급 이익의 옹호자라고 말할 때, 우리는 기껏해야 진실의 절반만 강조하고 있는 것이다. 이에 못지않게 중요한 나머지 절반은, 정치가 그 스스로의 이해관계를 생성하는 전문직임을 파악할 때에만 이해 가능하다. 이 이해관계는 어떤 사람 혹은 당이 "대변하는" 이해관계와 충돌할 수도 있고, 부합할 수도 있다.[12] 개인과 당의 의견은, 그들의 경력과 지위에 직접적으로 영향을 미치는 정치 상황의 요소들에 대하여 아주 민감하다. 이런 요소들의 일부가 지식인 그룹에 의해 통제된다. 어떤 이해관계의 대의는 높이 들어올리고, 또 어떤 이해관계의 대의는 묵묵히 퇴출시켜버리는 한 시대의 도덕적 코드를 지식인이 통제하는 것이다.

마지막으로, 그 사회적 분위기 혹은 가치의 코드는 정책들 — 입법의 정신 — 뿐 아니라 행정 관행에도 영향을 미친다. 지식인 그룹과 관료제 사이에는 또다시 직접적인 관련이 있다. 유럽의 관료제들은 자본주의 이전 혹은 자본주의를 초월하는 근원을 가지고 있다. 수 세기가 흘러가면서 그 관료제들의 구성이 어떻게 바뀌었든 간에, 관료제들은 부르주아지의 이해관계와 가치 구조에 백 퍼센트 동의한 적이 없으며, 군주 혹은 국가의 이해관계를 위해 잘 관리해야 할 자산 이상으로 여기지 않았다. 그러나 현대의 관료제들은 직업적 훈련과 체험에 기인하는 금지 사항들을 제외하고, 현대 지식인들에 의한 개종(지식인들의 사고방식을 받아들이는 것)을 열린 마음으로 대한다.[13] 관료제는 유사한 교육 환경을 통하여 지식인 그룹과 많은 사항을 공유하고 있고, 과거의 여러 경우에 장벽 노릇을 했던 상류 계급 의식은 지난 몇십 년 동안 현대 공무원 사회에서 희석되어 왔다. 더욱이 공공 행정의 영역이 급속히 확대되는 시기에는 필요한 추가 인원들을 상당수 지식인 집단에서 직접 채용할 수밖에 없었다. 미국은 그 좋은 사례이다.

14
자본주의의 해체

(1) 적개심이 증대하는 환경, 그리고 그 적개심에서 파생된 비우호적인 입법·사법·행정의 관행 때문에 기업가와 자본가 — 실제로 부르주아 인생 구도를 받아들이는 모든 계층 — 는 마침내 기능을 중지하게 될 것이다. 그들의 기준 목표는 급속히 성취할 수 없는 것이 되고, 그들의 노력은 무용한 것이 된다. 가장 화려한 부르주아 목표인 산업 왕조의 건설은 이미 대부분의 나라에서 성취할 수 없는 것이 되었고, 그보다 화려함이 덜한 목표들도 달성하기 어렵게 되었다. 이런 조건들이 점점 더 항구적인 것이 되어가면서 그런 목표들이 더 이상 노력을 들일만한 가치가 없다고 생각될 것이다.

지난 2, 3세기 동안의 경제사를 설명하는 데 있어서 부르주아 동기가 큰 역할을 한 점을 감안할 때, 비우호적인 사회 반응으로 인한 기능의 약화 혹은 무력화는 자본주의 과정 — 우리가 이것을 항구적 현상의 하나로 관찰할 때 — 의 침체를 설명하는 한 가지 요인을 구성한다. 이 요인은 투자 기회의 소멸 이론이 제시하는 요인들보다 훨씬 중요하다. 흥미롭게도 그(부르주아) 동기는 부르주아 정신의 바깥에 있는 세력들로부터 위협받을 뿐 아니라, 내부적 원인들에 의해 죽어가는 경향을 보인다. 물론 이 둘 사이에는 긴밀한 상호 관련이 있다. 하지만 이 둘을 떼어놓지 않는 한, 우리는 진정한 진단에 도달하지 못한다.

"내부적 원인들" 중 하나는 이미 앞에서 다룬 바 있다. 나는 그것을 '사유 재산이라는 실체의 증발'이라고 명명했다. 통상적으로 말해서 현대의 사업가는 기업가이든 혹은 단순 관리자이든 월급 사장형型이다. 그런 지위이기 때문에 그는 관료화된 회사 속에서 봉급을 받는 종업원 같은 심리를 갖는다. 주주든 아니든 그는 자신의 재산과 책임 사항을 위해 피 흘리며 싸우는 오너와 같은 사람이 되지는 못한다. 그의 가치관과 의무감은 커다란 변화를 겪는다. 단순 주주는 그리 중요한 존재가 아니다. 이렇게 된 것은 그의 주식을 국가가 각종 규제와 세금으로 제약하는 상황과는 무관하다. 그 결과 현대의 회사는 자본주의 과정의 산물이기는 하지만 부르주아 정신을 사회화한다. 그것은 자본주의 동기 작용의 범위를 사정없이 좁혀놓을 뿐 아니라 마침내는 그 뿌리마저도 죽여버릴 것이다.[01]

(2) 하지만 또 다른 "내부적 원인"은 더 중요하다. 그것은 부르주아 가정의 해체이다. 내가 지금 말하고 있는 사실들은 너무나 잘 알려져 있어서 자세한 설명이 필요치 않다. 현대 자본주의 사회의 남녀들에게 가정생활과 부모 역할은 예전과 같지 않고, 그래서 행동의 강력한 규제자가 되지 못한다. "빅토리아" 시대의 가치관에 대하여 경멸감을 표시하는 반항적인 아들과 딸들은, 비록 부정확하기는 하지만 피해 갈 수 없는 진리를 표현한다. 이러한 사실들의 무게감은 우리가 그것을 통계적으로 측정하지 못한다고 해서 훼손되지는 않는다. 결혼율은 아무런 의미도 갖지 못한다. 왜냐하면 결혼이라는 용어는 사유 재산이라는 용어만큼이나 폭넓은 사회적 의미를 갖기 때문이다. 결혼 계약에 의해 맺어진 동맹은 그 법적 구성이나 계약의 빈도에 아무런 변화를 가하지 않고서도 완전히 죽어버릴 수 있다. 이혼율도 더 이상 중요하지 않다. 법원 판결에 의해서 얼마나 많은 부부가 헤어지는가, 하는 것도 중요한 문제가 아니다. 정말로 중요한

것은 예전의 패턴에서 본질적이었던 내용을 많은 부부가 갖지 않는다는 사실이다. 통계를 중시하는 시대라서 독자들이 통계 자료를 요구한다면, 무자녀 혹은 한 자녀 가정을 명확하게 수량화할 수는 없지만 통계적으로 무시할 수 없는 수치인 것으로 알고 있다. 이런 현상은 이제 모든 계급으로 확산되고 있다. 하지만 이 현상은 부르주아(그리고 지식인) 계층에서 제일 먼저 나타났다. 그 인과적 가치와 징후적 가치는 바로 여기에 있다. 이것은 생활 속의 모든 것을 합리화하려는 경향 탓으로 돌릴 수 있는데, 이런 합리화는 자본주의 진화가 가져온 효과들 중 하나이다. 사실 이것은 그런 합리화가 개인 생활로 번져나간 결과들 중 하나일 뿐이다. 설명을 위해 으레 도출되는 다른 요인들은 결국 이 요인 하나로 환원될 수 있다.

남녀가 공리적 교훈을 배우고 사회 환경이 만들어준 전통적 제도를 거부하는 순간, 그리고 그들이 어떤 행동 노선의 개별적 장단점을 따져보는 습관을 갖는 순간 ― 혹은 그들의 개인 생활에 비용 계산이라는 은밀한 방식을 도입하는 순간 ― 그들은 현대 생활에서 가족 유대 관계, 특히 부모 역할이 부과하는 과중한 개인적 희생을 의식하게 된다. 또한 기업형 농민과 소농小農들의 경우를 제외한다면, 어린아이는 경제적 자산이 되지 못한다는 것을 깨닫게 된다. 이러한 희생에는 화폐라는 측정 단위로 파악되는 사항들만 포함되는 것은 아니다. 그 외에 안락함의 상실, 근심 걱정으로부터 자유의 상실, 점점 매력적이고 다양해지는 대체 기회들의 상실 등을 포함한다. 이런 대체 기회들을 부모 역할의 즐거움과 비교하면서 점점 더 늘어나는 부담감을 비판적으로 분석하게 된다. 그 대차 대조표가 불완전하거나, 어쩌면 근본적으로 잘못되었다는 사실조차도 이런 현상의 의미를 약화시키기보다는 오히려 강화시킨다. 부모 역할은 특히 여성의 신체적, 도덕적 건강 ― 소위 "정상적인 생활"이라는 것 ― 에 기여하고, 이것이 가정생활의 커다란 자산이다. 하지만 현대인들의 합리적인 탐조 등探照燈은 개인 생활이든 공적 생활이든 즉시 효용을 가져다주는 측정 가능한 세부 사항에만 집중할 뿐, 인간성이나 사회적 유기체에는 어떤 감추어진 필요성이 있다는 생각을 비웃어버린다. 이제 더 이상 설명하지 않아도 내가 전달하려는 의미는 분명해졌다. 그것은 많은 예비 부모들의 마음속에 떠오르는 질문으로 잘 요약된다. "우리의 야망을 죽이고, 우리의 생활을 가난하게 만들고서, 왜 나중에 나이 들어 아이들로부터 모욕과 멸시를 당해야 한단 말인가?"

자본주의 과정은 자신이 일으킨 심리적 태도 덕분에 가정생활의 가치를 점점 파괴하고, 또 예전의 도덕적 전통이 인생의 여러 과정에 부과하는 양심의 억압을 제거해버렸다. 그와 동시에 그 과정은 새로운 취미를 개발했다. 무자녀와 관련하여 자본주의의 창의성은 점점 더 효율적인 피임 장치를 내놓는다. 그럼으로써 남자의 강력한 충동이 빚어낼 수도 있었던 저항을 극복했다. 생활 스타일과 관련하여, 자본주의 진화는 부르주아 가정생활의 매력을 떨어트리고, 그 대안을 제공했다. 나는 앞에서 산업 재산의 증발을 지적했는데, 여기서는 소비자 재산의 증발을 지적하고 싶다.

19세기의 마지막 30년 동안, 도시의 저택과 시골의 별장은 고소득층이 누리는 개인 생활의 편리하고 쾌적한 외곽을 구성했고, 그것은 반드시 필요한 것이었다. 손님을 그럴듯하고 멋지게 접대하기 위해서, 또 가정의 안락, 위엄, 휴식, 세련미를 위해서 관리 하인이 딸린 적당한 휴게실을 갖추는 것이 필수였다. 부르주아 지위에 있는 평균적 남녀들은 가정이라고 하면 이러한 환경을 생각했고, 결혼과 자녀 — "가정의 기초" — 를 당연한 것으로 여겼다.

그런데 이제 부르주아 가정의 안락함은 희미해지고, 그 부담만이 강조되고 있다. 비판적 시대에 비판적 안목을 가진 사람이 볼 때, 그것은 자신의 존재 가치를 제대로 입증하지 못한 채 주로 두통과 비용의 원천으로만 보이는 것이다. 이것은 현대의 과세課稅와 임금, 현대 가정 내의 가정부의 태도 등과는 무관하게 그런 것이다. 이런 모든 것들은 자본주의 과정의 전형적 결과들이고, 결혼에 반대하는 이유를 크게 강화시킨다. 그리하여 가까운 장래에는 결혼이 낡고 비경제적인 생활 방식으로 널리 인정될 것이다. 이런 점과 기타 다른 점을 감안할 때, 우리는 현재 전환의 시대에 살고 있다. 부르주아 지위의 평균적인 가정은 작고 기계화된 집을 마련하고 외부 용역과 외식 등을 동원함으로써 도시의 대형 주택과 시골의 대형 별장을 운영하는 어려움을 대체할 것이다. 이 과정에서 손님 접대를 집보다는 점점 더 레스토랑이나 클럽에서 하는 방향으로 바뀔 것이다.

반면에, 과거와 같은 주택은 부르주아 영역에서 더 이상 안락하고 세련된 생활의 필수품이 아니다. 아파트 주택과 아파트식 호텔은 합리적인 주거 형태이며, 또 다른 생활 스타일을 보여준다. 이런 주택 형태가 완전히 개발되면 새로운 상황에 잘 부응할 것이며 필요한 모든 안락함과 세련미를 제공해줄 것이다. 물론 이런 스타일과 그 외양이 완벽하게 개발된 것은 아니지만, 현대 주택을 운영하는 고통과 번거로움을 감안한다면, 이런 형태의 주택과 스타일은 비용적인 측면에서 여러 이점을 제공한다. 하지만 그것들은 이미 다른 이점들도 제공하고 있다. 가령 현대적인 향락을 최대한 즐기게 해주는 편의, 여행의 손쉬움, 즉각적인 기동성, 사소한 일상 업무의 관리를 잘 조직된 전문 회사에 위탁하기 등이 바로 그런 이점들이다.

자본주의 사회의 상류층에서 이런 현상이 자녀의 문제에 어떤 영향을 미칠지 쉽게 알아볼 수 있다. 또다시 여기에는 상호 작용이 있다. 광대한 주택 — 이런 집이 있어야만 식구 많은 부자 가정이 유지될 수 있다[02] — 의 사라짐, 그리고 그런 집을 운영하는 어려움은 부모 역할을 기피하는 또 다른 이유가 되었다. 반면에 아이를 많이 두지 않는 현상은 커다란 주택의 가치를 떨어트린다.

 나는 새로운 부르주아 생활 스타일이 아직은 결정적인 비용 우위를 제공하지는 않는다고 말했다. 하지만 이것은 개인 생활의 욕구에 봉사하는 주된 비용의 흐름을 보여준다. 경상비에 대해서 말해보자면, 순전히 금전적으로도 우위가 분명하게 드러난다. 가정생활의 내구적 요소들 — 특히 집, 그림, 가구 — 에 대한 비용이 주로 예전의 소득에서 지원되었으므로, "소비자 자본"의 축적은 이 과정에 의해 현저하게 줄어들 것이다. 그렇다고 해서 "소비자 자본"에 대한 현재의 수요가 과거에 비해 더 적어졌다는 뜻은 아니다. 중소 소득층의 내구 소비재에 대한 수요 증가는 이런 효과를 상쇄하고도 남는다. 획득 동기 패턴에서 쾌락의 요소가 차지하는 비중을 감안할 때, 특정 수준 이상으로 소득이 커지기를 바라는 기대 심리가 줄어들었다는 뜻이다. 이 점을 납득하기 위하여 독자는 아주 현실적인 상황을 하나 상상해보면 된다. 성공한 사람이나 부부, 혹은 사교계 인물이나 부부가 여기 있다고 해보자. 그들은 호텔, 선박, 기차의 일등칸 요금을 부담할 수 있고, 또 개인적 소비와 사용을 위해 가장 좋은 물품을 쓴다. 대량 생산에 의해 그런 최고 품질의 제품들이 꾸준히 나오는 것이다.[03] 사정이 이렇기 때문에 그들은 **그들 자신을 위하여** 강렬하게 원하는 것들을 모두 손에 넣는다. 그런데 이런 생활을 위해 짠 예산이 과거 "영주식領主式" 생활 스타일에 들어가는 비용보다 훨씬 적다.

 (3) 이것이 자본주의 생산 엔진의 효율성에 어떤 의미를 갖는지 알아보기 위해서는, 가정과 주택이 전형적인 부르주아 이윤 동기의 원천이었음을 상기하면 된다. 경제학자들은 아직 이 사실을 충분히 주목하지 않았다. 우리가 기업가와 자본가의 이기심을 면밀히 살펴보면, 그 이기심이 가져오리라 예상되었던 결과들은 독립된 개인 혹은 무자녀 부부(세상을 더

이상 가정의 관점에서 보지 않는 부부)의 합리적 이기심으로부터 기대되는 결과들과는 전혀 다르다. 의식적이든 무의식적이든 기존의 경제학자들은 가정을 중시하여 그로부터 사상과 동기를 얻고, 또 주로 아내와 **아이들을 위해** 저축하는 사람의 행위를 분석했다. 하지만 이런 동기와 사상이 기업가의 도덕적 시야에서 사라지면서, 우리는 전혀 다른 **경제적 인간**homo economicus을 우리 앞에 마주하게 되었다. 그는 다른 것들을 신경 쓰고, 다른 방식으로 행동한다. 그 자신과 그의 개인주의적 공리주의의 관점에서 볼 때, 옛날 타입의 행동은 아주 불합리한 것이다. 그는 비非낭만적이고 비非영웅적인 자본주의 문명에 남아 있던 유일한 종류의 로맨스와 영웅심을 잃어버렸다. "항해는 반드시 필요하고, 그저 살아 있는 것은 불필요하다 Navigare necesse est, vivere non necesse est."⁰⁴의 그런 영웅심을 말이다. 그는 자본주의의 윤리마저 잃어버렸다. 과거에 그 윤리는 자기 자신이 어떤 수확을 거두어들일 것인지를 따지지 말고, 장래를 위하여 일하라고 명령했던 것이다.

마지막 사항은 좀 더 설득력 있게 말할 수 있다. 앞 장(13장)에서 자본주의 질서가 사회의 장기적 이해관계를 상층부 부르주아지 계층에 위탁했다고 언급했다. 그것은 실제로는 이 계층에서 작동하고 있는 가족 동기에 위탁된 것이었다. 부르주아지는 주로 투자를 하기 위해 일을 했고, 그들이 신봉한 것은 소비의 기준이 아니라 축적의 기준이었다. 그들은 단기적 견해를 취하는 정부들을 상대로 이 기준을 지키기 위해 투쟁했다.⁰⁵ 가족 동기의 추진력이 쇠퇴하면서 기업가의 시간-지평은 그의 기대 수명으로 축소되었다. 그는 이제 예전처럼 벌고, 저축하고, 투자하는 기능을 수행할 의욕이 없다. 설혹 세금 고지서의 납부 액수가 높아질 위험이 없다 하더라도 사정은 마찬가지이다. 그는 점점 더 저축을 싫어하는 마음가짐을 갖게 되며, 단기적 **철학**을 옹호하는 반反저축 **이론들**을 적극적으로 수용하는 것이다.

하지만 반저축 이론들이 그가 받아들이는 것의 전부는 아니다. 근무하는 회사를 다른 태도로 대하고 개인 생활에 대하여 종래와는 다른 구도를 갖고 있기 때문에, 그는 자본주의 질서의 가치와 기준에 대해서도 다른 견해를 취하는 경향이 있다. 이런 현상의 가장 놀라운 특징은 부르주아지가 그들의 적들을 교육시킬 뿐 아니라 그 적들에 의해 교육당하는 것을 허용한다는 것이다. 부르주아지는 현대 과격파의 슬로건을 받아들이고, 또 부르주아지 계급의 존속을 위협하는 적대적인 사상으로 전향하는 과정도 기꺼이 받아들인다. 그들은 주저하고 망설이면서도 그런 과격 사상의 일부를 수용한다. 전형적인 부르주아지가 급속히 그 자신의 사상에 대한 믿음을 잃어가고 있다는 사실이 아니라면, 이런 현상은 참으로 설명하기 어려웠을 것이다. 부르주아지의 출현을 가능하게 했던 사회적 조건들이 이제 사라지고 있다는 사실을 파악한다면, 이런 현상은 충분히 이해될 수 있다.

이것은 자본주의 이해 단체와 부르주아지 전체가 직접 공격에 노출되었을 때 보여주는 특정적 행동 패턴에 의해 확인된다. 그들은 말을 하고, 호소한다. 또 그들 대신 말해주는 사람들을 고용한다. 그들은 모든 타협의 기회를 놓치지 않는다. 그들은 필요하면 항복할 준비도 되어 있다. 그들은 자신들의 이상이나 이해관계의 깃발을 내걸고 싸움을 거는 법이 없다. 미국에서는 지난 10년 동안 과도한 재정적 부담의 부과에 대해서 본격적인 저항이 터져 나온 적이 없다. 또 산업의 효율적 관리를 위반하는 노동 법규에 대하여 이렇다 할 저항을 하지도 않았다. 독자들이 이미 감지했겠지만, 나는 대기업이나 전체 부르주아지의 정치권력을 결코 과대평가하지 않는다. 게다가 나는 그들의 비겁함에 대해서도 상당한 관용을 베풀 준비가 되어 있다. 하지만 그들에게 방어 수단이 완전히 결핍되어 있는 것은 아니다. 그리고 역사에는 소규모 집단이 거둔 성공 사례들도 많다. 그들은 자신들의 대의를 확고하게 믿으면서 결연하게 일어나 총을 들고 싸웠던 것이다. 그들의 비겁함에 대한 유일한 설명은 이런 것이다. 부르주아 질서는 더 이상 부르주아지에게 의미가 없고, 결론적으로 말해서 그들은 그 질서가 어떻게 되든 신경 쓰지 않는다.

그 결과 기업가와 자본가의 중요한 기능을 저하시키고, 보호 계층과 제도들을 붕괴시키고, 적대감의 분위기를 창조하여 부르주아지의 지위를 훼손시킨, 저 동일한 경제적 과정이 내부로부터 자본주의의 동력마저 해체시킨다. 이런 것들은 자본주의 질서가 비非자본주의적 재료로 만들어진 지지물에 기대고 있으며, 자신을 파괴시키기 마련인 비자본주의적 행동 패턴으로부터 에너지를 얻고 있음을 잘 보여준다.

우리는 앞서 불충분한 터전 위에서 발견했던 사항들을 다른 관점에서 재발견했다. 즉, 자본주의 제도 내에는 자기 파괴를 향해 가는 경향이 내재되어 있다. 그리고 자기 파괴는 초창기 단계에서는 발전의 지연이라는 경향을 취한다.

나는 주관적·객관적 요소들, 그리고 경제적·비경제적 요소들이 어떻게 결합하여 이런 결과를 가져왔는지 되풀이하여 말하지 않겠다. 또 이제 분명해진 것을 여기서는 더 이상 논증하지도 않겠다. 분명해진 이런 사항들이 다음 장들에서 더 분명하게 증명될 것이다. 다시 말해 이런 요소들이 결합하여 자본주의 문명을 파괴하고, 이어 사회주의 문명이 등장하게 될 것임을 논의할 것이다. 자본주의 과정은 그 자신의 제도적 틀을 파괴했을 뿐 아니라 다른 제도적 틀이 생겨날 조건들을 형성했다. 파괴라는 용어보다는 변모라는 용어가 더 적절할지 모르겠다. 자본주의 과정의 결과는 갑자기 나타난 다른 어떤 것으로 채워야 하는 공백 같은 것이 아니기 때문이다. 사물과 영혼이 놀랍게 변모하면서 사회주의적 생활 형태에 점점 더 가깝게 다가가고 있다. 자본주의 구조의 지지대가 사라지면서 사회주의 계획의 불가능성도 사라지고 있다. 이 두 가지 점에서 마르크스의 **비전**은 옳았다. 우리의 눈앞에서 벌어지고 있는 특정한 사회적 변모를 경제 과정(그런 변모의 주된 원인)에 연결시킨 마르크스의 견해에도 기꺼이 동의할 수 있다. 우리의 분석이 마르크스 사상 중 승인하지 않는 부분은 결국 2차적 중요성을 차지할 뿐이다. 그 승인하지 않는 부분("자본주의는 그 무능력 때문에 붕괴한다")이 사회주의 사상에서 핵심적 역할을 차지한다고 하더라도 말이다. 결과만 놓고 볼 때, 자본주의 붕괴가 그 실패 때문이라고 하든 아니면 그 성공 때문이라고 하든, 이 둘 사이에는 큰 차이가 없기 때문이다.

하지만 2부의 서두에서 제기한 질문("자본주의는 살아남을 수 있는가?")에 대한 우리의 답변은 문제를 해결한다기보다 오히려 더 많은 문제를 제기한다. 이 책의 뒷부분에서 다룰 내용과 관련하여 독자는 아래 사항들을 유념하기 바란다.

첫째, 우리는 장래에 등장할지도 모를 사회주의에 대하여 아는 바가 없다. 마르크스와 그의 추종자들에게 있어서 — 이것은 그들 사상의 매우 심각한 단점 중 하나이다 — 사회주의는 단 하나의 확정적인 것을 의미했다. 하지만 그들이 말하는 확정성은 산업의 국유화 이상의 것이 아니며, 국유화와 관련해서는 무한하게 다양한 경제적, 문화적 가능성들이 양립할 수 있는 것이다.

둘째, 우리는 사회주의가 정확하게 어떤 방식으로 등장하게 될 것인가에 대하여 아는 게 없다. 점진적인 관료화에서 유혈적인 혁명에 이르기까지 아주 다양한 가능성들이 있다는 것만 알려져 있다. 엄밀하게 말해서 우리는 과연 사회주의가 등장하여 영구히 정착할 것인가도 알지 못한다. 반복해서 말하지만, 어떤 경향을 감지하고 그 목표를 상상하는 것과, 그 목표가 실제로 도달되어 사태가 (영구적이든 아니든) 제대로 작동될 것이라고 예측하는 것은 전혀 별개의 문제이다. 인류가 사회주의의 토굴(혹은 천국) 속에서 질식하기(또는 행복하기) 전에, 제국주의 전쟁의 참화(혹은 영광) 속에서 불타 없어질 수도 있다.[06]

셋째, 우리가 지금까지 살펴본 경향의 여러 요소들은 도처에서 발견되지만 그 어느 곳에서도 성숙 단계에 이르지는 못했다. 서로 다른 나라들에서 사태는 서로 다르게 전개되었다. 하지만 그 어떤 나라에서도 아주 확정적으로 전개되지는 않았다. 그리하여 우리는 그 사태가 앞으로 어떻게 전개될 것이라고 자신 있게 말할 수도 없고, 또 "내재된 추세"가 너무 강력하여 의심의 여지가 없으며 일시적 현상은 아니라고 자신 있게 진단을 내릴 수도 없다. 산업의 통합은 결코 완료된 것이 아니다. 실제적인 것이든 잠재적인 것이든 경쟁은 여전히 비즈니스 상황에서 주요한 요소이다. 기업은 여전히 활동적이고, 부르주아 집단의 리더십은 여전히 경제 과정의 주된 활동자이다. 중산층은 여전히 정치적 권력이다. 점점 훼손되고 있기는 하지만 부르주아 기준과 동기는 여전히 살아 있다. 전통의 존속 ─ 그리고 경영권을 확보하기 위한 주식의 가족 소유 ─ 은 많은 관리자로 하여금 예전의 오너 사장처럼 행동하게 한다. 부르주아 가정은 아직 죽지 않았다. 사실 이 계급은 그들의 생활 방식을 고집스럽게 집착하고 있기 때문에 책임 있는 정치가들은 세금 부과 이외에는 달리 그들에게 손댈 생각을 하지 못하고 있다. 지금 당장의 관행이나 단기적 예측 ─ 예측의 측면에서는 1세기도 "단기간"이다[07] ─ 의 관점에서 볼 때, 이런 표면적인 현상들은 내부 깊숙한 곳에서 천천히 다른 문명을 향해 가는 경향보다 훨씬 더 중요할 수도 있다.

3

사회주의는 작동할 수 있는가?

사회주의가 문화적 프로테우스라는 사실은 사라지지 않는다.
그 문화적 다양성은
우리가 사회주의 종種 내의 특별한 사례들을 말할 때
비로소 확정적인 모습을 드러낼 것이다.
그런 사례들 중 개개의 것은
그것을 믿는 사람에게는
유일한 사회주의 문화가 될 것이고,
그렇지 않은 사람에게는
많은 가능성들 중 하나가 될 것이다.

15
사전 준비 작업

 사회주의는 작동할 수 있는가? 물론 작동할 수 있다. 아래 두 가지 조건이 충족되면 가능하다. 첫째로 산업 발전의 필수 단계가 성취되어야 하고, 둘째로 이행기의 문제들이 성공적으로 해결되어야 한다. 우리는 이 두 가지 전제 조건에 대해 커다란 불안감을 느끼는 것은 물론이요, 사회주의 형태의 사회가 과연 민주적일지, 또 민주적이든 아니든 제대로 잘 작동할 것인지, 의구심을 갖게 된다. 이런 모든 점을 앞으로 논의할 것이다. 우리가 이런 전제 조건들을 선뜻 받아들이고 그에 따른 의문을 극복한다면, 남아 있는 문제에 대한 답변은 예스(작동할 수 있다)이다.

 그것을 증명하기 전에 나는 먼저 우리 앞에 놓여 있는 몇몇 장애들을 제거하고 싶다. 우리는 지금껏 몇 가지 정의에 대해 다소 소홀했는데, 그것을 이제 보완해야겠다. 우리는 단 두 가지 유형의 사회만 상정하고, 그 나머지 사회들은 부수적인 것으로 언급할 것이다. 우선 이 두 유형을 상업주의적 사회와 사회주의적 사회라고 부르기로 하자.

 상업주의적 사회는 다음의 두 가지 제도적 형태로 정의될 수 있다. 하나는 생산과 관련하여 사유 재산을 인정하는 것이고, 다른 하나는 개인 간 계약으로 생산 과정을 규제하는 것이다(규제라는 말 대신에 관리 혹은 주도라는 말을 쓸 수도 있다). 이런 유형의 사회는 순수한 부르주아 사회가 아닐 수도 있다. 우리가 2부에서 살펴보았듯이, 산업 부르주아와 상업 부르주아는 비非부르주아 계층과 공생하지 않으면 존속할 수가 없다. 또한 상업주의적 사회는 자본주의 사회와 동일한 것도 아니다. 상업주의적 사회의 특수한 형태라고 할 수 있는 자본주의 사회는 신용 창조라는 추가적 현상에 의해 정의된다. 이것은 현대 경제생활을 대표하는 많은 특징을 설명해주는 것으로 은행 신용, 즉 화폐(어음 혹은 당좌 예금)의 공급으로 기업 활동을 지원하는 것을 의미한다. 하지만 상업주의적 사회가 실제로는 사회주의의 대안으로 등장한다. 때문에 독자들은 자본주의와 사회주의를 서로 대립시키는 기존의 상식을 그대로 유지해도 무방할 것이다.

사회주의적 사회는 이렇게 정의된다. 생산 수단에 대한 소유권과 생산과정에 대한 통제권이 중앙 당국에 부여되어 있는 사회이다. 다시 말해 사회의 경제 활동이 개인의 영역에 속해 있는 것이 아니라 공공 영역에 속해 있다. 사회주의는 정신적 프로테우스Proteus•로 불려왔다. 그런 만큼 이것을 정의하는 많은 방식이 있다. 사회주의는 모든 사람에게 빵을 나누어주는 것이라고 하는 바보 같은 정의는 차치하더라도, 그럴듯한 정의가 많이 있으므로 우리의 정의가 그중에서 반드시 최선이라고 할 수는 없다. 하지만 우리의 정의에는 주목해야 할 몇 가지 사항들이 있기에 설사 현학적이라는 비난을 받을지라도 그에 대해서 언급하겠다.

우리의 정의는 길드 사회주의guild socialism와 생디칼리슴Syndicalisme 그리고 기타 다른 유형의 사회주의는 배제한다. 중앙 집중식 사회주의Centralist Socialism는 이 분야에서 아주 뚜렷한 존재이므로 다른 형태를 살펴보는 것은 시간 낭비라고 생각되기 때문이다. 우리가 이 용어를 유일한 사회주의로 받아들이기로 한다면, 오해를 피하기 위해 최선을 다해야 한다.

• 호메로스의 『오디세이아』에 처음 등장하는 늙은 바다의 신으로 어떤 사물로든 마음먹은 대로 모습을 바꿀 수 있다.

중앙 집중식 사회주의는 다른 다수의 통제 단위가 존재하지 않는다고 보는 사회주의이다. 가령 각 지역을 대표하는 독립된 지청(중앙청에 대조되는 말)이 있어서 그 지청들끼리 서로 싸워서 자본주의 사회의 갈등을 재현하는 그런 사회가 아니라는 뜻이다. 이런 지청들의 존재를 배제하는 것은 조금 비현실적으로 생각될지도 모르겠지만 이런 전제가 반드시 필요하다.

우리의 이 용어는 다음과 같은 중앙 집중주의를 의미한다. 우리가 앞으로 중앙청Central Board 혹은 생산청Ministry of Production이라고 번갈아 부르게 될 중앙 당국의 통제 권력이 반드시 절대적인 것은 아니다. 또한 집행의 주도권이 이 중앙청에서만 나오는 것도 아니다. 통제 권력과 관련하여, 중앙청 혹은 생산청은 의회에 그 계획을 제출해야만 한다. 중앙청을 감독 혹은 견제하는 일종의 **감사국**cour des comptes 같은 기관도 있을 수 있다. 이 감사국은 특정 결정 사항들에 대해서는 거부할 수 있는 권한도 보유한다. 집행의 주도권과 관련하여, 개별 산업이나 공장의 "현장에 나가 있는 관리자"에게 소정의 재량권이 부여된다. 나는 현재로서는, 합리적인 재량권이 실험적으로 발견되거나 실제로 부여된다는 과감한 전제 조건을 내걸고 싶다. 그리하여 현장의 효율성이 부하들의 무절제한 야망 때문에 피해를 당하는 일도 없고, 또 생산청 장관의 책상 위에 보고서들과 답변되지 않은 질문서들이 가득 쌓이는 일이 없다고 보는 것이다. 또 생산청 장관이 감자의 수확량까지 일일이 지시한다는 마크 트웨인Mark Twain, 1835~1910식 사회주의의 원칙 같은 것도 없다고 상정한다.

나는 집산주의collectivism 혹은 공산주의를 별도로 정의하지 않는다. 집산주의라는 용어는 아예 사용하지 않을 생각이며, 후자의 용어는 자신들을 공산주의자라고 부르는 사람들과 관련하여 산발적으로만 사용한다. 하지만 내가 공산주의라는 용어를 사용해야 할 때에는 사회주의와 동일한 의미로 쓴다. 대부분의 저술가들은 이 용어의 역사적 용례를 분석하면서, 뚜렷이 다른 의미들을 부여하려고 애썼다. 공산주의라는 용어가 다른 것들에 비해 좀 더 철저하거나 급진적인 의미를 표현하는 것은 사실이다. 그런데 사회주의의 가장 고전적인 문서들 중의 하나는 "공산당(공산주의)" 선언이라는 제목을 달고 있다. 이 두 주의(사상) 사이에서 원칙의 차이는 결코 근본적인 것이 아니었다. 사회주의자들의 캠프 내에서도, 사회주의자와 공산주의자의 차이는 그리 두드러진 것이 아니었다. 볼셰비키는 자기 자신을 가리켜 공산주의자라고 하면서 동시에 진정하고 유일한 사회주의자라고 지칭한다. 그들이 진정하고 유일한지 여부는 알 수 없으되, 사회주의자인 것만큼은 확실하다.

나는 천연자원, 공장, 설비에 대한 국가 소유권 혹은 국가 재산권이라는 용어는 피해왔다. 이 점은 사회과학의 방법론이라는 측면에서 상당히 중요하다. 특정 시기나 세상과는 무관하게 존재하는 개념들, 가령 욕망, 선택, 경제적 이익 등의 용어가 있다. 반면에 그 일상적 용도에 있어서 분명 특정 시기나 세상과 관련을 맺는 용어들이 분석자에 의해 너무 가다듬어지는 바람에 그런 관련성을 잃어버린다. 가령 가격이나 비용이 좋은 사례이다.[01] 그런데 다른 곳에 이식되어도 그 본성상 원래 있던 곳의 제도적 틀을 연상시키는 또 다른 그룹의 용어들이 있다. 상업주의적 사회에서는 소유권, 재산, 과세(나는 이것도 여기에 넣어야 한다고 본다) 등이 그런 용어들이고, 봉건 사회에서는 기사, 봉토 등이 그러하다.

국가라는 용어도 위의 맨 마지막 그룹에 들어가는 용어이다. 우리는 주권의 기준으로 이 용어를 사용하면서도, 사회주의 국가라는 말을 사용할 수 있다. 하지만 이 용어가 단지 법률적, 철학적 수사가 아니라 구체적 실체를 가진 개념이 되려면, 국가라는 용어가 중세 사회나 사회주의 사회의 논의에서는 등장하면 안 된다. 이 두 사회는 사적 영역과 공적 영역을 칼같이 구분하지 않는 반면, 주권이라는 개념은 그런 명확한 구분에서 상당 부분 파생하기 때문이다. 국가의 기능, 방법, 태도 등 그 풍성한 의미를 그대로 갖춘 용어를 보존하려면, 이렇게 국가를 정의해야 한다. 국가는 봉건 영주들과 부르주아지 사이의 충돌과 타협이 빚어낸 산물이다. 이 국가라는 개념이 죽어버리고, 그 잿더미에서 비로소 사회주의라는 불사조가 탄생한다. 따라서 나는 사회주의를 정의할 때 국가라는 용어를 사용하지 않았다. 물론 사회주의는 국가의 행위에 의해 생겨날 수도 있다. 하지만 그 행위 속에서 국가가 죽어버렸다고 말해도 무방하다고 본다. 이 점은 마르크스가 지적했고 레닌Vladimir Il'ich Lenin, 1870~1924이 반복해서 말했던 사항이다.

마지막으로, 한 가지 측면에서 우리의 정의는 다른 정의들과 일치한다. 즉 순전히 경제적 관점에서 정의를 내리고 있다는 사실이다. 모든 사회주의자들은 경제적 관점에서 사회에 혁명을 가져오려 하고, 또 경제적 제도의 변화를 통해 축복을 받으려 한다. 이것은 사회적 인과 관계에 대한 하나의 이론을 내포한다. 우리가 사회라고 부르는 총합적 현상에서 경제적 패턴이 아주 중요한 작용 요소라는 이론 말이다. 그러나 이와 관련하여 두 가지 사항을 언급할 필요가 있다.

첫째, 2부에서 자본주의에 관해 이미 지적했지만, 사회주의에 관해서도 지적해두어야 할 사항은 이런 것이다. 우리 관찰자도 그렇지만 사회주의를 신임하는 사람들에게도 경제적 측면은 유일한 혹은 가장 중요한 측면이 되지 못한다. 위에서 내가 내놓은 정의도 이런 측면을 부인하는 것은 아니었다. 내가 만났거나 읽어본 세련된 사회주의자들을 공정하게 대하기 위해서는, 그들 또한 이런 생각을 갖고 있었다고 말해야 한다. 그들은 사회주의 사상 속에서 인과적 중요성 때문에 경제적 측면을 강조하기는 했지만, 비프스테이크와 라디오를 빼놓고는 투쟁의 대상이 될 수 없다고 말한 것은 아니었다. 물론 사회주의는 경제 빼놓고는 아무것도 없다, 라고 믿는 구제 불능의 외골수들도 많이 있다. 외골수가 아니더라도 많은 사람들이 득표를 하기 위해 효과가 직방인 경제적 약속을 강조한다. 이렇게 함으로써 그들은 자신들의 신념을 왜곡하고 타락시킨다. 우리는 그런 짓은 하지 않을 것이다. 단지 우리는 사회주의가 함포고복含哺鼓腹보다 더 높은 목표를 겨냥한다는 것만 명심하면 되겠다. 이것은 그리스도교가 천당과 지옥이라는 다소 신체적·쾌락적 가치만을 추구하는 종교는 아닌 것과 비슷하다. 무엇보다도 사회주의는 새로운 문화적 세계를 의미한다. 이런 신념 때문에 열렬한 사회주의자는 사회주의 제도가 경제적 성과에서는 다소 열등하다고 생각하면서도 여전히 사회주의자일 수 있다.[02] 따라서 아무리 효과가 높다 하더라도 단순한 경제적 측면에 입각한 사회주의의 찬반은 결정적인 것이 되지 못한다.

둘째, 문화적 세계라면 구체적으로 무엇을 가리키는 것인가? 우리는 이 질문에 답변하기 위해 먼저 공인된 사회주의자들의 실제 공언들을 살펴보고, 또 거기서 어떤 타입이 나오는지 살펴보기로 하자. 언뜻 보기에 이에 관한 자료는 풍성해 보인다. 일부 사회주의자들은 양손을 포개고 입술에 축복의 미소를 떠올리며 정의, 평등, 자유를 노래한다. 보다 구체적으로는 "인간에 의한 인간의 수탈"로부터의 자유, 평화와 사랑, 파쇄된 족쇄와 그로부터 생겨난 문화적 에너지, 활짝 열리는 새로운 지평, 계시된 새로운 위엄 등에 대해서 말한다. 하지만 이것은 루소 사상에다 약간의 벤담Jeremy Bentham, 1748~1832 사상을 가미한 것에 지나지 않는다. 어떤 사회주의자들은 노동조합주의의 좌파들이 갖고 있는 이해관계와 욕구에 대해서 말한다. 그러나 어떤 사회주의자들은 특이할 정도로 과묵하다. 그들이 값싼 구호는 싫어하지만 새로운 어떤 것을 생각해낼 수 없어서? 아니면 새로운 어떤 것을 생각해냈지만 대중적으로 인기가 없을 것 같아서? 혹은 자신들이 동지들과는 현격한 사상 차이가 있다고 생각하기 때문에?

그래서 우리는 이런 식으로는 앞으로 나아갈 수가 없다. 우리는 내가 임의로 붙인 용어인 '사회주의의 문화적 불확정성Cultural Indeterminateness of Socialism'과 대면해야 한다. 우리의 정의는 물론이고 다른 사람들의 정의에 의하면, 어떤 사회는 진정하고 성숙한 사회주의 사회이면서도 동시에 절대 통치자가 다스릴 수도 있고, 가장 민주적인 방식으로 조직될 수 있고, 또는 다른 방식으로 조직될 수도 있다. 가령 신정 체제일 수도 있고, 무신론적일 수도 있다. 현대의 상비군 군대 조직보다 더 잘 조직되어 있을 수도 있고, 규율이 아예 없을 수도 있다. 금욕적인 정신을 추구하거나 아니면 쾌락적인 태도를 추구할 수도 있다. 정력적인 사회인가 하면 피곤한 사회일 수도 있다. 미래만을 생각할 수도 있고, 오직 오늘 하루만 생각할 수도 있다. 국수주의적인 전쟁 사회인가 하면 국제적인 평화를 사랑하는 사회일 수도 있다. 평등주의를 지향할 수도 있고, 그 반대일 수도 있다. 영주의 윤리를 신봉하는가 하면 노예의 윤리를 따를 수도 있다. 그 예술은 주관적일 수도 있고, 객관적일 수도 있다.[03] 그 생활 형태는 개인주의적일 수도 있고, 표준화된 것일 수도 있다. 현재 있는 그대로의 그 사회가 우리의 충성심을 이끌어낼 수도 있고, 경멸감을 불러일으킬 수도 있다. 하지만 아무튼 그 사회의 정상 초과 혹은 정상 이하의 스톡(재고분)에서 슈퍼맨이나 서브맨(수준 이하의 인간)이 나온다.

이것은 왜 그런가? 독자는 이에 대하여 다음 두 가지 중 하나를 선택할 수 있다. 첫째로 마르크스가 잘못되었으며, 경제적 패턴은 문명의 정체를 결정짓지 않는다. 둘째로 완벽한 경제적 패턴이 문명의 정체를 어느 정도 결정짓기는 하지만 혼자서 다 하지는 못하고, 추가적인 경제 데이터와 전제 조건들의 도움을 받아야 한다(이런 요소는 우리가 볼 때 사회주의를 구성하는 요소가 아니다). 그런데 우리가 기존에 수립한 자본주의의 정의를 가지고서 그 문화적 세계를 구축하려고 한다면, 마찬가지로 큰 성공을 거두지는 못할 것이다. 물론 자본주의의 경우에는 어느 정도 문화적 확정성의 느낌을 가질 수 있다. 하지만 이것은 우리가 역사적 현실을 우리 앞에 가지고 있기 때문이다. 이것이 우리에게 필요한 추가 데이터를 제공하고, 또 다양한 가능성을 배제하는 **사실들이 이끄는 길**via facti을 마련해주는 것이다.

우리는 다소 엄격하고 전문적인 의미로 확정성이라는 용어를 사용해왔다. 특히 문화적 세계 전반에 대해서 그런 자세를 취했다. 이런 점에서 불확정성은 사회주의 제도의 특정한 특징이나 경향을 발견하려는 노력에 장애가 되지는 않는다. 이런 노력은 다른 어떤 것들보다도 문화적 조직의 특징, 경향, 양상을 발견하는 데 도움이 된다. 합리적인 추가 전제 조건을 구축하는 것도 불가능한 일은 아니다. 가령 많은 사회주의자들처럼 전쟁은 자본주의적 이해관계의 갈등에서 빚어진 것이다, 라고 생각한다면(나는 이것이 잘못된 생각이라고 보지만), 사회주의는 평화를 좋아하고 전쟁을 싫어하는 문화를 갖고 있다는 주장이 나오게 된다. 만약 사회주의가 어떤 특정 유형의 합리주의와 함께 발전해왔다고 믿는다면, 사회주의 문화는 반反종교적이지는 않아도 종교에 무관심한 문화를 갖고 있다는 주장이 나오게 된다. 우리는 이런 게임을 여기저기에서 시도해볼 수 있겠지만, 결국에는 이 분야에서 가장 위대한 철학자인 플라톤에게 발언권을 넘겨야 할 것이다. 그렇다고 해서 사회주의가 문화적 프로테우스라는 사실은 사라지지 않는다. 그 문화적 다양성은 우리가 사회주의 종種 내의 특별한 사례들을 말할 때 비로소 확정적인 모습을 드러낼 것이다. 그런 사례들 중 개개의 것은 그것을 믿는 사람에게는 유일한 사회주의 문화가 될 것이고, 그렇지 않은 사람에게는 많은 가능성들 중 하나가 될 것이다.

16
사회주의 청사진

먼저 우리는 사회주의 경제의 순수 논리에 잘못된 것이 있는지 없는지부터 살펴보아야 한다. 그 논리가 건전한 것으로 입증된다고 해서 사람들을 사회주의 쪽으로 개종시키지도 않을 것이고, 또 사회주의가 현실적인 명제임을 한결 더 널리 알려준다고 볼 수도 없다. 하지만 그 논리가 건전하지 못하다거나 혹은 그 논리적 건전성을 입증하는 데 실패했다, 따위의 말이 나온다면 그 자체로 사회주의의 내재적 불합리성을 지적하기에는 충분할 것이다.

좀 더 정밀하게 말해서, 우리의 질문은 다음과 같이 정형화되어야 한다. 우리가 앞에서 정의한 사회주의 체제가 성립되었다 치고, 그 체제의 데이터와 합리적 행동의 규칙들로부터 무엇을 어떻게 생산할까, 하는 독특한 결정 사항을 이끌어내는 것이 가능할까? 이것을 경제학의 용어로 다시 표현하면 이렇게 된다. 이런 데이터와 규칙들이 사회주의 경제의 상황 아래에서 독립적이고 모순 없이 충분한 숫자의 방정식을 만들어낼 수 있을 것인가? 그리하여 중앙청이나 생산청이 문제의 미지 사항들을 독특한 방식으로 결정할 수 있을 것인가?

(1) 그 대답은 예스(가능하다)이다. 사회주의의 순수 논리에는 아무런 문제도 없다. 이것은 너무나 명백하여 얘기를 꺼낼 필요조차 없지만, 여기에서 거론하는 이유는 그것을 부정하는 사람들이 있기 때문이다.

게다가 더욱 기이한 사실은 정통파 사회주의자들조차도 이런 질문에 과학적인 답변을 내놓지 못했다는 것이다. 부르주아 사상과 취향을 가진 경제학자들이 그들에게 한 수 가르쳐주고 난 다음에야 비로소 이런 사실에 눈을 뜨게 되었다.

사회주의의 순수 논리를 부정하는 권위자들 중에서 유일하게 언급할만 한 인물은 미제스Ludwig Edler von Mises, 1881~1973[01] 교수이다. 그는 합리적 경제 행동이 합리적 비용 계산을 전제로 한다는 명제를 내놓고서, 먼저 비용 요소들의 가격들이 나와야 하는데, 그것을 결정하는 것이 시장이라고 말했다. 사회주의 사회에서는 합리적 생산의 등불인 시장이 없으므로, 그 체제는 아주 불안정한 방식으로 운영될 수밖에 없다고 결론 내렸다. 이와 유사한 비판과 의문(사회주의자들 사이에서도 이런 의문을 가진 사람들이 있었다)에 대하여 공인된 사회주의 정통파들도 처음에는 시원하게 반대하지 못했다. 그들은 사회주의 관리가 선배 자본주의 관리로부터 나온 가치 체계를 가지고 시작할 것이라고 궁색하게 대답했다(이런 대답은 실천적 어려움을 논의할 때에는 상관있지만 원칙의 문제와는 무관한 것이다). 또는 사회주의 사회의 하늘은 기적적인 영광을 현시할 것이라는 찬가를 늘어놓았다. 그 세상이 오면 비용 합리성 같은 자본주의적 트릭은 저절로 사라질 것이고, 사회주의 동지들은 사회주의의 가게들에서 나오는 자선 제품을 마음껏 취하면서 모든 문제를 해결할 것이라고 선전했다. 이것은 미제스 류의 비판을 그대로 인정하는 것이고, 또 일부 사회주의자들은 심지어 오늘날까지도 이런 태도를 취하고 있다.

일부 세부적인 사항이나 2차적인 문제를 제외하고, 이 문제를 아주 잘 정리하여 사회주의가 작동할 수 있음을 증명한 학자로는 엔리코 바로네 Enrico Barone, 1859~1924를 꼽을 수 있다. 좀 더 자세한 논증을 원하는 독자들은 바로네의 논문을 읽기 바란다.[02] 여기서는 그 논리를 간략하게 스케치만

하면 충분할 것이다.

경제학자들의 관점에서 볼 때, 생산 — 수송과 마케팅에 관련된 모든 기능을 포함 — 이라고 하는 것은 기술적 조건들의 제약 내에 존재하는 기존 "요소들"의 합리적 결합이다. 상업주의적 사회에서, 요소들을 결합시키는 작업은 곧 그 요소들을 사들이거나 고용하는 과정이다. 이런 사회의 전형적 특징인 개인 소득은 이러한 구매나 고용의 과정에서 발생한다. 다시 말해, 사회적 제품의 생산과 "분배"는 그 두 과정에 동시에 영향을 미치는 동일한 과정의 서로 다른 양상인 것이다. 상업주의 경제와 사회주의 경제의 가장 중요한 논리적(혹은 이론적) 차이는 여기에 있다. 사회주의 경제의 경우에는 생산과 분배가 동일한 과정의 서로 다른 양상이 아니다. **언뜻 보기에**Prima facie 생산 수단의 시장 가치가 없기 때문에, 또 더욱 중요한 사실로는 사회주의 사회의 원칙이 시장 가치(설사 이런 게 있다고 하더라도)를 분배의 수단으로 삼지 않기 때문에 사회주의 사회에서는 상업주의 사회의 자동 분배 시스템이 결여되어 있다. 이 공백은 정치적 조치, 가령 공화국의 헌법에 의해 메워져야 한다. 이렇게 하여 분배는 독립된 기능이 되었고, 적어도 논리적으로는 생산과 완전 분리되었다. 이러한 정치적 조치 혹은 결정은 그 사회의 경제적·문화적 특징, 그 행동, 목적, 성취 등에서 나오는 것이고, 다시 이런 것들을 결정하는 데 큰 영향을 미칠 것이다. 하지만 이것은 경제적 관점에서 보면 완전 임의적인 것이다. 앞에서 지적한 바와 같이 공화국은 평등주의적 통치를 선택할 수도 있고 — 이것 역시 평등주의 이상이 연상시키는 많은 의미들 중 하나의 형태를 취한다 — 아니면 필요에 따라 어느 정도의 불평등성을 용인한다. 공화국은 어떤 특정 방향으로 생산을 극대화하기 위해 분배를 할 수 있는데, 이것은 아주 흥미로운 사례이기도 하다. 공화국은 개별 동지들의 소망을 연구하여 그것을 줄 수도 있고, 일부 권위 기관 혹은 기타 기관이 그들(개별 동지들)에게 가장 좋다고 판단하는 것을 줄 수도 있다. "모든 사람의 필요에 따라 분배한다"는 표어는 위의 두 가지 의미를 가진다. 그렇지만 **몇몇 규칙들을 확립해야 한다. 우리의 논의를 위해 아주 특별한 사례를 고려하는 것으로도 충분할 것이다.

(2) 우선 이렇게 가정해보자. 사회주의 공화국의 윤리적 입장이 평등주의적이라 하고, 또 동지들은 생산청이 생산하는 소비재들 중에서 임의대로 선택할 수 있다고 해보자. 물론 사회주의 공동체는 특정 제품들, 가령 알코올 음료는 생산을 거부할 수도 있다. 이런 평등주의적 이상이 모든 사람 — 관계 당국은 어린아이들과 기타 인원들은 필요에 따라 반액 처리할 수도 있을 것이다 — 에게 특정 분량의 소비재를 똑같이 나누어주는 것으로 실현된다고 해보자. 여기서 모든 사람은 어느 특정 기간 동안, 사회 총생산량을 모든 사람의 숫자로 나눈 만큼의 소비재를 요구할 수 있는 쿠폰(교환권)을 지급받는데, 이 쿠폰은 그 특정 기간이 만료되면 휴지 조각이 된다. 이 쿠폰은 소비를 위해 생산되는 모든 음식, 의복, 가정용품, 주택, 자동차, 영화 등에 대하여 N분의 1로 간주될 수 있다. 교환의 문제와 관련하여 동지들 간에 벌어질 수도 있는 불필요한 대량 교환을 피하기 위하여 각자의 소비재 청구권을 구체적 물품으로 표시하지 않고, 임의적으로 선택한 무의미한 단위 — 그냥 단위라고 할 수도 있고, 달러라고도 할 수 있다 — 로 표시한다. 그리고 각 물품의 단위들은 그 숫자만큼을 표기한 쿠폰을 제시하면 지급받을 수 있다. 사회주의 가게들에서 매기는 이런 "가격(쿠폰의 숫자)"은 우리의 가정 아래에서는 항상 다음과 같은 조건을 충족시켜야 한다. 각 물품의 가격에다 그 물품의 현재 재고 숫자를 곱하면, 그 가격들의 총합이 동지들의 청구권 총합과 일치해야 한다. 그러나 생산청은 최초의 가격 가이드라인을 제시하는 것 이외에 개별 "가격들"을 고정시킬 필요는 없다. 동지들의 기호嗜好나

동일한 "달러 소득"을 감안할 때, 이 최초의 가격 가이드라인에 반응하여 동지들은 사회 내에서 유통되는 제품들을 어떤 가격에 받아들일지 보여줄 것이다(물론 아무도 가져가지 않는 제품은 제외). 그러면 생산청은 사회주의 가게들의 제품을 전부 팔기 위하여 이런 가격을 받아들여야 할 것이다. 이렇게 하면 가게들의 제품은 팔려나갈 것이고, 동등한 분배의 원칙은 독특하게 확정된 방식으로 아주 그럴듯하게 실천될 것이다.

하지만 이것은 모든 제품의 특정 수량이 이미 생산되어 있다는 것을 전제로 한다. 진정한 문제는 이것이 어떻게 합리적으로 수행될 수 있느냐, 하는 것이다(사람들은 이 문제를 해결할 수 없다고 주장해왔다). 다시 말해 한정된 천연자원, 기술적 가능성, 환경적 요인 등의 제약에도 불구하고 소비자를 최대한으로 만족시킬 수 있는가,[03] 하는 것이다. 생산 계획을 동지들의 다수결 투표로 정한다면 이것은[04] 위와 같은 필요를 전혀 충족시키지 못할 것이다. 이렇게 할 경우, 어떤 사람들 혹은 때에 따라 모든 사람들은 그들이 원하는 것을 얻지 못할 것이고, 설사 얻을 수 있다고 할지라도 일부 사람들의 욕구를 희생시켜야 할 것이기 때문이다. 그러나 이 경우에 경제적 합리성은 또 다른 방식에 의해 획득될 수 있다는 것도 자명한 사실이다. 이론가가 볼 때 이것은 다음과 같은 사실로부터 도출된다. 소비자들은 소비재를 평가함으로써("요구함으로써"), **그 사실 자체로써**, 또한 그런 제품의 생산에 들어가는 생산 수단을 평가한다. 이론가가 아닌 일반 독자들을 위하여 우리가 가정한 사회주의 사회 내에서의 합리적 생산 계획의 가능성은 아래와 같이 증명될 수 있다.

(3) 논의의 편의를 위하여, 생산 수단이 지금 이 순간에 어떤 특정하면서도 불변의 수량으로 존재한다고 가정하자. 그리고 중앙청(생산청)은 특정 산업을 감시하는 위원회로 변신한다. 더 좋은 것은 그 밑에 각 산업을 감독하는 지청을 두고, 그 지청들은 중앙청과 협력하는 것이다. 중앙청은

각 지청의 관리자 혹은 각 지청을 감독하고 통제한다. 중앙청은 정해진 규칙에 따라 각 산업 관리자들에게 생산 자원 — 중앙청이 독점적으로 이 자원을 관리한다 — 을 배분한다. 각 지청은 다음 세 가지 조건에 따라서 그들이 필요로 하는 생산재와 서비스를 원하는 만큼 요구할 수 있다. 첫째로 지청은 가능한 한 경제적으로 생산해야 한다. 둘째로 지청은 그들이 요구하는 각 생산재와 서비스의 단위당, 예전에 생산한 소비재에 대하여 그들이 획득한 소비자 달러의 단위를 표시해야 한다. 쉽게 말해서 생산청은 각 지청에 사전에 정해진 "가격"에 의해 무한정의 생산재와 서비스를 "판매"할 준비가 되어 있다. 셋째로 이런 소비재와 서비스의 단위를 요청한 지청은 가장 경제적인 방식으로 생산하되, 그들이 필요로 하는 만큼의 수량을 사용할 수 있다. 이 과정에서 지청은 그들이 생산한 제품의 일부를 중앙청에 주는 "가격"보다 낮게 "판매"하지 않아도 된다. 좀 더 전문적인 용어로 말하자면, 모든 분야에서의 생산은 "가격"을 한계비용과 동일한(비례적인 것이 아니고) 수준으로 유지하는 것이다.[05]

이렇게 하여 각 지청의 임무는 아주 독특한 방식으로 결정된다. 오늘날 자본주의의 경쟁적 산업에서 각 회사들은 기술적 가능성, 소비자들의 반응(그들의 기호와 소득), 생산 수단의 가격 등을 감안하여 제품을 얼마나 많이 생산해야 하고, 또 어떻게 생산해야 하는지 알고 있다. 이와 마찬가지로 사회주의 공화국의 각 생산 지청은 생산청의 "가격"이 확립되고 소비자들이 그들의 "수요"를 알려주는 순간, 무엇을 생산하고 어떻게 생산하며 생산청으로부터 어떤 요소의 수량을 얼마나 많이 "사들여야" 하는지 알고 있다.

어떤 의미에서 보면, 이 "가격들"은 소비재들의 "가격들"과는 다르게 생산청에서 일방적으로 정하는 것이다. 또한 생산 지청의 관리자들은 생산재에 대하여 독특하게 정해진 "수요"를 제시하는데, 이것은 소비자들이 소비재에 대하여 그렇게 하는 것과 비슷하다. 우리가 이제 증명을 완료하기 위해 필요한 것은 중앙청이 최대의 기준을 따라 가격을 고정시키는 과정에서 어떤 규칙을 준수하는가, 이다. 하지만 이 규칙은 명백하다. 중앙청은 모든 종류와 품질의 생산재에 대하여 단일 가격을 설정하기만 하면 된다. 만약 중앙청이 동일한 종류와 품질의 생산재에 대하여 지청들에게 서로 다른 가격을 매긴다면, 이것은 비경제적 사유에 의해 정당화되어야 할 것이다.[06] 그런 가격을 설정한 다음 중앙청은 그 가격이 "시장에서 잘 통하는지" 살핀다. 그러니까 사용되지 않은 생산재의 일부가 아직도 남아 있는지, 또 그런 "가격"에 추가 물량이 요구되었는지 살피는 것이다. 보통 이 규칙은 합리적인 비용 계산을 보장한다. 따라서 경제적으로 합리적인 생산 자원의 분배가 가능해진다. 사실 규칙이라는 것은 이 자원의 분배를 확실하게 보장하기 위한 방법에 지나지 않는다. 이렇게 하여 사회주의 사회의 생산 계획이 합리적이라는 게 증명되었다. 이 규칙이 준수되는 한, 생산 자원의 요소가 다른 생산 라인에 전용되지는 않는다. 만약 전용될 경우, 그 요소가 새로운 용도에 추가되었으므로 그만큼 소비자가치가 상실되어 그것이 소비자 달러로 표시될 것이다. 그 결과 사회주의 생산은 사회 환경의 일반 조건에 순응하는 방향으로 생산이 진행되기 때문에 아주 합리적으로 수행된다. 이것은 경제생활의 정태적 과정 내에서 사회주의 계획이 합리적이라는 사실을 증명해준다. 정태적 과정은 모든 것이 정확하게 예측되고 반복되며, 또 계획을 뒤흔들어놓는 상황은 발생하지 않는 과정을 말한다.

 (4) 설사 우리가 정태적 과정의 범위를 넘어가서 산업 변화에 부수되는 현상들을 인정한다 하더라도 큰 어려움은 벌어지지 않는다. 경제적 논리만 놓고 볼 때, 우리가 가정하는 사회주의가 정태적 과정의 반복적 과업을 수행할 수 있지만, "발전"에 따르는 문제들은 해결하지 못할 것이라고

내다볼 근거는 없다. 뒤에서 더 살펴보겠지만, 사회주의 사회가 성공하기 위해서는 선배 자본주의 사회가 남겨놓은 풍요로운 환경 — 경험, 기술, 자원 등 — 에서 출발하는 것이 중요하다. 하지만 동시에 자본주의가 방탕의 씨앗을 뿌려서 파괴의 과업을 거의 다 완수하여 정태적 상태에 도달하고 난 이후에 출발하는 것에 대비하는 일도 중요하다. 물론 그런 정태적 상태에서 출발한다고 해서 산업 장치를 개선할 기회가 왔음에도 우리가 구상하는 사회주의 사회가 그런 기회를 살리지 못하여 사회주의 사회가 나아가야 할 합리적이고도 독특한 방향을 취하지 못한다는 이야기는 아니다.

가령 갑이라는 산업 과정에서 새롭고 효율적인 기계류가 고안되었다고 해보자. 투자의 파이낸싱(자금 지원)과 관련된 문제들 — 이 문제는 뒤에서 곧 다룰 것이다 — 을 배제하고 일련의 독립된 현상으로 따로 떼어내기 위해서, 이 새로운 기계가 예전의 비효율적인 기계를 생산하는 공장에서 동일한 비용의 생산 자원을 투입하여 생산될 수 있다고 해보자. 갑 산업을 관장하는 지청은 규칙 제1조에 입각하여 — 가능한 한 경제적으로 생산하라 — 새로운 기계를 채택할 것이고, 전보다 적은 생산 수단으로 동일한 생산량을 올릴 것이다. 그 결과 지청은 소비자들로부터 받은 액수보다 적은 소비자 달러 액수를 중앙청에 보내게 될 것이다. 이 차액을 편의상 "이윤"이라고 해보자. 지청은 이런 이윤을 발생시켰기 때문에 규칙 제3조 (생산은 "가격"을 한계 비용과 동일한 수준으로 유지)를 위반한 것이 된다. 만약 지청이 이 조항에 충실히 복종하여 현재 필요한 것보다 더 많은 양을 생산했다면, 이런 이윤은 결코 발생하지 않을 것이다. 하지만 지청의 생산 계산에서 이런 이윤이 잠재적으로 존재한다는 것은 우리의 가정하에서 각 지청이 수행해야 하는 유일한 기능을 수행하도록 유도한다. 그것은 현재 합리적 생산을 위해 들어가는 자원을 어느 정도 다른 방향으로 재분배해야 한다고 가리키는 기능이다.

만약 사회의 가용 자원이 어떤 특정한 생산 수준을 맞추기 위해 온전히 다 투입되었음에도 불구하고 추가 요소의 투입 혹은 추가 투자를 필요로 하는 개선 — 가령 새로운 다리나 새로운 철도 — 이 필요할 경우, 동지들은 지금껏 법률로 정한 시간보다 더 많은 시간을 일하거나 소비를 줄이거나 아니면 둘 다를 해야 할 것이다. 이럴 경우에 근본 문제를 아주 간단하게 해결하기 위해 우리가 내놓았던 가정, 즉 문제의 "자동적" 해결은 어렵게 된다. 중앙청과 각 생산 지청이 객관적 지표이자 가이드라인인 규칙 제3조를 지키기만 하면 저절로 나오는 결정이 무익하게 될 것이다. 하지만 이것은 우리 도식의 불능일 뿐, 사회주의 경제의 불능은 아니다. 이에 대응하기 위한 조치는 유효 기간이 정해진 소비재 쿠폰의 잔여분을 무효화시키는 법률을 폐지하는 것이다. 소득의 완전 평등이라는 원칙을 포기하고, 중앙청에게 다음과 같은 권한을 부여하는 것이다. 즉 오버타임(시간 외 작업)과 저축(소비의 절약)의 대가를 지불하게 하는 것이다. 추가 투자의 조건은 아무리 매력 없는 투자라고 할지라도 거기서 나온 "이윤"이 오버타임과 저축의 대가를 상쇄할 정도는 되어야 한다는 것이다. 이렇게 하여 우리가 제기한 문제의 모든 새로운 변수들은 해결이 되었다. 단 오버타임과 저축은 그 해당 투자 기간 동안에 단일 가치 함수로만 작용해야 한다.[07] 다시 말해, 오버타임과 저축의 대가로 지불된 "달러"가 전에 발급된 소득 달러의 추가분으로만 감안되어야 한다. 이로 인해 여러 방면에서 재조정의 문제가 부과되겠지만, 여기서는 다루지 않겠다.

하지만 새로운 투자에 대한 이런 논의는 다음의 사실을 더욱 명확하게 해준다. 우리의 논의를 위해 가장 적합하다고 생각되었던 도식이 유일하게 가능한 사회주의 경제의 청사진도 아니고, 또 사회주의 사회에 반드시 추천해야 할 그런 청사진도 아니라는 것이다. 사회주의는 반드시 평등주의여야 할 필요는 없으나, 우리가 합리적 범위 내에서 사회주의 사회에 기대하는 **소득**의 불평등으로는 자본주의 사회가 평균 경기 순환 단계에서 내놓는 투자 비율만큼을 만들어내지 못한다. 심지어 자본주의의 소득 불평등도 그 일을 감당하지 못하며, 그 불평등을 회사 유보금과 "창조된" 은행 여신으로 강화해야 한다. 후자의 두 방법은 자동적인 것이 전혀 아니며 또 독특하게 정해진 것도 아니다. 따라서 사회주의 사회가 그와 유사하거나 그보다 큰 실질 투자 비율을 달성하고자 한다면 — 물론 이렇게 바란다는 것은 아니지만 — 저축 이외의 다른 방법을 찾아야 할 것이다. 잠재적으로 남아 있는 것이 아니라 구체적으로 실현된 "이윤"에서 나오는 축적이나 혹은 위에서 말한 것처럼 여신 창조와 비슷한 것도 생각해볼 수 있다. 하지만 이 문제는 중앙청이나 의회에 미루는 것이 더 자연스럽다. 그들은 이것을 사회적 예산의 일환으로 검토할 것이다. 사회의 경제 운용이라는 "자동적" 부분에 대한 투표는 형식적이거나 그 특성상 감독적인 것이겠지만, 투자 아이템 — 적어도 그 수량 — 에 대한 투표는 진정한 의결 사항으로서 국방비에 관한 투표와 같은 수준이 될 것이다. 이런 실질적인 결정 사항, 그리고 개별 소비재의 품질과 수량에 대한 "자동적" 결정을 함께 조율하는 것은 극복하지 못할 문제가 아니다. 하지만 이 해결안을 받아들이는 데 있어서 우리는 도식의 기본 원칙 중 아주 중요한 사항 하나를 포기해야 한다.

 우리 청사진의 다른 특징들은 그 일반적인 틀 내에서 수정될 수 있다. 가령 오버타임에 관한 조건부적 예외 사항과 관련하여, 나는 동지들이 얼마나 많은 잔업을 할 것인가를 그들이 결정하도록 하지 않았다. 물론 그들은 투표자로서 소득의 분배 같은 문제에 영향을 미치듯이, 이런 문제에도 영향을 미칠 수 있지만 말이다. 나는 또 그들에게 직업 선택의 자유를 부여하지 않았다. 중앙청이 종합 계획의 범위 내에서 그들에게 부여하는 직업을 그대로 받아들이는 것으로 감안했다. 이러한 배치는 징병제에 비유될 수 있을 것이다. 이러한 계획은 다음 슬로건과 아주 유사하다. "모든 사람에게 필요에 따라 분배하고, 모든 사람은 자신의 능력에 따라 기여한다." 혹은 약간의 세부 사항만 수정하면 이런 슬로건에 일치시킬 수 있다. 하지만 우리는 이렇게 하지 않고, 각 동지들이 얼마나 긴 시간 동안 어떤 일을 할 것인가에 대하여 스스로 결정할 수 있게 한다. 이렇게 되면 노동력의 합리적 배분은 인센티브 제도를 취하게 될 것이다. 또다시 프리미엄(대가)을 지불하게 될 것인데, 이 경우는 잔업에만 해당하는 것이 아니라, 모든 노동에 적용된다. 이렇게 하여 소비자 수요 구조와 투자 계획의 모든 유형과 정도에 따라 필요한 노동의 "제공"이 어디에서나 확보된다. 이 프리미엄은 어떤 일의 호감도와 비호감에 대하여 분명한 관계를 갖게 된다. 또 그 일을 맡기 위하여 필요한 기술의 정도와도 상관관계가 있다. 이것은 또한 자본주의 사회의 임금 스케줄과도 비슷하다. 자본주의의 임금 스케줄과 사회주의 사회의 프리미엄 제도의 유사성을 너무 강조해서는 안 되겠지만, 우리는 "노동 시장"이 있다고 말해볼 수 있을 것이다. 이런 메커니즘을 추가하는 것은 물론 우리의 청사진에 커다란 변화를 가져온다. 하지만 이것은 사회주의 체제의 확정성에 영향을 미치지는 못한다. 이 체제의 형태적 합리성은 여전히 강하게 드러나기 때문이다.

(5) 이로 인해 독자들이 그동안 죽 목격해온 상업주의 경제와 사회주의 경제 사이의 가족적 유사성도 강하게 드러난다. 이런 유사성은 비非사회주의자들과 일부 사회주의자들을 즐겁게 하지만 다른 사회주의자들을 고통스럽게 만든다. 따라서 그런 유사성이 어디에 있고, 또 어디에서 기원하는지 명확하게 진술해야 할 필요가 있다. 사회주의 경제의 합리적 도식을 구축하려고 하면서, 우리는 자본주의 경제의 과정과 문제를 논의할 때

익숙했던 메커니즘과 개념들을 사용해왔다. 우리가 "시장" "사고팔기" "경쟁" 등의 용어를 사용할 때 즉시 이해하게 되는 그런 메커니즘을 서술해왔다. 우리는 가격, 비용, 소득, 이윤 등 자본주의의 냄새를 풍기는 용어를 사용해왔고, 지대, 임금, 이자, 화폐 등의 용어도 우리 앞에서 어른거린다.

사회주의자들이 가장 나쁜 사례라고 생각할법한 지대를 한번 살펴보자. 지대는 자연력, 즉 "토지"의 생산적 사용에서 나오는 소득을 가리킨다. 우리의 도식 안에서는 지주가 지대를 받아가는 경우는 없다. 이것은 무엇을 의미하는가? 그리 풍부하지 않아 가까운 장래에 모두 활용되어야 하는 토지는 노동이나 다른 유형의 생산 자원과 마찬가지로 경제적으로 사용되어야 하고 또 합리적으로 배분되어야 한다. 이런 목적을 위해 토지는 경제적 중요성을 나타내는 지표를 부여받는다. 이 지표를 가지고 이 토지의 새로운 용도가 등장하면 비교를 하게 되고, 또 이런 수단을 통하여 토지는 사회적 부기簿記 과정에 들어오게 된다. 만약 이렇게 하지 않는다면 사회주의 공화국은 비합리적으로 행동하는 것이 된다. 하지만 이렇게 한다고 해서 자본주의나 그 정신에 양보를 한다는 뜻은 아니다. 지대의 자본주의적 측면, 경제적이거나 사회적 의미, 사유 재산의 유지에 우호적인 것들(개인 소득, 지주 등)은 모두 완벽하게 제거되었다.

우리가 맨 처음에 동지들에게 주었던 "소득"은 임금이 아니다. 사실 이것을 분석해보면 독립된 경제적 요소들의 결합임을 알 수 있으며, 그런 요소들 중 하나만이 노동의 한계 생산력과 결부되어 있는 것이다. 그러나 우리가 나중에 도입한 프리미엄은 자본주의 사회의 임금과 더 관련이 있다. 그러나 이런 임금에 대응하는 것은 중앙청의 부기 장부에서만 존재할 뿐이며, 그것도 중요성의 지표로만 존재한다. 합리적 분배를 위해 이 지표는 모든 유형 및 품질의 노동에 연관되어 있다. 이 지표에는 자본주의 세계에 속하는 의미들의 보따리가 완전히 제거되어 있다. 우리가 임의로 동지들의 소비재 청구권을 의미하는 쿠폰을 여러 단위로 분할했는데, 우리는 이 단위를 노동 시간이라고 부를 수도 있을 것이다. 이 단위들의 총 숫자 — 편의에 의해 설정된 범위 내에서 — 또한 임의적인 것이므로, 우리는 그 숫자를 실제 노동한 시간과 동일한 것으로 만들 수 있다. 이렇게 함으로써 모든 유형 및 품질의 노동을 리카도-마르크스 방식의 표준 품질에 따라 조정할 수 있다. 마지막으로 사회주의 공화국은 다른 공화국과 마찬가지로, "소득"은 각 동지가 기여한 표준 노동 시간에 비례해야 한다는 원칙을 채택할 수 있다. 이어 우리는 노동 어음labor notes의 제도를 확립해야 한다. 이 제도가 흥미로운 점은 우리의 관심사가 아닌 기술적 어려움을 제외한다면 아주 잘 돌아갈 것이라는 사실이다. 그러면 이 "소득"이 여전히 임금이 아니라는 사실은 금방 이해가 될 것이다. 또한 이런 제도의 가동성이 노동 가치론을 우호적으로 입증해주지 않는다는 것 또한 분명하게 이해될 것이다.

   이윤, 이자, 가격, 비용에 대해서도 똑같은 얘기를 되풀이할 필요는 없을 것이다. 그렇게 하지 않고서도 가족적 유사성의 원인은 이제 분명해졌다. 우리의 사회주의는 자본주의로부터 아무것도 빌려온 게 없고, 자본주의가 완벽한 선택의 논리로부터 많은 것을 빌려갔다. 어떤 합리적 행동은 다른 합리적 행동과 특정한 형태적 유사성을 보인다. 경제적 행동의 영역에 있어서 합리성의 영향력은 훨씬 멀리까지 미친다. 적어도 순수 이론의 측면에서는 그러하다. 행동주의적 패턴을 표현하는 개념들은 어떤 역사적 시대의 특정 의미들을 함축하게 되고, 이렇게 획득된 색깔을 일반인들의 마음속에 깊이 각인시킨다. 만약 경제적 현상에 대한 우리의 역사적 인식이 사회주의적 환경에서 형성되었더라면, 우리는 지금쯤 자본주의 과정을 분석하면서도 사회주의적 개념들을 빌려와 사용하고 있을 것이다.

자본주의적 성향을 가진 경제학자들이 사회주의가 자본주의 메커니즘과 카테고리를 필요로 한다는 사실을 발견한다고 해서 기뻐할 이유는 별로 없다. 또 사회주의자들이 반대할 이유도 별로 없다. 오로지 순진한 마음을 가진 사람들만이 사회주의적 기적은 그 자체의 논리를 생산하지 않는다는 사실에 실망감을 느낄 것이다. 그리고 가장 조잡하고 어리석은 사회주의 사상의 변종만이 자본주의 과정은 아무런 논리나 질서가 없는 혼란스러운 뒤범벅이라고 믿는다. 사회주의와 자본주의에 소속된 합리적인 사람들은 이런 유사성에 동의하면서도 여전히 서로 멀리 떨어진 상태로 남아 있을 수 있다. 하지만 용어의 문제에 대한 반발은 남아 있을 것이다. 사람들이 선뜻 버리지 못하는 우발적이면서 아주 중요한 의미들을 내포한 용어들을 가지고 작업하는 것이 불편하다고 주장할 것이다. 하지만 우리는 다음의 사실을 잊어서는 안 된다. 사회주의와 상업주의 생산에 내포된 경제적 논리의 본질적 동일성으로부터 나오는 결과를 받아들여야 한다. 그러면서도 우리가 그런 결과에 도달하게 도와준 특정한 도식이나 모델을 반대할 수도 있다(아래 참조).

그러나 이것이 전부는 아니다. 일부 비非사회주의적 경제학자들과 사회주의적 경제학자들은 우리가 가상하는 사회주의적 경제와 완전 경쟁 타입의 상업주의 경제 사이에 강력한 가족적 유사성이 있다는 것을 적극적으로 알아내고자 한다. 어떤 사회주의 사상 학파는 완전 경쟁을 찬양하면서 동시에 완전 경쟁의 결과는 현대 세계에서 오로지 사회주의 모델을 통해서만 획득할 수 있다고 주장한다. 이런 관점을 취함으로써 얻게 될 전략적 이점은 너무나 분명하다. 그것은 언뜻 보기에 아주 넓은 마음을 드러내는듯하다. 이렇게 하여 다른 경제학자들과 마찬가지로 마르크스 사상과 대중적 사상의 약점을 환히 꿰뚫어보는 유능한 사회주의자는 자신의 확신을 위태롭게 만들지 않으면서도 인정해야 한다고 느끼는 것을 인정할 수 있다. 왜냐하면 그런 인정은 이미 죽어서 안전하게 묻힌 역사적 단계(그런 단계가 있다고 한다면)를 가리키는 것이기 때문이다. 그 사회주의자는 현명하게도 자신의 비난을 비非경쟁적 사례에만 국한시킴으로써, 일부 비난에 제한된 힘을 보태줄 수 있는 것이다. 가령 현대 자본주의 생산은 이윤을 위한 것이지 사람들의 소비를 위한 것은 아니며, 소비를 위한 생산은 웃기는 얘기라는 비난 말이다. 그 사회주의자는 또 착한 부르주아를 당황하고 난처하게 만들 수도 있다. 가령 사회주의는 언제나 부르주아가 원하는 것만 했고, 또 그들의 경제적 지도자가 그들에게 가르친 것만 수행했다고 말하는 것이다. 그러나 양 주의의 가족적 유사성을 강조하는 분석적 이점은 이렇게 하는 것만큼 크지는 못하다.[08]

우리가 이미 살펴본 바와 마찬가지로 경제 이론이 내놓는 완전 경쟁이라는 맥없는 개념은 개인 회사들이 그들 혼자의 행동으로 그들이 내놓은 제품의 가격 혹은 비용 요소들의 가격에 영향을 미칠 수 있느냐에 달려 있다. 만약 영향을 미치지 못한다면 — 그 개인 회사들이 대양의 물 한 방울에 지나지 않고, 시장에서 통용되는 가격을 그대로 받아들여야 한다면 — 이론가들은 이런 상태를 가리켜 완전 경쟁이라고 한다. 이 경우, 각 개인 회사들의 수동적인 반응은 시장 가격과 생산의 총량으로 구체화되는데, 이것은 우리의 사회주의 경제 청사진에서 경제적 중요성의 지표와 생산의 총량이 보여주는 형태와 유사한 형태적 속성을 보인다. 그러나 실제로 소득의 형성이나 산업 지도자의 선출, 주도권과 책임 의식의 배분, 성공과 실패의 정의 등을 관통하는 원칙들을 살펴보면, 그러니까 경쟁 자본주의의 외형을 형성하는 모든 것을 살펴보게 되면 완전 경쟁과는 정반대의 행태를 보인다. 또한 그것은 대기업 타입의 자본주의가 완전 경쟁으로부터 떨어져 있는 것보다 훨씬 더 멀리 떨어져 있다.

우리의 청사진이 상업주의로부터 빌려온 것이고, 그 지저분한 것에 기름을 발라주기 위해 사회주의의 기름을 낭비하고 있다는 이유로 반박될 수 있다고 생각하지 않는다. 하지만 나는 다른 이유로 인해 우리의 청사진에 반대하는 사회주의자들에 대해서는 상당히 공감한다. 나는 실제로 다음 사실을 지적해왔다. 소비재 "시장"을 구축하고 그 시장에서 나오는 지표에 따라 생산을 조정하는 방법은 다른 방법, 가령 다수결 투표에 의한 결정보다 각각의 개별 동지들에게 그가 원하는 것을 더 충실하게 제공할 수 있다. 시장보다 더 민주적인 제도는 없기 때문이다. 그리고 이런 의미에서 그 방법은 "만족의 극대화"라는 결과를 이끌어낸다. 하지만 이런 극대화는 단기적인 것일 뿐이고,[09] 더욱이 매 순간 동지들이 느끼는 실제 욕망에 비례하는 상대적인 것이다. 오로지 노골적인 비프스테이크(물질적) 사회주의만이 이런 목표에 만족할 수 있다. 이것을 경멸하면서 인간을 위해 새로운 문화적 형태를 꿈꾸는 사회주의자를 나는 비난하지 않는다. 사회주의의 진정한 약속은 그런 쪽(환골탈태한 새로운 인간을 꿈꾸는 것)에 놓여 있는 것이다. 이런 마음을 가진 사회주의자들은 그들의 공화국이 동지들의 실제적인 기호(쾌락주의적 양상을 가진 문제들에 대한 기호)에 의해 인도되는 것을 허용할 것이다. 그렇지만 우리가 조건부로 그렇게 하듯이, 그들은 투자 정책이나 그 밖의 다른 양상을 가진 목적들을 위하여 고스플란Gosplan•을 채택할 것이다. 그들은 여전히 동지들이 콩과 팥을 선택하도록 허용할 것이다. 그들은 우유와 위스키, 약품과 주택 개선 등에 대해서는 선택 허용을 다소 망설일 것이다. 하지만 그들은 무위도식과 신전神殿 생활 중의 선택을 동지들에게 허용하지는 않을 것이다. 특히

• 옛 소련의 국가 경제 계획을 수립하고 통제했던 기관으로 무역, 산업, 농업, 교육, 공중위생에 관한 계획을 담당했다. 정식 명칭은 '소비에트 연방각료회의 국가계획위원회'(Gosudarstvennyi Planovyi Komitet Soveta Ministrov: SSSR)이다.

후자(신전 생활)가 독일인들이 투박하지만 그럴듯하게 말한 문화의 객관적 표현을 의미한다면 말이다.

(6) 따라서 우리는 이렇게 물어야 한다. 만약 우리가 "시장"을 내던진다면 시장의 합리성과 확정성 또한 내던져야 하는가? 그 대답은 그렇다, 이다. 시장을 대신하여 모든 소비재의 중요성 지표를 평가하고 결정하는 관계 당국이 있어야 한다. 그 가치 체계를 놓고 볼 때, 이 관계 당국은 로빈슨 크루소가 했던 것처럼 아주 확정적인 방식으로 이 작업(지표 결정)을 해야 한다.[10] 그러면 우리의 당초 청사진에서 그렇게 예상했듯이 계획 과정의 나머지 부분은 저절로 굴러갈 것이다. 쿠폰, 가격, 추상적 단위는 여전히 통제와 비용 계산의 목적에 부응할 것이다. 하지만 이것들은 가처분 소득이나 그 단위들과의 유사성은 잃게 될 것이다. 경제 행위의 일반적 논리에서 파생하는 모든 개념들이 다시 등장할 것이다.

따라서 어떤 종류가 되었든 중앙 집중 사회주의는 첫 번째 장애물 — 논리적 확정성과 사회주의적 계획의 일관성 — 을 성공적으로 통과했다. 이제 우리는 다음번에 등장할 장애물을 살펴보아야 할 것이다. 반反사회주의 경제학자들은 먼저 순수 논리의 측면에서 밀리면, 그 다음 단계로 사회주의의 "실제적 불가능성"을 내세운다. 그들은 중앙청(생산청)이 관리할 수 없는 복잡한 과제들을 떠안게 될 것이라고 지적한다.[11] 또 어떤 경제학자들은 사회주의 체제가 성공하기 위해서는 영혼과 행동의 전면적인 개조가 선행되어야 한다고 말한다. 그러면서 역사적 체험과 상식은 그런 개조가 불가능하다는 것을 보여준다고 첨언한다. 영혼의 개조라는 문제는 뒤에서 다시 언급하겠으며, 여기서는 먼저 중앙청이 떠안게 될 복잡한 과제를 살펴보자.

첫째, 지금까지 해온 이론적 문제의 해결안을 살펴보면 독자는 중앙청 제도가 충분히 작동할 수 있다는 점을 납득할 것이다. 이 해결안은 논리적 가능성을 확립할 뿐 아니라, 그 과정에서 이 가능성이 현실에서 실천되는 여러 단계를 보여주었다. 이것은 생산 계획을 **처음부터**ab ovo 구축해야 할 경우에도 진실이다. 그러니까 수량과 가치에 대한 사전 체험이 전혀 없어서 기존 자원과 기술에 대한 관측과 동지들의 사람됨에 대한 일반적 지식만을 가지고 생산 계획을 수립할 때에도 성공할 수 있다는 말이다. 더욱이 현대의 조건 아래에서, 사회주의 경제는 거대한 관료제의 존재나 그 경제의 탄생, 혹은 작동에 우호적인 사회적 조건들을 필요로 한다는 점을 명심해야 한다. 이 때문에 사회주의의 경제 문제들은 주어진 사회적 환경이나 역사적 상황을 고려하지 않고서는 논의될 수 없다. 이런 행정 장치는 우리가 관료제에 대하여 퍼붓는 그런 경멸적 논평을 받을 수도 있고, 받지 않을 수도 있다. 하지만 현재로서는 중앙청(생산청)이 그 과제를 얼마나 잘, 혹은 얼마나 엉성하게 수행할지, 그것은 우리의 관심사가 아니다. 정말 중요한 것은 그런 중앙청이 존재한다면, 그것이 무거운 과업 때문에 스스로 주저앉을 것으로 내다볼 이유는 없다는 점이다.

정상적인 상황 아래에서라면, 중앙청은 충분한 정보를 확보하여 주요 생산 라인들에서 정확한 생산량을 아주 근접하게 산출할 수 있을 것이다. 그러면 나머지 것들은 근거 있는 시행착오에 의해 조정만 하면 된다. 현재까지 이 문제와 관련하여 사회주의 경제와 상업주의 경제 사이에는 근본적인 차이점이 없다.[12] 어떤 경제 체제가 특정한 최대 조건들을 성취하기 위해 "합리적" 혹은 "최적" 상태로 나아가는 방식과 관련하여 이론가들이 직면하는 문제, 혹은 실제 상황에서 생산 관리자들이 직면하는 문제 등은 양 경제가 서로 비슷한 것이다. 만약 우리가 대부분의 사회주의자들이 한 대로, 특히 카우츠키가 늘 그랬던 것처럼 예전의 경험을 출발점으로 삼는다면 중앙청의 과제는 한결 간단해진다. 특히 우리가 참고할 예전 경험이 대기업 타입의 것이라면 더욱 그러하다.

둘째, 우리의 청사진을 다른 측면에서 검토해보면 또 다른 사항이 도출된다. 사회주의 관리자들이 직면하는 문제의 해결은 상업주의 관리자들이 실제로 문제를 해결하는 것만큼이나 현실적으로 가능하다. 아니, 거기서 한발 더 나아가 문제 해결이 오히려 더 쉽다. 우리가 이 점을 납득하기 위해서는 상업주의 경제에서 회사를 운영하는 가장 큰 어려움 하나를 살펴보면 된다. 이 어려움은 모든 결정에 따르는 불확실성을 가리키는데, 이것은 성공적인 비즈니스 지도자의 정력을 상당 부분 빼앗아간다. 그런 불확실성 중에서도 그 사업가의 실제적·잠재적 경쟁자들의 반응에 대한 불확실성, 그리고 전반적인 사업 환경이 어떻게 형성될 것인지에 대한 불확실성이 가장 중요한 문제이다. 물론 다른 종류의 불확실성이 사회주의 공화국에도 존재하겠지만, 이 두 가지는 사회주의 경제에서 거의 완전하게 사라져버릴 것이다. 사회화된 산업과 공장의 관리자들은 다른 관리자들이 무엇을 할 것인지 정확하게 알 수가 있고, 그래서 협동적 조치를 위해 자연스럽게 모여 의논을 할 수 있다.[13] 중앙청은 어느 정도까지 정보의 교환소, 의사 결정의 조정자 역할을 할 것이다. 카르텔 기업의 모든 것을 다루는 기획 조정실 역할과 비슷하다고 보면 된다. 이것은 관리자들의 업무를 크게 감소시켜줄 것이다. 또한 자본주의 바다의 험난한 파고를 헤쳐 나가야 하는 주요 기업들과 비교해 볼 때, 이런 생산 시스템의 운영은 정신적 노고를 훨씬 줄여줄 것이다. 이것만으로도 우리의 명제는 충분히 가치가 있다.

17
청사진들의 상호 비교

1. 미리 알아두기

지금까지 이 책을 읽어온 독자라면 내가 사회주의 계획에 대하여 비교 평가를 내릴 것이라고 기대할 것이다. 어떻게 보면 그런 기대에 부응하지 않는 것이 나을지도 모른다. 책임감이 조금이라도 있는 사람이라면 우리가 현재 살아가고 있는 체제와 마음속의 구상에 불과한 체제 — 사회주의자는 러시아의 실험(볼셰비키 혁명)을 진정한 사회주의의 실현이라고 보지 않는다 — 를 서로 비교한다는 것이 아주 위험하다는 걸 알기 때문이다. 그럼에도 불구하고 우리는 모험을 걸어보려고 하며, 그 과정에서 다음의 사실을 명심하고자 한다. 우리가 탐구하려는 사실과 논증의 영역 너머에는 개인적 선호, 확신, 평가의 영역이 있으며, 우리는 그런 영역으로는 들어가지 못한다. 우리는 우리의 목표를 엄격하게 제한하고, 어려움과 함정을 솔직히 시인함으로써 성공의 확률을 높이고자 한다.

특히, 우리는 상업주의 사회와 사회주의 사회의 문화적 세계는 비교하지 않을 것이다. 내가 앞에서 말한 사회주의의 문화적 불확정성이라는 개념만으로도 그런 시도를 막기에 충분할 것이다. 하지만 우리가 문화를 비교하지 않으려는 데에는 다른 이유도 있다. 설혹 사회주의 문명이 단 하나의 확정적 패턴을 의미한다고 하더라도, 비교 평가는 여전히 의심스러운 것이다. 세상에는 이상주의자와 편집증 환자들도 있다. 그들은 문화 비교에 아무런 어려움도 느끼지 않으며, 자신들이 좋아하는 몇 가지 특징 혹은 사회주의를 돋보이게 하는 특징들만을 비교의 기준으로 선택하고선 그 나머지 것들을 배제해버린다. 하지만 우리가 이것보다는 더 낫게 관찰하려 한다면 우리의 비전을 널리 펼쳐야 할 것이다. 그리하여 문명과 함께 생겨나서 문명과 함께 죽어버리는 빛으로 비추면서 문명의 모든 측면을 살펴보아야 한다. 그러면 우리는 즉시 모든 문명이 그 자체로 하나의 세계이며 다른 문명과 비교할 수 없다는 것을 깨닫게 된다.

그러나 문화적 성취 중에는 우리의 분석 범위 내에서 비교할 수 있는 것이 한 가지 있다. 사회주의 계획은 개인의 어깨에서 경제적 근심을 덜어줌으로써, 일용할 빵을 벌기 위해 낭비되는 무수한 문화적 에너지를 해방시킨다, 라고 종종 주장된다. 이것은 어느 정도까지 사실이다. "계획" 사회는 그런 해방을 가져오기도 하지만, 다른 이유 혹은 다른 측면에서는 문화적 가능성을 질식시킬 수도 있다. 사회주의의 공공 당국이 인재를 알아보고, 그 인재를 성숙의 단계로까지 배양하는 책임 의식이 없다는 반론도 있다. 공공 당국이 자본주의 사회보다 먼저 반 고흐Vincent van Gogh, 1853~1890라는 천재를 알아볼 것이라고 믿을만한 근거가 없다는 얘기다. 하지만 이런 반론은 논지를 놓친 주장이다. 공공 당국은 그렇게까지 할 필요가 없다. 고흐가 다른 사람들과 마찬가지로 그의 "소득"을 챙겨가게 하고, 또 너무 과도하게 일을 하지 않도록만 해주면 되는 것이다. 평범한 사람에게는 이렇게만 해주면 충분할 것이다. 하지만 고흐의 경우에는 이것으로 충분할지 의문이 들기는 한다. 그의 창조적 천재가 꽃필 수 있도록 기회를 주어야 하니까 말이다.

하지만 또 다른 반론은 훨씬 무게감이 있다. 다른 문제들도 그렇지만 이 문제에 있어서도 사회주의 지지자는 그의 어떤 이상들이 현대 세계에서 어느 정도 충족되고 있다는 사실을 간과한다. 그는 때때로 이런 사실 자체를 인정하지 않으려 한다. 자본주의는 우리가 생각하는 것보다 훨씬 더 높은 수준으로 재능이 위로 올라갈 수 있는 사닥다리를 제공한다. 전형적인 부르주아는 그 사닥다리를 올라가지 못하는 자들은 아예 거들떠볼 필요도 없는 자들이라고 잔인하게 말한다. 뜻있는 많은 사람들은 이런 슬로건에 분노를 표시하지만 여기에는 일말의 진리가 깃들어 있다. 그 사닥다리는 우리가 선택하는 수준을 훌쩍 뛰어넘는 것일 수도 있지만, 아무튼 사닥다리가 없다고는 말하지 못한다. 현대 자본주의는 거의 모든 종류의 재능을 초창기 단계부터 보호하고 육성하는 수단을 체계적으로 제공한다. 이처럼 지원이 풍부하기 때문에 어떤 분야에서는 인재에 도움이 되는 수단을 어떻게 발견할 것인가가 문제가 아니라, 인재라고 불릴만한 사람을 어떻게 발견할 것인가가 문제이다. 아무튼 자본주의 구조의 법칙에 따라 자본주의 사회는 유능한 개인을 출세시키고, 또 유능한 가문을 더욱 효율적으로 성공시킨다. 병적인 천재들의 경우에는 이런 구조 때문에 사회적 손실[01]이 있을 수 있겠으나, 그 손실은 그리 크지 않을 것이다.

2. 효율성의 상호 비교

이제 경제적 영역에만 집중하기로 하자. 하지만 경제적 영역은 2차적 중요성밖에 가지지 못한다는 것을 분명히 밝혀두었으므로, 독자들은 그것을 감안하며 아래의 주장을 읽어나가기 바란다.

　(1) 우리의 논의 범위가 제한되어 있다는 것은 아주 분명하다. 따라서 청사진만 거론하는 제1단계에서 우리가 빠져들 함정은 최소화된다. 자본주의에서 사회주의로 넘어가는 이행기의 어려움은 뒤에서 별도로 다루기로 하고, 여기서는 잠정적으로 그런 어려움이 성공적으로 극복되었다고 가정하자. 그러면 사회주의 도식의 존재 가능성과 실천 가능성의 증명을

일별하는 것만으로도 충분하리라. 그 결과 우리는 사회주의가 더 우월한 경제적 효율성을 갖고 있다는 주장이 타당하다는 것을 깨닫게 된다.

그 우월성은 대기업 혹은 "독점적" 자본주의와의 비교로써 증명되어야 한다. 왜냐하면 이렇게 할 경우 "경쟁적" 자본주의에 대한 우월성은 **더 강력한 근거로부터** 자연히 도출될 것이기 때문이다. 이것은 이미 8장의 분석에서 분명하게 밝혀졌다. 많은 경제학자들은 완전 경쟁이라는 비현실적 조건 아래에서 경쟁적 자본주의에 대한 우호적인 명제들을 확립하기에 급급했다. 그래서 그들은 "독점적" 자본주의를 희생시켜가면서까지 경쟁적 자본주의를 찬양하는 버릇에 빠져들었다. 설사 이런 찬양이 온전히 타당한 것이라고 할지라도(전혀 그렇지 않다), 또 완전 경쟁이 산업과 수송의 분야에서 온전히 실현되었다고 할지라도(온전히 실현되지 않았다), 그리고 대기업에 대한 비난이 온전히 타당한 것이라고 할지라도(이런 비난은 사실과 거리가 멀다) 다음의 사실은 여전히 엄연한 사실인 것이다. 대규모 단위의 시대에서 자본주의 생산 엔진의 실제적 효율성은 그 전 시대인 중소기업 시대의 효율성보다 훨씬 더 크다. 이것은 통계적 기록으로 증명되는 사실이다. 이 사실은 이론적으로 이렇게 설명된다. 통제 단위(회사)의 규모가 점점 커지고, 그와 함께 기업 전략이 대규모화하는 것은 불가피한 현상이었고, 상당 정도까지 그 통계 기록에 반영된 성과의 사전 조건들이었다. 달리 말해서 그 회사들이 완전 경쟁에 노출되었더라면 새로운 기술적·조직적 가능성을 취하지 못했을 것이고, 따라서 그와 유사한 성과를 내지 못했을 것이다. 따라서 현대 자본주의가 완전 경쟁 조건에서 어떻게 작동했을까, 하고 물어보는 것은 부질없는 질문이다. 따라서 사회주의가 경쟁적 자본주의가 아니라 "독점적" 자본주의를 물려받는다는 사실과는 별도로, 부수적인 경우를 제외한다면 우리는 경쟁적 자본주의에 대해서는 별로 신경을 쓸 필요가 없다.

우리는 경제 효율성을 생산 효율성으로 국한시킬 것이다. 하지만 생산 효율성이라는 것도 그리 정의하기 쉬운 개념은 아니다. 비교 대상인 두 개의 대안은 물론[02] 동일한 시점 — 과거, 현재 혹은 미래 — 을 가리키는 것이어야 한다. 하지만 이것만으로는 충분하지 않다. 어떤 특정한 시점의 관점에서 사회주의 관리자가 그 시점에 존재하는 자본주의 장치를 가지고 무엇을 할 것인가, 하는 것은 중요한 문제가 아니다(이 문제는 사회주의 관리자가 주어진 소비재의 비축분을 가지고 무엇을 할 것인가에 비해 덜 흥미로운 문제이다). 우리의 당면 질문은 자본주의 관리자가 아닌 사회주의 관리자가 생산 효율성을 구축해야 할 때, 어떤 생산 장비가 존재하고 또 존재할 수 있는가, 하는 것이다. 지난 20년 동안에 축적되어 온 우리의 실제·잠재 생산 자원에 대한 다량의 정보는 다른 목적으로는 가치가 있을지 몰라도, 우리의 어려움을 해결하는 데에는 별다른 도움을 주지 못한다. 우리가 고작 할 수 있는 일이라고는 사회주의 사회와 상업주의 사회의 경제 엔진의 메커니즘 차이를 열거하고, 그 중요성을 평가하는 것뿐이다.

우리는 비교 평가의 시점에서 인구의 숫자, 품질, 기호, 연령 분포 등은 양 사회가 똑같다고 가정한다. 그런 다음 우리는 시간 단위당 소비재의 더 많은 흐름을 **장기적으로** 생산하는 체제가 상대적으로 더 효율적이라고 판단할 것이다.[03]

(2) 이 정의에는 좀 더 많은 설명이 필요하다. 이 정의는 경제 효율성을 경제적 복지 혹은 특정한 욕구 충족의 정도와 동일시하지 않는다. 설사 **어떤** 사회주의 경제가 어떤 상업주의 경제보다 덜 효율적(우리가 위에서 정의한 효율)이라고 할지라도, 대부분의 사람들 — 전형적인 사회주의자는 모든 사람들을 목표로 삼는다 — 은 상업주의 경제보다는 사회주의 경제 속에 사는 것이 "더 유복하다" "더 행복하다" "더 만족스럽다"라고 생각할 수 있다. 내가 여기서 강력하게 주장하려는 것은 상대적 경제

효율성이 이런 경우들에서조차도 독립적인 의미를 가지며, 모든 경우들에서 중요한 고려 사항이 된다는 사실이다. 하지만 우리가 이런 측면들을 무시하는 기준을 채택한다고 해서, 그다지 많은 것을 잃지는 않는다. 이 문제는 논쟁의 여지가 있으므로 부연 설명이 조금 더 필요하다.

우선 확신을 가진 사회주의자들은 사회주의 사회에서 산다는 사실 자체에 만족할 것이다.[04] 그들에게 사회주의 빵은 그게 사회주의 빵이라는 사실 때문에 자본주의 빵보다 더 달콤할 것이다. 설사 그들이 그 빵에서 생쥐를 발견하더라고 여전히 그런 생각을 품을 것이다. 더욱이 그 사회주의 체제가 개인의 도덕적 원칙들과 일치한다면(가령 평등적 사회주의는 많은 사회주의자들의 도덕적 원칙과 일치한다), 이 사실과 그로부터 나오는 정의감의 충족은 자본주의 사회보다 우월한 점으로 치부될 것이다. 사회주의 체제가 제대로 작동하는 데 있어 이런 도덕적 동맹은 결코 무관한 사안이 아니다. 이것이 우리가 말하는 효율성에 상당히 중요하다는 점을 뒤에서 언급할 것이다. 그것 이외에도, 정의에 대한 수사修辭는 대체로 우리가 어떤 형태의 사회를 좋아하느냐 여부로 귀결된다는 것을 인정하는 게 좋다.

평등주의적 사회주의 혹은 더 폭넓은 소득의 평등성을 가진 사회주의를 지지하는 순전히 경제적인 논의도 존재하는듯하다. 욕구의 충족을 측정 가능한 수량으로 보고 또 서로 다른 사람들의 욕구 충족을 비교·합산하는 것에 아무런 거리낌을 느끼지 않는 경제학자들은 다음과 같은 주장을 펼 권리를 갖는다. 즉, 소비재의 특정 비축분stock 혹은 흐름이 평등하게 분배된다면 일반적으로 극대화된 만족을 가져올 수 있다는 것이다. 상업주의 체제만큼이나 효율적인 평등주의 체제는 복지의 수준을 아주 높게 유지할 것이다. 심지어 효율성이 다소 떨어지는 평등주의적 체제라도 복지 수준이 상당할 것이다. 대부분의 현대 이론가들은 이런 논의를 인정하지 않는다. 욕구 충족은 측정 가능한 것이 아니고, 또 서로 다른 사람들의 욕구 충족을 비교·합산하는 것은 무의미하다고 보기 때문이다. 이 얘기를 더 이상 할 필요는 없을 것이다. 평등주의적 논의는 우리가 독점 기업의 행동을 분석했을 때 제기했던 반론에 직접적으로 노출된다는 것을 지적하면 충분하다. 중요한 문제는 특정 수량을 소득 분배의 원칙과 무관하게 분배할 수 있는가, 하는 것이 아니다. 무제한적 불공평을 인정하는 상업주의 사회에서 노동자가 벌어들이는 임금 소득이 평등주의적 사회주의 사회에서 분배되는 평등한 소득보다 더 높을 수 있는 것이다. 사회주의 생산 엔진이 상호 비교의 시점에서 상업주의 생산 엔진과 비슷한 정도의 효율성을 낼 수 있다는 사실이 합리적으로 증명되지 않는다면 분배 논의는 설혹 우리가 그것을 받아들이려 해도 미진한 것이 되어버리며, 실제로는 의문을 야기하는 것이 되고 만다.[05] 평등주의 논의가 아예 도덕적 이상에 기반을 둔 것이 아니라면, 그건 결국에는 이도 저도 아닌 주장이 되고 만다.

(3) 유사한 수준의 생산 효율성이 서로 다른 수준의 복지와 연관이 되는 데에는 여전히 또 다른 이유가 있다. 대부분의 사회학자들은 이런 주장을 편다. 동일한 국민 소득이라면 자본주의 사회보다는 사회주의 사회에서 더 높은 효과를 낼 것이다. 왜냐하면 사회주의 체제는 그 소득을 보다 절약적으로economically 활용할 것이기 때문이다. 이런 절약의economy 효과는 각 사회의 차이점에서 나온다. 가령 다른 유형의 사회라면 많은 자원을 분배하는 데 목적이 있겠지만, 어떤 유형의 사회는 그 조직의 특성상 그런 목적에 무관심하거나 혐오감을 드러낸다. 가령 평화주의적 사회주의는 군비를 절약하고, 무신론적 사회주의는 교회 관련 비용을 절약한다. 그리하여 두 사회는 그 자원을 병원에 투입한다. 사회주의 사회는 실제로 이렇게 한다. 하지만 여기에는 가치 평가가 수반되는데 전반적으로 사회

주의가 이렇게 한다고 자신 있게 판단을 내릴 수가 없으므로 — 비록 많은 개인적 사회주의자들은 이렇게 하지만 — 여기서는 우리의 관심사가 되지 못한다.

거의 모든 사회주의 사회 — 플라톤 유형은 제외 — 는 또 다른 유형의 절약을 실현한다. 그들은 유한계급, 즉 "일하지 않는 부자들"을 완전히 제거한다. 사회주의 관점에서 보자면, 이 그룹에 속하는 사람들의 욕구 충족을 무시하고, 또 그들의 기능을 제로로 평가하는 것은 합당하다(물론 세련된 사회주의자들은 오늘날의 세계에서는 제로이지만, 과거에는 그런 사람들도 어느 정도 기능이 있었다고 첨언함으로써 이 사람들의 체면을 세워준다). 이처럼 노는 부자들을 제거함으로써 사회주의 체제는 순이익을 올릴 것이 분명하다. 우리가 이 순이익을 무시해버리는 효율성 기준을 사용함으로써 얼마나 많은 것을 잃을 것인가?

현재의 전쟁(제2차 세계대전)을 자금으로 지원하기 위해 적용된 재정적 방법들을 따지지 않더라도, 현대의 소득세와 상속세는 이 문제를 수량적으로 무의미하게 만들 정도로 축소시켰다. 그러나 이런 과세 자체가 반反자본주의적 태도의 표현이고, 전형적인 자본주의적 소득 계층을 완전히 제거하겠다는 예고편이다. 따라서 아직 경제적 뿌리를 공격받지 않은 자본주의 사회에 대하여 우리는 질문을 던져야 한다. 미국의 경우에는 1929년의 데이터를 선정하는 것이 합리적인 듯하다.[06]

부자를 연 수입 5만 달러 이상의 사람들이라고 정의해보자. 1929년에 부자들은 약 930억 달러의 국민 소득 중 약 130억 달러를 가져갔다.[07] 이 130억 달러에서 세금, 저축, 공적 목적에 대한 출연금 등은 공제해야 한다. 왜냐하면 이런 돈은 사회주의 체제 내에서 절약분으로 잡히지 않을 것이기 때문이다. 부자들이 자신의 소비를 위해 사용한 금액만이 사회주의 체제 내에서 "절약될" 수 있는 부분이다.[08] 이 지출분을 정확하게 계산할 수는 없다. 우리가 할 수 있는 것은 기껏 그 소비 규모의 윤곽을 어렴풋이 파악하는 정도이다. 기꺼이 추산을 하려고 하는 대부분의 경제학자들은 130억 달러 중 3분의 1 미만일 것이라고 보는데, 이 금액이 43억 3,000만 달러 혹은 총국민 소득의 4.6퍼센트 정도 된다고 보면 무난할 것이다. 그런데 이 4.6퍼센트는 기업 중역들이나 전문직들의 소득까지 포함하고 있는 것이므로, 일하지 않고 노는 부자들의 소비 비중은 기껏해야 1, 2퍼센트를 넘지 못할 것이다. 게다가 그들도 가족들에게 봉사한다는 동기가 있을 것이므로, 이 1, 2퍼센트조차도 경제 엔진의 효율성을 돕는 성과와 완전히 무관하게 소비되었다고 볼 수는 없다.

일부 독자들은 5만 달러 상한이 지나치게 높다고 반론을 제기할지도 모른다. 부유한 자든 가난한 자든,[09] 경제적인 의미에서 놀고 있는 모든 사람들의 소득을 생존 수준으로 제거하거나 축소시킨다면 더욱 큰 절약 효과를 거둘 수 있을 것이다. 모든 고소득의 분배를 더욱 합리화하여 그 소득을 성과와 일치시킨다면, 추가로 더 많이 절약할 수 있다. 하지만 바로 다음 소제목에서 다룰 논의에서 알 수 있듯이, 이 절약에 대하여 큰 희망을 걸었다면 실망할 가능성이 높다.

하지만 내 주장을 고집하고 싶은 생각은 없다. 독자들이 내가 생각하는 것 이상으로 이런 절약에 중요한 의미를 부여한다면, 우리가 다음에서 도달하게 될 결론은 **더욱 강력한 논거**가 될 것이다.

3. 사회주의 청사진이 우월하다고 주장하는 논거

이렇게 하여 우월성 혹은 열등성에 관한 우리의 기준은 보기보다 더 넓은 범위를 커버하게 되었다. 만약 우리가 그 기준을 고수한다면 내가 앞서 말한 사회주의 청사진의 우월성을 강력하게 주장할 수 있는 근거는 무엇인가?

8장의 분석을 정독한 독자라면 의아한 생각을 품을 것이다. 자본주의 체제를 반대하고 사회주의 체제를 지지하는 대부분의 논의는 실패로 돌아갔다. 우리가 8장에서 이미 살펴보았듯이 급속한 발전이 기업들을 위해 좋은 조건을 조성해준 상황을 감안하면 그런 논의들은 성립되지 않는다. 좀 더 정밀하게 분석해보면 이런 논의들 중 일부는 오히려 반대쪽을 가리킨다. 가령 병리적이라고 비난되는 것이 실은 생리적인 것으로 판명된다. 그러니까 창조적 파괴의 과정에서 중요한 기능을 수행하는 것이다. 많은 낭비들이 오히려 보상을 가져와서 때로는 그런 논의를 완전 무의미한 것으로 만든다. 사회적으로 불합리해 보이는 자원 배분이 겉보기처럼 빈번하지도 중요하지도 않다. 게다가 어떤 경우들은 사회주의 경제에서도 발생할법한 것들이다. 사회주의 경제에서도 부분적으로 불가피한 과잉 생산력은 사회주의의 비판을 제압하는 해석을 가져올 것이다. 심지어 구제 불능의 결점들도 커다란 성과의 부산물에 지나지 않는 것으로 판명되었고, 그 성과가 워낙 크기 때문에 많은 결점들을 덮고도 남을 것이다.

우리의 질문("사회주의 청사진이 우월한 근거는 무엇인가?")에 대한 답변은 앞 장(16장)의 맨 마지막 문단에서 구할 수 있다. 즉, 불확실성을 제거하여 경쟁으로부터 해방시켜준다는 것이다. 자본주의의 진화가 최대 속도로 내달릴 때에는 이런 해방의 타당성이 의심스러울 것이다. 하지만 그 진화가 경제 메커니즘의 내부적 요인 혹은 외부적 요인에 의해 **항구적으로** 침체된다면, 그 주장은 결정적인 것이 된다.

자본주의 산업들의 상황은 너무 복잡하여 가격과 생산이 이론적으로 불확정적인 사례들이 있다. 이런 사태들이 늘 벌어지는 것은 아니지만, 과점 상태가 존재할 때에는 발생한다. 사회주의 경제에서는 모든 것이 — 실제적 중요성이 없는 제한적 사례들을 제외하고 — 독특하게 확정된다. 이론적으로 확정적인 상태가 존재한다 할지라도, 자본주의 경제에서는 사회주의 경제에 비해 그런 상태에 도달하는 것이 훨씬 더 어렵고 비용이 더 많이 들어간다. 자본주의 경제에서는 무한한 움직임과 반대 움직임이 필요하고, 또 행동을 마비시키는 불확실성의 분위기에서 결정을 내려야만 한다. 반면, 사회주의 경제에서는 그런 전략이나 불확실성이 존재하지 않을 것이다. 이것(확정 상태에 도달하기 어려운 불확실성)은 "독점적" 자본주의에 적용될 뿐 아니라, 비록 다른 이유들 때문이기는 하지만 경쟁적 자본주의에도 적용된다. 이런 사실은 돼지 생산의 순환적 사례[10]에 의해서도 증명되고, 또 일반적 불황 속에서 혹은 산업들 내의 변화들 속에서 준準완전 경쟁을 벌이는 산업들의 행동에 의해서도 증명이 된다.

하지만 이것(불확실성의 배제)은 얼핏 보기보다 더 많은 의미를 갖는다. 생산 문제의 확정적 해결은 주어진 데이터의 관점에서 볼 때 합리적이거나 최적의 것이다. 확정적 해결로 가는 길을 단축시켜주거나 부드럽게 해주거나 안전하게 보호해주는 것은 뭐든지 인간의 에너지와 물질 자원을 절약해주고, 또 소정의 결과에 도달하는 비용을 줄여준다. 이렇게 하여 절약된 자원이 완전히 낭비되지 않는 한, 우리가 말하는(사회주의식) 효율성은 필연적으로 늘어나게 된다.

이 섹션에서는 위에서 주마간산 격으로 살펴본 자본주의 체제에 대한 포괄적 비난들이 좀 더 타당하게 정당화된다. 한 가지 사례로서 과잉 생산력을 살펴보자. 사회주의에서 이것이 완전히 사라질 것이라는 얘기는 사실이 아니다. 만약 중앙청이 아직 사람들의 정착이 끝나지 않은 지역에서 새로운 철도가 완벽하게 활용될 것을 기대한다면, 그건 어리석은 판단이다. 과잉 생산력이 모든 경우에서 손실을 가져온다는 얘기도 사실이 아니다. 그러나 손실을 가져오지만 사회주의 관리에 의해 회피될 수 있는 과잉 생산력의 타입이 있다. 그 주된 사례는 경제 전쟁의 목적을 위해 남겨둔 예비 생산력이다. 이런 특별한 케이스의 중요성이 무엇이든 간에(나는 그것이 상당히 중요하다고는 생각하지 않는다), 이것은 내가 이미 지적한 사항을 보여준다. 자본주의 진화의 조건들 아래에서는 완벽하게 합리적이면서 또 필요하고, 자본주의 질서의 관점에서 보면 전혀 결점이 되지 않는 사항들이 있거나 있을 수 있다. 이런 사항들은 경쟁적 자본주의와 대비해보면 "독점적" 자본주의의 결점이 되지 않는다. 특히 그 사항들이 경쟁적 자본주의로는 미치지 못하는 독점적 자본주의의 성과에 기여한다면 그건 결점으로 인정되지 않는 것이다. 그러나 이런 사항들은 사회주의 청사진과 대비해보면 결점이 될 수 있다.

이것은 특히 경기 순환의 메커니즘을 형성하는 대부분의 현상들에 적용된다. 자본주의 기업은 조절 장치들이 없지는 않다. 그런 장치들 중 일부는 사회주의 생산청(중앙청)의 관행에서도 발견될 수 있다. 그러나 모든 분야에서 새로운 사업들이 벌어질 때 생산을 미리 확정하는 계획 경제, 특히 체계적인 조정과 질서 있는 분배는 아주 효율적이다. 특히 어떤 때에는 돌발적 경기를 예방하고, 또 어떤 때는 불황적 반작용을 방지한다. 이런 데 있어서 계획 경제는 이자율이나 여신 공급의 자동적 혹은 조작적 변경에 비해 비교가 안 될 정도로 훨씬 더 효과적이다. 사실, 계획 경제는 경기 순환의 상승이나 하강의 원인을 근본적으로 제거하는 반면, 자본주의 질서는 그런 상승이나 하강을 완화시킬 수 있을 뿐이다. 자본주의 과정 — 특히 경쟁적 자본주의 과정 — 에서는 낡은 것을 폐기하는 과정이 일시적인 마비와 손실, 그리고 부분적인 기능 부전을 의미한다. 그러나 포괄적 계획 경제에서는 이 과정이 일반인들이 생각하는 "낡은 것, 그것만을 버리기"로 최소화될 수 있다. 사회주의 경제에서는 낡아버린 공장이나 설비들 중 아직 낡지 않은 부분을 사전에 다른 용도로 돌려쓰도록 조치할 수 있는 것이다. 좀 더 구체적인 사례를 들면 이러하다. 목면 산업에 위기가 집중되면 자본주의 체제에서는 주택 건설이 중단될 수 있다. 그러나 사회주의 체제에서는 단기 예고에 의해 목면 생산을 크게 줄여야 하는 일은 벌어질 수 있지만(이런 일이 벌어질법하지 않지만), 그것은 주택 건설을 중지시키는 것이 아니라 오히려 촉진시키는 사유가 될 수 있다.

자신의 욕구를 실천할 수 있는 지위에 있는 사람이 어떤 경제적 목표를 바라든 간에 사회주의적 관리는 혼란과 손실을 덜 겪으면서 그 목표를 달성할 수 있다. 이렇게 하는 데 있어서 자본주의 제도의 틀 내에서 발전을 계획하려 할 때 수반되는 불이익을 반드시 발생시키는 것도 아니다. 이런 사회주의 관리의 한 가지 측면을 다음과 같이 말할 수 있다. 사회주의 관리는 생산의 장기적 추세에 근접하는 노선으로 나아가는데, 그 추세는 우리가 이미 살펴본 바와 같이 대기업 정책과 비슷한 추세를 보인다. 우리가 지금껏 해온 논의를 간결하게 요약해서 말하면 이렇다. 사회화는 대기업이 닦아놓은 길로 나아가되, 그 과정에서 대기업을 넘어서서 나아간다. 결국 같은 말이 되겠는데, 사회주의적 관리는 대기업 자본주의보다 더 우수하다고 볼 수 있고, 이것은 대기업 자본주의가 경쟁적 자본주의(100년 전의 영국 산업이 원형)보다 더 우수한 것과 같은 이치이다. 미래의 세대들은 사회주의 계획의 열등성을 설명하는 논의를 낡은 것으로 내려다 볼 것이다. 현재의 우리들이 아담 스미스의 주식회사 논의를 낡은 것으로 보듯 말이다. 그렇다고 아담 스미스의 논의 모두가 완전히 틀린 것은 아니었다.

물론 지금까지 내가 말해온 것은 오로지 사회주의 청사진의 논리적 측면만을 가리키는 것이었다. 따라서 실제의 사회주의는 이런 "객관적" 가능성을 달성하지 못할 수도 있다. 청사진의 논리를 따르는 만큼, 사회주의 청사진은 보다 높은 수준의 합리성을 따르고 있음도 부인하지 못한다. 이것이 문제를 아주 정확하게 제시하는 방법이라고 생각한다. 그것은 합리성 대 비합리성의 문제가 아니다. 돼지와 사료 가격에 반응하여 돼지 생산의 순환적 변동을 일으키는 농부는 개인적으로나 그 순간의 관점에서나 완벽하게 합리적으로 행동하고 있는 것이다. 과점적 상황에서 움직이는 회사의 관리 또한 완벽하게 합리적이다. 호경기에는 확장하고, 불경기에는 수축하는 회사 또한 그러하다. 바로 이런 종류와 범위의 합리성이 중대한 차이를 만들어낸다.

이것이 사회주의 계획을 지지하기 위해 내놓을 수 있는 논의의 전부는 아니다. 아래에 제시되는 사회주의 경제의 이점은 이미 우리들이 다루어 온 논의들 속에 내포되어 있는 것이다. 또한 사회주의 경제의 순수 논리에 관한 한, 지금껏 제시해온 대부분의 논의들은 증명 과정상에 하자가 없는 것으로 판명되었다.

첫 번째로 중요한 사례는 실업의 경우이다. 우리는 2부에서 이렇게 지적한 바 있다. 실업자들의 이해관계에 대해 말하자면, 어떤 단계에 놓여 있던 자본주의 사회는 성공적인 사회화(사회주의로의 이행)의 필요성을 충분히 제기할 것이고, 이 점에 대해서는 더 이상 바랄 게 없을 것이다. 실업이 사회에 가져오는 손실과 관련하여 이 논의는 다음과 같은 사실을 암시한다. 사회주의 사회에서는 주로 불경기를 제거한 덕분에 실업이 훨씬 줄어들 것이다. 설사 기술 개선의 결과로 실업이 발생한다 할지라도, 생산청은 실업자들을 무슨 수를 써서라도 다른 일에 전용시킬 수 있다. 만약 계획 경제가 그 가능성들을 모두 실현한다면, 각각의 경우에 실업자들을 기다리는 자리가 언제든 마련되어 있는 것이다.

사회주의 계획의 우수한 합리성에 내포된 사소한 이점으로는 이런 것이 있다. 자본주의 체제에서는 개선이 대체로 개인 회사들에서 발생하고, 그것이 널리 퍼지기까지 저항을 받기 때문에 시간이 걸린다. 발전의 속도가 빠를 경우, 다수의 회사들이 옛날 방식에 매달리거나 그렇지 않으면 기준 이하의 효율성을 보이는 것이다. 이론적으로 말해서, 사회주의 체제에서는 모든 개선안이 포고령 하나로 널리 퍼질 수 있고, 기준 이하의 효율성은 즉각 제거된다. 내가 이것을 사소한 이점이라고 말한 것은 자본주의 또한 비효율성에 대해 꽤 효율적으로 대응하기 때문이다. 물론 크든 작든 이런 특수한 이점이 관료제에 의해 실현될 가능성은 또 다른 문제이다. 훌륭한 관료제는 그 구성원 전원을 **그 관료제의** 소정 기준까지 끌어올릴 것으로 기대되지만, 그 기준이 무엇이냐에 대해서는 아무것도 말해주지 않는다. 잠재적 우월성이 현실에서는 실제적 열등성으로 바뀔 수도 있다는 사실을 늘 염두에 두어야 한다.

중소기업의 사장들 혹은 오너-사장들은 대체로 엔지니어, 세일즈맨, 혹은 조직 관리자이다. 이들은 좋은 사람이지만 모든 일을 똑같이 잘할 수는 없다. 우리는 성공을 거두는 회사들도 이런저런 면에서 무관심하게 관리되는 것을 종종 발견한다. 효율성 전문가들의 보고서를 한번 참조해보라. 또 기업의 지도자들이 엉뚱한 자리에 앉아 있는 것도 발견할 수 있다. 현대의 대기업들이 그렇게 하듯이, 사회주의 경제는 이런 인력들을 그들이 잘 아는 자리에 전적으로 배치함으로써 그들의 효율을 극대화한다. 하지만 우리는 명백한 고려 사항들 때문에 이 점에 대해서는 큰 희망을 품지 않는다. 그 고려 사항들이 무엇인지는 언급할 필요가 없다고 본다.

하지만 우리가 작성한 사회주의 청사진에서 가시적으로 드러나지 않는 아주 중요한 이점이 하나 있다. 상업주의 사회의 주된 특징은 사적 영역과 공적 영역의 구분이다. 달리 말하자면 상업주의 사회에서 사적 영역은 봉건 사회나 사회주의 사회가 그것에 부여하는 것보다 훨씬 더 많은 것을 포함한다. 이 사적 영역은 개념적으로나 실제적으로나 공적 영역과 뚜렷하게 구분된다. 이 두 영역은 상당 부분 다른 사람들에 의해 충원된다 (지방 자치 자체의 역사는 가장 뚜렷한 예외 사항이다). 또한 두 영역은 서로 다른 혹은 갈등하는 원칙들에 의해 조직되고 운영되며, 서로 다른 혹은 양립할 수 없는 기준들을 만들어낸다.

이런 대립적 구도에서 갈등은 불가피한 일이고, 그 구도의 역설적 성격은 그 내막을 잘 모르는 우리에게 경이로움의 원천이다. 당연히 그 갈등은 곧 적대감으로 발전했다. 부르주아의 영토에서 정복의 싸움이 벌어지고, 공적 영역의 사람들이 점점 더 많은 성공을 거두면서 적대감은 깊어졌다. 이런 적대감에는 갈등이 뒤따른다. 경제 분야에서 국가의 대부분 행위는 예전의 부르주아 경제학자들이 사용했던 정부의 **간섭**이라는 측면으로 파악된다. 정부 행위들은 문자 그대로 간섭한다. 특히 사적 생산 엔진을 방해하고 마비시킨다. 정부 행위가 자주 성공적이었다거나 생산 효율성을 높여주었다고 주장할 수는 없다. 하지만 사회주의 중앙청(생산청)의 행위는 성공을 거두거나 효율성을 높여줄 가능성이 훨씬 높다. 또한 적대적 갈등에 수반되는 비용과 손실을 완벽하게 회피할 수 있다. 이런 손실은 정말 막대하다. 그것이 끊임없는 조사와 기소를 야기하고, 그리하여 기업 추진력에 아주 파괴적인 효과를 미친다는 점을 생각하면 커다란 손실이 아닐 수 없다.

이런 비용의 한 가지 요소를 구체적으로 거론할 필요가 있다. 그것은 순전히 보호하는 행위에 뛰어난 인력들을 투입하도록 만든다. 변호사들이 하는 일들 중 상당 부분이 기업과 국가(혹은 국가 기관) 사이의 갈등에 관한 일이다. 이것을 공동선에 대한 사악한 방해라고 불러야 할지 혹은 사악한 방해에 대한 공동선의 보호라고 해야 할지, 여기서는 무관한 문제이다. 아무튼 사회주의 사회에서는 이런 법률 활동의 필요나 여지가 전혀 없다. 이런 활동이 없으므로 해서 생겨나는 절약 효과는 변호사들의 수임료만으로는 충분하게 측정될 수 없다. 그것은 사소한 문제이다. 하지만 최고의 두뇌를 이런 비생산적인 일에 활용함으로써 발생하는 사회적 손실은 결코 사소한 게 아니다. 그들이 아주 뛰어난 두뇌임을 감안할 때, 그들을 다른 일에 전용하는 것은 아주 중요한 일이 된다.

　사적 영역과 공적 영역 사이의 갈등 혹은 적대감은 처음서부터 격화될 수밖에 없었다. 군주들의 봉토가 중요한 수입원이 되지 못한 이래, 국가는 사적 목적을 위해 사적 영역에서 생산되는 세입으로 먹고살았다. 그런 세입을 올리기 위해서는 정치권력을 사용하여 그런 사적 목적들로부터 자금을 일부 이탈시켜야 했다.[11] 이리하여 과세는 상업주의 사회의 본질적 속성이 되었다. 우리가 1장에서 언급했던 국가의 개념을 받아들인다면, 과세는 국가의 본질적 속성으로 자리 잡게 된다. 반면, 과세는 거의 불가피하게[12] 생산 과정에 피해를 주는 특성을 갖게 된다. 대략 1914년까지 ─ 우리가 현대만 따지기로 한다면 ─ 그 피해는 아주 비좁은 지역에 국한되어 있었다. 그러나 그 이후 세금은 점점 늘어나서 기업과 가정 예산의 주요 항목이 되었고, 또 불만족스러운 경제 성과를 설명하는 주된 요소로 자리 잡았다. 싫어하는 조직체들로부터 점점 늘어나는 세금을 짜내기 위해 거대한 행정 기관이 설립되었다. 이 기관은 부르주아지의 매출에서 단 1달러라도 더 짜내려고 부르주아지와 갈등을 빚는 일 이외에는 하는 일이 없다. 그 조직체(회사)는 그에 대응하여 방어 조직을 만들었고, 자기를 보호하기 위해 엄청나게 일을 많이 하고 있다.

　사회단체의 구조적 원칙들이 갈등함으로써 벌어지는 낭비에 대하여 이보다 더 좋은 사례는 없을 것이다. 현대 자본주의는 그 일용할 양식으로 이윤 원칙을 신봉하면서, 동시에 그 이윤 원칙이 널리 퍼지는 것은 허용하지 않는다. 이러한 갈등, 이러한 낭비가 사회주의 사회에서는 존재하지 않는다. 중앙청이 모든 세입의 원천을 통제하기 때문에 세금은 국가 ─ 만약 나의 국가 개념이 못마땅하다면 부르주아 국가 ─ 와 함께 사라져버릴 것이다. 상식적으로 판단해도, 중앙청이 먼저 소득을 지불하고 나서 그 다음에 각 소득의 수혜자로부터 그 소득의 일부를 거두어들인다는 것(세금)은 분명 어리석은 일이다. 만약 과격파들이 부르주아를 억압하는 일이 너무 힘들다고 생각하여 세금으로 그 일(부르주아를 억압하는 일)을 대신하게 하면서, 정작 세금이 낮은 것이 문제이지 과세 자체는 별 문제가 없다고 생각한다면, 바로 여기에서 우리는 사회주의의 우월성을 여실히 파악하게 된다. 이렇게 하여 우리는 사회주의 계획이 자본주의 경제보다 더 우월하다는 결정적 사유의 한 가지로 이러한 세금 문제를 제시할 수 있다.

18
인간성의 요소

두 가지 사전 경고

사회주의를 반대하는 많은 사람들도 우리가 앞서 도달한 결론에 동의할 가능성이 높다. 하지만 그들의 동의는 이런 단서를 달고 있다. "그래요, 이론상으로는 가능하겠지요. 사회주의 엔진을 지휘하는 사람이 신적인 존재이거나, 그 엔진을 담당하는 사람이 대천사라면 말이에요. 하지만 문제는 이거예요. 사회주의 사회라고 해도 인간은 신적인 존재나 대천사가 아니고, 인간성이란 예나 지금이나 그대로예요. 동기 부여와 책임과 보상이라는 패턴을 가진 자본주의 제도가 이론상으로는 최선의 것은 아닐지 몰라도, 현실적으로는 가장 실천성 높은 제도라는 거죠."

이런 단서에는 두 가지 사전 경고가 도사리고 있다. 첫째, 우리는 어떤 주어진 현실을 **관념 속의** 현실과 비교하는 데 따르는 위험에 대비해야 하고, 또 주어진 현실을 **이상적** 현실과 비교하는 데 따르는 오류 혹은 기만에 빠져들지 않도록 해야 한다.[01] 둘째, 나는 앞에서 사회주의의 보편적 사례는 있을 수 없음을 분명히 밝혔다. 따라서 사회주의를 거론할 때는 주어진 사회 조건과 주어진 역사적 무대를 반드시 감안하면서 구체적 사례를 제시해야 한다. 청사진을 설명하는 과정에서 이렇게 하는 것이 전보다 더 중요한 의미를 갖는다.

1. 이 논의가 갖고 있는 역사적 상대성

위의 사전 경고를 하나의 비유로 예증해보겠다. 사유 재산제를 지지하는 사람들을 포함하여 현대인들의 관점에서는 봉건 사회의 공공 행정 영역이 사적 소유와 사적 소득의 대상인 양 관리되었다고 보일 것이다. 봉신封臣 관계에 있는 모든 기사와 영주는 자신의 이윤을 올리기 위해 봉토封土(영지)를 유지했지, 그 자신이 그 봉토를 **관리해준** 서비스에 대한 보답으로 유지한 것은 아니었다. 다시 말해, 그 봉토를 관리하는 권력은 오늘날 말하는 공공 행정에 해당하지만, 이는 자신의 차상급次上級 영주에게 해준 서비스에 대하여 개인적으로 받은 보답이었을 뿐이다. 이렇게 말해도 이 문제를 명확하게 설명한 것은 되지 못한다. 다음과 같이 더 분명하게 말해보겠다. 봉건 시대에 모든 기사나 영주는 그가 무슨 일을 했든 혹은 하지 않았든 자신의 봉토를 유지할 자격이 있었다. 역사적 배경을 잘 모르는 사람들은 이런 상태를 "권력 남용"의 복합체로 볼 것이다. 하지만 이런 시각은 말이 안 된다. 그 시대적 상황에서 ― 모든 제도가 그렇지만 봉건주의도 진정으로 "그" 시대를 표현한 것이다 ― 이것은 유일하게 그럴듯한 제도였고, 공공 기능이 수행될 수 있는 유일한 방법이었다. 만약 마르크스가 14세기에 나타나서 어리석게도 다른 방식의 공공 행정을 내놓았더라면 그는 이런 답변을 들었을 것이다. "봉건 제도는 그것(봉건제)이 없었더라면 수행되지 못했을 것을 해내는 놀라운 장치이다. '인간성이란 예나 지금이나 그대로'이기 때문에, 이윤 동기는 공공 행정의 기능에 반드시 필요하다. 그 동기를 제거하면 혼란을 가져올 것이다. 그러니 그 다른 방식의 공공 행정은 실천할 수 없는 꿈같은 소리이다."

마찬가지로 영국 섬유 공장이 자본주의의 꽃이었을 때 ― 대략 1850년까지 ― 사회주의는 현실적 명제가 아니었으며, 과거나 현재의 합리적인 사회주의자들은 이에 동의한다. 소 떼를 살찌우고, 모래를 황금으로 만들며, 거위가 황금알을 낳게 만드는 소유주의 눈master's eye이라는 수사修辭는 그 당시로서는 단순 무식한 사람들에게 부정할 수 없는 진리의 표현이었다. 나는 사회주의자 친구들에게 이런 수사에 대하여 무턱대고 비웃지 말라고 권하고 싶다. 그들은 자신들 못지않게 허영에 들뜨고 변덕스러운 상대방 지식인이 자신도 비웃음을 당할 수 있다는 것을 깨닫는 순간, 논의를 중단할 것을 바라면서 그 수사를 비웃는 것보다는 더 좋은 방법이 있다. 거위의 황금알 운운하는 그 수사가 어떤 역사적 배경 속에서는 타당한 주장임을 인정하고, 그걸 부정하려면 다른 역사적 무대를 찾아보는 것이다. 이렇게 하면 적어도 문제의 핵심을 대면할 수 있고 — 즉, 그런 수사에 얼마나 많은 의미가 담겨 있는지 — 동시에 우리의 반론을 위한 충분한 여지를 확보할 수 있다.

자본주의 현실과 사회주의 성공 가능성을 비교하는 것이 의미 있는 작업이 되려면 보다 확정적 형태의 자본주의를 제시해야 한다. 그러니 우리 시대의 자본주의, 즉 **족쇄에 갇힌** 대기업 자본주의를 선택하고, 다음 세 가지 사항은 명심하도록 하자. 첫째로 이것이 시대와 형태는 확정했지만 특정한 연대, 가령 10년 단위의 어떤 시기를 확정한 것은 아니다. 족쇄 자본주의의 형태가 특정 시점에서, 가령 현재 이 순간에 어느 정도로까지 발전했는가 하는 문제는 아직 사실의 검증을 기다려야 하기 때문이다. 둘째로 그 족쇄가 자본주의 과정에 의해서 만들어진 것인지, 아니면 그 과정 바깥의 다른 힘에 의해 부과된 것인지의 문제는 우리의 논의와는 무관하다. 셋째로 우리는 보다 현실적인 문제 — 즉, 사회주의는 그 청사진에서 잠재적으로 제시된 결실을 얼마나 거둘 수 있을 것인가 — 를 다루려고 하지만, 여전히 그 확률만 말할 수 있을 뿐이다. 그런데 우리는 어떤 종류의 사회주의가 우리의 운명으로 나타날지 모르기에 그것을 보완하기 위해서는 때때로 가정을 해야만 한다.

2. 신적 존재와 대천사

앞에서 신적 존재와 대천사를 언급한 부르주아의 말로 되돌아가보자. 우리는 신적 존재에 대해서는 간단히 대답할 수 있다. 사회주의 엔진을 지휘하는 데 있어서 그런 존재는 필요하지 않다. 우리가 앞에서 살펴본 것처럼 해결해야 할 과제 — 일단 이행기의 어려움들이 모두 처리된 이후에 — 는 현대 세계의 산업 지도자가 직면한 과제보다 더 어려운 것은 아니며 한결 더 쉽다고 할 수 있다. 대천사 얘기는 인간성의 문제와 관련이 있다. 사회주의 사회는 높은 윤리적 수준을 전제로 하는데, 인간성은 예나 지금이나 그대로이므로 그런 수준에 도달할 수 없다는 주장이다.

이런 유형의 주장이 자본주의 지지자들 사이에서 힘을 얻는다는 것은 사회주의자들의 책임이 크다. 사회주의자들은 자본주의의 끔찍한 압박과 착취를 얘기하면서, 사회주의를 실천하여 이런 것들을 싹 쓸어내고 인간성의 아름다운 면을 부각시켜야 한다고 주장한다. 또는 무슨 일이 있어도 인간의 영혼을 교정하는 교육 과정을 시작하여 인간이 높은 윤리 수준에 도달하도록 이끌어야 한다고 말한다.[02] 이렇게 하여 그들은 어리석을 정도로 대중의 비위를 맞추려든다는 비난을 받았을 뿐 아니라, 이제 상당히 파괴되어버린 루소의 사상을 다시 꺼내든다는 핀잔을 들었다. 하지만 사회주의 엔진을 돌리기 위해서 대천사는 전혀 필요하지 않다. 대천사가 없어도 아주 상식적인 사회주의 엔진 옹호론을 제시할 수 있기 때문이다.

이 목적을 위하여 유익한 구분을 하나 해보자(심리학자들은 이런 구분에 반대할지 모른다). 첫째, 느끼고 행동하는 일련의 성향들이 사회적 환경의 변화로 바뀔 수 있다. 단, 그 성향들의 바탕이 되는 근본적 패턴("인간성")은 그대로이다. 우리는 이것을 '재조건화에 의한 변화'라고 부르자. 둘째, 그런 근본적 패턴 내에서 재조건화가 느끼고 행동하는 성향에 영향을 미친다. 환경적 변화가 합리적인 것이라면 그 성향은 결국 그 변화에 부응할 것이다. 그런데 그 성향이 변화에 일시적으로 저항하면서 문제를 일으킬 수도 있다. 우리는 이 저항을 '습관'과 결부시켜볼 수 있다. 셋째, 인간성이라는 것도 동일한 인간 집단 내에서 변화될 수 있고, 또는 그 집단의 불순 요소를 제거함으로써 변화될 수 있다. 인간성은 인적 구성이 바뀐 집단 내에서는 어느 정도 신축성이 있다. 이 신축성이 어느 정도까지 가능한가 하는 문제는 심각한 연구의 대상이고, 무모한 주장이나 부정을 일삼는 정치 유세 식으로 다룰 수 있는 것은 아니다. 하지만 우리는 그 어느 쪽도 선택할 필요가 없다. 사회주의를 작동시키기 위해 인간성의 근본적인 개조는 불필요하기 때문이다.

이에 대하여 우리는 쉽게 납득할 수 있다. 첫째, 우리는 가장 심각한 어려움들을 제기할 것으로 예상되는 농업 부문을 제외할 수 있다. 설사 사회주의 생산청이 현재 진행되고 있는 자본주의식 농업과 별반 다르지 않은 농업 계획을 짠다 하더라도, 우리의 사회주의는 여전히 사회주의일 것이다. 먼저 생산 계획을 수립하고, 부지(토지의 사용)를 합리화하고, 농부들에게 기계류, 씨앗, 번식용 가축, 비료 등을 공급한다. 이어 농산물의 가격을 결정하고 농부들로부터 그 가격에 농산물을 사들인다. 이런 정도만 수행하면 될 것이고, 농업 부문의 일은 예전과 별반 다르지 않게 내버려둔다. 물론 다른 가능한 노선들도 있다. 정말 중요한 것은 어떤 노선을 따르든 별 마찰 없이 무한정 지속할 수 있으며, 이렇게 하고서도 사회주의 사회라고 불리는 데 아무런 지장이 없다는 것이다.

둘째, 노동자와 사무원의 세계가 있다. 이들에게는 영혼의 개조나 고통스러운 적응이 필요하지 않다. 그들의 일은 근본적으로 예전과 별반 다를 게 없다. 나중에 중요한 제한을 가하면, 그 일은 그에 상응하는 태도와 습관을 만들어낼 것이다. 노동자와 사무원은 직장에서 퇴근하여 집으로 돌아가 그가 원하는 취미 활동을 할 수 있다. 가령 지금은 부르주아 축구를 한다면 그 때에는 프롤레타리아 축구를 하게 될 것이다. 그래도 그것은 여전히 똑같은 집, 똑같은 취미 활동일 것이다. 이 부문에서는 특별한 어려움이 생겨나지 않는다.

셋째, 사회주의 제도의 희생자가 될 것으로 예상되는 집단의 문제가 있다. 대체로 이들은 자본주의 사회에서 상류층 혹은 지도층이었다. 이들의 문제는 사회주의 캠프뿐 아니라 그 이외의 지역에서도 신조 비슷하게 된 저 거룩한 교설로는 해결할 수 없다. 그 교설은 이러하다. 그들(상류층)은 남의 고기를 너무 먹어 살이 찔 대로 찐 육식 동물이다. 그들이 차지한 경제적·사회적 지위는 순전히 행운과 무자비함에 의해 얻은 것이고, 그들은 노동자(혹은 경우에 따라서 소비자들)에게서 그들의 노동의 대가를 빼앗아가는 "기능" 이외에는 달리 하는 일이 없다. 더욱이 이 육식 동물들은 그들의 무능력으로 그들의 게임을 망쳐놓았고, (좀 더 현대적인 표현을 해보자면) 약탈품의 상당 부분을 비축해두는 습관 때문에 불경기를 초래했다. 사회주의 공동체는 그들을 그런 지위에서 즉시 축출하여 더 이상 파괴적인 행동을 하지 못하도록 막는 것 이외에는 달리 할 일이 없다. 이러한 교설의 정치적 장점이나 심리 치료적 장점(정상 이하의 사람들을 위한)이 뭐든 간에, 이것은 훌륭한 사회주의가 아니다. 왜냐하면 세련된 사회주의자들은 좋은 행동의 매너를 보이고 또 진지한 사람들로부터 진지한 대접을 받기를 원한다면, 부르주아 계층이 그런 교설과는 어울리지 않는 사람들임을 인정하는 것은 물론이요, 그들의 품질과 성취를 인정할 것이기 때문이다. 그러면서 이런 주장을 펼 것이다. 이 상류층은 사회주의 사회에서 박해받지 않을 것이며, 그와는 정반대로 자본주의의 족쇄로부터 자유로워질 것이다. 그 족쇄는 일반 대중을 경제적으로 억압했고, 또 상류층을 도덕적으로 억압했던 것이다. 마르크스의 가르침과 일치하는 이런 관점에서 사태를 살펴보면, 부르주아 계급의 협력이 사회주의 질서의 성패를 가를 것이라는 결론을 쉽게 내릴 수 있다.

그리하여 문제는 다음과 같이 제기된다. 여기에 선택 과정의 결과로서 생겨난 하나의 계급이 있다. 그들은 정상 이상의 인재이고,[03] 따라서 합리적 사회 조직이라면 반드시 활용해야 할 국가적 자산이다. 이것 하나만 가지고도 그들을 제거한다는 것은 생각조차 할 수 없다. 더욱이 이 계급은 사회주의 사회 내에서도 반드시 수행해야 할 핵심적 기능을 수행한다. 우리는 이 계급이 자본주의 시대의 모든 문화적 성취와 인과적 관계를 맺고 있고, 또 경제적 성취도 상당 부분 담당했음을 앞에서 살펴본 바 있다. 그런 경제적 성취는 노동 인구의 성장, 노동 생산성(인시人時당 생산량)의 증가만으로는 설명되지 않는다.[04] 그런데 이 모든 성취는 포상과 징벌이라는 독특한 효율성 제도와 인과적으로 관련되어 있고, 사회주의는 그 제도를 철폐해야만 한다. 따라서 문제는, 한편으로는 부르주아 계급을 사회주의 사회의 서비스에 전용할 수 있겠는가 하는 점이고, 다른 한편으로는 사회주의가 부르주아지의 기능을 그들에게서 박탈해버린다면 다른 주체, 비非부르주아 방법, 혹은 둘 다에 의해 그 기능을 대행할 수 있겠는가, 하는 점이다.

3. 관료적 관리의 문제

예전 부르주아 인력의 합리적 활용은 사회주의 체제가 해결해야 할 문제들 중에서도 가장 까다로운 것이다. 이 문제를 성공적으로 해결할 수 있으리라고 주장하려면 상당한 낙관론이 필요하다. 하지만 이 문제는 그 안에 내재된 어려움 때문에 까다로운 것이 아니다. 무엇보다 사회주의자들이 부르주아 인력의 중요성을 인식하고, 그것을 합리적인 마음가짐으로 대응하는 데 어려움을 느끼기 때문에 까다로운 것이다. 위에서 묘사한 것처럼 자본가 계급의 성격과 기능을 나쁘게 말하는 것은 그런 인식과 마음가짐을 거부하는 강력한 징후이고, 부르주아 인력을 인정하지 않겠다는 심리적-기술적 예비 동작인 셈이다. 이것은 그리 놀라운 일도 아니다. 프리랜서든 당 관료든 공무원이든, 사회주의자 개인은 사회주의의 도래를 순진하지만 그러면서도 자연스럽게 **그 자신의** 집권과 동일시한다. 사회화는 그가 볼 때 "우리"가 정권을 잡을 것이라는 뜻이다. 현재의 관리자들을 몰아내는 것은 그런 사태의 중요한, 아니 가장 중요한 측면이다. 사정이 이렇기 때문에 나는 호전적인 사회주의자들과 대화를 나누면서 종종 이런 의문이 들었다. 사회주의 체제가 다른 측면들에서 아무리 완벽하다 할지라도, 그 자신이 아닌 다른 사람들이 권력을 잡으면 그 체제를 과연 인정할까? 권력을 잡은 다른 사람들의 태도가 비난 받을 여지가 전혀 없을 경우에도 말이다.[05]

이 문제를 성공적으로 해결하려면, 무엇보다도 예전 부르주아 인력들이 능력과 전통적으로 봤을 때 충분히 자격을 갖춘 일들을 하도록 허용하는 것이 반드시 필요하다. 따라서 부르주아 인력을 차별하지 않고 능력 위주로 관리자 직위에 사람을 앉히는 선발 방법이 개발되어야 한다. 이런 방법들을 충분히 생각해볼 수 있으며, 그중 일부는 대기업 시대에 작동했던 자본주의적 방법과 비교해봐도 더 우수하다. 하지만 어떤 자리에서 제대로 일을 하려면 어떤 보직에 임명하는 것 이상의 조치가 있어야 한다. 그런 보직을 주었을 때, 자신의 책임 아래 행동할 수 있는 자유도 함께 주어야 한다. 이것은 '경제생활의 관료화'라는 문제를 야기하는데, 이 문제는 무수한 반反사회주의 설교의 주제가 되었다.

나는 현대 사회의 조건들 아래에서는 모든 것을 다 포함하는 거대한 관료적 장치 이외의 형태로는 사회주의 조직이 존재할 수 없다고 본다. 내가 생각할 수 있는 그 밖의 다른 가능성은 실패와 붕괴를 가져올 뿐이다. 경제생활 — 나아가 생활 전반 — 의 관료화가 이미 상당히 진행되어 있다는 것을 아는 사람, 그리고 이 문제와 관련된 무성한 수사修辭들을 물리칠 줄 아는 사람은 이런 사실(거대한 관료적 장치의 필요성)에 그리 경악하지 않을 것이다. "독점"의 경우에 이런 수사들은 그 역사적 원천 때문에 우리의 마음에 상당한 영향을 미쳤다. 자본주의가 발흥하던 시대에 부르주아지는 군주제적 관료제에 의해 대표되는 지방 권력들과의 투쟁을 통해서 자신의 존재를 주장했다. 상인들과 제조업자들이 성가시거나 어리석다고 느꼈던 간섭은 그들의 마음속에서 주로 이 관료제 혹은 공무원 집단의 소행으로 각인되었다. 이런 심리적 각인은 아주 지속적인 것이었다. 관료제에 대한 나쁜 인상은 너무나 지속적이어서 심지어 사회주의자들조차도 이 도깨비를 두려워하게 되었다. 그래서 사회주의자들은 그들의 계획에는 관료적 체제라는 아이디어 자체가 아예 들어있지 않다고 일부러 강조하기에 이르렀다.[06]

우리는 4부에서 관료제가 민주주의의 장애물이 아니라 그 체제의 필수적 보완물임을 살펴볼 것이다. 마찬가지로 그것은 현대 경제 발전의 필수적 보완물이고, 또 사회주의 공화국에서도 그에 못지않게 필수적인 요소가 될 것이다. 하지만 포괄적 관료제가 불가피하다는 것을 인식한다는 사실 자체가 그런 관료제로부터 나오는 문제들을 해결해주지는 않는다. 따라서 차제에 그 문제들이 어떤 것인지 알아보기로 하자.

이윤과 손실 동기의 제거는 종종 아주 중요한 문제인 것처럼 강조되고 있으나 본질적인 문제는 아니다. 더욱이 자신의 실수를 자신의 돈으로 물어내는 책임 의식은 사라지고 있다(그러나 소망하는 것처럼 빨리 사라지고 있는 것은 아니다). 그리하여 대기업에서 존재하는 그런 종류의 책임이 틀림없이 사회주의 사회에서도 다시 살아날 것이다(아래를 볼 것). 관료제나 공무원 집단에서 지도자급 인물을 뽑는 방식은 종종 선전되는 것처럼 그리 비효율적인 것은 아니다. 보직과 승진에 관한 공무원 사회의 규칙들은 나름대로 합리성을 갖추고 있다. 그런 규칙들은 때때로 이론보다 실제에서 더 위력을 발휘한다. 그에 걸맞은 중요성을 인정해주기만 한다면 특정 인원에 대한 기업의 고과考課 방식은 인재 선발에(적어도 특정 유형의 인재 개발)에 큰 도움이 될 것이다.[07]

이보다 훨씬 더 중요한 또 다른 사항이 있다. 거래를 체결하는 관료적 방식과 그것이 퍼트리는 도덕적 분위기는 종종 가장 활동적인 인재들에게 울적한 영향을 미쳤다. 이것은 주로 관료제에 내재된 어려움 때문에 빚어진 것으로, 개인의 주도적 창의성과 관료제의 기계적 타성을 서로 일치시키기는 어렵다. 종종 기계적 타성은 창의성에 활동 여유를 주는 것이 아니라 그것을 질식시키는 사악한 시도에 더 많은 지원을 해주었다. 이로부터 좌절감과 허무감이 생겨나고, 이것이 다시 부정적 마음가짐을 유도하여 남들의 노력을 무자비하게 비판하도록 만드는 것이다. 관료제가 늘 이렇다는 얘기는 아니다. 많은 관료제는 담당 업무에 더 친숙해지면서 효율을 내기도 한다. 그렇지만 관료제의 타성을 완전 회피하기는 어려우며, 그에 대한 간단한 처방도 없다.

그렇지만 예전 부르주아를 관료제 내의 적절한 자리에 집어넣어 그 작업 습관을 재편하도록 하는 것은 그리 어려운 일이 아니다. 뒤에서 살펴보겠지만 시기적으로 성숙한 시점에 사회화가 진행될 경우, 사회주의 질서를 도덕적으로 용인하기 위한 조건들, 그리고 그 질서로 충성심을 이행시키는 조건들은 충족될 것 같고, 그런 과정을 방해하거나 모욕하는 인민 위원(사회주의 사회의 장관)들은 존재하지 않을 것이다. 최대의 성과를 거두기 위해 예전 부르주아 인력을 선발하여 합리적으로 대우하는 것은 다른 계급 출신의 관리자 인력을 선발하여 대우하는 것보다 더 많은 조치를 필요로 하지는 않을 것이다. 이 합리적 대우의 문제는 일부 사회주의 당국들에 의해 아주 합리적이면서도 차분하게 답변되었기 때문에 중요한 사항들만 간단히 살펴보아도 충분하다.

　우리는 먼저 이런 사실을 알아두는 것이 좋겠다. 순수하게 이타적인 의무감에만 의존하는 것은 그런 의무감의 중요성이나 가능성을 전적으로 부인하는 것만큼이나 비현실적이다. 의무감과 유사한 여러 요소들(가령 충실하게 일하는 데서 오는 만족감과 보람 등)을 충분히 감안한다 하더라도, 사회적 평가와 명성의 형태로 보상을 해주는 제도가 이로울 것이다. 우리의 공통된 경험에 의하면 아무리 고상한 마음을 가진 남녀일지라도 그의 이타심이나 의무감은 이기심으로부터 완벽하게 독립되어 있지 않다. 또한 허영심이나 자부심으로부터 완전히 독립되어 있지도 않다. 이처럼 뼈아프게 명백한 사실에 내재하는 인간의 심성 혹은 태도는 자본주의 체제보다 더 뿌리 깊은 것이며, 모든 사회 집단 내에 존재하는 생활의 논리에 소속된 것이다. 따라서 이런 심성 혹은 태도는 영혼을 병들게 하고 영혼의 "자연스러운" 성향을 왜곡시키는 자본주의의 병폐 운운하는 수사들을 내세우는 것으로는 처리되지 않는다. 하지만 이런 유형의 개인적 자기중심주의를 잘 다루어 활용하면 사회에 큰 서비스가 된다. 그리고 사회주의 공동체는 특히 이것을 잘할 수 있는 유리한 입장이다.

　자본주의 사회에서 업적에 대한 사회적 평가나 명성은 아주 강력한 경제적 함의를 담고 있다. 자본주의의 기준에 따르면 금전적 소득은 성공의 전형적인 지표이고, 또 사회적 명성의 장식물들 ― 특히 저 미묘한 경제재인 '사회적 거리감' ― 은 돈 주고 사야 하는 것들이기 때문이다. 개인적 부가 가져다주는 이런 명성 혹은 구분 가치는 경제학자들이 늘 인식해온 것이었다. 예견이나 통찰의 귀재는 아니었던 존 스튜어트 밀도 이것을 알고 있었다. 정상을 초과하는 성과에 대한 유인책들 중에서 이런 사회적 평가나 명성은 매우 중요한 것들 중 하나이다.

　앞의 2부에서 자본주의 진화 과정은 다른 동기들과 함께 부를 바라는 동기도 약화시킨다는 점을 지적했다. 따라서 사회주의가 100년 전에 그렇게 했던 것처럼, 현재의 최상류층의 생활 가치들을 재평가해야 할 필요는 없을 것이다. 더욱이 명성 동기는 그 어떤 것보다도 간단한 재조건화에 의해 구축될 수 있다. 성공적인 업적을 올린 사람은 바지에 간단한 표지를 달 수 있는 특권 — 단 아껴서 현명하게 수여한다면 — 을 부여받는 것만으로도, 1년에 100만 달러의 연봉을 받는 것 못지않게 만족감을 느낄 수 있다. 이것은 비합리적인 조치가 아니다. 그 바지에 단 표지는 주위 사람들에게 영향을 주어서 그들이 그 착용자에게 존경심을 보이도록 유도할 것이다. 그것은 그에게 많은 이점을 안겨줄 것이고, 1년에 100만 달러를 버는 것 못지않은 성취감을 줄 것이다. 이것은 과거에 널리 사용되어 좋은 결과를 냈던 장치를 부활시킨 것인데, 그렇다고 해서 이 논의의 가치가 손상되지는 않는다. 왜 가치가 손상되겠는가? 트로츠키Leon Trotsky, 1879~1940 자신도 붉은 깃발의 훈장을 받은 바 있다.

실질 소득의 관점에서 차별 대우하는 문제를 말해보자면, 이것은 어디까지나 사회적 자원의 기존 비축분에 대한 합리적 행동의 문제일 뿐, 자극의 차원과는 무관하다. 경주마나 경품 소가 보통의 말이나 소보다 더 많은 주목을 받는 것은 합리적이고 또 당연하다. 그렇듯이 경제적 합리성의 규칙들이 작용한다면 정상 이상의 성과를 올린 사람이 우대를 받는 것 또한 합리적이고 당연하다. 물론 반드시 이렇게 되지 않을 수도 있다. 사회 공동체는 우대를 배제하는 이상을 추구하면서 인간을 기계 취급하는 것을 거부할 수도 있다. 그러나 경제학자는 이에 대해서 이런 말을 할 자격이 있다. 사회 공동체는 그런 이상이 뭔가를 희생시킨다는 사실을 모르는 것처럼 행동해서는 안 된다는 것이다. 이 점은 상당히 중요하다. 사람들의 비난을 받을 정도로 고소득을 올린다고 해도, 그 고소득 수입자들은 자신들이 하고 있는 일을 충분히 잘하게 만드는 생활과 직장의 조건들 — 여기에는 사소한 근심들로부터의 거리와 자유가 포함된다 — 이상의 것을 누리지는 못한다.

이 점을 잘 파악한다면, 순전히 경제적 자극을 제공하는 문제는 적어도 부분적으로는 동시에 해결될 것이다. 나는 합리성의 일환으로 사회주의 공동체가 경주마나 기계의 측면이 부과하는 한계를 돌파한다면 상당한 소득을 올릴 것이라고 생각한다. 이렇게 주장하는 근거는 인간 행동에 대한 관찰, 그리고 자본주의 경제와 문명에 대한 분석으로부터 나온다. 사회가 차별 대우(우대)를 통하여 활용하려고 하는 인간의 충동은 실은 자본주의적 조건들의 산물인데, 자본주의는 이런 견해를 수용하지 않는다. 사실 이 충동은 사회적으로 가치 있는 노력의 추진력이다. 만약 이런 충동이 충족의 기회를 모두 부정당한다면, 그 결과는 충동을 충족시켜주었을 때보다 왜소할 것이다(그 왜소함이 어느 정도인지 말하기는 불가능하지만). 사회주의가 사회를 접수했을 때 경제 과정이 정체될수록 이 충동 요소의 중요성은 적게 평가될 것이다.

이렇게 말한다고 해서, 이런 종류의 자극을 제대로 대접하기 위해 명목 소득이 오늘날처럼 높은 수준으로 올라가야 한다는 뜻은 아니다. 현재의 명목 소득은 세금과 저축과 기타의 것을 포함하고 있다. 이런 항목들을 제거하기만 해도 우리 시대의 프티부르주아(소시민) 심성에 그토록 불쾌해 보이는 소득 수치들을 크게 줄일 수 있을 것이다. 더욱이 우리가 앞에서 살펴본 것처럼 상위 고소득 계층의 사람들은 점점 더 검소한 생활에 익숙해지고 있으며, 중세의 영주 같은 생활과 지출을 지탱했던 고소득 달성의 동기들 — 명성 동기는 제외하고 — 대부분을 잃어가고 있다. 사회주의가 성공을 거둘 무렵이면 그들의 검소한 인생관은 더욱 검소해질 것이다.

당연히 경제계의 바리사이파(반대파들)는 이게 무슨 소리냐며 양손을 들어 거룩한 공포를 표시할 것이다. 그들을 위해 나는 그들의 망설임을 달래줄 장치가 이미 마련되어 있다는 점을 지적하고 싶다. 이 장치들은 자본주의 세계에서 나왔으나 러시아에서 크게 발전했다. 이 장치는 현물 지급과 풍성한 현금 지급을 결합한 형태이다. 특정한 의무를 제대로 수행하기 위해 들어간 비용을 보상하려는 차원인 것이다. 대부분의 국가들에서 공무원들 중 고위 직급은 아주 적은 보수를 받는다. 어떤 때는 불합리하게 보일 정도로 적은 금액을 받는다. 하지만 많은 경우에 제한적으로, 또 일부 경우에는 아주 풍성하게 영예뿐 아니라 특혜로 보상을 받기도 한다. 공공 비용으로 인원과 설비가 제공되는 공식 관저, "공식적" 손님 접대를 위한 비용, 제독용 요트와 기타 요트의 사용권, 국제 위원회나 육군 본부에서 근무할 수 있는 특례 조항 등의 특혜가 주어진다.

4. 저축과 규율

마지막으로 현재 부르주아지가 수행하고 있지만 사회주의 체제가 그 계급으로부터 빼앗아야 할 기능에 대해서 알아보아야 한다. 우리는 그것을 저축과 규율이라는 제목 아래 다루기로 하자.

  저축은 현재 부르주아지와 그보다 상류 계급에 의해 전적으로 수행되고 있다. 나는 여기서 저축이 불필요하다거나 반사회적이라고 얘기하려는 것은 아니다. 또 개별 동지들의 저축 성향을 믿어도 좋다고 말하려는 것도 아니다. 동지들의 기여를 무시해서는 안 되겠지만, 사회주의 경제가 준準정태적인 상태에 있을 때에나 기대해볼 수 있는 것이다. 그보다 더 효율적인 것은 중앙청이 국가 자원의 일부분을 새로운 공장이나 설비의 생산에 돌림으로써 현재 수행되고 있는 개인 저축을 대행하는 것이다. 러시아의 경험은 많은 점에서 불확정적이다. 하지만 다음의 사실은 확정적이다. 러시아 사회에서는 자본주의 사회가 일찍이 강요해본 적이 없는 그런 고난과 "금욕"을 강요하고 있다. 경제 발전이 보다 성숙된 단계에 이르면 자본주의에 맞먹는 발전 속도를 달성하기 위하여, 그 정도의 강도 높은 고난과 금욕을 강요하지 않게 될 것이다. 사회주의 전 단계인 자본주의가 준정태적 단계에 도달할 때에는 자발적인 저축만으로도 충분하다. 이것은 늘 해결 가능한 문제이지만 다음과 같은 점을 보여준다. 즉, 상황이 다르면 사회주의의 유형도 다르며, 목가적牧歌的 유형의 사회주의는 경제 발전이 더 이상 의미 없을 때에만 가능한 것이다. 그 경우 경제적 기준은 무의미해질 것이고, 과거에는 중시되었던 경제 발전이 너무 많이 진전되어 미래에는 아무런 의미도 없게 될 것이다.

이제 규율을 알아보자. 경제 엔진의 효율성과 피고용자들에 대한 권위 사이에는 명백한 상관관계가 있다. 상업주의 사회의 부르주아 사용자는 사유 재산과 "자유로운" 계약이라는 제도를 가지고서 그런 권위를 확립한다. 이것은 가지지 못한 자들을 착취하기 위해 가진 자들에게 수여된 특혜에 그치는 것이 아니다. 그런 개인적 이해관계 뒤에는 생산 장치를 원활하게 가동하기 위한 사회적 이해관계가 도사리고 있다. 어떤 특정한 상황 아래에서는 사회적 이해관계가 어느 정도까지 개인적 이해관계의 도움을 받는지, 또 사회적 이해관계를 사용자들의 개인 이해에 위임하는 방식이 피고용자들에게 어느 정도 어려움을 부과하는지 등에 대해서는 의견이 크게 엇갈릴 수 있다. 하지만 사회적 이해관계가 존재하고, 또 그 위임의 방법이 전반적으로 효율적이었다는 점에 대해서는 역사적으로 볼 때 의견이 일치한다. 위임의 방법은 자본주의가 성행하던 시대에 유일하게 실천될 수 있는 방법이었다. 그리하여 우리는 두 가지 질문에 답변해야 한다. 사회적 이해관계는 사회주의 환경에서도 지속될 것인가? 만약 그렇다면, 사회주의 계획은 어떤 형태가 되었든 필요한 만큼의 권위를 제공할 것인가?

여기서 권위라는 용어를 보충 개념인 규율로 대체하는 것이 편리할듯하다. 규율은 그것(규율)을 강요받는 개인들이 아닌 다른 주체가 부과하는 것으로서, 명령에 복종하고 감독과 비판을 수용하는 습관을 말한다. 이것을 우리는 다시 자기 규율과 집단 규율로 구분한다. 여기서 자기 규율은 개인에게 부과되는 규율을 의미하지만 동시에 예전에 규율을 부과하는 권위의 영향력에 부분적으로 노출되었다는 의미를 포함한다. 집단 규율은 어떤 집단의 모든 구성원에게 집단 의견이 부과된 결과이며, 이것 또한 예전에 규율을 부과하는 권위의 영향력에 부분적으로 노출되었다고 본다.

사회주의 체제에서 개인 규율과 집단 규율이 엄격하게 시행되기 위해서는 다음의 두 가지 사실이 확립되어야 한다. 하지만 이 문제는 다른 많은 문제들과 마찬가지로 어리석은 이상화에 의해 크게 오도誤導되었다. 가령 노동자들이 (즐거운 게임을 하다 말고) 지성적인 논의 후에 어떤 결정을 내려서 그 게임을 중단하고 그 결정을 달성하기 위해 즐겁게 일하러 나선다, 라고 가정하는 것이 그런 이상화의 한 가지 사례이다. 이런 종류의 이상화 때문에 객관적 사실과 합리적 추론에 눈멀어서는 안 된다. 다음과 같은 엄정한 사실과 추론에 입각할 때 비로소 좀 더 합리적으로 우호적인 기대감을 갖게 될 것이다.

첫째, 사회주의 체제는 점점 더 자본주의 체제에서는 거부되던 도덕적 충성을 이끌어낼 것이다. 강조할 필요도 없는 일이지만, 이것은 노동자에게 그가 거부하는 자본주의 시절보다 더 건강한 직업의식과 의무감을 갖게 해줄 것이다. 노동자의 자본주의 거부는 대체로 그가 노출된 영향력들의 결과이다. 그는 그렇게 하라는 얘기를 들었기 때문에 거부하는 것이다. 그런 얘기들 때문에 좋은 성과를 올렸을 때 그가 느끼는 충성심과 자부심은 체계적으로 사라져버린다. 그의 전반적인 인생관은 계급 투쟁

콤플렉스에 의해 왜곡된다. 하지만 앞서 말했듯이, 사회 불안에서 나오는 기득권은 다른 기득권들과 마찬가지로 대부분 사라질 것이다(곧 논의하겠지만 사라지도록 강요당할 것이다). 물론 이에 발맞추어 자신의 경제적 운명을 자신이 책임져야 한다는 규율적인 영향력도 함께 사라져야 한다.

둘째, 사회주의 체제의 주된 장점들 중 하나는 경제적 현상의 성격을 아주 분명하게 드러낸다는 것이다. 이에 비해 자본주의 체제에서는 경제 현상의 얼굴들이 이윤 동기의 가면에 의해 가려진다. 사회주의자들이 그 가면 뒤에서 저질러진다고 주장하는 범죄와 우행에 대해서는 각자 생각이 다르겠지만, 그 가면의 중요성만큼은 부정하지 못한다. 가령 사회주의 사회에서는 어느 누구도 다음과 같은 사실을 의심하지 않는다. 즉, 수입품은 국가가 국제 무역으로부터 얻는 것인 반면, 그런 수입을 확보하기 위해서는 수출이라는 희생을 치러야 하는 것이다. 이와 반대로 상업주의 사회에서는 이런 상식적인 견해가 대체로 보통 사람들에게는 가려져 있어서, 그 보통 사람들은 자신들에게 불리한 정책을 멋모르고 지지하는 것이다. 또는 사회주의 관리가 다른 면에서는 어떤 실수를 저지를지 몰라도, 생산하는 **않는** 노동자에게 일부러 상금을 지불하면서까지 그런 부작위를 권장하는 일은 없을 것이다. 혹은 저축에 대하여, 그런 것은 필요없다 따위의 헛소리를 하도록 내버려두는 일도 없을 것이다. 저축과 규율 이외의 문제에서도 경제 정책은 합리화될 것이고, 경제적 조치와 과정의 중요성이 모든 동지들에게 알려질 것이기 때문에 이런 사실만 가지고도 낭비의 최악 원천들은 회피될 것이다. 특히 모든 동지들은 직장에서의 반항적 태도, 특히 파업의 참된 의미를 깨닫게 될 것이다. 이 때문에 노동자들이 자본주의 시대의 파업을 **사후에 소급하여**_ex post facto_ 비판하지 않는다 하더라도 조금도 문제될 것이 없다. 단지 그들이 파업은 "이제" 국가의 안녕을 좀먹는 반사회적 공격이라는 인식을 갖고 있으면 충분하다. 그런데도 그들이 다시 파업을 한다면 그들은 양심의 가책을 느낄 것이고, 또 공공의 비판을 받을 것이다. 파업하는 사람들과 그 지도자를 은근히 칭찬하는 선의의 남녀 부르주아는 더 이상 존재하지 않을 것이다.

5. 사회주의 내의 권위주의적 규율: 러시아의 사례

그러나 이 두 가지 사실(도덕적 충성과 경제적 현상의 성격이 분명해지는 것)은 추론을 넘어 어떤 구체적 효과를 가져온다. 다시 말해 이 둘이 지속되는 한, 사회주의 사회에서는 집단 규율보다는 개인 규율이 더 강력할 것이고, 족쇄 자본주의 사회보다는 권위주의적 규율이 한결 덜해질 것이다. 또한 필요에 따라 권위주의적 규율을 부과한다 하더라도 그것이 한결 쉬워질 것이다.[08] 이에 대한 이유를 제시하기 전에 먼저 사회주의 사회에서 권위주의적 규율을 완전히 없애지 못하는 이유들을 밝히고자 한다.

첫째, 개인 규율과 집단 규율은 상당 부분까지 권위주의적 규율이 예전에(혹은 조상들에 의해) 훈련시킨 것이다. 따라서 그런 훈련이 상당 기간 중단된다면 그런 규율들도 자연히 사라질 것이다. 사회주의 질서가 개인 혹은 집단의 합리적 고려 사항 혹은 도덕적 충성에 호소하는 행동 유형을 보존해야 한다면서 추가로 타당한 이유들을 제시할 수도 있겠으나, 이것은 별개의 문제이다. 이런 추가적 이유들과 그의 수용은 사람들에게 개인 규율을 지키도록 하는 것보다는 훈련과 제재의 제도에 승복하게 만드는 데 있어 중요한 요소들이다. 이런 측면은 다음의 사실을 감안할 때 더욱 의미심장해진다. 우리는 일상생활의 무미건조한 루틴, 열광도 없고 어떤 부분은 짜증스럽기도 한 그런 루틴 속에서의 규율을 말하고 있는 것이다. 게다가 사회주의 질서는 사회주의 사회의 개인 규율을 촉발시키는 생존 동기의 압력을 일부 제거해버릴 것이기 때문에 그런 규율을 다시 살려낼 추가 이유들이 필요하다.

둘째, 정상적 노동자를 꾸준히 훈련시켜야 하는 필요는 정상 이하의 노동자를 다뤄야 하는 문제와 밀접한 관계가 있다. 정상 이하는 몇몇 특수한 병리적 사례들을 가리키는 것이 아니라, 인구의 약 25퍼센트를 차지하는 많은 사람들을 가리킨다. 정상 이하의 노동자가 도덕 혹은 의지의 결점 때문에 그런 것이라면, 그것이 자본주의와 함께 사라질 것이라고 보기는 어렵다. 인류의 커다란 문제이며 커다란 적인 정상 이하의 인간은 자본주의 시대는 물론이고 사회주의 시대에도 존속할 것이다. 그는 **정상적인** 집단 규율만으로는 다룰 수가 없다. 물론 권위적 규율의 틀이 적절히 조직되어 정상 이하의 인간이 소속된 집단에 작용하기는 하겠지만, 이것만으로는 부족한 것이다.

셋째, 사회적 불안에 대한 기존의 이해관계가 부분적으로는 사라지겠지만, 완전히 사라지지는 않을 것이라고 볼만한 이유가 있다. 문제를 일으키거나 공장 일을 방해하는 것은 출세의 수단이 되거나 출세의 지름길이 될 수 있다. 그것은 자본주의 시대나 사회주의 시대를 막론하고 자신의 지위 혹은 전반적 상황에 대하여 불만을 품은 이상주의자나 이기주의자의 자연스러운 반응이다. 더욱이 사회주의 사회에서는 싸울만한 논쟁거리들이 많을 것이다. 결국 많은 커다란 논쟁거리들 중에서 하나만 제거될 것이다. 부분적 이해관계 — 지리적, 산업적 — 가 부분적으로 존속한다는 분명한 가능성 이외에도, 의견의 충돌이 벌어질 수 있다. 가령 당장 사회 복지를 향수할 것이냐 아니면 그것을 후대로 미룰 것이냐, 후대의 대의大義를 중시하는 정책을 펼 것이냐 아니면 지금의 대의를 중시하는 정책을 펼 것이냐 등이 그것이다. 지금의 대의를 중시한다면 그건 대기업과 그 축적 정책을 비판하는 노동자와 일반 대중의 태도와 상당히 비슷한 게 될 것이다. 마지막이긴 하지만 중요하기로는 어느 것에도 뒤지지 않는 사회주의의 문화적 불확실성을 상기해볼 때 국가 생활의 많은 문제들이

전에 못지않게 개방될 것이고, 그런 문제들을 두고서 사람들이 다투게 되리라고 내다볼 수 있다.

이제, 이런 세 가지 사항들과 관련된 어려움들을 다뤄야 하는 사회주의 관리층의 능력을 평가하는 데 있어 우리는 비교의 상대를 분명히 해두어야 한다. 비교 대상은 오늘날 현재의 자본주의 혹은 붕괴의 과정이 좀 더 진전되었으나 여전히 작동하는 자본주의이다. 우리는 개별 기업 내의 절대적 상명하복의 중요성[09](이 중요성은 제러미 벤담 이후의 많은 경제학자들이 완전 간과했다)을 논의할 때, 자본주의 진화는 사회적-심리적 기반을 완전히 잃어버리게 될 것이라고 내다보았다. 노동자가 명령에 즉각 복종하는 것은 자본주의 미덕을 합리적으로 납득했기 때문은 아니며, 그렇다고 자신에게 돌아오는 개인적 이득을 합리적으로 지각했기 때문도 아니다. 그의 부르주아 주인의 봉건 시대 선배들 때부터 있어 내려온 규율 덕분에 그런 상명하복이 가능한 것이다. 봉건 시대에 프롤레타리아 선배들은 봉건 영주에게 절대적 존경심을 바쳤다. 현대의 프롤레타리아는 그 주인에게 그런 존경심의 일부 — 결코 전부는 아니다 — 를 바치고 있다. 또한 봉건 영주의 후예들이 자본주의의 역사가 진행되는 내내 정치권력의 내부에 머무름으로써 부르주아지의 생활을 한결 도와주고 있는 것이다.

자신(부르주아)을 보호하는 계층과 싸우고, 정치 영역에서 평등성을 받아들이고, 노동자들에게 그들도 다른 시민들 못지않게 가치 있는 시민이라고 가르침으로써 부르주아지는 그런 이점(절대적 상명하복)을 잃어버렸다. 당분간은 그래도 권위가 남아 있어서 공장 내의 규율을 필연적으로 파괴시킬 점진적이면서도 꾸준한 변화를 가려주었다. 그러나 이제는 그런 권위가 대부분 사라졌다. 규율을 유지하던 수단도 대부분 사라졌고, 더욱이 그런 수단을 사용하는 권력도 사라졌다. 규율의 위반 문제로 씨름하던 사용자에게 베풀어지던 공동체의 도덕적 지원도 사라졌다. 대체로 그런 도덕적 지원의 철회 때문에 정부 기관들의 예전 태도도 마침내 사라졌다. 우리는 정부 기관의 태도가 어떻게 바뀌었는지 단계별로 살펴볼 수 있다. 처음에는 주인(공장주)을 지원하다가 중립의 태도로 바뀌었고, 다양한 뉘앙스의 중립성을 거쳐 노동자를 지원하다가 노동자를 계약의 동등 파트너로 인정하게 되었고, 마침내 사용자와 개별 노동자에 맞서는 노동조합을 지원하게 된다.[10] 이러한 그림은 회사의 피고용(월급) 사장에 의해 완성된다. 그는 이런 사실을 잘 알고 있다. 만약 그가 공공 이익을 위해 싸우겠다고 나서면, 그는 분노보다는 조롱을 받을 것이다. 따라서 그는 아무도 사장의 의무라고 생각하지 않는 일을 해서 욕을 먹거나 위험을 당하기보다는 진보적인 사람이라는 소리를 듣거나 혹은 휴가를 떠나는 것이 훨씬 더 유쾌한 일이라는 결론을 내린다.

사태의 이런 구도를 감안해볼 때, 우리는 그 구도 안에 내재된 경향들을 그렇게 멀리 투사하여 **사회주의가 사회적 규율을 회복시키는 유일한 수단이 되는 상황**을 가시화할 필요는 없을 것이다. 아무튼 이 점과 관련하여 사회주의 관리가 갖고 있는 이점들은 너무나 명백하다. 이 때문에 생산 효율의 추는 다음 세 가지 점에서 사회주의 쪽으로 많이 기울어지는 것이다.

첫째, 사회주의 관리는 자본주의 관리에 비하여 권위주의적 규율의 도구를 훨씬 더 많이 가지고 있다. 현재 자본주의 사회에 남아 있는 유일한 규율의 수단은 해고이다. 계약은 합리적으로 체결되어야 하고 사회적 동등자同等者들에 의해 해지되어야 한다, 라는 벤담의 사상에서는 이 해고가 그럴듯한 수단일지 모른다. 하지만 해고라는 칼자루는 괴이한 것이어서 그 자루를 잡는 사람의 손에 상처를 입히게 만들어져 있다. 하지만 사회주의 관리하에서는 사정이 다르다. 해고의 위협은 곧 생계 수단을 박탈하겠다는 위협이 된다. 어디 가서 다른 일자리를 구하지 못하기 때문이다. 더욱이 자본주의 사회에서는 규율의 집행이라고 하면 해고하거나 해고하지 않거나 둘 중 하나이다. 일반 여론이 계약서의 갑(한쪽 당사자)이 을(다른 당사자)을 징계(규율)하는 것을 원칙적으로 찬성하지 않기 때문이다. 반면에 사회주의 관리는 그 위협을 합리적인 수준으로 가할 수 있고, 또 다른 징계 수단도 적용할 수 있다. 수위가 약한 징계 수단들 중에는 자본주의 관리층이라면 도덕적 권위의 부재 때문에 사용할 수 없는 그런 수단들도 있다. 새로운 사회적 분위기에서는 단순 경고만으로도 현재 상황에서는 도저히 생각해볼 수 없는 그런 효과를 낼 수 있다.

둘째, 사회주의 관리는 어떤 것이 되었든 권위주의적 규율의 수단들을 사용하는 것이 훨씬 쉽다. 우선 그것의 사용에 간섭하려 드는 정부가 없다. 지식인 집단은 더 이상 적대적이지 않을 것이고, 적대적으로 나오는 집단은 자신의 기준을 확고히 정립한 사회에 의해 견제당할 것이다. 이런 사회는 특히 젊은 사람들을 인도하는 데 있어서 확고할 것이다. 반복해서 말하자면 공공 여론은 준범죄적 관행이라고 생각되는 것을 더 이상 용납하지 않을 것이다. 파업은 반란으로 간주된다.

셋째, 사회주의 관리층은 자본주의 정부에 비하여 권위를 내세워야 할 동기가 훨씬 많을 것이다. 현재 자본주의 사회에서 정부가 기업을 대하는 태도는 정계의 야당이 취하는 태도와 비슷하다. 비판을 하고 견제를 하지만 근본적으로 무책임하다. 사회주의 사회에서는 이런 것이 있을 수 없다. 중앙청(생산청)은 사회주의 엔진의 기능에 대하여 책임질 것이다. 물론 그 책임은 정치적인 것이고, 훌륭한 연설로 많은 결점을 은폐할 수도 있다. 그렇지만 야당 같은 정부의 태도는 반드시 사라질 것이고, 성공적인 경제 운용을 원하는 강력한 동기가 대신하게 될 것이다. 경제적 필요성은 더 이상 비웃음거리가 아니다. 경제 운용을 마비시키고 사람들을 공장과 대립하게 만들려는 시도는 곧 정부를 공격하는 게 될 것이다. 정부는 당연히 이런 시도에 적절히 대응할 것이다.

또다시 저축의 경우와 마찬가지로 러시아 사례의 일반화에 반발하는 다양한 반론들이 제기될 것이다. 하지만 이런 반론들은 그 사례에서 나오는 교훈의 가치를 훼손시키지 못한다. 좀 더 성숙한 혹은 정상적인 사회주의 사회에서는 규율과 관련된 문제의 어려움이 배가되는 것이 아니라 감소되기 때문이다. 위에서 논의한 주된 사항들에 대해서 러시아 교훈보다 더 잘 예증하는 사례는 없는 것이다.

1917년의 볼셰비키 혁명은 소규모이지만 고도로 집중된 러시아 산업 프롤레타리아를 붕괴시켰다. 노동자 대중은 통제 불가능한 상태가 되었고, 그들은 마치 소풍이나 가는 것처럼 무수히 파업을 벌이거나 공장을 접수함으로써 새로운 세상에 대한 그들의 생각을 표현했다.[11] 노동자 평의회 혹은 노동조합에 의한 관리가 통상적이었고, 많은 지도자들에 의해 당연한 일로 받아들여졌다. 1918년 초에 이루어진 타협에 의하여, 노동조합은 엔지니어들과 최고 평의회에 대하여 최소한의 영향력을 겨우 발휘할 수 있게 되었다. 하지만 이 타협은 아주 불만족스럽게 진행되었고, 이것이 결국 1921년에 신新경제 정책을 실시하게 된 주요 이유들 중 하나였다. 그리하여 노동조합들은 당분간 족쇄 자본주의하의 노동조합 같은 기능과 태도로 퇴보했다. 하지만 제1차 5개년 계획(1928년)이 그 모든 것을 바꾸어 놓았다. 1932년에 이르러 산업 프롤레타리아들은 과거 차르 시대보다 더 엄격하게 통제되었다. 볼셰비키들이 다른 것은 실패했을지 몰라도, 이 점 하나만은 그때 이후 확실하게 성공했다. 그들이 이것을 수행한 방식은 아주 교훈적이다.

노조는 탄압되지 않았다. 오히려 정부에 의해 권장되었다. 노조원 숫자는 비약적으로 늘어났고 1932년 초에는 근 1,700백만 명에 달했다. 그들은 집단 이익을 주장하며 규율과 성과를 방해하던 존재에서 사회적 이익을 옹호하고 규율과 성과를 올려주는 수단으로 탈바꿈했다. 그들의 태도는 자본주의 국가들에서 노조가 보여주는 태도와 너무 달랐다. 그래서 서방의 노동 운동가들은 그들을 노조로 인정하지 않았다. 그들은 더 이상 산업의 가속화에 부수되는 어려움을 불평하지 않았다. 그들은 추가 보수를 받지 않고서도 작업 일수의 확대에 즉각 동의했다. 그들은 평등 임금의 원칙을 포기했고, 노력에 따른 대가와 유인책 제도를 지지했다. 그리하여 스타하노프주의Stakhanovism•와 기타 유사한 제도가 나왔다. 그들은 노동자를 **임의로** 해고하는 관리자의 권리를 인정하거나 혹은 이에 승복했다. "민주적 회의주의" — 노동자들이 모여서 내려온 지시에 대하여 회의를 하고 회의에서 승인된 것만 실행하는 주의 — 를 억제했으며, "인민 법정"과 "숙청 위원회"에 협조했다. 뿐만 아니라 느슨하게 일하는 자와 정상 이하의 성과를 내는 자에게 강력한 제재 노선을 취했다. 파업을 일으킬 수 있는 권리나 생산을 통제할 수 있는 권리에 대해서는 더 이상 말이 나오지 않았다.

  여기에는 이념적으로 아무런 어려움이 없었다. 우리는 이런 조치에 붙이는 반反혁명적이라는 기이한 레이블에 미소 지을 수도 있을 것이다. 또 정부는 노동을 충분히 활용하려 한다는 마르크스의 가르침에 어긋나는 이 조치를 반反마르크스적이라고 하는 태도에 대해서도 생각해볼 수 있을 것이다. 하지만 이 태도에는 반사회주의적인 것은 없다. 계급 투쟁과

• 구舊 소련 정부가 제2차 5개년 계획을 달성하기 위해 도입했던 노동 운동으로 돈바스 탄전의 광부였던 스타하노프가 분업 등 획기적인 방법으로 기존의 8배나 되는 생산량을 달성했다는 식으로 선전했다. 노동 생산성과 생산량을 증대하기 위한 것이었지만 결국 노동력 착취에 악용되었다.

함께 방해주의적인 관행은 사라지고, 집단 협약의 특성 또한 바뀌는 것은 논리적 결과이다. 사회주의 체제는 개인 규율과 집단 규율을 정립시킬 수 있었고, 그것은 우리가 이 문제(규율)에 대하여 기대하는 바를 충족시켰다. 만약 이런 사실을 간과하는 비평가가 있다면 그는 잘못된 것이다. 동시에 권위주의적 규율이 경제적 성과에 수행한 역할을 간과하는 것 또한 잘못된 것이다. 권위적 규율은 개인 규율과 집단 규율을 지원했을 뿐 아니라 강력하게 보충했다.

개별 노조는 물론이고 그 상위 중앙 기관인 노조 총회 또한 정부와 공산당의 통제를 받았다. 공산당 내의 노조 옹호 반대파는 억압되었고, 노동자의 독립된 이해관계를 고집하던 노동 지도자들은 그들의 지위에서 숙청되었다. 그리하여 정부가 노조를 개편한 1921년부터, 그리고 더욱 확실하게는 1929년부터 노조는 집권층의 소망에 반대하는 언동을 할 입장에 있지 않았다. 그들은 권위주의적 규율이 적용되는 기관이 되었고, 이 사실은 위에서 주장한 요지를 잘 예증한다.

현대 노동자가 자신의 직장에 대해 갖는 건강하지 못한 태도는 그를 둘러싸고 있는 영향력 때문이다. 그런 만큼 성과에 대한 의무감과 자부심을 노동자들에게서 끊임없이 박탈하는 것보다 끊임없이 주입하는 것이 얼마나 큰 차이를 만들어내는지 분명하게 깨달아야 한다. 러시아 국가는 자본주의 국가와는 다르게 젊은 사람의 교육과 훈도에 있어서 국가의 목적과 구조적 사상에 순응하는 태도를 강요할 수 있다. 이것은 공장 규율에 이로운 분위기를 창조하고, 그런 창조 능력을 증가시킨다. 지식인들은 여기에 대하여 간섭할 자유가 없다. 이런 규율을 위반토록 조장하는 공공 여론도 없다.

마지막으로, 박탈을 가져오는 해고, 강제 이주나 다름없는 전직, 돌격대 혹은 적군Red Army 동지들의 "방문" 등은 그 법적 근거는 차치하더라도 정부의 손안에 있는 독립적인 수단이고, 또 이것이 성과의 달성을 안전하게 지켜준다. 그 수단을 사용해야 할 동기가 있고, 또 널리 인정되는 바와 같이 그 수단은 무자비하게 활용되었다. 자본주의 고용주가 감히 사용할 생각도 못하는(설사 그런 권한이 있다 하더라도) 제재 방안들이 그보다 온건한 심리적 규율 수단 뒤에서 차갑게 노려보고 있다.

이런 조치들이 갖고 있는 기괴한 함의는 우리의 논의에서 본질적인 것이 아니다. 내가 전달하고자 하는 바에는 기괴함이라고는 없다. 개인과 집단에 대한 잔인한 조치는 대체로 상황의 미성숙, 국가의 열악한 환경, 집권층의 자질 탓으로 돌릴 수 있다. 다른 상황, 발전의 다른 단계, 다른 집권층에서는 이런 조치들이 불필요할 것이다. 제재 조치를 사용해야 할 필요가 전혀 없다면 그건 더욱 좋은 일이 되리라. 중요한 점은 적어도 하나의 사회주의 체제가 실제로 집단 규율을 배양하고, 또 권위주의적 규율을 부과했다는 사실이다. 중요한 것은 원칙이지 그것이 실천 과정에서 어떤 구체적 형태를 띠었느냐 하는 것은 아니다.

이렇게 하여 청사진들의 장단점은 제쳐두더라도, 사회주의 체제와 족쇄 자본주의를 비교했을 때 사회주의를 열등한 체제라고 판정 내릴 근거가 없다. 여기서 우리는 가능성만을 언급하고 있음을 강조해야 한다. 물론 청사진을 논의할 때의 가능성과는 어느 의미에서 다른 가능성이지만 말이다. 이 가능성을 확실성 혹은 현실적 가능성으로 바꾸어 놓기 위해서는 많은 전제들이 필요하다. 만약 다른 전제들을 채택한다면 당연히 다른 결과들이 나올 것이다. 가령 목가적 사회주의를 구성하는 요소들이 현재 성숙되어 있다고 가정한다면, 우리는 완전한 혹은 우스꽝스러운 실패의 가능성만을 납득하게 된다. 그러나 이게 최악의 결과는 아니다. 그처럼 우스꽝스럽게 보이는 실패도 시정할 수 있다. 그보다 더 음험하고 또 벌어질 가능성이 높은 것은 어중간한 실패로서, 정치적 심리 기술자들이 그걸 성공으로 치장하여 속여 넘기는 경우이다. 더욱이 사회주의 엔진의 청사진과 체제 운영 원칙으로부터의 이탈이 상업주의 사회 못지않게 판칠 가능성이 있고, 그 이탈은 자본주의의 경우보다 더 심각한데도 시정할 기회는 더 적을 수도 있다. 하지만 우리의 논의 과정을 다시 한 번 일별해본 독자라면 이런 종류의 고려 사항에 뿌리를 둔 반론들이 우리의 주장에 그다지 영향을 미치지 못한다는 사실을 발견할 것이다. 그러니까 이들 반론은 우리의 청사진에서 정의된 사회주의 **그 자체**에 대한 반론이 아니라, 특정 유형의 사회주의가 제시하는 특징들에 대한 반론이다. 이런 특징들만 내세우면서 사회주의를 위해 싸우는 것이 불합리하다거나 사악한 일이라고 주장할 수는 없다. 사회주의를 위해 싸운다는 것은 아무런 확정적 의미를 갖지 않는다. 단, 그것(사회주의를 위해 싸운다는 것)이 어떤 종류의 사회주의가 제대로 작동할 것인가, 하는 인식과 결부될 때에만 비로소 의미를 갖는 것이다. 그런데 이처럼 제대로 된 사회주의가 우리들이 통상 말하는 민주주의와 양립할 수 있는가, 하는 것은 별개의 문제이다.

19
이행기

1. 구분되어야 하는 두 가지 다른 문제들

자본주의에서 사회주의로의 이행은 그 실현 조건들이 무엇이든 간에 **그 나름 독특한 종류의** 문제들을 야기한다. 이것은 모든 사람, 특히 정통파 사회주의자들에게 잘 알려져 있다. 하지만 예상되는 어려움의 성격이나 범위는 이행이 벌어지는 자본주의 발전 단계에 따라, 또 사회화 집단이 사용하고자 하는 방법들에 따라 크게 달라진다. 따라서 두 개의 다른 상황들을 전형화하기 위하여, 두 개의 다른 사례를 구축하는 것이 편리하리라 본다. 그 시기와 방법에 있어서 분명한 상관관계가 있기 때문에, 이러한 장치는 더욱 적용하기가 쉬워진다. 이 두 사례는 완전하게 발전된 자본주의, 그리고 "족쇄" 자본주의와 관련해서 다루어질 것이다. 나는 그보다 전 단계의 초창기 자본주의들이 제기하는 가능성 혹은 불가능성에 대해서는 지면을 낭비하지 않을 것이다. 이런 점을 유념하면서 그 두 사례를 성숙한 사회화와 미성숙한 사회화라 부르기로 하자.

2부의 논의는 대부분 마르크스의 다음과 같은 명제로 요약될 수 있다. 경제 과정은 그 자신을 사회화하는 경향이 있고, 또한 인간의 영혼도 사회화한다. 우리는 이것을 이렇게 해석한다. 사회주의의 기술적, 조직적, 상업적, 행정적, 심리적 필수 조건들은 점점 더 많이 성취되는 경향이 있다. 그런 추세를 미래에 투사할 경우 떠오르는 사태를 가시화해보자.

농업 부문을 제외하고 비즈니스는 소수의 관료화한 대기업에 의해 통제될 것이다. 발전은 느려질 것이고 점점 기계화되고 계획적으로 변할 것이다. 이자율은 제로를 향해 수렴할 것인데, 그것은 정부 정책의 압력 때문에 일시적으로 그런 것이 아니라, 투자 기회의 소멸 때문에 항구적으로 그렇게 될 것이다. 산업 재산권과 관리는 탈脫개성화할 것이다. 소유권은 주식이나 채권의 보유권으로 변질될 것이고, 경영자는 공무원 비슷한 심리 상태를 갖게 될 것이다. 자본주의적 동기와 기준들은 모두 시들해질 것이다. 시기가 성숙하여 사회주의 체제로 이행하게 될 것이라는 이런 추론은 너무나 명백하다. 하지만 두 가지 사항은 언급해둘 필요가 있다.

첫째, 서로 다른 사람들 — 심지어 서로 다른 사회주의자들 — 은 그들에게 만족스러운 상태에의 접근 정도, 혹은 특정 시점에서의 그 실제 접근 정도의 진단에 있어서 의견이 다르다. 이것은 아주 자연스러운 일이다. 왜냐하면 자본주의에 내재된 사회주의로의 이행 과정은 아주 느리게 진행되고, 또 의심의 여지없이 길이 어디로 통하는지 보여주는 것처럼 그렇게 누구에게나 뚜렷한 교통 신호를 보여주지는 않을 것이기 때문이다. 이행 성공 조건들이 반드시 **동일한 걸음걸이로** 진행되지 않는다는 사실도 이런 정직한 의견 차이를 배가시킨다. 가령 1913년 당시 미국의 산업 구조는 그 자체만 놓고 본다면 독일보다 더 "성숙되어" 있었다. 하지만 사회주의 실험이 미국과 독일에서 동시에 실시된다면 성공 가능성은 국가에 의해 잘 훈련된 독일 쪽이 훨씬 더 높을 것이다. 이에 대해 어느 누구도 의문을 품지 않을 것이다. 독일은 세계 최고의 관료제에 의해 인도, 규율되고 있었고, 노동조합 또한 훌륭했다. 하지만 정직한 의견 차이 — 유능하고 정직한 의사들이 수술 여부에 대하여 갖고 있는 의견 차이와 비슷한 기질적 의견 차이를 포함하여 — 이외에도 언제나 의혹이 도사리고 있다. 이 의혹은 때때로 근거가 아주 잘 확립되어 있다.

그리하여 논의의 한쪽 당사자는 사회주의를 진정으로 원하지 않기 때문에 현 상태의 원숙함을 결코 인정하려 들지 않고, 다른 당사자는 이상적인 바탕에서 나오는 이유들(혹은 다른 이유들) 때문에 어떤 상황 아래에서도 원숙함을 인정하려 드는 것이다.

둘째, 설사 의심할 나위 없이 원숙한 상태가 도달했다고 할지라도, 이행은 구체적 행동을 필요로 하고 그리하여 다수의 문제를 야기한다.

자본주의 과정은 사물과 사람(의 영혼)을 사회주의 쪽으로 형성시킨다. 아주 극단적인 경우에, 이것이 너무나 완벽하게 형성되어 마지막 단계는 형식적 절차 이상의 것이 되지 못한다. 하지만 이때조차도 자본주의 질서는 저절로 사회주의 질서로 전환되는 것은 아니다. 이 마지막 단계, 즉 공동체의 생활 법률로서 사회주의를 공식적으로 채택하는 것은 헌법 개정의 형태를 취해야 할 것이다. 그러나 실제로 사람들은 이런 극단적 사태가 나타나기를 기다리지 않을 것이다. 그렇게 기다린다는 것은 합리적인 태도도 아니다. 왜냐하면 자본주의의 이해관계와 태도들이 사회 구조의 구석구석에서 아직 완전히 사라지지 않은 시점에서 성숙한 상태에 도달할 것이기 때문이다. 그리하여 헌법 개정은 형식적인 절차가 아니라 상당히 어려운 문제가 된다. 저항이 있을 것이고 극복해야 할 어려움들이 나타날 것이다. 이것을 검토하기 전에 또 다른 구분 사항을 살펴보자.

근본적으로 사물과 사람(의 영혼)은 사회주의를 위하여 자동적으로 그들 자신을 형성한다. 그 형성의 목적을 위한 다른 사람의 의지나 구체적 조치들과 무관하다는 얘기다. 그렇지만 그 형성 과정은 그런 의지와 그런 조치들 — 법령, 행정 조치 등 — 을 낳는다. 이러한 조치들의 총합은 사회화 정책의 한 부분이 된다. 또 사회화는 긴 세월, 그러니까 수십 년에 걸쳐서 진행된다. 따라서 사회화의 역사는 사회주의 체제를 채택하고 수립하는 **행위**의 이전과 이후로 양분될 수 있다. 그 행위 이전에 사회화 정책 — 의도적이든 아니든 — 은 준비적 성격을 띠며, 행위 이후에는 실천적 성격을 띤다. 준비적 성격에 대해서는 이 장의 끝부분에서 짧게 다룰 것이고, 지금은 실천적 성격에 대해서 집중하기로 하자.

2. 성숙 상태에서 벌어지는 사회화

"행위(사회주의 채택) 이후의 사회화"가 다루어야 할 첫 번째 과업은 극복할 수 없는 것도 아니고, 또 그리 심각한 것도 아니다. 성숙 상태는 저항이 약하고, **모든** 계급의 대부분에서 협조가 이루어질 것임을 의미한다. 그런 징후 중의 하나는 헌법 개정이 사법적 연속성의 단절 없이 평화롭게 이루어지는 가능성이다. **가설적으로 보아도** 사람들은 그런 조치의 성격을 잘 이해할 것이고, 심지어 그것을 좋아하지 않는 사람들도 대부분 **허용 가능하다**_tolerari posse_는 신호를 보낼 것이다. 아무도 이 세상이 자신의 눈앞에서 붕괴되고 있다고 느끼거나 놀라지 않을 것이다.

그렇다고 혁명의 가능성이 전혀 없는 것은 아니다. 하지만 그런 위험은 그리 크지 않다고 봐야 한다. 한편으로는 조직적 저항이 없고, 다른 한편으로는 난폭한 흥분이 벌어지지 않기 때문에 혁명적 충동의 기회는 크게 줄어들 것이다. 또한 노련하고 책임 의식 강한 사람들의 집단이 즉각 지휘봉을 잡고서 규율을 확립하는 한편, 충격을 최소화하는 합리적 방법들을 사용할 것이다. 그들은 잘 훈련된 공공 관료제와 기업 관료제의 도움을 받을 것이다. 이들 관료제는 법적 권위에서 내려오는 명령이라면 그게 뭐가 되었든 복종하는 습관이 있고, 또 자본주의의 이해관계를 별로 좋아하지 않는다.

우리는 먼저 생산청 혹은 중앙청이 직면하게 될 이행기의 문제들을 단순화하기로 하자. 우리는 앞서 이것을 잠깐 언급하면서 중앙청이 농부들의 문제를 그냥 내버려둔다고 가정함으로써 이 어려운 문제를 단순화시킨 바 있다. 이것은 어쩌면 치명적일 수도 있는 어려움을 제거한다. 농부들 혹은 농민들처럼 재산의 이해관계를 심각하게 생각하는 부문은 없기 때문이다. 게다가 농업 세계는 어디에서나 **러시아** 농부들 같은 사람들이 살고 있는 것은 아니다. 이렇게 농부들의 재산을 놔둠으로써 추가적인 도움을 얻을 수 있다. 왜냐하면 농부들처럼 대규모 산업과 자본주의적 이해관계를 싫어하는 집단도 없기 때문이다. 중앙청은 다른 유형의 사람들도 달랠 수 있다. 사회화된 산업들 주변에서 소규모 장인들은 당분간 이윤을 얻기 위해 일하는 것이 허용될 것이다. 소규모 독립 상인들도 물품을 팔도록 허용되는데, 이것은 오늘날 여러 나라들에서 담배 제품이 국가 전매품인데도 담배상에게 판매가 허용되는 것과 비슷하다. 반면에 개별적으로 중요한 일을 하는 사람들 — 가령 경영자 타입 — 의 개인적 이해관계는 앞서 언급한 것처럼 쉽게 배려해줄 수 있다. 이렇게 하면 경제 엔진의 운용에 있어서 심각한 장애는 없을 것으로 본다. 평등화의 이상을 너무 과도하게 주장하면 모든 것을 망칠 위험이 있다.

자본가의 이해관계는 어떻게 할 것인가? 시기적으로 성숙된 단계에 이르면 위에서 이미 언급한 것처럼, 그것은 주식과 채권 소유자(담보 증권과 보험 증권 소지자도 포함)의 이해관계와 일치한다. 원리 원칙만을 고수하면서 이 그룹을 소수의 아주 부유한 나태자로 인식하는 사회주의자에게는 놀라운 일이 예비되어 있다. 성숙 상태에서 이 그룹은 아무리 작은 것일지라도 자신의 권리를 몰수하는 제안들을 차갑게 바라볼 사람들의 대부분을 형성한다. 하지만 사회주의 체제가 이들의 재산을 보상 없이 몰수할 수 있는지 혹은 "마땅히" 몰수해야 하는지 여부는 신경 쓸 문제가 아니다. 정말로 중요한 것은 그런 몰수가 경제적으로 반드시 필요한 게 아니라는 사실, 그리고 몰수하기로 결정했다면 사회주의 사회 내의 윤리적 원칙에 따라 자유 선택에 의해야 한다는 사실이다. 그것밖에 달리 방법이 없어서 그렇게 해서는 안 되는 것이다. 개인이 소유한 채권과 담보 증권에 대한 이자 지불, 보험 계약에 의한 대금 지불, 중앙청이 전前 주주들에게 발급한 채권에 대하여 배당금 대신에 주는 이자의 지불 — 이렇게 함으로써 전 주주들은 의결권을 잃는 대신 과거 배당금과 비슷한 수준의 수입을 얻게 된다 — 등은 관련 통계 수치가 보여주듯이 견디기 어려운 부담은 아니다. 사회주의 공화국이 개인 저축을 활용하는 한, 그 정도는 부담해주는 정책을 취하게 될 것이다. 이런 대금 지급을 한시적인 연금으로 전환하거나, 혹은 소득세나 상속세를 적절히 활용하여 상계함으로써 시간에 제한을 둘 수 있을 것이다. 이후 이런 주식이나 채권들은 영구히 사라질 것이다.

이렇게 하여 "행위 후의 사회화"의 그럴듯한 방법적 특징을 충분히 열거했다고 생각한다. 우리가 예상하는 상황들 아래에서 이행 작업이 확고하고, 안전하고, 순조롭게 진행되어 정력의 손실을 최소화하고, 또 문화적, 경제적 가치들에 미치는 피해를 최소화할 수 있으리라 본다. 대기업의 경영층은 교체해야 할 필요가 있을 경우에만 교체할 것이다. 이행 순간, 사회화 대상 회사들 중에 아직도 개인 회사들이 있다면 먼저 그것들을 주식회사로 전환시키고 그 다음에 다른 회사들과 마찬가지로 사회화된다. 새로운 회사의 설립은 금지될 것이다. 회사들 사이의 구조 — 특히 지주 회사들 — 은 합리화되어 관리의 효율에 봉사하는 수준으로 격하될 것이다. 은행들은 중앙은행의 지점으로 전환될 것이다. 또 이런 자격으로 기계적 기능 — 사회적 부기簿記의 일부분은 이들 은행의 몫이 된다 — 의 일부를 유지하면서 "여신與信"을 공여하거나 거부하는 권한의 형태로 산업 관리에 약간의 권력을 행사하게 될 것이다. 이 경우 중앙은행은 생산청에서 독립하여 일종의 총감독같이 된다.

그 결과 중앙청은 처음에는 천천히, 그리고 이어 꾸준하게 별 장애 없이 국정의 고삐를 쥘 수 있다. 경제 체제는 안정될 것이고, 이행에 따르는 사소한 문제들이 하나씩 해결되어감에 따라 제대로 된 방향을 잡을 것이다. 처음에는 생산의 사소한 조정들이 필요하다. 하지만 그 조정은 기껏해야 총생산량의 5퍼센트 이내이다. 평등주의 사상이 내가 예상한 것보다 더 강력하게 대두되지 않는다면, 수요의 구조는 그리 크게 영향을 받지 않을 것이다. 가령 변호사 같은 사람들을 다른 직업으로 재배치하는 문제는 상당히 규모가 크다. 왜냐하면 자본주의 산업에 봉사했던 변호사의 기능이 사회주의 사회에서는 더 이상 필요 없기 때문이다. 하지만 이것도 심각한 어려움을 야기하지는 않는다. 더 중요한 문제들, 가령 정상 이하의 생산 단위를 제거하는 것, 가장 좋은 기회들에 더욱 집중하는 것, 인구의 재분배에 부수되는 지역적 합리화를 달성하는 것, 소비재와 생산재를 표준화하는 것 같은 문제들은 사회주의 체제가 조직적 변화를 소화하고 예전의 생산 분야들에서 원활하게 돌아갈 때까지는 불거지지 않을 것이다. 이런 유형의 사회주의라면 그 청사진에 제시된 우수한 경제적 성과의 모든 가능성을 곧 실현할 것이라고 무리 없이 얘기할 수 있다.

3. 미성숙 상태에서 벌어지는 사회화

(1) 사회주의 원칙을 때 이르게 채택하는 두 번째 경우에 대해서는 세밀한 예후를 제시하는 것이 불가능하다. 이 경우는 사물과 사람(의 영혼)이 아직 준비가 되지 않은 상태에서 자본주의 국가의 중앙 기관들을 사회주의자들이 접수할 때 벌어지는 사회주의로의 이행을 가리킨다. 반복해서 말하거니와, 우리는 성공의 가능성이 전혀 없는 상황이나 어리석은 폭동에 불과한 권력 탈취 기도에 대해서는 논의하지 않으려 한다. 따라서 미성숙한 상태에서의 사회화는 필연적으로 완전한 실패로 끝난다거나 혹은 그로부터 나타난 결과적 체제는 붕괴하기 마련이라는 얘기를 되풀이

하지는 않겠다. 하지만 오늘날의 족쇄 자본주의와 관련해서는 합리적으로 문제를 제기할 수 있다고 생각한다. 현재와 같은 상황에서는 그런 문제가 조만간 제기될 가능성도 있다. 장기적인 상황은 점점 더 사회주의자에게 유리하게 돌아가고 있다. 더욱 중요한 사실은 단기적인 상황도 벌어질 수 있다는 점이다. 가령 1918년과 1919년의 독일 상황이 좋은 사례이다. 어떤 사람들은 1932년의 미국 상황도 좋은 사례라고 지적할 것이다. 당시 자본가 계층과 그들의 기관들이 일시적으로 마비되었기 때문에 사회화의 호기였던 것이다.

(2) 준비 부족 혹은 미성숙이 무엇인지 알기 위해서 독자들은 몇 페이지 앞에서 서술된 성숙한 사회의 그림을 참조하면 좋을 것이다. 그럼에도 나는 1932년의 미국이라는 특정 사례에 대하여 몇 마디 덧붙이고자 한다.

왕성한 ― 변화율의 관점에서 보자면 비정상이라고 할 수 없는 ― 산업 활동의 시기가 대공황 시기에 선행했다. 대공황의 극심한 어려움은 "발전"의 결과에 따른 조정이 어느 정도 필요한지를 잘 보여주었다. 주요 부문들에서의 발전은 분명 완료된 것이 아니었다. 이것은 농촌 지방의 전기화 사업, 가정의 전기화 사업, 화학 분야의 새로운 제품들, 건설업에서의 새로운 가능성 등을 살펴보면 충분히 파악될 것이다. 이런 상황에서 사회화를 진행한다면 기업가적 에너지, 생산 효율성, 대중의 장래 복지 등에서 상당한 손실이 발생한다는 것을 예측할 수 있었다. 그런데 여기에 한 가지 흥미로운 사실이 있다. 대공황의 히스테리 속에서 사회주의 경향의 지식인들이 보여준 전반적 견해는 정반대를 가리켰다. 이러한 해석은 경제적인 것이라기보다는 사회 심리학적 진단에 더 어울린다고 할 수 있다.

산업과 상업 회사들에게서도 미성숙이 나타났다. 중소기업들의 숫자가 여전히 많았고, 중소기업 협회와의 협력도 완벽하지 못했다. 대기업 ―

무비판적인 경탄과 적개심의 대상이 되었지만 — 의 발전도 우리의 사회화 방법을 안전하고 수월하게 적용할 정도로 충분하게 진전되지 못했다. 대기업을 5,000만 달러 이상의 자산을 가진 기업으로 한정한다면 국가 총자산의 53.3퍼센트만 대기업들이 차지하고 있고, 이 중에서 금융업과 공공사업을 담당하는 대기업을 제외한다면 36.2퍼센트이며, 순수 제조업 대기업만을 따진다면 46.3퍼센트에 불과하다.[01] 이보다 작은 규모의 회사들은 사회화에 적당치 않을 것이고, 현재의 상태라면 사회주의 체제 아래에서 제대로 작동할 것을 기대하기도 어렵다. 대기업 상한을 1,000만 달러로 내린다 하더라도, 그들이 국가 총자산에서 차지하는 비율은 각각 67.5퍼센트, 52.7퍼센트, 64.5퍼센트를 여전히 넘지 못할 것이다. 이런 구조를 가진 회사들을 "접수"하는 문제만도 아주 커다란 일이 될 것이다. 게다가 이런 회사들을 돌아가게 하고, 또 개선시키는 일은 더욱 어려운 작업이 된다. 왜냐하면 그 일을 담당할 숙달된 관료제도 없고, 또 노동력은 너무나 불완전하게 조직되어 있으며, 게다가 일부는 지도력 부족으로 통제 불능의 상태에 빠질 수 있기 때문이다.

사물보다 사람(의 영혼)은 더욱 준비가 안 되어 있다. 대공황이 가져온 충격에도 불구하고 기업가들은 물론이고 대부분의 노동자와 농부들도 부르주아 관점에서 생각하고 느꼈으며, 다른 대안에 대하여 명확한 인식을 **실제로** 갖고 있지 못했다. 그들이 볼 때 사회화나 그와 비슷한 개념은 "비非미국적인" 것이었다. 효율적인 사회주의 정당도 없었고, 스탈린 성향의 공산주의자들을 제외한다면 공식적 사회주의 단체에 대한 이렇다 할 유의미한 지원도 없었다. 농민들은 사회주의를 싫어했다. 또 농민들을 안심시키기 위해 여러 가지 조치들을 취했지만, 그들은 그에 못지않게 대기업을 싫어했으며 특히나 철도를 더욱 싫어했다. 사회주의에 대한 지지는 허약했으며 그중 어떤 것은 불쑥 튀어나오는가 하면 어떤 것은 미온적이었다. 반면에 사회주의에 대한 저항은 강력했다. 자신들이 하고 있는 일을 그 누구도(특히 국가는) 자신들처럼 잘할 수 없을 거라고 느끼는 사람들의 저항이 거셌다. 그들은 사회주의에 저항하면서 그들의 이해관계를 위해 싸우는 것이 아니라 공동선을 위해 싸운다고 느꼈다. 그것은 절대 선과 절대 악의 싸움 같은 것이었다. 미국 부르주아지는 활기를 잃어가고 있었으나 전적으로 모두 잃어버리지는 않았다. 부르주아 계층은 깨끗한 양심으로 사회주의에 저항했고, 사회화에 대하여 동의나 협조를 거부하는 입장에 있었다. 이 상황을 보여주는 한 가지 징후는 개별적 개인들이 아니라 집단이나 계층에 대하여 폭력을 사용해야 한다는 필요성이었다. 또 다른 징후는 헌법 개정을 통하여(즉 사법적 연속성의 단절 없이) 사회주의 원칙을 채택하는 것이 불가능하다는 것이었다. 새로운 사회주의 질서를 확립하려면 혁명, 나아가 유혈 혁명이 필요한 그런 상황이었다. 미국의 이런 미성숙한 상황에 대하여 이런 질문을 던지는 사람도 있을 것이다. 그것은 미성숙의 사례가 아니라, 아예 실현 가능성이 없는 사례의 범주가 아니오? 하지만 1932년의 미국 상황은 모든 미성숙 사회화가 제시하는 주요 특징들을 종합하면서 예시한다. 따라서 미성숙의 일반적 사례를 논의하는 데 적절하다고 생각한다.

이런 미국의 상황에 대하여 정통파 사회주의자들도 깊이 생각한 바 있었으나, 그들 대부분은 성 조지St. George(프롤레타리아)가 괴룡(자본주의)을 완전히 찔러 죽이는 매혹적인 상황 이외의 것은 용납하지 않으려 했다. 우리는 지금 정치적 기회와 경제적 미비未備가 겹쳐진 데서 나오는 결과를 관찰하려 한다. 이렇게 하는 것은 초기 부르주아의 혁명적 이데올로기가 불운하게 살아남았기 때문이 아니라, 통상적으로 이해되는 사회화 행위의 특징적 문제들이 이 상황(정치적 기회와 경제적 미비의 겹침)에서만 벌어지기 때문이다.

(3) 자, 그러면 혁명적 인민 — 볼셰비키 혁명에서 이 인민은 '가장 그리스도교적인 왕과 비슷한 공식 칭호이다 — 이 정부의 중앙 부처를 접수했다고 해보자. 그들은 이어 비사회주의적 정당들, 비사회주의적 언론 등도 접수하여 거기다 그들의 사람을 심었다. 이런 사무실들의 인원과 산업 및 상업 회사들의 인원들은 부분적으로는 마지못해 협력을 하게 되었고 — 이렇게 가정한다 — 부분적으로는 노동 지도자들과 카페에서 그 사무실로 달려온 지식인들로 대체되었다. 새로 설립된 중앙청에 우리는 두 가지 특징이 있다고 가정하자. 하나는 이 중앙청이 붉은 군대의 호위를 받는 것이다. 이 군대는 노골적인 저항과 과잉 행위 — 특히 난폭한 사회화 02 — 를 진압하는 일을 맡는데, 그 과정에서 좌우 가리지 않고 발포를 한다. 다른 하나는 중앙청이 농부들은 예전처럼 생활하도록 내버려둔다는 것이다. 예전의 지배 계층 사람들을 대하는 데 있어서 어느 정도의 합리성과 인간성을 발휘할 것인지에 대해서는 그 어떤 가정도 하지 않는다. 사실, 이런 미성숙한 상황 아래에서 무자비한 대우 이외에 다른 대우를 생각하기는 어렵다. 자신들의 행동이 반대파에게 오로지 사악한 공격 행위로만 비춰진다는 것을 알고 있다. 또 자신들이 카를 리프크네히트Karl Liebknecht, 1871~1919와 로자 룩셈부르크의 운명을 맞이할 위험에 처해 있다는 것을 아는 사람들(혁명을 일으켜 정권을 접수하려는 사회주의자들)은 당초의 의도와는 달리 폭력적 노선으로 내몰릴 수밖에 없다. 이 사람들은 자신들이 사나운 죄수들로 간주하는 반대자들에 대하여 범죄적 폭력을 휘두르게 될 것이다. 그 반대자들이란 구舊질서를 지키려 하는 자들과 반드시 나타나게 되어 있는 좌파 정당을 세우려는 자들이다. 그러나 폭력과 고문은 문제를 해결하지 못한다. 중앙청은 사보타주 행위를 불평하면서, 음모꾼과 파괴자들에게 대응하기 위하여 추가 권력을 요청할 수밖에 없다.

제일 먼저 취해야 할 조치는 인플레이션을 일으키는 것이다. 은행들은 몰수되어 재무부에 합병되어야 한다. 중앙청은 기존의 방법들을 가능한 한 많이 사용하면서 예금과 은행권을 만들어내야 한다. 나는 인플레이션이 불가피하다고 본다. 모든 사회주의자들은 현재 논의되고 있는 상황 아래에서는 이런 상황을 예상한다. 즉, 사회주의 혁명은 잠정적으로 경제 과정을 마비시키고, 그 결과로 재무부와 금융 센터들은 당분간 즉각적인 대응 수단이 부족할 것이다. 부기와 소득 단위의 사회주의 체제가 아직 정상적으로 작동하지 않으므로 제1차 세계대전 기간이나 그 이후의 독일 혹은 1789년 혁명 동안이나 그 이후의 프랑스가 취했던 정책만이 남을 것이다. 독일이나 프랑스의 경우에는 사유 재산 제도와 상업주의 사회의 방법론과 헤어지기 싫어하는 태도 때문에 상당 기간 인플레이션이 지속되었다. 하지만 이런 차이는 현재의 논의와는 무관한 것이다. 왜냐하면 "사회주의 혁명이 벌어진 그 다음 날"은 아무것도 제 모습으로 남아 있지 않을 것이므로 그 차이는 문제되지 않기 때문이다.

이런 노선으로 나아가야 하는 데에는 필요성도 있지만, 그 외에 또 다른 동기가 있음을 첨언하고 싶다. 인플레이션은 이행기의 특정 문제들을 해결하고, 부분적인 재산 몰수를 이행하는 좋은 방법이다. 이행기의 문제에 관해 말해보자면 화폐 임금률의 급격한 상승은 당분간 분노의 폭발을 제지해줄 것이다. 그 분노는 일시적으로 부과해야만 하는 실질 임금률의 폭락에서 나오는 것이다. 재산 몰수에 대해서 말해보자면 인플레이션은 아주 간단한 방식으로 화폐 채권의 보유자들을 수탈한다. 중앙청은 실질 자본 — 공장 등 — 의 소유자들에게 일정한 액수의 보상 채권을 발급하고, 일정한 기간 내에 그 채권을 휴지 조각으로 만들어버림으로써 이 문제(재산 몰수)를 한결 쉽게 진행할 수 있다. 마지막으로 인플레이션은 그때까지도 남아 있던 개인 기업들을 아주 강력하게 쓸어버릴 수 있음을 기억해야 한다. 레닌이 지적했던 것처럼, 인플레이션처럼 모든 것을 와해시키는 것도 없다. "부르주아 사회를 파괴하기 위해서는 그 사회의 돈을 완전 탕진해야 한다."

(4) 두 번째로 해야 할 일은 사회화하는 것이다. 이행 문제에 대한 논의는 사회주의자들 사이에서 벌어진 오래된 논쟁으로부터 시작한다. 보다 구체적으로 말하자면 사회주의자들과 노동 운동가들 사이에서 벌어진 논쟁으로, 이것은 단 한 번의 완벽한 사회화 대 부분적인 혹은 점진적인 사회화의 논쟁이다. 많은 사회주의자들은 어떤 상황에서도 한 번의 완벽한 사회화를 지지한다. 그들은 사회주의 신앙의 순수성을 옹호하고, 또 사회주의 체제의 효율성을 확신하기 때문이다. 또한 그들은 심약한 노동 운동가들을 경멸한다. 노동 운동가들은 사회화 문제와 관련하여 다른 사람들과 마찬가지로 책임 의식이라는 불편한 잔존물을 여전히 갖고 있는 것이다. 하지만 나는 사회주의의 진정한 옹호자들을 지지한다.[03] 우리는 지금 자본주의 체제 내에서 벌어지는 이행 정책을 논의하는 것이 아니다. 그것은 또 다른 문제로서 뒤에서 곧 다룰 것이다. 우리는 그때 가서 **자본주의의 틀 내에서 벌어지는** 사회화가 가능할 뿐 아니라 당연히 기대할 수 있음을 보여줄 것이다. 우리는 지금 완전히 다른 이행 정책을 논의하는 것으로서, 시점은 사회주의 체제가 정치적 혁명에 의해 정립된 **이후인** 것이다.

사회화가 정립된 경우에는 불가피한 최소한의 과잉만 벌어지고, 또 강력한 지도자가 비교적 질서 정연한 절차를 수립했다 할지라도 일부 대규모 산업들만 사회화되고 반면에 다른 기업들은 아무 일도 없는 것처럼 돌아가는 그런 상황을 상상하기는 어렵다. 무책임의 시대에 널리 퍼진 일부 사상에 부응하기 위해서라도 혁명 정부는 남아 있는 개인 산업들의 가동을 중지시켜야 할 것이다. 나는 지금 기업가나 자본가의 전반적 이해관계에서 나오는 방해 공작을 생각하는 게 아니다. 그들의 힘은 과장되어 있고, 또 설사 있다 하더라도 인민위원들의 감시 아래에서는 위력을 발휘하지 못할 것이다. 게다가 지금 현재의 의무 수행을 거부하는 것은 부르주아 방식이 아니다. 부르주아 방식은 현재의 의무를 고수하는 것이다. 물론 저항이 있기는 하겠지만, 그것은 공장 바깥의 정치 영역에서 벌어지는 일이며, 공장에서 벌어지는 일은 아니다. 비非사회화된 산업들은 예전 방식(자본주의 산업의 방식)대로 작동하지 못할 것이기 때문에 그 사실만으로도 가동이 중단될 것이다. 이렇게 되는 데에는 인민위원들의 감독과 노동자 및 일반 대중의 여론이 작용할 것이다.

하지만 이 주장은 대규모 산업과 대규모 통제 단위로 재편될 수 있는 부문에만 적용된다. 우리가 제외하기로 한 농업 부문과 대규모 산업들 사이에 존재하는 많은 부문들을 커버하지는 못한다. 이 부문들은 주로 중소기업들로 구성되는데, 여기에 대해서 중앙청은 편의에 따라 임기응변의 정책을 펴면서 변화하는 조건들에 맞추어 일진일퇴해야 할 것이다. 이것은 우리가 정의한 사회주의의 정의 내에서 여전히 완전한 사회화에 들어가는 조치이다.

이제 한 가지 사항만 추가하면 된다. 사법적 연속성을 단절해야 하고, 또 공포 정치를 펴야 하는 미성숙한 상태의 사회화는 그것을 조종하는 사람을 제외하고는 장·단기적으로 아무에게도 혜택을 가져다주지 않는다. 이런 사회화에 대하여 사람들의 열광을 이끌어내려 하고, 또 그에 따른 위험을 무릅쓰는 용기를 발휘하라고 격려해야 하는 일이 전문적 선동가의 의무라면 그건 별로 교훈적인 일이 되지 못할 것이다. 하지만 학원 내 지식인이 이런 사회화를 비판하고, 조심시키고, 또 자제해야 한다고 말하는 용기를 발휘한다면 그건 나름대로 공로를 인정받을만한 용기이다.

4. 행위(사회주의 채택) 이전의 사회주의적 정책: 영국의 사례

그렇다면 앞으로 50년 혹은 100년 동안 진지한 사회주의자들은 설교를 하면서 기다리는 것 이외에는 할 일이 없다고 결론을 내려야 할까? 하지만 몇 명이 되었든 구성원을 유지하려는 집단에서는 이런 태도를 취할 수는 없다. 게다가 이런 인간적인 원천에서 흘러나오는 논의들 — 비웃음들 — 때문에 위의 결론에 상당한 신빙성이 있다는 사실이 가려져서는 안 된다. 논리적으로 볼 때, 사회주의자들은 그들에게 도움이 되는 발전을 촉진시켜야 할 이해관계가 있으며, 그 때문에 자본주의에 더 족쇄를 채우기보다는 그 족쇄를 풀어주어야 할 이해관계가 있다.

그렇다고 해서 우리 시대의 조건들에서는 사회주의자들이 할 수 있는 게 별로 없다고 얘기하려는 것은 아니다. 지금 사회주의를 정립하려는 시도는 강대국이든 약소국이든 실패를 자초하는 것이나 다름없다. 거창하게 사회주의의 실패라고 말할 수는 없을지 몰라도, 그런 시도를 한 사회주의적 집단들의 실패라는 점은 명약관화하다. 동시에 반드시 사회주의자라고 할 수 없는 집단이 나타나 손쉽게 사회주의자들의 옷을 대신 걸쳐 입고 나서서 설쳐댈 것이다. 따라서 행위 이후의 사회화는 아주 의심스러운 사안이고, 행위 전의 사회화 정책이 훨씬 실현 가능성이 크다. 다른 집단들과 마찬가지로, 그러나 목표에 대하여 더 명확한 인식을 가지고서 사회주의자들은 궁극적 성공을 위태롭게 하지 않으면서도 그것(행위 전 사회화)을 시도해볼 수 있다. 내가 이 문제에 대해서 말하고자 하는 것들은 특정 사례의 외피를 두를 때 가장 뚜렷하게 드러날 것이다.

우리가 구체적 사례를 통하여 보이고자 하는 모든 특징은 현대 영국의 사례에서 잘 드러난다. 영국의 산업 및 상업 구조는 성공적인 일괄적 사회화를 이룩할 정도로 성숙되어 있지는 않다. 특히 기업 통제의 집중화 현상이 충분하지 못하다. 이런 상황이기 때문에 관리자도 자본가도 노동자도 사회화를 받아들일 준비가 되어 있지 않다. 상당히 활발하게 움직이는 "개인주의"가 남아 있어서, 사회화에 싸움을 걸 것이고 협조를 거부할 것이다. 반면에 20세기 초반부터 기업가의 진취적 노력이 눈에 띄게 둔화되어 왔다. 그 결과 모든 중요한 산업 분야(가령 발전 분야)에서 국가의 지도와 통제가 필요하게 되었고, **모든** 집단들이 그런 지도와 통제를 승인하고 요구했다. 자본주의는 다른 나라보다 영국에서 그 기능을 훨씬 더 많이 수행했다. 더욱이 영국 국민들은 이제 국가에 의해 잘 훈련되어 있었다. 영국 노동자들은 잘 조직되어 있고, 대체로 좋은 책임자의 지도를 받았다. 빼어난 문화적·도덕적 기준을 가진 노련한 관료제는 국가 영역의 확대에 필요한 새로운 요소들을 동화할 수 있다. 영국 정치가들의 빼어난 정직성과 아주 능력 있고 세련된 통치 계급의 존재는 많은 일을 쉽게 수행하도록 해준다. 이런 일은 세계의 다른 지역에서는 불가능할 것이다. 특히 이 통치 집단은 전통의 고수와 함께 새 원칙·상황·사람들에 대한 놀라운 적응성을 적절한 비율로 잘 조합시킨다. 통치 집단은 통치하기를 원하지만 변화하는 이해관계들을 대변하면서 통치할 용의가 있다. 그것은 산업 영국을 관리하고, 동시에 농업 영국, 보호주의적인 영국, 자유무역의 영국을 관리한다. 게다가 야당들의 프로그램과 두뇌를 전용轉用하는 뛰어난 재주를 갖추고 있다. 그것은 다른 곳에서는 기꺼이 라살레가 되려고 하는 디즈레일리Benjamin Disraeli, 1804~1881를 동화同化했다. 그것은 필요하다면 공산주의자 트로츠키를 동화하고 트로츠키가 된 이후에는 기꺼이 귀족 중의 귀족인 프린키피오 백작을 동화했을 것이다.

이런 조건들에서라면 사회화의 정책을 얼마든지 생각해볼 수 있다. 광범위한 국영화 프로그램을 수행함으로써 한편으로는 사회주의를 향한 커다란 걸음을 내딛고, 다른 한편으로는 이 국영화 프로그램에 포함되지 않은 회사들과 활동들을 무기한 동안 현재 상태대로 놔둘 수 있는 것이다.

사실 이들 회사들은 오늘날 그들의 발목을 잡고 있는 많은 족쇄와 부담(재정적인 것과 기타의 것)으로부터 자유롭게 놓여날 수 있다.

다음의 산업 활동 분야들은 심각한 효율성의 상실 없이도, 또 개인 관리로 남겨질 분야에 심각한 파급 효과를 일으키지 않고도 사회화될 수 있다. 보상의 문제는 성숙한 사회화를 논의할 때 제시되었던 방향에서 해결될 수 있다. 적정한 세율의 소득세와 상속세를 적용하면 이것은 심각한 문제가 되지 못한다.

첫째, 영국의 은행업은 충분히 성숙하여 사회화될 수 있다. 영국 은행은 재무부의 일개 부서에 지나지 않는 존재가 될 것이고, 잘 조직된 사회주의 공동체가 금융 조직들에 바라는 것보다 훨씬 덜 독립적인 기관이 될 것이다. 상업 은행의 경우, 집중과 관료제화가 충분히 이루어져온 듯하다. 대규모 은행들은 독립 은행들을 상당 부분 흡수하고, 그 다음에는 영국 은행과 합병하여 '국가 은행업 관리처'로 통합될 것이다. 이 관리처는 저축 은행이나 주택 융자 조합 등을 흡수한다. 소비자들은 이런 변화를 전혀 눈치채지 못하고 신문에서나 그 사실을 알게 될 것이다. 서비스의 합리적인 통합에서 나오는 이득은 상당할 것이다. 사회주의 관점에서 보자면 정부의 영향력이 비非국유화 부문에서도 늘어난다는 점에서 소득이 있다.

둘째, 보험업은 오래 전부터 국유화의 후보였고, 이제는 상당 부분 기계화되었다. 적어도 사회 보험의 몇몇 부문을 통합한다는 것은 실행 가능한 일이다. 보험 증권의 판매 비용은 크게 줄어들 것이고, 사회주의자들은 보험 회사들의 자금을 장악하여 정부가 갖게 되는 권력을 기쁘게 생각할 것이다.

셋째, 철도나 운수 사업의 사회화에 대하여 아주 곤란하다는 의견을 표명하는 사람은 없을 것이다. 내륙 수송은 사실 성공적 국가 관리가 가장 확실시되는 분야였다.

넷째, 광산 특히 탄광의 국유화, 석탄과 타르 제품(벤졸까지 포함)의 국유화, 이들 제품의 판매에 대한 국유화는 즉각적으로 효율을 높일 것이고, 노동 문제만 만족스럽게 대처한다면 커다란 성공을 거둘 것이다. 기술과 상업의 관점에서 볼 때, 이러한 주장의 타당성은 너무나 분명하다. 하지만 또 다른 분명한 사실은 화학 분야에서 활동하는 개인 기업의 경우에는 제시된 한계 너머로 나아가면 이런 성공을 거두지 못한다는 것이다.

다섯째, 전기의 생산, 발송, 분배의 국유화는 사실상 완료되었다. 이 부문에 대하여 하고 싶은 말은 이런 것이다. 전기-기술 산업은 개인 기업으로부터 기대할 수 있는 전형적인 사례이다. 이것은 전반적 사회화를 찬성하거나 아니면 부분적 사회화를 반대하는 입장이 경제적으로 봤을 때 얼마나 무의미한지 잘 보여준다. 그러나 전력 생산의 사례는 사회화된 산업에게 이윤 동기를 불어넣는 것이 얼마나 어려운지 보여준다. 국가가 경제생활의 상당 부분을 흡수하고 그러면서도 근대 국가의 모든 과제를 수행하려면, 이윤 발생이 성공의 본질적 조건이다.

여섯째, 철강 산업의 사회화는 앞에서 열거한 산업들보다 훨씬 논쟁적인 명제이다. 하지만 이 산업도 과거에 방탕한 행위를 저질렀으므로 "관리"가 되어야 한다. 관리는 대규모 연구 부서를 포함한다. 통합 조정에서 소득을 얻을 수 있을 것이다. 기업가적 충동의 열매를 잃어버릴 위험은 별로 없다.

일곱째, 건축가들의 일정한 몫을 제외하고, 건설과 건설 자재 산업은 적당한 공공 단체에 의해서 성공적으로 운영될 수 있을 것이다. 이 산업의 상당 부분이 이미 이런저런 방식으로 규제, 보조, 통제되고 있기 때문에 효율의 제고에 소득이 있을 것이다. 이런 소득은 통합으로 인해 생겨날 손실의 원천을 보상하고도 남음이 있다.

이제까지의 언급이 해당 산업 분야를 모두 열거했다고 말할 수는 없다. 하지만 이 프로그램 이상으로 나아가려면 특별한 사유(대부분 비경제적인 사유)로 그런 조치를 정당화해야 한다. 군수 산업 혹은 핵심 산업, 영화, 조선, 식품 거래업 등이 그 대상이다. 하지만 위에서 언급한 7개 사항을 처리하는 데에도 앞으로 한동안 시간이 걸릴 것이다. 만약 이런 일을 다 수행한 책임 있는 사회주의자가 있다면, 그는 자신의 일을 축복하면서 국유화 부문 이외에서는 양보를 하는 것이 합리적이라고 생각하며 받아들일 것이다. 만약 그가 토지 — 농부들의 현재 지위는 건드리지 않고 — 를 국유화하려고 한다면, 그러니까 토지의 지대와 사용료를 국가에 귀속시키려 한다면, 나는 경제학자로서 반대하고 싶은 생각이 없다.[04]

현재 벌어지고 있는 전쟁(제2차 세계대전)은 우리가 다루는 문제의 사회적, 정치적, 경제적 데이터를 바꾸어 놓을 것이다. 많은 것이 가능해지고, 또 많은 것이 불가능해지는 등 전과는 조건이 같지 않을 것이다. 이 책의 말미에 붙어 있는 몇 페이지에서 이 문제를 간단히 다루었다. 하지만 전쟁의 결과와 상관없이 이 문제를 구체화하는 것은 정치적 사상을 명확하게 밝히기 위해서 반드시 필요하다고 생각한다. 이렇게 하지 않으면 이 문제의 성격이 뚜렷이 드러나야 하는데도 그렇게 되지 않는다고 본다. 따라서 나는 이 장을 1938년 여름에 집필한 형태와 내용 그대로 남겨둔다.

4

사회주의와 민주주의

사회주의라는 원초적 사상은
민주주의의 본질적 이상이 될 수도 있다.
그러나 사회주의자들은
그 사상이 현실 속에서 태어나는 과정에 대해
언제나 까다롭게 따지지는 않는다.
그들의 거룩한 텍스트 속에서는
'혁명'이나 '독재' 같은 단어들이 우리를 노려보고 있다.

20
문제 제기

1. 프롤레타리아의 독재

분명해 보이는 것처럼 사람을 속이도 것도 없다. 지난 20년 혹은 25년 동안의 사건들은 4부의 제목인 사회주의와 민주주의 뒤에 어른거리는 문제들을 똑바로 보라고 가르쳐왔다. 1916년경까지 이 두 사상의 관계는 대부분의 사람들에게는 물론이고, 사회주의 정통 사상을 주장하는 사람으로 인정되는 이들에게도 너무 분명해 보였다. 사회주의는 민주주의 클럽에 가입할 자격이 충분하다는 사회주의자들의 주장에 대하여 아무도 시비를 걸 생각을 하지 않았다. 사회주의자들도 — 소수의 생디칼리스트 그룹을 제외하고 — 자신들이 유일한 민주주의자들이라고 주장했다. 또 자신들만이 유일하게 진짜 민주주의를 판매하며, 부르주아들이 판매하는 가짜 민주주의에 속지 말라고 당부했다.

사회주의자들이 민주주의의 가치를 등에 업고 사회주의의 가치를 높이려 한 것은 당연한 일이었다. 그들은 또한 이 두 사상이 서로 떼어놓을 수 없을 정도로 결합되어 있다고 만족스럽게 증명해주는 이론마저 갖추고 있었다. 이 이론에 의하면 생산 수단에 대한 개인의 통제는 자본가 계급의 노동 착취 능력, 그리고 자본가 계급 이익을 공동체의 정치 문제에 일방적으로 강요하는 능력의 근본적 배후이다. 이렇게 하여 자본가 계급의 정치 권력은 그 경제 권력의 특정한 형태에 지나지 않는다. 이 추론은 이렇게 이어진다. 그런 권력이 있는 한 민주주의는 불가능하며 겉만 번드레한 정치적 민주주의는 필연적으로 가짜에 불과하다. 따라서 그런 권력을 제거하면 "인간에 의한 인간의 수탈"이 종식되어 "국민에 의한 통치"가 가능해진다.

이런 주장은 본질적으로 마르크스에게서 나왔다. 이것은 마르크스 도식에 들어 있는 용어들의 정의定義에서 논리적으로 — 실제로는 동어 반복적으로 — 도출된 것이므로 마르크스 도식의 운명, 특히 "인간에 의한 인간의 수탈"이라는 이론의 운명을 공유할 것이다.[01] 사회주의 집단과 민주주의 신조의 상관관계에 대한 현실적 분석은 곧 제시될 것이다. 하지만 우리는 두 사상의 관계에 대하여 보다 현실적인 이론을 필요로 한다. 그러니까 우리가 지금껏 정의해온 사회주의 질서와 민주주의 정부의 운영 방식 사이에 존재하는 상관관계(소망 사항이나 슬로건이 아닌 것)를 탐구하고자 한다. 이 문제를 해결하기 위해서는 먼저 민주주의의 본성을 탐구해야 한다. 하지만 또 다른 사항이 긴급하게 해명을 요청하고 있다.

사회주의라는 원초적 사상은 민주주의의 본질적 이상이 될 수도 있다. 그러나 사회주의자들은 그 사상이 현실 속에서 태어나는 과정에 대해 언제나 까다롭게 따지지는 않는다. 그들의 거룩한 텍스트 속에서는 '혁명'이나 '독재' 같은 단어들이 우리를 노려보고 있다. 많은 현대의 사회주의자들은 아예 노골적으로 이런 입장을 취한다. 즉, 그들은 폭력과 테러를 통해 사회주의 천국의 문을 강제로 여는 것에 반대하지 않으며, 또 이런 폭력과 테러가 개종(사회주의로의 이행)을 위한 보다 민주주의적인 수단에 도움을 준다고 본다. 이 문제에 대한 마르크스의 입장은 폭력적이기보다는 점진적인 노선이었으며, 이런 입장은 민주주의자들의 견지에서는 받아들일만한 것이었다. 앞의 1부에서는 혁명과 진화에 대한 그의 견해들이 서로 조화될 수 있음을 제시했다. 혁명이 반드시 소수파가 반항적인 사람들에게 강제로 그들의 뜻을 부과하는 과정일 필요는 없다. 그보다는 국민들의 의지에 반항하는 장애물을 제거하는 과정으로 볼 수도 있다. 이 경우 그 장애물은 낡은 제도를 가리키며, 그 제도의 보존에 이해관계를 갖고 있는 기득권 집단이 그 제도를 통제한다. 프롤레타리아의 독재에 대해서도 이와 유사한 해석을 해볼 수 있다. 이를 뒷받침하기 위하여 나는 『공산당 선언』의 관련 문장들에 드러나는 어구 표현을 지적하고 싶다. 이 글에서 마르크스는 부르주아지로부터 "단계적으로" 통제권을 빼앗아오는 것을 언급하였다. 또 "발전의 과정에" 계급 구분이 사라질 것이라고 말했다. 그가 "폭력"을 강조하기는 했지만, 이와 같은 어구들은 우리가 통상적으로 이해하는 민주주의의 의미에 가깝게 다가가는 절차를 암시한다.[02]

이러한 해석은 저 유명한 사회 혁명과 그에 못지않게 유명한 프롤레타리아의 독재를 상상력 촉발의 선동적 수사修辭 수준으로 격하시킨 것이다. 하지만 이 해석의 근거는 그리 확정적이지 못하다. 마르크스의 제자인 많은 사회주의자들과 자신을 마르크스의 제자라고 선언한 다른 많은 사람들의 의견이 서로 엇갈린다. 나보다 율법을 더 잘 아는 진정한 서기관과 바리사이파의 권위에 승복하면서, 또 여러 권의 『새로운 시대Neue Zeit』를 정독한 인상에 바탕을 두고서, 나는 이런 가능성을 말하고자 한다. 만약 둘 중 하나를 선택하라고 했다면 마르크스는 사회주의를 민주주의적 절차의 준수보다 위에 놓았을 것이다.

그럴 경우, 그는 마르크스 후대의 많은 사람들이 주장한 것처럼 자신이 진정한 민주주의의 길에서 이탈한 것이 아니라고 선언했을 것이다. 그러면서 진정한 민주주의를 살려내기 위해서는 그것을 질식시키는 자본주의의 해로운 독기를 제거하는 것이 필요하다고 이유를 댔을 것이다. 그런데 민주주의를 믿는 사람들에게 있어서 민주주의적 절차를 준수하는 것은 관련 사안의 중요성에 비례하여 그 중요성이 높아진다. 따라서 근본적인 사회 재구축이라는 아주 중요한 사안의 경우에는 그 무엇보다도 민주주의적 절차의 준수가 엄중하게 감시되어야 하고, 또 모든 보장에 의해서 세심하게 지켜져야 한다. 이런 필수 사항을 완화하여 비민주주의적인 절차나 수단에 의하여 형식적인 민주주의적 결정에 도달하는 방법을 받아들이는 사람이 있다면, 그는 자신이 중시한다는 사상보다 다른 어떤 가치를 더 중시하는 것이라고 확정적으로 말할 수 있다. 철저한 민주주의자는 다른 부문에서는 재구축을 용인할지 몰라도, 이러한 민주주의의 재구축은 그 뿌리부터 갉아먹는 것이라고 생각할 것이다. 좋고 영광스러운 것이지만 사람들이 실제로 원하지 않는 것을 강요하는 것 — 설사 사람들이 그것의 결과를 체험하면 그걸 좋아하게 될지라도 — 은 비민주주의적 신념의 대표적인 사례이다. 진정한 민주주의를 실현하려는 **유일한** 목적을 위하여 비민주주의적인 행위들 — 이 행위들이 그 실현을 위한 유일한 수단이라고 하자 — 을 하는 것을 예외로 인정해야 할지는, 결의론자casuist가 알아서 할 문제이다. 설사 이것을 인정한다고 하더라도 사회주의의 경우에는 해당되지 않는다. 우리가 살펴본 바와 같이 사회주의는 현실적으로 성공할 것으로 기대되는 바로 그때에 민주주의적으로 가능할 것이기 때문이다.

아무튼 이행 기간 동안 민주주의를 연기하는 것이 좋다고 하는 주장은 민주주의에 대한 모든 책임을 회피하는 좋은 기회를 제공할 것이다. 이런 잠정적 제도는 1세기 혹은 그 이상까지 지속될 수 있고, 또 성공한 혁명으로 정권을 잡은 통치 집단은 그런 잠정적 제도를 무기한 연장하거나, 혹은 실속 없는 껍데기만의 민주주의를 유지하는 수단들을 만들어낼 것이다.

2. 사회주의 정당들의 이력

우리가 사회주의 정당들의 이력으로 눈을 돌리면 그들이 일관되게 민주 정신을 옹호해왔다는 주장의 타당성에 대하여 필연적으로 의문을 품게 된다.

첫째, 소수파 정당이 정권을 잡고서 다른 정당에게는 기회를 주지 않는 위대한 사회주의 공화국이 있다. 이 소수당의 대의원들은 8차 전당 대회에 모여서 보고서를 경청한 다음 토론 비슷한 것은 아예 하지도 않은 채 의결 사항들을 만장일치로 통과시켰다. 그들은 투표를 통해 — 공식적으로 밝혀진 바와 같이 — 다음의 사항을 의결했다. "러시아 국민(?)은 레닌-스탈린의 당과 위대한 지도자에 대한 무조건적인 헌신 속에서 거대한 과업들의 프로그램을 받아들였다. 그 프로그램은 우리 시대의 가장 숭고한 문서인 스탈린 동지의 보고서에 잘 서술되어 있다. 이 보고서는 그 프로그램을 차질 없이 수행하기 위한 것이다." 그리고 "우리 볼셰비키 당은 위대한 스탈린의 천재적 지도 아래 발전의 새로운 단계에 접어들었다."[03] 이런 전당 대회, 단일 후보의 선거들, 전시용 재판과 GPU(소비에트 연방의 비밀경찰: Gosudarstvennoye Politicheskoye Upravlenie) 방식 등은 "세상에서 가장 완벽한 민주주의"를 형성할 수 있다. 단, 민주주의라는 용어에 적절한 해명이 가해진다면 말이다. 하지만 이것은 대부분의 미국인들이 이해하는 민주주의는 아니다.

하지만 적어도 본질이나 원칙에 있어서 이 공화국은 사회주의 공화국이고, 바이에른과 헝가리 등에서 단명으로 끝난 공화국들도 이런 유형의 것들이었다. 반면에 미국의 민주적 이상들을 일관되게 고수하는 사회주의자 그룹들이 오늘날까지 남아 있다. 가령 대부분의 영국 사회주의자들, 벨기에·네덜란드·스칸디나비아 국가들의 사회주의 정당들, 노먼 토마스Norman Mattoon Thomas, 1884~1968가 이끄는 아메리카 당, 망명 중인 독일 사회주의 그룹들이 좋은 사례이다. 이들의 관점과 일반 관찰자의 입장에서 보자면, 러시아 체제는 "진정한" 사회주의가 아니라 일종의 변태라고 주장할만하다. 하지만 "진정한" 사회주의라는 것은 "우리가 좋아하는 사회주의"를 제외하고 무슨 다른 의미가 있는가? 따라서 이런 주장은 모든 사회주의자들의 지지를 받지 못할 뿐 아니라, 비민주적 사회주의자들까지 포함하는 사회주의의 형태가 있다는 이야기 이외에 아무런 의미도 없다. 우리가 앞에서 살펴본 바와 같이, 어떤 사회주의 체제가 비민주적일 수도 있다는 사실을 부정할 수는 없다. 사회주의의 특징들은 정치적 절차에 관해서는 그 어떤 의미도 내포하지 않는다는 순수한 논리적 근거 위에서 이런 주장(비민주적)을 펼 수 있는 것이다. 이렇게 볼 때 유일한 문제는 사회주의가 민주적일 **수 있는지** 또는 어떤 의미에서 민주적이라고 볼 수 있는지, 하는 것이다.

둘째, 지속적으로 민주적 신념을 고수해온 사회주의 그룹들은 다른 신조를 공언할 기회나 동기가 없었다. 그들은 비민주적 담론과 실천을 강하게 거부하는 환경 속에서 살아왔고, 실제로 언제나 생디칼리스트에 대해서는 등을 돌려왔다. 어떤 경우에, 그들은 자신들과 자신들의 행동을 보호해준 민주적 원칙을 옹호해야 할 이유가 많았다. 다른 경우에, 그들 대부분은 민주적 노선이 제공하는 정치적 결과나 기타 결과에 만족했다. 만약 영국이나 스웨덴의 사회주의 정당들이 반민주적 성향을 드러냈더라면 그들에게 어떤 일이 벌어졌을지 쉽게 상상해볼 수 있다. 그들은 자신들의 권력이 꾸준히 커지고 있다는 것을 느꼈고, 또 책임 있는 관직이 그들에게 저절로 굴러오고 있다는 것을 느꼈다. 그런 관직을 잡았을 때 그들은 만족감을 얻었다. 따라서 민주주의에 대한 충성을 공언하면서 그들은 단지 그들이 명백하다고 믿는 것을 실천했을 뿐이다. 그들의 정책은 물론 레닌을 기쁘게 하지는 않았다. 하지만 레닌 자신이 만약 그들과 같은 입장에 있었더라면 그가 다르게 행동했을 것이라는 보장도 없다. 독일에서는 사회주의 정당이 아직도 더 좋은 쪽으로 발전하고 있다. 하지만 독일의 경우 1918년까지는 정치적 책임 의식으로 나아가는 길이 봉쇄되어 있었다. 사회주의자들은 강력하고 적대적인 국가를 상대해야 했으므로 부르주아의 보호와 절반쯤 사회주의적인 노동조합의 권력에 의존할 수밖에 없었다. 이런 상황이었으므로 그들이 민주주의 신조에서 벗어난다는 것은 쉽지 않았다. 만약 벗어난다면 적들의 손에 놀아나는 꼴밖에 되지 않았을 것이다.[04] 그들이 자신들을 가리켜 사회주의적 **민주주의자들**이라고 한 것은 신중함의 소산이었던 것이다.

셋째, 민주주의에 우호적인 것으로 드러난 사회주의의 실험 사례는 거의 없고, 설령 있다 하더라도 설득력이 떨어진다.[05] 1918년 독일 사회민주당은 선택의 기회가 주어졌을 때 민주주의를 선택했고, (또 이것이 민주주의 신조의 증거일 수도 있는데) 공산주의자들을 무자비하게 탄압했다. 하지만 사회 민주당은 이 문제를 두고서 분열했다. 당은 좌파 인사들을 많이 잃었고, 떨어져 나간 반대자들은 당에 그대로 남은 자들보다 자신들이 더 진정한 사회주의자라고 주장했다. 당에 남은 많은 사람들은 비록 당의 규율에 복종한 것이었지만, 공산주의 탄압을 찬성하지 않았다. 찬성하는 사람들은 대부분 다음과 같은 이유 때문이었다. 적어도 1919년 여름부터 보다 과격한(구체적으로 비민주적) 노선의 성공 가능성이 희박해졌고, 또 베를린에서 좌익 세력이 즉각적으로 패퇴하지는 않더라도 라인란트와 마인 남부 지방들에서는 좌익 세력이 당에서 떨어져나갈 중대한 위험이 있었기 때문이다. 마지막으로 당내의 대다수 인사들, 누구보다도 당내의 노조 관계 인사들이 볼 때 민주주의를 지지해야만 그들이 원하는 것, 특히 관직을 얻을 수가 있었다. 그들은 전리품을 중도파(가톨릭) 당과 공유해야 했지만, 그런 협상은 양측에 만족스러운 것이었다. 곧 사회주의자들은 노골적인 민주주의자로 변신했다. 이런 태도는 반민주적 신조와 결탁한 야당이 그들을 상대로 궐기할 때 생겨난 것이다.

나는 독일 사회 민주당이 보여준 기회주의적 책임 의식을 비난하자는 것도 아니고, 또 그들이 관직의 편안한 안락의자에 눌러앉은 배부른 만족감을 지적하자는 것도 아니다. 배부른 만족감은 인간의 보편적 약점이다. 또 그들의 기회주의적 책임 의식에 대해서는 이 책의 5부에서 다시 다룰 것이다. 이 두 가지(기회주의적 책임 의식과 배부른 만족감)를 민주적 절차에 대한 사회주의자들의 변함없는 충성의 근거로 삼기에는 턱없이 부족하다. 하지만 이보다 더 좋은 사례를 생각해내기가 어렵다. 권력에 의한 정복 가능성과 민주적 절차에 의한 정복 불가능성을 잔인하게 일치시키려 했던 러시아와 헝가리의 사례들이 있으나, 우리는 이것을 적당한 사례로 받아들이기 어려울 것이다. 우리의 어려움은 오스트리아 사례에 의해 잘 예증된다. 그 나라의 주도적(네오마르크스주의자들) 그룹의 예외적 지위 때문에, 오스트리아 사례의 중요성은 한 나라의 범위를 뛰어넘는다. 1918년과 1919년에 오스트리아 사회주의자들은 그것이 아직 자기 방어의 문제가 아니었을 때(뒤에는 민주주의가 자기 방어의 문제가 됨)에도 민주주의를 고수했다. 하지만 권력의 독점이 거의 손안에 들어왔던 몇 달 동안에도 그들 중 많은 사람들은 입장이 명확하지 않았다. 그 당시 프리츠 아들러Fritz Adler, 1879~1960는 다수결 원칙을 가리켜 "산술의 장난"에 대한 멍청한 숭배라고 비난했고, 다른 많은 사람들도 민주주의적 절차에 대하여 어깨를 으쓱하며 무시하는 태도를 보였다. 하지만 이 사람들은 정식 당원들이었고 공산주의자는 아니었다. 볼셰비즘이 헝가리에서 득세했을 때, 어떤 노선을 선택할 것인가가 화급한 문제가 되었다. 이 당시의 논의를 잘 따라가기 위해서는 당에 대한 의식이 다음과 같은 공식에 의해 그런대로 전달된다는 것을 이해해야 한다. "우리는 왼쪽으로 가는(=소비에트 방식의 채택) 전망을 그리 좋아하지 않는다. 하지만 그리로 가야 한다면 우리 모두 함께 갈 것이다."[06] 그 나라의 일반적 상황이나 당의 위기감에 대한 이런 평가는 아주 합리적인 것이다. 거기서 나온 결론 또한 합리적이다. 어느 경우가 되었든 간에 민주주의적 원칙에 대한 열렬한 충성심은 그리 눈에 띄는 요소가 아니다. 그들은 후에 민주주의로 개종했다. 하지만 그것은 참회의 결과로 나온 것이 아니라, 헝가리 반反혁명의 결과로 생겨난 것이었다.

이렇게 말한다고 해서 내가 사회주의자들을 불성실한 자로 비난한다거나 그들을 질 나쁜 민주주의자들 혹은 원칙 없는 음모꾼 내지 기회주의자로 본다고 생각하지 말기 바란다. 사회주의 예언자들이 보여준 철없는 마키아벨리즘에도 불구하고, 근본적으로 사회주의자들 대부분은 다른 사람들 못지않게 성실하다고 생각한다. 게다가 나는 사회적 갈등 내에서의 불성실을 믿지 않는다. 왜냐하면 사람들은 자기가 생각하고 싶은 것, 자기가 끊임없이 공언한 것을 결국에는 생각하게 되기 때문이다. 사회주의 정당들은 다른 정당들이 기회주의자가 아닌 것처럼 그들도 기회주의자가 아니다. 그들은 민주주의가 그들의 이상과 이해관계에 소용이 될 때에는 그것을 옹호하겠지만, 그렇지 않으면 옹호하지 않는다. 독자들은 이런 발언에 충격을 받고서 그것은 가장 냉담한 정치꾼에게나 어울리는 부도덕한 견해라고 말할지 모른다. 그렇게 되지 않도록 우리는 간단한 실험을 하나 하게 될 터인데, 이것은 민주주의의 본질을 알아보려는 탐구의 출발점이 될 것이다.

3. 하나의 심리 실험

가령 어떤 공동체가 독자들의 민주주의 기준에 적합한 방식에 의거하여 종교적 반대자를 박해하기로 결론을 내렸다고 해보자. 이러한 가상 사례는 황당한 것이 아니다. 우리가 민주 국가라고 생각할만한 공동체들이 이단자를 화형대에서 불태워 죽였다. 칼뱅의 시대에 제네바 공화국이 그런 사례이다. 또 우리의 도덕적 기준으로 볼 때 혐오스러운 방식으로 이단자들을 박해했다. 가령 식민지 시대의 매사추세츠 주가 적당한 사례이다. 설사 이런 일들이 비민주적 국가들에서 벌어졌다 하더라도 우리의 논의와 무관한 것은 아니다. 전제주의 국가가 민주적 절차를 완전 무시한다거나, 전제 군주가 국민의 의사를 무시하고 또 그에 굴복하는 법이 없다고 생각하는 것은 너무 순진한 판단이다. 전제 군주가 국민의 의사를 무시하는 것 못지않게 민주 국가들에서도 그와 유사한 행위가 벌어질 수 있다. 가령 고대 로마에서 그리스도교를 박해한 것은 로마 여론의 승인을 받은 것이었고, 또 박해 당시 로마가 민주정이었다고 해도 그 박해의 정도가 완화되지 않았을 것이다.[07]

마녀 사냥은 또 다른 사례이다. 그것은 일반 대중들로부터 생겨난 것이었지, 결코 사제들이나 군주들이 악마적으로 만들어낸 것은 아니었다. 오히려 사제와 군주는 자신들의 힘이 닿는 한 그것을 억압하려 했다. 물론 가톨릭교회가 마녀를 징벌한 것은 사실이다. 그러나 마녀 사냥에 대한 박해와 그리스도교에 대한 로마의 박해를 서로 비교해보면, 마녀 사냥의 경우 바티칸은 그것을 주도했다기보다 여론에 굴복했다는 인상을 받게 된다. 처음에 예수회가 마녀 사냥에 반대하여 싸웠으나 성공을 거두지는 못했다. 17세기 말과 18세기에 — 그러니까 절대 군주제가 유럽 대륙에 확립된 시기 — 이르러 정부의 마녀 사냥 억압이 드디어 효과를 거두었다. 마리아 테레지아Maria Theresa, 1717~1780 같은 강력한 군주가 이 정책(마녀 사냥 억압)을 조심스럽게 폈다는 사실은 그녀 자신이 국민의 의지에 반하여 싸우고 있음을 의식했다는 증거이다.

마지막으로 현대의 문제들과 관련이 있는 사례를 하나 선택해보자.

반유대주의 사상은 전체 국민들 중 유대인들이 상당수 살고 있는 대부분의 국가들에서는 가장 뿌리 깊은 대중적 태도들 중 하나이다. 현대에 들어와 이 사상은 부분적으로 자본주의 과정의 합리적 영향력 아래에서 다소 완화되었으나 아직도 그 잔재가 상당히 남아 있어서, 그걸 잘 이용하는 정치가에게 대중적 성공을 안겨준다. 전면적 사회주의 이외에 우리 시대의 반자본주의적 운동들은 대부분이 이로부터 큰 교훈을 얻었다. 그러나 중세 시대에는 오히려 유대인들이 교회와 군주들의 보호 아래 연명할 수 있었다. 교회와 군주들은 일반 대중의 반대에도 불구하고 그들을 보호했고 결국에는 그들을 해방시켰다.[08]

자, 이제 우리의 심리 실험으로 눈을 돌려보자. 우리가 어떤 가상의 나라에 들어갔다고 해보자. 그 나라는 민주적 방식에 따라 기독교인들을 박해하고, 마녀를 불태우며, 유대인을 학살한다. 우리는 물론 이런 행위에 반대하겠지만, 그것이 민주적 절차를 따르지 않은 것이기 때문에 반대한다는 얘기는 하지 못한다. 여기서 중요한 질문은 이런 것이다. 우리는 이런 잔인한 결과를 낳은 민주적 제도를 승인할 것인가? 이런 잔인한 결과를 회피하는 비민주적 제도를 제쳐두고? 만약 우리가 승인하지 않는다면, 우리는 열렬한 사회주의자들과 똑같이 행동하는 게 된다. 그들에게는 자본주의가 마녀 사냥보다 더 나쁜 제도이다. 그래서 그들은 그 제도를 없앨 수만 있다면 비민주적 방법들을 받아들이려 하는 것이다. 이런 논리의 연장선상에서 우리와 그 사회주의자들은 동일한 배를 타고 있다. 열렬한 민주주의자가 민주주의보다 더 위에 놓는 궁극적 이상과 이해관계가 있다. 그가 민주주의에 대하여 비타협적인 충성심을 공언하는 것은 민주주의가 양심과 언론의 자유, 정의, 깨끗한 정부 등의 이상과 이해관계를 제공한다고 확신하기 때문이다.

민주주의가 이런 이상을 실현하는 이유를 설명하는 것은 그리 어렵지 않다. 민주주의는 하나의 정치적 **방법**이다. 다시 말해 정치적 — 사법적이고 행정적인 — 결정에 도달하기 위한 제도적 배치의 특정한 유형이다. 따라서 그 제도가 특정한 역사적 조건들 아래서 어떤 결정을 내리든 상관없이 민주주의 자체가 하나의 목적이 될 수는 없다. 이것이 민주주의를 정의하려는 시도의 출발점이 되어야 한다.

민주주의적 방법의 뚜렷한 특징이 뭐든 간에 우리가 방금 살펴본 사례들은 그 특징에 대하여 몇 가지 사항을 가르쳐주는데, 여기서 다시 언급해야 할 정도로 중요하다.

첫째, 이런 사례들은 방금 위에서 제시한 명제에 대한 도전을 물리쳐준다. 다시 반복하자면, 민주주의는 하나의 방법이므로, 다른 여러 방법들과 마찬가지로 그 자체로 목적이 될 수 없다는 명제를 말한다. 물론 이런 방법이 그 자체로 하나의 절대적 이상 혹은 궁극적 가치가 될 수 있다는 논리적 반론을 제기할 수도 있다. 사실 방법이 목적이 될 수도 있다. 특정한 역사적 상황에서 민주적 절차에 의해 결정된 사항이 아무리 범죄적이고 우둔할지라도, 국민의 의지를 따라야 한다고 주장할 수 있다. 또는 민주적 원칙에 의해 재가裁可된 방식으로 반박하는 것 이외에는 그런 결정 사항에 반대해서는 안 된다고 주장할 수 있다. 하지만 이런 경우에 국민은 국민이라기보다 우중이라고 해야 맞을 것이고, 온갖 수단을 동원하여 그런 범죄성과 우둔성에 맞서 싸우는 것이 오히려 자연스러운 일일 것이다.

둘째, 민주주의가 봉사하는 어떤 이상과 이해관계에 대하여 무조건적인 충성을 바치는 데에서만 민주주의에 대한 무조건적인 충성이 나온다고 해보자. 그러면 여기에서 이런 부연 주장을 해볼 수 있다. 민주주의는 그 자체로 절대적 이상이 되지는 못한다. 그러나 우리가 조건 없이 싸우고 죽을 수 있는 어떤 이상과 이해관계를 위해 민주주의가 언제 어디서나 반드시 봉사하기 때문에 민주주의는 하나의 대리적 이상이 될 수 있다. 하지만 우리가 위에서 열거한 사례들은 이런 주장을 거부한다. 무엇보다도 이런 주장은 진실이 아니다.[09] 민주주의는 다른 정치적 방법이 그러하듯이 언제 어디서나 똑같은 결과를 가져오는 것은 아니고, 또 언제나 똑같은 이상이나 이해에 봉사하는 것도 아니기 때문이다. 따라서 민주주의에 대한 합리적 충성은 초합리적 가치의 도식을 전제로 할 뿐 아니라, 우리가 승인하는 방식으로 민주주의가 작동할 수 있는 특정한 상태의 사회를 전제로 한다. 민주주의의 작동 방식에 대한 명제는 특정한 시기, 장소, 상황[10]에 대한 언급이 없으면 무의미하다. 이것은 비민주적 논의들에게도 그대로 해당된다.

이제 이러한 사실이 명백하게 드러났다. 이런 사실이 독자를 놀라게 해서는 안 되고, 더욱이 충격을 주어서는 안 된다. 왜냐하면 이것은 어떤 특정 상황 아래에서의 민주적 확신의 열기나 위엄과는 상관이 없기 때문이다. 자신의 확신이 상대적 타당성만을 갖고 있다는 것을 깨닫고, 그 확신을 꿋꿋이 지키는 것이 문명인과 야만인을 구분하는 기준이다.

4. 민주주의의 정확한 정의를 찾아서

우리는 탐구를 진행시킬 출발점을 마련했다. 하지만 민주주의와 사회주의의 관계를 분석하는 데 도움이 되는 정의는 아직 보이지 않는다. 몇 가지 예비적인 어려움들이 여전히 우리의 전망을 가로막고 있다.

아리스토텔레스는 잘 조직된 공화국의 이상에서 일탈한 사례를 들기 위해 민주주의라는 용어를 사용한 바 있다. 그렇다고 아리스토텔레스의 이런 저서를 들춰봐야 큰 도움이 될 것 같지는 않다. 그러나 우리가 '정치적 방법'이라는 용어에 부여하는 의미를 숙고해보면 우리의 어려움에 약간의 빛을 얻을 수 있다. 우리는 이런 결정들이 누구에 의해 어떻게 내려지는지 밝힘으로써 이러한 방법의 특징을 파악할 수 있다. "결정 내리기"와 "통치하기"를 같은 것으로 봄으로써, 우리는 민주주의를 '국민에 의한 통치'라고 정의할 수 있다. 그런데 왜 이것이 충분하지 않은 것처럼 보이는가?

왜냐하면 이 정의가 "국민"(그리스어 demos, 라틴어 populus)이라는 개념 속에 들어 있는 많은 정의들, 그리고 "통치하다"(그리스어 kratein)라는 개념 속에 들어있는 많은 정의들을 조합하는 많은 의미들을 커버하기 때문이다. 게다가 이런 정의들은 민주주의에 관한 논의로부터 독립되어 있지 않다. 국민이라는 개념을 살펴보면, **국민**populus은 제도적 의미에 있어서 노예들을 완전히 배제했고, 다른 주민들도 부분적으로 배제했다. 로마 법률은 노예와 완전한 권리를 가진 특권 시민 사이에 여러 단계의 **지위**status를 인정했다. 이런 법적 구분과는 무관하게, 다른 시대의 다른 집단들이 자신을 국민이라고 생각했다.[11]

물론 민주적 사회는 이런 구분을 하지 않는 사회라고 할 것이다. 특히 공공 업무, 가령 선거권 등에 관하여 차별이 없는 사회여야 한다. 그러나 첫째로 이런 선거권의 구분이 있으면서도 민주주의와 관련되는 대부분의 특징을 갖춘 사회도 있다. 둘째로 차별이 완전 철폐된 사회는 있을 수 없다. 아무리 민주적인 국가라 할지라도 투표권에는 특정 연령 이하의 국민은 투표하지 못한다는 연령 제한이 있다. 그러나 우리가 이런 제한의 근거를 살펴보면, 그것이 그 제한 연령을 초과하는 불특정 주민들에게도 적용될 수 있음을 발견한다. 만약 특정 연령 이하의 사람들이 투표를 하지 못한다면, 그와 유사한 이유로 다른 사람들을 투표에서 배제한다고 해서 그 나라를 비민주적 국가라고 할 수는 없다. 우리 제3자가 어떤 사회에서 어떤 집단의 인구를 제외시키는 이유와 실제 규정의 타당성을 인정해주는 것은 아무 소용도 없다. 정말로 중요한 것은 그 사회가 그 타당성을 인정하는 것이다. 이러한 제한은 개인의 부적합성(가령 "판단의 연령")을 근거로 가해지는 것이지만, 그렇다고 해서 투표권을 이성적으로 행사할 수 있는 적합성과는 무관한 이유로 사람들을 대거 투표권에서 제외해서는 안 된다, 라는 반론이 제기될 수 있다. 그러나 적합성은 의견과 정도程度의 문제이다. 적합성의 유무는 일련의 규칙들에 의해 확립되어야 한다. 적합성은 스스로 생활할 수 있는 능력에 의해 측정된다는 주장은 **어리석지도 불성실하지도 않다**. 가령 종교적 확신이 강력한 공화국에서 — 또다시 어리석지도 불성실하지도 않은 상태로 — 이단자는 선거 자격이 없을 것이고, 남녀 차별이 심한 공화국에서 여성은 선거를 하지 못할 것이다. 인종 차별을 하는 나라라면 적합성을 인종적 고려 사항과 연결시킬 것이다.[12] 반복해서 말하거니와 중요한 점은 **우리 제3자**가 이런 무자격에 대해서 어떤 생각을 하느냐 하는 것이 아니다. 정말로 중요한 것은 이것이다. 이런 주제들에 대하여 해당 사회의 적절한 견해들을 감안한다면 경제적 지위, 종교, 성별을 근거로 한 무자격은 우리 모두가 민주주의와 양립한다고 보는 무자격과 동일한 클래스를 형성한다는 것이다. 우리는 물론 이런 무자격을 승인하지 않을 것이다. 그러나 논리적인 관점에서 볼 때 우리가 이처럼 승인하지 않는다면, 그런 무자격을 인정하는 사회를 비민주적 사회라 하는 것이 아니라, 오히려 사유 재산, 종교, 성별, 인종 등의 중요성을 주장하는 이론들을 승인하지 않는 게 된다. 우리가 민주주의를 어떻게 정의하든 종교적 열광은 확실히 민주주의와 양립할 수 있다. 어떤 종교는 이단자를 광인보다 못한 인간으로 여기기도 한다. 그렇다면 이런 이단자들도 광인들처럼 정치적 결정에서 배제되어야 하는 게 아닐까?[13] 모든 **국민** 스스로를 정의하도록 내버려둬야 하는 게 아닐까?

 이런 피할 수 없는 결론은 민주주의적 과정의 이론에 추가적 전제를 도입함으로써 회피된다. 우리는 그런 전제들을 21장과 22장에서 살펴볼 것이다. 아무튼 여기에서는 그것이 도로의 안개를 많이 거두어간다는 점만 지적해두기로 하자. 특히 이것은 민주주의와 자유의 관계가 사람들의 평소 생각보다 훨씬 복잡하다는 사실을 드러낸다.

민주주의의 두 번째 요소인 **통치**kratein와 관련해서 더 심각한 어려움들이 발생한다. 어떤 형태가 되었든 "통치"의 성격과 **운영 방식**을 설명한다는 것은 어려운 일이다. 법적 권력은 그 권력을 사용하는 능력을 보장하지 않지만 그럼에도 중요한 족쇄이면서 지주이다. 전통적인 위신은 어떤 경우에는 중요하지만, 그렇다고 모든 경우에 중요한 것은 아니다. 개인적인 성공, 그리고 성공과는 부분적으로 무관하게 개인적인 영향력은 제도의 법적·전통적 구성 요소들에 영향을 미치고, 또 그 요소들로부터 영향을 받는다. 그 어떤 군주, 독재자, 과두 세력도 절대 권력을 휘두르지는 못한다. 그들은 통치를 하는 데 있어서 국가 상황의 여건을 감안한다. 또 일부 국민들과 함께 행동하고, 다른 국민들과는 보조를 맞추며, 또 다른 국민들은 중립화시키고, 또 나머지 국민들은 억압해야 할 필요를 느낀다. 이것은 무한히 다양한 방식으로 이루어진다. 그런 개개의 방식은 어떤 형태적 배치를 결정하고 또 그런 배치가 국가(그런 배치가 행해지는)나 외부의 객관적 관찰자에게 어떤 의미를 갖는지를 결정한다. 그러므로 군주제에 대하여 군주제란 이러한 것이다, 라고 확정적으로 말해버리는 것은 천박한 지식dilettantism이 된다. 그런데 **통치**하는 자가 국민이라고 할 때, 그 국민을 어떻게 정의하든 또 다른 문제가 발생한다. "국민"이 통치하는 것이 기술적으로 과연 가능할까?

이런 문제가 발생하지 않는 — 그러니까 그리 심각한 형태로 벌어지지 않는 — 사례들의 부류가 있다. 간단한 사회 구조를 가진 자그마한 원시적 공동체[14]를 생각해보자. 이런 공동체에서는 의견 불일치가 벌어질 사항들이 많지 않으므로, 제도적으로 국민이라 할 수 있는 개인들이 입법과 행정의 모든 의무에 직접 참가한다. 이런 사례에서도 어떤 어려움들은 여전히 남는다. 집단행동을 연구하는 심리학자는 리더십, 선전 활동, 민주주의의 대중적 이상으로부터 벗어난 기타 행위 등에 대해서 언급할지도 모른다. 아무튼 이런 공동체에서 주민들이 직접 참가할 때 그것을 공동체의 의지 혹은 행동이라고 말할 수 있다. 이것이야말로 국민에 의한 통치이다. 특히 주민들 모두가 토론에 참가하여 어떤 정치적 결정에 도달한 경우, 가령 그리스의 폴리스나 뉴잉글랜드의 마을 회의는 정말로 국민에 의한 통치이다. 뉴잉글랜드의 마을 회의는 "직접 민주주의"의 사례로 많이 인용되었고, 실제로도 많은 정치 이론가들에게 논의의 출발점을 제공했다.

그 외의 경우에서는 문제가 발생하는데, 우리가 국민에 의한 정부라는 개념을 버리고 그 대신에 국민에 의해 승인된 정부를 받아들이면 이 문제는 비교적 쉽게 처리된다. 여기에 대해서는 할 말이 많다. 우리가 통상 알고 있는 민주주의 개념들은 국민 대다수의 일반적 충성을 받는 정부, 더 나아가 모든 계층의 국민들 대다수로부터 지지를 받는 정부에 그대로 적용된다. 이것은 특히 민주주의적 방법론과 관련된 미덕들에 적용된다. 가령 인간의 품위, 정치적 정세가 자신의 정치관과 대체로 부합하는 데서 오는 만족감, 정치와 일반 여론과의 적절한 조율, 정부에 대한 시민들의 협조와 신뢰, 일반 시민들로부터 존경과 지지를 받는다고 생각하는 정부의 자신감 등이 그런 미덕들이다. 이런 것들이 민주주의의 본질이며 또 국민이 승인하는 정부라는 개념에 잘 들어맞는다. "직접 민주주의"를 제외하고 사람들이 직접 통치하거나 행정을 펴는 일은 없으므로, 국민에 의한 통치를 이상과 같이 정의하면 완벽하다고 할 것이다.

그렇지만 우리는 이런 정의를 받아들일 수가 없다. 역사에는 전제 국가가 민의를 잘 반영한 사례들이 아주 많기 때문이다. **신의 은총**에 의한 혹은 독재자에 의한 전제 국가, 상이한 각종 군주제, 귀족과 재벌의 과두 정치이면서도 모든 계급의 국민들로부터 압도적 지지를 받은 정부들이 있었다. 이런 정부들은 그들의 환경적 조건들을 감안해볼 때, 민주적 방법론으로 확보할 수 있다고 생각하는 것들을 잘 확보했다. 이 점을 특히 강조해야 하고, 또 이런 점에서 이런 사례들에는 민주주의의 상당한 요소가 깃들어 있음을 인정하는 것이 중요하다. 단순한 외적 형태, 공허한 수사와는 다른 이런 실질이 아주 바람직한 것이다. 그러나 우리가 이런 해결안을 받아들인다면, 정작 우리가 확인하고 싶어 하는 현상을 놓치게 된다. 그 현상이란 무엇인가? 민주주의는 분명 비민주주의적 기질을 가지고 있는 개인들을 포함하는 정치적 제도라는 더 넓은 부류에 합류되는 것이다.

그러나 우리의 실패는 한 가지 사항을 가르쳐준다. "직접" 민주주의 이외에도 국민들이 간접 통치를 하고, 또 통치자를 상대로 영향력을 미칠 수 있는 다양한 형태들이 있다. 이런 형태들 중 작동 가능한 형태들은 '국민에 의한 통치'라는 기준을 엄격하게 들이대면 무난하게 혹은 백 퍼센트 합격점을 얻지는 못할 것이다. 만약 국민에 의한 통치를 백 퍼센트 실현하고자 한다면, "통치"라는 용어의 의미를 임의적으로 해석하는 협약에 의해서만 가능할 것이다. 이런 협약은 언제나 가능하다. 국민은 실제로 통치하지 않지만 정의상定義上으로는 통치하는 것처럼 보이게 할 수 있다.

17세기와 18세기에는 민주주의에 관련된 법적 "이론들"이 많이 나왔다. 이 이론들은 통치의 실제적 혹은 이상적 형태들을 '국민에 의한 통치'라는 이데올로기에 연결시키기 위해 개발되었다. 왜 이런 이데올로기를 부과하게 되었는지를 이해하기는 어렵지 않다. 그 당시 서유럽의 경우에는 왕권신수설의 권위가 왕족들의 어깨로부터 급속히 떨어져나가고 있었다.[15] 물론 이런 과정은 그보다 앞선 시기부터 시작되었다. 따라서 윤리적이면서도 설명적인 원칙인 '국민의 의지' 혹은 '국민의 주권'이 그 당시 사람들의 심리 상태에 가장 합당한 대체물로 등장했다. 그들은 왕권신수설의 특정 **카리스마**를 내던질 준비가 되어 있었으나, 대타 없이는 내던질 마음이 없었던 것이다.

  문제를 이런 식으로 규정했으므로 법률가들은 그런 지고한 요구와 기존의 정치 제도를 서로 일치시킬 수 있는 도구를 찾아내기 위해 법률 창고를 뒤지기 시작했다. 그 창고에서 나온 것은 다음 두 가지였다. 하나는 주권을 가진 국민이 군주에게 복종하기로 하면서 그들의 자유 혹은 권력을 양도했다는 허구적 계약[16]이고, 다른 하나는 국민이 그들의 권력을 혹은 권력의 일부를 선발된 대리인들에게 위임하기로 했다는 조금은 덜 허구적인 계약이다. 이런 도구가 그 당시의 실제적 목적에 아무리 잘 부합했다 하더라도, 지금의 우리에게는 전혀 가치가 없는 것이다. 이것들은 법률적 관점으로 봐도 방어가 불가능한 얘기이다.

  우선 위임이나 대리의 주체는 개별적 시민들을 가리키는 게 아니라(그런 위임이나 대리는 중세의 봉건제에는 합당한 얘기이다), 국민 전체를 가리키는 것이다. 이 경우 국민 전체가 그들을 대리하는 의회에 권력을 위임했다고 말할 수 있다. 하지만 육체를 가지고 도덕적 특성을 소유한 개인만이 법적으로 대리의 권한을 위임할 수 있다. 가령 필라델피아에서 1774년부터 개최된 식민지 연합 회의 — 이른바 혁명 회의 — 에 대표자를 보낸 미국의 각 식민지 및 주州는 이들 대표자들에 의해 대리되었다. 하지만 이들 식민지나 주의 주민 전체를 대리하는 것은 아니었다. 왜냐하면 주민 전체는 법률적 인격이 없기 때문이다. 그 주민 전체가 의회에 권력을 위임했다거나 의회에 의해 대표된다고 말하는 것은 법적 의미가 완전 배제된 어떤 것을 말하는 것이다.[17] 그렇다면 의회란 무엇인가? 그 대답은 간단하다. 의회는 정부나 법원과 마찬가지로 국가의 기관일 뿐이다. 만약 의회가 국민 전체를 대표한다면, 다른 의미로 그렇게 해야 할 것인데 우리는 아직도 그 의미를 발견하지 못하고 있다.

그러나 국민 주권, 위임, 대표 등에 관한 이런 "이론들"은 이데올로기적 주장 혹은 법률적 기술 이상의 의미를 갖는다. 이 이론들은 정치 체제body politic(정치 통일체로서의 국가)에 관한 사회학 혹은 사회 철학을 보완한다. 이 철학은 부분적으로 정치 체제에 관한 그리스 사상의 영향을 받았고, 또 부분적으로는 그 당시의 사건들로부터 영향을 받았다.[18] 이 철학은 서서히 형성되다가 18세기 말에 이르러 정점에 올랐으며, 정치 체제의 문제를 해결하려고 시도했다. 일반 용어들은 적합하지도 정확하지도 않지만, 그래도 나는 그 정치 체제를 근본적으로 합리적, 행복 추구적, 개인주의적이라고 규정하고 싶다. 행복 추구적 체제에서 행복이란 무슨 의미인가? 행복을 추구하려는 목적과 그에 따른 적절한 수단에 대하여 투철한 인식을 가진 개인들(혹은 그런 인식을 부여하는 교육에 부응하는 개인들)이 마음속에 그리는 행복을 가리킨다. 이러한 개인들은 개인적 영역이나 정치적 영역에서 행복을 인생의 의미로 삼고 있으며 또 중요한 행동 원칙으로 여긴다. 우리는 자본주의 초창기에 나온 이러한 사회 철학에 존 스튜어트 밀이 도입한 '공리주의'라는 명칭을 부여할 수 있다. 공리주의에 의하면, 이런 원칙에 부응하는 행위는 정당하고 합리적일 뿐 아니라 **그 행위 자체로** "자연스러운" 것이다. 이러한 명제는 전혀 상관없는 두 개의 이론, 즉 벤담의 공리론과 루소의 사회 계약 이론을 연결시킨다. 벤담과 루소라는 이름은 이들이 없었더라면 어둠 속에 묻혔을 문제에 대하여 횃불의 역할을 해준다.

설명이 너무 간략한데도 독자들이 내 논의를 따라와 준다면, 결국 이 철학(공리주의)이 민주주의와 어떤 관계인지는 분명해진다. 그것은 무엇보다도 국가의 성격과 국가의 존재 이유에 대하여 하나의 이론을 제공했다. 더욱이 합리적이고 행복 추구적인 개인과 그 개인의 윤리적 자율성을 강조함으로써, 이 철학은 국가를 운영하고 국가의 목적을 달성하는 데 적당한 정치적 방법론을 제공했다. 즉, 최대 다수를 위한 최대 행복 같은 것을 가르쳤다. 마지막으로 이것은 **국민의 의지**volonté générale를 믿는 태도에 합리적 기반을 제공했다. 또한 철학적 과격파[19]로 알려진 저술가 집단들이 지지하는 민주주의의 의미를 요약하는 조언, 즉 국민들을 교육하여 그들로 하여금 자유롭게 투표하게 하라는 조언을 신봉하게 만들었다.

이런 이론을 나쁘게 평가하는 비판이 거의 동시에 나왔는데, 그것은 미국 혁명(독립) 전쟁과 나폴레옹 전쟁 이후에 시작된 합리주의에 반발하는 전반적인 반동의 일환이었다. 보통 낭만주의라고 지칭되는 운동의 장단점에 대하여 우리가 어떻게 생각하든 간에 낭만주의는 자본주의 이전 사회와 역사적 진화 전반에 대하여 깊은 통찰을 갖고 있었다. 따라서 이 운동은 공리주의의 근본적 오류와 공리주의가 기반으로 삼은 정치 이론의 오류를 밝혀준다. 후대에 나온 역사적, 사회학적, 생물학적, 심리적, 경제적 분석은 이 두 사상(공리주의와 낭만주의)을 파괴했고, 오늘날 사회 과학을 공부하는 학생들 중에서 이 둘에 대해서 좋은 말을 하는 학생을 찾아보기는 어렵다. 그러나 좀 기이하게 보일지 모르지만, 공리주의가 박살이 나버리는 그 순간에도 이 이론의 노선을 따라서 계속 행동이 취해졌다. 공리주의가 전혀 유지될 수 없는 사상임이 밝혀지면 질수록 정치가들의 공식 표어와 수사를 더욱 단단하게 장악했다. 바로 이 때문에 우리는 다음 21장에서 '민주주의의 고전 이론'을 논의해야 한다.

하지만 그 어떤 제도, 실천, 사상도 그것을 지지하기 위해 어떤 시기에 제공된 이론과 흥망성쇠를 같이 하지는 않는다. 민주주의도 예외는 아니다. 집단행동과 여론의 현실을 모두 설명해주는 민주적 과정의 이론을 정립하는 것은 가능한 일이다. 이 이론은 22장에서 제시하겠다. 그런 다음 우리는 민주주의가 사회주의 체제 내에서 어떻게 작동할 것인지 말할 수 있다.

21
민주주의의 고전 이론

1. 공동선과 국민의 의지

18세기의 민주주의 철학은 이렇게 정의될 수 있다. 민주주의 방식은 정치적 결정에 도달하기 위한 제도적 장치이며, 그런 정치적 결정은 공동선을 실현한다. 이 과정에서 국민은 그들을 대리할 개인들을 선거로 선출함으로써 그 문제들을 결정하고, 선출된 개인들은 함께 모여서 국민의 의지를 실행한다. 이제 이 정의의 자세한 의미를 살펴보기로 하자.

  위의 정의대로라면 공동선이 존재해야 한다. 이 공동선은 정책을 안내하는 횃불로서 언제나 정의하기가 쉬우며, 합리적 논의에 의하여 정상적인 국민들이라면 누구나 볼 수 있는 그런 것이어야 한다. 따라서 이 공동선을 보지 못한다는 것은 절대로 안 되는 얘기이며 무지(이것은 제거될 수 있다), 우둔, 반사회적 이해의 경우를 제외하고 그것을 보지 못하는 사람들은 있을 수가 없다. 더욱이 이 공동선은 모든 질문들에 대하여 명확한 답변을 내포하고 있으며, 그리하여 모든 사회적 사실과 사회적 조치는 명확하게 "좋다" 혹은 "나쁘다"로 분류될 수 있어야 한다. 또 국민들이 원칙적으로 동의해야 하는 사항은 국민의 공동 의지(=모든 합리적 개인들의 의지)가 있어서 이 의지가 공동선 혹은 공동 이해, 공동 복지, 공동 행복 등과 정확하게 일치해야 한다. 이에 대하여 의견이 일치하지 않거나 반대하는 유일한 경우는(우둔함과 괴기한 이해는 제외), 거의 모든 사람에게 공통되는 그 목표에 접근하는 속도 정도이다. 이렇게 하여 공동체의 모든 구성원들은 그 목표를 인식하고, 또 자신의 마음을 명확하게 알고 있다. 또한 좋고 나쁜 것을 구분하여 좋은 것을 촉진하고 나쁜 것을 억제하는 데, 책임감을 가지고 적극적으로 뛰어든다. 아울러 공공 업무도 공동으로 통제한다.

  공공 업무 중 일부는 특별한 능력과 기술을 필요로 할 터이므로 그런 일은 능력과 기술을 갖춘 전문가들에게 위임될 것이다. 하지만 이것은 공동선의 원칙을 침해하지 않는다. 왜냐하면 이 전문가들은 국민의 의지에 따라 행동할 뿐이고, 비유적으로 말하자면 의사가 환자의 치유 의지에 따라 치료를 하는 것과 비슷하기 때문이다. 규모가 있는 공동체, 가령 분업의 현상을 보이는 공동체에서는 모든 시민이 통치와 행정의 모든 문제들과 관련하여 다른 시민들을 접촉해야 한다는 것은 아주 불편한 일이다. 가장 중요한 문제들에 대해서만 개별 시민들이 의사를 표명하고 — 가령 국민 투표를 통하여 — 나머지 사항들은 국민들이 임명한 위원회를 통하여 처리하는 것이 편리하다. 이런 위원회는 국민의 선거에 의하여 뽑힌 사람들로 구성된 단체 혹은 의회의 형태를 취할 것이다. 우리가 앞서 이미 살펴본 바와 같이, 이 위원회 혹은 대표의 단체는 법적인 의미에서 국민을 대표하지는 않는다. 하지만 유권자의 의지를 표현하고, 반영하고, 대표하는 등 좀 덜 전문적인 의미에서 국민을 대표한다. 또다시 편의를 위하여 이 규모가 큰 위원회는 공공 업무의 여러 분야들을 잘 다루기 위하여 소위원회들로 나뉠 것이다. 마지막으로 이런 소위원회 중에서 일상적 행정을 통괄하는 위원회가 있을 것인데, 통칭 내각 혹은 정부라 한다. 또 내각의 각료를 장관이라 하고, 그 우두머리 혹은 희생양을 총리라고 한다.[01]

  우리가 이러한 정치 체제 이론에서 나오는 — 혹은 내포되는 — 전제 조건들을 다 받아들인다면 민주주의는 완벽하게 명확한 의미를 획득하고, 그에 대해서는 아무런 문제도 없게 된다. 다만 민주주의를 어떻게 실행할 것인가, 하는 문제만 남는다. 우리가 논리적 망설임을 배제할 수 있다면 이렇게 주장할 수 있다. 민주 제도는 우리가 생각해낼 수 있는 가장 좋은 제도이고, 또 이것 이외의 다른 제도를 선호할 사람은 별로 없다. 하지만 이러한 전제 조건들은 사실에 관한 진술이므로 이런 결론(민주주의가 최고의 제도)에 도달하려면 그 전제 조건들을 개별적으로 검증해야 한다. 그런데 그 조건들은 증명하기보다는 반증하는 것이 더 쉽다.

첫째, 모든 사람이 동의하거나 합리적 논의에 의해 동의할 수 있는 독특하게 결정된 공동선이라는 것은 존재하지 않는다. 이렇게 된 것은 어떤 사람이 공동선 이외의 다른 어떤 것을 원하기 때문이 아니다. 오히려 공동선이라는 것은 다른 사람과 다른 집단들에게는 다른 의미를 갖고 있기 때문이다. 공리주의자들은 인간의 가치라는 세계에 대하여 비좁은 전망을 갖고 있었으므로 이런 사실을 보지 못했다. 당연히 이 사실은 원칙의 문제에 분열을 가져왔고, 그런 분열은 합리적 논의에 의해 메워질 수 있는 것이 아니다. 왜냐하면 궁극적 가치 — 우리의 인생관과 사회관 — 는 단순한 논리의 범위 바깥에 있기 때문이다. 어떤 경우에는 타협에 의해 그런 분열이 메워질 수도 있으나, 어떤 경우에는 불가능하다. 어떤 미국인은 이렇게 말한다. "우리 미국은 철저하게 무장을 한 후, 전 세계에 대하여 옳다고 생각되는 것을 지키기 위해 싸워야 한다." 다른 미국인은 또 이렇게 말한다. "우리 미국은 자국의 문제에만 힘써야 한다. 그것이 인류에 봉사하는 유일한 길이다." 이 두 미국인은 일치할 수 없는 궁극적 가치를 소유하고 있으며, 두 사람 사이에 타협을 시도한다는 것은 그들을 상하게 하거나 품위를 훼손시킬 뿐이다.

둘째, 충분히 명확한 공동선 — 가령 공리주의자들이 말하는 최대한의 경제적 만족[02] — 이 모두에게 합당한 것으로 받아들여졌다고 할지라도, 개별적 문제들에 대하여 명확한 답변들이 마련되었다는 뜻은 아니다. 이런 문제들에 대한 의견 차이가 너무 커서 그 목적에 대한 "근본적" 반대의 효과를 자아내기까지 한다. 모든 개별 시민들이 공리주의로 개종한 이후에도 현재의 만족 대 미래의 만족, 사회주의 대 자본주의의 평가를 두고서 문제가 생길 것이다. "건강"은 모든 사람이 바라는 바이다. 하지만 백신 접종이나 정관 수술에 대해서는 여전히 의견 차이가 있다.

민주주의 이론을 내세운 공리주의의 아버지들은 이런 의견 차이의 중요성을 꿰뚫어보지 못했다. 그들은 경제적 틀과 부르주아 사회의 습관에 상당한 변화가 왔다는 사실을 진지하게 고려하지 않았던 것이다. 그들은 18세기 철물상鐵物商의 세계 너머는 잘 보지 못했다.

셋째, 위에서 적시한 두 가지 사항 때문에 공리주의자들이 받아들인 **국민의 의지**라는 개념은 공중에 연기처럼 사라지고 말았다. 이 개념은 모든 사람이 인식할 수 있는 독특하게 확정된 공동선의 존재를 전제 조건으로 하고 있으니까 말이다. 낭만주의자들과 다르게 공리주의자들은 그 자체의 의지를 갖고 있는 "인간의 영혼"이라는 저 절반쯤 신비한 실체에 대해서 잘 알지 못했다. 하지만 법률 사상의 역사학파는 이 실체를 아주 중시했고, 솔직하게도 개인의 의지로부터 국민의 의지를 추출했다. 그런데 **모든** 개인들의 의지가 쏠리는 중심(공동선)이 없다면, "자연스럽게 생겨나는" **국민의 의지**라는 특정 유형은 있을 수가 없다. 공리주의자들의 중력 중심은 개인의 의지들을 통합하여 합리적 논의를 통해 그것들을 국민의 의지로 만들어낸다. 그런 다음 이 국민의 의지에 고전적 민주주의 신념이 주장하는 배타적인 윤리적 위엄을 부여한다. 이 **신념은 단순히 국민의 의지를 존중하는 데서 끝나지 않고**, 그 의지가 "자연스럽게" 다가가는 대상에 대하여 특정 전제 조건을 제시한다. 소위 국민의 의지가 바라보는 대상은 공리주의적 합리성에 의해 재가된다. 이런 종류의 **국민의 의지**의 존재와 위엄은 공동선이라는 개념이 가뭇없이 사라지면서 동시에 증발해버린다. 이리하여 고전 민주주의 이론의 두 기둥(공동선과 국민의 의지)은 필연적으로 붕괴하여 먼지가 되어버린다.

2. 국민의 의지와 개인의 욕구

위의 논의들이 국민의 의지라는 개념에 아주 확정적으로 반론을 제기하지만, 그렇다고 해서 또 다른 현실적인 논의를 구축하는 데 지장을 주지는 않는다. 나는 국민의 의지를 거론할 때 우리가 연상하게 되는 사회-심리적 사실들의 현실이나 중요성을 의문시하지는 않는다. 그런 사실들의 분석은 민주주의의 문제에서 진전을 이루기 위해서는 필수 조건이기도 하다. 하지만 국민의 의지라는 용어를 더 이상 거론하지 않는 것이 좋겠다. 우리가 국민의 의지를 공리주의적 함의로부터 분리시키는 순간, 동일한 것(국민의 의지)에 대하여 다른 이론을 정립하는 것이 아니라, 아예 다른 것에 대한 이론을 정립하는 것이기 때문이다. 우리는 민주주의를 옹호하는 사람들의 도상에 놓인 여러 가지 함정들을 아주 경계해야 한다. 옹호자들은 점증하는 증거들의 압박 때문에 민주주의적 과정의 사실들을 점점 더 많이 인정하면서도, 그 과정의 결과를 18세기 항아리(공리주의 사상)에서 가져온 기름(공리적 주장)으로 도유塗油하려 들기 때문이다.

무한하게 복잡한 개인과 집단의 상황들, 의지, 영향력, "민주주의적 과정"의 작용과 반작용 등으로부터 공동의 의지 혹은 여론 같은 것이 생겨날 수도 있다. 하지만 이런 결과는 합리적 통일성뿐 아니라 합리적 승인도 결여하고 있다. 왜 합리적 통일성이 결여되어 있을까? 분석의 견지에서 보자면 민주주의적 과정은 그저 혼란스럽기만 한 것이 아니다. 분석자의 입장에서 볼 때 설명의 원칙 내에 포섭될 수 있는 현상은 혼란스러운 것이 아니기 때문이다. 그렇지만 우연히 생겨난 이 결과는 그 자체로 의미 있는 것이 되지 못한다. 왜냐하면 어떤 확정적 목적이나 이상에 대한 인식이 그 안에 결여되어 있기 때문이다. 왜 합리적 승인이 결여되어 있을까? 이렇게 생겨난 공동의 의지는 그 어떤 "선"과도 일치하지 않는다. 따라서 그런 결과에 대하여 윤리적 위엄을 획득하자면, 정부의 민주적 형태에 대한 무제한적 신임에 의존해야 한다. 이런 무제한적 신임은 원칙적으로 이런 우연한 결과의 바람직함과는 무관한 것이다. 이미 살펴본 바와 같이, 우리가 이런 우연한 결과의 관점을 받아들이기는 어렵다. 설사 그런 관점을 받아들인다 하더라도 우리가 이미 공리주의적 공동선을 포기했기 때문에 우리는 많은 문제들을 떠안게 될 것이다.

특히 우리는 완전히 비현실적인 독립심이나 합리적 품성 등을 **개인의 의지**로 돌려야 하는 현실적 필요에 놓이게 될 것이다. 우리가 개인의 의지 **그 자체가** 존중되어야 할 정치적 요소라고 주장하려면 먼저 그런 의지가 존재해야 한다. 특정 슬로건이나 잘못된 인상 주변을 떠도는 막연한 충동들의 불확정적인 덩어리 이상의 것이 되어야 한다. 모든 사람은 자신이 어떤 것을 지지하는지 명확하게 알아야 할 것이다. 이런 명확한 의지는 사실들을 관찰하고 해석하는 능력에 의해 뒷받침되어야 한다. 모든 사람들에게 개방되어 있는 사실들을 정확하게 관찰, 해석할 뿐 아니라 모든 사람에게 개방되어 있지 않은 사실들에 대한 정보도 비판적으로 수용할 수 있어야 한다. 마지막으로, 그 명확한 의지와 관찰된 사실들로부터 그 특정 문제에 대한 분명하고도 **신속한** 결론이 나와야 한다. 이 결론은 논리적 추론의 규칙을 따른 것이어야 하고, 일반적 효율성이 높아서 그 한 사람의 의견이 이렇다 할 모순 없이 다른 모든 사람의 의견만큼이나 훌륭한 것이어야 한다.[03] 이 모든 것을 그 개인이 압력 단체나 프로파간다[04] 와 무관하게 스스로 수행할 수 있어야 한다. 왜냐하면 유권자들에게 외부적으로(압력 단체나 프로파간다) 주입된 의지나 추론은 민주적 과정의 궁극적 데이터로 간주될 수 없기 때문이다. 이런 조건들이 민주주의를 작동시킬 정도로 수행될 수 있겠는가, 하는 질문을 무모하게 긍정해서도 안 되고, 또 무모하게 부정해서도 안 된다. 그 답변은 미로처럼 얽히고설킨 증거들을 세심하게 평가함으로써 얻을 수 있다.

이런 평가에 앞서, 이미 언급한 다른 사항에 대하여 독자의 주지周知를 요구하고 싶다. 그 사항을 반복해보면 이렇다. 개별 시민들의 의견이나 욕구가 완벽하게 민주주의적 과정에 부합하는 확정적이고 독립적인 것이라 해도, 또 모든 사람이 그 의견이나 욕구에 이상적 합리성과 신속성으로 반응한다고 해도, 그 개인의 의지에서 나온 결정이 곧 국민의 의지와 같은 것이 된다는 결론은 나오지 않는다. 개인들의 의지가 분열되어 있을 때에는 그렇게 해서 나온 정치적 결정이 "국민들이 정말로 원하는 것"과 일치하지 않을 수도 있고, 또 그럴 가능성도 높다. 또 국민들이 정말로 원하는 것까지는 아니더라도 "공정한 타협"을 얻어낼 수 있다고 말할 수도 없다. 이런 일은 수량적이고 정도 차이를 인정하는 문제들에서 벌어질 가능성이 더 크다. 가령 모든 사람이 실업 구제에 대한 지출을 선호한다고 치고, 실업에 어느 정도의 예산을 투입할 것인가, 하는 문제가 그런 경우이다. 하지만 질적인 문제들, 가령 이단자를 박해할 것인가, 전쟁을 선포할 것인가 등의 문제에 있어서는 얘기가 다르다. 질적인 문제와 다른 이유들 때문에 민주적 절차에 의해 얻어진 결과가 모든 사람에게 혐오스러울 수 있는 반면, 비민주적 주체에 의해 부과된 결정이 국민들에게 한결 반가운 것일 수도 있다.

한 가지 구체적 사례를 들어보겠다. 나는 나폴레옹이 제1집정관 자격으로 군사 독재를 자행하던 시절에서 사례를 가져왔다. 그 당시 나폴레옹이 해결해야 할 가장 화급한 정치적 문제 중 하나는 종교적 안정이었다.

그것은 프랑스 대혁명과 집정관 정부가 남겨놓은 혼란을 일소하고 수백만 국민들의 마음에 평화를 가져다줄 터였다. 그는 여러 가지 노련한 수법으로 성취했는데, 그중 하나는 교황과의 화친 협약(1801)이었고, 다른 하나는 "국가 조직의 기본에 관한 헌법 부속 조문들"(1802)이었다. 이 두 건은 타협 불가능한 것을 타협시켰고, 종교적 예배에 적당량의 자유를 부여하는 한편, 국가의 권위를 강력하게 옹호했다. 나폴레옹은 프랑스 가톨릭교회를 재조직하고 재정을 지원했으며, "헌법상의 지위를 가진" 사제단의 미묘한 문제를 해결했고, 새로운 체제를 최소한의 마찰 속에서 성공적으로 추진했다. 국민들이 실제로 어떤 확정적인 것을 원한다는 구체적인 정당화의 사례를 찾고자 한다면, 이런 조치야말로 가장 좋은 사례이다. 이 점은 그 당시의 프랑스 계급 구조를 살펴보는 사람에게는 자명하게 드러날 것이다. 또한 이 교회 정책은 집정관 체제가 누린 보편적 대중성에 크게 기여했고, 이것은 사실에 의해 입증된다. 하지만 이런 결과를 민주적 방식으로 성취하고자 했더라면 대단히 어려웠을 것이다. 반反교회 정서는 여전히 죽지 않았고, 그런 감정은 결코 패배하여 정복된 자코뱅Jacobin 당에게만 국한되는 것이 아니었다. 자코뱅 당의 성향을 가진 국민들이나 그들의 지도자들은 그 정도로까지는 타협하지 못했을 것이다.[05] 다른 한편에서는 분노하는 가톨릭 정서의 커다란 물결이 점점 더 힘을 얻고 있었다. 이런 정서를 공유하는 국민들, 또 그런 국민들의 선의에 의존하는 지도자들은 나폴레옹이 제시한 한도에서 멈춰 서기가 어려웠을 것이다. 그들은 교황청을 상대로 강력하게 나설 수도 없었다. 당시 교황청은 사태가 어디로 흘러가는지 살펴보고 있었고, 그래서 양보할 기미를 보이지 않았다. 그들을 위한 사제, 그들을 위한 교회와 예식을 원했던 농민들은 공포를 느낄만한 이유가 있었다. 사제들 — 특히 주교들 — 이 다시 한 번 권력의 고삐를 쥐게 된다면 토지 문제의 혁명적 해결이 위태롭게 될 수도 있었다. 이 문제를 민주적으로 해결하려 했다면 사태의 교착이나 혹은 끝없는 갈등이 벌어져 관련 당사자들의 분노만 부추겼을 것이다. 하지만 나폴레옹은 그 문제를 합리적으로 해결할 수 있었다. 자신들의 협약안을 양보하지 않으려 했던 모든 관련 그룹들이 일방적으로 부과된 조치는 받아들일 수 있었고, 또 그런 용의를 갖고 있었기 때문이다.

이런 사례는 물론 산발적인 것이 아니다.[06] 만약 장기적으로 국민 대다수에게 만족스럽게 나타난 결과가 국민을 **위한** 정부의 기준이 될 수 있다면, 민주주의 고전 이론이 제시하는 국민에 **의한** 정부는 종종 그 기준에 미달한다.

3. 정치에서 인간성의 요소

이제 유권자의 확정성과 독립성, 사실에 대한 유권자의 관찰력과 해석력, 그리고 이 둘로부터 합리적 추론을 명백하고 신속하게 이끌어내는 유권자의 능력 등에 대해 답하는 일이 남아 있다. 이 주제는 사회 심리학의 한 챕터에 속하는 것으로서 '정치에서 인간성의 요소'[07]라는 소제목을 붙이면 적당할 것이다.

19세기 후반 동안에, 인간의 성격은 동질적 단위이다, 혹은 확정적 의지가 행동의 주요 동인이다, 따위의 사상은 꾸준히 퇴화했다. 리보Théodule Armand Ribot, 1839~1916와 프로이트 이전 시대에서도 이런 퇴화 현상을 발견할 수 있다. 특히 인간 행동의 초합리적 혹은 몰沒합리적 요소가 점점 주목을 받게 된 사회 과학 분야에서 점점 더 낮게 평가되었다. 가령 파레토Vilfredo Pareto, 1848~1923의 『마음과 사회Mind and Society』는 대표적인 저서이다. 합리성의 가설에 반대하는 증거의 많은 원천들 중에서 나는 두 가지만 언급하겠다.

그 하나는 — 비록 후기의 저작들은 아주 조심스러워졌지만 — 르봉

Gustave Le Bon, 1841~1931과 관련 있다. 그는 **군중 심리학**_psychologie des foules_의 창시자 혹은 최초의 효과적인 주창자였다.[08] 또한 군중 심리의 영향 아래에서 나타나는 인간 행동의 현실을 보여주었다(다소 과장도 섞여 있다). 그런 행동으로는 흥분 상태에 돌입하여 도덕적 자제와 문명인의 사고방식이 갑자기 사라지는 현상, 원시적 충동의 갑작스러운 분출, 유아주의와 범죄적 성향 등이 있다. 르봉은 모든 사람이 알고 있지만 보고 싶어 하지는 않는 우울한 사실들을 우리에게 제시했다. 그렇게 함으로써 그는 고전적 민주주의 이론과 혁명에 대한 민주적 전설 뒤에 어른거리는 인간성에 일대 타격을 가했다. 물론 르봉 추론의 현실적 바탕이 너무 협소한 점에 대해서는 할 말이 많다. 가령 그의 추론은 영국이나 영미권 군중의 정상적 행동 패턴과는 잘 들어맞지 않는다. 이런 사회 심리학 분야가 체질적으로 잘 맞지 않는 비판가들은 르봉의 취약점들을 공격한다. 하지만 군중 심리학의 현상이 결코 어떤 남아메리카 도시의 비좁은 거리에서 폭동을 일으키는 폭도에 국한된 것이 아님을 명심해야 한다. 모든 의회, 위원회, 60대 장군들 10여 명으로 구성된 전쟁 협의회도 다소 완화된 형태이기는 하지만, 폭도들이 보이는 그런 특징을 일부 보이는 것이다. 가령 현저한 책임 의식의 감소, 사고 수준의 저하, 비논리적 영향력에 대한 민감한 반응 등을 드러낸다. 더욱이 이런 현상은 많은 사람들이 신체적으로 밀집해 있는 그런 군중에게만 국한된 것도 아니다. 신문 구독자, 라디오 청취자, 같은 정당의 구성원 등은 신체적으로 밀집해 있지 않아도 심리적 군중으로 쉽게 동원되어 광분 상태에 빠진다. 이런 상태에서는 합리적 논의가 오히려 동물적 충동만 촉발시킬 뿐이다.

합리성의 가설에 반대하는 또 다른 증거는 위의 것보다 훨씬 변변찮은 것이다. 여기에서는 유혈 사태가 나오는 게 아니라 오로지 헛소리만 나온다. 사실을 좀 더 정밀하게 관찰하도록 훈련을 받은 경제학자들은 소비자들이 심지어 일상생활의 통상적 흐름 속에서도 경제학 교과서의 가르침과는 다르게 행동한다는 것을 발견했다. 우선 소비자들의 욕구는 확정적이지 않고, 또 그 욕구에 바탕을 둔 행동은 합리적이거나 신속하지도 않았다. 또한 소비자들은 광고나 다른 설득 방법에 잘 반응했다. 그래서 소비자가 생산자를 부리는 것이 아니라, 반대로 생산자가 소비자를 부리는 경우가 종종 있다. 성공적 홍보의 테크닉은 시사하는 바가 크다. 물론 광고는 부분적으로 이성에 호소한다. 그렇지만 단순한 반복 주장이 합리적 논의보다 더 잘 먹히고, 또 잠재의식에 대한 직접적인 공격도 효력이 강하다. 이런 공격은 전적으로 초합리적인 성격(아주 빈번한 성적 연상)의 유쾌한 연상이라는 형태를 취한다.

  결론은 명확해 보이지만 그래도 신중하게 내려야 한다. 일상생활 중의 반복되는 결정 사항일 때, 개인은 우호적 혹은 비우호적 체험의 유익하거나 합리적인 영향을 받게 된다. 그는 비교적 간단하거나 문제없는 동기와 이해관계의 영향을 받게 되고, 그런 동기와 이해관계는 흥분 상태에 의해서만 가끔 방해를 받는다. 역사적으로 볼 때, 신발에 대한 소비자의 욕구는 생산자가 제시하는 매력적인 신발과 그 제품에 대한 홍보 등에 의해 부분적으로 영향을 받는다. 그러다가 어떤 특정 순간에 그것은 진정한 욕구가 된다. 그 욕구의 확정성은 "신발 일반"을 넘어서고 장기적인 착용에 의한 실험은 당초 그 욕구를 둘러쌌던 비합리성을 상당 부분 제거한다.[09] 더욱이 이런 간단한 동기의 자극 아래서 소비자들은 어떤 제품들(집, 자동차)에 대하여 객관적인 전문가의 조언에 따라 행동하고, 그들 자신도 다른 제품들에서 전문가가 된다. 식료품, **친숙한** 가정용품, 의상 등에 있어서 가정주부가 손쉽게 속아 넘어간다는 것은 사실이 아니다. 모든 세일즈맨들이 뼈아픈 경험을 통해 알고 있듯이 가정주부 대부분은 그들이 원하는 바로 그 물건을 고집한다.

이것은 생산자 측에서 보면 더욱 분명해진다. 물론 제조업자가 게으르거나 기회를 잘 판단하지 못하거나 무능력할 수도 있다. 하지만 이러 제조업자를 개조하거나 제거하는 효과적인 메커니즘이 작동한다. 다시 말해 테일러주의Taylorism는 다음과 같은 사실에 바탕을 두고 있는 것이다. 인간은 간단한 수공 작업을 지난 수천 년 동안 해왔음에도, 그 일을 비효율적으로 수행할 수 있다. 하지만 우리가 탐구해보기로 한 산업 및 상업 활동의 그 어떤 수준에서도, 가능한 한 합리적으로 행동하려는 의도와 합리성을 향한 꾸준한 압력은 의문시되지 않았다.[10]

이러한 사정은 일상생활 중에 내리는 결정들에서도 동일하다. 개개인이 충분한 현실 인식을 가지고 살펴보는 자그마한 영역에서도 이런 합리성이 작용하는 것이다. 이런 합리성 발휘는 그 자신과 직접적으로 관련 있는 것, 그의 가족, 그의 사업 거래, 그의 취미, 그의 친구와 적들, 그의 마을과 행정 구역, 그의 동창생, 교회, 노조, 기타 그가 활동적인 구성원으로 뛰고 있는 사회단체 등에 두루 미친다. 이런 것들은 그가 개인적으로 관찰하는 것이고, 신문 보도와는 상관없이 그에게 친숙한 것이며, 그가 직접적으로 영향을 미치거나 관리할 수 있는 것이다. 이런 것들에 대하여 그는 일종의 책임 의식을 갖고 있는데, 그 책임감은 자신의 행동 노선에 우호적인 혹은 비우호적인 효과들과 직접적인 관계를 맺는다.

여기서 한 번 더 강조하고 싶은 점은 이것이다. 이런 사람과 사물에 대한 친숙성, 그리고 거기서 나오는 현실 인식이나 책임감은 생각과 행동에 대한 확정성이나 합리성을 보장해주지 않는다.[11] 그것을 보장하기 위해서는 종종 수행되지 않는 다른 많은 조건들이 필요하다. 가령 여러 세대에 걸쳐서 위생 문제의 비합리적 행동 때문에 고통을 받았으면서도, 사람들은 그들의 고통을 그 유해한 습관과 결부시키지 못했다. 이처럼 결부시키지 않는 한, 객관적 결과는 아무리 명확해도 주관적 체험을 생산하지 못한다. 그래서 인류는 감염과 전염병의 상관관계를 깨닫는 게 대단히 어려웠다. 우리가 볼 때, 객관적 사실들이 아주 명확하게 그런 관계를 가리키는데도 말이다. 하지만 18세기 말까지 의사들은 홍역이나 천연두 등 전염병에 걸린 환자들이 다른 사람들과 접촉하는 것을 거의 막지 못했다. 이런 인과적 관계를 알아보지 못하거나 다른 이해 문제가 걸려 있어서 그런 관계를 알지 못하게 막는 일이 벌어지면 사태는 훨씬 심각해진다.

이처럼 외부에서 부과되는 제한 조건들에도 불구하고, 누구나 넓은 지평선 내에서 자신만의 비좁은 들판을 확보하고 있다. 이런 들판은 다른 집단과 개인들 사이에서 서로 아주 다르며, 날카로운 경계선보다는 넓은 경계 영역과 맞닿아 있다. 그런 개인 고유의 들판에서 개인은 뚜렷한 현실 감각, 친숙성, 책임 의식을 발휘한다. 이 영역(들판)은 상대적으로 명확한 개인의 의지들을 담고 있다. 이런 의지들은 때때로 우리에게 비이성적이고, 비좁고, 자기중심적인 것으로 비친다. 따라서 정치적 결정 사항들을 내려야 할 때, 왜 이런 개인적 영역을 감안해야 하는지 분명해지지 않는다. 그런 개인적 영역에 세워진 사당에 숭배하는 일도 못마땅하거니와, 그런 개인적 의지들의 개개 사항들을 각각 존중해주어야 한다거나, 어떤 개인적 의지가 다른 개인적 의지보다 더 중요하게 대접받아서는 안 된다는 일 따위는 더욱 못마땅하게 보이는 것이다. 하지만 반대로 우리가 그 사당을 숭배하기로 선택한다면, 우리는 그 사당 안에 개인적 의지가 넘쳐난다는 것을 발견할 것이다.[12]

우리들을 교육하고 훈련시키는 가정과 회사에서의 일상적 관심사로부터 시선을 돌린다고 해서 이러한 의지와 합리성의 상대적 명확성이 사라지는 것은 아니다. 공공 업무의 영역에서도 어떤 부문은 다른 부문에 비해 시민들의 주의를 더 사로잡는다. 첫째로 지방 자치의 문제가 그러하다.

하지만 이런 자치의 문제에서도 우리는 사실을 분간하고, 그런 분간을 바탕으로 행동에 나서고, 또 책임 있게 대응하는 정도가 감소되는 것을 느낀다. 우리는 이런 인물을 알고 있다. 그는 종종 평균적인 시민의 전형이라고 할 수 있다. 그는 지방 행정이 자신의 관심사가 아니라고 말하면서 실제로 벌어진 행정 조치에 대해서 냉담하게 어깨를 으쓱하면서 모른 체해버린다. 하지만 그는 그런 조치가 자신의 사무실 내에서 벌어진다면 그것을 용납하느니 차라리 죽어버릴 그런 인물인 것이다. 개별 유권자와 납세자의 책임 의식을 적극적으로 권면하는 고상한 시민들은 이 유권자(납세자)가 그 지역의 정치가들이 내리는 조치에 대해서는 전혀 책임 의식을 느끼지 못하는 것을 발견한다. 그렇지만 개인적 접촉이 가능한 소규모 공동체에서는 지역 애국심이 "민주주의를 작동하게 만드는 데" 아주 중요한 요소가 될 수 있다. 또한 읍 단위의 문제는 여러 면에서 제조 회사의 문제와 비슷하다. 제조 회사를 잘 아는 사람은 읍의 행정에 대해서도 잘 이해할 수 있다. 제조업자, 야채상, 노동자 등은 길거리 청소나 읍사무소 문제에 대하여 합리적으로 옹호할 수 있는 견해(이 견해는 옳을 수도 있고 그를 수도 있다)를 내놓기 위해 그의 세계 바깥으로 나갈 필요가 없다.

둘째로 개인과 단체에게 직접적인 영향을 미치는 많은 전국적인 문제들이 있는데, 이런 것들은 진정하면서도 명확한 의지들을 발동시킨다. 가장 중요한 사례는 개인 유권자와 집단 유권자에게 직접적이면서도 개인적인 금전적 이익이 관련된 문제들로서 직접 지불, 보호 관세, 순은純銀 정책 등을 들 수 있다. 아주 오래된 경험에 의하면, 유권자들은 이런 문제에는 합리적이면서도 신속하게 반응한다. 하지만 고전 민주주의 이론은 이런 종류의 합리성으로부터는 얻을 것이 별로 없다. 유권자들은 이런 문제들[13]에 대하여 신통치 않은 혹은 타락한 재판관이었다. 종종 그들은 자신들의 이해관계에 대해서도 신통치 않은 재판관으로 판명되었다. 왜냐하면 정치적 발언권이 센 것은 단기적 약속이고, 또 가장 효과적으로 호소할 수 있는 것은 단기적 합리성이기 때문이다.

그런데 우리가 가정과 회사의 영역에서 개인적 관심사와 직접적 연결 고리가 없는 전국적·국제적 영역으로 시선을 돌려보면 개인의 의지, 사실의 장악, 추론의 방법 등 고전 민주주의 이론의 필수 사항들이 곧 기능을 중단한다. 내가 볼 때 문제의 핵심은 이런 문제들에서는 현실 감각[14]이 완전히 사라진다는 것이다. 중대한 정치 문제들은 일반 시민의 머릿속에서 한가한 시간의 실없는 화제(취미 수준에도 못 미치는 화제)이거나 무책임한 잡담의 화제일 뿐이다. 그런 정치적 문제들은 너무나 멀리 떨어져 있는 것처럼 보인다. 그것들은 회사에서 벌어지는 사업 건수 같은 것이 전혀 아니다. 그런 문제들로부터 위험을 느낄 수 없으며 설사 느낀다고 해도 그리 심각한 것도 아니다. 그건 허구적 세계에서 벌어지는 문제들처럼 느껴진다.

이런 감소된 현실 감각은 감소된 책임 의식을 의미할 뿐 아니라 효과적인 의지의 부재를 의미한다. 물론 사람은 자신이 좋아하는 수사가 있고, 소망 사항, 백일몽, 불평 사항을 가지고 있다. 그리고 자신이 좋아하는 것과 싫어하는 것이 있다. 하지만 이런 것들을 가리켜 의지라고 할 수는 없다. 의지는 목적과 책임을 갖춘 행동의 정신적 대응물이기 때문이다. 사실 국가적 문제들을 명상하는 개별 시민들에게 있어서 이런 의지가 발동될 공간은 없으며, 그런 의지를 개발시킬만한 과제도 없다. 그는 전 국민 위원회라는 작동하지 않은 위원회의 구성원일 뿐이다. 바로 이 때문에 그는 정치적 문제를 터득하기 위해 숙련된 노력을 기울이기보다 브리지 게임을 익히기 위해 더 많은 시간을 투자하는 것이다.[15]

감소된 책임 의식과 효과적 의지의 부재는 차례로 보통 시민의 국내외 정책에 대한 무지와 판단력 결핍을 설명해준다. 충격적이게도 이런 결핍 현상은 비천한 신분의 무식한 사람들보다 교육받은 사람, 비정치적 분야에서 활발하게 성공을 거두고 있는 사람들에게서 더 심하다. 관련 정보는 많고, 즉각 입수할 수 있다. 그러나 이것은 아무런 차이도 만들어내지 못한다. 우리는 이것을 의아하게 생각할 필요도 없다. 무엇이 문제인가 살펴보기 위해서는 자신의 사건 개요서를 대하는 변호사의 태도와 정치적 사건에 대한 진술서를 읽는 같은 변호사의 태도를 비교해보면 된다. 사건 개요서의 경우, 변호사는 직업적 전문성을 갖추어야 한다는 명확한 목적 아래 수년에 걸친 의도적 노력으로 얻어진 능력 덕분에 관련 사실들을 잘 검토할 수 있다. 그런 직업적 필요성 못지않게 강력한 자극을 받아가면서 그는 자신의 지식, 지능, 의지를 발휘하며 그 개요서를 읽는다. 하지만 정치적 사건의 진술서에 대해서는 자격을 갖추려고 애쓰지 않는다. 그는 그 정보를 상세히 알려고 하지 않으며 자신이 잘 알고 있는 비판의 기준을 적용하지도 않는다. 그는 이런 문제로 장황하고 복잡한 논의를 벌이는 것을 싫어한다. 이것은 무엇을 보여주는가? 직접적인 책임 의식에서 나오는 이니셔티브가 없으면, 아무리 복잡하고 정확한 정보가 많아도 무지가 판치게 된다는 것이다. 정보 제공에 그치지 않고, 또 강연, 수업, 토론 그룹을 통해 정보의 이용 방법을 가르치는 유익한 노력들에도 불구하고 무지는 여전히 활개를 친다. 그런 노력의 결과가 제로라는 얘기는 아니다. 하지만 그 결과는 보잘것없다. 사람들을 물가로 데려갈 수는 있지만 물을 마시게 하지는 못하는 것이다.

    이처럼 보통 시민이 정치 분야에 발을 디디면 지적 수준의 가장 낮은 단계로 떨어져버린다. 그의 전문 분야에서는 유치하다고 생각할법한 그런 방식으로 정치 문제를 주장하고 분석한다. 그는 다시 원시인이 된다. 그의 생각은 연상적이고 감성적인 것이 된다.[16] 이것은 불길한 의미를 갖는 두 가지 결과를 내포한다.

첫째로 그에게 영향을 가하려는 정치 집단들이 없다 하더라도, 보통 시민은 정치적 문제와 관련하여 초합리적 혹은 비합리적 편견이나 충동에 빠지는 경향이 있다. 왜 이렇게 되는가? 그가 정치 문제에 적용하는 합리적 과정이 허약하고, 또 그가 도달하는 결과에 대하여 효과적이고 논리적인 장악을 하지 못하기 때문이다. 게다가 그가 그 분야에 "전심전력하지" 않기 때문에 그는 도덕적 기준을 이완시키게 되고, 또 개인 생활의 조건들 때문에 억압해왔던 어두운 충동을 발산시키게 된다. 따라서 그의 추론과 결론의 지혜나 합리성에 대해 말해보자면, 그가 커다란 분노를 폭발시킬 때처럼 신통치 못할 것이다. 이 때문에 그는 사태의 전모를 정확하게 파악하지 못하며, 또 한 번에 한 가지 이상의 측면을 보지 못하게 된다. 따라서 그가 평소의 애매모호함을 버리고 고전 민주주의 이론이 주장하는 확정적 의지를 제시할 경우, 그는 실제보다 덜 지성적이고 덜 책임지는 사람이 될 가능성이 크다. 어떤 시점에서는 이런 태도가 그의 나라에 치명적일 수도 있다.[17]

둘째로 여론의 과정에 논리적 요소가 허약하고, 또 개인적 체험과 책임에 대한 합리적 비판과 합리화하는 영향이 적을수록 숨겨진 목적을 가진 집단들의 기회는 그만큼 커진다. 이들 집단은 전문적 정치가들, 경제적 이해관계를 가진 주장자들, 정치적 행사를 주도하거나 관리하는 데 관심이 많은 자들로 구성된다. 이런 집단들의 사회학은 현재 우리가 진행하는 논의와는 무관하다. 여기서 문제가 되는 중요한 점은 이런 것이다. 인간성은 예나 지금이나 변함이 없기 때문에 이들 집단은 다양한 범위 내에서 국민의 의지를 형성하거나 만들어낼 수 있다. 우리가 정치적 과정에서 대면하게 되는 것은 대체로 진정한 의지가 아니라 만들어진 의지인 것이다. 종종 이런 인공물이 고전 민주주의 이론에서 말하는 **국민의 의지를**

대신해버린다. 사정이 이렇기 때문에 국민의 의지는 정치 과정의 동인動因이 아니라 피조물이 되어버린다.

　어떤 문제들과 그 문제들에 대한 국민의 의지가 만들어지는 방식은 상업 광고의 방식과 아주 유사하다. 우리는 정치에서도 잠재의식을 공격하려는 동일한 시도를 발견한다. 우호적이거나 비우호적인 연상들을 불러일으키는 동일한 기술을 구사하고 있는데, 이런 기술은 합리적이지 않을수록 더 효과적이다. 우리는 동일한 회피와 침묵의 기술을 발견하며, 또 같은 주장을 반복하여 의견을 형성하는 술수를 발견한다. 그런 주장은 합리적 논의를 회피하면서 사람들의 비판적 기능을 일깨우는 위험을 피해갈수록 성공할 확률이 높아진다. 그런데 이런 기술들은 개인 생활과 전문 생활의 영역보다는 공공 업무의 영역에서 더 많은 영향력을 발휘한다. 아무리 섹시한 여자를 모델로 내세워 광고한다 하더라도 해로운 담배의 매출을 장기적으로 유지하지는 못할 것이다. 하지만 정치적 결정 사항들에 있어서는 이런 효과적인 방어 장치가 없다. 아주 중요한 많은 정치적 결정 사항들이 추상적 성격을 갖고 있다. 그래서 일반 대중은 그런 사항들에 대하여 느긋하게 혹은 저비용으로 실험해볼 수가 없다. 설사 실험할 수 있다 하더라도 담배의 해로운 효과처럼 간단하게 판단을 내릴 수도 없다. 왜냐하면 정치적 결정의 효과는 해석하기가 쉽지 않기 때문이다.

　그런데 상업 광고와는 아주 다르게, 이런 정치 기술들은 스스로 이성적이라고 공언하는 정치적 광고의 형태들에 해악을 끼친다. 외부 관찰자가 볼 때, 정치 광고의 반이성적 혹은 초이성적 호소와 피해자의 속수무책은 그런 광고가 사실과 논증의 외피를 두르고 있을 때 더욱 현저해진다. 우리는 위에서 일반 대중에게 정치적 문제에 대하여 객관적인 정보를 제공하는 것이 아주 어렵다는 것을 살펴보았다. 따라서 그런 정보로부터 정확한 추론을 이끌어내는 것은 논리적으로 불가능하다. 사정이 이렇게 된 것은 정치 문제에 관한 정보나 추론이 시민들의 고정 관념에 부합할 때에만 비로소 "접수"되기 때문이다. 대체로 이런 아이디어(정보나 추론)가 명확한 것도 아니기 때문에 특정한 결론을 이끌어내지도 못한다. 또한 그것(아이디어) 자체가 만들어질 수 있기 때문에 효과적인 정치적 논의는 불가피하게 기존의 의지들을 특정한 형태로 왜곡시키려는 시도를 내포한다. 이런 시도는 그런 의지들을 있는 그대로 실천한다거나 시민들이 결심을 하도록 도와준다거나 하는 일과는 거리가 멀다.

따라서 시민들에게 강요되는 정보와 논의들은 정치적 의도의 피조물일 가능성이 높다. 이런 정치인이 그의 이상이나 이해를 위해서 툭하면 하는 일이 거짓말을 하는 것이므로, 우리는 다음과 같은 것을 기대하거나 아니면 발견하게 될 것이다. 그가 내놓는 정보라는 것은 거의 언제나 이물질이 뒤섞인 것이거나 선별적인 것이고,[18] 또 그가 주장하는 합리적 추론이라는 것은 어떤 특정 명제들을 공리의 수준으로 끌어올리고 다른 명제들은 아예 배제해버리는 것이다. 이렇게 하여 그것은 앞에서 말한 심리적 기술 수준으로 격하돼버린다. 내가 지나치게 비관적이라고 생각하는 독자는 스스로를 향해 이런 일이 없었는지 물어보기 바란다. 이런저런 난처한 사실을 공공연하게 말해서는 안 돼. 그런 사고방식은 타당하기는 하지만 바람직한 게 못 돼. 독자는 이런 말을 들었거나 또는 해본 적이 있는가? 현재의 기준으로 봤을 때 명예롭고 또 고상한 사람들에게 이런 일이 벌어졌다면, 그 사실 자체가 국민의 의지에 대한 그들의 생각을 보여주는 것이 아닌가? 국민 의지의 장점이나 존재는 어디로 가고, 그런 발언이나 사고방식을 바람직하지 못하다고 단죄한단 말인가?

물론 이 모든 것에는 한계가 있다.[19] 결국에는 국민이 어느 한 개인보다 더 현명하다는 제퍼슨Thomas Jefferson, 1743~1826의 말은 진리이다. 또 "모든 국민을 언제까지나 속인다는 것"은 불가능하다는 링컨Abraham Lincoln,

1809~1865의 말도 진리이다. 하지만 이 두 말씀은 아주 의미심장하게도 장기적 측면을 강조한다. 물론 어떤 특정 시기에는 집단정신이 아주 합리적이고 날카로운 의견을 내놓기도 한다. 하지만 역사는 일련의 단기적 상황들로 구성되며, 그런 조합이 사건의 과정을 영원히 바꾸어 놓는다. 모든 사람이 단기적으로 차근차근 "속임"을 당하여 그들이 바라지 않는 어떤 것을 받아들이거나, 또 이런 것이 무시할 수 있는 예외적 상황이 아니라면 나중에 아무리 상식을 발휘하여 개탄한다 하더라도 이미 저질러진 일을 바꾸어 놓지는 못하는 것이다. 즉, 국민이 자신들의 운명을 결정하는 어떤 문제들을 제기하거나 결정하는 것이 아니며, 누군가 대신 그들을 위해 제기하거나 결정해버리는 것이다. 따라서 그 누구보다도 먼저 민주주의를 사랑하는 사람은 이런 사실을 직시하고, 민주주의가 거짓된 외양에 의존한다는 비난을 면하도록 애써야 할 것이다.

4. 고전 민주주의 이론이 살아남은 이유들

그렇지만 이처럼 객관적 현실과 상반되는 이론이 어떻게 오늘날까지 살아남았으며, 또 사람들의 마음과 정부의 공식 언어 속에서 어떻게 버젓이 자리를 차지하고 있는가? 이 이론에 반박하는 사실들은 모든 사람에게 알려져 있다. 모두가 그 사실들을 선뜻 혹은 냉소적일 정도로 솔직하게 시인한다. 고전 민주주의 이론의 이론적 바탕인 공리주의적 합리주의는 죽어버렸다. 아무도 그것을 국가 정체의 정확한 이론으로 받아들이지 않는다. 그런데도 왜 아직까지 살아남아 있는가, 하는 질문에 대답하는 것은 어렵지 않다.

첫째, 집단행동이라는 고전 이론은 경험적 분석에 의해 뒷받침되지는 않지만, 내가 이미 언급한 종교적 신념과의 연결에 의해 뒷받침된다. 이것은 처음에는 명확하게 보이지 않을 것이다. 공리주의적 지도자들은 통상적 의미에서 종교적인 인물들이 결코 아니었다. 그들은 자신들을 반反종교적이라고 생각했으며 이런 사실은 널리 인정된다. 그들은 반反형이상학적 태도에 자부심을 가졌고, 그들 당시의 종교적 제도나 종교적 운동에 대하여 동정심을 느끼지 않았다. 하지만 공리주의자들이 사회 과정에 대해서 내놓는 그림을 자세히 살펴보면, 그것이 개신교 그리스도교의 본질적 특징을 구체화하고 있고, 또 그 종교에서 유래했음을 알 수 있다. 공리주의는 종교를 버린 지식인들에게 그 대용품을 제공했다. 반면에 종교를 그대로 간직한 많은 사람들에게 고전 이론은 종교를 정치적으로 보완해주는 것이 되었다.[20]

이렇게 종교의 범주로 이식되면서 이 이론 — 그리고 그에 바탕을 둔 민주주의적 색채 — 은 그 본질적 성격을 바꾸었다. 이제 더 이상 공동선이나 궁극적 가치에 대하여 논리적으로 망설일 필요가 없어졌다. 이 모든 것은 창조주의 계획에 의해 해결되었다. 그 계획은 우리를 위해 모든 것을 정의하고 재가했다. 전에는 불확정적이고 무동기無動機였던 것이 갑자기 명확하고 설득력 있는 것이 되었다. 가령 국민의 목소리는 하느님의 목소리가 되었다. 평등이라는 개념도 마찬가지이다. 경험적 분석에 입각해볼 때, 이 용어의 의미는 의심스럽고, 그것을 하나의 공리로 들어올릴만한 합리적 근거는 별로 없다. 하지만 그리스도교는 강력한 평등주의적 요소를 갖고 있다. 구세주는 모두를 위해 십자가에서 돌아가셨다. 그분은 개인들을 사회적 신분으로 구분하지 않으셨다. 그렇게 함으로써 구세주는 개인 영혼의 본질적 가치를 승인했고, 그것은 신분 차이를 인정하지 않는 가치였다. 나는 이것이 "모든 사람이 하나의 개인으로 간주되어야 하고, 그 어떤 사람도 한 개인 이상의 존재가 되어서는 안 된다"라는 격언을 인정해주는 유일한 승인[21]이라고 생각한다. 이것은 민주적 신념의 조항들(현실적 의미를 발견하기가 쉽지 않은 조항들)에 초현실적 의미를 부여넣는 승인인 것이다. 물론 이런 해석은 논의의 모든 측면을 커버하지는 않는다. 그렇지만 이 해석은 달리 설명하기 어렵고, 또 무의미한 많은 것들을 설명해준다. 특히 그 이론을 비판하는 자에 대한 고전 이론 옹호자의 태도를 설명한다. 사회주의의 경우와 마찬가지로 그 이론에 대해 근본적으로 반대하는 태도는 단순한 오류가 아니라 죄악으로 간주된다. 그런 반대는 논리적 반증뿐 아니라 도덕적 분노마저 일으키는 것이다.

우리는 이 문제를 약간 다르게 제시해볼 수도 있다. 가령 이렇게 말하는 것이다. 이런 식으로 동기가 유발되면 민주주의는 증기 기관이나 소독제처럼 합리적으로 논의될 수 있는 그런 정치적 방법이 아니게 된다. 그것은 하나의 이상 혹은 사물의 이상적 상태로 거룩하게 된다(하지만 내가 견지하는 또 다른 관점에서 보자면 민주주의는 그런 거룩한 이상이 될 수 없다). 이렇게 이상으로 떠받들어지면 민주주의라는 용어는 하나의 깃발, 모든 사람이 소중하게 여겨야 하는 상징, 그 근거가 합리적이든 말든 국민이 자신의 국가에 대해서 사랑하는 모든 것의 표어가 되어버린다. 그리하여 민주주의적 신념에 내포된 다양한 명제들이 정치적 현실과 어떻게 일치되는가, 하는 문제는 국민에게 무관한 것이 되어버린다. 방탕했던 교황 알렉산더 6세(Pope Alexander VI, 1431~1503)의 소행이 교황청을 둘러싼 거룩한 후광과 어떻게 일치하는가, 하는 문제가 가톨릭 신자들에게는 무관한 것과 마찬가지이다. 이런 유형의 민주주의자는 평등과 박애의 심오한 공리를 받아들이는 한편, 자신의 행동이나 지위로 인해 그런 공리를 위반하는 일탈을 거의 무한정 받아들인다. 이것은 그리 비논리적인 자세도 아니다. 공리로부터 약간 일탈했다고 해서 윤리적 원리나 신비적 희망을 저버린 건 아니기 때문이다.

둘째, 고전 민주주의의 형태나 수사修辭는 여러 나라들에 있어서 어떤 역사적 사건 및 발전들과 관련이 있다. 그 나라들의 국민 대다수가 열광하는 그런 사건들 말이다. 기존 체제에 반대하는 사람들은 그 역사적 의미와 사회적 뿌리가 뭐든 간에 그 형태와 수사를 즐겨 사용한다.[22] 만약 그런 수법이 먹혀들어가고 후속 발전 사항이 만족스럽다면, 그 형태는 국가 이데올로기에서 뿌리를 내리게 된다.

미국이 좋은 사례이다. 주권 국가로서의 미국의 존재는 영국의 군주제와 귀족에 대한 투쟁과 관련이 있다. 소수의 왕당파를 제외하고, 미국인들은 그렌빌George Grenville, 1712~1770 정부 시절에 영국의 군주를 **그들의** 왕, 영국의 귀족을 **그들의** 귀족으로 보지 않았다. 독립 전쟁 때 미국인들은 사실에서나 생각에 있어서 외국인 왕과 외국인 귀족들을 상대로 싸웠다. 그 외국인들이 이유 없이 미국의 정치적, 경제적 이해에 간섭한다고 생각했다. 독립 전쟁의 초창기부터 미국인들은 실제로는 한 국가의 문제였던 그들의 사례를 "국민" 대 "통치자"라는 보편적 문제로 제시했고, 또 그 과정에서 양도할 수 없는 인간의 권리와 고전 민주주의의 일반적 원칙들을 내세웠다. 미국 독립 선언문이나 헌법의 문구는 이 원칙들을 채택한 것이다. 그 후 미국의 독립과 발전이라는 엄청난 결과가 따라왔고, 이것이 많은 미국 국민들을 만족시켰다. 그리하여 이런 역사적 사건과 발전이 국가의 신성한 문서들 속에 들어 있는 원리를 실증하는듯한 인상을 준다.

또 다른 사례를 들어보자. 권력을 잡고 있는 집단들이 힘과 성공의 정상에 있을 때 그 집단에 저항하는 반대파들은 이기기가 매우 어렵다. 19세기 전반에 고전 민주주의 신념을 공언했던 반대파들은 마침내 정부를 상대로 승리했다. 그 정부들 — 특히 이탈리아의 경우 — 은 쇠퇴하는 상태였고, 또 무능력, 잔인함, 부정부패의 표어였다. 당연히(그렇지만 별로 논리적이지 않게도) 이것은 고전 민주주의 신념의 공로로 돌아갔고, 부패한 정권들이 옹호했던 무지몽매한 미신적 제도와 비교해 볼 때 돋보이는 것이 사실이었다. 이런 상황에서 민주주의 혁명은 자유와 예절의 회복을 의미했고 민주주의적 신념은 이성과 향상의 복음이 되었다. 하지만 이런 돋보임은 곧 사라지게 되어 있고, 민주주의의 이론과 실천의 괴리는 곧 드러나게 되어 있다. 하지만 새벽의 광휘는 천천히 사라지는 법이다.

셋째, 고전 민주주의 이론이 상당한 근사치를 가지고 현실과 실제로 부합하는 사회적 패턴들이 있다. 앞에서 지적했듯이, 소규모 원시적 사회들이 그런 경우이며, 이 사회들은 고전 민주주의 이론가들의 실제 모형 역할을 했다. 원시적 사회는 아니지만 분화가 별로 진행되지 않아 심각한 문제들이 그다지 없는 사회도 여기에 해당한다. 스위스가 좋은 사례이다. 농부들의 세계에는 다툴 것이 별로 없고, 호텔과 은행을 제외하고는 대규모 자본주의 산업이 없으며, 공공 정책의 문제는 너무 간단하고 안정되어 있어서 국민 대다수가 그런 문제를 잘 이해하고 또 동의할 수 있다. 이런 사회들에서는 고전 민주주의 이론이 현실에 가까이 접근한다. 하지만 곧 이런 사실을 첨언해야 한다. 그처럼 현실과 일치하는 것은 고전 이론 자체가 정치적 결정의 효과적 메커니즘이기 때문이 아니라, 그런 사회들에서는 결정해야 할 문제들이 그리 많지 않기 때문이다. 마지막으로, 고전 민주주의 이론은 분화가 잘된 사회, 결정해야 할 사항이 많은 대규모 사회의 현실들에도 때때로 부합한다. 미국이 좋은 사례이다. 하지만 여기에도 단서가 붙는데, 좋은 주변 조건들로 인해 그 현실들의 해악적 요소가 제거되었을 경우에 한한다. 미국이 제1차 세계대전에 참전하기 전까지 미국 국민들은 주로 환경의 경제적 가능성들을 활용하는 일에만 몰두했다. 자신들의 일이 간섭받지 않는 한, 보통 미국 시민들은 정치가들의 장난을 호의적인 경멸감으로 대하면서 근본적으로 별 문제가 없다고 생각했다. 국민 중 일부는 관세 문제, 은의 가격 문제, 지방 자치 단체의 행정 난맥, 영국과의 산발적인 갈등 등에 흥분하기도 했다. 하지만 전체 국민은 별로 신경 쓰지 않았다. 단, 국가적 재앙인 남북 전쟁을 가져온 심각한 의견 분열만은 예외였다.

  넷째, 정치가들은 화려한 수사를 좋아한다. 일반 대중에게 아첨하는 수사, 책임 회피의 좋은 기회를 제공하는 수사, 국민의 이름으로 적수를 제압하는 수사 등 한이 없다.

22
또 다른 민주주의 이론

1. 정치적 리더십을 얻기 위한 경쟁

대부분의 정치학도들은 이제 앞 장에서 다룬 고전 민주주의 이론에 대한 비판을 납득했으리라 생각한다. 그리고 나는 그들이 또 다른 민주주의 이론에도 동의하리라 생각한다. 이 이론은 현실에 훨씬 근접해 있을 뿐 아니라 민주주의적 방식을 옹호하는 사람들의 입장을 상당 부분 구제해줄 것이라고 생각한다. 고전 이론과 마찬가지로 이 이론도 간결하게 정의해 볼 수 있다.

고전 이론의 주된 문제점은 "국민들"이 모든 개별적 문제에 대하여 확정적이면서도 합리적인 의견을 갖고 있고, 또 그런 의견을 대행해줄 "대표"를 선임함으로써 그런 의견을 구체적으로 표명한다는 것이었다. 그래서 대표를 선출하는 것은 민주적 제도의 2차적인 의미이고, 유권자들이 정치적 문제를 직접 결정한다는 것이 1차적인 의미였다. 우리가 이 순서를 바꾼다고 가정해보자. 그러니까 대표를 선출하여 결정을 위임하는 것이 1차적 의미이고, 유권자에 의한 문제 결정을 2차적 의미로 보는 것이다. 다르게 설명하자면 국민의 역할은 정부를 만들어내는 것 혹은 중간 단체를 만들어내고, 이 단체로 하여금 전국적인 행정부[01] 혹은 정부를 결성하는 것이다, 라고 보는 것이다. 그러면 우리는 민주주의에 대하여 이런 정의를 갖게 된다. 이 민주적 방법은 정치적 결정에 도달하기 위한 제도적 장치이며, 그 제도 내에서 개인들은 국민의 표(투표)를 얻는 경쟁적 투쟁의 수단을 통하여 정책을 결정하는 권력을 획득한다.

이 정의를 옹호하고 설명하다보면, 그 전제의 타당성과 명제의 유지가능성으로 인해, 민주적 과정의 이론이 한결 개선되었음을 알게 된다.

첫째, 우리는 민주적 정부들과 그렇지 않은 정부들을 구분하는 합리적이고 효율적인 기준을 갖게 된다. 앞에서 고전 이론은 이 점에 있어 여러 난점들을 갖는다는 것을 증명했다. 우선 많은 역사적 사례들에서, 국민의 의지와 공동선은 민주적이라고 할 수 없는 정부들에 의해서도 충분히 혹은 더 잘 충족되었다. 하지만 우리는 이제 **진행 방식**modus procedendi을 강조하기로 했기 때문에 그런 방식의 유무는 대부분의 경우에 검증하기가 훨씬 용이하다.[02]

가령 영국 같은 의회 군주제는 민주적인 방법의 요건들을 성취한다. 왜냐하면 군주는 의회가 선출한 바로 그 사람들을 내각의 각료로 임명하기 때문이다. 이에 비해 "입헌" 군주제는 민주적인 제도라고 할 수 없다. 왜냐하면 입헌 군주제에서는 유권자나 의회가 의회 군주국의 유권자나 의회가 갖고 있는 다른 권한들은 모두 갖고 있지만 정부 구성에 대한 그들의 의사를 강제할 권한이 없기 때문이다. 이 경우 내각의 장관은 군주의 하인이나 다름없으며 명실공히 군주의 마음대로 임명하고 해임할 수 있다. 이러한 제도도 국민의 마음에 들 수는 있다. 유권자들은 변화를 요청하는 제안에 반대표를 던짐으로써 이것을 재확인할 수 있다. 군주는 국민들 사이에서 아주 인기가 높아서 최고위직에 대한 경쟁을 무망한 것으로 만들 수 있다. 하지만 이런 경쟁을 효율적으로 만들어주는 기구가 없기 때문에 입헌 군주제는 우리가 내리는 정의의 범위 안에 들어오지 않는다.

둘째, 이 정의 안에 구현된 이론은 리더십이라는 핵심적 사실을 적절히 인식할 수 있는 여유 공간을 제공한다. 고전 이론은 이런 공간을 마련해주지 않은 채 유권자에게 비현실적일 정도의 주도권을 부여하여, 실제로는 리더십을 부정한 것이나 다름없었다. 하지만 집단은 거의 예외 없이 리더십을 받아들임으로써 행동에 나설 수 있다. 이것은 반사 행동을 제외한 거의 모든 집단행동의 지배적 메커니즘이다. 이러한 현상을 감안하는 민주적 방법의 작동과 결과에 대한 명제들은 그렇지 않은 것들보다 훨씬 더 현실적이다. 그 명제들은 일반 의지를 실천하는 데 그치는 것이 아니라 그 의지가 어떻게 생겨나는지, 그리고 그 의지가 어떻게 대체되고 또 날조되는지를 보여준다. 우리가 앞에서 제조된(날조된) 의지라고 말한 것은 이 이론의 범위 안에 포섭되며, 날조된 의지는 일종의 변태로서 우리는 그런 것이 없기를 간절히 바란다. 아무튼 날조된 의지가 당연히 그래야 하듯이 이제 논의의 범위 안으로 들어왔다.

셋째, 진정한 집단 차원의 의지들 — 가령 실업자가 실업 수당을 받으려는 의지 혹은 그들을 도우려는 다른 집단의 의지 등 — 이 있는 한, 우리의 이론은 그런 의지들을 무시하지 않는다. 오히려 우리는 그런 의지들이 실제로 수행하는 역할을 삽입해 넣을 수 있다. 대체로 이런 의지들은 직접적으로 모습을 드러내지는 않는다. 설혹 강력하고 명확한 것이라 할지라도 그 의지들은 종종 수십 년 동안 수면 아래 잠복해 있다가, 강력한 정치 지도자가 정치적 요소로 만들어주면 그 모습을 드러낸다. 정치 지도자나 그의 대리인들이 그런 의지들을 잘 조직하고 다듬어서 마침내 경쟁적 공약 중에 포함시킴으로써 구체화하는 것이다. 분야별 이해관계와 일반 여론 사이의 상호 작용, 그런 이해관계가 정치적 상황을 만들어내는 방식 등은 이런 각도에서 살펴볼 때 새롭고 명확한 조명을 받게 된다.

넷째, 우리의 이론은 물론 명확하지 않다. 그것은 리더십을 얻기 위한 경쟁이라는 개념만큼이나 불명확하다. 이 개념은 경제 분야의 경쟁과 자주 비교되는데, 그 경쟁만큼이나 많은 문제를 제기한다. 경제생활에서 경쟁이 완전히 사라지는 경우는 없으나 그렇다고 해서 완전한 경쟁이 존재하는 것도 아니다.[03] 마찬가지로, 정치 분야에서도 국민의 지지를 얻어내기 위한 경쟁이 있으나, 늘 잠재적인 경쟁에 그친다. 사안을 간단하게 하기 위하여, 우리는 민주주의 정의에 들어간 리더십 경쟁을 표(투표)를 얻기 위한 자유 경쟁으로 국한시켰다. 이렇게 한 근거는 민주주의가 경쟁적 투쟁을 유도하기 위한 방법이고, 또 선거는 일정 규모 이상의 공동체에서 채택할 수 있는 유일한 방법이기 때문이다. 이렇게 함으로써 리더십을 확보할 수 있는 많은 방식들 중 마땅히 배제해야 할 것(가령 군사적 반란)을 배제했는데,[04] 경제 현상과 아주 유사한 "불공정한" 혹은 "기만적" 경쟁 혹은 경쟁의 억제는 배제하지 않았다. 이렇게 한 이유는 그런 것들마저 배제해버리면 우리에게는 아주 비현실적인 이상만 남게 될 것이기 때문이다.[05] 이런 비현실적인 이상적 사례, 그리고 힘에 의해 기존 지도자와의 경쟁이 억제되는 모든 사례들 사이에는 아주 연속적인 다양성이 있다. 이런 다양성 속에서 통치의 민주적 방식은 거의 눈에 띄지 않는 단계를 거쳐서 전제적인 방식으로 이행해간다. 우리가 민주적 방법에 대한 철학을 말하려는 것이 아니라 그것을 구체적으로 이해하고자 하는 것이므로, 이렇게 하는 것(기만적 경쟁 방식도 포함시킨 것)이 당연하다. 이렇게 한다고 해서 우리의 가치 기준이 심각하게 손상되는 것도 아니다.

다섯째, 우리의 이론은 민주주의와 개인적 자유의 상관관계를 해명한다. 개인적 자유란 개인적 자치의 영역이 있다는 것을 의미하며, 그 영역의 경계는 역사적으로 가변적인 것이었다. **그 어떤** 사회도 양심과 언론의 자유를 절대적으로 보장하지 않았지만, 그렇다고 해서 그 영역을 제로(영)로 만들지도 않았다. 따라서 이것은 정도의 문제가 된다. 어떤 동일한 상황에서 민주적 방법이 다른 정치적 방법에 비해 개인의 자유를 훨씬 더 많이 보장하는 게 아니라는 사실은 앞에서 살펴본 바와 같다. 오히려 그 반대가 정답이라고 보아야 한다. 하지만 민주주의와 개인적 자유에는 여전히 분명한 상관관계가 있다. 만약 (하나의 원칙으로서) 모든 사람이 유권자 앞에 나타나 정치적 리더십[06]을 두고서 자유롭게 경쟁한다면, 이것은 대부분의 경우 **모든 사람에게** 상당한 토론의 자유가 있다는 것을 의미한다. 보다 구체적으로 그것은 상당한 수준의 언론의 자유를 의미한다. 민주주의와 자유의 관계는 절대적인 것은 아니며 간섭을 받을 수도 있다. 하지만 지식인들의 관점에서 보면 이것은 아주 중요하다. 그들에게는 이것이 민주주의의 전부나 다름없다.

여섯째, (직접 혹은 중간 단체를 통하여) 정부를 만들어내는 것을 유권자의 일차적 기능으로 보면서 나는 유권자에게 그 정부를 축출할 권리도 내포시켰다. 정부를 만드는 것은 어떤 지도자 혹은 지도자들의 집단을 수용하는 것인 반면, 정부를 축출하는 것은 그 수용을 취소하는 것이다. 이것은 독자들이 간과했을법한 한 가지 요소를 해결해준다. 독자는 유권자가 정부를 설치할 뿐 아니라 통제한다고 생각할지 모른다. 그러나 유권자는 그들의 정치 지도자들을 통제하지 않는다. 단지 그 지도자를 다시 뽑아주지 않거나 그 지도자를 지탱하는 과반수를 다시 만들어주지 않을 수는 있다. 따라서 유권자의 통제 범위는 우리의 정의에 제시된 정도로 비좁게 보는 것이 타당하다. 때때로 국민들 사이에 즉발적인 격변이 생겨나서 내각이나 장관을 직접 퇴진시키거나 혹은 다른 행동 노선을 취하도록 강요할 수도 있다. 하지만 이런 격변은 예외적인 것일 뿐 아니라, 우리가 뒤에서 살펴보겠지만 민주적 방법의 정신에도 어긋나는 것이다.

일곱째, 우리의 정의는 오래된 논쟁에 아주 필요한 빛을 비추어준다. 고전 민주주의 이론을 받아들이고, 또 민주적 방법이 국민의 의지에 따라 문제를 결정하고 정책을 수립하는 것을 보장해준다고 믿는 사람들은 다음과 같은 사실에 직면한다. 설사 그 의지가 부정할 수 없을 정도로 실제적이고 명확한 것이라 할지라도, 과반수에 의한 결정은 많은 경우에 그 의지를 실천하는 것이 아니라 왜곡시킨다. 과반수의 의지는 과반수의 의지일 뿐, "국민"의 의지는 아닌 것이다. 국민의 의지는 모자이크 같은 것이며, 과반수의 의지로는 "대표"될 수가 없다. 그 둘을 서로 같은 것으로 취급하는 것은 문제를 해결하지 못한다. 그리하여 참다운 문제 해결을 위해 여러 사람들이 각종 "비례 대표" 계획들을 내놓았다.

이런 계획들은 현실적인 이유들 때문에 혹평을 받았다. 비례 대표제는 온갖 기괴한 사람들이 자신들의 권리를 주장할 기회를 만들어주었을 뿐 아니라, 민주주의의 원활한 통치를 방해하여 위기의 시기에는 위험을 자초할 가능성이 있다.[07] 비례 대표의 원칙이 일관되게 실천되면 민주주의는 작동할 수 없게 된다는 결론을 내리기 전에, 이 원칙이 과연 비례 대표를 구현하는지 자문해볼 필요가 있다. 사실 그것은 비례 대표를 구현하지 않는다. 유권자의 진정한 기능은 리더십을 받아들이는 것이라고 본다면, 비례 대표의 전제 조건은 여기에 부합하지 않으므로 그 타당성은 붕괴한다. 그리고 민주주의의 원칙은 정부의 고삐를 경쟁하는 개인 혹은 집단 중 더 많은 지지를 얻은 개인이나 집단에게 건네주는 것에 그치고 만다. 이것은 민주적 방법의 논리 내에서 다수결의 원칙을 확인해주는 듯하다. 하지만 우리는 그 논리 바깥에 있는 근거를 가져와 다수결 원칙을 비난할 수 있을 것이다.

2. 원칙의 적용

이 장의 앞 절에서 제시한 이론을 이제 좀 더 구체적 사례에 적용해보기로 하자. 그러니까 민주적 국가들이 유지하는 정치 엔진의 구조와 작동 방식 중 어떤 중요한 특징과 관련이 되는지 살펴보자.

(1) 위에서 말한 것처럼, 민주주의에서 국민이 투표를 하는 일차적 기능은 정부를 수립하기 위한 것이다. 그 투표는 일련의 개별적 관직을 가진 사람들을 뽑는 것을 의미할 수도 있다. 이것은 주로 지방 자치의 주된 특징이므로 여기서는 무시하기로 한다.[08] 전국 규모의 정부를 생각할 때, 정부를 수립한다는 것은 실제적으로 정부의 지도자를 결정하는 것을 의미한다.[09] 앞에서도 그랬지만, 우리는 이 지도자를 총리라고 부르기로 하자.

유권자가 이런 지도자를 직접 뽑는 민주주의 국가는 미국 하나뿐이다.[10] 다른 민주주의 국가들의 경우에는 유권자의 투표가 직접 정부를 수립하지는 않고, 의회라는 중간 기관을 수립한 후,[11] 이 의회가 정부 수립의 기능을 맡는다. 이런 제도의 진화 혹은 채택을 역사적 근거나 편의성의 근거에서 설명하는 것은 비교적 쉬운 일이다. 그리고 여러 다른 사회적 환경에서는 다른 형태를 취하기도 했다. 하지만 이것은 논리적 구성물은 아니다. 이것은 자연스럽게 성장해온 제도로서 그 미묘한 의미와 결과는 사법적·공식적 원리를 완전히 벗어난다.

의회는 어떻게 정부를 수립할까? 가장 분명한 방법은 선거에 의해 정부를 구성하는 것이고, 보다 현실적인 방법은 총리를 선출한 다음, 그가 제시한 장관들의 명단을 투표로 결정하는 것이다. 이 방법은 거의 사용되지 않는다.[12] 하지만 이것은 그 어떤 방법보다도 절차의 성격을 잘 드러낸다. 뿐만 아니라 다른 모든 방법들은 이것으로 환원될 수 있다. 왜냐하면 총리가 되는 사람은 통상적으로 의회가 선출하려는 사람이기 때문이다. 그는 영국처럼 국왕에 의해, 프랑스처럼 대통령에 의해, 바이마르 시대의 프로이센 자유 국가Free State of Prussia(독일어로는 Freistaat Preußen)처럼 특별 위원회에 의해 총리 자리에 임명될 수 있다. 하지만 이런 실제적인 절차는 형식의 문제일 뿐이다.

전형적인 영국적 관습은 이러하다. 총선이 실시되면 승리를 거둔 당이 통상적으로 의회의 과반수 의석을 차지하고, 모든 사람에 대하여 불신임 투표를 할 수 있는 위치에 서게 된다. 단, 승리한 정당의 당 대표는 그런 불신임을 받지 않으며, 그는 이런 부정적 방식에 따라 "의회로부터" 국가지도자로 지명된다. 그는 군주로부터 임명장을 받고 — "왕의 손에 키스하고" — 왕에게 각료의 명단이 포함된 장관 리스트를 제출한다. 이 리스트에는 다음과 같은 인사들이 포함된다. 첫 번째로 의례적인 개념으로 장관직을 받게 되는 당의 중진 인사들이다. 두 번째로 2진급의 지도자들이다. 총리는 이들에게 의회 내에서 자신을 대신하여 싸워줄 것을 바란다. 이들은 정치적 가치와 의회 내에서의 잠재적 이용 가치 때문에 발탁된 경우이다. 세 번째로 "밑바닥에서부터 두뇌를 등용하기 위해" 각료로 초빙한 인사들이다. 이들은 각계에서 떠오르는 인물로서 그 능력 덕분에 각료라는 매혹적인 자리에 초대되었다. 그리고 때때로 네 번째도 있는데, 어떤 자리에 특별한 자격을 가지고 있는 인물들이다.[13] 통상적으로 이러한 절차는 의회가 직접 장관들을 뽑는 것과 동일한 결과를 가져올 것이다. 영국에서처럼 총리가 국회 해산의 실질적 권한을 갖고 있으면, 그것은 유권자가 내각을 직접 선출하는 결과와 비슷하게 된다(단, 총리가 유권자의 지지를 받고 있는 경우).[14] 이것은 유명한 사례에 의해 증명된다.

(2) 디즈레일리 1st Earl of Beaconsfield Benjamin Disraeli, 1804~1881 정부가 근 6년간 성공적인 운영을 해오다가 베를린 회의[15]라는 극적인 성공을 거두었던 1879년에, 그 정부는 선거에서 대승을 거둘 것으로 예상되었다. 그런데 글래드스턴 William Ewart Gladstone, 1809~1898이 엄청나게 감동적인 일련의 연설(미들로디언 선거 운동 Midlothian campaign)로 온 국민을 흥분시켰다. 그는 터키의 대학살 사건을 맹렬하게 비난하여 커다란 성공을 거두었고, **개인적으로** 대중적 열광의 꼭대기에 오르게 되었다. 그가 소속된

자유당은 그런 현상과는 아무런 상관이 없었다. 당의 지도자들 몇 명은 그런 현상을 못마땅하게 생각했다. 글래드스턴은 여러 해 전에 이미 당직에서 물러났고 혈혈단신으로 전 국민을 상대했다. 그런 유세전에 힘입어 자유당이 대승을 거두자 그가 다시 당 대표로 복귀해야 한다는 것이 누구에게나 분명해졌다. 그는 전국적인 리더십 덕분에 다시 당 대표가 될 자격이 충분했다. 다른 사람이 대표로 들어설 여지는 전혀 없었다. 그는 영광의 후광 속에서 집권했다.

이 사례는 우리에게 민주적 방법의 작용에 대하여 많은 것을 가르쳐준다. 우선 이 절차가 그 극적인 성격에 있어서 아주 독특하다는 것을 명심해야 한다. 피트Pitt 부자, 필Peel, 파머스턴Palmerston, 디즈레일리, 캠벌 배너맨Campbell Bannerman과 기타 총리들의 사례는 글래드스턴 사례와 정도 차이만 있을 뿐이다.

먼저, 총리의 정치적 리더십에 대해서 알아보자.[16] 위의 사례는 이 리더십이 세 가지 서로 다른 요소로 구성되어 있음을 보여준다. 이 요소들을 혼동하지 말아야 하며, 모든 경우에 이 세 가지가 적절한 비율로 뒤섞여 있어서 모든 총리들의 통치 성격을 결정한다. 표면적으로 총리는 **의회 내** 소속당의 대표로서 그 직에 취임한다. 총리직에 취임하자마자 그는 의회의 지도자가 되는데, 직접적으로는 그가 소속된 하원의 지도자이면서, 간접적으로는 상원의 지도자가 된다. 이것은 완곡어법 이상의 의미를 갖고 있으며 그가 소속 당을 장악하는 것 이상을 뜻한다. 그는 다른 정당들과 그 정당원에 대한 영향력을 획득하고 동시에 그들의 반감을 자극한다. 이것은 그의 성공 가능성에 상당한 차이를 만들어낸다. 가령 로버트 필 경의 사례에서 볼 수 있듯이 극단적인 경우에 총리는 다른 정당을 수단으로 삼아 소속 정당을 강제할 수도 있다. 마지막으로 통상적인 경우에 총리는 한 나라 전체에 있어서 소속 당의 대표가 되는 것이지만, 자질이 우수한 총리는 당의 조직을 이끌면서 자동적으로 얻게 되는 지위와는 뚜렷하게 구분되는 전국적인 지위를 갖게 된다. 그는 당의 여론을 창조적으로 영도하여 그것을 형성하며, 종국적으로는 당의 범위를 넘어서서 여론의 지지를 받는 폭넓은 리더십을 구축하여 당의 의견으로부터 독립될 정도의 전국적인 지도자가 될 것이다. 재언할 필요도 없이 이러한 성취는 아주 개인적인 업적이며, 또 당과 의회 바깥에서 이런 발판을 구축한다는 것은 아주 중요한 일이다. 그것은 지도자의 손에 채찍을 쥐어주는 것과 같다. 그는 그 채찍을 적절히 활용하여 저항적이거나 뒷북을 치는 추종자들을 굴복시킬 것이다. 하지만 그것을 잘못 휘두르면 오히려 채찍의 가죽이 그의 손을 아프게 할 것이다.

이것은 의회 체제에서 정부 수립의 기능이 의회에 있다는 우리의 명제에 상당히 중요한 제한을 가한다. 의회는 통상적으로 누가 총리가 될 것인가를 결정한다. 하지만 그 과정에서 완벽하게 자유롭지는 못하다. 의회는 주도하기보다는 수용함으로써 결정한다. 프랑스의 샹브르chambre(의회의 하원)같이 병리적인 경우를 제외하면, 구성원들의 의사가 정부를 수립하는 과정에서 궁극적인 데이터가 되지는 않는다. 의회의 구성원들은 당에 대한 의무 조항으로 묶여 있을 뿐 아니라, 그들이 "선출한" 사람(총리)에 의해 조종을 당한다. 그들이 일단 그를 "선출"하고 나면 "선거" 행위 그 자체에 대해서도 그의 조종을 받는다. 물론 모든 말馬은 그런 봇줄(구속)을 자유롭게 내던질 수 있고, 또 그런 고삐(조종)를 언제나 받아들여야 하는 것도 아니다. 지도자의 영도에 대한 반발이나 수동적 저항은 그들의 정상적 관계를 잘 보여준다. 바로 이런 정상적 관계가 민주적 방법의 본질이다. 1880년에 글래드스턴이 거둔 개인적 승리는 의회가 정부를 수립하고 퇴진시킨다는 공식 이론에 대한 현실의 답변이었다.[17]

(3) 다음은 내각의 성격과 역할에 대해서 알아보자.[18] 의회와 총리의

공동 작품은 기이하게도 양면을 가진 것이다. 우리가 앞에서 살펴본 바와 같이, 총리는 장관 후보를 지명하고 의회는 그의 선택을 받아들이지만 또 영향을 미치기도 한다. 정당의 관점에서 보자면 내각은 정당 구조를 상당 부분 반영하는 중진 지도자들의 모임이다. 그러나 총리의 관점에서 보면, 내각은 역전의 동지들의 모임일 뿐 아니라 자신의 이해관계와 전망을 가진 정당인들의 모임이다. 말하자면 축소된 의회이다. 이러한 조합이 원활하게 기능을 발휘하려면 각료 후보들이 모 총리 밑에서 일하겠다는 결심을 해야 하고(반드시 그 모 총리를 열광적으로 존경해야 할 필요는 없다), 모 총리는 각료들의 분위기를 살펴가며 정책을 수립해야 한다. 영 엉뚱한 정책을 추진하여 내각의 각료들이 "자신의 입장을 재고하겠다"(내각에서 물러나겠다는 공식적 완곡어법)라고 말하거나 연좌시위를 벌이고 싶은 심정이 들게 해서는 안 되는 것이다. 이렇게 하여 내각 — 내각에 불참하는 정치적 장관들까지 아우르는 더 큰 규모의 내각도 포함하여 — 은 총리, 당, 의회, 유권자의 기능과는 뚜렷하게 구분되는 기능을 발휘한다. 이러한 매개적 리더십은 개개 각료들이 자신의 담당 부처에서 수행하는 일상적 업무와 관련이 되지만 결코 그 업무에 전적으로 바탕을 두고 있는 것은 아니다. 각료들이 자신의 부처를 관장하는 것은 내각이 관료제 엔진을 잘 장악하기 위한 것일 뿐이다. 따라서 이런 부처들의 장악은 "인민의 의지가 각 부처에서 잘 실천되고 있는지 감독하는 것"과는 별로 상관이 없다. 관료제가 아주 잘 돌아가는 경우에, 국민들은 사전에 알지도 못했고 승인하지도 않았을 법한 결과들을 제시받는다.

(4) 그러면 다시 의회에 대해 살펴보자. 나는 의회의 일차적 기능을 정의했고, 또 그 정의를 제한했다. 그리하여 나의 정의가 의회의 다른 기능을 공정하게 대하지 않았다는 반론이 제기될 수 있다. 의회는 정부를 수립하고 퇴진시키는 일 이외에도 다른 많은 일을 한다. 우선 법률을

제정하고, 심지어 행정을 펴기도 한다. 정책 결의안과 선언문을 제외하고 본다면 의회의 모든 행동은 형식적 의미에서 "법률"을 제정하는 것이지만, 행정 조치로 간주될 수 있는 많은 행동(조치)들도 있다. 예산은 가장 중요한 사례이다. 예산안을 작성하는 것은 행정적 기능이다. 하지만 미국에서는 하원이 예산안을 작성한다. 영국에서처럼 재무부 장관이 내각의 승인을 받아가며 예산안을 작성하는 경우에도 의회는 그 예산에 대하여 투표를 하고 그에 의해 예산안은 의회의 행위가 된다. 이것이 과연 우리의 이론을 반박하는가?

두 군대가 서로 대적할 때, 그들의 개별적 행동은 전술적 혹은 전략적 상황에 의해 결정되는 특정 목표에 집중한다. 두 군대는 어떤 평지 혹은 어떤 언덕을 놓고서 다툴 수 있다. 하지만 그 평지나 언덕의 정복이 바람직한 것은 전술적 혹은 전략적 목적에서 나오는 것으로, 곧 적을 패배시키기 위한 것이다. 그 평지나 언덕의 비非군사적 특성으로부터 그런 목적을 수립하는 것은 어리석은 일이 된다. 마찬가지로 정당의 일차적 최고 목표는 다른 당들을 제압하여 정권을 잡거나 정권을 계속 유지하는 것이다. 평지나 언덕의 정복이 그러하듯이 정치적 문제들의 결정은 정치가의 관점에서 보자면 궁극적 목적이 아니라 의회 활동의 재료에 지나지 않는다. 정치가들은 총알 대신 말을 쏘아대고 또 이런 말들이 불가피하게 당면 현안들과 관련이 되기 때문에 이런 행동은 군사적 조치처럼 눈에 뚜렷하게 보이지는 않는다. 하지만 적수에 대한 승리가 군대든 정치든 게임의 본질인 것이다.[19]

따라서 근본적인 관점에서 보자면 전국적 문제들에 대한 의회의 결정 도출導出은 하나의 방법이다. 즉, 의회가 집권 중인 정부를 유지할 것이냐 혹은 퇴진시킬 것이냐, 또는 의회가 총리의 리더십을 받아들일 것이냐 거부할 것이냐 결정하는 방법이다.[20] 곧 언급할 예외 사항들이 있기는 하지만, **모든** 투표는 신임 혹은 불신임 투표이고, 이런 전문적 용어들(신임 혹은 불신임 투표)은 모든 투표에 공동되는 핵심적 요소들을 **추상적으로**_in abstracto_ 적시한 것이다. 이에 대해서는 다음의 사실을 관찰하는 것으로 충분하다. 즉, 어떤 안건들을 의회의 결정 앞에 가져오는 주도권은 대체로 정부나 야당의 예비 내각에게 있는 것이지, 의원 개개인에게 있는 것은 아니다.

  총리는 무수한 현안들의 흐름 속에서 문제들을 선택하여 의회의 결정 사항으로 만든다. 그러면 그의 정부는 그것을 법안으로 도입하며, 혹여 입지가 불충분하다고 판단되면 결의안 채택을 유도한다. 물론 모든 정부는 그 전 정부로부터 미뤄두기 곤란한 미결 문제들의 유산을 물려받는다. 다른 문제들은 일상적인 정치 행위로 취급된다. 총리는 그 자신이 만들어낸 어떤 정치적 현안에 대하여 조치를 부과하는 입장에 섬으로써 가장 혁혁한 성과를 올리게 된다. 아무튼 정부의 선택 혹은 영도는 자유로운 것이든 아니든 의회의 행동을 지배하는 요인이다. 만약 어떤 법안이 야당에 의해 도입된다면 그것은 전투를 하겠다는 의미이다. 이런 공격에 대하여 정부는 그 현안을 훔쳐와 자기 것으로 만들든지 아니면 그것을 패배시켜야 한다. 정부의 메뉴에 들어 있지 않은 주요 법안이 여당의 단체에 의해 도입된다면, 이것은 반역을 의미한다. 내각의 각료들은 그것을 이런 관점에서만 볼 뿐, 초超전략적 장점 따위는 거들떠보지도 않는다. 이런 해석은 의회 내 토론에도 그대로 확대 적용된다. 정부가 이런 토론을 제기하거나 승인하지 않은 거라면, 그것은 정부의 힘이 제대로 미치지 않는다는 징후이다. 마지막으로 어떤 조치가 당내 합의에 의해 시행된다면 그것은 무승부 혹은 전략적 견지에서의 전투 회피가 된다.[21]

  (5) 이런 정부 리더십의 원칙에 대한 예외 사항들은 그 원칙이 얼마나 현실적인지 잘 보여주며 다음의 두 가지 종류가 있다.

첫째, 그 어떤 리더십도 절대적이지 못하다. 민주적 방법에 의해 행사된 정치 리더십은 다른 리더십에 비하여 훨씬 덜 절대적이다. 이것은 민주주의의 본질인 경쟁적 요소 때문에 그러하다. 추종자 개개인은 지도자를 내칠 권리가 있고, 또 실제로 그렇게 하는 추종자들이 언제나 있기 때문에 관직이 없는 의원과 측근 모임의 안팎에 있는 장관들은 ― 자신이 좀 더 큰 지위를 차지해야 되겠다고 느끼면 ― 지도자에 대한 무조건적 충성과 자신의 소신에 대한 무조건적 주장 사이에서 교묘한 줄타기를 하게 된다. 위험과 기회 사이에서 멋지게 균형을 잡는 그 자세는 그저 놀랍기만 하다.[22] 반면에 지도자(총리)는 규율을 고집하는 것과 자신의 뜻이 좌절되는 것 사이에서 중도 노선을 취한다. 그는 압력을 가하면서도 현명한 양보를 하고, 얼굴을 찌푸리면서도 칭찬을 하고, 처벌을 하면서도 혜택을 준다. 개인들과 그들 입장의 상관적 힘에 비례하여, 이러한 게임은 아주 가변적이면서도 대부분 상당한 자유를 가져다준다. 특히 자신들의 분노를 표출시킬 정도의 힘은 있지만 자신들의 지도자와 정책을 내각이나 정부 정책에 집어넣을 정도는 안 되는 단체들은 사소한 안건들에서 그들의 뜻을 관철할 수 있다. 또 총리가 보기에 사소하거나 지엽적인 문제들에 대해서는 어느 정도 양보도 받아낸다. 이렇게 하여 총리의 추종자 그룹이나 개개 의원들은 자신들의 법안을 제출할 수 있다. 또 그들이 정부 조치에 대하여 비판을 가하는 행위나 거수기 노릇을 거부하는 행위에 대해서도 관대함을 베풀어준다. 하지만 우리가 이런 것을 실용적 관점에서 살펴보면, 이런 자유에는 한도가 있음을 알게 된다. 따라서 그 자유는 의회의 작동 원리를 실천하는 것이 아니라, 그 원리로부터의 일탈을 의미하는 것이다.

둘째, 정치 엔진이 특정 안건들을 취급하지 못하는 경우가 있다. 정부나 야당의 고위층이 그런 안건들의 정치적 가치를 인정하지 않거나, 그 가치가 의심스러운 경우이다.[23] 이런 문제들은 국외자들이 다루게 된다. 그들은 기존 정당의 당원으로 일하기보다는 독립적으로 권력을 추구하는 사람들이다. 이것은 물론 아주 정상적인 정치이다. 하지만 또 다른 가능성이 있다. 어떤 사람이 어떤 현안에 대하여 아주 강력한 주장을 갖고 있어서, 오로지 그 문제를 자신의 방식으로 해결하고 싶어서 정치의 장에 뛰어드는 경우이다. 그 사람은 정상적인 정치 경력을 추구할 생각은 전혀 품고 있지 않다. 이것은 아주 예외적인 상황이어서 이런 경우가 1급의 정치적 중요성을 띤 사례들을 발견하기는 쉽지 않다. 어쩌면 코브던Richard Cobden, 1804~1865이 여기에 해당할 것이다. 하지만 2급의 중요성을 가진 사례들은 빈번하게 발생하며 주로 운동가 유형의 사례들이다. 그러나 이런 것들을 표준 절차로부터의 이탈이 아니라고 하기는 어렵다.

우리는 이렇게 요약해볼 수 있다. 인간 사회들을 관찰하는 데 있어서, 우리는 그 사회들이 이룩하려는 다양한 목적들을 기술하는 것이 그리 어렵지 않다는 걸 발견한다. 그런 목적들은 개인들의 상응하는 행동에 근거와 의미를 제공한다. 그렇다고 어떤 유형의 행동이 갖는 사회적 의미가 필연적으로 동기의 힘을 제공하고 그 행동마저 설명해준다고 볼 수는 없다. 그렇다면, 사회적 목적(혹은 필요)을 분석하는 데 그치는 이론은 그 목적에 봉사하는 행위들을 충분하게 설명했다고 볼 수 없다. 가령 왜 경제 활동이 존재하는가? 그 이유는 물론 사람들이 먹고, 입고, 소비하기를 바라기 때문이다. 그런 욕구를 충족시키는 수단을 제공하는 것이 생산의 사회적 목적 혹은 의미이다. 하지만 이 명제는 상업주의 사회 내의 경제 활동 이론을 전개시키는 출발점으로서는 아주 비현실적이라고 우리는 동의한다. 그보다는 이윤 창출의 명제로부터 출발하는 것이 훨씬 더 좋을 것이다. 마찬가지로 의회 활동의 사회적 의미 혹은 기능은 법률을 제정하고 부분적으로 행정적 조치를 담당하는 것이다. 하지만 민주적 정치가 어떻게 이 사회적 목적에 봉사하는지 이해하기 위해서는 권력을 차지하기 위한 경쟁적 갈등으로부터 출발하는 것이 좋다. 사회적 기능이라는 것은 이 과정에서 부수적으로 성취되는 것이다. 이것은 생산이 이윤 창출에 부수되는 것과 비슷한 이치라고 하겠다.

(6) 마지막으로, 유권자의 역할에 대하여 한 가지 사항만 더 추가하면 될 것이다. 의회 의원들의 소망이 정부를 수립하는 과정의 궁극적 데이터가 아님은 앞에서 살펴본 바와 같다. 유권자에 대해서도 이와 유사한 진술을 할 수 있다. 유권자의 선택 — 이데올로기적으로 **국민의 소명**이라고 드높여지는 것 — 은 국민의 이니셔티브에서 나오는 것이 아니라 외부에 의해 형성되는 것이다. 그것을 형성하는 것이 민주적 과정의 핵심이다. 유권자들은 안건을 결정하지 않는다. 또한 아주 열린 마음으로 해당 인구들 중에서 의원을 고르는 것도 아니다. 통상적인 경우에 그 이니셔티브는 의원직 혹은 지방 자치 단체의 공직을 노리는 후보에게서 나온다. 유권자들은 그런 이니셔티브를 다른 것들과 비교하면서 받아들이거나 거부할 뿐이다. 유권자들이 **진정으로** 어떤 사람을 뽑아준 예외적인 경우들도 대부분 위와 동일한 카테고리에 들어간다. 이것은 다음 두 가지 이유 때문에 그러하다. 첫째, 어떤 사람이 이미 그런 진정한 리더십을 얻었다면 그는 리더십을 얻기 위한 입후보에 나서지 않을 것이다. 둘째, 유권자들을 통제하고 그들에게 영향을 미칠 수 있지만 입후보를 싫어하는 지역 지도자가 있다면, 그는 다른 사람을 대타로 내세울 것이고, 그러면 유권자들은 그들의 이니셔티브를 대행해줄 그 대타 후보를 찍을 것이다.

경쟁하는 후보들 중 어느 한 후보를 유권자들이 낙점하는 이니셔티브가 대단하다 할지라도 이것은 정당들의 존재에 의해 추가로 제한을 받는다. 고전적 이론(혹은 에드먼드 버크의 이론)에 의하면 정당은 "당원들이 모두 동의하는 어떤 원칙에 입각하여" 공공복지를 추진하는 사람들의 집단이다. 하지만 실제 정당은 이런 집단이 아니다. 이런 고전적 정의는 너무나 유혹적인 만큼 너무나 위험하다. 물론 모든 정당은 어떤 특정 시기에 일련의 원칙들과 정강 정책을 제시한다. 이런 원칙과 정강은 그 당의 특징이 될 수 있고, 또 당의 성공에 중요하다. 이것은 어떤 백화점이 특정 브랜드와 상품을 특징으로 내세워 성공을 거두는 것과 유사하다. 하지만 백화점이 그 브랜드로 정의되지 못하는 것처럼, 정당은 그 원칙들로 정의되어서는 안 된다. 정당은 정치권력을 얻기 위한 경쟁적 투쟁에서 승리하기 위해 그 구성원들이 합심하여 행동하기로 한 단체이다. 만약 이게 사실이 아니라면 서로 다른 정당들이 똑같은 혹은 거의 똑같은 정강 정책을 채택하는 것은 불가능하다. 그렇지만 모든 사람들이 알고 있듯 이런 일(모든 정당의 똑같은 정강)이 실제로 벌어진다. 정당과 거수기 정치인들은 유권자들이 충동적 행동 이외의 다른 행동을 하지 못하기 때문에 생겨난 존재들이다. 그들은 동업자 협회의 관행과 똑같은 방식으로 정치적 경쟁을 조절하려고 노력한다. 당 관리와 홍보의 심리적 기술이나 표어, 행진곡 등은 부수적 장치들이 아니다. 그것들은 정치의 본질이다. 정계의 보스(우두머리) 또한 부수 장치가 아니라 본질이다.

23
도출된 추론

1. 민주적 과정의 분석에서 파생된 의미들

경쟁적 리더십의 이론은 민주적 과정의 관련 사실들을 만족스럽게 해석했다. 따라서 우리는 이를 민주주의 체제와 사회주의 체제의 상관관계를 풀어헤치는 실마리로 사용할 것이다. 이미 앞에서 말한 것처럼 사회주의는 민주주의와의 양립성을 주장할 뿐 아니라, 한발 더 나아가 민주주의는 곧 사회주의요 그것 이외에 진정한 민주주의는 없다고 주장한다. 반면에 독자들은 지난 몇 년 동안 이 나라(미국)에서 발간된 무수한 팸플릿들이, 완전한 사회주의는 말할 것도 없고 계획 경제도 민주주의와 전혀 양립하지 못하다는 주장을 펴왔다는 것을 알고 있을 것이다. 경쟁의 심리적 관점에서 볼 때, 두 관점을 이해하기는 어렵지 않다. 양측은 국민들의 지지를 확보하고자 애쓰는데, 국민 대다수는 열렬하게 민주주의를 믿고 있는 것이다. 하지만 양측 어디에 진리가 놓여 있는 것일까?

4부와 그 앞의 여러 부에서 우리가 행한 분석은 이 질문에 대하여 즉답을 제시한다. 우리가 정의한 사회주의와 우리가 정의한 민주주의 사이에는 필연적인 상관관계가 존재하지 않는다. 양자는 서로를 배제한 채 존재할 수 있다. 동시에 양자가 양립하지 못할 것도 없다. 사회적 환경의 상태들이 적절하다면 사회주의 엔진은 민주주의 원칙들 위에서도 가동될 수 있다.

하지만 이런 간명한 진술이 우리가 정의하는 사회주의와 민주주의에 바탕을 두고 있다는 것을 기억해야 한다. 따라서 우리의 정의는 경쟁의 당사자들이 그 주의에 대해서 갖고 있는 각자의 정의보다 내용이 덜하거나 아니면 내용이 다른 어떤 것이다. 이런 이유 때문에 우리는 좀 더 설명을 해야 할 필요가 있다. 또 두 주의의 양립성을 거론하면 필연적으로 민주적 방법이 자본주의 체제와 비교하여 사회주의 체제에서 더 잘 돌아갈 것인가 아니면 덜 작동할 것인지 의문도 생겨나게 된다. 따라서 우리는 설명을 해나가면서, 특히 민주적 방법이 만족스럽게 작동할 수 있는 조건들을 정식화하려고 애쓸 것이다. 이것은 이 장의 2절에서 다룰 것이다. 지금은 민주적 과정의 분석에서 파생된 의미들을 살펴보기로 하자.

첫째, 우리가 취한 견해에 따르면 민주주의는 "국민"이 "통치"한다는 그 문자적 의미대로 국민이 실제로 통치하는 것을 의미하지는 않는다. 민주주의는 단지 국민이 자신들을 통치할 사람들을 받아들이거나 거부할 기회를 갖는다는 것뿐이다. 하지만 국민은 이 문제마저도 아주 비민주적인 방식으로 결정할 수 있기 때문에, 우리는 민주주의의 정의를 더욱 비좁게 잡아야 했다. 즉, 민주적 방법을 확인하는 추가적 기준을 제시했다. 다시 말해 민주적 과정이란 유권자의 투표를 얻기 위해 지도자 후보들 사이에서 벌어지는 자유 경쟁이라고 정의했던 것이다. 이런 현상의 한 가지 측면을 이렇게 표현해볼 수도 있다. 민주주의는 정치가의 통치이다. 이것이 무엇을 의미하는지 분명하게 이해하는 것은 아주 중요하다.

민주주의 원리를 주창한 많은 사람들이 정치적 행위에서 직업적 함의를 배제하려고 무진 애를 썼다. 그들은 정치가 직업이 되어서는 안 되며 그렇게 될 경우 민주주의는 퇴보한다, 라고 강력하게 때로는 열정적으로 주장했다. 하지만 이것은 이데올로기일 뿐이다. 기업가나 법률가도 의원으로 선출될 수 있고, 또 장관으로 취임하고서도 여전히 기업가나 법률가로 남아 있을 수 있는 것이다. 게다가 주로 정치가로 활동하는 사람들도 생계를 위해 다른 활동을 계속하고 있다.[01] 하지만 통상적으로 봤을 때, 정치 분야에서의 성공은(장관 혹은 그 이상으로 뻗어나가려면) 전문직과 같은 집중을 필요로 하며 다른 활동들을 옆으로 제쳐두어야 한다. 우리가 사태를 직시하고자 한다면, 스위스 이외의 현대 민주주의 국가들에서 정치는 필연적으로 평생 전문직이 되었다는 사실을 인식해야 한다. 이런 인식을 갖고 있을 때, 우리는 개별 정치가들이 정치 분야에 갖고 있는 뚜렷한 전문적 이해, 그리고 독립된 그룹들의 이해를 인식하게 된다. 이 요소를 우리의 이론에 반드시 집어넣어야 한다. 우리가 이 요소를 감안하면 많은 수수께끼가 저절로 풀린다.[02] 무엇보다도 정치가들이 왜 그토록 자신이 개인적으로 소속된 계급이나 집단의 이해를 배신하는지 이해할 수 있다. 가장 큰 정치적 성공을 거둔 어떤 정치가는 이런 말을 남겼다. "사업가들이 이해하지 못하는 것이 하나 있다. 그들이 석유를 거래한다면 우리는 표(투표)를 거래한다는 사실을 알지 못하는 것이다."[03] 이 격언의 의미를 명심하지 않는 사람은 정치적으로 말해 유치원생이나 다름없다.

사회주의 사회에서 이러한 현실이 더 좋아지거나 더 나빠지리라고 믿을 만한 근거는 없다. 자신의 직업적 성공으로 야망을 성취하려는 의사나 기술자는 사회주의 사회에서도 여전히 뚜렷한 타입의 인간일 것이며, 뚜렷한 이해의 패턴을 가지고 있을 것이다. 반면에 자기 나라의 제도를 운영하거나 개혁하려는 의사 혹은 기술자는 또 다른 유형의 인간이며 또 다른 이해의 패턴을 가지고 있다.

둘째, 정치 조직을 연구하는 학자들은 크고 복잡한 사회에서 민주주의의 행정적 효율성에 대하여 늘 의문을 품어왔다. 다른 제도에 비해 민주주의 정부의 효율성이 필연적으로 떨어진다는 것이다. 왜냐하면 의회 안팎에서의 끊임없는 싸움이 지도자들에게 엄청난 정력의 손실을 가져오기 때문이다. 정치적 싸움의 편의에 따라 정책을 수정해야 하는 것도 효율성을 떨어트리는 이유이다. 이 두 가지 사항은 의심의 여지가 없다. 민주적 방법은 권력을 잡기 위한 싸움의 부산물로 입법과 행정을 편다고 앞장에서 서술했는데, 이 둘은 이것의 필연적 결과인 것이다.

가령 어떤 총리의 상황을 한번 상상해보자. 프랑스는 1871년부터 1940년의 함락 시까지 정부들이 아주 불안정했다. 프랑스 총리는 당구공을 가지고 피라미드를 짓는 것같이 어려운 국가적 과제에 혼신의 힘을 집중해야만 했다. 이런 조건하에서는 엄청난 정력을 가진 사람만이 법안 등의 현행 행정적 일들을 돌볼 시간을 낼 수 있을 것이다. 이런 엄청난 능력을 가진 사람만이 공무원들을 다스릴 수 있을 것이다. 공무원 부하들은 다른 총리와 마찬가지로 현 총리도 머지않아 퇴직할 것을 예상하면서 복지부동하기 때문이다. 물론 영국의 경우에는 사태가 이 정도로 나쁘지는 않다. 불안정한 정부가 계속 들어서는 것은 예외적 사항이다. 보통 정부는 한 번 들어서면 5~6년의 수명을 가진다. 장관들이 한 번 부임하면 의회에서 그들을 퇴진시키는 것은 그리 쉬운 일이 아니다. 그렇다고 해서 장관들이 싸움에서 면제된다는 의미는 아니다. 늘 경쟁이 벌어진다. 그리고 정부가 생존을 위한 시련을 당하지 않는 경우가 있다면, 그것은 각종 공격들이 위험해지기 전에 싹을 잘라버릴 수 있기 때문이다. 총리는 늘 적수들을 감시하고, 자신의 양 떼를 인도하고, 언제 터져 나올지 모르는 돌발 상황에 대비해야 하고, 현재 논의 중인 조치들을 감독해야 하고, 내각을 통제해야 한다. 이 때문에 의회가 회기 중일 때, 총리는 실무에 대해서는 기껏해야 오전에 두 시간 정도 짬을 낼 수 있을 뿐이다. 정부의 개별적인 실수나 패배는 종종 지도자 혹은 장관들의 신체적 피로 때문인 경우가 빈번하다.[04] 그러니 총리가 경제생활의 모든 문제를 포괄하는 행정 조직을 어떻게 지도하고 감독할 것인가?

그러나 이런 정부 에너지의 낭비가 문제의 전부는 아니다. 권력을 유지하기 위하여 끊임없이 경쟁적인 싸움을 벌여야 하는데, 이것이 모든 정책과 조치에서 우선적 고려 사항으로 등장하게 되는 현상은 "표(투표)를 거래한다"는 문구에 의해 아주 적절히 표현되었다. 민주주의 정부가 어떤 정책, 법안, 행정 조치의 정치적 가치를 먼저 생각해야 한다는 사실 — 즉, 정부의 민주적 원칙이 의회와 유권자의 투표에 의존하고 있다는 사실 — 은 그런 정책, 법안, 행정 조치의 찬반을 왜곡시킨다. 특히 그것은 지도자들에게 단기적 견해를 강요하고 그래서 지도자들로 하여금 원대한 목적을 위해 일관되게 추진해야 하는 장기적 국가 이익을 소홀히 하게 만든다. 가령 외교 정책은 국내 정책으로 퇴락할 위험이 있다. 그리하여 정책적 조치들을 합리적으로 시행하는 것을 어렵게 만든다. 정부가 정치적 기회를 염두에 두고 펴나가는 정책들이 반드시 국가에 이익을 가져오는 정책들이라고 볼 수 없다.

이렇게 볼 때 민주 국가의 총리는 안장에서 떨어지지 않으려고 너무 애쓰는 나머지 말이 앞으로 내달리는 도정을 계획하지 못하는 기수와 비슷하다. 혹은 예하 부대가 자신의 명령을 잘 이행하는지 감독하기에 바빠서 전략을 제대로 세우지 못하는 장군과 비슷하다. 프랑스와 이탈리아 같은 나라들에서 반민주적 감정이 널리 확산된 것은 바로 이런 점 때문이라는 것을 솔직하게 시인해야 한다. 민주적 과정은 이처럼 혼란스럽지만 거기에는 정상 참작의 사안들이 있다.

우선 다음과 같은 사실이 정상 참작의 사정으로 존재한다. 즉, 사태가 참을 수 없을 정도로 혼란스럽게 된 사례들은 사회적 패턴이 민주적 제도들을 가동해야 하는 과제를 제대로 수행하지 못했다는 점으로 설명될 수 있다. 프랑스와 이탈리아의 사례가 보여주듯이, 그런 과제를 성공적으로 수행한 일부 나라들보다 더 문명화된 나라들에서도 사태 혼란이 발생할 수 있다. 그러나 이러한 비난의 강도는 다음과 같은 진술에 의해서 감소될 수 있을 것이다. 민주적 방법의 성공적 가동은 특정 조건들의 성취와 직접적인 관련이 있다(우리는 이 조건들을 곧이어 2절에서 다룰 것이다).

그러면 민주 체제가 아닌 다른 사회 체제는 어떤가, 하는 문제가 제기된다. 비민주적 패턴들에서도 이런 약점들이 없는 것은 아니다. 군주제의 경우, 궁정에서 지도자의 지위에 오르는 길은 이에 못지않은 정력을 빼앗아갈 것이고 또 민주적 경쟁 못지않게 낭비 혹은 왜곡을 가져올 것이다(물론 그런 낭비나 왜곡의 정도가 그렇게 두드러지지는 않을 것이다). 이것은 정부의 엔진을 비교 평가하려면 제도적 원칙 이외에 다른 많은 요소들을 감안해야 된다는 것을 의미한다.

더욱이 어떤 사람은 비난자들을 상대로 낮은 수준의 정부 효율성이 우리가 바라는 것이라고 대답할 수도 있다. 우리 국민은 독재적 효율성의 대상이 아니며, 심오한 게임의 졸卒 같은 존재가 아니라고 주장할 수도 있다. 고스플란은 현재의 미국에서는 불가능할 것이다. 하지만 이것은 공화국의 정신과 유기적 구조를 생생하게 보여주는 것이 아닐까? 그런 획일적 계획을 상상하는 것만으로도 그런 정신과 구조를 훼손한다고 생각할 지경이니까 말이다.

마지막으로, 적절한 제도적 장치들로 지도자들에 대한 압박을 경감시킬 수 있다. 가령 미국의 제도는 이런 장치를 잘 보여준다. 미국의 "총리"도 물론 정치적 장기판에서 눈을 떼지 못한다. 하지만 그가 모든 조치에 대해서 책임을 느낄 필요는 없다. 게다가 의회에 출석해야 할 필요가 없기 때문에 그는 출석에 따른 신체적 피로를 덜 수가 있다. 자신의 체력을 회복할 수 있는 기회가 충분한 것이다.

셋째, 22장에서의 분석은 민주적 방법이 지도자로 선출한 사람들의 자질 문제를 크게 부각시켰다. 이에 대하여 잘 알려진 논의는 여기서 재론할 필요가 없을 것이다. 민주적 방법은 전문적 정치가들politicians을 만들어내지만 동시에 그들을 아마추어 행정가 겸 "정치인들statesmen"로 만들어버린다. 그들은 당면 과제를 처리할 자질이 부족하기 때문에 매콜리 경Thomas Babington Macaulay, 1800~1859이 말한 바, "법률 지식이 없는 재판관과 프랑스 어를 모르는 외교관"을 임명하여 공무원 사회를 망치게 하고 그 사회의 우수한 인재들을 낙담시킨다. 전문적 능력이나 경력 이외에 더 나쁜 사항도 있다. 좋은 지도자 후보를 만드는 자질과 품성은 반드시 좋은 행정가를 만드는 그것들과 일치하지 않는다. 투표소에서의 성공 여부로 지도자를 선출하는 방식은 실제로 지도자로서 성공을 거둘 수 있는 사람에게 불리하게 작용할 수도 있다. 설사 이런 선출 방식으로 지도자가 된 사람이 선출직에서 성공을 거둔다 하더라도, 그런 성공이 국가로서는 실패를 의미할 수도 있다. 요령 좋은 전략가형 정치가는 여러 번의 행정적 실패에도 불구하고 성공적으로 살아남을 수 있기 때문이다.

이런 사항들에 들어 있는 진실의 요소들을 인식하는 것은 정상 참작 사항들의 인식으로 균형을 이루어야 한다. 특히 민주주의를 주장하고자 할 때에는 다른 대안 체제를 고려함으로써 이득을 볼 수 있다. 사회적 영역이 무엇이든(경쟁적 자본주의는 예외로 하더라도), 선출 체제는 오로지 수행 능력만 검증하는 것은 아니며 마구간에서 더비(경마 대회)에 나갈 경주마를 고르는 방식으로 진행되지는 않는다. 정도 차이는 있겠지만, 모든 선출 체제들이 다른 자질에도 가산점을 주고 있으며, 그런 자질들이 때때로 업무 수행에 방해가 되기도 한다. 하지만 우리는 여기서 좀 더 앞으로 나아가야 한다. 통상적인 경우에 정치적 성공이 당사자의 아무것도 증명하지 않으며, 정치가는 아마추어에 불과하다는 얘기는 사실이 아니다. 그가 전문적으로 아주 잘 아는 사항이 하나 있는데, 그것은 곧 사람들을 적절히 다룰 줄 안다는 것이다. 그리고 일반적인 경험 법칙에 의하면, 정치적 리더십의 지위를 얻는 능력은 개인적 매력과 관련이 있으며, 또 총리의 직무를 원활하게 수행해주는 다른 능력과도 관련이 있다. 정치가를 전국적인 지도자 지위로 데려가는 흐름에는 많은 돌들(선별 기준)이 포진해 있고, 이것들은 나름대로 바보나 허풍선이가 그런 지위에 오르는 것을 적절히 예방해준다.

이런 문제들에 있어서 일반적 논의가 어떤 명확한 결과를 가져오지 않는다는 사실을 우리는 충분히 예상할 수 있다. 사실적 증거가 첫눈에 아주 확정적으로 보이지 않는다는 것은 기이하면서도 의미심장한 일이다. 민주적 방법이 실패한 사례들을 열거하는 것처럼 쉬운 일은 없을 것이다. 실제로 그 방법이 붕괴되어 전국적인 불편을 끼친 사례들이나, 또 국가가 건전하고 번영하는 생활을 누리는데도 정치 부문의 성과는 다른 부문의 그것보다 훨씬 떨어지는 사례들을 포함시킨다면, 그 뚜렷한 실패의 리스트는 아주 길어질 것이다. 하지만 정치가들을 돋보이게 하는 사례들을 많이 열거하는 것도 그에 못지않게 쉬운 일이다. 한 가지 뚜렷한 사례를 들어보겠다. 고대에 전쟁은 지금처럼 기술적이고 전문적인 업무가 아니었다. 게다가 당시에 전쟁에서 승리하는 능력은 정무직에 선출되는 능력과는 아무런 상관이 없었다. 그러나 공화정 시대의 모든 로마 장군들은 정치가였으며, 그들은 당시에 갖고 있던 혹은 예전에 가졌던 선출직에서 직접적으로 군대 통수권을 받았다. 전쟁에서의 일부 대참패는 바로 이것 때문이었다. 하지만 전반적으로 이들 정치가-군인들은 업무를 아주 잘 수행했다.

이것은 왜 그런가? 이 질문에는 단 한 가지 대답만이 있을 뿐이다.

2. 민주적 방법이 성공을 거두는 데 필요한 조건들

물리학자가 어떤 메커니즘이 시대와 장소에 따라 다르게 작동하는 것을 관찰한다면, 그는 그 기능이 외부적 조건들에 달려 있다고 결론 내릴 것이다. 우리도 이와 동일한 결론에 도달할 수밖에 없다. 그 조건들이 무엇인지 살펴보는 것은 쉬운 일이다. 과거에 민주주의의 고전 이론이 어떤 방식으로 어느 정도까지 현실에 부응할 수 있었는지, 그 조건들을 살펴보는 것만큼이나 쉬운 일이다.

이 결론은 우리를 상대주의적 견해에 결정적으로 붙들어 맨다. 사실 우리는 지금껏 그런 견해를 일관되게 유지해왔던 것이다. 모든 시대, 모든 장소에 통하는 사회주의(에의 찬성 혹은 반대)도 있을 수 없거니와, 모든 시대, 모든 장소에 통하는 민주주의적 방법도 있을 수 없다. 그래서 사회주의의 경우와 마찬가지로, 이것이 **다른 조건들이 동일하다면**이라는 조항을 곤란하게 만든다. 왜냐하면 민주주의가 유일하게 작동하는 상황과 그렇지 못한 상황 사이에는 "다른 조건들"이 동일**할 수 없기** 때문이다. 민주주의는 특정한 특징들을 가진 사회적 패턴(형태)에서 더 잘 번성한다. 따라서 그런 특징들을 가지지 못한 사회 형태에서는 어떻게 작동할까, 혹은 그런 사회 형태에서 사람들은 어떻게 행동할까, 하고 물어보는 것은 부질없는 일이다. 내가 보기에 민주적 방법이 성공을 거둘 수 있는 조건들 05 — 민주주의가 작동할 수 있는 사회들 내에서 — 은 네 가지로 나누어볼 수 있다. 나는 이 조건들을 현대의 거대한 산업 국가들에게만 국한시켰다.

민주주의가 성공하기 위한 첫 번째 조건은 정치의 인적 요소 — 당 기구를 운영하는 사람, 의회에 진출하는 사람, 각료직에 오르는 사람 등 — 가 충분히 높은 자질을 갖추어야 한다는 것이다. 이것은 적절한 능력과 도덕적 품성을 갖춘 개인들이 충분히 있는 상황 이상을 의미한다. 앞에서 지적한 것처럼 민주적 방법은 국민 전체 중에서 지도자를 선출하는 것이 아니라 정치적 소명에 부응한 사람, 좀 더 구체적으로 선출직에 입후보한 사람들 중에서만 뽑는다. 모든 선출 방법이 이렇게 하고 있다. 어떤 특정한 정치적 소명이 재능과 품성을 유인하는 정도에 따라, 그 소명 내에서 국민 평균보다 낮은 혹은 높은 성과가 달성될 것이다. 그러나 관직에 대한 경쟁적 갈등은 한편으로는 인력과 정력의 낭비이다. 다른 한편으로, 민주적 과정은 정치 분야 내에 손쉽게 어떤 조건들을 형성한다. 그런 조건들이 일단 형성되면, 정치 말고도 다른 분야에서도 성공을 거둘 만한 인재들을 대부분 물리치게 된다. 이런 두 가지 이유 때문에 적절한 인적 요소는 민주 정부의 성공을 위해서 아주 중요하다. 민주주의하에서 국민들이 바라고 또 기대하는 그런 종류와 품질의 정부를 언제나 유지할 수 있는 것은 아니다.

훌륭한 자질의 정치가들을 확보하는 데에는 여러 가지 방법들이 있다. 여태까지의 경험에 의하면, 가장 효과적인 보장은 자연스럽게 정치에 입문하게 되는 사회 계층이 존재하는 것이다(물론 이런 계층은 엄격한 선출 과정의 산물이다). 이러한 계층은 외부 인사들에 대하여 배타적이어서도 안 되고, 그렇다고 해서 외부 인사들이 너무 손쉽게 들어올 수 있어서도 안 된다. 또한 그 계층이 단단하여 현재 흡수하고 있는 요소들을 모두 동화시킬 수 있어야 한다. 만약 이런 계층이 존재한다면, 비정치 분야에서 많은 검사를 성공적으로 통과한 인재들 — 그러니까 사사로운 업무에서 도제 연한을 채운 사람들 — 에게 정치 경력을 제공해줄 것이다. 또한 이런 인재들에게 체험을 구체화한 전통, 직업적 규칙, 상식적 견해 등을 부여하여 정치 분야에의 적응성을 높여줄 것이다.

우리의 조건을 완벽하게 충족시키는 나라인 영국은 이런 의미에서의 정치 사회를 보유하고 있는 유일한 국가이기도 하다. 이렇게 된 것은 결코 우연의 일치가 아니다. 이보다 더 교훈적인 사례는 바이마르 공화국 시대(1918~1933)의 독일 케이스이다. 5부에서 다시 다루겠지만, 이 시대의 독일 정치가들에게는 이렇다 하게 눈에 띄는 결점 같은 것이 없었다. 의회의 평균적 의원과 내각의 평균적 각료는 정직하고 합리적이고 양심적이었다. 이런 평가는 당시의 모든 정당들에게도 해당된다. 그러나 여기저기서 반짝거리는 인재들이 나타나기는 했지만(고위직에는 이런 인사들이 별로 없었다), 그들은 대부분 수준 이하였고 어떤 경우에는 한심할 정도로 수준 미달이었다. 이렇게 된 것은 국가 전체의 능력 부족과 정력 결핍 때문이 아님은 너무나도 분명하다. 하지만 능력과 정력이 있는 사람들은 정치 분야를 기피했다. 정치를 자신의 타고난 소명으로 보는 계층이나 집단 같은 것은 없었다. 바이마르 정치 체제는 여러 이유로 잘 되지 않았다. 이 정권이 마침내 비민주적 지도자(히틀러)의 손에 참패를 당했다는 사실은, 영감 넘치는 민주적 리더십이 없었다는 것을 잘 보여준다.

민주주의가 성공하기 위한 두 번째 조건은 정치적 결정의 효과적 범위가 너무 멀리까지 확대되지 않아야 한다는 것이다. 어느 정도까지 확대할 것인가, 하는 문제는 민주적 방법의 전반적 제약 사항들에 달려 있다. 이런 제약 사항들은 이 장의 1절에서 언급한 바 있지만, 그 외에도 각국의 특수한 상황으로부터 영향을 받는다. 좀 더 구체적으로 부연하면 이러하다. 그 범위는 정치적 리더십의 경쟁을 벌이는 정부가 성공적으로 다룰 수 있는 문제들의 종류와 수량에 달려 있다. 또 그 정부를 구성하는 사람들의 자질, 정치적 기구의 유형, 정치인들이 상대해야 하는 일반 여론의 패턴 등도 그 범위에 영향을 미친다. 우리의 민주주의 이론의 관점에서 볼 때, 일반 국민이 이해할 수 있고 또 진지한 의견을 갖고 있는 문제들만 정부가 다루는 것은 아니다(반면에 고전 민주주의 이론은 정부가 그런 문제들만 다룬다고 본다). 성격은 같지만 강도가 조금 떨어지는 문제들도 다루어야 한다. 왜 그런지에 대해서는 추가 설명이 필요하다.

물론 총리가 이끄는 의회가 결정해야 할 사항에 법적 제한 같은 것은 없다. 정말로 필요하다면 헌법을 수정해서라도 필요한 결정을 내릴 수 있다. 하지만 영국 정부와 의회의 행동을 미국의 식민지와 비교한 에드먼드 버크Edmund Burke, 1729~1797는 이렇게 분석한 바 있다. 적절히 기능을 발휘하고자 한다면 전권을 가진 의회는 그 자신에게 제한을 가해야만 한다. 심지어 의회가 표결에 붙일 수 있는 문제들의 범위 내에서도 정부와 의회는 순전히 형식적이거나 감독적 성격의 결정을 통하여 일부 조치들을 통과시켜야 한다. 이렇게 하지 않는다면 민주적 방법은 변태적으로 법률을 제정하는 방법이 되고 만다. 가령 형법 같은 방대하고 전문적인 조치의 경우를 살펴보자. 국가가 이런 법전을 가질 것인가 여부에 대하여 민주적 방법이 적용될 것이다. 정부가 형식적인 것 이상의 의미를 가진 정치적 결정 때문에 선택한 특정 "문제들"에 대해서도 민주적 방법이 적용된다. 가령 노동조합이나 사용자 협회의 특정 관행이 범죄적이냐 아니냐를 결정하는 문제들이 그런 경우이다. 하지만 나머지 사항들에 대해서, 정부와 의회는 속으로 무슨 생각을 갖고 있든 간에 전문가들의 조언을 받아들여야 한다. 왜냐하면 범죄는 복잡한 현상이기 때문이다. 이 용어(범죄)는 공통점이 별로 없는 많은 현상들을 포섭한다. 범죄에 관한 대중적 슬로건은 거의 언제나 잘못된 것이다. 따라서 이 문제의 입법을 합리적으로 처리하자면 정부나 의회의 비전문가들이 빠져들기 쉬운 복수심이나 감상주의를 철저히 배제해야 한다. 내가 정치적 결정의 **효과적** 범위에 제한을 두어야 한다는 것은 바로 이런 뜻이다. 효과적 범위란 정치가들이 명실공히 결정을 내릴 수 있는 범위를 말한다.

이 두 번째 조건은 국가의 행위들에 대하여 상응하는 제한을 부과함으로써 성취될 수 있다. 그러나 이런 제한을 반드시 가해야 한다고 생각한다면 그것은 독자의 오해이다. 민주주의는 정부의 모든 기능이 정치적 방법에 예종될 것을 요구하지 않는다. 가령 대부분의 민주 국가들에서는, 판사들에게 정치 기관들로부터 간섭받지 않는 상당한 독립을 부여하고 있다. 또 다른 사례로 1914년까지 영국 은행이 차지하고 있던 지위를 들 수 있다. 이 은행의 일부 기능은 실제로 공적인 성격을 갖고 있었다. 그렇지만 이 기능들은 법률적으로 일반 회사의 그것들과 같았는데도, 정치 기관으로부터 상당히 독립되어 그 나름의 정책을 펼 수 있었다. 미국의 연방 기관들도 좋은 사례이다. '주간 상업 위원회Interstate Commerce Commission'는 정치적 결정의 영역을 확대하지 않으면서 공적 권위의 영역을 확대하려는 시도이다. 또 다른 예를 들자면, 미국의 일부 주들은 "아무런 조건 없이" 주립 대학들을 재정적으로 지원하면서도 주 정부가 간섭을 하지 않기 때문에 주립 대학들은 사실상 완전한 자율권을 행사한다.

 이렇게 하여 거의 모든 유형의 인간사들이 정치적 리더십을 얻기 위한 경쟁적 투쟁의 한 부분이 되는 일 없이, 국가의 영역 속으로 들어올 수가 있다. 그리하여 그런 인간사들을 처리하는 힘을 부여받고, 그런 힘을 행사하는 기관을 설치하고, 정부 접촉은 일반적인 감독을 받을 때만 하면 되는 것이다. 물론 정부의 감독이 유해한 영향력으로 타락할 수도 있다. 정치가는 비정치적 공공 기관들에 대하여 사람을 임명할 수 있는 힘(인사권)을 갖고 있는데, 이런 힘이 남용되면 공공 기관들을 타락시키는 것이다. 하지만 이것이 우리가 주장하는 원칙에 영향을 미치지는 않는다.

 민주주의가 성공하기 위한 세 번째 조건은, 현대 산업 국가들의 민주 정부는 공공 행위의 모든 영역을 장악할 수 있어야 한다는 것이다. 그런 공공 행위는 — 그 숫자가 많고 적음의 문제와는 상관없이 — 잘 훈련된 관료제의 서비스를 포함한다. 이 관료제는 좋은 전통과 명성을 갖고 있고, 투철한 사명감과 그에 못지않은 **단체정신**esprit de corps을 갖고 있어야 한다. 이러한 관료제는 아마추어 정부 운운하는 비판에 강력한 철퇴가 될 수 있다. 잠재적으로 이것이 미국에서 자주 제기되는 이런 의문들에 대한 답변이다. 민주 정치가 과연 효율적인 도시 행정을 펼 수 있는가? 생산 과정을 포함하여 국가의 모든 것이 그 민주 정치의 손에 넘어갔을 때,

국가는 어떻게 되겠는가? 마지막으로 관료제는 공공 통제의 영역이 넓은 곳에서 위의 두 번째 조건이 어떻게 달성될 수 있는가, 하는 질문에[06] 대한 답변이기도 하다.

관료제가 일상적 행정을 잘 펴나가고 또 조언을 잘 해주는 것만으로는 충분하지 못하다. 그것은 정부 각 부처의 우두머리인 장관들을 인도하고 또 필요하다면 가르쳐야 한다. 이렇게 하기 위해서 관료제는 그 나름의 행정 원칙들을 개발해야 하고, 또 그런 원칙들을 강력하게 주장할 수 있을 만큼 독립적이어야 한다. 그것은 그 나름의 권리를 갖춘 권력이어야 한다. 이것은 다음과 같이 말하는 것이나 마찬가지이다. 관료 사회의 인사, 보직, 승진은 형태적으로는 어떨지 몰라도 실질적으로는 그 사회의 집단 의견에 따라 — 정치가들도 감히 건드리지 못하는 공무원 규정에 의거하여 — 결정되어야 한다. 언제나 그런 일이 벌어지듯이, 정치가나 일반 여론이 공무원 사회에 비위가 상하여 아우성을 칠 때에도 관료 사회는 동요하지 않아야 한다.

정치인의 경우와 마찬가지로, 여기에서도 가용 인력의 자질이 아주 중요하다. 임용 후 훈련도 중요하겠지만 이것보다 중요하지는 않다. 또다시 정치의 경우와 마찬가지로, 이런 공무원 계급에 필요한 인적 자원과 전통적 규정은 적절한 자질과 상응하는 위신을 갖춘 공무원 후보생들을 배출하는 사회 계층이 존재하면, 보다 손쉽게 확보될 수 있다. 이 계층은 너무 부자도 아니고 너무 가난하지도 않으며 너무 배타적이지도 않고 또 너무 접근이 용이하지도 않은 그런 계층이어야 한다. 유럽의 관료제들은 과거의 실적을 까먹을 정도로 악평을 듣고 있지만, 그래도 내가 이상에서 전달하려는 의미를 잘 구현한다. 관료제는 중세의 지방 토호가 부렸던 **미니스테리알레스***ministeriales*(시중드는 자들)에서 나온 것으로, 원래는 행정과 군사의 목적으로 뽑혔던 농노들인데 나중에 소소귀족으로 신분이 상승했다. 이들은 수 세기에 걸쳐 진화해오다가 마침내 오늘날과 같은 강력한 엔진이 되었다. 관료제는 하루아침에 만들어질 수 없다. 돈 주고 "고용할" 수도 없다. 하지만 국가가 어떤 정치적 방법을 사용하든 그것은 어디에서나 자라난다. 관료제의 확대는 우리의 미래에 대하여 가장 확실하게 예언할 수 있는 현상이다.

민주주의가 성공하기 위한 네 번째 조건은, '민주적인 자기 통제'라는 표현으로 요약될 수 있다. 국가 내의 모든 중요한 집단들이 법령집에 들어 있는 법규와 유능한 입법 기관이 내놓은 행정 명령을 기꺼이 받아들이지 않는다면, 민주적 방법은 원활하게 작동하지 못한다. 그러나 민주적 자기 통제는 그 이상의 것을 요구한다.

무엇보다도 유권자와 의회는 사기꾼과 협잡꾼의 달콤한 제안에 넘어가지 않을 정도로 높은 지적·도덕적 수준을 갖추어야 한다. 혹은 사기꾼과 협잡꾼의 방식에 휘둘리지 않아야 한다. 다른 사람들의 주장이나 국가적 상황을 고려하지 않는 법안이 통과된다면, 민주주의에 대한 믿음이 손상될 것이고 또 그에 대한 충성심도 감소될 것이다. 입법적 개혁이나 행정 조치를 위한 개별적 법안들은, 비유적으로 말하자면 빵 배급을 받기 위해 질서 정연하게 줄 서는 것을 돕는 정도로 그쳐야지, 빵 배급소에 달려들어 빵을 직접 나누어주려는 것이 되어서는 안 된다. 앞 장(22장)에서 민주적 방법의 운영 방식에 관하여 언급했던 것을 상기하면, 여기에는 상당히 자발적인 복종이 필요함을 독자들은 인식할 것이다.

특히 정치가들은 기회 있을 때마다 정부를 흔들거나 곤란하게 하려는 유혹을 억제해야 한다. 그들이 이런 식으로 행동하면 성공적인 정책 집행은 불가능하다. 정부를 성원하는 자들(여당 지지자들)은 정부의 지도를 받아들이면서 정부가 정책을 수립하여 실천할 수 있도록 도와주어야 한다. 여당은 그 으뜸에 있는 "그림자 내각"의 지도를 받으면서 그것이 일정한 원칙 범위 내에서 정치적 싸움을 걸도록 지원해야 한다. 이런 요구 조건을 수행하자면 상당한 정도의 — 너무 많지도 너무 적지도 않은 — 전통주의가 필요하다. 이런 전통을 보호하는 것이 의회 절차와 예의의 규정이 존재하는 목적들 중 하나이다. 만약 이런 요구 조건을 습관적으로 위반한다면 그것은 민주주의 종말의 시작이 될 것이다.

의회 밖의 유권자들은 그들 자신과 선출된 정치인들 사이의 분업을 존중해야 한다. 이번 선거와 다음 선거 사이의 기간에 신임을 재빨리 거두어들여서는 안 되며, 어떤 개인을 뽑아주었으면 정치적 행동은 그의 일이지 그들의 일이 아님을 깨달아야 한다. 무슨 말인가 하면, 유권자들은 정치가에게 이런저런 일을 하라고 미주알고주알 훈수해서는 안 된다는 것이다. 이러한 원칙(불간섭)은 헌법과 에드먼드 버크 이후의 정치 이론들에 의해 보편적으로 지지되고 있다. 하지만 그 내포적 의미들은 널리 이해되지 않고 있다. 이 원칙이 민주주의 고전 이론과 상치되고, 또 그 이론을 폐기하는 것임을 이해하는 사람은 별로 없다. 만약 고전 이론대로 국민들이 개별 사안들을 일일이 결정하는 방식으로 통치한다면, 국민들이 뽑아준 대표자에게 일일이 훈수하는 것이 뭐가 잘못이란 말인가? 가령 1789년과 그 이전에 프랑스 유권자들은 '프랑스 삼부회 의원'들에게 그런 식으로 훈수했다. 만약 이 원칙(불간섭)이 용인된다면, 프랑스의 카이에cahier*같은 형식적인 문서들이나 의원의 활동 자유를 제약하는 덜 형식적인 시도들 — 가령 의원들에게 편지와 전보를 계속 보내는 행위 — 은 마땅히 금지되어야 한다. 그러나 이런 사실은 안타깝게도 더더욱 알려져 있지 않다.

우리는 이러한 것이 우리의 진정한 민주주의 이론에 대하여 일으키는

• 구체제 삼부회 의원 선거에서 의원 후보가 유권자들에게 보내는 진정서.

다양하고 미묘한 문제들을 자세히 다루지는 않을 것이다. 하지만 여기서 지적해두어야 할 중요한 사항은 이런 것이다. 복잡하고 거대한 사회에서 성공을 거둔 민주적 실천은 거의 예외 없이 정치적 훈수를 혐오한다. 어느 정도로 혐오하는가 하면 비밀 외교를 펼치거나 정부의 의도와 약속에 대하여 거짓말을 둘러댈 정도가 되는 것이다. 유권자들이 이런 간섭을 하지 않으려면 상당한 자제심을 발휘해야 한다.

마지막으로, 효과적인 리더십 경쟁은 의견 차이에 대하여 폭넓은 관용을 필요로 한다. 앞에서도 지적했지만 백 퍼센트 관용은 있지도 않았고 있을 수도 없다. 하지만 지도자 후보는 불법 후보가 아닌 한, 자신의 주장을 펼 수 있도록 관용되어야 하고 그런 주장 때문에 혼란이 벌어져서도 안 된다. 그러자면 어떤 후보가 국민의 핵심 이해관계를 공격하고 그들의 소중한 이상을 폄하해도 국민은 참아주어야 한다. 반대로, 그런 사상을 갖고 있는 지도자 입후보도 그런 사상의 표명을 상응할 정도로 자제해야 한다. 동료 시민의 의견을 존중하여 자신의 의견을 기꺼이 접어두지 않는다면, 국민도 지도자 후보도 그런 자제심을 발휘하지 못할 것이다.

모든 체제는 일탈적인 실천을 어느 정도까지는 견뎌낼 수 있다. 그러나 이처럼 필요한 최소한의 민주적 자기 통제는 특정한 유형의 국민적 특성과 국민적 습관을 필요로 하는데, 전 세계 모든 지역이 이런 특성과 습관을 개발한 것은 아니고, 또 민주적 방법이 그것들을 만들어낼 것이라고 기대하기도 어렵다. 또한 세계 어느 곳에서든 자기 통제가 일정 정도의(국가마다 다르지만) 시련 이상으로 허용되지도 않는다. 독자들이 위에서 언급한 네 가지 조건들을 다시 살펴본다면 민주 정부에 대하여 명확한 인식을 갖게 될 것이다. 관련된 중요 이해관계가 국가에 대한 충성심이나 기존 사회의 구조적 원칙들에 대한 충성심을 모두 만족시킬 때, 민주 정부는 백 퍼센트 효율을 발휘하며 유리하게 돌아갈 수 있다. 하지만 이런 원칙들에 대하여 의문이 제기되고, 국가를 두 개의 대립하는 진영으로 갈라놓는 이슈들이 발생하면, 민주주의는 아주 불리하게 작용한다. 관련된 이해관계와 이상들이 국민들에게 타협될 수 없는 것이라면, 민주주의는 아예 작동을 하지 않는다.

이것은 민주적 방법이 위기의 시기에는 불리하다, 라고 일반화할 수 있다. 모든 유형의 민주적 국가들은 거의 만장일치로 다음과 같은 필요성을 인정한다. 때로는 경쟁적 리더십을 버리고 독점적 리더십을 채택하는 것이 합리적이다. 고대 로마에서는 이런 독점적 리더십을 부여하는 비非선출직이 국법으로 마련되어 있었다. 이 직위를 맡은 사람을 가리켜 **국민의 지도자**magister populi 혹은 **딕타토르**dictator(독재관)라고 불렀다. 미국 헌법을 포함하여 거의 모든 나라의 헌법에 이와 유사한 조항이 들어 있다. 미국의 대통령은 어떤 조건들 아래에서는 고대 로마의 독재관과 같은 권력을 부여받는다. 법적 구성과 실제적 세부 사항에서 미국 대통령과 로마 독재관 사이에는 차이가 있겠지만 그건 중요한 사안이 아니다. 만약 독점이 일정 기한으로 제한되어 있다면(고대 로마에서는 6개월이었다), 다시 말해 명확한 단기간의 위기가 지속되는 기간으로 한정되어 있다면, 경쟁적 리더십의 민주적 원칙은 일시 정지된다. 만약 그 독점이 법률상으로나 실제적으로나 시간제한이 없다면 — 이것이 없다는 것은 다른 사항들에 대해서도 무제한이라는 얘기가 된다 — 민주적 원칙은 폐기되고, 현대적 의미의 독재 체제가 수립되는 것이다.[07]

3. 사회주의 체제하에서의 민주주의

(1) 결론을 내리기에 앞서, 우리는 민주주의와 자본주의 체제의 상관관계를 먼저 언급하는 것이 좋을듯하다.

민주주의 고전 이론이 제시하는 민주주의 이데올로기는 인간의 행위 및 인생관의 합리적 구도에 바탕을 두고 있다. 앞선 11장에서 이미 논의했던 바와 같이, 이러한 사실은 그 자체로 민주주의가 부르주아에게서 생겨난 것임을 잘 보여준다. 역사도 분명하게 이것을 확인한다. 역사적으로 볼 때, 현대 민주주의는 자본주의와 함께 일어났고 그 사상과 인과적 관계를 맺고 있다. 민주적 실천에 대해서도 이와 똑같은 얘기를 할 수 있다. 경쟁적 리더십을 획득하기 위한 민주주의는 정치적·제도적 변화를 주도했고, 그 덕분에 부르주아지는 자신들의 출세를 도와준 사회적·정치적 구조를 재편했으며, 또 그들의 관점에서 그런 구조를 합리화했다. 민주적 방법은 그런 재편을 돕는 정치적 도구였다. 우리는 민주적 방법이 특정 비非자본주의 사회 혹은 전前 자본주의 사회에서 특히 잘 작동했음을 살펴보았다. 하지만 현대 민주주의는 자본주의 과정의 산물이다.

민주주의가 자본주의와 함께 죽어버릴 운명인 자본주의 산물들 중 하나인지 여부는 완전히 다른 문제이다. 자본주의 사회가 그 자신이 만들어낸 민주적 방법을 얼마나 잘 혹은 얼마나 서투르게 운용할 것인가 하는 것은 또 다른 문제이다.

민주적 방법의 운용에 대해서 말해보자면, 자본주의 사회는 한 가지 측면에서 훌륭한 자격을 갖고 있다. 정치적 결정의 영역을 경쟁적 리더십의 방법이 주무를 수 있는 수준으로 축소시키는 문제와 관련하여, 부르주아지는 그들만의 독특한 해결안을 갖고 있는 것이다. 부르주아의 정치 구도는 공공 권위의 영역을 제한함으로써 정치의 영역을 제한한다. 부르주아의 독특한 해결안은 절제하는(간섭을 적게 하는) 국가의 이상으로, 국가는 주로 부르주아의 합법성을 보장하고 전 분야에서 자율적인 개인 노력의 틀을 마련하기 위해 존재한다고 보는 것이다. 부르주아 사회에 내재된 평화를 사랑하고 — 적어도 반전적反戰的이고 — 자유 무역을 선호하는 경향은 어떻게 설명될 수 있을 것인가? 부르주아 국가 내에서는 정치적 결정의 역할이 적어도 원칙적으로는 크게 감소된다는 사실에 의해 설명될 수 있다. 정치적 역할의 중요성이 아주 낮은 수준으로 축소되어 때로는 정치 분야의 무기력이 의심될 정도인 것이다.

하지만 이런 종류의 국가는 오늘날 우리에게 큰 매력을 안겨주지 못한다. 부르주아 민주주의는 확실히 아주 특별한 역사적 사례이고 그것을 지지하는 주장들은 더 이상 우리의 것으로 받아들일 수 없는 기준들의 용인을 전제로 한다. 하지만 우리가 싫어하는 이 해결안을 해결안이 아니라고 부정하고, 또 부르주아 민주주의를 민주주의라고 하지 않는 것은 어리석은 일이다. 오히려 그 화려한 색깔이 사라지면서, 전성기의 부르주아 민주주의가 얼마나 화려했는지를 인식하는 것이 더 중요해졌다. 그것은 가문들에게(개인이 아닐지라도) 넓고, **그리고 공정한** 기회를 제공했다. 그 테스트를 통과한 자들(혹은 그들의 후손들)에게 많은 개인적 자유를 부여했다. 또 부르주아 민주주의는 수십 년 동안 비위에 맞지 않는 조건들(부르주아 이해관계와 무관하거나 적대적인 요구들)의 스트레스를 잘 견디면서 훌륭하게 작동했다. 이런 사실을 기억하는 것 또한 중요하다.

전성기의 자본주의 사회는 또 다른 측면에서 민주주의를 성공시키는 과업을 해낼 자격이 충분했다. 혼자 알아서 민주적 자기 절제를 하는 것이 이해利害에 큰 도움이 되는 계급은 자본주의 사회에 적응하기가 쉽다. 반면에 국가에 얹혀살려고 애쓰는 계급들은 적응이 잘되지 않는다. 주로 개인적 관심사에 몰두하는 부르주아는 일반적으로 말해서 그 관심사가 크게 위협받지 않는 한, 정치적 차이를 관용하고 자신과 다른 의견들도 존중한다. 다른 유형의 인간들에 비해서 관용과 존중의 정신이 강한 것이다. 더욱이 부르주아 기준이 사회 내에서 주도적인 역할을 하면, 이런 태도가 다른 계급들에게도 퍼져나가는 경향이 있다. 영국의 지주 계급은 1845년의 패배•를 비교적 우아하게 받아넘겼다. 영국의 노동 계급은 정치적 불평등을 극복하기 위해 싸웠지만, 20세기 초입까지 노동자의 권리를 선뜻 주장하지는 않았다. 다른 나라들에서는 이런 자기 절제가 훨씬 눈에 덜 띄었다. 이러한 민주적 원칙에서의 일탈이 언제나 심각한 자본가 이해와 결부되어 있었던 것은 아니다. 그러나 몇몇 경우에 정치 생활은 압력 단체들의 갈등으로 변질되었고, 많은 경우에 민주 절차의 정신에 부합하지 않는 실천들이 중요하게 되어 그 절차의 운영 방식을 왜곡시켰다. 그렇지만 자본주의 체제에서 진정한 민주주의는 없다, 라고 말하는 것은 분명 과장일 것이다.[08]

하지만 위의 두 가지 측면에서 자본주의는 왕년의 장점들을 신속하게 잃어가고 있다. 절제하는 국가의 이상과 결부되어 있던 부르주아 민주주의는 상당 기간 동안 점점 커지는 마찰음 속에서 작동해왔다. 이렇게 된 것은 우리가 위에서 살펴본 것처럼, 사회 구조의 근본 문제에 대하여 국가 의견이 분열되어 있을 때에는 민주적 방법이 최선으로 작동하지 않기 때문이다. 이러한 어려움은 또 다른 사정으로 인해 더욱 어려움이 가중되었다. 부르주아 사회는 민주적 방법을 작동시키는 또 다른 조건을 충족시키지 못했던 것이다. 부르주아지 출신의 개인들이 비非부르주아 근원의 정치 계급에 들어가면 정치적 리더십에서 성공을 거두었다. 하지만 부르주아 계급은 그들 자신의 성공적인 정치 계급을 만들어내지는 못했다. 산업 가문이 3세대에 걸쳐 번영을 누렸으면 그런 계급을 만들어낼 기회가 많았을 텐데 말이다. 왜 이렇게 되었는지는 이 책의 2부에서 충분히 설명했다. 이런 모든 사실들이 이 유형의 민주주의에 대하여 비관적 예후를 알려주는 듯하다. 왜 부르주아지 계급이 어떤 경우에는 독재 체제에

• 아일랜드에 대기근이 발생하자 영국 정부가 곡물법을 폐지하여 지주 계급에게 손해를 입힌 사건.

그토록 쉽게 굴복했는지도 설명해준다.

(2) 고전 사회주의의 이데올로기는 부르주아 이데올로기에서 나왔다. 특히 부르주아 이데올로기의 합리적·공리적 배경을 공유하고 있으며, 또 고전 민주주의 이론의 관념과 이상을 많이 빌려왔다. 사회주의자들은 부르주아 유산 중 이 부분을 접수하는 데 별 어려움을 느끼지 않았고, 또 고전 민주주의 이론 중 흡수하지 않은 부분 — 가령 사유 재산의 보호를 강조한 것 — 은 자신들의 근본 원칙과 배치된다면서 가볍게 내쳐버렸다. 이런 종류의 신조는 완전히 비민주적인 사회주의 형태에서도 살아남을 수 있으며, 이 신조와 실천 사이에 존재하는 괴리에 대해서는 서기관과 바리사이(율법과 격식을 존중하는 자)들이 적절한 수사를 생각해내 메워줄 것이다. 하지만 우리의 관심을 끄는 것은 실천 부문이다. 즉, 경쟁적 리더십의 이론으로 해석되는 민주적 실천의 운명이 사회주의 체제에서는 어떻게 될 것인가, 이다. 우리는 앞에서 비민주적 사회주의가 백 퍼센트 가능하다는 것을 살펴보았으므로, 이제 중요한 질문은 이런 것이다. 사회주의가 민주적 방법을 작동시키는 과제에 착수할 경우, 얼마나 잘 혹은 얼마나 서투르게 그것을 시행할 것인가?

먼저 이런 핵심적 사항을 파악해야 한다. 책임 의식이 있는 사람이라면 민주적 방법(즉, "정치"의 영역)이 모든 경제 문제들로 확대되는 결과를 편안한 마음을 받아들이지 못할 것이다. 만약 이것을 민주적 사회주의라고 이해한다면 그 사람은 당연히 그 사회주의가 실패한다고 결론 내릴 것이다. 하지만 반드시 이런 결과가 나온다고 할 수는 없다. 앞에서 지적한 바와 같이, 공공 관리의 영역이 확대된다고 해서 그에 상응하게 정치적 관리의 영역이 늘어난다고 볼 수는 없다. 공공 관리의 영역이 확대되어 국가의 경제적 문제들을 흡수하는 반면, 정치적 관리의 영역은 민주적 방법의 제약이 설정한 테두리 내에서 그대로 머무를 수 있는 것이다.

사회주의 사회 내에서 그러한 민주적 방법의 제약이 훨씬 더 심각한 문제를 가져오리라는 얘기는 맞지 않다. 왜냐하면 사회주의 사회는 부르주아 체제가 정치 영역에 부과하는 자동적 제한을 결여하고 있기 때문이다. 더욱이 사회주의 사회에서는 정치 절차의 비효율성이 곧 자유의 보장이라는 생각으로 위안을 받을 수가 없다. 효율적 관리의 부재는 곧 일용할 빵의 부재를 가져오기 때문이다. 그러나 사회주의 경제 엔진을 운영할 기관들 — 우리가 3부에서 만났던 생산청과 단위 산업 분야를 관장하는 생산 지청들 — 은 자신들의 일상적인 업무를 수행하는 데 있어서 정치가들의 간섭을 받지 않는 조직과 인원을 갖고 있다. 또 말이 난 김에 하는 말이지만 생산청과 지청들은 시민 위원회나 노동자들의 간섭도 받지 않는다. 다시 말해 이들은 정치적 갈등의 분위기로부터 멀찍이 떨어져 있어서 '관료제'라는 용어와 관련된 비효율성 이외에 다른 비효율성은 보여주지 않는다. 심지어 이런 관료화도 개인들에 대한 적절한 책임의 집중과 잘 선택된 상벌 제도로 크게 완화**시킬 수 있다**. 상벌 제도에서는 보직과 진급이 가장 중요한 부분이 될 것이다.

진지한 사회주의자들은 정치 연설대에서 내려와 책임감을 느끼는 분위기에서는 이 문제를 늘 의식해왔고, "민주주의"는 그 문제의 해답이 되지 못한다고 생각했다. 독일 사회화 위원회Sozialisierungs Kommission의 심리는 한 가지 흥미로운 사례를 제공한다. 1919년 독일 사회 민주당은 볼셰비즘에 완전히 등을 돌렸지만, 보다 급진적인 당원들은 모종의 사회화 조치가 현실적 필요의 일환으로 곧 실시되어야 한다고 보았다. 그래서 사회화의 목적을 규정하고 방법을 추천하기 위한 위원회가 구성되었다. 이 위원회는 전적으로 사회주의자들로 구성되지는 않았지만 사회주의자의 영향력이 지배적이었다. 카우츠키가 그곳의 위원장이었다. 겨우 석탄 산업 분야에 대해서만 구체적인 권고안이 나왔고, 이나마 반反사회주의적 분위기의 먹구름 아래에서 도출된 것이라서, 그리 흥미로운 것도 아니었다. 하지만 아직 야심만만한 희망이 그대로 살아 있던 때의 토론에서 나온 견해들은 아주 흥미롭다. 그 공장의 노동자들이 뽑아준 사람이 공장 관리자가 되어야 한다는 아이디어는 노골적인 만장일치로 거부되었다. 전반적 붕괴의 몇 달 동안에 우후죽순처럼 생겨난 노동자 협의회들은 혐오와 의심의 대상이었다. 사회화 위원회는 '산업 민주주의'[09]라는 인기 높던 아이디어들로부터 가능한 한 멀리 벗어나기 위해 그 아이디어들을 무해 무익한 틀 속에 가두려고 최선을 다했고, 또 그 기능의 개발에 대해서는 소홀히 했다. 반면에 위원회는 관리자들의 권위를 강화하고 독립성을 보호하는 데 많은 신경을 썼다. 관리자들이 자본주의적 활기를 잃어버리고 관료주의적 상투성에 빠져드는 것을 막기 위해 많은 궁리를 했다. 결국에는 아무 쓸모도 없게 된 그 위원회의 토론 결과를 있는 그대로 공개하자면, 이 사회주의 관리자들은 선배 자본주의 관리자들과 별반 다를 것이 없었고, 많은 경우에 예전의 그 관리자들을 그대로 그 자리에 임명하자는 것이었다. 이렇게 하여 우리는 아주 다른 경로를 통하여 3부에서 도달한 것과 동일한 결론에 도달했다.

 우리는 이제 이 결론을 사회주의하의 민주주의라는 문제와 연결시켜야 한다. 어떤 의미에서 오늘날의 민주적 절차의 형태와 조직은 부르주아 세계의 구조와 문제들로부터 자라나온 것이다. 민주주의의 근본적 원칙 그 자체도 이런 과정에서 왔다. 하지만 그렇다고 해서 이것이 민주주의적 형태와 조직이 자본주의와 함께 사라져야 한다는 이유가 되지는 못한다. 총선, 정당, 의회, 내각, 총리 등은 사회주의 체제가 정치적 결정의 아젠다(해야 할 일)를 다루는 데 있어서 가장 편리한 도구가 될 것이다. 또한 이러한 아젠다의 리스트에는 오늘날 목격되는 개인의 이해와 그 이해를 규제해야 하는 필요에서 나오는 갈등의 흔적이 전혀 없을 것이다. 대신 새로운 사항들이 추가될 것이다. 투자량은 어느 정도로 할 것이며, 기존의 사회 제품 분배 규칙을 어떻게 수정할 것인가, 하는 문제들이 신규 사항으로 등재될 것이다. 효율성에 대한 일반적 토론, 영국 왕립 위원회 Engilsh Royal Commission 유형의 조사 위원회들은 현재의 기능을 계속 수행하게 될 것이다.

이렇게 하여 내각의 정치가들, 특히 생산청의 수석 자리를 맡은 정치가는 틀림없이 정치적 요소의 영향력을 주장할 것이다. 경제 엔진을 돌리는 일반 원칙에 관한 입법권을 통하여 혹은 완전히 형식적인 것은 아닐 터인 인사권을 통하여 영향력을 행사할 것이다. 하지만 그들은 효율성과 배치되는 수준으로 그런 권한을 행사하지는 못할 것이다. 생산청 우두머리는 개별 산업 분야의 내부적 작동에 대해서는 간섭을 하지 못한다. 이는 영국의 보건부 장관이나 국방부 장관이 소관 부처의 내부 활동을 간섭하지 못하는 것과 마찬가지이다.

(3) 성숙한 사회도 아니면서 위에서 제시한 방식으로 사회 민주주의를 운영하는 것은 아주 희망 없는 일이다. 단 3부에서 제시한 "성숙"의 모든 요건들(특히 민주적 방식으로 사회적 체제를 수립하는 능력과 적절한 지위와 경험을 가진 관료제의 존재)을 완수한 사회는 그런 운영이 가능하다. 이런 요건을 완수한 사회 — 나는 다른 사회는 언급하지 않겠다 — 는 결정적으로 중요한 이점을 갖게 될 것이다.

나는 민주주의가 대다수 국민들의 협조가 없으면 불가능하다는 것을 강조했다. 모든 계급의 국민들이 민주적 게임의 규칙을 지키겠다는 각오가 있어야 하고, 또 제도적 구조의 기본 사안들에 대해서 상당 부분 의견 일치를 보아야 한다. 현재 제도적 구조에 대한 의견 합치는 이루어지지 않았다. 많은 사람들이 자본주의 사회의 기준에 대하여 충성심을 바치는 것을 포기했고, 또 더 많은 사람들이 앞으로 포기하려 한다. 이 점 하나만으로도 민주주의는 앞으로 더욱 큰 마찰음을 내면서 작동하게 될 것이다. 우리가 예상하는 단계에 도달하면 사회주의가 이런 균열을 메워줄 수 있을 것이다. 사회 조직의 건축 원칙에 대하여 합의를 재정립할 수 있을 것이다. 만약 그렇게 된다면, 그 나머지 적대감들은 민주적 방법으로 충분히 해결할 수 있는 그런 종류의 것들이다.

3부에서, 그런 잔존 적대감들이 상충하는 자본주의적 이해들의 제거로 인해 그 건수와 중요성이 크게 줄어들 것이라고 지적한 바 있다. 농업과 산업, 소규모 산업과 대규모 산업, 철강업과 석탄 소비 산업, 보호 무역적인 산업과 수출 산업 등의 상호 관계는 압력 단체의 영향력 행사로 결정되는 그런 정치적 문제로 남지 않을 것이다. 그 대신 전문가들이 냉정하고 명백한 답변을 제시하는 그런 기술적인 문제로 전환될 것이다. 이런 산업들 사이에서 이렇다 할 경제적 갈등이나 이해가 없을 것이라고 예상하는 것은 유토피아적이며, 또 의견이 상충하는 비경제적 문제들이 없을 것이라고 내다보는 것은 더더욱 유토피아적이다. 하지만 자본주의 전성기의 그것과 비교하여 논쟁적 문제들의 총합은 크게 줄어들 것이라고 자신 있게 주장할 수 있다. 가령, 은세공업자들을 위한 로비스트 같은 건 없고, 정치 생활은 한결 정화될 것이다.

표면적으로 볼 때, 다른 형태의 사회에서 안정된 전통을 가진 정치 계급이 해결해주던 문제를 사회주의가 어떻게 해결할 것인지에 대한 구체적 제안이 없다. 나는 앞에서 정치 전문직이 생겨날 것이라고 말했다. 정치 집단이 분명 생겨날 것이지만, 그 자질에 대해 지금 추측하는 것은 무의미한 일이 되리라.

지금까지 사회주의는 점수를 얻어왔다. 하지만 이 점수는 원칙에서 탈선하는 중요 건수들이 많으면 까먹을 수도 있다. 우리는 어느 정도까지는 이에 대비를 해두었다. 그러니까 경제적 원숙성을 강조했던 것인데,

이런 조건이 충족되면 후대를 위해 현 세대가 커다란 희생을 치르는 일은 없을 것이다. 설사 고스플란 같은 것을 내세워 국민들의 땀을 짜내는 일이 없다 하더라도, 민주적 과정을 지키는 일은 아주 미묘할 수도 있다. 지도자 위치에 있는 사람들이 그 문제를 잘 해결해나가는 상황을 상상할 수도 있고, 아니면 정치 분야의 마비가 경제 분야로까지 퍼져서 막강한 권력을 가진 지도자들이 언제나 유혹에 빠지기 쉬운 그런 행동 노선으로 나아가는 상황도 상상할 수 있다. 하지만 어떤 경우를 더 상상하기 쉬운지는 알 수가 없다. 결국 사회주의 경제의 효과적 관리는 공장 프롤레타리아**의** 독재가 아니라 그 프롤레타리에 **대한** 독재를 의미한다. 공장에서 엄격한 규율의 지배를 받는 사람이라도 투표소에서는 주권을 행사할 수 있다. 하지만 그들이 그 주권을 이용하여 공장의 규율을 완화하려고 시도할 수도 있으므로, 정부 — 국가의 미래를 늘 명심하는 정부 — 는 이런 규율을 잘 활용하여 그런 주권을 제한해야 한다. 현실적 필요의 관점에서 볼 때, 사회주의적 민주주의는 결국 자본주의적 민주주의에 비하여 더 속임수로 판명될지도 모른다.

아무튼 그 민주주의는 개인적 자유의 증가를 의미하지는 않을 것이다. 게다가 민주주의 고전 이론에 깃든 이상에 더 가까이 다가가는 그런 체제는 아닐 것이다.

5

사회주의 정당들의 역사적 스케치

사회주의적 교리의 뿌리는
그 어떤 사상 못지않게 오래되었다.
하지만 그 사상이 사회주의의 실현에 필요한
설득력 있는 사회 과정을 제시하지 못한다면
그것은 아름답거나 혹은 혐오스러운 꿈에 지나지 않는다.
다시 말해 사회적 현실과 아무런 접촉이 없는
막연한 동경에 지나지 않는 것이다.

프롤로그

사회주의 정당들의 역사를 기술하는 것은 나의 목적이 아니다. 그 정당들이 일어났다가 사라져간 무대와 그것들이 각자의 문제들을 다룬 방식을 기술하자면 이 책보다 더 큰 책자가 필요할 것이고, 또 저자보다 더 강력한 문필의 소유자가 필요할 것이다. 또 그런 작업을 시도할 시기가 아직 도래하지도 않았다. 지난 20년 동안 나온 많은 논문들은 특정한 단계나 상황에 대하여 많은 빛을 던져주었지만, 학문적 수준을 충족시키는 생생한 현대 사회주의의 역사를 저술하기 위해서는 더 많은 양의 연구 조사 자료들이 필요하다. 하지만 이 책의 1~4부에서 언급된 내용들을 보충하고 또 정확하게 조망하기 위해서는 특정 사실들이 필요하다. 그 외에 내가 개인적으로 연구한 것과 목격한 것들[01] 중 일부를 여기에 제시하고 싶은 마음도 있다. 그런 것들은 그 자체로 상당한 흥미를 안겨주는 화제라고 생각하기 때문이다. 나는 이런 두 가지 목적 아래 다음에 제시하는 단편들을 종합해보았다. 비록 단편적인 것들이기는 하지만 전체의 윤곽을 어느 정도 보여줄 수 있기를 희망한다.

이 5부에서 마르크스와 마르크스주의가 중심적 위치를 차지하고 있는 것에 대하여 모든 독자 — 심지어 모든 사회주의 독자 — 들이 타당하다고 인정하지는 않을 것이다. 나는 이 문제에 나의 개인적 편견이 개재되어 있음을 선선히 시인한다. 내가 볼 때 사회주의 정책의 흥미로운 점은 이런 것이다. 사회주의에는 우리의 특별한 주목을 요구하는 어떤 것이 있고, 또 지성적으로나 도덕적으로나 그 나름의 위엄을 갖추고 있다. 사회주의가 이런 특징과 위엄을 갖게 된 것은 그 이론적 기반과 그 사상이 아주 분명하면서도 긴밀한 관계를 갖고 있기 때문이다. 사회주의는 원칙적으로 역사적 필연이라는 진정한 혹은 거짓된 인식을 바탕으로 하여 행위 혹은 부작위가 결정되는 이론이다(이 책의 1부 참조). 심지어 편의적 고려 사항이나 단순한 전략 사항도 **지워버릴 수 없는 특징**character indelebilis을 갖고 있으며, 언제나 그런 원칙에 비추어 논의된다. 하지만 이것은 오로지 마르크스주의에 한해서만 진리이다. 부르주아 사회 내에서는 벤담파 과격주의자들(의미심장하게도 "철학적" 과격주의자들로 불린 사람들)의 원칙 고수 자세가 진리인 것만큼 마르크스주의가 진리는 아니었지만 말이다. 모든 비非마르크스 사회주의 집단은 어중이떠중이 집단이나 정당들과 비슷한 사이비들이다. 오로지 순수 마르크스주의자들만이 변함없이 원칙(혹은 교리)의 빛을 따라 걸어갔으며, 그 교리는 모든 문제에 대하여 모든 답변을 갖고 있다고 생각했다. 앞으로 차차 드러나겠지만, 나는 이런 태도를 무조건 존경하지는 않는다. 그 교리는 편협하고 때로는 순진하기까지 하다. 그러나 모든 교리주의자들은 그들의 실제적 무능력이 무엇이든 간에 특정한 미학적 특질을 갖는다. 그리고 이 특질 때문에 그들은 평범한 정치적 실천꾼보다 한 단계 더 높은 사람들로 평가되며, 그런 특질 덕분에 그들은 단순한 실천꾼은 결코 이해하지 못할 힘의 원천을 확보한다.

24
사회주의의 초창기

사회주의적 교리의 뿌리는 그 어떤 사상 못지않게 오래되었다. 하지만 그 사상이 사회주의의 실현에 필요한 설득력 있는 사회 과정을 제시하지 못한다면 그것은 아름답거나 혹은 혐오스러운 꿈에 지나지 않는다. 다시 말해 사회적 현실과 아무런 접촉이 없는 막연한 동경에 지나지 않는 것이다. 사회적 권력의 현실적인 혹은 잠재적인 원천을 확보하지 못한다면 사회주의적 노력은 사막에서 혼자 설교하는 것이 되고 만다. 또는 플라톤류의 이상적 공화국을 설교하는 것이나 다름없게 되어 현실 정치가들은 그런 얘기에 귀 기울이지 않으며 또 사회적 과정을 관찰하는 전문가들은 그것을 작동 가능한 요소로 여기지 않는다.

 이것이 선배 사회주의자들 혹은 동시대에 그와 경합하면서 가르침을 폈던 사회주의자들에 대하여 마르크스가 퍼부은 비난이었다. 이런 이유로 그는 이들을 유토피아주의자들이라고 불렀다. 마르크스의 요지는 그들의 도식이 변태라거나 지적으로 수준 이하라는 것이 아니고 단지 그것이 본질적으로 실천되지 않았고 또 실천 불가능하다는 얘기였다. 몇 가지 사례를 들어 이 점을 예증하면, 그것이 방대한 문헌의 일별一瞥을 대신해주리라 생각한다. 또한 이런 사례들은 마르크스의 판단이 얼마나 틀렸는지 충분히 보여줄 것이다.

 토마스 모어Sir Thomas More, 1478~1535의 저서 『유토피아Utopia』는 널리

읽히고 존경받았으며 심지어 19세기까지도 모방되었다. 이러한 사실은 카베Étienne Cabet, 1778~1856나 벨라미Edward Bellamy, 1850~1898의 성공 사례를 보더라도 알 수 있다. 모어는 이 책에서 근검절약하면서 도덕적이고, 평등주의적인 사회를 묘사했는데, 그것은 모어 당시의 영국 사회를 정반대로 서술한 것이었다. 이러한 이상화는 사회 비판이 문학의 형태로 나타난 것이다. 이 책이 현실적인 사회 개혁에 대한 모어의 의견을 그대로 반영한 것이라고 생각할 필요는 없다. 그러나 사회 개혁 — 물론 모어의 책은 그것을 지향했다 — 의 관점에서 볼 때, 이 책의 문제점이 그 실천 불가능성에 있는 것은 아니다. 어떤 면에서는 오늘날의 특정한 목가적牧歌的 사회주의와 비교해볼 때, 실천 가능성이 훨씬 높다. 예를 들어 모어의 책은 권위의 문제를 다루었고, 또 검소한 생활 수준 — 하나의 미덕으로 높여진 것 — 의 전망도 솔직하게 받아들였다. 『유토피아』의 진짜 문제는 그런 이상 국가를 향해 사회가 어떻게 진화해야 하는지(그리스도교로의 개종 이외에는) 구체적으로 보여주지 않는다는 것이다. 또 그런 이상 국가를 실현하기 위해 어떤 현실적 요소들에 집중해야 하는지도 보여주지 않는다. 우리는 이상을 좋아할 수도 있고 싫어할 수도 있다. 하지만 이상만 가지고서는 이 세상에서 할 수 있는 것이 별로 없다. 이상에는 현실이 뒷받침되어야 하는데, 모어의 유토피아에는 정당을 발족하여 정강을 세울 기반이 없는 것이다.

또 다른 유형의 사회주의로는 로버트 오웬Robert Owen, 1771~1858의 것이 있다. 제조업자이면서 현실적 개혁가였던 오웬은 공산적 원칙에 따라 생계 수단을 생산하고 소비하는 소규모 자급자족적 공동체의 이상을 꿈꾸는 것만으로는 성에 차지 않았다. 그는 그 이상을 실천하려고 했다. 먼저 그는 정부의 조치를 기대했고, 이어 개인적 노력의 모범을 보이려고 애썼다. 따라서 오웬의 계획은 모어의 그것보다 더 현실적이었다. 이상만 있는 것이 아니라 그 이상에 이르는 다리橋도 있었다. 그런데 그런 종류의 다리는 오웬 사상의 유토피아주의를 더욱 극명하게 보여주는 것이었다. 왜냐하면 정부의 조치나 개인의 노력이 **데이 엑스 마키나**dei ex machina˙로 제시되어 있기 때문이다. 그러니까 어떤 행위 주체가 그 행위를 가치 있다고 판단하여 곧바로 그것을 실행에 옮길 것이라고 전제하고 있다. 하지만 그 행위 주체가 구체적으로 누구인지 밝히지는 않는다. 그 목표를 향해 움직이는 사회적 세력에 대한 얘기가 없는 것이다. 비유적으로 말하자면 장미 나무를 위한 토양이 제공되지 않았다. 나무는 오로지 자신의 아름다움만 먹고 자라도록 기대되고 있는 것이다.[01]

프루동Pierre-Joseph Proudhon, 1809~1865의 아나키즘에 대해서도 같은 얘기를 할 수 있다. 단, 프루동의 경우는 다른 대부분의 아나키즘 고전들에 비하여 결정적인 경제적 오류가 훨씬 더 눈에 띈다. 이렇게 된 건 다른 아나키즘 고전들이 경제적 논의를 거부했기 때문이다. 그들은 국가 없는 상황에서 개인들의 자유로운 협력을 강조하든 또는 이상을 실현하기 위해 파괴의 업무를 강조하든 이론적 추리를 회피함으로써 추론의 오류를 회피했다. "시인, 광인, 연인을 합쳐놓은 것처럼" 그들은 체질적으로 사회주의 수레를 뒤엎어버리고 혁명적 흥분과 혼란을 부추기는 것 이외에는 별로 할 줄 아는 게 없었다. 마르크스가 아나키스트인 바쿠닌Mikhail Aleksandrovich Bakunin, 1814~1876의 소행에 혐오감과 때로는 노골적인 절망감을 느낀 것은 이해하기 어렵지 않다.

하지만 아나키즘은 철저한 유토피아 사회주의였다. 이런 병리적 케이스를 열거한 것은 다음의 이유 때문이다. 이처럼 14세기의 수도원 정신이 되살아난 것(아나키즘)을 생시몽Saint-Simon, 1760~1825의 저서가 보여주는

˙ 라틴어 'deus ex machina'의 복수형으로 81쪽의 각주를 참조할 것.

유토피아 사회주의의 진정한 브랜드와 혼동하지 말기를 바라서이다. 우리는 생시몽의 저서에서 상당한 분석력이 가미된 합리성과 책임 의식을 발견한다. 그가 구상한 목표는 어리석지도 이상적이지도 않았다. 하지만 구체적인 방법은 결여되어 있다. 또다시 유일한 방안으로 정부의 조치가 제시되었는데, 당시 정부가 내놓는 조치는 모두 부르주아적인 것이었다.

이상에서 서술한 바를 모두 받아들인다면 사회주의의 초창기를 마감시킨 위대한 단절은 마르크스의 이름과 저서에서 찾아야 한다. 이런 문제에 연대를 표기한다는 것이 좀 그렇기는 하지만, 그 단절의 연대를 『공산당 선언』(1848)의 발간 혹은 제1인터내셔널(1864)의 창립으로 보아도 무방할 것이다. 이 시기에 교리적 기준과 정치적 기준이 서로 만나게 되었다. 이런 성취는 수 세기에 걸친 초창기의 발전 사항들을 요약하면서 또 어떤 특정한 방식으로 정식화했다. 그 방식(공산주의)은 현실적으로 유일한(그렇지만 그리 논리적이지는 못한) 대안이었다. 따라서 정통 사회주의가 초창기의 사회주의자들에게 내린 판단은 상당 부분 수정되어야 한다.

첫째, 초창기 수 세기 동안의 사회주의적 도식들이 꿈이기는 했지만 그래도 합리화된 꿈이었다. 개별 사상가들이 완벽하게 합리화한 것은 단지 개인의 꿈에 그치는 것이 아니라 비통치 계급들의 꿈이기도 했다. 따라서 이들 사상가는 완전히 뜬구름 위에서 살았던 것은 아니었다. 수면 아래 잠복되어 있으나 언제라도 튀어나오려고 하는 것들을 수면 위로 나오게 하려고 애썼다. 이런 점에서 아나키스트들도, 그리고 중세의 많은 수도원에서 번성했던 그들의 선배들과 오늘날에도 활약하고 있는 프란체스코 종단 내의 제3그룹도 상당한 의미를 획득한다(그러나 마르크스주의자들은 그들에게 이런 의미를 부여하지 않는다). 정통 사회주의자는 그들의 믿음에 대하여 경멸감을 표시하지만, 그래도 사회주의의 추진력 중 상당 부분은 그들이 적극적으로 표명한 배고픈 **영혼** — 배가 아니라 — 의 비합리적 동경에서 나오는 것이다.[02] 이것은 심지어 오늘날에도 여전히 그러하다.

둘째, 초창기의 사회주의 사상가들은 많은 벽돌과 도구를 제공했는데, 나중에 아주 유익하게 활용되었다. 사회주의적 사회라는 아이디어는 그들의 창조물이었고, 그들의 노력 덕분에 마르크스와 동시대인들은 그 아이디어를 누구에게나 친숙한 개념으로 활용할 수 있었다. 하지만 많은 유토피아 사회주의 사상가들은 그보다 훨씬 더 나아갔다. 그들은 사회주의적 계획(혹은 그 변종들)의 세부 사항을 작업해 놓았고, 그리하여 문제들을 정식화함으로써(물론 부적절했지만) 상당한 사전 준비 작업을 했다. 그들이 순수 경제 분석에 기여한 공로도 무시해서는 안 된다. 그것은 별로 신통치 못한 자그마한 푸딩이 잘 부풀어 오르도록 아주 긴요한 누룩을 제공했다. 더욱이 그들의 작업은 상당 부분 전문적인 것으로서 기존의 이론을 개선했으며 무엇보다도 마르크스에게 큰 도움이 되는 것이었다. 노동 가치론을 정교하게 가다듬은 영국의 사회주의자와 준準사회주의자들 — 가령 윌리엄 톰프슨William Thompson, 1785~1833 같은 사람 — 은 좋은 사례이다.

셋째, 마르크스주의자들이 유토피아 사상가들이라고 치부하는 사람들이 모두 대중 운동과의 접촉이 결여되어 있던 것은 아니었다. 사상가들의 펜을 움직인 사회적·경제적 조건들은 일부 그룹이나 계급의 사람들 — 농부, 장인, 농업 노동자, 유랑자, 하층민 등 — 을 행동에 나서게 했기 때문에 대중과의 접촉은 불가피한 일이었다. 그리하여 많은 유토피아 사상가들이 대중과 훨씬 긴밀한 접촉을 유지했다. 16세기 혁명 때 농민들의 요구 사항은 지식인들에 의해 이미 정식화되었고, 그 후 여러 세기가 흘러가면서 그들 사이의 조정과 협조는 더욱 긴밀해졌다. 프랑스 혁명 시기에 순수 사회주의 운동의 핵심 지도자였던 "그라쿠스" 바뵈프François Noël Babeuf, 1760~1797(별명이 그라쿠스 바뵈프Gracchus Babeuf였다)는 정부에게 아주 위협적인 존재로 인식되어 1797년 프랑스 정부는 그를 사형에 처했다. 영국의 사례도 이런 사태 발전을 잘 보여준다. 우리는 이 관점(사상가와 대중의 접촉)에서 17세기 수평파 운동과 19세기 차티스트 운동의 역사를 비교해보면 된다. 수평파의 경우, 윈스턴리Gerrad Winstanley, 1609~1676는 개인 자격으로 그 운동에 가담하고 또 이끌었다. 차티스트의 경우, 지식인 집단이 단체로 반응했다. 비록 그들의 협력이 점차 퇴조하여 그리스도교 사회주의가 돼버렸지만, 그것은 당대의 대중 운동과 완전 괴리된 안일한 학문적 발상은 아니었다. 프랑스의 좋은 사례는 1848년에 루이 블랑Jean Joseph Charles Louis Blanc, 1811~1882이 보여준 활동이다. 이런 점과 기타 다른 사항들을 감안해볼 때, 유토피아 사회주의는 "과학적" 사회주의에 비해 정도의 차이를 보일 뿐 종류의 차이는 아니라고 해야 하지 않을까? 초창기 사회주의자들과 계급 운동의 관계는 산발적인 것이었고 대체로 근본적인 원칙의 문제는 아니었다. 반면에 마르크스와 포스트 마르크스 사회주의는 그 관계를 근본적 원칙 사항으로 보았고, 그 관계를 정부와 상비군의 그것과 비슷한 것으로 파악했다.

여기서 중요한 사항을 하나 언급해야겠는데 그것이 장애물이 되지 않기를 바란다. 나는 앞에서 이렇게 말했다. 사회주의로 나아가려는 경향이 있음을 주장하는 교리,[03] 그리고 현실적인 혹은 잠재적인 사회적 권력과의 항구적 접촉(이 두 가지는 사회주의가 진지한 사회적 요소로 간주되기 위한 필수 사항인데)은 이미 19세기 중반에 확립되어 있었다. 하지만 그 두 가지가 확립된 방식은 논리적으로 볼 때, 그렇게 될 수 있는 유일한 방식은 아니었다. 마르크스와 대부분의 마르크스 동시대인들은 노동자 계급이 사회주의를 달성할 수 있는 유일한 계급이고, 또 사회주의자들이 접촉해야 할 유일한 원천이라고 주장했다. 이런 주장은 그들의 교리에 독특한 색깔을 입혀주었다. 그들이 볼 때, 사회주의는 일차적으로 노동자를 수탈로부터 해방시키는 것이고, "노동자 해방은 노동자 계급 그 자체의 과업이 되어야 한다."

이렇게 볼 때, 우리는 마르크스의 현실적 명제를 이해 못할 바도 아니다. 노동자 계급의 이해관계를 확보하는 것이 그 어떤 노선보다 마르크스에게 매혹적이었고, 그래서 그의 이론은 그런 쪽으로 형성되었다. 이 아이디어는 사회주의자들뿐 아니라 일부 비사회주의적 인사들의 마음속에서도 깊게 뿌리를 내렸다. 그리하여 이 사상은 일부 객관적 현실을 외면하기까지 했다. 가령 노동 운동은 종종 사회주의와 동맹을 맺기는 했지만 오늘날까지도 사회주의와 뚜렷하게 구분된다. 게다가 사회주의자들은 노동자 세계의 영향권 내에서 그들의 존재를 확립하기가 그리 쉽지 않다. 그들의 사상이 노동자들의 영향권에서 당연하게 받아들여지고 있는데도 말이다. 우리가 이런 사실들을 어떻게 해석하든 간에 노동 운동은 본질적으로 사회주의적이지 않고, 또 사회주의는 필연적으로 노동을 옹호하거나 프롤레타리아적이지도 않다. 이것은 그리 놀라운 일이 아니다. 우리는 이미 2부에서 다음과 같은 사실을 살펴보았다. 자본주의 과정이 천천히 경제생활과 기타 생활을 사회화하면서 사회 조직 **전체**에 변화를 가져온다. 따라서 그 조직의 **모든** 부분이 똑같이 영향을 받게 된다. 이 과정에서 노동자 계급의 실질 소득과 사회적 영향력은 증가하며, 자본주의 사회는 점점 더 노동 문제들을 다루기 어렵게 된다. 이것은 마르크스가 내다본 구도와는 아주 배치되는 것이다. 그는 노동자들이 점점 더 견디기 어려워지는 고통 때문에 대혁명을 일으킬 것이라고 예상했다. 우리가 이런 구도를 내버리고 실제로는 자본주의 체제 내에서 노동자의 권리가 증가되었다는 사실을 받아들인다면, 진화 논리에 의해 노동자 계급에게 걸었던 특별한 기대(혁명)를 접게 될 것이다. 이렇게 볼 경우, 사회주의 드라마가 사회 대재앙과 관련하여 프롤레타리아에게 부여한 역할은 더욱 설득력을 잃게 된다. 만약 자본주의 체제 변화가 점진적인 것이라면 프롤레타리아가 할 수 있는 일은 별로 없다. 만약 대혁명이 벌어진다면 프롤레타리아는 협박을 받고서 순순히 굴복할 것이다. 혁명의 선봉대는 반+범죄적 오합지중의 지지를 받는 지식인들이 형성할 것이다. 이 혁명의 주제에 대한 마르크스의 아이디어는 "이데올로기"에 불과하다. 그것은 유토피아 사상가들의 믿음만큼이나 유토피아적이다.

마르크스는 꿈이 아닌 기존의 움직임을 합리화하려 했고, 또 그와 후계자들은 그 운동을 부분적으로 통제하기도 했다. 그러나 그 차이는 마르크스주의자들이 우리가 믿어주기를 바라는 만큼 큰 것이 아니었다. 우리가 이미 살펴본 바와 같이 유토피아 사상가들의 사상에는 현실적인 측면이 많이 있었고, 이에 비해 마르크스 사상에는 그의 추종자들이 인정하는 것보다 훨씬 많은 비현실적 몽상이 들어 있었다.

이런 사실에 비추어 볼 때 우리는 초창기 사상가들을 좀 더 낫게 평가해야 한다. 왜냐하면 그들은 오로지 프롤레타리아의 역할만 강조하지는 않았기 때문이다. 특히 그들이 정부 조치와 프롤레타리아 이외의 계급들을 강조한 사실은 우리가 볼 때 마르크스의 생각처럼 몽상적인 것이 아니었으며 또 비현실적인 것도 아니었다. 왜냐하면 국가, 관료제, 정치 엔진을 가동하는 그룹들은 사회주의자가 사회 권력의 원천으로 삼을 수 있는 유망한 금광이었기 때문이다. 이제 분명히 드러나 있듯이, 그들도 일반 대중 못지않게 "변증적" 필연에 의하여 바람직한 방향으로 움직일 가능성이 있다. 부르주아 계층에서 이상異常 성장하여 나온 사회주의, **더 나은 이름으로**a potiori 페이비언 사회주의Fabian Socialism[04]라고 부르는 움직임도 시사하는 바가 크다. 마르크스는 사회적 동기에 의한 추진력도 혁명의 한 가지 요인으로 선택했는데, 그것이 아주 특별한 사례(페이비언 사회주의)를 낳았다. 이것은 현실적으로 가장 중요한 운동이었지만, 논리적인 측면만 보면 정통 마르크스주의자들이 사기와 이단으로 여기는 다른 운동들과 별반 차이가 없는 것이다.

25
마르크스 생존 당시의 상황

(1) 엥겔스에 의하면 마르크스는 1847년에 "사회주의자"라는 용어 대신 "공산주의자"라는 용어를 선택했다. 그 이유는 그 무렵 사회주의가 이미 부르주아의 냄새를 너무 많이 풍기고 있었기 때문이다. 사정이 어찌 되었든 간에 또 우리가 이런 사실 — 우리는 앞에서 사회주의를 부르주아 심성의 산물이라고 해석할만한 타당한 이유를 여러 번 제시했다 — 을 어떻게 설명하든 간에, 마르크스와 엥겔스가 전형적인 부르주아 지식인이라는 사실은 의심의 여지가 없다. 두 사람은 부르주아 출신에 그 전통을 이어받았으나 그것을 내버린 망명자들이었다. 이러한 사실은 마르크스의 사상과 그가 추천한 정책 혹은 정치적 전략들을 잘 설명한다. 무엇보다도 놀라운 점은 그런 마르크스의 사상이 아주 광범위하고 뿌리 깊다는 사실이다. 그런 특징 세 가지를 살펴보면 다음과 같다.

첫째, 마르크스는 뿌리 뽑힌 지식인이었다. 1848년의 혁명을 인격 형성기에 직접 겪었고, 그것이 그의 영혼에 깊이 각인되었다. 그 체험으로 인해 그는 자신이 속한 계급을 버렸고, 또 그 계급으로부터 버림을 받았다. 그리하여 뿌리 뽑힌 지식인들과 그로부터 한 단계 떨어져 있는 프롤레타리아 대중만이 마르크스에게 접근할 수 있었고, 또 그가 신임하는 대상이었다. 이것은 우리가 앞 장에서 살펴본 이론, 즉 노동자들은 "자기 자신을 해방시켜야 한다"라는 이론의 배경을 설명해준다.

둘째, 뿌리 뽑힌 지식인들은 당연히 **심정적으로** 국제주의자가 되기 쉽다. 따라서 어떤 특정 국가 — 혹은 개별 국가의 프롤레타리아 — 의 문제와 변화는 그의 주된 관심사가 아니며, 그의 이해관계에서 주변부에 머무르게 된다. 아니, 이것보다 더 깊은 의미가 있다. 뿌리 뽑힌 지식인은 초超국가적인 사회주의 종교를 창조하기가 한결 쉽고, 그리하여 국제주의적인 프롤레타리아 조직을 구상하게 된다. 적어도 이론적으로는 그 조직의 구성원들이 자국의 다른 계급 사람들보다는 동일한 구성원들(여러 국적의 프롤레타리아들)에게 더 가까운 느낌을 갖게 될 것이다. 하지만 이것은 분명 비현실적인 구상이다. 차가운 논리만 내세우는 사람이라면 이런 구상을 세우고, 또 그에 바탕을 두고서 과거의 역사를 해석하거나 해외 정책에 대한 마르크스 정당들의 견해를 설명하려 들 것이다. 만약 이런 주장을 내세우는 사람이 있다면 그는 먼저 사람들이 저마다 국가에 대해 느끼는 애국심의 저항에 직면하게 될 것이고, 또 무수한 유대 관계로 조국에 깊은 애착을 느끼는 사람들의 반발을 상대해야 할 것이다. 마르크스는 이런 유대 관계를 인정하지 않았다. 그 자신 국가가 없었으므로 프롤레타리아도 국가가 없어도 무방하다고 확신했던 것이다.

우리는 곧 이런 가르침이 왜 — 그리고 어떻게 — 살아남게 되었으며, 또 다양한 상황 아래서 어떤 의미를 갖게 되었는지 살펴볼 것이다. 마르크스 자신은 이 교리의 비非간섭주의와 평화주의적 메시지를 받아들였다. 그는 "자본가 전쟁들"이 프롤레타리아에게는 관심사가 될 수 없고, 또 그 전쟁들은 프롤레타리아를 더욱 종속시키려는 수단이라고 생각했다. 하지만 그는 소속 국가를 공격으로부터 지키기 위해 참전하는 것에 대해서는 허용하는 자세를 취했다. 이러한 자세는 마르크스교의 신자 의무와 불일치하는 것이 아니며, 아주 필요한 전략적 장치 이상의 것도 아니었다.

셋째, 마르크스의 교리가 무엇이든 간에[01] 뿌리 뽑힌 부르주아는 그의 혈통 속에 민주주의라는 피가 흐르고 있다. 다시 말해, 부르주아 가치관의 그 부분(민주주의)은 그가 사회적 패턴(형태)을 합리적으로 인식하는 조건일 뿐 아니라 그 패턴이 그의 시대는 물론이요 다른 시대에도 통한다고 보는 것이다. 사회주의적 활동(과 그의 개인적 활동)은 마르크스 생존 당시의 민주적 원칙 이외의 다른 환경에서는 결코 편안하게 진행될 수 없는 것이었다. 아주 예외적인 경우를 제외하고, 모든 반대 세력은 자유 — 마르크스에게는 곧 민주주의를 의미 — 를 위해 "국민"의 자비에 모든 것을 맡겨야 했다. 물론 이 요소는 과거에 아주 중요한 것이었고, 일부 나라들에서는 지금도 그러하다. 이처럼 민주주의를 당연시했기 때문에 사회주의자가 민주주의를 공언하는 것은 별 의미가 없었다. 하지만 사회주의자의 정치적 권력이 커져서 양자택일해야 하는 시점에서는 문제가 되었다. 아무튼 그들이 정권을 잡기 전까지는 사회주의 논리와 민주주의 논리 사이에 근본적 관계를 정립할 필요가 없었다. 마르크스에게 있어 민주주의는 시비의 대상이 아니었으며 그보다 못한 정치 형태는 언급의 대상이 되지 못했다고 여기서 말해두는 것이 안심되리라. 우리는 1848년 혁명 타입의 혁명가에게 이 정도의 민주주의 사상을 부여해야 할 것이다.[02] 물론 마르크스가 이 부르주아 신조를 있는 그대로 받아들여 아주 중요하다고 말하는 것은 불가능한 일이었다. 그렇게 되면 두 주의가 아주 넓은 지역을 공동으로 사용하고 있다는 사실을 드러내기 때문이다. 하지만 우리는 4부에서 마르크스가 사회주의자의 민주주의는 진정한 민주주의이고 부르주아 민주주의는 민주주의가 전혀 아니라고 과감하게 말함으로써, 이 문제를 비켜갔다고 지적한 바 있다.

(2) 이것이 마르크스의 정치적인 **선험적 명제**_a priori_였다.[03] 이 선험적 명제가 그 당시 혹은 그 후대의 평균적 영국 사회주의자의 **선험적 명제들과** 아주 다르다는 점은 강조할 필요조차 없으리라. 양자는 너무나 달라서

상호 간의 공감은커녕 상호 간의 완벽한 이해도 거의 불가능할 지경이다. 헤겔주의나 기타 교리상의 장애와는 무관하게 이런 입장 차이가 발생하는 것이다. 이러한 차이점은 우리가 마르크스를 아주 비슷한 배경을 가진 또 다른 독일 지식인 라살레와 비교해보면 더욱 분명해진다. 라살레는 동일한 종족(유대인)의 후예였고, 동일한 계층 출신이었으며, 아주 유사한 문화적 전통 속에서 성장했고, 1848년 혁명과 부르주아 민주주의의 이데올로기로부터 크게 영향을 받은 인물이었다. 하지만 라살레는 마르크스와는 상당히 달랐다. 그 이유는 개인적인 배경만으로는 충분히 설명되지 않는다. 이보다 더 핵심적인 사항은 마르크스가 망명자였던 반면 라살레는 아니었다는 점이다. 라살레는 자신의 국가로부터 떨어져나가지 않았고, 또 프롤레타리아 이외의 다른 계급들과도 절연하지 않았다. 그는 마르크스처럼 국제주의자도 아니었다. 라살레가 의미하는 프롤레타리아는 주로 독일 프롤레타리아였다. 그는 또 그 당시의 국가와 협력하는 것에도 반대하지 않았다. 그는 비스마르크나 바이에른 왕과 직접 접촉하는 것도 마다하지 않았다. 이러한 차이는 매우 중요하며, 심각한 교리상의 의견 차이보다 더 중요한 것이었다. 바로 이것이 두 사람 사이에 다른 종류의 사회주의와 화해 불가능한 적대감을 가져왔다.

이제 마르크스의 **선험적 명제**에 입각하여 그가 처했던 정치적 여건들을 살펴보기로 하자.

먼저 마르크스가 기술하고 사색했던 대규모 산업 대중은 영국을 제외하고는 그 어디에도 존재하지 않았다. 심지어 영국에서도 마르크스가 사상적 방향을 결정했던 무렵에는 차티스트 운동이 용두사미가 되었고, 노동자 계급은 점점 더 현실적이고 보수적으로 변해갔다. 과거의 과격한 행동들이 실패로 돌아가자 실망한 노동자들은 총생산품에 대한 그들의 권리를 주장하는 노래와 화려한 프로그램을 외면하기 시작했다. 그들은 차라리 총생산품에 대한 그들의 몫을 증가시키는 데 주력했다. 노동계 지도자들은 부르주아 사회의 정치적 틀 내에서 노동조합의 경제적 힘과 법적 지위를 확립, 지탱, 확충하는 일에 조심스럽게 매진했다. 원칙적인 면에서나 전략적 고려 사항으로 보나, 노동계 지도자들은 혁명적 구호나 행위를 성가신 것으로 여겼고, 또 노동의 진지함을 파괴하는 어리석고 경박한 대응이라고 생각했다. 게다가 그들은 노동 계급의 상층부에 주로 전력했으며 하층부에 대해서는 경멸 비슷한 감정을 갖고 있었다.

아무튼 마르크스와 엥겔스가 처한 외부적 상황과 망명 지식인이라는 입장을 감안할 때, 그들은 밖으로 뛰어나가 자신들의 사상에 입각하여 산업 프롤레타리아(혹은 그들의 특정 그룹)를 조직할 그런 형편은 아니었다. 그들이 기껏 생각해낼 수 있는 것은 노동계 지도자들 및 노조 관료와 접촉하는 정도였다. "점잖은" 노동자들의 태도, 그리고 별로 상대하고 싶지 않은 대도시의 미조직 군중들의 태도를 비교하면서,[04] 그들은 난처한 딜레마에 직면했다. 그들은 노조 운동의 약진을 보지 않을 수 없었다. 노조는 대중을 뚜렷한 사회 계층으로 조직하는 거대한 작업을 차근차근 수행해나갈 차비를 했다. 마르크스와 엥겔스가 가장 중요하다고 생각하는 문제를 해결하려는 듯했다. 그 운동에서 완전 배제된 상황에서, 이 노동자 계급이 부르주아 지위를 얻어 부르주아 태도를 갖추게 될지도 모르는 위험을 인식하고 있었기 때문에 마르크스와 엥겔스는 노조를 싫어하고 불신했다. 이것은 그들의 존재를 아는 노조 또한 마찬가지였다. 그들은 고전적 사회주의의 특징인 그런 지위(몽상가)로 내몰리게 되었다. 그리하여 사회주의 지식인들과 노동계 사이에는 근본적인 적대감(중요한 사례들에서는 사회주의 정당들과 노동조합들 사이의 적대감)이 형성되었으며, 많이 희석되기는 했지만 오늘날까지도 남아 있다. 마르크스와 엥겔스가 볼 때, 노조 운동은 계급 투쟁의 교리로 개종(전환)해야 마땅했다. 이러한 개종을 이루어내기 위해서는 마르크스교의 신자들이 기회 있을 때마다 노조와 협력하는 것이 적절했다. 가령, 노동계의 문제들이 대중을 과격하게 만들 때마다 적절히 개입함으로써 노조 관리들을 걱정하고 흥분하게 만들어서 복음(마르크스교의 교리)의 말에 귀 기울이게 만들어야만 했다. 그런데 개종이 완벽하게 이루어지지 않거나 특히 노조의 의견이 원칙적으로 혁명적 행동이나 정치적 행동에 반감을 품고 있는 경우라면, 노조 운동은 마르크스교의 은총을 받는 상태가 아니라 정반대로 오류의 상태에 빠져 있는 것이었다. 노조 운동은 자신의 진정한 목적을 망각하고, 무용지물보다 더 나쁜 사소한 것들로 그 자신을 속이고 있는 것이다. 따라서 마르크스교의 신자들은 내부로 들어가 그 운동을 파괴할 목적이 아니라면 그 운동으로부터 멀찍이 떨어져 있어야 했다.

  이 상황은 마르크스의 생시에도 변했고, 심지어 엥겔스의 생애 중에도 변했다. 산업 프롤레타리아는 꾸준히 성장하여 유럽 대륙에서도 하나의 세력이 되었다. 또 그 시대의 불경기 때문에 실업이 만연했다. 이런 사태 발전으로 인해 마르크스와 엥겔스는 노동계 지도자들에 대하여 전보다 더 큰 영향력을 갖게 되었으나 일반 대중에 대한 직접적인 영향력은 결코 확보하지 못했다. 그러나 생애 끝까지 그들에게 작업할 자료를 제공한 것은 주로 지식인들이었다. 이 방면(지식인들과의 협조)에서 그들의 성공은 상당했으나, 지식인들은 노동자들의 무관심(때로는 적개심) 못지않게 그들에게 고통을 안겨주었다. 주변부의 사회주의자 지식인들은 노조와 뜻을 함께했고, 급진 부르주아 타입 혹은 보수주의자 타입의 사회 개혁도 마다하지 않았다. 이들은 아주 다른 사회주의를 주장하고 나섰으며, 즉각적인 혜택을 약속했기 때문에 마르크스와 엥겔스의 위험한 경쟁자로 떠올랐다. 게다가 다른 지식인들도 있었는데 그 대표적 인사가 라살레였다. 그는 일반 대중들 사이에서도 상당한 지위를 누렸고, 마르크스와 엥겔스에게 더욱 직접적인 경쟁자로 등장했다. 그리고 마지막으로 혁명적 열기에 있어서 갈 데까지 다 간 지식인들이 있었다. 마르크스와 엥겔스는 이들을 진지한 사회주의의 가장 나쁜 적들로 간주했다. 그들은 블랑키 Louis Auguste Blanqui, 1805~1881 같은 "폭동주의자들", 몽상가들, 아나키스트 등이었다. 마르크스와 엥겔스는 교리상으로나 전략상으로나 이 모든 지식인들 그룹에 대하여 '절대로 안 돼'의 입장을 취할 수밖에 없었다.

(3) 그런 교리적 배경과 전략적 상황으로 인해 마르크스는 모든 추종자 혹은 자칭 추종자들이 반드시 묻게 되어 있는 두 가지 핵심 질문에 대하여 답변이 아주 궁하게 되었다. 부르주아 정당들의 정책에 대하여 마르크스교 신자는 어떤 태도를 취해야 하는가? 마르크스주의는 즉각적으로 시행해야 할 프로그램으로 어떤 것을 갖고 있는가?

첫 번째 질문과 관련하여, 사회주의 정당들에게 아무런 말없이 부르주아 정치를 지켜보기만 하라고 조언할 수는 없는 노릇이었다. 그 정당들의 명백한 과업은 자본주의 사회를 비판하고, 계급 이해관계의 위장극을 폭로하고, 사회주의 천국에서는 모든 것이 잘 되어나갈 것이니 어서 이 종교에 입교하라고 사람들을 권면하는 것이었다. 다시 말해 자본주의 사회를 비판하고 지지 세력을 조직하는 것이었다. 그러나 정치적 중요성을 조금이라도 가지고 있는 정당이라면 완전히 부정적인 태도를 취하는 것은 불가능한 일이다(물론 원칙으로서는 그런 태도가 만족스러울 수도 있다). 그 정당은 필연적으로 잘 조직된 노동계의 실제적 소망 사항들과는 갈등을 빚게 될 것이고, 그런 태도를 일정 기간 지속한다면 추종 세력은 소수의 정치적 은둔자 그룹으로 위축되고 말 것이다. 마르크스의 가르침이 1914년까지 대규모 독일 정당과 많은 소규모 그룹들에게 끼친 영향을 감안하면, 그가 이 문제(부르주아 정당들의 정책에 대한 태도)를 어떻게 다루었는지 살펴보는 것은 흥미로운 일이다.

그는 가능하다고 생각되는 범위 내에서 유일한 입장을 취했는데, 그것은 논리적으로 나무랄 데 없었다. 사회주의자들은 부르주아지가 프롤레타리아트를 속이기 위해 내놓는 가짜 개선안들에 참여하는 것을 거부해야 한다. 이러한 참여 — 나중에 개량주의라는 별명이 붙음 — 는 신앙에서의 후퇴이며, 진정한 목적의 배신이고, 파괴되어야 할 것을 감추려는 음흉한 시도이다. 올바른 길에서 벗어나 개량주의의 사당에 순례를 떠난 베벨August Bebel, 1840~1913 같은 제자들은 호되게 비난을 받았다. 마르크스와 엥겔스 자신도 1847년 공산당을 결성하던 시기에 좌파 부르주아 그룹들과 협력하는 문제를 고려했던 게 사실이다. 또한 『공산당 선언』은 산발적 타협과 동맹의 필요성을 인식하면서 시간과 장소의 상황에 따라 전략이 달라질 수 있음을 인정했다. 바로 이런 인식에 바탕을 두고서, 마르크스교 신자들에게 상이한 국가들의 부르주아지들 사이에서 벌어지는 적대감과 동일한 국가 내의 부르주아지들 사이의 적대감을 활용하라는 원칙이 부과되었던 것이다. 그리고 이렇게 하자면 일부 부르주아지들과의 협력이 불가피했다. 하지만 이것은 원칙(부르주아 계층의 타파)을 보다 효율적으로 앙양하기 위하여 그 원칙을 일부 제한한 것에 지나지 않았다. 그런 협력이 벌어진 각각의 경우에, 그런 예외적 조치는 엄격하게 조사를 받았는데 원래는 그런 협력을 거부하는 것이 대전제이기 때문이다. 더욱이 그것은 혁명 등 어떤 구체적 위기 상황을 대비하는 협력이었고, 일상적 정치 생활의 양해를 전제로 한 지속적 동맹을 뜻하는 것은 아니었다. 그런 동맹은 교리의 순수성을 훼손할 염려가 있었다.

적수인 부르주아가 프롤레타리아를 이롭게 하는 어떤 정책을 내놓았을 때, 마르크스주의자들은 어떻게 대처해야 할까? 우리는 아주 중요한 사례에서 교주 자신이 보여준 모범으로 추론해볼 수 있다. 자유 무역은 영국 자유주의 정당의 중요 강령 중 하나였다. 마르크스는 뛰어난 경제학자였으므로 그 당시 상황에서 자유 무역이 노동자 계급에게 혜택을 가져다준다는 사실을 알아보았다. 그 혜택을 과소평가하고 부르주아 자유 무역업자의 이윤 동기를 비난할 수도 있었다. 하지만 그렇게 하는 것은 문제를 해결하지 못했다. 왜냐하면 사회주의자들은 자유 무역, 특히 식품의 자유 무역을 지지할 수밖에 없었기 때문이다. 또한 그것을 지지한 이유는 자유 무역이 값싼 빵을 가져다주기 때문이 아니라 — 그건 절대 아니다! — 사회적 진화의 속도를 촉진시켜 사회 혁명의 도래를 앞당기기 때문이었다. 그 전략적 수법은 놀라운 것이었다. 더욱이 그 논의는 상당히 그럴듯했고 많은 훌륭한 사례들에 적용될 수 있었다. 그러나 그 신탁은 어중간한 경우에는 어떻게 대응해야 할지를 언급하지는 않았다. 가령 프롤레타리아에게 혜택을 주지만 자본주의의 진화를 촉진하지 않는 정책들 — 예를 들어 사회적 개량이나 사회적 보험 같은 조치들 — 혹은 반대로 자본주의의 진화를 촉진하지만 프롤레타리아에게 혜택을 주지 못하는 그런 정책들 말이다. 만약 부르주아 진영이 이런 문제들을 놓고 분열된다면 사회주의자들의 나아갈 길은 분명해진다. 교리는 그런 분열을 적극 활용하라고 가르치고 있기 때문이다. 이런 관점에서 본다면, 마르크스는 토지 귀족이나 지주 신사 같은 초超부르주아 세력들이 부르주아 체제에 반대하며 후원했던 개혁안들도 받아들였을 것 같다. 비록 그의 원래 도식에는 이런 개혁안들이 자리 잡을 별도의 공간은 없지만 말이다.

두 번째 질문(즉각 시행해야 할 프로그램)도 첫 번째 못지않게 까다롭다. 즉각적인 혜택을 약속하는 정강이 없는 정당은 생존하지 못한다. 하지만 엄격한 논리의 관점에서 보자면 마르크스주의는 이런 프로그램을 갖고 있지 않다. 이미 유해한 자본주의의 분위기에서 행해진 또는 앞으로 행해질 긍정적인 사항이라고 해도 **그 자체로**(자본주의 사회에서 시행되었다는 그 사실 자체로) 이미 오염이 된 것이다. 마르크스와 엥겔스는 실제로 이것을 걱정했고 자본주의 체제 내에서 시행되어 부르주아 과격파의 냄새를 풍기는 건설적 프로그램을 좌절시키려고 애썼다. 그러나 그들은 1847년에 이 문제와 관련하여 단호하게 고르디우스의 매듭Gordian Knot•을 끊었다(해결했다). 『공산당 선언』은 사회주의 정책의 직접적 목적들을 다수 열거하고 있는데, 그것은 자유주의의 정기선 옆에다 사회주의의 예인선을 갖다 붙인 격으로서, 아주 비논리적인 것이었다.

그 직접적인 목적들로는 무상 교육, 보통 선거, 유아 노동의 억제, 누진 소득세, 토지·금융업·운수업의 국유화, 국영 기업의 확대, 황무지의 개간, 국민 전원의 산업 서비스에의 의무적 참여, 산업 센터들의 전국적 분산 배치 등이 제시되었다. 이것들은 그 당시 마르크스와 엥겔스가 얼마나 기회주의적으로 행동했는가를 분명하게 보여준다. 그러면서도 두 사람은 다른 사회주의자들에게는 이런 특혜 부여를 거부했다. 이 프로그램에서 놀라운 점은 전형적인 혹은 배타적인 사회주의적 강령이 전혀 없다는 것이다. 만약 우리가 그것을 다른 상황에서 만났더라면 과연 사회주의적 프로그램인지 의심했을 것이다. 그중 어떤 것이든 비사회주의적 프로그램에 등장할 수 있었고 — 심지어 토지 국유화도 부르주아 저술가들에 의해 특별한 근거 위에서 옹호되었다 — 대부분의 강령은 부르주아 과격파의 창고에서 그냥 가져온 것들이다. 이것은 물론 유일하게 합리적인 조치였다. 하지만 그것은 아주 당혹스러운 실천적 허약함을 은폐하려는 임시변통에 지나지 않았다. 만약 마르크스가 이런 강령들 그 자체에 관심을 가졌더라면 그는 부르주아 자유주의의 과격 좌파들과 연합하는 것

• 고르디우스 왕의 전차에 매달린 매듭을 아무도 풀지 못하자 알렉산드로스 대왕이 한칼에 잘랐다고 전하는 전설 속의 매듭. '너무 까다로워서 대담한 방법을 써야만 풀 수 있는 문제'라는 뜻이다.

이외에 다른 선택권이 없었을 것이다. 그 강령들 자체는 그에게 아무런 의미가 없었고 그는 그것들을 위해 희생해야 한다는 의무감을 전혀 느끼지 않았다. 만약 부르주아 좌파들이 그 강령들을 모두 실천했다면, 마르크스는 아주 불쾌하고 또 놀라면서 그것을 받아들였을 것이다.

(4) 동일한 원칙들, 동일한 전략들, 그리고 유사한 정치적 데이터가 1864년에 '국제 노동자 협회'("제1인터내셔널")의 '창립사'를 만들어냈다. 이 협회의 창립은 1847년의 독일 '노동자 교육 협회'나 같은 해의 소규모 국제 그룹을 넘어서서 커다란 발전의 획을 긋는 사건이었다. 그것은 사회주의 정당들 — 두 독일 정당이 가담했으나 라살레파인 '독일 노동자 연합 총연맹'은 즉시 탈퇴했다 — 의 조직은 아니었고, 프롤레타리아의 국제 조직은 더더욱 아니었다. 그러나 많은 나라, 많은 유형의 노동자 단체들이 실제로 대표를 파견했고, 심지어 영국의 노동조합들까지 흥미를 보이면서 한동안 이 어울리지 않는 동맹을 유지했다. 영국 노조들의 태도는 다소 중립적이었으나 그래도 즉각적인 이득이 있지 않을까 열심히 곁눈질했다. 조지 오저George Odger, 1813~1877는 창립자들의 명단에 이름을 올렸다.[05] 제1인터내셔널은 자신들의 역할을 거창하게 주장했고, 또 이 조직을 연구한 일부 역사가들은 인터내셔널이 혁명 운동과 당시의 주요 노조 시위에서 큰 역할을 했다고 말하지만, 상당히 과장된 것이므로 감안해서 들어야 한다. 이 조직은 그다지 효과를 거두지 못했고, 지도를 한다거나 사태를 장악한다거나 하지는 않았지만, 적어도 여러 노동 조직들을 통일시키는 수사修辭는 제공했다. 이 조직은 여러 연락처를 확립한 덕분에 실제적으로 중요한 지위에 오르게 되었다. 그 과정에서 어리석게도 이 조직을 홍보해준 부르주아 적수들의 자상한 도움을 받기도 했다. 처음에 이 조직은 아주 잘 굴러갔다. 첫 네 번의 "대표자 대회"는 아주 성공적이었다. 그리고 비사회주의적인 사건들, 가령 상속의 원칙을 지지하는 투표

같은 것도 정통파 회원들에 의해 전략적으로 묵과되었다. 바쿠닌이 이 인터내셔널에 가입했다가(1869) 축출된 사건(1872)은 치명타가 되었고, 조직은 이후에도 1874년까지 존속은 했으나 그 후유증을 회복하지는 못했다.

 마르크스는 처음부터 이 대상隊商의 숙소 같은 조직(어중이떠중이가 모여든 조직)이 가진 가능성과 위험성을 의식했다. 그 조직 안에는 애매한 입장의 지식인들이 노동자들 옆에 포진하고 있었다. 게다가 노동자들은 상황에 따라서 인터내셔널을 이용하거나 아니면 부인할 그런 결심을 하고 있었다. 마르크스는 그 조직의 가능성을 위해서 언제나 싸웠지만 동시에 조직의 위험성을 늘 경계했다. 여기서 조직을 위해 싸운다는 것은 조직을 잘 결속시켜 그 상태를 오래 유지하는 것을 의미했고, 위험을 경계한다는 것은 그 조직이 마르크스교 이외의 다른 색깔을 갖지 못하게 하는 것을 뜻했다. 하지만 이 두 가지 일은 다음과 같은 객관적 사실을 감안해가며 수행되어야 했다. 그의 개인적 추종자들은 언제나 소수였고, 다른 조직 구성원들에 대한 그의 영향력은 생각보다 그리 크지 않았다. 비록 그가 강령 연설을 작성하도록 초빙 혹은 허용되기는 했지만 말이다. 따라서 제1인터내셔널의 창립사史는 비非마르크스적 사항들에 대한 양보를 담고 있다. 그 양보안은 마르크스 자신이 보고서 경악했던 '독일 사민당'의 고타 강령(1875)Gotha Program•과 유사한 것이었다. 제1인터내셔널

• 1875년 5월, 라살레파인 독일 노동자 연합 총연맹과 아이제나하파의 독일 사회민주 노동당이 정부의 탄압에 대처하기 위해 고타에서 합동 대회를 열어 독일 사회주의 노동당을 결성하면서 채택한 강령이다. 1875년 2월, 마르크스는 강령 초안을 검토한 후 이론적 모순과 정치적 요구의 일관성이 부족하다는 점을 들어 『고타 강령 비판』을 썼다. 이후 1891년에는 당의 명칭이 독일 사회 민주당으로 바뀌면서 마르크스의 영향력이 반영된 『에르푸르트 강령』으로 대체되었다.

이후에도 그런 조심스러운 처신과 타협이 눈에 많이 띈다. 그런 양보안들 때문에 마르크스는 한때 반농담조의 절망 어린 목소리로 "**나는 마르크스주의자가 아닙니다**Je ne suis pas Marxiste"라고 말한 바 있다. 하지만 타협의 의미는 그 타협을 이끌어내는 사람에게 달려 있고, 또 어떤 정신 속에서 타결되었느냐에 달려 있다. 커다란 추세를 보는 사람은 많은 일탈들도 참아 넘길 수 있다. 분명 마르크스는 자신이 커다란 추세를 보고 있다고 확신했고, 그래서 각각의 일탈을 허용하기는 했지만 언제든 그 대세로 돌아갈 수 있다고 믿었다. 하지만 그는 다른 사람들도 동일한 게임을 펼치는 것을 보고서 불안감을 떨치지 못했다. 우리는 이것을 충분히 이해할 수 있다. 그래서 그의 전략적 변신과 다른 사람들의 변신에 대한 비난에는 단순한 자기중심주의 이상의 것이 깃들어 있다.

물론 정통파 사회주의의 고전 정책이 견지하는 전략과 원칙은 비판의 대상이 된다. 마르크스 자신이 수립한 전략적 모범 덕분에 후대의 추종자들은 교주의 언행을 인용하면서 그들의 행동이나 부작위를 제멋대로 정당화할 수 있었다. 사회주의 원칙은 어느 곳으로도 인도되지 않는 길을 가리킨다고 맹렬하게 비난받아왔다. 그렇지만 더 중요한 점은 그 원칙의 이론적 근거를 이해하는 것이다. 마르크스는 프롤레타리아 혁명을 믿었다. 그는 또한 그 혁명이 도래할 시간이 얼마 남지 않았다고 믿었다(그 자신의 교리상 이런 도래를 의심해야 마땅한데도 그러지 못했다). 마르크스의 이런 믿음은 초기 기독교인들이 심판의 날이 가까이 다가왔다고 믿은 것과 비슷했다. 따라서 그의 정치적 방법은 정말로 그릇된 진단에 바탕을 둔 것이었다. 그의 정치적 통찰력을 찬양한 지식인들은[06] 그의 실천적 판단 속에 들어 있는 많은 희망 사항을 보지 못했다. 하지만 마르크스의 시야에 들어오는 사실들과 그로부터 나오는 추론을 모두 타당한 것으로 당연시한다면 얘기는 달라진다. 그러면 마르크스의 정치적 방법은 말이

되고, 또 직접적 결과(혜택)에 대한 그의 견해와 부르주아 개량가들과의 협력 또한 합리적인 것이 된다. 그런 관점에서 본다면, 모든 국가의 프롤레타리아를 조직하여 동질적인 정당을 만드는 것, 그 정당이 혁명의 신앙을 잃지 않고 또 행군 도중에 화약을 젖히는 일 없이 목표를 향해 일로매진하게 만드는 것, 이것이야말로 가장 중요한 과업이 된다. 이에 비하면 그 나머지 것들은 쓸데없는 것에 지나지 않는다.

26
1875년에서 1914년까지

1. 영국의 발전 사항과 페이비언주의

1875년과 1914년이라는 두 해는 상당한 상징적 의미가 있다. 1875년은 정계에서 하나의 요소로 인정될 만큼 힘을 갖춘 사회주의 정당이 탄생한 해였다. 이 획기적 사건은 독일의 두 그룹이 합병함으로써 이루어졌다. 하나는 라살레의 그룹이고, 다른 하나는 베벨과 빌헬름 리프크네히트 Wilhelm Liebknecht, 1826~1900가 1869년에 창립한 그룹인데 이 둘이 하나로 합쳐져서 사회 민주당이 되었다. 이 당은 창립 당시에는 라살레의 철학[01]에 상당한 양보를 했으나(고타 강령), 점차적으로 마르크스주의를 수용했고(에르푸르트 강령, 1891), 1914년까지 꾸준하게 투쟁하면서 나름대로 자랑스럽게 그 지위를 유지했으나, 그해에 다른 모든 사회주의 정당들과 마찬가지로 운명적인 위기를 맞게 된다.[02] 마르크스 정당은 그동안 놀라운 발전을 이룩하여 원칙을 희생시키지 않고서도 의회 리더십 획득을 거의 목전에 둘 정도로 약진했다. 우리는 이런 발전에 대하여 논평하기 전에, 다른 나라들의 상황을 한 번 살펴보기로 하자. 먼저 이 시기 동안의 영국 사회주의에 대해서 일별해볼 필요가 있는데, 그것은 마르크스주의 정당과 놀라우면서도 교훈적인 차별을 보이기 때문이다.

표면 아래에서 상당히 유사한 사회적 과정들이 있었고, 또 그런 과정의 일환으로 상당히 유사한 노동 운동들이 있었다. 태도, 이데올로기, 전략

등과 관련하여 영국과 독일 사회주의의 차이는 쉽게 설명될 수 있다. 오웬의 전국 대통합 노조가 1834년에 붕괴하고 또 차티스트 운동이 퇴조한 이래, 영국의 노동 운동은 그 누구로부터도 강력한 적대감을 이끌어내지 않았다. 노조의 몇몇 경제적 목표는 자유당의 지지를 받았고, 다른 목표들은 보수당의 승인을 얻었다.[03] 가령 1871년과 1875년, 그리고 1876년의 노동법은 노동계를 자극하여 시위를 일으킬만한 내용이 없었으므로 무사히 통과되었다. 더욱이 보통 선거권을 위한 투쟁은 비사회주의 그룹들이 수행했고, 일반 대중은 그에 찬성하여 격려를 보내거나 아니면 반대하여 야유하는 것이 고작이었다. 이 모든 일에서 영국 노조의 일반 회원들은 우수한 자질을 보여주었다. 또 영국 정계의 우수한 자질도 드러났다. 유능한 영국 정계는 프랑스 대혁명 같은 꼴이 나는 것을 잘 피했고, 또 식품 등귀에서 오는 위험들을 적절히 제거했다. 그런 다음 점점 더 까다로워지는 사회적 상황을 어떻게 관리해야 하는지 알았고, 때로는 우아하게 항복할 줄도 알았다. 가령 1906년의 노동 쟁의법이 좋은 사례이다.[04] 따라서 영국의 프롤레타리아는 "계급 의식적"이 되는 데 오랜 시간이 걸렸고, 하디James Keir Hardie, 1856~1915는 1893년이 되어서야 독립 노동당을 결성할 수 있었다. 새로운 노동조합주의의[05] 부상은 마침내 독일 상황과 별로 다를 바 없는 상황을 예고했다. 단지 독일과는 표현의 차이만 있었을 뿐이다.

이러한 양국 간 차이의 성격과 범위는 그 차이를 완벽하게 표현해주는 조직인 페이비언 협회를 살펴보면 아주 잘 드러난다. 이 협회는 지식인들로 이루어진 소규모 그룹인데 그 이상의 것이 되기를 바라지 않았다. 마르크스주의자들은 소조직의 중요성을 그토록 과장하는 것에 대하여 아마도 코웃음을 쳤을 것이다. 하지만 영국의 페이비언주의자들과 그들이 구현한 태도는 독일 마르크스주의자들의 그것 못지않게 중요했다.

페이비언은 1883년에 처음 등장하여 우리 시대 내내 부르주아 지식인들의 소규모 집단으로 활동했다.[06] 그들은 벤담과 밀을 계승했고, 그들의 전통을 준수했다. 그들은 선배 격인 철학적 과격파들이 그랬던 것처럼 인류에 대하여 똑같이 커다란 희망을 품고 있었다. 페이비언은 그들과 마찬가지로 실천적 점진주의에 입각하여 합리적으로 사회를 재구성하고 개선하려고 노력했다.

페이비언은 객관적 사실들을 중시했고, 일부 회원들은 광범위한 연구 조사를 통해 줄기차게 사실들을 수집했으며, 각종 가능한 논의와 조치들에 대해서는 비판적인 입장을 견지했다. 하지만 그들의 기본적인 목적, 즉 문화적·경제적 근본 사항들에 대해서는 비판하지 않았다. 그들은 이런 근본 사항을 당연한 것으로 여겼고, 그런 만큼 훌륭한 영국인들이 그러하듯이 영국의 상황이나 제도를 당연시했다. 그들은 현상을 있는 그대로 보았기 때문에 빈민가와 영국 상원 의사당의 차이를 볼 수가 없었다. 둘 다 "나쁜 것"이었고, 그건 상식이었다. 반면에 인도의 경제적 평등이나 자치 정부, 혹은 노동조합이나 자유 무역은 "좋은 것"이었다. 이걸 부정할 사람은 아무도 없다고 생각했다. 따라서 모든 생각은 어떻게 하면 나쁜 것을 청소하고 좋은 것을 확보할 것인가에 집중되어야 했다. 그 외의 것은 모두 짜증나는 무용지물이었다. 이런 태도에는 공공 서비스에 전념하겠다는 헌신이 느껴지고, 동시에 다른 개인관과 국가관을 용납하지 않으려는 불관용이 발견된다(이런 태도는 마르크스주의자들이 자신의 이념만이 진실이라고 믿는 태도와 비슷하다). 아름다운 것을 좋아하는 태도를 포함하여 모든 귀족적인 것에 반항하는 프티 부르주아의 적개심 같은 것이 페이비언에게는 있었다.

처음에 페이비언의 배후에는 아무도 없었다. 그들은 자신들의 말을 들어주는 사람이면 누구나 가리지 않고 설득하려 애썼다. 그들은 노동자 계급과 부르주아 대중들에게 강연을 했다. 그들은 멋진 팸플릿을 작성하여 광범위하게 배포했다. 그들은 특정 정치, 계획, 법안을 두고서 싸웠다. 그들이 영향력을 발휘하는 수단은 개인 "핵심 인사들"과 접촉할 수 있는 것, 혹은 정계, 산업계, 노동계의 지도자들과 가까운 거리에 있는 개인들을 알고 있다는 것이었다. 영국이라는 나라, 그리고 그들이 이런 나라에서 일정한 사회적·정치적 지위를 누리고 있다는 사실이 이런 인물들을 접촉하여 활용할 수 있는 기회를 제공했다.

영국 정계는 언제나 외부 인사들의 조언에 귀 기울이는 곳은 아니지만, 그래도 다른 사회에 비해 외부 인사의 말을 경청하는 편이다. 몇몇 페이비언은 옥스퍼드 대학과 케임브리지 대학의 학생회나 휴게실에서 맺은 인연을 잘 활용했다. 도덕적인 관점에서 말하자면 페이비언들은 다른 지구에 사는 사람들이 아니었다. 그들 대부분은 기존 체제의 적수가 아니었다. 그들은 정부에 대한 적대감보다는 정부와 적극적으로 협력하려고 했다. 그들은 정당을 창립하려고 하지 않았고, 또 계급 투쟁과 혁명의 구호를 싫어했다. 그들은 가능하다면 자신들을 성가신 존재보다는 유익한 존재로 만들려고 애썼다. 그들은 의회 의원과 정부 관리들에게 유익한 것을 제공했고, 의원과 관리는 어떤 사안을 어떻게 처리해야 할지 유익하게 조언해주는 페이비언의 의견을 환영했다.

현대의 내각 장관은 그의 부처 내에서 필요한 정보와 제안을 대부분 얻어낼 수 있다. 특히 그에게 통계 수치가 부족한 일은 없다. 하지만 1880년대와 1890년대에는 사정이 그렇지 못했다. 거의 예외 없이 각급 공무원들은 그들의 일상적 업무만 잘 알았지 그 외의 것에 대해서는 무지했다. 원내와 원외의 의원들은 자신들이 맡은 정책 분야 이외의 영역에 대해서 객관적 사실과 아이디어들이 부족했다. 특히 "새로운" 사회 문제들의 분야에 대해서는 더욱 무지했다. 이런 상황에서 그런 정보를 비축해두고서 잘 정리된 형태로 서비스를 하겠다는 그룹이 있으면, 그들은 재무부나 기타 정부 부처에서 환영받을 수 있었다. 비록 정문으로 들어가지는 못하겠지만 옆문으로 들어가 공무원들의 환영을 받는 것이다. 환영은 여기에서 그치지 않는다. 페이비언의 직접적인 목표에 상당히 동조하기 때문에, 공무원 사회는 그들로부터 교육을 받겠다는 의사도 표시한다. 이렇게 하여 페이비언은 비공식적 공무원의 역할도 수행한다. 사실 이런 역할은 그들의 적성에 딱 들어맞는다. 페이비언은 관료제가 그 숫자나 권력에 있어서 점차 커질 것이라고 내다봤으며, 그런 관료제를 통하여 어떤 행동을 벌이는 것은 그들의 이념인 민주적 국가 사회주의의 목표와도 일치하는 것이었다.

여기서 다음과 같은 질문이 제기될 수 있다. 무엇보다도 이것은 마르크스 자신도 물었을법한 질문이고, 또한 하인드먼Henry Mayers Hyndman, 1842~1921이 1881년에 발족한 '영국 사회 민주 연맹'과 같은 영국 마르크스주의자들의 소그룹이 실제로 물었던 질문이기도 하다. 즉, 정부와의 그런 협력은 결국 부르주아와 이해관계를 가진 정치 세력과 담합 내지 음모를 꾸미는 것이 아니고 무엇인가? 그런 것을 어떻게 사회주의라고 할 수 있는가? 설사 백 보 양보하여 사회주의로 받아준다고 해도 그것은 유토피아 사회주의(위에서 언급한 마르크스의 관점에서 공상적 사회주의)의 또 다른 버전에 지나지 않는다. 사실 페이비언과 마르크스주의자는 서로 상대방을 역겨운 존재로 생각했고, 또 상대방의 환상을 내심 경멸했다. 페이비언은 근본적인 원칙과 전략에 대해서는 토론을 피하는 게 관습이었다(반면 마르크스주의자는 그런 토론을 좋아했다). 게다가 페이비언은 마르크스주의자를 한 수 아래로 생각하면서 측은하게 내려다보는 경향이 있었다. 아무튼 중립적인 관찰자가 볼 때 위의 질문에 대답하는 것은 어렵지 않다.

페이비언 유형의 사회주의는 다른 시대 같았더라면 아무것도 이루지 못했을 것이다. 하지만 1914년 직전의 30년 동안에 협회는 많은 일을 했다. 왜냐하면 사물과 사람(의 영혼)은 그런 종류의 메시지, 그러니까 적당한 정도로 과격한 메시지를 기다리고 있었기 때문이다. 가능성을 구체적인 정책으로 바꾸기 위해서 기존의 의견을 정식화하고 조직하기만 하면 되었다. 그리고 이런 "조직적인 정식화"를 페이비언은 아주 능숙하게 제공했던 것이다. 그들은 개혁가였다. 시대정신이 그들을 사회주의자로 만들었다. 그들은 사회를 근본적으로 재구축하려 했고, 그렇게 하여 경제적인 문제를 공공의 문제로 만들려 했다. 바로 이 때문에 그들은 진정한 사회주의자였다. 그들은 자발적 사회주의자였고, 따라서 그들이 활동했던 시대보다 앞선 시대에 태어났더라면 마르크스가 말하는 유토피아 사회주의자의 범주에 들어갔을 것이다. 하지만 그들의 출현을 기다리는 사회 분위기가 있었고, 따라서 유토피아 사회주의자라는 레이블은 그들에게 맞지 않는다. 페이비언의 관점에 보자면, 혁명과 계급 투쟁 운운하면서 부르주아라는 사냥감에게 경각심과 위험 의식을 심어주는 것은 미친 짓이나 다름없었다. 페이비언은 적어도 초반전에는 계급 의식을 일깨우는 것을 가급적 피하려고 했다. 그렇게 하면 부르주아 사회의 정계와 관계官界에 그들의 원칙을 평화롭고 효과적으로 퍼트리는 게 불가능해지기 때문이다. 여건이 충분히 무르익자 페이비언은 주저 없이 독립 노동당의 창설을 도왔고, 1900년의 노동 대표 위원회와 협력했으며, 노동조합들이 정계에 나서도록 했고, 런던 시의회의 진보당 노선을 지원했으며, 처음에는 도시 단위의 사회주의 그리고 이어 전국 단위의 사회주의를 설교했다. 그리고 종국에는 소비에트 체제의 미덕을 널리 홍보할 계획이었다.

물론 이런 점진적 계획에는 손쉽게 비난을 퍼부을 수 있는 측면이 있다.

페이비언은 **마르크스의 방식대로**_more Marxiano_ 당당하게 전쟁을 선언하지도 않았고, 사냥감을 상대로 너에게 어떻게 하겠다고 말하지도 않았다. 그렇지만 그들은 사냥감을 보호하겠다고 하지도 않았다. 페이비언에 대한 또 다른 비난은 이런 것이다. 페이비언의 진행 방식은 결국 자본주의 체제의 외곽 성벽에 갇혀버리는 위험을 자초할 것이고, 결국 대규모적인 대치전으로는 결코 나아가지 못한다. 이 비난은 페이비언의 독특한 태도를 이해하지 못한 데서 나온 것이다. 페이비언은 아마도 이렇게 자신을 변호할 것이다. **혹시라도 불가능할지 모를 수단에 의하여**_par l'impossible_ 자본주의 체제에 대한 우리의 공격이 그 체제를 죽이지 아니하고 충분히 그것을 개혁할 수 있다면, 그것은 오히려 축하해야 할 일이 아닌가? 대규모 대치전을 못한다는 비난에 대해서는 협회의 이름이 그런 비난을 적절하게도 사전 예방하고 있다. 페이비언Fabian이라는 이름은 로마 장군 파비우스Fabius에게서 나온 것으로, 이 장군은 비록 수비에 치중하면서 조심스럽게 행동했지만, 공격 일변도로 나가다가 패배만 당한 선배 장군들보다 카르타고 장군 한니발을 이탈리아에서 몰아내는 데 더 많은 공을 세웠다.

계급 투쟁이든 혁명이든 페이비언주의는 마르크스주의의 정반대이다. 어떤 의미에서 보면 페이비언이 마르크스보다 더 나은 마르크스주의자이다. 현실 정치 내에 있는 문제들만 집중하고, 사회적 여건들의 진화에 발맞추어 움직이고, 그렇게 하여 궁극적 목표가 점진적으로 이루어지게 하는 것, 이것이야말로 마르크스의 근본 교리에 더 일치하는 것이다. 마르크스가 근본 교리에 접목시킨 혁명 이데올로기는 구호만 요란할 뿐 실제적 효과가 별로 없는 것이다. 자본주의가 곧 망한다는 환상을 갖지 않는 것, 사회화는 사회 **모든** 계급의 태도를 바꾸는 경향이 있는 점진적 과정임을 깨닫는 것, 이것만으로도 근본 교리를 훨씬 더 잘 이해하고 있는 것이다.

2. 스웨덴과 러시아

모든 나라들은 자신들만의 사회주의를 가지고 있다. 하지만 유럽 국가들의 기준은 영국의 그것과 별로 다르지 않다. 이들 나라는 국가의 크기에 비해 인류의 문화적 자산에 기여한 바는 아주 크며, 특히 네덜란드와 스칸디나비아 국가들이 그러하다. 구체적 사례로 스웨덴을 한번 살펴보자. 이 나라의 예술, 과학, 정치, 사회적 제도 등과 마찬가지로 스웨덴의 사회주의와 사회주의자들은 어떤 특정한 원칙이나 의도에 힘입은 것이 아니라, 스웨덴이라는 국민성과 균형이 아주 잘 잡힌 사회 구조 덕분에 존재하는 것이다. 이 때문에 다른 나라들이 스웨덴의 사례를 흉내 내려는 것은 어리석은 일이 된다. 정말로 그 사회주의를 실천하고자 한다면 스웨덴 사람들을 수입하여 그 일을 맡기는 수밖에 없다.

스웨덴의 국민성과 사회 구조가 독특하기 때문에, 우리는 스웨덴 사회주의의 두 가지 뚜렷한 특징을 이해하는 데 어려움이 없을 것이다. 양심적으로 훌륭하게 인도되고 있는 스웨덴 사회주의당은 아주 정상적인 사회 과정에 정상적으로 반응하면서 성장해왔다. 이 당은 정상적인 발전보다 앞서 나아가려고 무리하게 밀어붙이거나 반대를 위한 반대를 해본 적이 없다. 따라서 이 당이 정치권력을 잡아도 사회적 경련이 발생하지 않았다. 당의 지도자들은 책임 많은 관직을 자연스럽게 맡을 수 있었고, 다른 정당의 지도자들을 평등한 입장과 공통적인 터전 위에서 만났다. 오늘날까지 공산주의 그룹이 존속하고 있지만, 현재의 정치에 대한 의견 차이는 아주 사소하다. 가령 모든 사람이 받아들이는 어떤 사회적 목적을 위하여 수백만 크로네를 더 쓸 것인가 말 것인가 정도의 차이이다. 당내에서도 지식인과 노동자의 의견 대립은 현미경으로 들여다보아야 발견할 수 있을 정도이다. 두 그룹의 높은 수준 덕분에 그들 사이에 커다란 문화적 심연 같은 것은 없다. 스웨덴의 사회 조직은 다른 나라들과는 다르게 실업자 지식인들을 그다지 많이 배출하지 않기 때문에, 남을 화내게 만들고 또 저자신도 엄청 화를 내는 지식인들이 다른 나라들처럼 그리 많지 않다. 이것은 노동조합들이 크게는 사회주의 운동, 작게는 사회주의 정당에 "힘을 빼게 만드는 통제"를 가하기 때문이다. 오늘날의 과격파 구호를 잘 아는 외부 관찰자가 볼 때, 노동조합이 그런 통제를 가하기 때문에 스웨덴에서는 그런 과격한 구호가 나오지 않는 듯하다. 하지만 이런 진단은 스웨덴의 사회적·인종적 환경을 전혀 감안하지 않은 것이다. 지식인이나 노동자나 그런 환경의 소산이고, 이 덕분에 이 두 그룹은 사회주의가 종교로 들어 올려지는 것을 막고 있다. 마르크스의 가르침에는 이런 형태(스웨덴 사회주의)를 받아들일만한 여력이 있기는 하지만, 평균적인 타입의 마르크스주의자는 스웨덴 유형의 사회주의 정당을 호의적으로 바라보기 어렵다. 나아가 그런 당이 사회주의 노력의 진정한 사례라고 인정하는 것은 더욱 무망해보인다. 그런 만큼 스웨덴 사회주의자들은 마르크스주의에 아주 가볍게 물들어 있을 뿐이다. 그들이 다른 사회주의자 그룹과 접촉하는 국제 관계에서는 사회주의자 에티켓에 따라 마르크스 전문 용어를 빈번히 사용하기는 하지만 어디까지나 의례적 차원인 것이다.

반면에 러시아에서는 거의 완벽하게 마르크스식인 사회주의를 발견하게 된다. 그들은 그런 사회 형태 덕분에 완벽하게 마르크스주의자들의 은총을 누리고 있다. 하지만 러시아의 환경을 감안한다면 그 사회주의를 이해하는 것도 스웨덴 못지않게 수월하다. 차르 시대의 러시아는 대체로 전前 자본주의의 특징을 가진 농업 국가였다. 전문 사회주의자들이 접근할 수 있는 산업 프롤레타리아는 약 1억 5,000만 전체 인구 중 소수에 불과했다.[07] 역시 숫자가 많지 않았던 상업 및 산업 부르주아지는 다른 사람들과 마찬가지로 그리 효율적이지 못했다. 비록 정부가 촉진시키는 자본주의 진화가 급속히 가속도를 얻고 있기는 했지만 말이다. 이런 구조에 인텔리

겐치아(지식인) 그룹이 끼어들었는데 그들의 사상은 러시아 땅에서는 아주 낯선 것이었다. 파리의 화려한 드레스가 러시아 사교계 여자들에게 낯선 것처럼 말이다.

당시 많은 러시아 지식인들이 러시아 정부 형태를 혐오스럽게 생각했다. 정부 형태는 절대 군주가 거대한 관료제를 거느리는 구조였고, 지주 귀족 계급이나 교회 세력과 동맹하고 있었다. 전 세계의 일반 여론은 러시아 지식인들의 역사 해석을 받아들이고 있었다. 차르 체제를 뒤이은 체제에 대해서 아주 적대적인 작가들조차도 예외 없이 차르 통치의 기괴함에 대하여 경악한다고 서슴없이 말했다. 그 결과 단순한 진리는 선동적 수사의 미로에서 완전히 실종되어버렸다. 사실 그 정부 형태는 러시아의 사회 형태에 비추어 볼 때 적절한 것이었다. 영국의 의회 군주제나 미국의 민주 공화제처럼, 러시아의 절대 군주제도 그 환경의 산물인 것이다. 주변 환경을 감안할 때 관료제의 업무 수행도는 세상 사람들이 생각하는 것보다 훨씬 우수했다. 농업과 기타 부문에 대한 사회 개혁, 다소 제한된 형태의 입헌주의로 다가가는 망설이는 발걸음 등은 그 당시 상황으로서는 최선의 것이었다. 국가의 정신과 충돌을 일으킨 것은 수입된 과격주의와 지식인들의 집단 이해였지, 차르 군주제가 아니었다. 차르는 당시 모든 계급의 대다수 국민들에게 상당한 영향력을 갖고 있었다.

이로부터 두 가지 결론이 도출되는데, 일견 역설적으로 보인다. 하지만 진지한 역사학도는 그것을 역설적이라고 생각하지 않을 것이다. 당시 자유주의적인 변호사, 의사, 교수, 공무원 등은 카데트Kadet 당(입헌 민주당)을 형성했는데, 이들이 원하는 방향으로 갑작스러운 대규모 변화를 일으키는 것은 불가능했다. 그들의 정강이 군주제로서는 받아들이기 어려운 것이었기 때문이 아니라, 그들의 세력이 너무 허약했기 때문이다. 그들을 국가 권력의 일부로 받아들이는 것은 일반 대중의 지지를 별로 이끌어내지 못하는 세력을 인정하는 것이었다. 게다가 카데트 당의 강령은 차르 관료제를 운영하는 집단들과 마찬가지로 대중의 감정이나 이해관계에 그다지 공감하는 바가 없었다. 사회주의 체제는 물론이고 부르주아 체제가 들어설 자리도 별로 없었다. 1789년의 프랑스 상황과 1905년의 러시아 상황 사이에는 어떤 유사성도 없었다. 1789년에 붕괴된 사회 구조는 이미 낡은 것이었고, 프랑스에서 활력을 갖고 있는 거의 모든 것에 지장을 주는 장애물이었다. 그런 구조로는 그 당시의 재정적, 경제적, 사회적 문제들을 감당할 수 없었다. 하지만 1905년의 러시아는 그런 상황이 아니었다. 일본과의 전쟁에서 패배하여 체면에 손상을 입었고, 그에 따른 환멸과 무질서가 있기는 했다. 하지만 국가는 그런 무질서를 진압할 능력이 있었고, 또 그 뒤에 어른거리는 문제들을 공격할 힘이 있었다. 프랑스에서는 혼란의 결과가 공포 정치의 대가 로베스피에르Maximilien Robespierre, 1758~1794였지만, 러시아에서는 유능한 총리 스톨리핀Pyotr Arkad'evich Stolypin, 1862~1911이었다. 프랑스의 앙시앵 레짐처럼 러시아 정부도 완전히 힘이 빠져버렸더라면 이런 유능한 총리의 신속한 대응이 불가능했을 것이다. 제1차 세계대전이 러시아 사회 조직에 무리한 힘을 가하지 않았더라면, 러시아 군주제는 국가 경제 발전의 영향 아래 그 발전과 보조를 이루며 평화롭게 국가의 구조를 변모시킬 수 있었을 것이다. 이렇게 가정하지 않을 이유가 없다.[08]

반면에 바로 그런 사회 구조의 근본적 안정성 때문에 정상적인 방법으로는 집권하기 어려웠던 지식인들이 절망적인 과격주의로 치달아 범죄적인 폭력 노선을 취하게 되었다. 러시아 지식인들의 과격주의는 실천적 가능성들과 역비례하는 것으로서, 무능에서 나오는 과격 행동이었고 그런 만큼 더욱 파괴적이었다. 암살은 쓸데없는 짓이고 탄압만 가져올 뿐이지만, 그들이 그 외에 할 수 있는 일은 별로 없었다. 무자비한 탄압 방식은 차례로 보복을 불러왔고, 이렇게 하여 잔학과 범죄가 끊임없이 상승 작용을 일으키는 비극이 전개되었다. 온 세계는 그것을 직접 보고 느꼈고, 또 예상한 대로였다고 진단했다.

그런데 마르크스는 폭동을 지지하는 사람이 아니었다. 일부 괴이한 러시아 혁명가들, 특히 바쿠닌 유형의 혁명가들에 대하여 마르크스는 무한한 경멸과 그에 못지않은 증오심을 품었다. 더욱이 그는 러시아 상황을 잘 알고 있었을 것이다(아니, 실제로 알았다). 마르크스는 사회주의가 성공하기 위하여 반드시 필요한 여러 조건들을 내세웠는데, 러시아의 사회적·경제적 구조는 그런 교리를 단 하나도 충족시키지 못했다. 논리적 측면에서 보자면, 이 때문에 러시아 지식인들은 마르크스의 가르침을 받아들이지 않는 게 마땅했다. 하지만 마르크스 사상은 그들 사이에서 폭발적 인기를 누렸다. 왜 그럴까? 그것을 이해하는 것은 그리 어렵지 않다. 러시아 지식인들은 나름대로 진지한 혁명가들이었고, 어떤 확실한 사상을 붙들고 있지 못했다. 여기에 엄청난 힘을 가진 혁명의 복음이 등장했다. 마르크스의 빛나는 수사와 천년 왕국의 예언은 그들을 정신적 허무주의의 황량한 사막에서 벗어나게 해주는 화끈한 사상이었다. 더욱이 경제 이론, 철학, 역사가 혼합되어 있는 그 사상은 러시아 지식인들의 입맛에 완벽하게 들어맞았다. 그 복음이 러시아라는 나라에는 맞지 않고, 또 별로 약속해주는 것이 없는데도 그들은 개의치 않았다. 신자는 늘 자기가 듣고 싶은 것만 들었고, 예언자가 실제로 어떻게 말했는지는 신경 쓰지 않았다. 러시아의 실제 상황이 마르크스가 예언한 원숙의 상태에서 멀리 떨어져 있으면 있을수록, 러시아 지식인들은 러시아 문제의 해결을 위해 더욱더 마르크스 사상에 매달렸다(그들 중에 공인된 사회주의자들만 이렇게 한 것이 아니다).

그 결과 1883년경에 이르러 러시아 내에 마르크스 그룹이 나타났고,

이것이 진화하여 1898년에는 사회 민주당이 되었다. 당 창립 당시의 지도부와 당원들은 주로 지식인들이었다. 하지만 "대중들" 사이에서 지하 조직 운동을 충분히 펼친 결과, 마르크스주의자 지도부 아래에 상당한 노동 집단들이 편입되기에 이르렀다. 이 덕분에 노조가 강력한 나라들에서 마르크스 그룹들이 겪었던 많은 어려움이 러시아에서는 나타나지 않았다. 아무튼 그 조직에 입당한 노동자들은 지식인들의 지도를 아주 순종적으로 받아들였고, 그들 자신이 독자적으로 결정을 내리는 경우는 거의 없었다. 따라서 교리와 행동의 전개는 순전히 마르크스 노선을 따랐고, 결정은 당 고위층이 내렸다. 이것은 당연히 독일 마르크스교 신자들의 축복을 받았다. 노동자들의 온순하고 복종적인 미덕을 살펴보면서 독일 신자들은 마르크스 교리에 예외 사항이 있는 게 아닐까, 하는 생각을 품게 되었다. 마르크스에 따르면 진지한 사회주의는 완숙한 자본주의에서만 나온다고 했는데, 농업 국가인 러시아에서 잘 진행되고 있지 않은가? 마르크스 교리에 많은 기여를 하여 널리 존경받았던 플레하노프Georgii Valentinovich Plekhanov, 1856~1918는 1883년 그룹의 창시자였고, 그 후 첫 20년 동안 주도적인 인물이었다. 이런 플레하노프는 마르크스의 교리(원숙한 자본주의에서 사회주의가 나온다)를 받아들였기에 러시아 내에서의 사회주의의 신속한 실현을 내다볼 수가 없었다. 그는 개량주의에 맞서 싸웠고, 마르크스교의 순수성을 훼손시키는 당대의 여러 이설들을 물리치는 데 주력했다. 혁명적 목표와 방식을 지지했지만 이 진정한 마르크스주의자는 당내에 즉각적인 행동 개시를 주장하는 세력이 부상하는 것을 우려의 시선으로 바라보았을 것이다. 플레하노프는 그 세력과 지도자인 레닌에 동조했지만, 내심 불안을 느꼈던 것이다.

러시아 공산당은 불가피한 갈등의 결과로 마침내 볼셰비키와 멘셰비키•로 갈라졌다(1903). 이 분열은 두 집단의 이름이 암시하는 것 같은 전략상의 의견 불일치 이상을 뜻하는 것이었다. 그 당시에는 아무리 노련한 관찰자라도 그 분열의 진정한 성격을 파악할 수 없었다. 이제 그 분열의 의미는 명확해졌다. 그동안 두 집단이 마르크스의 구호를 그대로 유지했기 때문에 중요한 사실이 은폐되었다. 하지만 그들 중 하나는 고전 마르크스주의로부터 결정적으로 이탈해나간 것이었다.

레닌은 러시아 상황에 관하여 그 어떤 환상도 품고 있지 않았다. 그는 차르 체제가 군사적 패배로 인해 일시적으로 약화되었을 때 그 체제를 공격해야만 성공할 수 있다고 보았다. 정부를 공격하여 혼란과 무질서가 벌어지면 그 다음에는 단호하고 잘 조직된 그룹이 등장하여 차르 체제가 붕괴한 그 자리에 들어서려는 다른 체제를 분쇄해야 한다고 믿었다. 이런 비상사태에 대비하여(레닌은 다른 사람들보다 그런 사태가 벌어질 가능성을 더 잘 내다보았다), 그는 적절한 도구를 준비해두어야겠다고 결심했다. 그는 농민들 ― 물론 이들은 러시아에서 중요한 사회 문제와 관련 있었다 ― 을 동원해야 한다는 준^準부르주아지 이데올로기에는 관심이 없었다. 거대한 혁명을 완수하기 위하여 노동자들이 자발적으로 들고 일어설 때까지 기다려야 한다는 이론에는 더욱 관심이 없었다. 그가 절실히 필요로 한 것은 잘 훈련된 혁명 선봉대였다. 오로지 그의 말만 듣고, 모든 양심의 거리낌으로부터 자유롭게 행동하고, 이성과 인정은 거들떠보지 않는 그런 선봉대가 필요했다. 당시의 상황과 필요한 자질을 감안하면

• 1903년 런던에서 열린 러시아 사회 민주 노동당 제2차 대회에서 당원 자격과 투쟁 방식을 둘러싸고, 레닌을 중심으로 한 혁명파와 마르토프를 중심으로 한 온건파가 대립하여 당이 양분되었다. 표결에서 승리한 레닌파가 다수였으므로 스스로를 러시아어로 '다수파'를 뜻하는 볼셰비키(Bol'sheviki)라 불렀고, 반대파를 '소수파'라는 의미에서 멘셰비키(Men'sheviki)라 칭했다.

오로지 지식인 계층으로부터 이런 군대를 동원할 수 있었다. 그리고 가장 좋은 인재를 당내에서 찾아야 했다. 따라서 레닌이 당을 장악하려 한 것은 그 영혼을 파괴하려 한 시도에 다름 아니었다. 다수 세력과 그 지도자인 마르토프L. Martov(Yuly Osipovich Tsederbaum), 1873~1923는 틀림없이 그렇게 느꼈을 것이다. 그는 마르크스를 비판하지 않았지만 새로운 이탈자를 옹호하지도 않았다. 그는 마르크스의 이름으로 레닌에 저항했고, 프롤레타리아 대중 정당이라는 마르크스의 교리를 지지했다. 하지만 레닌은 그 교리에서 이탈하여 새로운 곡조를 노래했다.

아주 오랜 옛날부터 이단자들은 현재 보유 중인 복음을 파괴하려고 나선 것이 아니라 복음의 원시적 순수성을 회복시키려 한다고 주장해왔다. 레닌은 이 오래된 관행을 써먹으면서 충성을 포기한 것이 아니라 마르크스를 찬양하면서 마르크스로부터 이탈했다. 레닌은 그런 단서를 "제국주의 시대의 마르크스주의"라는 수사 속에 감추었다. 트로츠키와 스탈린은 이 수사를 너무 좋아하여 그 후에 자주 써먹었다. 어느 일정한 중요 범위까지는 레닌이 순수 마르크스주의의 형태와 본질을 채택하는 것이 가능했다. 하지만 레닌은 그런 식으로 확보한 성채로부터 돌격을 감행하면서부터는 본질적으로 비非마르크스적인 자세를 취했다. 미성숙한 상황에서 **무장 폭동**pronunciamiento에 의한 사회화라는 아이디어는 분명 비마르크스적인 것이다. 그뿐 아니다. "해방"은 프롤레타리아가 이룩하는 것(마르크스 교리)이 아니라, 대중을 지휘하는 지식인 부대가 해야 할 일이라는 얘기 또한 비마르크스적이다.[09] 이것은 선동 기술이나 타협 사항에 대하여 이질적 견해를 내놓은 것도 아니고, 마르크스 교리의 2차적 사항에 대하여 다른 의견을 내놓은 것도 아니다. 이것은 아주 핵심적인 교리로부터의 이탈을 의미한다.[10]

3. 미국의 사회주의자 그룹들

미국은 러시아와는 전혀 다른 사회 형태를 갖고 있지만, 러시아와 마찬가지로 진정한 사회주의 대중 운동에 대해서는 비우호적이다. 따라서 양국의 사례는 차이점도 흥미롭지만 유사점도 그에 못지않게 흥미롭다. 러시아의 농촌 구조는 그 내부에 공산주의의 특징을 갖고 있지만 그래도 러시아의 농업 세계는 현대 사회주의의 영향력에 거의 물들지 않았다. 미국의 농업 세계도 사회주의에 대한 적대감이 아주 높아서, 마르크스 노선을 답습하는 행위들이 목격되면 그 즉시 그것들을 파괴해버릴 정도이다. 러시아의 산업 부문은 자본주의의 진화가 너무나 느렸기 때문에 대규모 사회주의 정당을 만들어내는 데 실패했다. 반면, 미국의 산업계는 자본주의 진화가 현기증이 날 정도로 빨라서 그런 정당을 만들어내지 못했다.[11]

가장 중요한 차이는 지식인 그룹이다. 러시아에는 많은 지식인 그룹들이 있었으나, 미국은 19세기 말까지 실업자이면서 좌절을 겪은 지식인 그룹들을 배출하지 않았다. 경제 발전이라는 국가적 과제로부터 나오는 가치관 덕분에 거의 모든 인재들이 사업에 뛰어들었고, 국가의 영혼에는 사업가적 태도가 깊게 각인되었다. 뉴욕을 제외하고, 러시아 인텔리겐치아류의 지식인들은 손으로 헤아릴 수 있을 정도로 많지 않았다. 그나마 있는 지식인들도 미국식 가치관을 그대로 받아들였다. 만약 그것을 수용하지 않는 지식인들이 있다면 메인 스트리트Main Street가 그들의 말을 들어주지 않는 것은 물론이고 얼굴을 찌푸린다. 이것은 규율을 잡는 데 있어서 러시아의 비밀경찰보다 훨씬 효과적이다. 철도, 공공시설, 대기업 등에 대한 중산층의 적개심은 하늘을 찌를 정도여서 미국 내의 "혁명적" 에너지를 거의 다 흡수해버린다.

유능하고 점잖은 보통의 노동자는 자신을 사업가라고 생각한다. 그는 자신의 개인적 기회를 적극적으로 활용하고, 또 자신의 노동을 가능한 한 유리하게 판매하려고 애를 쓴다. 그는 고용주의 사고방식을 이해하고, 대체로 그것에 동의한다. 같은 직장 내의 동료들과 어울리는 것이 유리하다고 판단되면 스스럼없이 그렇게 한다. 19세기 중반부터 이런 관행은 피고용자 협의체의 형태를 띠게 되었고, 전후에 생겨난 회사 노조의 전신이었다. 이런 노조는 회사 도시(디트로이트 등)에서 경제적으로나 문화적으로 중요한 지위를 차지하게 되었다.[12]

그 외에 노동자들은 같은 직종의 다른 노동자들과 전국적인 규모로 연합하여 고용주들을 상대로 또는 다른 직종 노조를 상대로 협상력을 높이려 했다. 이런 이해관계가 전형적으로 미국적인 노동조합을 만들어냈고, 산별産別 노조의 원칙을 채택하게 만들었다. 이 원칙은 무자격 가입자를 가려내는 데 있어서 다른 어떤 원칙보다 효과적이었으며, 또 노동자 카르텔을 만들어냈다. 이러한 카르텔들은 과격주의를 완전 배제했는데, 이것은 국내외의 사회주의자들과 그 동반자들이 한탄해 마지않는 일이었다. 미국 노동자들은 임금률과 노동 시간만 신경 썼지 그 밖의 것에 대해서는 관대했다. 일반 여론이나 고용주의 희망 사항에 대해서도 귀 기울일 준비가 되어 있었다. 특히 고용주들의 수사修辭에는 관대했다. 이것은 그런 정신을 구현하는 개별 노조나 미국 노동 총연맹American Federation of Labor에 소속된 지도자들의 유형과 행동에 의해 잘 예증된다. 또한 노조 관료제가 노조의 기금을 가지고서 그들의 입맛에 맞는 산업적·재정적 사업에 뛰어드는 사실에 의해서도 증명된다.[13]

미국 노동계의 신조나 표어 — 이데올로기 — 가 너무나 비非혁명적이고, 또 계급 투쟁을 혐오한다는 사실은 그 자체로는 그리 중요하지 않다. 미국의 노조원들은 이론을 내세우는 것을 별로 좋아하지 않는다. 만약 이론을 좋아했더라면 그들의 관행에 마르크스적 해석을 가했을 것이다.

미국 노동자들은 협상하는 권리를 제외하고는 자신들을 고용주의 반대편에 서 있는 사람이라고 생각하지 않았다. 고용주들과의 협력 — 이것을 좋아하지 않는 사람들은 담합이라고 말하겠지만 — 은 그들의 원칙뿐 아니라 상황의 논리와도 일치하는 것이었다. 극히 제한적인 문제들을 제외하고 정치적 행동은 불필요할 뿐 아니라 무의미한 것이었다. 이 때문에 과격파 지식인은 미국 노동자들에 대해서 별로 영향력이 없었다. 그보다는 차라리 펜실베이니아 철도 회사의 이사회에 영향력을 발휘하여 노동 운동을 벌이게 하는 것이 더 나았으리라.

그러나 미국 노동계 내에는 또 다른 세계가 있었다. 미국에는 뛰어난 인재들이 이민을 왔지만, 동시에 수준 이하의 인력들도 이민을 많이 왔고, 이들은 남북 전쟁 이후에 상대적으로나 절대적으로나 그 숫자가 늘어났다. 이 숫자에 다른 불운한 개인들이 가세했다. 그들은 신체적 강건함, 지성, 정력 등에 있어서 기준 이하의 사람들은 아니었지만, 이 그룹에 속하게 되었다. 그 원인은 과거의 불운, 출신 환경의 지속적인 영향, 본인의 불안감·부적응·범죄적 성향일 수도 있다. 이런 유형의 사람들은 착취의 손쉬운 희생자가 되었고, 그들 사이에 도덕적 유대감이 없었기 때문에 더욱 착취당하기 쉬웠다. 그들 중 어떤 자들은 맹목적이고 충동적인 분노를 터트리며 반응했고, 그것은 곧 범죄로 이어졌다. 급속히 성장하는 많은 산업 공동체 내에는 다양한 출신과 성향의 사람들이 한데 뒤섞여 있었다. 이들에 대한 치안은 때때로 불법적인 행동에 의해 유지되었다. 원래 거친 사람들이 그런 학대를 받으면서 더 거칠어졌다. 아직 책임감이 충분히 발달되지 않은 고용주들 혹은 그들의 대리인은 이런 노동자들을 상대하다 보니, 그들의 재산과 목숨을 지키기 위해 종종 잔인한 행동에 내몰리게 되었다.

문자 그대로 계급 투쟁이 있었다, 라고 사회주의자 관찰자는 말하고 싶을 것이다. 이런 대치 상태야말로 마르크스의 개념을 예증하는 실례가 아니고 무엇인가, 라고 그는 말하리라. 하지만 실제로는 그런 게 아니었다. 정치적 노동 운동이나 진지한 사회주의의 발전에 그처럼 비우호적인 조건들도 찾아보기 어렵다. 이런 조건들이 지속되는 한, 정치적 노동 운동이나 진지한 사회주의는 나타나기가 쉽지 않다.

노동 기사단Knights of Labor은 근 10년 동안(1878~1889) 상당한 권력과 활동을 보여주었다. 이 조직은 숙련도나 직종에 상관없이 모든 임금 노동자가 가입할 수 있는 전국 규모의 중요한 단체였다. 1886년에 이 조직의 회원은 거의 70만 명에 달했다. 주로 미숙련 산업 노동자들로 구성된 한 지부는 그 당시의 불경기에 항의하면서 파업과 태업에 적극적으로 참여했고, 그런 행위를 주도하기도 했다. 이들이 내놓은 프로그램과 성명서를 면밀히 검토해보면 이 조직에 사회주의자, 생디칼리스트, 아나키스트 등 각종 사상이 무질서하게 뒤범벅되어 있는 것을 발견할 수 있다. 그런 사상의 근원을 추적하면 오웬, 영국 농업 사회주의자들, 마르크스, 페이비언 등 다양한 근원을 만나게 된다. 정치적 견해도 많이 발견되고, 또 전반적 계획이나 사회 재구축의 아이디어도 엿보인다. 하지만 우리가 발견하는 이런 명확한 목표는 현재의 관점에서 소급하여 이 사상을 읽었기 때문에 보이는 것이다. 실제로 명확한 목표 같은 것은 없었다. 농부와 전문직을 포함하여 수많은 사람들에게 호소했던 것은 『굿 라이프*Good Life*』— 이 잡지의 창립자 스티븐스Uriah Smith Stephens, 1821~1882은 원래 목사가 되려고 훈련받은 사람이었다 — 와 미국 헌법의 포괄적 이데올로기였다. 이렇게 볼 때 노동 기사단은 모든 종류의 개혁 플랜들이 유통되는 일종의 교환소 같은 곳이었다. 이런 점에서 이 조직은 그 지도자들이 당초 유념하여 강조했던 교육적 기능을 충실히 수행했다. 하지만 이런 잡다한 재료로 이루어진 조직은 체질적으로 행동에 나서지 못한다. 좀 더 명확한 사회주의적 입장 표명이 강요되자 이 조직은 붕괴했다. 유사한 운동들(인민당, 헨리 조지의 당, 기타 당들)도 똑같은 길을 걸어갔다.

우리는 이런 명확한 결론을 내릴 수 있다. 그 당시 미국 환경에서, 사회주의 대중 운동에 필요한 인재나 동기는 존재하지 않았다. 이것은 노동 기사단에서 세계 산업 노동자 동맹Industrial Workers of the World에 이르는 연결 끈을 살펴보면 검증이 된다. 이 끈은 마르크스 지식인 다니엘 드 레온Daniel De Leon, 1852~1914의 경력으로 구체화되는데, 그는 마르크스교 신자들에게는 상당한 영향력을 갖고 있었다.[14] 1893년에 드 레온의 지휘 아래 노동 기사단 내의 사회주의자들이 노쇠한 지도자인 파우덜리Terence V. Powderly, 1849~1924에게 반란을 일으킴으로써 그 조직에 치명타를 가했다. 드 레온의 아이디어는 마르크스 노선을 따라서 정치 행동에 나설 기구를 창설하자는 것이었다. 계급 투쟁, 혁명, 자본주의 국가의 파괴, 기타 사항들이 프롤레타리아 정당에 의해 지원될 계획이었다. 그러나 사회주의 노동당Socialist Labor Party(1890)이나 드 레온의 사회주의 노동 동맹Socialist Trade and Labor Alliance(1895)도 그 안에 생명력을 갖고 있지 못했다. 노동자 추종자들의 숫자가 적었을 뿐 아니라 — 이것 자체로는 결정적인 사유가 안 된다 — 러시아 유형의 성공, 즉 통제의 핵심이 되는 지식인들의 포섭도 달성하지 못했다. 사회주의 노동당은 먼저 분열되었고, 이어 남아 있는 터전을 새로 생겨난 사회당Socialist Party에게 빼앗겼다.

이 새로운 사회당은 미국에서 생겨난 그룹들 중에서 정통파에 가장 가까웠다. 첫째, 그 근원이 정통파였다. 이 당은 1892~1894년에 벌어진 노동 투쟁에서 생겨났다. 당시 파업이 벌어졌는데 연방 정부와 사법부는 고용주들을 확실하게 지원하면서 무력으로 파업을 해산시켰다.[15] 이 조치는 예전에 "보수적"이었던 많은 직종별 노조원들의 마음을 강경 쪽으로 선회시켰다. 유진 뎁스Eugene V. Debs, 1855~1926는 산별 조합주의로 돌아섰고, 이어 정치적 행동의 원칙을 받아들였다. 둘째, 사회당이 채택한 전반적 태도가 정통파적이었다. 당은 노조와 협력하면서 "내부에서 노조를 파괴하는" 데 주력했다. 당은 번듯한 정치 조직도 갖추었다. 유럽의 대규모 사회주의 정당들처럼 원칙적으로 혁명 노선을 따랐다. 그러나 당의 정책은 그리 혁명적이지 못했다. 실제로 당은 뎁스 시절이나 그 후에도 정책의 측면을 그리 강조하지 않았다. 당원들 교육에서도 상당한 재량권을 허용했다. 이 당은 전국적으로 계속 생겨나던 소규모 지역 노동당들을 흡수하지 못했지만, 전후 공산주의 경쟁자가 나타날 때까지는 그런대로 명맥을 유지했다. 대다수의 사회주의자들은 이 당을 가리켜 미국 내에서 활약했던 유일하고 진정한 사회주의 정당이라고 부르는 데 동의할 것이다. 이 당의 득표 능력은 다른 사회주의 정당들처럼 비사회주의자들의 동정표에 의해 높아졌지만, 그래도 이 당은 진지한 사회주의자들의 노력이 있었다는 것을 잘 보여준다.

그러나 드 레온은 또 다른 기회를 맞이했다. 그것은 서부 광산 노동자 연맹Western Federation of Miners이 준 것이었고, 연맹이 사라지면서 함께 가버렸다. 이 연맹의 과격주의는 당의 정책적 배경과는 무관한 것으로, 거친 사람들이 거친 환경에 대응하면서 저절로 생겨난 것이었다. 이 연맹은 '세계 산업 노동자 동맹'이라는 건물의 초석이 되었다. 드 레온과 그의 동료들은 그들의 파손된 당, 다른 실패한 조직들, 수상한 성격의 인물들 — 전국 각지에서 모여든 지식인과 프롤레타리아 — 을 그러모아 세계 산업 노동자 동맹을 조직했다. 비록 잡동사니 조직이었지만 그 지도부와 선전 구호는 강력했다. 드 레온 이외에도 헤이우드William Dudley Haywood, 1869~1928, 트라우트만William Ernst Trautmann, 1869~?, 포스터William Z. Foster, 1881~1961 등의 지도자가 활약했다.

무모한 충격 전략과 타협하지 않는 전투 정신은 몇 건의 산발적인 성공을 거두었다. 하지만 그런 전략은 결국 실패로 끝나고 만다. 공산주의자들과의 갈등과 투항, 그리고 끝없는 내홍이 실패를 더욱 부추겼다. 여러 관점에서 나왔던 많은 얘기들을 되풀이할 생각은 없다. 다만 여기서 언급해두어야 할 중요한 사항이 하나 있다. 세계 산업 노동자 동맹의 조직은 생디칼리스트 혹은 아나키스트라고 불렸다. 나중에 여러 주에서 제정된 반反생디칼리슴 법이 이 조직에도 적용되었다. 현장에서 "직접" 행동을 벌인다는 원칙, 그리고 '서부 광산 노동자 연맹'에 정책을 양보한 것 등이 생디칼리슴의 특징을 보여준다. 이 연맹은 산별 노조들에게 사회주의 사회를 건설하는 기본 역할을 맡겼던 것이다. 이것은 드 레온이 고전 마르크스주의에 기여한 것이거나 아니면 일탈한 것이라고 할 수 있다. 이 조직을 가리켜 처음부터 생디칼리슴 정당이었다고 말하기보다는 본질적으로 마르크스 정당인데 거기에 생디칼리슴의 요소가 가미되었다고 말하는 게 더 정확하리라.

 이렇게 하여 저 위대한 사회학자이자 거리의 사람(일반 상식을 갖춘 사람)이었던 드 레온은 다시 한 번 옳은 것으로 판명되었다. 그는 사회주의와 사회주의자는 미국적이지 않다고 말했다. 내가 그의 말뜻을 제대로 파악했다면, 그건 내가 지금껏 얘기해온 것(그 사람처럼 명쾌하지는 못하지만)과 일치한다고 생각한다. 미국의 발전은 순수한 마르크스주의와 제2인터내셔널을 목도한 사회주의의 단계를 건너뛰었다. 마르크스주의와 제2인터내셔널의 본질적인 문제들은 미국 내에서 거의 이해되지 않았다. 그 사상과 조직에 관련된 태도들은 산발적인 수입품으로만 존재했다. 미국의 문제들과 태도들은 이 수입품을 가끔 빌려왔다. 하지만 그게 전부였다. 마르크스 학교를 다니지 않은(마르크스 사상의 체험이 없는) 지식인들과 프롤레타리아에게 그 다음 단계의 사건들이 곧바로 닥쳐왔다.

4. 프랑스의 사례: 생디칼리슴의 분석

생디칼리슴의 본질은 프랑스의 사례에서 명확하게 볼 수 있다.[16] 프랑스 사례를 분석하기 전에 프랑스의 사회주의 전반에 대하여 몇 가지 사항을 살펴보기로 하자.

첫째, 프랑스 사회주의의 이데올로기적 역사는 아주 멀리까지 소급될 수 있고, 다른 어떤 사회주의보다 뚜렷한 특징을 갖고 있다. 하지만 영국의 페이비언 사상이나 독일의 마르크스주의처럼 어떤 하나의 종류가 완벽하고 폭넓은 지지를 이끌어내지는 못했다. 페이비언 사회주의가 영국의 정치 사회를 전제로 하는 것이라면, 프랑스에서는 그런 종류의 사회주의가 발달하지 못했다. 프랑스 대혁명 이후, 귀족 계층과 부르주아 계층이 서로 연합하지 못함으로써 그런 사회주의는 아예 나올 수가 없었다. 마르크스 사회주의는 폭넓고 통일된 노동 운동을 전제로 한다. 다양한 지식인들을 크게 규합한 그 사상은 **명석함***limpidité*을 자랑하는 프랑스의 문화 전통과는 다른 전통을 필요로 했다. 지금까지 나타난 모든 사회주의 사상들은 특정한 심리 상태와 사회적 지역에만 호소했고, 그런 만큼 그 성격상 분파적이었다.

둘째, 프랑스는 전형적으로 농부, 장인, 서기, 소규모 **연금 수령자***rentier*의 나라였다. 자본주의적 진화는 느린 걸음으로 전개되었고, 대규모 산업은 몇몇 센터에만 국한되었다. 이 계급들을 구분하는 이슈들이 무엇이었든 간에, 프랑스 국민들은 처음에는 경제적으로 보수적이었다. 보수주의가 그처럼 폭넓은 기반을 다지고 있는 나라도 드물 것이다. 그들은 나중에 중산층의 개혁을 지지하는 그룹들을 점점 더 크게 성원했는데, 그런 그룹들 중에는 **급진주의 사회당***radicaux-socialistes*이 우뚝했다. 하지만 이 당의 성격을 말해보자면 과격하지도 사회주의적이지도 않았다. 많은 노동자들은 동일한 사회학적 유형에 속했고, 동일한 심성을 갖고 있었다. 전문직과 지식인들은 그런 현실에 적응했고, 이 때문에 지식인들이 많이 배출되어 실업률이 높은데도 불구하고 그것이 다른 데서처럼 심각한 문제로 대두되지 않았다. 그러나 불평 세력들 중에서는 가톨릭 신자들이 자본주의 체제에 염증을 느끼는 사람들보다 더 중요한 세력이었다. 가톨릭은 제3공화국에서 여러 상황들이 겹치면서 등장하게 된 반反교회 경향을 못마땅하게 생각했다. 따라서 드레퓌스 사건Dreyfus Affair• 때 부르주아 공화국에 커다란 위험을 가져온 것은 체제 염증자들이 아니라 가톨릭 신자들이었다.

셋째, 다른 이유들 때문에 그런 것이지만, 프랑스는 러시아나 미국에 비해 진지한 사회주의가 벌어질 수 있는 공간이 많지 않았다. 따라서 프랑스에는 그리 진지하지 않은 다양한 사회주의와 준準사회주의들이 있었다. "몇 명의 단호한 남자들"의 행동을 희망으로 삼는 블랑키 당이

• 독일과의 전쟁(1870~1871)에서 패배한 여파로 반독일 감정이 높던 1894년 10월, 프랑스 참모 본부에 근무하던 포병 대위 알프레드 드레퓌스(Alfred Dreyfus, 1859~1935)는 독일 대사관에 군사 정보를 팔아넘긴 혐의로 체포되어 비공개 군법 회의에서 종신형을 선고받는다. 당시 유럽 사회에 팽배한 반유대주의에 편승하여 별다른 물증도 없이 유대인 출신의 그를 스파이로 몰아간 것이다. 이후 1897년 11월에 드레퓌스의 가족들이 진범을 찾아내 고발했지만, 군부는 철저하게 진상을 은폐한다. 이를 계기로 프랑스 사회는 '정의, 진실, 인권 옹호'를 앞세운 드레퓌스파와 '군의 명예와 국가의 질서'를 내세운 반드레퓌스파로 분열되었으며, 공화파 대 반공화파의 정치적 대립으로 확대된다. 전자에는 자유주의적 지식인을 비롯하여 사회당 등이 가담하여 인권동맹을 조직하였고, 후자에는 국수주의자들과 교회, 군부 등이 결집하여 프랑스 조국 동맹을 결성하였다. 이 과정에서 에밀 졸라가 1898년 1월 13일자 『아우로라』(L'Aurore)지에 "나는 고발한다"를 게재하여 군부를 비판했지만 오히려 군법회의를 모략했다는 혐의로 기소되어 영국으로 망명하기에 이른다. 다음해인 1899년에 입각한 발데크-루소 정부에서 열린 군법 회의에서도 드레퓌스에게 재차 유죄를 선고하였으나 대통령 특사로 석방되었고, 사건 발생 12년 만인 1906년에 최고 재판소로부터 무죄를 선고받고 복권되었다.

좋은 사례이다. 파리와 기타 두세 군데 대도시의 군중을 상대로 활약한 음모꾼의 성향을 가진 소규모 지식인 부대와 직업 혁명가들이 이런 그룹들의 구성원이었다. 마침내 마르크스주의 **노동당**parti ouvrier이 게드Jules Guesde, 1845~1922와 라파르그Paul Lafargue, 1842~1911에 의해 창립되었고(1883), 계급 투쟁을 당의 강령으로 삼았다. 이 당은 정통파 노선을 따르면서 에르베Gustave Hervé, 1871~1944 유형의 폭동주의, 아나키즘 전선, 조레스Jean Léon Jaurès, 1859~1914의 개량주의에 모두 반대했는데 독일의 노동당과 노선이 유사했다. 하지만 이 당은 그와 유사한 중요성은 획득하지 못했고, 대중이나 지식인들에게 독일 노동당처럼 호소하지도 못했다. 사회주의자 그룹들은 서로 연합하여 1893년에 프랑스 의회로 진출했고(여당인 공화당이 300석, 사회당 연합이 48석), 마침내 통일 사회주의당을 결성하기에 이르렀다. 이런 정치적 활동에도 불구하고 여전히 정치적 중요성은 그리 대단하지 못했다.

넷째, 위에서 일별한 사회 형태는 영국처럼 대규모이면서 규율 잡힌 정당들의 출현을 배제했다. 나는 이 사실을 적시하기만 하고, 그 이유는 탐구하지 않을 생각이다. 모든 사람이 알고 있듯이, 프랑스 의회 정치는 소규모 불안정한 그룹들의 **코티용**cotillon•이 되었다. 이 그룹들은 그때그때의 상황, 개별적 이해와 음모에 따라 이합집산하면서 실내 게임의 원칙들에 따라 내각을 구성하거나 퇴진시키기 일쑤였다. 이런 게임으로 나타난 결과들 중 하나가 정부의 비효율성이었다. 또 다른 결과는 내각의 각료직이 다른 나라들에 비해 더 빠르게 사회주의자와 준사회주의자 그룹들에게 주어졌다는 것이다. 다른 나라들은 사회주의 정당들이 훨씬 강력했지만 정치가 합리적 방식으로 이루어졌기 때문에 사회주의자들의

• 4명 혹은 8명이 함께 추는 일종의 피겨 댄스.

내각 진출이 어려웠다. 그러나 1914년의 국가 비상사태에 이를 때까지 게드와 그의 그룹은 정통파 스타일을 고수하면서 내각 진출의 유혹을 물리쳤고, 부르주아 정당들과의 제휴를 거부했다. 하지만 부르주아 과격주의로 변질한 개혁가 그룹은 혁명 없는 개혁이라는 원칙을 갖고 있었기 때문에 그런 제휴를 거부하지 않았고, 따라서 게드 당과 똑같이 행동할 이유가 없었다. 그래서 조레스는 드레퓌스 사건(1898) 때 공화국을 지키기 위하여 부르주아 정부에 힘을 보태어주는 데 대하여 아무런 양심의 가책도 느끼지 않았다. 이렇게 하여 사회주의 원칙과 전략의 오래된 문제가 가장 현실적인 형태로 사회주의 세계에 갑자기 터져 나왔다. 하지만 그것은 영국이나 스웨덴 같은 데서는 전혀 문제가 되지 않는 것이었고, 다른 나라들에서와 마찬가지로 근본적인 사항이었다. 하지만 프랑스에서는 다음과 같은 추가적인 상황으로 인해 아주 고통스러운 것이었다. 부르주아 정부를 돕는다는 것은 정통파 마르크스주의의 관점에서 볼 때 나쁜 것이긴 하지만, 이런 돕는 수준의 문제와 그 정부 안으로 들어가 책임을 공유하는 문제는 전혀 별개의 것이었다. 그러나 밀랑Alexandre Millerand, 1859~1943은 바로 그런 행위를 저지른 것이었다. 그는 1899년에 갈리페 Marquis de Galliffet, 1830~1909와 함께 발데크-루소René Waldeck-Rousseau, 1846~1904 내각에 입각했다. 그런데 갈리페가 누구인가? 그는 1871년 파리 코뮌 때 시위대를 무자비하게 진압한 것으로 널리 알려진 장군이 아니던가.

 국가의 비상사태에 직면하여 힘을 합치기 위해 두 애국자가 그들의 개인적 사상을 희생한 것이다. 그러니 이게 어쨌다는 것인가? 대부분의 독자는 이런 반응을 보일 것이다. 나는 두 신사가 부끄러운 행동을 했다고 말할 생각은 전혀 없다. 과연 밀랑을 사회주의자라고 불러야 할 것인지 의문의 여지가 충분하다.[17] 마지막으로 프랑스 노동자 계급은 밀랑이 내각 재임 시절 사법적으로나 행정적으로 취한 조치들에 대하여 감사하는 마음을 가졌다.

동시에 우리는 "밀랑주의"가 프랑스의 게드 당과 유럽 전역의 정통파 사회주의자들에게 심한 고통을 안겨주었음을 이해해야 한다. 그들이 볼 때 밀랑의 소행은 타락이요 죄악이었으며 목표의 배신이고 신앙의 배교였다. 이것은 당연한 반응이었고, 암스테르담 국제회의에서 밀랑주의에 대하여 파문장이 내려진 것도 당연한 절차였다. 이런 교리적 파문 뒤에는 간단한 상식이 가로놓여 있었다. 프롤레타리아가 정치적 사다리를 타고 올라가려는 야심 많은 정치가들을 지원하지 않을 생각이라면, 승인된 관행으로부터 일탈하는 행위는 엄격하게 감시되어야 마땅했다. 출세주의자들이 권력을 움켜잡으려 할 때마다 국가 비상사태 운운하는 술수 — 정치가가 볼 때 비상사태가 아닌 상황이 과연 있었던가? — 는 너무나 잘 알려진 것이라서 누구에게도 깊은 인상을 주지 못했다. 특히 프랑스 프롤레타리아는 정치적 선전 구호의 진정한 가치를 제대로 평가할 줄 알았다. 대중들이 정치적 사회주의를 경멸하면서 등을 돌릴 위험이 있었다.[18]

사실, 위험 이상의 것이 있었다. 그들은 실제로 등을 돌리고 있었다. 위에서 언급한 사회적 형태의 부산물인 정치적 비효율성, 무능력, 경박성 등을 바라보면서 국가, 정계, 지식인 집단을 불신하게 되었고, 과거의 몇몇 위대한 인물들에 대한 기억을 제외하고는 그들 중 누구도 존경하지 않았다. 산업 프롤레타리아 중 일부는 그들의 가톨릭 신앙을 고수했다. 나머지 프롤레타리아는 표류했다. 그들의 부르주아 성향을 극복한 프롤레타리아들에게 생디칼리슴은 그 어떤 사회주의보다 매력적이었다. 생디칼리슴의 후원자들은 이 방식을 따르면 소규모 차원에서 부르주아 정당들의 게임을 재생산할 가능성이 크다고 보았다. 생디칼리슴이 프랑스식 혁명 전통의 주된 후계자라는 사실도 큰 도움이 되었다.

생디칼리슴은 혁명적 노동조합주의에 그치지 않았다. 이 사상은 그것과는 관계가 없는 많은 것들을 의미할 수도 있었다. 생디칼리슴은 크게는 전통적 정치 기관들과 작게는 의회를 통하여 이루어지는 정치적 행동을 경멸한다는 의미에서 몰沒정치적이고, 반정치적인 사상이다. 이론을 갖춘 건설적 프로그램을 경멸하고, 또 지식인들의 리더십을 거부한다는 점에서 반지식인적인 사상이다. 이 사상은 노동자들에게 그들이 이해할 수 있는 약속을 함으로써 그들의 본능에 호소한다. 마르크스주의처럼 노동자의 본능은 이러이러한 것이 되어야 한다고 가르치는 지적인 호소력을 경멸한다. 생디칼리슴이 노동자들에게 약속하는 것은 그들이 일하는 공장의 정복, 물리적 폭력에 의한 정복, 궁극적으로 총파업에 의한 정복이다.

마르크스주의 혹은 페이비언주의와는 다르게, 경제적·사회학적 훈련을 조금이라도 받은 사람은 생디칼리슴을 도저히 받아들일 수 없었다. 이 사상에는 합리적 근거가 없다. 모든 것을 합리화할 수 있다는 가설 위에서 이 사상의 이론을 구축하려는 저술가는 필연적으로 이 사상을 거세시켜버린다. 어떤 사람들은 이 사상을 아나키즘과 연결시킨다. 하지만 사회 철학의 관점에서 볼 때 아나키즘은 그 뿌리, 목적, 이데올로기에서 완전히 다른 사상이다. 아나키스트인 바쿠닌의 노동자 계급 추종자들의 행동(1872~1876)이 우리에게 아무리 유사하게 보일지라도 말이다. 다른 사람들은 생디칼리슴을 독특한 전략적 성향을 가진 마르크스주의의 변종이라고 보면서, 결국에는 두 사상(마르크스주의와 생디칼리슴)의 핵심적 사항들을 모두 내던졌다고 해석한다. 또 다른 사람들은 새로운 사회주의 변종을 구축했고, 그것이 길드 사회주의guild socialism라는 플라톤적 사상을 구현하기를 원했다. 그렇게 하는 과정에서 그들은 자신들의 운동을 어떤 궁극적 가치의 도식에 결부시켰지만, 안타깝게도 그 운동은 그런 가치관들을 보여주지 않는다는 것이 주된 특징이었다. '노동자 총연맹Confédération Générale du Travail'을 조직하고 이끌었던 사람들은 이 조직이 생디칼리슴을 유지하던 단계(1895~1914)에서는 주로 진정한 프롤레타리아이거나 노조 간부거나 아니면 둘 다였다. 그들은 적개심이 가득했고, 싸우겠다는 의욕이 충천했다. 그들은 그런 파괴 행위를 자행하여 설사 권력을 잡더라도 쓰레기더미나 다름없게 된 정권을 가지고 무엇을 어떻게 하겠다는 건지, 신경 쓰지 않았다. 그런 적개심만으로 충분했다. 왜 당신들은 인생의 진실을 외면하는가? 오로지 승리 이외에는 그 어떤 논의나 그 어떤 제안도 신경 쓰지 않고 거들떠보지 않는 추상적 적개심이 분명 존재한다는 것을, 당신들은 모른단 말인가?

지식인들은 그런 노골적 폭력성 뒤의 공허를 그들의 입맛에 맞게 채울 수가 있었다. 반反지식인주의와 반민주적 성향이 가미된 폭력성은 독특한 의미를 획득했다. 많은 사람들이 여러 가지 이유로 증오해마지않는, 붕괴하는 문명이라는 관점에서 그 폭력성을 바라본다면 말이다. 그 당시 이런 증오의 느낌을 가진 사람들은 자본주의 사회의 경제 체제보다는 그 민주적 합리주의 때문에 그런 감정을 품고 있었다. 이런 사람들은 그보다 더 엄격한 합리주의를 약속하는 정통 사회주의에는 의존할 수가 없었다. 니체적이든 베르그송적이든 그들의 반지성주의의 입장에서 볼 때, 무력을 신봉하는 생디칼리슴적 반反지성주의는 그들의 사상을 보완해주는 매력적인 것이었다. 특히 대중들을 상대로 할 때 그러했다. 이리하여 아주 기이한 동맹이 벌어졌고, 생디칼리슴은 소렐Georges Sorel, 1847~1922에게서 그들의 철학자를 만나게 되었다.

어떤 특정 시대에 공존하는 혁명적 운동과 이데올로기들은 늘 많은 공통점을 갖고 있다. 그것들은 동일한 사회적 과정의 산물이고, 많은 점에서 유사한 필연성에 유사하게 반응한다. 그것들은 서로를 차용하기도 하고, 다툼을 벌이면서 자신의 색깔을 상대방에게 입히기도 한다. 마지막으로 개인과 집단들은 때때로 자신이 어디에 소속되어 있는지 잘 모른다. 그래서 무엇을 잘 모르는 무지 때문에, 혹은 상황의 유리한 점을 정확하게 인식하기 때문에, 그들은 모순적인 원칙들을 뒤섞어서 그들 고유의 잡종 사상을 만들어낸다. 이런 것들은 관찰자를 헷갈리게 만들고, 또 다양한 해석들을 나오게 한다. 특히 생디칼리슴의 경우가 더욱 혼란스럽다. 이 사상은 단기간 동안 번성했다가 곧 그 지식인 옹호자들로부터 버림을 받았다. 생디칼리슴이 소렐에게 주는 의미 혹은 소렐이 생디칼리슴에 주는 의미를 어떻게 평가하든 간에, 소렐의 저서『폭력에 관한 소론*Réfléxions sur la Violence*』과 『진보의 환상*Les Illusions du progrès*』은 우리가 진단을 내릴 수 있도록 도움을 준다. 소렐의 경제사상과 사회사상이 마르크스와 완전히 다르다는 사실은 그 자체로는 그리 큰 의미가 없다. 하지만 반지성주의의 흐름 한가운데에 위치한 소렐의 사회 철학은 최초로 발현한 혁명적인 사회 세력에 대하여 많은 빛을 던진다. 그 사상은 마르크스주의와는 전혀 다른 의미로 혁명적이었다.

5. 독일 사회주의 정당과 수정주의, 오스트리아 사회주의자들

그런데 왜 영국적 방법과 전략이 독일에서는 통하지 않았을까? 왜 갈등을 강조하여 국가를 호전적인 두 진영으로 분열시킨 마르크스주의자들이 성공을 거두었을까? 사회 재구축을 위해 일하는 초超사회주의자 그룹들이 없다거나 독일 지배 계층이 그들의 제안을 무시해버렸다면, 이런 현상을 이해하기가 훨씬 쉬웠을 것이다. 그러나 독일의 공공 기관은 영국의 정계 못지않게 당시의 사회적 요구 사항을 의식하고 있었고, 페이비언과 아주 유사한 그룹이 페이비언의 일을 하고 있었다. 이 때문에 독일의 현상은 수수께끼가 되는 것이다.

독일은 당시 뒤처져 있지 않았고, 영국 총리 로이드 조지David Lloyd George, 1863~1945의 사회 보장 법안이 통과되기 전까지는 "사회 정책"의 문제에서 선두를 달리고 있었다. 독일 정부의 주도 아래 사회 개선 법안들이 법령집에 올랐고, 무엇보다 분노하는 대중들의 항의에 밀려 마지못해 그런 법안을 추진한 게 아니었다. 비스마르크Otto Eduard Leopold von Bismarck, 1815~1898는 사회 보장 법안을 주도했다. 그 법안을 개발하고 사회 개선의 다른 노선들을 추가한 사람은 베를레프슈Baron Hans Hermann von Berlepsch, 1843~1926와 포사도프스키 백작Arthur Graf von Posadowsky Wehner, 1845~1932이었으며, 그들은 보수적인 공무원들로서 빌헬름 2세의 지시를 수행한 것이었다. 그렇게 해서 나온 제도들은 진정 놀라운 성취였고, 전 세계적으로도 그런 평가를 받았다. 동시에 노조 활동은 구속을 받지 않았고, 공공 기관이 파업을 대하는 태도도 상당히 달라졌다.

이런 개혁 조치가 군주의 지시라는 외피外皮를 두르고 있다는 사실은 영국의 절차와는 다른 것이다. 아무튼 이런 차이는 큰 성공을 거두었다. 독일 군주제는 한동안 경제 자유주의(비판가들은 이것을 "맨체스터주의"라고 불렀다)에 굴복했다가, 예전에 농부에게 했던 짓을 노동자에게 되풀이함으로써 — **변화된 것은 알맞게 변화시키면서**(수정하면서)*mutatis mutandis* — 과거의 전통으로 회귀했다. 영국보다 훨씬 잘 발달되어 있고 강력한 공무원 사회는 탁월한 행정 기구의 역할을 수행했고, 입법의 아이디어와 작성 기술까지 제공했다. 이 공무원 사회는 영국 공무원 사회와 마찬가지로 사회 개혁의 제안들을 순순히 받아들였다. 독일 관료들은 대체로 가난한 융커들Junkers — 많은 이들이 박한 봉급 이외에는 다른 생계 수단이 없었다 — 로 이루어져 있었고, 의무에 전적으로 헌신했다. 또한 잘 교육되어 있고 정보가 풍부했으며, 자본가 부르주아지들에게 아주 비판적이었다. 독일 공무원들은 물 만난 고기처럼 그들의 일을 수행했다.

통상적으로 아이디어와 제안들은 관료들의 대학 은사들인 "강단 사회주의자들"이 공무원들에게 전달했다. '사회 정책 학회Verein für Sozialpolitik'[19]를 조직한 교수들의 업적은 때때로 과학적 세련미가 떨어졌다. 또 우리가 이들의 과학적 성취를 어떻게 생각하든, 그들은 사회 개혁의 열망으로 들떠 있었고, 그런 열기를 널리 퍼트렸다. 그들은 부르주아의 분노에 아랑곳하지 않고 실천적 개혁의 개별 조치들을 구상했고, 또 개혁의 정신을 널리 퍼트렸다. 페이비언들과 마찬가지로, 이들은 주로 목전의 일에 관심이 많았고, 계급 투쟁과 혁명은 반대했다. 또 페이비언들과 마찬가지로, 그들은 자신들이 어디로 가고 있는지 알았다. 그들은 길의 끝에 사회주의가 어른거리고 있음을 알았지만 개의치 않았다. 물론 그들이 구상하는 국가 사회주의는 민족적이고 보수적인 것이었다. 하지만 그것은 가짜 사회주의도 유토피아 사회주의도 아니었다.

세상은 이런 사회 형태와 그것이 낳은 입헌 군주제의 성격을 결코 이해하지 못했다. 아무튼 세상은 과거에 알았던 것은 뭐든지 다 잊어버리고 말았다. 그러나 우리가 진실을 일별해본다면 독일의 상황은 더욱 이해하기가 어렵다. 어떻게 그런 비금권적非金權的 환경에서 순수 마르크스 강령에 입각한 최대 규모의 사회주의 정당들이 생겨날 수 있었을까? 그 정당들은 맹렬하게 마르크스의 선전 구호를 외치면서 무자비한 착취와 끝까지 싸우겠다고 선언했다. 또 국가가 노예 사용자들(부르주아지)의 노예가 되었다며 국가를 비난했다. 분명 이것은 "객관적 사회 상황의 논리"로는 설명될 수 없는 것이다.

단기적으로 볼 때 — 이런 문제에서는 40년도 단기간이다 — 개인과 집단들이 **일을 해내는 방식이 결여되어 있다**manque de savoir faire는 사실이 상황 논리보다는 이 현실을 더 잘 설명해준다. 나는 그 외의 다른 설명은 부적절하다고 생각한다. 물론 개별 독일 주州들의 입법부에서는 선거권을 확대하려는 노력이 있었다. 하지만 산업 대중들에게 가장 중요한 사안들은 대부분 **제국 의회**Reichstag가 관장했고, 비스마르크는 처음부터 성인의 보통 선거권 법안을 이 의회에 제출했다. 더 중요한 것은 농업 — 귀중한 빵을 생산하는 부문 — 의 보호였다. 이 보호 정책은 독일 사회의 분위기를 크게 해쳤다. 그 정책의 주된 수혜자가 동부 프로이센의 대규모 혹은 중간 규모 지주들이었지, 농민은 아니었기 때문이다. 하지만 이 정책은 진정한 효과를 발휘했다. 1900년에 이르러 해외 이민이 사실상 중단되었다는 사실이 확정적인 증거이다. 따라서 농업 분야는 독일 마르크스 정당의 성공을 설명해주지 못한다.

그러니 '일을 해내는 방식이 결여되어 있다'는 사실과 독일의 풍습이 정답인 듯하다! 우리는 독일이 국제 관계에서 보여준 행동에서 어떤 유비점을 얻어와 이것으로 사태를 더 분명하게 설명할 수 있다. 1914년 이전에 독일의 해외 식민 정책의 야망 — 이제 시간이 많이 경과되었으므로 야망이라는 이런 말을 써도 무방할 것이다 — 은 이렇다 할 게 없었다. 당시 제국을 활발하게 넓혀나가고 있던 영국과 프랑스의 진취적이고 효과적인 움직임에 비하면 더욱 그러하다. 텔-엘-케비르Tel-El-Kebir 전투, 보어 전쟁, 튀니지와 프랑스령 인도차이나의 정복 등과 비교해보면 독일은 이렇다 할 식민적 행동이나 의도를 보여준 게 없었다. 행동은 별로 없으면서 그 대신 언변은 아주 공격적이었다. 해외 식민 정책과 관련하여 합리적인 (소규모의) 요구를 내놓으면서도 이상하게 거들먹거리는 태도를 취하여 상대방을 참을 수 없을 정도로 불쾌하게 만들었다. 이것보다 더 나쁜 것은 독일의 해외 정책에는 일관성이 없었다는 점이다. 산지사방으로 마구 내달리다가 고함치며 후퇴하는가 하면, 근거 없는 비난을 해대다가 상대방을 품위 없이 달래려 했다. 이런 모든 요소들이 세계 여론에 불리하게 작용하여, 다른 나라들은 독일의 정책을 혐오와 불안의 눈길로 쳐다보앉다.[20] 국내 사정도 별반 다를 것이 없었다.

비스마르크는 치명적인 실수를 저질렀다. 그는 문제의 성격을 완전히 오판하여 강압적으로 사회주의자들의 행동을 제압하려 들었다. 이런 노력이 '사회주의자 탄압법Sozialistengesetz'이라는 특별 법안으로 이어졌다. 이 법은 1878년에 발효되어 (빌헬름 2세가 고집하여 이 법을 폐지한) 1890년까지 존속했다. 12년은 긴 기간이었고, 이리하여 독일 사회주의 정당들은 1914년까지 아는 것이라고는 감옥과 유배밖에 없었다. 그리하여 감옥 심리와 유배 심리를 가진 지도자들의 지휘를 받게 되었다. 불운한 상황들이 겹치면서, 이것은 그 후에 벌어진 사건들의 방향에 나쁜 영향을 미쳤다. 유배를 겪은 사람들이 견딜 수 없는 것은 군국주의와 군사적 영광의 이데올로기였다. 독일 군주제가 견딜 수 없는 것은 독일 군대와 1870년의 영광에 대한 비웃음이었다(군주제는 이것 이외에는 합리적인 사회주의자들의 즉각적인 실천 목표들에 상당 부분 동조했다). 그 무엇보다도 바로 이 점이 둘(사회주의 정당과 군주제) 사이에 단순 반대자와 적수를 구분하는 기준점이었다. 여기에 사회주의 정당들의 전당 대회에서 터져 나오는 마르크스의 선전 구호(분명 학술적인 것이지만)와 앞서 언급한 비스마르크의 탄압을 합치면, 독일 상황에 대한 그림이 분명하게 나온다. **우리는 달리 어떻게 할 수가 없다**non possumus는 이런 상호적인 장애물 앞에서는 그 어떤 유익한 사회적 입법이나 법규 준수적인 행동도 소용이 없었다. 두 주인공은 이런 명분상의 장애물을 사이에 두고 서로 험악하게 노려보았고, 원칙에 입각하여 서로 잡아먹을듯한 자세를 취했다. 하지만 실제로는 심각한 피해를 입힐 생각은 없었다.

이러한 사태의 구도에서 나름대로 위험을 내포한 상황이 발생했다(책임감이 없는 권력은 언제나 위험한 것이다). 하지만 그 상황은 겉보기처럼 그리 불편한 것은 아니었다. 연방 정부와 주 정부 — 혹은 각료급으로 진급하여 정부를 구성하는 오래된 공무원들 — 는 정직하고 효율적인 행정을 지향했다. 혜택적이고 점진적인 입법을 추진했으며 육군과 해군의 예산을 늘리려고 애썼다. 이런 목표들이 사회주의자들의 반대표로 아주 위태롭게 되는 경우는 없었다. 특히 육군과 해군의 예산은 대다수 국민들의 지지를 받으며 통과되었다. 한편 베벨이 잘 조직하고 멋지게 이끈 사회민주당은 득표를 늘이고 확대하는 전략에 집중하여 비약적으로 발전했다. 연방 정부나 주 정부는 이런 활동에 별로 간섭하지 않았고, 관료 사회는 정당 활동과 관련하여 행동의 자유를 부여한 법 정신을 조심스럽게 준수했다.[21] 관리하는 관료 사회나 사민당은 서로에게 고마워해야 할 이유가 있었다. 특히 뷜로Bernhard von Bülow, 1849~1929 총리가 권력을 잡고 있을 때에는 더욱 그랬는데, 관료와 정당이 쏟아내고자 하는 남아도는 웅변과 연설의 배출구를 제공했던 것이다.

이렇게 하여 사민당은 만족스럽게 발전했고 또 정착했다. 당 관료제, 당의 언론, 원로 정치인들이 생겨났고, 그들의 위치에서 적절한 재정적 지원을 받았다. 그들은 모든(또한 부르주아의) 의미에서 아주 존경받는 세력이었다. 핵심 노동자 당원들이 생겨났으며, 그들에게 당원 자격은 선택이 아니라 당연한 것이었다. 점점 더 많은 사람들이 "당원으로 태어났고", 잘 교육을 받아 당 지도부와 교리문답을 아무 이의 없이 받아들였다. 당시 일부 당원들에게 있어서 그 교리 교육은 오늘날의 평균적 선남선녀가 받는 종교상의 교리 문답과 별반 다를 바가 없었다.

비사회주의 정당들이 노동자 표를 효과적으로 공략하지 못했기 때문에 이 모든 일이 크게 촉진되었다. 이런 현상에 하나의 예외가 있었다. 중도(가톨릭)당은 아주 우수한 사제단의 지원을 받고 있었기 때문에 필요한 인재를 동원할 수 있었다. 뿐만 아니라 우익을 화내게 하지 않으면서도 그 자신이 수행할 수 있다고 생각하는 사회 개혁을 과감하게 추진함으로써 노동자 표를 얻을 준비를 했고, 또 **불멸의 신의 회칙***Immortale Dei*(1885)과 **새로운 사물의 회칙***Rerum Nuovarum*(1891)에 입각하여 개혁을 추진할 준비가 되어 있었다.[22] 그 외의 다른 정당들은 다른 이유들과 다른 입장 차이들 때문에 산업 프롤레타리아를 상호 불신(적개심까지는 아니더라도)하는 태도를 취했고, 노동자 표를 많이 얻기 위한 노력을 시도하지 않았다. 따라서 노동자들은 가톨릭 신자가 아니라면 사민당 이외에는 지지할만한 정당이 없었다. 영국과 미국의 사례에 비춰보면 정당들의 이런 무능력이 의아하게 여겨지지만, 사회주의자 군대는 그들의 무능력 때문에 온갖 위험이 뒤따르게 된다는 아우성에도 불구하고 정치적으로 경계가 되어 있지 않은 땅으로 행군해 들어갈 수 있었다.

이제 우리는 왜 독일의 사회주의자들이 그토록 끈덕지게 마르크스 사상을 견지했는지, 겉보기에는 좀 의아해 보이는 사실을 이해할 수 있다. 뚜렷한 신조를 내놓을 수 있으면서도 정치적 책임 혹은 그런 책임을 발휘해야 할 전망으로부터 완전 배제된 강력한 정당으로서는, 일단 마르크스 신앙을 받아들인 다음에는 그 신앙의 순수성을 보존하는 것이 당연한 일이다. 그러자니 비사회주의적 개혁과 부르주아 국가의 모든 조치에 전적으로 부정적인 태도를 보이는 것이 불가피했다. 우리가 위에서 살펴본 바와 같이, 마르크스는 예외적인 사례들을 제외하고는 이런 전략적 원칙을 고수하라고 가르쳤던 것이다. 사회주의 정당의 지도자들은 무책임한 사람도 아니었고, 절망에 빠진 무모한도 아니었다. 하지만 그들의 주어진 상황에서는 국가 정책을 비난하면서 사회주의 정당의 기치를 선명하게 쳐드는 것 이외에는 할 일이 별로 없었다. 혁명적 원칙을 포기한다는 것은 완전 무익한 일이었다. 그렇게 한다는 것은 프롤레타리아에게 기존에 갖고 있는 권리 이상의 것을 주지 못하면서 프롤레타리아의 신임만 잃는 길이었다. 게다가 그들이 누리는 권리는 다른 정당들의 주도로 인한 것이 아니라 군주국 관료제의 주도에 의해서 주어진 것들이었다. 사회주의 정당이 가외로 얻을 수 있는 자그마한 추가적 성공들을 믿고서 당이 그런 커다란 모험을 걸 수는 없는 노릇이었다. 이리하여 진지하고, 애국적이고, 준법정신이 강한 사람들이 혁명과 반역의 무책임한 선전 구호들을 계속 반복했다. 안경을 쓴 평화로운 사람들의 입에서 그런 말들이 흘러나오다니, 사람들에게 기이하게 보였다. 아무튼 그들은 그런 선전 구호를 실천할 가능성이 별로 없다는 것을 잘 알고 있었다.

그러나 곧 그들 중 몇몇은 이런 의심을 품게 되었다. 조만간 그런 혁명 구호들은 가장 치명적인 정치적 논쟁의 무기 — 냉소 — 와 맞서게 되지 않을까. 이런 냉소에 대한 두려움 혹은 마르크스 선전 구호와 당시 사회적 현실 사이의 엄청난 괴리 때문에 바로 늙은 엥겔스 자신이 이런 가설을 내놓게 되었다. 가두 싸움은 여러 가지 불편한 사항들을 야기하므로, 마르크스 신자들은 그 싸움 교리를 반드시 준수해야 하는 것은 아니다. 엥겔스는 마르크스의 『프랑스에서의 계급 투쟁Class Struggles in France』[23]의 신판 서문을 쓰면서 이 가설을 언급했다(1895).

이 시의적절하면서도 사소한 수정은 소수 세력인 과격파의 분노를 불러일으켰으며, 특히 로자 룩셈부르크는 늙은 엥겔스를 격렬하게 비판했다. 하지만 당은 그런 수정에 순종했고 — 아마도 안도의 한숨을 내쉬면서 — 별다른 일이 없는 한 그런 방향으로 더욱 조심스러운 조치들이 전략적으로 취해졌을 것이다. 하지만 베른슈타인이 당의 신앙을 전면적으로 "수정"하는 일에 착수하자 당내에 일대 소동이 벌어졌다. 내가 위에서 말한 독일 상황을 감안할 때 이런 사태 진전은 그리 놀라운 일도 아니다.

가장 세속적인 정당일지라도 가장 중요한 강령을 일부 바꾸는 일은 대단히 위험하다는 것을 안다. 사민당은 신학적 열정으로 강령의 세부 사항들을 실천함으로써 그 존립 기반을 단단하게 다질 수 있는 정당이다.

그런 당이 강령을 근본적으로 개혁하겠다는 것은 엄청난 충격을 가져왔다. 그동안 마르크스 신조는 거의 종교적 경배의 대상이었다. 그런 자세를 지난 25년 동안 유지해왔다. 그 깃발을 내세우면서 당은 성공적으로 행진해왔다. 그것이 당이 자랑스럽게 내보일 수 있는 전부였다. 그런데 이제 와서 그들이 사랑하는 혁명 — 이것은 초기 기독교인들이 간절히 기다렸던 주님의 재림과 맞먹는 개념이었다 — 이 볼품없이 폐기 처분되게 생긴 것이었다. 계급 투쟁도 더 이상 안 하고, 스릴 넘치는 전쟁 구호도 필요 없다는 것이다. 그 대신 부르주아 정당들과 협력을 해야 한다는 것이었다. 이런 파격적인 생각을 망명자 출신인 원로 사민당 당원이 내놓았다. 당이 가장 사랑하는 당원들 중 한 사람인 그가!

하지만 베른슈타인[24]은 조용히 앞으로 더 나아갔다. 그는 교리의 거룩한 기반에 신성 모독적인 손을 얹었다. 그는 헤겔의 배경을 공격했고, 노동가치설과 착취설을 비판했다. 그는 사회주의의 불가피성을 의심했고, 그것을 "바람직한 것"이라는 맥없는 말로 격하시켰다. 그는 역사의 경제적 해석도 백안시했다. 아무리 여러 번 위기가 닥쳐와도 자본주의 공룡은 죽지 않을 것이고, 시간이 흘러가면서 자본주의는 더욱 안정감을 높일 것이라고 전망했다. 노동자들이 점점 궁핍하게 된다는 것도 헛소리라고 진단했다. 부르주아 자유주의는 지속적인 가치관을 생산했고, 그것은 지킬만한 가치가 있다고 말했다. 베른슈타인은 심지어 프롤레타리아가 전부는 아니라는 말도 했다. 너무도 엄청난 수정이었다!

물론 당은 그런 수정주의를 참아줄 수 없었다. 설사 베른슈타인의 주장이 모든 면에서 틀림없이 맞는 말이라고 하더라도 참아줄 수 없기는 마찬가지였을 것이다. 왜냐하면 정당 속에 깃든 신조들은 대학살이라는 수단(신조들을 대대적으로 파괴)으로 개혁될 수 있는 게 아니기 때문이다. 게다가 베른슈타인의 말은 모든 면에서 틀림없이 맞는 말도 아니었다.

그는 뛰어난 사람이기는 했지만 마르크스의 정신적 동급자는 아니었다. 우리가 이 책의 1부에서 살펴본 바와 같이('자본주의는 죽게 되어 있다'), 베른슈타인은 잘 알지도 못하면서 역사의 경제적 해석이라는 문제에 있어서 너무 앞서 나아갔다('자본주의는 죽지 않는다'). 그뿐 아니라 농업 분야의 발전 사항에서는 마르크스의 경제적 통제 집중설을 반박한다는 주장도 펼쳤다. 이 또한 너무 앞서 나아간 것이었다. 베른슈타인의 다른 주장들도 효과적으로 반박될 수 있는 것이었고, 그래서 마르크스 정통파인 카우츠키[25]는 자신의 터전(혹은 그 터전의 일부)을 어렵지 않게 지켜낼 수 있었다. 게다가 베른슈타인의 전략적 추천 사항들을 실천한다 하더라도 그게 당에 도움이 될지도 불분명했다. 그러나 이런 노선 차이 때문에 당의 일각이 확실히 떨어져나갈 것이고, 그러면 당은 큰 손실을 입을 것이었다. 그리고 앞서 지적했듯이, 당에 별 실익도 없을 터였다. 따라서 당의 "수정주의적" 견해에 대해서는 참으로 유감천만이었다.

이런 상황에서 베벨이 취한 노선은 당시 지지자나 비판자들이 주장한 것처럼 그리 어리석거나 전제적이지 않았다. 그는 수정주의자들을 맹렬히 비판하여 좌파들에 대한 영향력을 확보했다. 그는 하노버 대회(1899)와 드레스덴 대회(1903)에서 수정주의를 파문했다. 하지만 계급 투쟁과 다른 신조들을 재확인하는 결의문을 다소 애매하게 만들어서 "수정주의자들"도 승복할 수 있게 만들었다. 실제로도 그들은 승복했고, 약간의 징계 이외에 그들에 대한 추가 조치는 취해지지 않았다. 베른슈타인 자신은 당의 도움으로 제국 의회에 들어가게 되었다. 폴마르Georg von Vollmar, 1850~1922도 당을 떠나지 않고 당의 품에 남았다.

노조 지도자들은 의아하다는 듯이 어깨를 들썩하면서 사민당의 교리 논쟁에 대하여 낮은 목소리로 중얼거렸다. 그들은 그동안 죽 수정주의자들이었던 것이다. 하지만 당이 그들의 직접적인 관심사에 간섭하지 않고,

또 그들이 하기 싫어하는 일을 요구하지 않는 한, 그들은 교리 논쟁에 대하여 별로 신경을 쓰지 않았다. 그들은 일부 수정주의자들을 보호했고, 또 그들(수정주의자들)의 유인물 기관들도 일부 보호했다. 노조 지도자들은 당의 철학이 뭐든 노조 일은 어디까지나 노조 일임을 분명히 했다. 노조 지도자들의 생각은 거기까지였다.

그러나 지적인 수정주의자들과 비사회주의적 동조자들은 다르게 생각했다. 수정주의자들에게는 교리가 무관심의 대상일 수는 없었고, 동조자들은 계급 투쟁과 혁명을 강조하지 않는 사회주의 정당이라면 가입할 의사가 있었던 것이다. 이들은 당의 위기를 언급하면서 당의 미래에 고개를 흔들었다. 그들에게는 이런 반응을 보일만한 이유가 있었다. 왜냐하면 **그들의** 당내 미래가 위태로워졌기 때문이다. 실제로 그 자신 지성인이 아니었고, 말뿐인 진보주의자들의 친구가 아니었던 베벨은 곧바로 그들에게 당에서 떠나라고 경고했다. 하지만 평당원들은 이런 일로 동요하지 않았다. 그들은 지도자들을 따랐고 지도자들의 선전 구호를 복창하다가, 1914년(제1차 세계대전의 발발)이 되자, 아무런 양심의 가책도 느끼지 않으면서, 또 마르크스나 베벨이 뭐라고 말하는지 개의치 않고서, 국가를 지키기 위해 재빨리 무기를 들었다.

우리가 오스트리아에서 벌어진 유사하지만 다른 전개 사항들을 고찰하면 위에서 살펴본 상황에 대하여 아주 흥미로운 조명이 제공된다.[26] 오스트리아에서는 자본주의의 발달이 독일보다 느렸으므로, 사회주의 정당이 중요한 정치적 요소로 성장하는 데에는 20년이 더 걸렸다. 초창기에는 당원이 적었고, 게다가 큰 믿음을 가진 사람들도 아니었다. 하지만 이런 시작에서부터 꾸준히 성장하여 오스트리아 사민당은 마침내 1888년 하인펠트 대회에서 굳건하게 발족했다. 당의 지도자는 빅터 아들러Victor Adler, 1852~1918였는데, 그는 당시 오스트리아에 살고 있던 여러 나라의 사회주의자들을 동원, 결집하여 그 후 30년 동안 놀라운 솜씨를 발휘하며 그들을 지도했다.

이 당 또한 공식적으로는 마르크스 정당이었다. 총명한 유대인들의 소규모 서클은 이 당의 지식인 핵심 그룹이었고,[27] 이름하여 네오마르크스주의자였다. 우리가 1부에서 살펴본 바와 같이, 이들은 마르크스 교리의 발전에 상당한 기여를 했다. 이들은 정통파 노선을 따르면서 그 과정에서 교리를 일부 수정하기도 했지만, 언제나 비타협적인 형태의 혁명 이데올로기를 고수했다. 이 당과 독일 사민당의 관계는 긴밀하고 돈독했다. 모든 당원들은 아들러가 헛소리를 제일 싫어한다는 걸 알고 있었다. 문화적·인종적 이유 때문에 아들러는 독일 사민당의 베벨보다 지식인 과격파에 대하여 더 큰 영향력을 행사했다. 아들러는 지식인 당원들이 카페에서 마르크스 사상에 대해서 마음껏 토론하도록 내버려두었고, 또 필요할 때만 이들을 활용하기도 했다. 하지만 그들이 아들러가 중요시하는 문제에 개입하는 것은 허용하지 않았다. 당의 조직과 당의 관보, 보통 선거권, 점진적 입법, 국가 기능의 적절한 가동 등이 아들러가 중시하는 문제였다. 마르크스 교리와 개혁주의적 실천의 결합은 좋은 효과를 가져왔다. 오스트리아 정부는 곧 사민당이 교회나 군대 못지않게 중요한 요소라는 것을 발견했다. 사민당은 그 나름의 이해관계 때문에, 주로 독일인과 체코인으로 구성된 민족주의적 야당과 힘들게 싸우고 있는 중도파 정부를 지원하지 않을 수 없었다. 오스트리아 정부는 독일 정부와 마찬가지로 주로 고급 공무원 출신의 장관들로 구성되어 있었고, 군주는 무임소無任所 장관 자격으로 내각에 각료를 집어넣기 위해 애를 쓰는 그런 형태였다. 오스트리아 정부는 사민당의 장점을 알아보고, 그 당에 지원을 하기 시작했으며, 당은 대대적으로 보답했다.[28] 오스트리아 정부, 즉 가우치Paul Gautsch, 1851~1918 남작이 이끄는 공무원 출신 관료들로 구성된 내각이 보통 선거권의 대의를 받아들이자, 아들러는 동료 당원들의 저항을 전혀 받지 않으면서 공개적인 선언을 할 수 있었다. "우리 당은 당분간 여당이다." 각료직이 사회주의자들에게 제안되지도 않았고, 또 설사 준다고 해도 사회주의자들이 받아들이지도 않을 상황이었지만,[29] 그들은 자신들이 여당이라고 말했던 것이다.

6. 제2인터내셔널

마르크스 정당들의 국제 강령은 소멸해버린 제1인터내셔널 같은 국제적 조직을 요구했다. 다른 사회주의 정당이나 노동 단체들은 마르크스 신앙이 가르치는 것처럼 국제적인 성격을 띠지는 않았다. 하지만 이들도 부르주아 과격파의 유산과 상류층 인사로 구성된 정부에 대한 반감 때문에 정도 차이는 있더라도 국제적·평화적 견해를 취했고, 그래서 국제적 협력을 받아들일 준비가 되어 있었다. 제2인터내셔널(1889)은 일치시킬 수 없는 것을 일치시키려는 타협에 바탕을 둔 것이었으나 그래도 1914년까지 굴러갔다. 이 주제에 대해서는 몇 마디만 하면 충분할 것이다.

먼저 인터내셔널 뷰로(본부)가 있었다. 정식 대표들이 참석하여 전술과 원칙의 문제를 토론하는 대회도 개최했다. 하지만 구체적 성과라는 측면에서 살펴볼 때, 제2인터내셔널의 중요성은 제로에 가깝다. 실제로 혁명 활동가나 노동 운동가들이 제로라고 평가했다. 이 조직은 그 어떤 종류의 행동에 나설 의도가 없었다. 혁명적이든 개혁적이든 행동은 오로지 국가 수준에서 벌어지는 것이었다. 인터내셔널의 일은 관련 정당들과 단체들의 접촉을 조직하고, 견해들을 조정하여 표준화하고, 전진 방향을 조정하고, 무책임한 자들을 자제시키고, 게으른 자들을 권면하고, 가능하다면 국제적 사회주의자 의견을 조성하는 것이었다. 이 모든 일들은 사회주의자의 관점에서 보면 아주 바람직하고 중요했다. 하지만 실제 상황에서 구체적 결과를 거두자면 수십 년이 걸릴 터였다.

따라서 뷰로의 우두머리와 구성원들은 국제적 사회주의 이사회의 이사 같은 존재들이 결코 아니었다. 이들은 제1인터내셔널과는 다르게 정책을 수립한다든지 강령을 부과한다든지 하는 일은 하지 않았다. 각국의 사회주의 정당과 노동 단체들에게 완전 자율권이 부여되었고, 그들의 특정 목적에 부합하는 다른 국제 조직들에도 자유롭게 가입할 수 있었다. 노조 — 그 외에 협동조합이나 교육 단체 — 도 회원으로 초빙되었으나 주도적인 역할은 하지 못했다. 국가별 사회주의 정당들은 공동의 터전을 갖고 있었다. 그래서 스타우닝Thorvald Stauning, 1873~1942과 브란팅Karl Hjalmar Branting, 1860~1925, 레닌과 게드 등이 함께 뛰놀 수 있었다. 인터내셔널 기구의 일부 인사들은 나머지 사람들의 소심한 태도를 비웃었고, 반대로 소심한 사람들은 일부 인사들의 무모한 과격주의를 반대했다. 때때로 사태가 심각해져서 대결 국면으로 치닫기도 했다. 하지만 전반적으로 봤을 때 이들은 사회주의자의 노선을 공통적으로 지향했다. 인터내셔널의 이러한 **운영 방식**modus vivendi — 서로의 의견 차이를 인정하는 자유 — 은 현실적으로 유일한 방법이었고, 그 자체로 놀라운 성과였다.

기이하게 들릴지 모르겠지만, 인터내셔널 조직의 일차적 책임자는 독일인들 — 과 러시아인들 및 게드 당 지지자들 — 이었다. 독일 사민당은 단 하나의 대규모 마르크스 정당이었고, 공동의 터전에 마르크스주의의 외피를 부여했다. 하지만 독일 사민당은 독일 밖에서 사회주의 세력을 대표하는 대부분의 사람들이 마르크스주의자가 아니라는 사실을 잘 알았다. 이들(사회주의 세력을 대표하는 사람들)은 공산당 39개 조항에 서명을 했지만, 그 해석에 대해서는 무제한의 자유를 갖고 있었다. 당연한 일이지만, 마르크스교의 열렬한 신자들은 이런 사태에 충격을 받았고, 마르크스 신앙이 알맹이는 없고 껍데기만 남은 교리로 타락했다고 한탄했다. 그러나 독일 지도자들은 이런 사태를 참아냈다. 그들은 독일에서라면 맹렬한 공격을 당했을법한 이단적 이론도 관용했다. 베벨은 자신이 어느 정도까지 관용할 수 있는지 알았고, 영국 사회주의 정당도 그런 이단을 즉각적으로 관용했다. 베벨의 관용은 전쟁(제1차 세계대전)이 없었더라면 결국에는 큰 효과를 거두었을 것이다. 이렇게 하여 베벨은 프롤레타리아 전선을 활성화시킬 목적으로 그 전선과 연대를 도모했다. 그렇게 하는 과정에서 그는 놀라운 능력을 발휘했다. 만약 독일 외교부가 그 정도의 능력을 갖고 있었더라면, 제1차 세계대전을 피할 수도 있었을 것이다.

몇몇 결과는 구체적으로 드러났다. 제2인터내셔널이 발족하고 첫 10년 동안의 다소 불명확한 논의는 마침내 외교 정책에 집중되었고, 공통의 견해 같은 것이 나타나기 시작했다. 그것은 시간과의 경쟁이었고, 경쟁은 실패로 끝났다. 이 시기를 언급하는 모든 언론인들은 제1차 세계대전의 발발로 인해 국제 사회주의가 실패로 끝났다며 인터내셔널을 폄하한다. 하지만 그것은 아주 피상적인 견해이다. 스위스 바젤에서의 임시 대회(1912)는 모든 나라의 노동자들에게 평화를 위해 힘쓰라고 호소했는데, 이는 당시 상황으로서는 인터내셔널이 할 수 있는 일의 전부였다. 몇몇 지식인들의 머릿속에서만 존재하는, 즉 국제 프롤레타리아들에게 총파업을 일으키라는 지시는 평화 호소보다 별 효과가 없었을 것이고, 오히려 그만 못했을 것이다. 가능한 사항을 성취한 것은 실패가 아니라 성공이었다. 그 성공이 결국에는 부적절한 것으로 드러났다고 할지라도 말이다. 정말로 실패한 것은, 각국 사회주의 정당들의 국내 전선에서 벌어진 일들이 낭패로 돌아간 것이었다.

27
제1차 세계대전에서 제2차 세계대전까지

1. "그란 리피우토"•

국제 조직의 구성원으로서 사회주의 정당들은 전쟁을 피하기 위해 그들이 할 수 있는 모든 것을 다 했다. 그럼에도 불구하고 대전이 터지자 그들은 아주 신속하게 국가의 대의를 위해 집결했고, 그것은 사람들을 진정으로 놀라게 만들었다. 독일 마르크스주의자들은 영국 노동 운동가들보다 덜 망설였다.[01] 여기서 한 가지 명심해야 할 사항은, 모든 교전국이 자신들은 순수하게 방어적인 전쟁을 치르고 있다고 확신했다는 점이다. 전쟁을 치르는 국가의 입장에서 보자면 모든 전쟁은 방어전이거나 아니면 "예방 전쟁"이었다.[02] 사회주의 정당들은 전쟁 예산에 반대할 수 있는 헌법적 권리를 갖고 있었고, 부르주아 민주주의의 도덕적 구도 내에서는 반드시 국가 정책을 따라가야 할 의무도 없었다. 모든 교전국들에서는 사회주의적 반反군국주의와 전혀 상관없는 사람들조차도 전쟁에 반대했다. 여기서 우리는 난감한 문제에 직면한다. 그것은 마르크스의 저서를 참고하거나 베벨이나 폴마르의 선언("국가가 공격을 받는다면 방어에 나서겠다")을 상기해도 쉽게 해결되는 문제가 아니다. 이 문제와 관련하여 마르크스의 진정한 가르침을 상기하는 것은 어려운 일이 아니었다. 더욱이 자신의 국가를

• Gran Rifiuto: '거대한 쓰레기'라는 뜻의 이탈리아어.

방어하는 것은 군복무의 의무를 다하는 것뿐이었다. 그것은 정부를 지지하는 것도 아니고 **거룩한 일치**unions sacrées 속으로 들어가는 것도 아니었다.03 전쟁 내각에 들어간 프랑스의 게드와 삼바Marcel Sembat, 1862~1922, 벨기에의 반데르벨데Emile Vandervelde, 1866~1938, 그리고 전쟁 예산에 찬성표를 던진 독일 사회주의자들은 당시 널리 이해되던 것 이상으로 국가에 대한 충성을 다했다.04

이 수수께끼에 대해서는 단 하나의 해결안이 있었다. 사회주의자 정치인들 대부분이 마르크스 국제주의를 믿었든 말았든, 이 신념은 그 무렵 유사 개념인 장대한 혁명과 똑같은 운명을 맞이했다. 그들은 마르스크교의 복음을 고수했다가는 지지자들을 잃어버리게 된다는 것을 확실히 깨달았다. 일반 대중은 먼저 그들을 빤히 쳐다보다가 이어 그들의 충성을 포기할 것이었다. 그들은 **사실들이 이끄는 길을 따라서** 마르크스의 두 가지 교리인 프롤레타리아는 국가가 없고, 그의 전쟁은 계급 투쟁뿐이다, 라는 가르침을 거부할 터였다. 이런 의미에서 마르크스 이론 구조의 핵심적 기둥이 1914년 8월에 붕괴되었다.05 그러나 부르주아 사회의 틀 내에서 발전의 기간이 더 오래 지속되다가 전쟁이 터졌더라면 사정은 달라질 수도 있었을 것이라는 단서를 붙일 수는 있을 것이다.

이러한 붕괴는 당시 널리 인식되었다. 그것은 보수 진영에서도 느껴졌다. 독일의 보수주의자들은 갑자기 사회주의 정당을 예의바르고 공손한 언어로 지칭하기 시작했다. 마르크스교에 대한 과거의 열정을 그대로 간직하고 있는 사회주의 캠프의 일각에서도 그런 붕괴를 느끼고 있었다. 심지어 영국에서는 맥도널드James Ramsay MacDonald, 1866~1937가 전시 연립 내각에의 입각을 거부함으로써 노동당 당수직을 잃었고, 마침내 의원직마저도 내놓았다. 독일에서는 카우츠키와 하제Hugo Haase, 1863~1919가 주류(1916년 3월)를 떠나서 1917년에 독립 사민당Independent Social Democratic Party)을 결성했다. 그렇지만 이 당의 주요 당원들은 1919년에 옛 당으로 되돌아갔다.[06] 레닌은 제2인터내셔널은 죽었고, 사회주의의 대의는 배신당했다고 선언했다.

이렇게 말하는 데에는 일리가 있었다. 대부분의 마르크스 정당들이 볼 때, 교차로에 위치한 사회주의는 시련을 제대로 이겨내지 못했고, 마르크스의 노선을 선택하지 않았다. 사회주의 정당의 신조, 슬로건, 궁극적 목표, 조직, 관료제, 지도자들은 바뀌지 않았다. 이런 것들은 전쟁 전야에 이미 거대한 쓰레기gran rifiuto였으며, 그 다음날 아침에도 여전히 거대한 쓰레기였다. 그러나 이제 그것들의 의미와 상징이 바뀌었다. 그러한 **십자가 처형의 실험**experimentum crucis 이후에 사회주의자들도 비사회주의자들도 그 정당을 더 이상 예전의 눈빛으로 바라볼 수 없게 되었다. 이 정당들은 예전의 장난을 더 이상 할 수 없었고, 좋든 나쁘든 그들은 상아탑에서 걸어 나왔다. 그들은 결국 조국의 운명이 사회주의 목표보다 더 소중하다는 것을 증언했다.

스칸디나비아 국가들의 사민당처럼 상아탑에 들어간 적이 없는 정당들은 사정이 **달랐다**. 다른 정당들의 경우에도, 혁명 구호를 진지하게 여기지 않는 관찰자들에게는 **다르게 보였을** 것이다. 특히 독일의 사민당에 대해서는 이렇게 말하는 것이 진실에 가까우리라. "사회주의의 배신자들" ― 그들에게는 이런 별명이 붙었다 ― 은 비현실적인 구름 속에서 내려왔을 뿐이다. 국가 비상사태는 그들에게 머리가 아니라 두 발을 땅에 딛고 단단히 서기를 가르쳤다. 그렇게 현실적으로 대응한 것은 그들의 공로였지, 결코 리피우토가 아니었다. 우리가 어떤 견해를 취하든 간에, 이 책임 있는 새로운 자세는 1914년 이전에 사회주의자들과 모든 정당의 목표인 집권 사이에 가로놓인 먼 길을 급속하게 단축시켰다. 나는 독일 사민당이 이런 집권의 계산에 입각하여 그렇게(국가의 대의를 지지) 움직였다고 보지 않으며, 또 부르주아 정부에 입각하지 않기로 한 그들의 순수한 동기를 의심하지도 않는다. 하지만 대전 초기에 그들이 취한 입장 때문에 그들은 — 이런 표현이 적절할지 모르지만 — 부르주아 사회의 말석에 "예쁘게 앉아 있는" 꼴이 되었다. 다른 정당들은 정부와 전면적으로 협조했으나, 독일 사민당은 그런 식으로 당의 입장을 위태롭게 하지는 않았다. 하지만 그들은 위기의 순간에 국가를 저버리는 일도 하지 않았다.

2. 제1차 세계대전이 유럽의 사회주의 정당들에 미친 영향

(1) 패배로 끝난 대大전쟁은 사회 구조를 뒤흔들고 통치 집단의 지위를 위협한다. 어떤 체제든 군사적 패배에서 오는 위신 상실을 이겨내기는 너무도 어렵다. 나는 이 규칙에 예외가 없다고 생각한다. 하지만 그 반대의 경우(승전)에는 예후가 그리 확실하지 않다. 군사적 성공이 단기간에 이뤄지고, 또 집권 계층의 공로가 명확하게 인정되는 경우 — 가령 1870년의 독일의 승전 — 가 아니라면, 경제적·신체적·정신적 피로는 심지어 승전국의 계급, 집단, 정당 등의 상대적 지위에도 영향을 미치는 것이다. 이런 영향은 본질적으로 패전국의 그것과 별반 다를 것이 없다.

제1차 세계대전이 이것을 예증한다. 미국의 경우에는 전쟁 수행 노력을 길게 끈 것도 아니었고 소모적이지도 않았기 때문에 그런 영향이 나타나지 않았다. 하지만 심지어 미국에서도 전쟁을 담당했던 행정부는 선거에서 패배했다. 다른 승전국들에서도 지배 계층의 위신과 국민들에 대한 영향력이 제고되기보다는 오히려 손상을 입었다. 독일과 영국의 사회주의 정당들이 볼 때, 이것은 집권 혹은 입각의 기회를 의미했다. 독일에서는 사회주의 정당이 사회 중심 기관들의 통제권을 맡았다. 교리의 체면을 유지하기 위해 일부 사회주의자들과 반反사회주의자들이 혁명 얘기를 꺼내기는 했지만, 그들은 공손하게 요청해서 정부를 장악했다. 영국에서는 노동자 표가 1910년 1월에는 50만을 약간 상회했고, 1918년에는 225만 정도였다.[07] 이것이 1922년에는 423만 6,733표로 늘어났고, 다시 1924년에는 548만 7,620표가 되었다(1929년에는 836만 2,594표). 맥도널드는 노동당 지도부를 다시 장악했고, 1924년에 완전 집권까지는 아니더라도 자신은 총리에 오르고 또 사회주의자들을 내각에 각료로 진출시켰다. 프랑스에서는 정계 구조가 이 정도로 분명하게 완성을 이룩하지는 못했지만 전반적인 윤곽은 대체로 비슷했다. 종전 직후에 생디칼리슴이 부활했다. '노동자 총연맹Confédération Générale du Travail'은 혁명적인 노선을 포기하면서 주도적인 정치 역할을 맡을 준비를 해나갔다. 반면, 비순종적인 요소들을 흡수하는 일은 새로 형성된 '생디칼리스트 노동자 총연맹Confédération Générale du Travail Syndicaliste'과 공산주의 계열의 '통일 노동자 총연맹Confédération Générale du Travail Unitaire'에 맡겨두었다.

당시 정국의 책임을 떠맡은 사회주의자 혹은 준사회주의자 정당들은 성공적인 국정 운영에 필요한 많은 자질들을 오로지 자신들만이 갖고 있다고 생각했다. 그들은 그 어떤 그룹보다, 불만으로 펄펄 끓고 있는 대중들을 다룰 능력이 탁월했다. 독일의 사례가 보여주듯이, 그들은 그 누구보다도 혁명의 발발에 단호하게 대처할 수 있는 입장에 있었다. 필요하다면 무력 사용도 마다하지 않을 기세였다. 아무튼 그들은 적절한 수위의 사회 개혁을 실천할 수 있고, 또 일반 대중들로 하여금 이를 받아들이게 할 수 있는 사람들이었다. 더 중요한 사실은 그들의 관점에서 볼 때 자신들이야말로 "제국주의적 전쟁"이 가져온 상처를 치유하고, 국제 관계를 회복하고, 부르주아 정부가 엉망으로 만들어놓은 평화를 수습할 사람들이었다. 이런 사회주의 정당들의 관점은 부르주아 정당들의 그것 못지않게 오류를 저지르는 것이었다. 부르주아 정당들도 집단 안보, 국제 연맹, 금 본위제의 재구축, 무역 장벽의 제거 등을 실천할 수 있는 정당은 자기들

뿐이라고 생각했던 것이다. 아무튼 사회주의 정당의 오류적 전제를 인정한다면, 사회주의자들이 특히 외교 정책 분야에서 성공을 바랐던 것도 옳은 일이었다고 인정할 수 있다.

(2) 두 차례에 걸친 맥도널드 정부의 성취 — 맥도널드와 헨더슨의 외교부에서의 업적 — 는 이것을 예증한다. 하지만 독일의 사례는 한층 더 의미심장하다.

첫째, 오로지 사민당만이 평화 조약을 받아들이고, 조약의 조문들을 실천하는 정책을 펼 수 있었다. 그들은 국가적 재앙을 슬퍼하면서, 그에 따른 부담을 고통스럽게 여겼다. 그들은 군사적 영광을 대단치 않게 생각했기 때문에 패전 그 자체나 평화 조약을 견디기 어려운 굴욕이라고 보지 않았다. 그들 중 일부는 영국과 프랑스의 전쟁 이론("독일은 군사력이 강하기 때문에 전쟁을 저질렀다")을 대체로 수긍하는 입장이었다. 그들 대부분은 재무장에는 별로 관심이 없었다. 다른 독일인들이 그것을 시무룩한 혐오감 속에서 바라보는 동안 사회주의자들은 승전국들과 평화로운 이해에 도달하기 위해 애썼다. 그들은 희미하게 적개심을 느꼈을지 모르나 격렬한 증오를 완전 배제한 정신으로 승전국들과 협력에 나섰다. 남들이 보기에 강요된 민주주의처럼 보일지 몰라도, 그들은 서방 국가들과 의견이 일치했다. 1918~1919년에는 공산주의자들의 반란을 진압했고, 현명한 타협 정책으로 국내 정치에서 주도권을 잡았다. 이리하여 그들은 가장 민주적인 분위기를 구현했다.

둘째, 그들은 대중에 대한 강력한 영향력 덕분에 그런 정치적 태도를 효과적인 것으로 만들 수 있었다. 한동안 많은 국민들이 동일한 시각으로 사태를 바라보았다. 그들의 시국관과 대처 방안은 잠시 동안 공식적인 견해가 되었다. 당시 정권을 잡고 있던 정부의 정치적 판단이 무엇이었든 간에, 그들의 견해가 지배적이었다. 그들은 도즈 계획과 로카르노 조약을 협상한 연합 세력을 정치적으로 지원했다. 도즈 계획과 로카르노 조약은 사회주의자들의 도움이 없었더라면 수립 혹은 체결될 수 없었을 것이고, 설사 체결되었다 하더라도 그런 방향으로 나아가지 못했을 것이다. 슈트레제만Gustav Stresemann, 1878~1929 독일 총리는 사회주의자가 아니었지만, 그의 이름이 붙은 정책은 사민당의 것이었다. 이 정책으로 인해 사민당은 제1차 세계대전 종전 후 첫 10년 동안엔 모든 공로를 차지하지만, 그 후 또 다른 10년 동안에는 징벌을 당한다.

셋째, 그들은 전반적인 정치사상과 관련하여 유리한 입장에 있었다. 세상은 독일에 대해서 아는 것이 별로 없었으나 다음 두 가지만은 알고 있었다. 첫째로 전후 조치의 많은 사항들을 즉각적으로 받아들일 준비가 되어 있고, 또 일부 사항들을 승인하는 정당이 있다. 둘째로 독일 사민당은 두려워할만한 정당이 아니다. 프랑스와 영국은 이 정당이 **두 나라의** 적이었던 세력의 적이라고 확신했다. 독일 정부가 아무리 보수적으로 나올지라도, 세상은 러시아 사회주의를 미워하는 만큼 독일 사회주의를 미워할 필요는 없다고 보았다. 장기적으로 볼 때, 이런 판단은 하나의 약점이 되었다. 그것은 독일의 고통에 대하여 시종 지연 전술로 일관한 것과 상당히 관련되어 있다. 그런 판단 때문에 영국과 프랑스의 외교부는 독일이 무한정 온유한 청원국請願國으로 남아 있을 것이라고 보았다. 언젠가 독일이 다른 강대국들과 어깨를 나란히 하는 지위로 올라설 것이라고 위로하는 지연 전술이면 충분하고, 또 독일이 그런 위로에 만족하리라고 내다보았던 것이다. 단기적으로 볼 때, 특히 루르Ruhr 침공의 어둡던 시절의 관점에서 볼 때, 그런 판단은 하나의 자산이었다. 사민당 ─ 혹은 그 정당의 지원에 의존하는 정부들 ─ 은 다른 정당이나 정부 같았으면 거부되었을 대접을 받았던 것이다.

넷째, 독일 사민당은 다른 나라들의 유사한 정당들과 오래된 접촉점을 갖고 있었는데, 이것은 제2인터내셔널 때부터 맺어온 인연이었다. 이 접촉점은 전쟁에 의해서도 완전히 끊어지지는 않았다. 아무튼 제2인터내셔널은 공식적으로 해산되지 않았고, 그 조직 내의 많은 개인과 집단들 — 특히 중립 국가들의 개인과 조직이 뚜렷한데 이들만 그렇다는 것은 아니다 — 은 국제주의 신념을 그대로 간직하고 있었다. 인터내셔널의 서기였던 호이스만스Camille Huysmans, 1871~1968는 여전히 활동을 계속했고, 1917년에는 스칸디나비아 사회주의자들의 제안에 따라 대회를 개최할 생각을 품기도 했다. 하지만 그 대회는 무산되었다. 그 무렵 연합국들은 그들의 적수를 분쇄할 결심을 굳혔기에 대회 참석자들에게 여권 발급을 거부했던 것이다.[08] 이 무렵 많은 사회주의자들이 인터내셔널이 곧 부활할 것이라고 생각하는 건 자연스러운 일이었다.

(3) 그것이 부활하기는 했지만 어려움이 없는 것은 아니었다. 부활의 목적으로 1919년과 1920년에 개최된 최초의 대회들은 미소한 성공을 거두었을 뿐이다. 그 결과 나타난 공산주의자(제3)인터내셔널은 나름대로 매력이 있었다. 하지만 그 매력은 온 세상의 노동 운동 그룹과 사회주의자 정당들의 단합에 장애가 되었다. 공산주의자들과 운명을 함께 할 생각이 없는 여러 중요한 단체들은 제2인터내셔널보다 좀 더 새로운 유사 기관을 원했다. 이 상황은 영리한 전술적 장치에 의해서 성공적으로 대처되었다. 독일의 독립 사회당과 영국의 독립 노동당이 가세하고 오스트리아 사회주의자들이 주도하는 가운데, 소위 빈 인터내셔널이라 불린 '사회주의 정당들의 노동자 국제 동맹Workers' International Union of Socialist Parties'이라는 새로운 조직이 결성되었다. 조직의 목적은 부활한 제2인터내셔널의 그룹들을 과격화시키고, 공산주의 쪽으로 너무 기울어진 그룹들을 자제시켜서 이 두 그룹을 당의 적절한 목표 아래 통합시키는 것이었다.[09]

공산주의자들은 즉각 이 조직에 "제2.5인터내셔널"이라는 별명을 붙였는데, 조직의 존재 의미를 정확하게 짚어낸 것이었다. 바로 그런 미완의 조직이었기 때문에 시대의 요구에 부응할 수 있었다. 함부르크 대회(1923)에서 제2인터내셔널과 빈 인터내셔널은 합병하여 '노동자와 사회주의자 인터내셔널Labor and Socialist International'을 결성했다. 이 조직은 평화를 "제국주의적인" 것이라고 매도하면서 국제적 반동에 대한 연합 전선을 요구했다. 이러한 구호는 아주 그럴듯하게 들렸다. 여기서 말하는 국제적 반동이란 하루 8시간 노동과 국제적인 사회 입법에 대하여 반대하는 태도를 가리킨다. 명확하고 합리적인 수준으로 독일 배상금 인하, 연합국들에 대한 부채 면제, 독일 영토에서의 철군 등은 이미 1년 전에 필요한 조치로 선언되었다(1922년의 프랑크푸르트 결의안). 추후에 벌어진 사건들에 비추어볼 때, 이것은 대단한 성취요 서비스라 하지 않을 수 없다.

3. 공산주의와 러시아적 요소

(1) 한편 공산주의 정당들이 급속히 성장하고 있었다. 이것은 우리가 이미 예상했던 대로였고, 위험한 일도 아니었다. 진지한 책임 의식을 느끼는 정당이라면 불가피하게 단체들이 좌로(혹은 우로) 발전할 공간을 남겨두어야 하는데, 그런 공간은 오랫동안 비어 있지는 않는 법이다. 이탈 세력이 일정 범위 이내라면, 이러한 공간 남겨 두기는 성가신 일 이상의 것은 되지 않는다. 그것은 다루기 어려운 세력을 품 안에 끌어안기 위해서 바람직한 것일 수도 있다. 사회주의 정당들은 초과격파 집단들과 언제나 어려움을 겪었다.[10] 이런 "좌파" 그룹들이 종전 직후의 혼란스러운 시대에 세력을 확장하여 뚜렷한 정파의 지위를 얻는 것은 전혀 놀라운 일이 아니다. 그들이 전형적인 방편을 뒤쫓고 그들 자신을 "공산주의자"라고 부르는 것, 혹은 공식 정당들보다 더 강력한 국제적 색책을 띠는 것만큼이나 자연스러운 일이다.

하지만 이 모든 것이 러시아의 사례와는 완전히 무관하다는 사실을 염두에 두어야 한다. 만약 차르들이 여전히 러시아를 통치했더라면 여러 개의 공산주의 정당들이 있었을 것이고, 하나의 공산주의 인터내셔널이 있었을 것이다. 하지만 러시아적 요소가 전 세계 사회주의와 공산주의의 운명을 결정짓는 요인이 되었으므로 — 사실 우리 시대의 사회적·정치적 역사를 형성했다고 해도 과언이 아니다 — 그 요소가 어떻게 발전했고, 그 성질과 중요성은 무엇인지 알아보는 것이 반드시 필요하다. 우리는 이런 목적을 위해 그 발전 과정을 3단계로 나누어야할 것이다.

(2) 첫 단계 — 볼셰비키가 정권을 잡는 1917년까지의 시점 — 에서 공산당 그룹의 발전에는 특별히 러시아적인 특징이 없었다. 단지 가장 강력한 사람(레닌)이 러시아인이었고 그의 사상 구조에는 몽골식의 전제적 경향이 있었다는 것 정도가 특징이라면 특징이었다. 제1차 세계대전이 발발하자 제2인터내셔널은 **사실들이 이끄는 길을 따라서**(각국의 사회주의자들이 국제적 단합보다는 각자의 조국을 더 중시하여 참전한 사실에 따라) 기능이 중지되었다. 레닌이 인터내셔널은 죽었고 더 효과적인 방안을 찾아야 한다고 선언하자, 그 의견에 동감하는 사람들이 함께 모이는 것은 자연스러운 일이었다. 스위스 치머발트Zimmerwald(1915)와 키엔탈Kienthal(1916)에서 열린 두 대회에서 기회가 찾아왔다. 국가의 대의를 준수하는 사람들은 사실상 이 두 대회에 참석하지 않았으므로, 여기에 참석한 호전적 인사들은 제국주의적 전쟁을 국제적 혁명으로 바꾸자는 레닌의 프로그램에 아무런 망설임 없이 동의했다. 여기에는 원시 마르크스주의와 그 메시아적 약속을 믿는다는 선언 이상의 의미가 깃들어 있었다. 그들 중 일부는 자신들이 진실을 확신한다는 명백한 인식을 갖고 있었다. 그러니까 부르주아 사회의 구조는 장기적인 "전면전"의 부담과 스트레스를 감당하지 못할 것이고 적어도 몇몇 나라들에서는 사회의 붕괴가 벌어지리라는

진실을 내다보았다. 하지만 모든 나라의 부르주아지들은 이런 진실을 전혀 알지 못했다. 하지만 레닌의 지도력은 그 이상으로는 나아가지 못했고, 또 인정되지도 않았다. 그 대회에 참석한 사람들 대부분은 기존의 사회주의 정당들을 파괴하기보다는 그들을 설득하고 위협하고 이용하는 것이 더 좋다고 생각했다. 더욱이 국제적 혁명은 각국 프롤레타리아의 개별적 행동에 의해 수행되어야 하고, 또 "선진" 국가들에서 먼저 벌어져야 했다. 이에 대해서는 레닌도 동의했다.

두 번째 단계는 1917년에서 1927년까지이다. 좀 더 구체적으로 말하자면 볼셰비키가 러시아의 정권을 장악한 때부터 트로츠키가 볼셰비키당의 중앙위원회에서 축출되는 시점(1927년 10월)까지이다. 이 10년 동안에 각국 공산당들과 하나의 공산당("제3")인터내셔널이 탄생했다. 또한 이 시기에 사회당과 노동당이 결정적으로 결별했다(비록 한시적이었지만). 특히 독일의 경우는 그 결별이 회복 불능일 정도로 씁쓸했으며, 집권당인 사민당이 1918년과 1919년 사이의 겨울에 취한 아주 탄압적인 조치들이 그 발단이었다. 마지막으로 이 시기에 러시아와의 단단한 쇠사슬(연결고리)이 만들어졌다.

하지만 그 10년 내내 러시아의 쇠사슬은 고통을 주지도 않았고 옥죄어오지도 않았다. 볼셰비키가 강대국들 중 가장 낙후한 나라의 정권을 장악하게 된 것은 요행에 지나지 않았다.[11] 레닌 자신도 어느 정도까지는 이런 사실을 알고 있었다. 최후의 승리는 혁명 세력이 보다 선진국에서 행동을 일으킬 때에만 얻어질 것이고, 그런 행동이 무엇보다도 중요하다고 레닌은 거듭거듭 말했다. 물론 레닌은 전에 그랬던 것처럼 공산주의자들을 상대로 일방적인 지시를 내렸고, 공산당 인터내셔널이 철저한 중앙 집중의 조직으로 운영되어야 한다고 고집했다. 다시 말해 인터내셔널의 뷰로(본부)가 권력을 틀어쥐고서 개별 정당들의 모든 움직임을 일일이 지시해야 한다는 것이었다. 레닌은 공산당 지도자로서 그런 독재를 한 것이지, 러시아 전제 군주의 자격으로 그렇게 행동한 것은 아니었다. 그것이 커다란 차이를 가져왔다. 인터내셔널의 본부는 모스크바에 있었고 실제 지도자는 러시아인이었다. 하지만 정책은 완전 국제적 정신에 입각하여 추진되었고 러시아의 민족적 이해와는 무관했으며, 모든 나라의 공산주의자들이 실제로 동의하는 원칙에 따라 움직였다. 인터내셔널의 뷰로(본부)와 소비에트 권력[12]의 정치국 사이의 개인적 관계는 나중의 그것보다 훨씬 긴밀했지만, 그럼에도 불구하고 이 둘은 뚜렷이 다른 기관이었다. 이렇게 하여 인터내셔널과 개별 정당들은 러시아와의 쇠사슬이 없었을 때 움직였을법한 행동과 별반 다르지 않게 행동했다.

따라서 이 10년 동안 러시아와의 연결 고리가 상당히 중요하기는 했지만 그 이상으로 발전하지는 않았다. 첫째, 어떤 공산주의 그룹의 자질이나 규모가 별로 중요하지 않더라도 또 진지한 대접을 받을만한 지위가 되지 못할지라도, 러시아 제국을 점령한 다른 공산주의 그룹으로부터 반사 영광을 누릴 수 있었고, 또 그런 지원으로부터 격려를 받을 수 있었다. 이것은 무시 못 할 중요한 사실이었다. 둘째, 볼셰비키의 현실이 어찌되었든 간에 ― 테러, 비참함, 크론슈타트 반란 이후에 신新경제 정책을 채택함으로써 실패를 자인한 것 등 ― 현재 "작동하고 있는" 사회주의 체제를 가리킬 수 있게 되었다. 영국과 미국의 여론은 친숙한 구호의 외피를 두른 선전이라면 무엇이든 받아들일 자세였다. 볼셰비키는 이러한 현실을 교묘하게 활용했다. 이것은 다른 공산당들에게도 이익이 되었다. 셋째, 모든 나라의 공산주의자들(레닌 자신을 포함)이 세계 혁명의 임박을 믿는 한, 러시아 군대는 공산주의자들에게 아주 소중한 존재였다. 그것은 19세기 후반기에 차르 니콜라스의 군대가 보수 반동 그룹에 소중한 것만큼이나 중요했다.[13] 1919년 당시 이런 희망은 지금 사람들이 생각하는 것처럼 그리 비합리적인 것은 아니었으며 성취 단계에 가깝게 가 있었다. 사실 공산주의 공화국이 바이에른과 헝가리에 실제로 수립되었다.[14] 독일, 오스트리아, 이탈리아의 사회 구조는 위험할 정도로 붕괴 직전이었다. 만약 트로츠키의 전쟁 기계가 이 당시 내전과 폴란드 전쟁에 휘말려 있지 않았더라면, 독일, 오스트리아, 이탈리아, 그리고 더 서쪽의 나라들에서 무슨 일이 벌어졌을지 알 수 없다.[15] 그리고 공산당 인터내셔널이 그런 임박한 건곤일척의 분위기에서 창립되었다는 사실을 유념해야 한다. 그 후 다른 의미를 획득한 많은 것들 — 가령 개별 정당들에 대하여 무제한의 권력을 휘두르며 그들의 자유를 빼앗아간 중앙 집중 관리 방식 — 이 이런 관점에서 보면 상당히 합리적으로 보일 것이다.

세 번째 단계는 트로츠키의 축출(1927) 이후의 시기이다. 이 시점은 스탈린이 실제로 절대 권력을 잡게 된 사실을 보여주는 편리한 이정표이다. 이때 이후의 정책에 관한 실질적 결정은 스탈린이 내렸다. 하지만 그는 여전히 정치국과 다른 기관의 산발적인 반대에 부딪혔다. 그렇지만 카메네프Lev Borisovich Kamenev, 1883~1936와 지노비에프Grigory Zinoviev, 1883~1936의 "재판"(1936)과 예조프Nikolai Yezhov, 1895~1940의 공포 통치(1937) 이후에 그는 사실상 아무런 반대도 없이 전권을 휘둘렀다. 이때 이후의 모든 결정은 러시아 정치가 한 사람(스탈린)의 결정이었다. 그는 잘 정비된 전제주의의 관점에서 러시아의 국익만 생각하며 행동하는 정치가였다. 이것은 "코민테른"(공산당 인터내셔널)과 해외 공산당들을 바라보는 그의 태도를 잘 설명해준다. 그것들은 러시아 정책의 도구로 전락하였으며, 다른 많은 도구들 중 하나였고, 상황의 필요에 따라 다른 도구들과 비교당하며 상대적 가치를 부여받았다. 세계 혁명의 희망을 부활시킬 수도 있는 현재의 전쟁(제2차 세계대전)에 이르기까지 세계 혁명은 동결된 자산이었다. 국제 공산주의를 지지하는 고참이나 신참 공산주의자들은 경멸의 대상이었다. 하지만 그들은 때때로 쓸모가 있었다. 그들은 러시아 체제의 영광을 널리 퍼트릴 수 있었다. 그들은 적대적인 외국 정부들을 찔러대는 핀으로 사용될 수 있었다. 그들은 러시아의 협상력을 높여주었다. 그들을 복종시키고, 비밀경찰의 첩자를 보내 감독하고, 코민테른 본부를 부들부들 떨며 복종하는 아첨꾼으로 채우는 것은 노력과 비용을 들일만한 가치가 있었다.

(3) 이 모든 일에서(그리고 이 모든 일에 대하여 거짓말을 하는 데 있어서) 스탈린은 모든 시대에 통했던 절차와 관행을 따랐다. 모든 민족 정부들이 그가 행동한 것처럼 행동했으므로, 유독 스탈린의 사례에 대해서만 분노를 터트리는 것은 완전 위선이다. 가장 분명한 사례는 종교적 신조를 옹호하는 정부들의 관행에서 찾을 수 있다. 각각의 신조들이 행동을 일으킬 정도로 강력한 것이라면, 이 정부들은 동일한 신조를 가진 해외 그룹들을 그들의 목적을 위해 활용했다. 1793년에서 1815년까지의 역사가 잘 증명하듯이, 그런 관행은 이런 사례들(프랑스 대혁명 이후 각국 정부들의 찬반 태도와 그에 따른 선전 구호)이 보여주는 것보다 훨씬 보편적이다. 그런 관행으로부터 영향을 받는 정부들의 반응 — 선전 구호나 기타의 것 — 도 그에 못지않게 표준화되어 있다. 모든 유형과 계급의 정치가들은 반대자를 반역자라고 부를 수 있는 기회를 선뜻 움켜잡는 것이다.

그러나 러시아 바깥에 있는 공산당들은 사정이 달랐다. 현대화한 차르(스탈린)의 손에 들려 있는 **죽어버린 머리**caput mortuum(사문화된 세계 혁명의 이념)로부터 지시를 받아야 한다는 것은 심각한 문제였다. 그들의 비참한 노예근성은 두 가지 의문을 야기한다. 그런 노예근성의 원인은 무엇인가? 그것은 추후 혁명적 사회주의의 특징과 운명에 어떤 관계를 가지는가?

첫 번째 질문은 보기보다 대답하기가 어렵지 않다. 우리 자신을 공산주의의 입장에 놓고서 현실적인 관점에 서서 그의 유형과 상황을 살펴보는 것이다. 그는 인도주의적 입장에 입각하여 스탈린 체제에 반대하지 않을 수도 있다. 그는 대학살을 영광스러운 것으로 여길 수도 있다. 일부 신경 쇠약적인 타락자들은 그런 태도를 보인다. 또 실패와 분노를 겪은 공산주의자들은 특정한 희생 계급의 고통에서 만족감을 느낄 수도 있다. 스탈린이 그런 대학살을 저질렀어도 일부 부르주아지들은 그 체제를 우상화하고 있는데, 왜 그가 대학살에 대하여 분개해야 하는가? 같은 논리의 연장선상에서, 캔터베리의 대주교도 스탈린 체제를 비난하지 않는데 왜 그가 비난해야 하는가?[16] 왜?

또 공산주의자들이 테르미도르주의•에 입각하여 스탈린 체제에 반대할 이유도 없었다. 이 용어(테르미도르주의)는 신경제 정책의 반대자들이 처음 사용했다. 트로츠키는 나중에 스탈린의 체제를 "보수 반동적"이라고 비난하기 위하여 이 용어를 다시 꺼내들었다. 1794년에 로베스피에르 Maximilien François Marie Isidore de Robespierre, 1758~1794를 거꾸러트린 사람들의 행동이 "보수 반동적"이었던 것처럼, 트로츠키 자신을 몰아낸 스탈린 또한 혁명의 반동 세력이라는 것이었다. 하지만 농업을 집단화하고, 쿨라크(부자 농민)를 "숙청하고", 신경제 정책을 역전시킨 것은 스탈린이었다. 훌륭한 전략가답게 그는 반대파를 진압하였으나 사실상 반대파의 정책을 실시했다.

마지막으로, 보호국(러시아)이 본국에서 저지르는 일은 해외에 있는 공산주의자들에게 일차적인 중요성을 갖지 않았다. 그 보호국이 해외 공산주의자들을 공정하게 대하기만 하면 문제가 없었다. 설사 그가 공정하게 대하지 않는다 하더라도 해외 공산주의자가 어떻게 하겠는가? 소련의 쇠사슬은 고통을 주었고 옥죄어왔다. 하지만 도움을 주기도 했다.

• 모든 혁명에는 반동 세력이 있다.

사회주의 정당들은 공산주의자를 받아들이려 하지 않았다. 건전한 정신을 가진 보통의 노동자는 신음 소리를 내며 그로부터 고개를 돌렸다. 그는 트로츠키처럼 끈 떨어진 갓 신세였다. 그는 러시아의 쇠사슬 없이는 아무것도 할 수 없는 입장이었다.[17] 자신의 노예근성을 받아들이면서 그는 이렇게 희망했을 것이다(지금도 희망하고 있으리라 본다). 국면 전환이 벌어져서 그 쇠사슬을 자신이 원하는 쪽으로 끌어당길 수 있을지 모른다… 현재의 세계 대전(제2차 세계대전)이 끝난 후에….

제2차 세계대전의 종전 이후에 기회를 노린다는 것은 두 번째 질문(추후 혁명적 사회주의의 특징과 운명에 어떤 관계를 가지는가?)에 상당 부분 대답을 준다. 러시아의 전제주의가 유럽 문명의 폐허 — 혹은 그 너머까지 — 로 퍼져나갈 가능성이 있다. 이 경우 전 세계의 공산당들은 러시아의 위수대로 전환될 것이다. 하지만 다른 많은 가능성들도 있다. 그 한 가능성은 러시아 체제가 발전 과정에서 좌절해버리거나, 아니면 다른 나라들로 퍼져나가 그 나라의 토양에 알맞은 특징을 획득하는 것이다. 후자의 또 다른 특수 사례는 러시아적 요소가 결국 혁명적 사회주의의 장래 특징과 관련하여 **아무것도** 바꾸지 못하는 경우이다. 그러나 이런 가능성을 기대하는 것은 위험하고 또 어리석다. 하지만 우리의 문명이 현재의 대재앙으로부터 아무런 상처도 받지 않고 벗어날 수 있으리라고 희망하는 것처럼 어리석지는 않다. 물론 이 대재앙이 우리가 기대한 것보다 훨씬 빠르게 사그라지면 얘기는 달라지겠지만.

4. 자본주의를 운영하기?

(1) 지금까지 살펴본 결과, 우리는 이런 판단에 도달했다. 사회주의 정당들이 1918년 이후에 정치적 책임을 지고 시도했던 실험들이 성공할 수 없었다는 주장에 대해 납득할만한 이유를 찾아보기 어렵다. 다시 한 번

되풀이해서 말하자면, 일부 국가들 — 가령 스웨덴 — 에서 사회주의자들은 그들이 전에 확보한 권력을 공고히 했다. 뿐만 아니라, 다른 나라들에서는 혁명적 조치를 수반하지 않고서도 그들은 자연스럽게 권력을 얻었다. 모든 나라들에서 그들은 다른 정당에 비해 당시의 커다란 문제들을 더욱 적극적으로 씨름해야 할 입장에 있었다. 내가 앞에서 말한 것처럼, 그들은 성공의 필수 조건들을 독점한 듯이 보였다. 그들 대부분은 이전에 권력을 체험한 적이 없었지만, 조직하고 협상하고 관리하는 일에 다량의 유익한 체험을 쌓아두고 있었다. 게다가 그들은 노골적으로 어리석은 일 따위는 아예 하지 않았다. 사회주의자들의 좌파를 중심으로 새로운 정당이 태어나고, 또 그 정당이 모스크바와 관계를 맺는 것은 그들의 적수들이 선전하는 것처럼 그들에게 심각한 사안은 아니었다.

이런 모든 여건에도 불구하고 그들의 상황은 어디에서나 불안정했다. 진정한 신자들에게 그것은 불가능한 상황처럼 보였을 수도 있다. 왜냐하면 그런 전략적 우위 뒤에는 그들로서는 제거하기 어려운 근본적 어려움이 도사리고 있었기 때문이다. 제1차 세계대전과 그 이후의 대격변으로 인해 사회주의자들이 집권하게 되었다. 하지만 누더기가 된 낡은 옷 아래에는 사회 조직과 특히 경제 과정이 예전 그대로의 속살을 여전히 갖고 있었다. 다시 말해 사회주의자들은 본질적으로 자본주의 세계에서 통치할 수밖에 없었다.

마르크스는 정치권력의 확보를 사회화의 필수조건으로 보았고, 그런 기회가 생기면 재빨리 접수해야 한다고 내다보았다. 하지만 마르크스의 논의에서 권력 확보의 기회는 자본주의가 자신의 과정을 완주했을 때, 혹은 우리의 비근한 표현을 사용하자면 사물과 사람(의 영혼)이 준비를 완료했을 때 발생하는 것으로 암시되어 있다. 마르크스가 예상한 붕괴는 자본주의의 경제 엔진이 내부적 요인으로 붕괴하는 것이었다.[18] 이제 정치적 붕괴 — 혹은 그와 유사한 현상 — 가 발생했지만, 경제 과정은 아직 원숙한 단계에 접근하지 못했다. "상부 구조"가 추진력을 제공하는 메커니즘(하부 구조)보다 더 빨리 움직이고 있었다. 그것은 아주 비非마르크스적인 상황이었다.

 책상 앞에 앉은 학생은 의아하게 생각하며 이런 공상을 할 것이다. 사회주의 정당들이 현재의 제반 사태가 아직 원숙해지지 않았으므로 권력(입각)이라는 트로이의 목마를 성안으로 들이지 않고 야당으로 그대로 남아 부르주아지로 하여금 전쟁과 평화의 파괴상을 처리하도록 내버려 두었더라면, 일은 어떻게 돌아갔을까? 그것이 사회주의자들, 사회주의, 세계를 위해서 더 좋지 않았을까? 하지만 그 무렵 사상보다 조국에 일체감을 느꼈고, 책임 의식이 강했던 사람들로서는 달리 선택의 여지가 없었다. 그들은 근본적으로 해결 불가능한 문제에 단호하게 대처했다.

 당시의 경제적, 사회적 체제는 자본주의적 노선으로만 운영이 가능했다. 사회주의자들은 그 체제를 통제하고, 노동자에게 유리하도록 규제하고, 그 효율성을 떨어트리는 방향으로 쥐어짤 수는 있었지만, 노골적으로 사회주의적인 정책을 밀어붙일 수는 없었다. 만약 그들이 자본주의 체제를 운영하고자 한다면 그 논리에 따라서 운영할 수밖에 없었다. 그들은 자본주의 체제에 "자본주의 방식을 운영해야" 했다. 그들은 이렇게 했다. 그들은 자신들이 취한 조치에 사회주의적 선전 구호를 입혀서 분장했다. 또 그들의 정책과 동일한 사안에 대한 부르주아 정책의 차이점에 대하여 확대경을 들이대어 면밀히 조사함으로써 일부 성공을 거두기도 했다. 하지만 본질적으로 그들은 자유주의자나 보수주의자들이 동일한 상황 아래에서 취했을법한 그런 조치를 취했다. 이것은 유일하게 가능한 노선이었지만,[19] 사회주의 정당들이 그대로 따라 하기에는 너무나 위험한 노선이었다.

그렇다고 해서 이게 전혀 무망한 일이라거나 사회주의 신앙의 관점에서 전혀 방어가 불가능한 것이라는 얘기는 아니다. 1920년대 초에 유럽의 사회주의자들은 행운이 따르고 조심스럽게 운영한다면 정치적 권력의 중심부에 진입할 수 있다고 보았다. 그 과정에서 "보수 반동"의 위험도 피하고 프롤레타리아의 지위를 공고히 함으로써 급격한 단절 없이 사회를 사회화할 수 있다고 예상했다. 그들은 부르주아 사회의 안락사를 유도할 것이고, 동시에 사망 과정이 원활하게 진행되어 그 사회가 다시 소생하는 일이 없도록 할 것이라고 희망했다. 사회주의자나 노동자의 사회 구도에 이미 들어와 있는 요소들 이외에 다른 요소들이 발생하지 않았더라면, 이런 희망은 실현될 수도 있었다.

사회주의 신앙의 관점에서 사태를 변명해보자면 이렇게 된다. 제1차 세계대전 종전 후의 상황은 새로운 것으로서 마르크스조차 예상하지 못한 것이었다. 보다 구체적으로 말하자면, 부르주아 피해자들이 사회주의자들에게 시선을 돌리면서 보호해달라고 요청해온 것이었다. 마르크스의 사상 체계 내에서, 부르주아지는 서서히 망해버리는 존재였지, 같이 어려움을 헤쳐 나가자고 손 벌리는 그런 존재가 아니었다. 이런 상황에서 그냥 "자본주의를 운영하는 것" 자체가 커다란 진일보였다. 게다가 그것은 자본가 이익을 위하여 자본주의를 운영하는 것이 아니라, 사회 개혁 분야에서 정직한 일을 하기 위해서 또 노동자의 이해를 핵심으로 여기는 국가를 건설하기 위해서 그렇게 하는 것이었다. 아무튼 민주적 노선을 선택한다면 이렇게 하는 것이 유일한 행동 방식이었다. 왜냐하면 사회주의적 노선을 내세웠다가는 과반수를 확보하지 못한다는 현실이 상황의 미성숙성을 분명하게 보여주었기 때문이다. 그러니 이 상황에서 입각하기로 결심한 사회주의 정당들이 소리 높여 민주주의에 대한 충성을 외쳐댄 것은 당연한 일이었다!

이렇게 하여 관직을 갈망하는 정치꾼의 행각이 교리와 프롤레타리아 이해라는 아주 고상한 터전 위에서 정당화되었다. 독자는 이런 편리한 짜 맞추기가 과격한 비판가들에게 어떤 인상을 주었을지 상상하는 것은 어렵지 않을 것이다. 하지만 뒤에 벌어진 사건들로 인해 많은 사람들이 그 정책을 실패로 판단했고, 당시의 사회주의 지도자들이 어떻게 행동해야 되었는지 훈수를 하게 되었다. 하지만 나는 그들이 갖고 있는 논리적 근거와 그들이 활동했던 상황의 불가피한 측면을 강조하고자 한다. 만약 그게 실패였다면 원인을 다른 데서 찾아야 하지, 우행이니 반역이니 하고 매도해서는 안 된다. 이것을 확신하기 위해서는 영국과 독일의 사례를 살펴보면 된다.

(2) 종전 직후에 드높았던 민족주의적 감정이 가라앉으면서 진정으로 혁명적인 상황이 영국에서 전개되었다. 가령 정치적 파업의 형태로 일반 대중의 기질이 표출되었다. 책임감 강한 사회주의자들과 노동 운동가들은 이런 사건들에 의해 한껏 고무되어 단결했다. 또 국가가 진정으로 혁명적인 분위기 속으로 휩쓸려 들어가는 위험에 자극을 받았다. 그래서 그들은 의회 정치에 관한 한 공동의 리더십을 수락했다. 공동 리더십 중 더 중요한 몫은 노동자 이해관계에 돌아갔고, 그중에서도 몇몇 대형 노조의 관료제가 차지했다. 그 즉시 불만을 표출하는 지식인들의 반대가 터져 나왔다. 이 지식인들은 그 동맹의 노동자 색깔에 반감을 표시했고, 노동자들에게서 사회주의적인 특징을 발견하지 못했다고 선언했다. 노동 운동가들의 이데올로기적 기회주의는 이런 선언에 일부 진실의 색깔을 보태주었다. 하지만 우리는 선전 구호보다는 상황의 객관적 사실들을 더 중시해야 한다. 그러면 영국의 정치적 노동 세력이 맥도널드 총리의 리더십을 받아들이는 한, 독일의 사민당과 비슷한 존재라고 보게 된다.

그런 혁명적인 상황에서 성공적으로 빠져나왔으므로, 노동당은 그 지위를 꾸준히 향상시켜 마침내 맥도널드가 1924년에 집권하게 되었다. 그와 그의 각료들은 아주 믿음직한 외관을 드러내 보였기 때문에 심지어 불만투성이의 지식인들도 잠시 진정되었다. 외교 정책 및 식민 정책과 관련하여 맥도널드 정부는 그 나름의 노선을 유지할 수 있었고, 특히 대對러시아 정책이 그러했다. 국내 문제에서는 독자적인 목소리를 내기가 그리 쉽지 않았다. 주된 이유는 노동자 표에 의존하는 보수 정부들이 당시의 형편을 감안하여 재정적 과격주의를 지속적으로 유지해왔기 때문이었다. 입법 문제에 있어서 노동당 정부는 비교적 사소한 법안을 제외하고는 진일보한 것이 없지만, 그래도 국가의 일을 잘 관리할 자질을 갖추었음을 스스로 입증했다. 스노든 장관이 재무부에서 탁월한 업무 수행 능력을 보여줌으로써 노동당이 통치할 자격이 충분함을 영국과 전 세계에 과시했다. 이것 자체가 사회주의의 대의에 대한 서비스였다.[20]

물론 그러한 성공은 노동당 정부가 소수 세력이었기 때문에 쉽게 달성되었다. 그러나 그 이외의 다른 것들은 성공하기가 아주 어렵거나 불가능했다. 소수 세력인 노동당 정부는 자유주의자들 — 이들과 노동당은 공통점이 많았는데 가령 자유 무역이 그러하다 — 의 협조가 필요했을 뿐 아니라, 어느 정도까지는 보수주의자들의 관용이 필요했다. 그들의 입장은 1850년대와 1860년대에 잠시 동안 권력을 쥐었던 보수주의자들의 입장과 아주 유사했다. 그들은 과반수를 차지하지 못했기 때문에 책임 있는 태도를 취하기가 쉽지 않았다. 하지만 위에서 말했듯이, 그들이 소수 세력이라는 사실은 마르크스 재판관에게도 좀 더 강력한 행동 노선으로 나아갈 때가 아직 도래하지 않았음을 납득시켰을 것이다. 적어도 민주적 요구 사항을 충족시키는 계획을 따른다면 그런 노선이 불가능함을 주지시켰을 것이다.

그러나 노동당의 평당원들은 이런 사실을 그리 높게 평가하지 않았다.

일반 대중은 더더욱 불만이었다. 대중은 노동당이 그들을 위해 해준 것, 그리고 경쟁자인 보수당이 노동자 표를 얻기 위해 그들에게 해준 것을 대단치 않게 여겼다. 그들은 사회 재구축이라는 거대한 제안과 직접적인 혜택의 약속을 바랐다. 그들은 다음과 같은 순진한 질문을 남발하면서 그것이 얼마나 불공정한지를 알지 못했다. "사회주의자들이 이제 권력을 잡았는데 왜 우리를 위해 좀 더 안 해주는 거야?" 옆으로 밀려난 지식인들은 이런 기회를 놓치지 않았다. 그들은 노동 운동가들이 진정한 사회주의자들을 좌지우지한다고 공격했고, 또 일반 대중의 불만을 부추기면서 전제적인 노조 관료들이 이런 잘못된 사태를 나 몰라라 한다고 비난했다. 지식인들의 영향력 아래 있던 독립 노동당은 점점 더 반항적으로 변했다. 특히 맥도널드 총리가 좀 더 급진적인 프로그램을 시행해달라는 주장을 완강하게 묵살하여, 정부에 대한 반감이 높던 시절에 그런 반항의 분위기가 팽배했다.[21] 이렇게 하여 많은 사람들의 눈에 성공은 실패처럼 보였고, 책임감은 비겁함처럼 보였다.

그러나 이것은 불가피했다. "미성숙성"의 조건 아래 입각을 받아들인 사회주의 정당들의 정책에는 어려움과 위험이 내재되어 있었다. 이러한 사실은 맥도널드의 2차 내각의 역사에 의해서 잘 예증된다.[22] 역사가들은 로버트 필 경의 정치 철학을 마침내 공정하게 평가하게 되었다.[23] 나는 앞으로 그들이 맥도널드 총리의 정치 기술도 공정하게 평가해줄 날이 오리라고 본다. 그는 세계 대공황의 초입에서 정권을 잡은 아주 독특한 불운을 겪었다. 그 불황은 국제 연맹이라는 국제 체제의 붕괴를 가져온 직접적인 원인이기도 했다.

맥도널드보다 능력이 떨어지는 자는 — 소인들은 늘 그렇지만 — 근본적 재구축의 때가 왔다고 생각했을 것이다. 만약 그런 재구축을 시도했더라면 국가는 두 동강으로 절단이 났을 테고, 그 결과가 어떻게 되었을지 예측하는 것은 어렵지 않다. 사회의 근본적인 재편은 불가능하기 때문에, 그 대신에 통화 팽창 정책, 덜 근본적인 사회 개혁 — 가령 개별적인 국영화 조치와 추가 사회보장 입법 등 — 과 국제 관계에서의 중상 정책 등이 널리 추천되었다. 하지만 이런 프로그램의 일부는 불경기를 더욱 심화시켰을 터이고, 그 나머지 — 파운드화 금 본위제와 중상주의의 폐기 — 는 국가적 전통과 노동당의 전통으로부터 아주 크게 일탈하는 것이었다. 그래서 사회주의자들은 그 정책을 성공시키기는커녕 그것을 시행하는 것도 불가능했다. 그것을 안전하고 효과적으로 시행하자면 합의에 의한 실천, 즉 여러 정당 간의 연합이 필요했다.

따라서 연합이 불가능한 동안에, 맥도널드와 그의 각료들은 있는 그대로의 체제를 운영하는 과업에 전력했다. 하지만 불리한 여건 아래에서 그런 과업을 수행한다는 것은 그들이 해낼 수 있는 일들 중에서 가장 까다로웠다. 모든 사람들이 "뭔가" 조치를 취해야 한다고 소리치고, 무책임한 자들은 제멋대로 떠들어대고, 일반 대중은 불평을 말하고, 기업가들은 절망하고, 지식인들은 비난하는 가운데서, 맥도널드와 그 각료들은 조금씩 조금씩 힘들게 앞으로 나아갔다. 국내에서 그들은 재정 문제의 질서를 잡았고, 파운드화를 지지했으며, 입법 기구의 가속화를 자제했다. 해외에서 그들은 제네바 체제를 가동시키기 위해 혼신의 힘을 다했고 — 상당한 성공을 거두었다 — 주위의 위험과 긴장을 줄이려고 애썼다. 적절한 때가 되고 국가적 이익이 당의 리스크 걸기를 보장해주자, 그들은 모험을 감행하여 거국 내각을 탄생시켰다.

참으로 우울한 일이지만 많은 중요한 사례들에서, 정부 정책은 현명하면 할수록 일반 대중과 지식인 비판가들에게 인기가 없다. 맥도널드 정부가 좋은 사례이다. 급진 비판가들은 맥도널드 정책을 비교적 미약한 영국 불경기 상황, 그리고 그로부터의 느린 회복과 연결시켜 바라보는 능력이 없었다. 그런 그들에게 맥도널드 정책은 허약함, 무능력, 빡빡한 전통주의, 사회주의 대의의 배신적 포기 등으로만 보였다. 민주 정치의 역사상 가장 훌륭한 성과의 하나요 경제적·사회적 상황을 정확하게 파악하여 이루어진 책임 있는 행동의 사례들을, 비판가들은 "수치와 혐오"의 시선으로 바라보았다. 비판가들은 맥도널드를 말을 쓰러지게 만든 엉터리 기수 정도로 여겼다. 그들이 좋아하는 가설은 이런 것이었다. 맥도널드 정부는 영국 은행가들의 악마적인 속삭임(혹은 더 나쁘게는 유혹)과 그 은행가들을 지지하는 미국 세력들의 압력에 굴복했다.

불운하게도 이런 헛소리가 정말로 중요한 요소이고, 또 어떤 예후를 설명하려면 감안해야만 하는 요소이다. 그것은 우리 문명의 대의에 봉사하려는 사회주의 정당의 능력에 심각하게 간섭한다. 특히 우리가 현재 살고 있는 전환기에서는 그런 간섭이 더욱 심각하다. 우리가 이런 요소를 배제하고 또 국익을 위해 희생하는 정당은 단기적으로 그 자신도 손해를 본다는 이치를 잠시 젖혀둔다면, 장기적으로 봤을 때 노동당의 영향력이 맥도널드의 2차 내각에 의해 강화되었다는 사실을 우리는 어렵지 않게 알아차릴 수 있다. 또다시 로버트 필 경의 2차 내각과의 비교가 이 점을 잘 드러내줄 것이다. 필의 보수 다수당은 곡물법의 폐지를 놓고서 당이 분열했다. 필의 지지자들은 맥도널드의 지지자들에 비해 훨씬 숫자가 많고 강력했지만 곧 붕괴했다. 보수당은 큰 상처를 입었고, 3번의 집권 경험에도 불구하고 디즈레일리가 1873년에 커다란 승리를 거둘 때까지 다시 정권을 잡지 못했다. 그리고 그때부터 1905년의 헨리 캠벨배너먼 Henry Campbell-Bannerman, 1836~1908 경의 승리에 이를 때까지 보수당은 그 33년의 3분의 2에 해당하는 기간 동안 집권을 했다. 이보다 더 중요한 사실은 영국 귀족과 지주 계급이 정치적으로 볼 때, 그 기간 동안 내내 그들의 지위를 훨씬 잘 유지했다는 점이다. 높은 곡물 가격의 낙인이 제거되지 않았을 경우에 그들이 누렸을법한 지위보다 말이다.

사실 노동당은 분열 이후의 시절에 그 충격으로부터 재빨리 회복했고 국내의 지위를 더욱 공고히 했다. 사태가 정상적으로 전개되었더라도(즉, 제1차 세계대전이 벌어지지 않았더라도) 사회주의자들은 또다시 머지않아 집권을 했을 것이고, 더 높아진 능력과 더 좋아진 성공의 기회를 누렸을 것이다. 오히려 전보다 더 강력한 노선을 추구할 수도 있었을 것이다. 그들의 프로그램과 그들의 실천 능력에 대해서는 이렇게 말하는 것이 안전하리라. 그들의 정책이 맥도널드 정책과 차이가 있다면 정도의 차이이지 종류의 차이는 아니었을 것이다. 주로 사회화의 몇몇 개별적 조치들만 달랐을 것이다.

(3) 전후에 독일 사민당이 걸어간 길은 영국 노동당에 비해 많은 면에서 다르다. 하지만 사민당에 머문 독일 사회주의자들이 입각을 하고 공산주의와 싸우기로 결심하면서부터, 그들은 영국 동료들과 마찬가지로 "자본주의를 운영하기"에 전력했다. 우리가 이런 전제를 받아들이고 또 그들이 가까운 장래에 연방 의회, 프로이센 의회, 국민들 사이에서 다수를 차지할 전망이 없다는 사실을 감안한다면, 모든 것이 필연적 논리를 따라 이해될 것이다. 1925년에 독일의 총인구는 약 6,200만 명이었다. 프롤레타리아(노동자들, 그들의 가족, 집안 하인들)는 2,800만 명이 채 되지 않았고, 이 중 일부는 다른 당을 지지했다. "자영업자"의 인구수도 이에 못지않았는데 — 약 2,400만 명 — 대체로 사회주의에 대하여 무관심했다. 약 100만에 달하는 상류층을 제외하고 투표소에서 중요한 그룹들 — 농부, 장인, 소매상들 — 에만 국한한다 하더라도 사회주의 정당이 정복할 대상은 그리 많지 않았다. 그 당시는 물론이고 향후 가까운 장래에도 그런 사정은 별로 달라질 것 같지 않았다. 이 두 그룹 사이에 화이트칼라 근로자들이 있었다. 이들은 가족을 포함하여 1,000만 명 정도였다. 사민당은 이 계급

이 핵심 위치를 차지한다는 것을 알았고, 이들을 공략하기 위해 노력을 기울였다. 이 노력은 일부 성공을 거두기는 했지만, 화이트칼라가 생각보다 훨씬 심각한 장애물임을 일깨워주었다. 마르크스의 사회 계급 이론에서 설명된 것보다 훨씬 저항이 강했다.[24]

만약 공산주의자들이 사민당의 철천지원수가 아니라 동맹 세력이 되었다 하더라도, 당은 여전히 소수 세력이었을 것이다. 그렇다고 해서 비사회주의적 과반수가 모두 당에 적대적인 것은 아니었다. 좌익 자유주의자들(민주 국민당)은 당원 숫자보다는 능력이 뛰어난 인재들이 많다는 것이 강점이었으며, 어느 정도까지 사민당과 협력할 용의가 있었다. 그런데 정작 이 과반수는 여러 그룹으로 분열되어 있어서 일치단결하여 행동하기가 어려웠고, 그 당원들이나 지지자들은 사민당 당원들처럼 규율이 잘 잡혀 있지도 않았다. 그러나 위험한 노선으로 나가려는 의욕도 능력도 없는 합리적인 사람들은 민주주의 노선 한 가지 외에는 길이 없다는 것을 알았고, 이것이 그들 사이에 연합을 가져왔다.

동맹 자격이 가장 훌륭한 정당은 가톨릭(중앙) 당이었다. 이 당은 힘이 있었다. 히틀러가 나타나기 이전에 그 어떤 것도 이 당 지지자의 충성심을 뒤흔들어놓지 못했다. 당의 조직은 훌륭했다. 교회의 이익이 잘 보존되는 한, 이 당은 사회주의자들처럼 즉각 실천할 수 있는 사회 개혁을 받아들일 준비가 되어 있었고, 어떤 면에서는 그보다 한 발 더 나아갈 용의도 있었다. 폐위된 호헨촐레른Hohenzollern 왕조에 대하여 그 어떤 열정도 갖고 있지 않았기 때문에, 가톨릭당은 바이마르 헌법을 굳건히 지지했다. 마지막으로, 이 당은 자기 몫을 보장해주는 전리품 나눠 먹기 방식을 환영했다. 이렇게 하여 외국인 관찰자에게는 의아하게 보일법한 쌍방 간의 이해가 성립되었다. 사회주의자들은 가톨릭교회를 극진한 공경과 전술로 대했다. 사회주의자들은 가톨릭 사제들에게 개신교 호헨촐레른 왕가 당시보다 더 많은 권리를 주는 교황과의 협약에 대하여 아무런 이의를 제기하지 않았다. 정책의 면에 있어서 두 당 사이에는 아무런 이견이 없었다.

이 동맹이 아주 중요한 것이기는 했지만, 바이마르 헌법에 충성심을 맹세한 어떠한 정당도 관직에서 배제되지 않았다. 민주당, 국가 자유당, 보수당 등도 관직에 진출했고, 심지어 고위직에 오르기도 했다. 연합을 보편적 원칙으로 삼는다는 것은 타협을 보편적 원칙으로 삼는다는 뜻이었다. 정부 조치들에 대하여 필요한 양보 사항은 즉각 이루어졌다. 군부는 독립적으로 운영되었으며, 그 자신이 선택한 관리자의 지배를 받았고 충분한 예산이 제공되었다. 동부 프로이센에는 보조금이 지급되었고, 농업 전반은 각별한 배려의 대상이 되었다. 이러한 조치들은 사회주의적 강령과 일치하지 않는 것이었으나, 그것들을 '계획'이라는 미명美名 아래 합리화함으로써 그 비용을 담당하는 프롤레타리아를 달랬다. 독자는 하늘 아래 새로운 것이 없다는 느낌이 들 것이다. 손해 보는 사람들을 엉뚱한 표현으로 달래는 방식은 예전에도 많이 써먹던 방법이니까.

산업 대중을 대하는 태도와 당의 강령을 대하는 태도에 있어서, 사민당은 그 자신을 노동자당으로 바꾸었다. 초창기에 아주 온건한 법안을 통과시켜 사회주의 이념에 대한 성의 표시를 했다. 그 법안의 가장 과격한 특징은 '사회화'라는 단어가 법안 제목에 들어가 있다는 것이었다(1919). 그러나 사회주의자들은 곧 이 모든 것을 뒤로 미루고 노동 법안에 전념했다. 미국인들이 뉴딜을 생각하면 떠오르는 그런 내용의 법안이었다. 이것은 노동조합을 만족시켰는데, 그(노동조합의) 관료제는 점점 더 사민당 정책 기구의 행정부 비슷하게 되어가고 있었다.

이런 사태는 당내에 여전히 마르크스주의의 전통이 살아 있는 사민당으로서는 감당하기 어려울법도 했다. 하지만 어렵지 않았다. 당에서 이탈한 일부 공산주의자들을 제외하고 당내 반발의 진원지인 지식인들은 잘 억제되었다. 영국의 노동당과는 다르게, 독일의 사민당은 라이히Reich(제국), 국가, 지방 자치 단체의 행정부에 안착했다. 더욱이 당은 자체 언론 기관과 기타 기관을 거느리고 있어서 나눠줄 일자리가 많았다. 이런 복지 후원 차원의 일자리가 적절히 활용되었다. 당에 복종해야만 공무원 사회나 학계, 기타 공직에 등용될 수 있었다. 이런 수단은 과격파를 굴복시키는 데 효과적이었다.

이처럼 사민당이 공공 행정의 모든 분야를 확고하게 장악하고 있었기 때문에 엄격한 규율을 집행할 수 있었고, 또 당원 숫자를 늘릴 수 있었다. 당원 수가 많다는 것은 투표소에서 얻을 수 있는 표가 많다는 뜻이기도 했다. 물론 당은 다른 방식으로도 권력을 늘여나갔다. 가령 사회주의자들은 프로이센 자유 국가에서 지배력을 확보했다. 그 덕분에 경찰력을 장악할 수 있었고, 당원이나 믿을만한 전문직 중에서 대도시들의 경찰서장을 뽑았다. 이렇게 하여 사회주의자들은 점점 진영을 강화했고, 마침내 정상적인 관점에서 볼 때 난공불락의 지위를 갖게 되었다. 또다시 정치 분석의 통상적 규칙으로 살펴볼 때, 심지어 정통 마르크스주의자들도 이렇게 자위할 수 있었다. 이렇게 단단하게 구축한 참호 안에서 한동안 편안하게 지내면서 기다려야지. 그러고 있으면 세속의 사태들이 저절로 변하여 사회주의자들을 소수 세력에서 다수 세력으로 바꾸어줄 거야. 그러면 한동안 최종 목표를 감추고 있던 커튼을 활짝 열어젖히는 거지. 그런 다음 『공산당 선언』을 인용하면 되는 거야. 이제 공산화의 시점이 무르익었다고 하면서….

당의 권력이 생산되는 구조와는 무관하게, 정치적 지형과 전반적 사회 상황은 아주 안정돼 보였다. 더욱이 입법과 행정의 개별 법안들에 대하여 어떤 반대가 들어오든 간에, 연합 정부의 정책들은 전반적으로 시국 안정에 보탬이 되는 것이었다. 이 정부에서 이루어진 많은 일들은 우리의 심심한 존경을 받을만하다. 그 어떤 것도 권위와 매력을 상실한 정부들이 내어놓는 불만스러운 정책의 수준으로 떨어지는 것이 없었다. 여기에 유일한 예외가 있다면 재정 분야일 것이다. 바이마르 정부의 문화적, 정치적 업적들 중 일부는 급속하게 늘어나는 거액의 공공 지출과 관련이 있었다. 더욱이 이 지출은 저축의 원천을 급속히 고갈시키는 방법에 의해 지원되었다(비록 판매세는 그중에서도 큰 성공을 거두었지만). 해외 자본이 계속 흘러들어오는 한, 모든 것이 비교적 잘 되어 나갔다. 하지만 해외 자본의 유입이 끊어지기 1년 전부터 예산과 현금의 어려움들이 나타나기 시작했다. 해외 자본이 더 이상 흘러들어오지 않자 잘 알려진 상황(불경기와 그에 따른 실업 사태)이 벌어졌고, 인기 높던 정치 지도자들의 지위를 크게 추락시켰다. 이 시기의 사민당과 그 정책을 힐난하는 사회주의자 비판가들이 많이 있다. 하지만 그들이 사민당의 입장이 되어 그 정도로 국정을 잘 운영할 수 있다면, 적지 않은 성취를 이루었다고 자부할 수 있을 것이다.

5. 현재의 제2차 세계대전과 사회주의 정당들의 미래

현재의 전쟁이 기존 사회주의 정당들의 성쇠에 어떤 영향을 미칠지는 전쟁의 지속 기간과 결과에 달려 있다. 우리의 논의를 위해 그것을 추측하는 것은 무의미하다고 본다. 그렇지만 구체적 사례를 들기 위하여 많은 가능성들 중 두 가지 케이스만 살펴보기로 하자.

지금 이 순간(1942년 7월)에도 많은 관찰자들은 러시아가 엄청난 권력과 위신을 확보하면서 전쟁을 끝낼 것이라고 본다. 또 스탈린이 진정한 승자로 등장할 것이라는 말도 나온다. 이게 사실이라 할지라도, 다음과 같은 결론이 반드시 도출되지는 않는다. 즉, 러시아와 스탈린의 승리로 인해 공산주의 세계 혁명이 벌어지고 유럽 대륙은 "러시아화"할 것이다. 또 기존의 상류 계층은 소탕될 것이고, 비공산주의적 사회주의(혹은 트로츠키) 그룹들도 척결될 것이다. 설사 영미권에서 러시아 권력의 팽창에 저항하지 않는다 하더라도, 러시아 전제 정치의 이해가 그런 방향에 놓여 있다고 확실하게 말할 수 없다. 하지만 온전한 레닌 정책들이 실현될 가능성은 아주 높다고 보아야 한다. 이러한 세계 혁명이 마르크스의 사상과 아무리 다르다 할지라도, 그것을 대용품으로 받아들이려 하는 사람들에게는 세계 혁명이 이제 백일몽이 아닌 게 되었다. 이것은 유럽에만 국한되는 얘기가 아니다.

　이 경우 정통 사회주의와 그 정책들의 운명은 끝장난 거나 마찬가지이다. 파시스트 세력이 그들의 자리를 굳건하게 확보한다면, 유럽 대륙에서도 사회주의의 운명은 끝났다고 봐야 한다. 그러나 영국 – 미국 – 러시아 동맹이 완전한 승리를 거둔다면 ― 다시 말해 무조건 항복을 받아내고 모든 영예를 영국과 미국이 가져간다면 ― 독일 사민당 혹은 영국 노동당 타입의 정통 사회주의는 유럽 대륙에서 당분간 존속할 것이다. 이렇게 보는 이유는 이렇다. 만약 볼셰비키와 파시스트의 진로가 막힌다면, 사람들은 남아 있는 선택 사항으로 사회 민주주의 공화국으로 시선을 돌릴 것이다. 하지만 이보다 더 중요한 이유가 있다. 노동당형形 사회주의는 전쟁에서 승리한 자들의 편애와 보호를 받을 것이다. 우리가 예상하는 대로 완벽한 승리가 이루어진다면, 미국과 영국이 세계사를 관리하게 될 것이다. 우리가 목도하는 아이디어들을 감안할 때 영미의 그런 통치를 '윤리적 제국주의'라고 이름 붙일 수 있다. 다른 국가들의 이해와 야망이 영국과 미국의 승인을 받아야만 하는 이런 세계 질서는 군사력에 의해서만 확립될 수 있고, 또 군사력을 즉각 사용한다는 태세에 의해서만 유지될 수 있다. 우리 시대의 정치적·경제적 조건들 아래에서, 이것은 영미 두 나라가 '군국주의적 사회주의'라고 명명할 수 있는 사회 조직을 지향한다는 뜻이 된다. 하지만 세계를 통제하고 단속하는 과업은 한결 쉬워질 수도 있다. 가령, 유럽에 소규모의 비효율적인 국가들을 재창조하거나 새롭게 창조하고, 이어 노동당이나 사민당 유형의 정부들을 수립하는 것이다. 특히 독일과 이탈리아에서는 사민당의 잔해가 정부를 수립할 수 있는 유일한 정치적 재료이다. 이 잔해들을 긁어모아 정부를 수립하면 전후 회복 기간보다 더 오랫동안 이러한 세계 질서를 받아들이게 하고, 또 별 심리적 저항 없이 세계 보호부保護府의 기관들과 협조하도록 만들 것이다. 이러한 사태의 가치를 어떻게 보든 간에, 이것은 자유주의적 사회주의를 실현할 수 있는 기회이다.

이 책의 주제가 갖는 관점(다른 관점에서 보면 다른 해석이 나올 수 있다)에서 보자면, 이 모든 것은 2차적 중요성을 지닐 뿐이다. 특정 사회주의 **그룹들의** 운명이 무엇이든 간에, 현재의 전쟁은 사회주의적 **질서**를 향한 또 다른 커다란 발걸음이 될 것이다. 전쟁은 필연적으로 모든 곳에 영향을 미칠 것이고, 이것은 전쟁의 결과와는 무관하게 그럴 것이다. 제1차 세계대전이 유럽의 사회 조직에 미친 영향을 생각하면, 이런 예후는 충분히 인정될 것이다. 이번에는 미국에서도 그런 커다란 발걸음이 이루어질 것으로 본다.

하지만 제1차 세계대전의 체험은 비록 소중한 안내자이기는 하지만 불충분한 가이드이다. 이미 25년의 세월이 흘러갔다. 이 책의 2부에서 설명한 것처럼 사회주의를 만들어내는 세속적 힘의 관점에서 보아도 이것은 무시할만한 세월이 아니다. 이런 것들과 무관하게, 현재의 전쟁이 끝나면 우리는 1918년의 그것들과는 크게 다른 경제 상황, 사회 분위기, 정치권력의 재분배 등에 직면하게 될 것이다. 또한 지난 25년 동안 세속적 추세만으로는 예언하기 어려운 많은 사건들이 벌어졌다. 그중에서도 대공황을 주목할만하다. 아주 미묘한 상황에 잇달아 벌어진 이 사태는 사회 구조를 근본까지 뒤흔들어 놓았고, 그런 현상은 특히 미국에서 두드러졌다. 또한 대공황에 대처하는 정책들이 사회 구조를 바꾸는 데 아주 효과적이었다. 이것은 대체로 정치 지형의 변경 때문이었는데 그런 변경은 부분적으로 우연에 의한 것이었다. 하지만 그 결과는 분명했다. 특히 거대한 관료제가 발달하여 강력하게 자리를 잡았고 근본적 개편의 정책들을 집행했다.

기업의 전쟁세戰爭稅와 기업 계급의 과세가 상황에 맞게 1919년 이후에 인하되었지만, 그 어떤 나라에서도 현재 전쟁의 종전 이후에 그런 감세를 실시할 것 같지 않다. 이것은 자본주의 엔진을 영구히 마비시킬 수 있고, 정부 관리(사회주의)의 또 다른 근거를 제공한다. 인플레이션이 현재 이상으로 진행되지 않는다 하더라도, 현재의 정치 지형에서 나머지 일처리(사회주의로의 전진)를 다 해주리라 생각된다. 채권과 보험 증권을 가지고 있다가 인플레로 재산의 손실을 입은 자들은 급속히 과격한 세력으로 바뀔 것이다. 또한 1918년에 이루어졌던 전시 통제의 해제가 그 어느 곳에서도 과거의 수준으로 완화될 것이라고 볼 수는 없다. 그런 통제가 다른 용도에 활용될 것이다. 미국에서는 이미 전후 조정 사업들에 대하여 부르주아 방식의 관리를 배제하고 정부 관리로 가야 한다는 여론을 조성하고 있다. 마지막으로 자본 시장과 투자 과정에 대하여 정부가 이미 확보한 통제력을 완화시킬 것이라고 믿을만한 이유가 없다. 물론 이렇게 한다고 해서 이것이 곧 사회주의가 되는 것은 아니다. 하지만 이런 상황 아래에서 사회주의는 정체 상태와 끝없는 마찰을 불식시킬 유일한 실천 대안으로 등장하게 될 것이다.

나라들마다 세부 사항들과 선전 구호들은 다를 것이다. 정치적 전술과 경제적 결과들도 나라에 따라 다를 것이다. 영국의 발전 사항은 비교적 예측하기가 쉽다. 노동당 인사들은 비상사태의 부름에 응답하여 처칠 정부에 입각했다. 하지만 앞서 지적한 것처럼 그들은 비상사태와는 무관하게 이미 관직과 권력의 도상途上에 한참 나아간 상태였다. 따라서 노동당은 전후 재건을 혼자서 관리하는 입장이 되거나 아니면 — 이것이 가장 효과적인 방법이 될 수도 있는데 — 그들이 통제하는 연립 내각에서 그 일을 추진하게 될 것이다. 전시 경제는 그들의 일차적 목표들을 어느 정도 완수해줄 것이다. 상당 정도까지 노동당은 이미 확보한 것을 잘 지키기만 하면 될 것이다. 자본가들이 있는 힘을 다해 싸울만한 대상들이 별로 남아 있지 않은 상황에서 사회주의적 목표를 향한 추가 전진은 비교적 쉬운 일일 것이다. 사회주의적 목표를 솔직하게 천명하고서, 일반적 동의에 의해 질서정연한 방식으로 사회화를 수행하는 것이 가능할 것이다. 여러 가지 이유들 때문에, 특히 공식적 사회주의 정당이 아주 허약하다는 사실 때문에 미국에서의 예후를 그리 쉽게 예단할 수는 없다. 하지만 궁극적 결과는 그리 다르지 않으리라 본다. 물론 선전 구호들도 다르고, 또 복지 및 문화적 가치와 관련하여 치러야 할 비용도 다르겠지만 말이다.

여기서 한 가지 더 강조하고 싶은 것이 있다. 이처럼 예측 가능한 것은 이 책에서 정의한 사회주의의 실현뿐이다. 그 외의 다른 사회주의에 대해서는 예측할 수 없다. 이 사회주의가 정통파 사회주의자들이 꿈꾸는 그런 문명의 도래를 의미한다고 믿을만한 근거는 별로 없다. 그 사회주의는 파시스트적인 특징을 내보일 가능성이 많다. 이것은 마르크스의 기도에 대한 답변으로서는 기이한 것이 아닐 수 없다. 하지만 역사는 때때로 썰렁한 농담에 탐닉한다.

28
제2차 세계대전의 파급 효과

세상은 어떻게 자그마한 지혜로 다스려지는가!
Mundus regitur parva sapientia!

이제 현 시점(1946년 7월)에서 제2차 세계대전이 우리 시대의 사회 구조 및 정통파(즉, 비공산주의적) 사회주의 집단의 위치와 전망에 미친 영향에 대하여 좀 더 추가할 내용이 생겨났다. 1942년 7월 당시에는(27장의 마지막 부분) 특정 사회주의 **집단들**의 운명이 어떻게 되었든 사회주의 **질서**로의 커다란 도약이 벌어지리라는 것은 자명해 보였다. 또 미국에서도 그런 도약이 벌어질 것으로 예측되었다. 그리고 기존 사회주의 집단들의 운명은 대전의 지속 기간과 결과에 달려 있다는 것도 자명했다. 또 영국 – 미국 – 러시아 동맹의 완벽한 승리일 경우(적의 무조건 항복), 정통파 사회주의의 운명은 스탈린이 진정한 승자이냐 혹은 모든 영예를 영국과 미국이 차지할 것이냐에 달려 있다고 예측되었다. 후자일 경우, 독일 사민당 유형과 영국 노동당 유형의 정통파 사회주의가 유럽 대륙에서 지위를 공고히 할 가능성이 높았다.

제2차 세계대전의 종전과 함께 스탈린이 동부 유럽의 강자로 등장했다. 영국과 미국은 중부와 서부 유럽에서 영향력을 유지하려고 애쓰고 있다. 사회주의와 공산주의 정당들의 운명은 이런 여건을 반영한다. 하지만 전 세계의 사회 상황에 상당한 영향을 미치는 또 다른 요소가 있다. 미국의 경제 발전이 그것인데, 자본주의 질서에 유리하게 작용할 것이다. 따라서 이 장은 첫째로 정통파 사회주의와 노동주의의 입장, 특히 영국의 그것을 다루고, 둘째로 미국의 눈부신 산업 성공이 미치는 영향을 다루며, 마지막으로 러시아의 정치적 성공의 효과를 다룬다. 따라서 이 장은 자연스럽게 다음 세 부분으로 나뉜다.

1. 영국과 정통파 사회주의
2. 미국의 경제적 가능성
3. 러시아 제국주의와 공산주의

1. 영국과 정통파 사회주의

러시아라는 요소의 개입에도 불구하고, 많은 사실들은 제2차 세계대전이 유럽의 사회 상황에 미치는 파급 효과가 제1차 세계대전의 그것과 비슷하리라는 것을 예고한다. 다시 말해 **이 책에서 정의된 의미대로**, 생산의 사회화 조직을 향한 기존의 추세가 더 가속화될 것으로 전망된다.

이러한 사실들 중 가장 중요한 것은 영국 노동당의 성공이다. 앞의 27장에서 지적한 바와 같이 이런 성공은 예상되었던 것이고, 그런 만큼 아무도 놀라지 않았다. 또한 그것은 우리가 기대한 것만큼 완벽한 성공도 아니었다. 영국의 선거 제도 때문에 실제의 의석 배분은 과장된 인상을 주기가 쉽다. 영국에서 노동당은 1,200만 표를 획득했고, 보수당은 약 1,000만 표를 얻었다. 물론 자유주의의 시대는 끝났지만 살아남은 12석의 자유당 표는 72석의 노동당 표보다 더 많은 것을 시사한다. 달리 말해서, 비례 대표 제도가 시행되었더라면 노동당은 보수당과 자유당의 연합보다 더 많은 과반수 의석을 얻지 못했을 것이다. 반면에 노동당과 자유당이 연합했더라면 넉넉하게 과반수를 돌파했을 것이다. 영국 선거 제도의 이론적 근거는 강력한 정부를 구성하여 정돈停頓 상태를 피하자는 것이다. 이 경우에 영국의 선거는 소기의 효과를 거두었다. 하지만 의회의 상황과 뚜렷하게 구분된 국가적 상황을 살펴보는 것도 필요하다. 그것은 정치적으로 가능한 것과 불가능한 것을 측정하는 데 있어서 무시하지 못할 요소이다. 공인된 노동당의 좌파 그룹들은 그들의 의회 내 지위를 눈에 띄게 개선하지 못했다. 이런 사실은 우리의 추론(국가적 상황도 중요)에 힘을 실어준다. 독립 노동당은 기존 3석을 간신히 유지했을 뿐이고, 공화당과 공산당은 합쳐서 기존 4석 중 1석을 잃고 3석을 건졌다. "과격화"를 기대하게 만드는 요소들이 많았음에도 불구하고 노동당 좌파들이 이처럼 약세를 면치 못한 것은, 영국의 정치적 성숙을 보여주는 확실한 증거이다.

 이런 상황은 앞으로 더욱 분명하게 드러나게 되어 있다. 또한 실제로 이미 드러났다. 내각의 진용이나 이미 취한 조치나 앞으로 취할 조치에서 그것을 읽어볼 수 있다. 독자는 이 책의 19장 4절, "행위(사회주의 채택) 이전의 사회주의적 정책: 영국의 사례"를 다시 한 번 읽어주기 바란다. 그러면 다음 두 가지 사항을 파악하게 될 것이다. 첫째, 노동당 정부가 현재 하고 있는 것과 앞으로 하려는 것은 19장 4절에서 제시된 프로그램의 원칙과 정신을 따르고 있다. 둘째, 실제적 실천은 19장 4절처럼 앞서 나가지 못하고 있다. 특히 영국은행의 국유화는 아주 의미심장한 상징적 사건이고, 또 하나의 역사적 이정표가 될 것이다. 하지만 그 실제적 중요성은 제로에 가깝다. 영국은행은 1914년 이래 재무부의 한 부처로 기능해왔고 현대적 조건들 아래에서는 중앙은행이 그 외의 다른 지위를 얻는다는 것은 불가능하다. 탄광 국영화 조치나 완전 고용 법안 같은 것들도 영국에서는 더 이상 논쟁적인 사안이 아니다. 노동당 정부가 이런 문제들을 다루는 방식은 거의 보편적인 합의를 이끌어냈다. 근본적 원칙의 문제들에 대한 토너먼트는 이 진지한 작업을 한결 생생하게 해줄 것이다. 하지만 이런 문제들이나 의견 차이 그 자체가 중요한 것은 아니며, 정부와 의회가 그런 문제들이 없으면 살아나갈 수 없다는 점이 중요하다. 이런 상황은 우리가 예상한 그대로이다. 이것은 또다시 자본주의를 운영하기의 사례이다. 하지만 지난 전쟁과 시간 경과 때문에 전보다 더 명확한 목적의식과 확고한 집행 의지 아래 수행될 것이다. 그리고 개인 기업의 궁극적인 소멸은 더욱 분명하게 가시권可視圈으로 들어오게 될 것이다. 그러나 특히 주목할 점은 다음 세 가지이다.

첫째, 이런 정치적 행동이 사회적·경제적 상황의 여건과 이상적으로 일치한다는 사실은 아주 중요하다. 하지만 사유 재산 사회의 관점에서 보자면 아주 위험한 것이기도 하다. 지식인 극단주의자들이 뭐라고 말하건 간에 — 물론 노동당 정부의 태도가 그들에게 비판할 많은 일거리를 안겨주었지만 — 사회주의 영국으로 향한 전진은 아주 실질적인 것이다. 왜냐하면 이 전진에는 불합리한 것이 거의 없기 때문이다. 그처럼 강한 책임 의식 아래 취해진 조치들은 취소되지 않을 것이다. 외부에서의 충격만 없다면, 사회적·정치적·경제적 재앙을 성공적으로 회피할 수 있다. 만약 정부가 이 노선을 견지하는 데 성공한다면, 정부는 권력 없는 노동당 정부(가령 맥도널드 정부, 27장 4절 참조)의 과업과 의회의 과반수 의석을 차지한 미래의 노동당 정부의 과업, 이렇게 두 가지 과업의 중간 지점쯤에 있는 과업을 수행하게 될 것이다. 이것은 민주적 사회주의에 대한 유일한 희망이다. 유럽 대륙에서 이런 일이 벌어질 희망은 영국의 사례에 의해 한층 강화되었다.

둘째, 우리는 앞의 27장에서 초창기 사회주의 사상가들이 결코 예측하지 못했던 사건을 언급했다. 즉 노동당에 정치권력이 불쑥 제공되고, 또 부르주아 희생자가 노동당에 고개를 돌리면서 보호해달라고 요청하는 사건 말이다. 우리는 이에 더해 초창기 사회주의 사상가들이 예견하지 못한 또 다른 사태도 언급했다. 자본주의 질서의 법적 테두리를 공식적으로 허물지 않고서도, 그러니까 과세 정책이나 임금 정책 같은 비非혁명적 방식으로 부르주아 구조를 부분적으로 몰수하는 것이 가능하다는 얘기이다. 전시 과세나 전시 통제는 종전 후에도 예전처럼 유지되기는 어려울 것이다. 그런 과세나 통제로부터 일부 후퇴가 있기는 하겠지만, 사회주의 프로그램 중 가장 인기 높은 사안들이 자동적으로 성취되는 지점에서 멈추게 될 것이다. 세후 소득의 균등화는 의사나 엔지니어 등 "전문가들"(러시아식 표현)의 효율성을 저해할 정도로 추진될 것이다. 이것은 서투르고 값비싼 도구(과세 제도)에 의해 수행되었으므로, 사람들은 머지않아 이런 생각을 하게 될 것이다. 직접세를 미리 공제하고 소득을 지불하는 것이(국가가 기업의 소유주가 되어 아예 세금 없이 소득을 지불하는 것이), 지금처럼 소득을 모두 지불하고 그 후에 내기 싫어하는 세금을 억지로 거둬들이는 것보다 더 낫다. 아무튼 사회주의가 실현되면 억지로 즙을 짜내야 할 오렌지(과세)는 원천적으로 시들어버릴 것이고, 그와 함께 세금을 너무 거두어간다는 과격한 구호도 사라지게 될 것이다.

셋째, 다음 선거에서 노동당이 현재의 지위를 훨씬 개선하여 유권자들로부터 압도적 과반수의 지지를 받는다면, 정부는 무슨 일을 할까? 정부는 소득의 균등화 방안을 좀 더 적극적으로 밀고 나갈 것이다. 정부는 베버리지William Henry Beveridge, 1879~1963 계획과 기타 노선에 따라 사회 복지를 다른 정부들에 비해 좀 더 강하게 추진할 것이다. 산업의 사회화(국영화)도 더욱 적극적으로 밀어붙일 것이다. 하지만 이런 일들은 결코 쉽지 않을 것이다. 우리는 이미 현대 영국의 조건 아래에서 대규모 사회화 조치에 반대하는 순수 경제적 동기가 거의 없다는 것을 살펴보았다. 부르주아의 저항도 그리 심각한 장애는 되지 않을 것이다. 영국은 1917년의 러시아에 비해 산업가들의 활동에 크게 의존하고 있지만, 산업가들을 지나치게 적대시하지만 않는다면 그들의 협력도 확보할 수 있을 것이다. 의원 내각제는 사회화의 작업을 수행하는 데 부적절하다는 사회화 신봉자들의 주장도 크게 신경 쓸 필요는 없을 것이다. 독재적 방법을 선호하는 지식인들이라면 내각 제도의 효율성을 의심할지도 모른다. 하지만 이 제도는 민주적으로 사회화를 수행할 수 있는 유일한 현실 제도이다. 사회화(국영화)된 산업들을 실제로 관리하려면 반#자율적인 기관들이 필요할 것이다. 내각은 군대의 참모 본부와 협력하는 것처럼 이런 기관들과 협력해야 할 것이다. 하지만 진짜 문제는 노동계이다. 사회화가 경제적 침체를 가져오지 않는 한, 사회화 정부는 현재의 노동조합 관행을 용납하지 못할 것이다. 노동당이 의회 과반수를 장악하는 경우, 가장 무책임한 정치가들도 현대 사회의 기본적 문제를 직면해야 할 것이다. 그것은 산업계의 규율을 잡는 문제인데, 오로지 러시아만이 그것을 해결했다. 상당히 심도 깊게 사회화를 진행하려는 정부는 반드시 노조를 사회화해야 한다. 그런데 현재의 상황대로라면, 노동계는 가장 사회화하기 까다로운 대상이다. 그렇다고 이 문제가 해결 불가능하다는 얘기는 아니다. 영국은 그 어느 나라보다도 민주주의의 정치적 방법으로 이 문제를 해결할 가능성이 높다. 하지만 해결로 나아가는 길은 멀고도 험할 것이다.

러시아 요소만 제외한다면, 유럽 대륙의 정치적 상황은 본질적으로 유사하다. 자유로운 선택이 주어진다면 대중들은 사민당 혹은 가톨릭당에 대한 충성을 유지하거나 이 두 당으로 회귀할 것이다. 가장 분명한 사례는 스칸디나비아 국가들이다. 이와 유사한 추세를 심지어 독일에서도 발견할 수 있다. 만약 독일이 외부의 영향을 받지 않는 자유로운 상황이 된다면, 현재의 비참한 상태에서 바이마르 공화국 비슷한 체제(여러 정당이 연합하는 체제)가 생겨날 것으로 본다. 영국과 미국 당국이 독일 사민당에 호의를 보내고 있어서 이러한 전망은 다소 흐려지고 있지만, 러시아 당국 또한 러시아 점령 지역에서 사민당 조직의 재건을 허용했다는 사실은 이런 전망을 밝게 한다. 독일 국민들에게 일방적으로 부과된 엄청난 정치적·경제적 조건들 때문에 독일에 노동당 정부가 들어서기는 어려울 것이고, 또 그럴 가능성은 거의 없다고 봐야 한다. 우리가 상상력을 발휘해서 러시아 요소를 무시해버리고, 또 영국과 미국이 예의와 상식에 입각하여 독일을 대우해준다고 가정한다면, 이상이 독일에 대한 전반적인 진단 및 예후가 될 것이다. 다른 나라들에 대해서도 같은 예후를 말할 수 있으나 여러 가지 단서를 달아야 한다. 가령 가톨릭 정당들과 연합해야 하는 가톨릭 국가들의 노동당 정권들을 생각해볼 수 있다. 이 정권들은 본국에서 자생한 그리 막강하지 않은 공산당 그룹을 왼쪽에 거느리고, 또 1920년대의 정책보다는 진일보했지만 경제적·정치적·문화적으로 동일한 선상에 있는 그런 정책을 추구할 것이다. 오스트리아의 자그마한 사례는 시사하는 바가 크다. 기독 사회당(보수 세력을 끌어안은 가톨릭 정당)은 아주 잘 하고 있고, 공산당은 성적이 신통치 않고, 사민당은 예전의 지위를 되찾았으나 대부분의 고참 지도자들이 당의 요직을 차지하고 있다. 일반 원칙에 관한 한, 당의 강령도 별반 바뀌지 않았다. 최근의 사회화로의 전진은 선택에 의한 것이 아니었다. 러시아로부터 독립된 다른 소국들의 사례도 이와 유사한 타입을 보이고 있고, 이탈리아 또한 그러하다. 프랑스는 이 타입과 다른데, 그것은 공산주의자들의 영향 때문이다(아래의 3절 참조). 우리는 우리의 무능력으로 인해 우리(미국)의 제도 이외의 것은 잘 이해하지 못한다. 그래서 스페인이 가장 문제가 없는 사례라는 점을 깨닫지 못하고 있다.[01]

2. 미국의 경제적 가능성

(1) 과세를 통한 소득의 재분배

(2) 커다란 가능성

(3) 그 가능성의 실현을 위한 조건들

(4) 이행기의 문제들

(5) 정체론자들의 이론

(6) 결론

(1) 영국의 사례를 논의할 때, 현대의 조건들 아래에서는 과세와 임금 정책을 통하여 부르주아 계층으로부터 잉여 가치(마르크스주의의 용어)[02]를 상당 부분 빼내오는 것이 가능함을 살펴보았다. 이것은 분명 19세기 사회주의자들이 꿈조차 꿀 수 없는 일이었다. 이런 현상은 미국도 마찬가지이다. 널리 평가되고 있지는 않지만, 뉴딜 정책은 전쟁 이전에도 상류 계층의 소득을 상당 부분 빼앗아 올 수 있었다. 한 가지 사례는 이 점을 충분히 드러내줄 것이다. 이것은 1936년까지 (개인) 소득세와 부가세의 증가 효과를 잘 보여준다. 1929년에 총지출 국민 소득은 806억 달러로 추산되었는데, 이중 5만 달러(과세 소득) 이상의 고소득층은 소득세와 부가세를 제외하고 52억 달러를 보유했다. 총지출 국민 소득이 642억 달러였던 1936년에는 5만 달러 이상 고소득층이 보유한 돈은 12억 달러에 지나지 않았다.[03] 10만 달러 이상의 과세 소득은 재산세를 감안하면 **이 당시에도** 이미 국고로 모두 흡수되었다. 순진한 과격주의의 관점에서 보자면, 이런 조치와 후속 몰수 조치들의 문제점은 좀 더 과격하게 밀어붙이지 못했다는 것이었다. 하지만 이것은 전쟁과는 상관없이 엄청난 부의 이동이 실제로 이루어졌다는 사실을 바꾸어 놓지 못한다. 이러한 부의 이동은 질적인 의미에서 레닌에 의한 강제적 부의 이동과 비견할만하다. 현재 벌어진

가처분 소득의 분배는 실제로 러시아에서 벌어지고 있는 분배와 비교해볼 만하다. 상류층 예산은 노동의 품이 많이 들어가는 개인 서비스와 상품을 많이 포함하기 때문에, 미국 상류층 달러의 구매력이 하류층 달러의 그것보다 훨씬 많이 떨어졌다는 사실을 감안하면 더욱 그러하다.[04] 더욱이 우리는 앞에서 영국 사례와 관련하여 이미 했던 말을 다시 반복할 수 있을 것이다. 상류층에 대한 압박은 "5만 달러 이상"에만 국한되지 않는다. 체감이 되기는 하겠지만, 5,000달러의 소득에 이르기까지 압박이 가해지는 것이다. 특히 직업적 성공에서 중위권에 해당하는 의사들의 경우, 이러한 소득 몰수는 아주 필요한 효율성의 상실을 때때로 가져온다.

따라서 전쟁, 그리고 그 자연스러운 결과인 노동 문제가 사회 구조에 미치는 영향은 영국과 대동소이하다고 보아야 한다. 미국에는 잘 조직된 전국적인 노동당이 없다. 이런 사실 때문에 길드 사회주의 노선으로의 발전은 좀 어려울 것이고, 중앙 집중적인 사회주의로의 전진을 예상해볼 수 있다. 그 외에 이 사실은 이 책에서 제시된 예후를 강화해준다. 왜냐하면 압력 단체들은 정당들 못지않게 힘이 세면서도 책임은 별로 없다. 따라서 보다 효과적인 자본주의 성벽 파괴의 도구로 활용될 수 있다.

(2) 하지만 미국의 사회적 상황에는 세계 다른 나라에서는 찾아볼 수 없는 특수한 상황이 있다. 이것은 개인 기업 시스템의 존속 가능성에 대한 우리의 진단에 상당한 영향을 미칠 수 있다. 앞으로 단기간 가령 50년 동안에는 개인 기업의 시스템이 존속하리라 보는데, 그 이유는 현재 거대한 산업의 성공이 진행되고 있기 때문이다. 일부 관찰자들은 이런 성공이 미국에 승전을 가져다주었고, 또 미국의 노동자들을 궁핍으로부터 보호해주었다고 본다. 따라서 이런 상황이 전후에도 지배적인 것이 될 터이므로, 순전히 경제적인 측면만 보자면 미국에서의 사회주의 가능성은 별로 없다, 라고 진단한다. 먼저 이런 주장의 가장 낙관적인 측면만

살펴보기로 하자.

이행기의 복잡한 문제들은 잠시 젖혀두고, 지금으로부터 3년 뒤인 1950년을 "정상적인" 해로 고정시켜보자. 이런 관행은 예측자들 사이에서 아주 흔하다. 우리는 국민 총생산(감가상각과 자연 마모를 공제하기 이전의 재화와 용역의 가치)을 노동 통계국BLS: Bureau of Labor Statistics의 1928년 가격 수준 지수에 맞추어 2,000억 달러라고 가정해보자. 이것은 물론 그해의 실제 총생산을 예측한 수치는 아니다. "완전" 고용이 이루어지지 않은 상태에서 최대 생산이 어느 정도 될 것인가를 예측하는 수치도 아니다. 일정한 조건들이 충족될 경우에 잠재적 생산이 어느 정도가 될 것이라고 예측한 것인데, 그 조건들에 대해서는 곧 언급하겠다. 추정치고는 비교적 높은 수치이기는 하지만, 결코 이례적이라거나 불합리한 수치라고 할 수는 없다. 그것은 미국 경제의 장기적인 평균 수행도와 일치하는 것이다. 우리가 "연평균 성장률 3.7퍼센트"(5장 참조)를 1928년의 국민 총생산량(약 900억 달러)에 적용시키면 1950년에는 2,000억 달러를 약간 밑도는 수치를 얻게 된다. 이것에 대하여 너무 과도한 중요성을 부여할 필요는 없다. 1930년대에는 생산이 증가하지 않았기 **때문에** 이런 추론은 무의미하다는 반론은 요지를 놓친 것이며, 그렇게 반론을 펴는 사람이 요지를 파악할 능력이 없음을 보여주는 것이다. 잠재적 생산량에 관한 한, 전쟁 중에 미국 경제가 실제로 보여준 수치가 훨씬 설득력이 크다. 만약 전시 통계가 믿을만한 것이라면 1928년의 물가 수준에서 계산해본 1943년의 국민 총생산은 1950년까지 2,000억 달러 목표에 도달하기에 충분한 것이었다.

그리고 이런 가능성이 실제로 실현되었다고 **가정해보자**.[05] 2,000억 달러에서 대체와 새로운 "투자"(주택 포함)를 위해 400억 달러를 공제해보자. 이는 총생산의 20퍼센트이며, 쿠즈네츠Simon Smith Kuznets, 1901~1985

교수가 1879~1929년까지 30년 동안 평균적으로 적용한 수치이다.[06] 나머지 1,600억 달러의 의미는 두 가지 사실에 바탕을 두고 있다.

첫째로 아주 방만한 관리만 없다면, 이 수치(새로운 주택을 포함하지 않음)는 엄청난 양의 상품과 서비스가 제공되었음을 보여준다. 이 정도면 노인, 실업자, 병자를 포함하여 사회의 가장 가난한 구성원들의 경제적 필요를 만족시킬 수 있는 수준이다. 또 주 40시간 노동을 할 수 있다면 고통이나 결핍의 가능성도 제거할 수 있는 수준이다. 이 책에서 사회주의로의 전진은 순전히 경제적인 원인에 의한 것은 아니라고 앞에서 지적했으며, 또 증대하는 실질 소득이 대중들이나 그들의 지식인 동맹들을 전혀 달래지 못했다는 사실도 지적했다. 하지만 미국의 경우, 이런 엄청난 국민 총생산의 약속은 장대할 뿐 아니라 즉각적인 것이다. 전시에 그 위력을 발휘했던 미국의 능력과 자원은 전시 생산(소비재를 연합국들로 수출하는 목적)에서 전환하여 국내 소비를 위한 생산에 집중하기 시작했다. 1950년 이후 미국의 총생산은 **더욱 강력한 근거로써** 뒷받침된다 할 것이다.

둘째로 또다시 아주 방만한 관리는 없어야 하겠지만, 이 모든 것이 자본주의 경제의 유기적 조건들을 훼손하지 않고서도 성취될 수 있다. 산업적 성공에 높은 대가를 지불하고 계획대로 자본주의 엔진을 작동시키기 위해 소득의 불공정을 감수하는 조건들 말이다. **오로지 미국의 경우에만, 현대적 사회 개선의 프로그램 뒤에 어른거리는 저 근본적인 딜레마를 찾아볼 수 없다. 그것은 모든 책임 있는 사람들의 의지를 마비시키는 딜레마인데, 경제적 발전과 대중의 실질 소득의 즉각적인 증가 사이의 괴리를 가리킨다.**

더욱이 국민 총생산이 2,000억 달러 정도 되면 경제 엔진에 별 무리를 주지 않고서도 400억 달러의 공공 수입을 올리는 것이 별로 어렵지 않다. 1928년의 물가 수준에서 300억 달러면 1939년의 연방 정부, 주 정부,

지방 자치 단체의 예산, 크게 증액된 군 예산, 부채의 상환, 기타 그때 이후 발생한 항구적 채무 사항들을 모두 커버할 수 있다.[07] 이렇게 되면 1950년에 약 100억 달러가 남게 되고 — 1928년의 물가 수준 혹은 그보다 더 높은 물가 수준으로 본 액수[08] — 그 후 10년 동안에는 더 큰 액수가 남게 될 것이다. 이 정도 돈이면 새로운 사회 서비스와 기존의 사회 서비스를 재정적으로 지원하는 데 충분하다.

(3) 하지만 바로 여기에서, 즉 공공 재정과 관리의 부문에서 우리의 단서 — "아주 방만한 관리만 없다면" — 가 아주 중요한 의미를 갖게 된다. 왜냐하면 이 부문에서 우리는 국가 자원의 방만한 관리를 목도하기 때문이다. 현재의 원칙들과 현재의 관행대로라면 2,000억 달러 총생산에 400억 달러의 세수는 경제 엔진을 훼손시키지 않고서는 거두어들일 수 **없는** 것이다. 300억 달러 — 혹은 1928년 물가 수준 이외의 다른 수준으로 환산한 수치가 무엇이든 — 는 위에서 언급한 요구 사항들을 충족시키지 못한다. 이 수치는 2중 혹은 3중으로 중복되는 정부 조치들을 공공 행정이 합리화할 때에만 비로소 현실과 들어맞게 된다. 이런 중복의 한 가지 사례만 꼽자면 소득세 부문을 들 수 있다. 연방 정부 기관, 주 정부 기관, 지방 자치 단체 등은 업무가 서로 중복되고, 게다가 효율적인 상호 협력도 없으며, 잘 정의된 개인적 책임 의식도 부족하다. 이렇게 된 것은 연방 정부 차원에서 볼 때, 잘 조직된 "행정 부처"들이 전무하고 절반쯤 독립적인 "청"과 "위원회"가 난립하기 때문이다. 이런 기관들은 낭비의 근원이며 효율성의 장애이다. 게다가 낭비의 정신에 탐닉하여 1억 달러면 충분한 일에 10억 달러를 투자하는 경향이 있다. 현재의 행정 구도는 재정과 산업의 공공 관리가 제대로 되어나가지 않을 것임을 예시한다. 이 때문에 "경제적 왕당파"(뉴딜 정책 지지자들)가 아닌 사람들은 그런 행정 구도를 맹렬하게 비판할 이유가 충분한 것이다.

게다가 이것이 이야기의 전부가 아니다. **절약** — 이 단어는 이제 아주 인기 없는 말이 되었다 — 은 가난한 나라와는 다르게 부자 나라에서는 그리 절실한 개념이 아니다. 이것은 낭비가 가난한 나라를 직접적으로 위협하지만 부자 나라는 그렇지 않다는 의미에서 그러하다. 하지만 또 다른 의미에서 볼 때, 절약 — 관료나 의원들이 외치는 소탐대실의 가짜 절약이 아닌 진짜 절약 — 은 부자 나라에서도 절실하다. 가난한 나라가 자급자족을 위해 절약을 하는 것만큼이나, 부자 나라도 절약에 힘써서 국부를 효율적으로 사용해야 더욱 발전할 수 있는 것이다.[09] 이런 개념은 공공 행정의 비용뿐 아니라, 다양한 혜택의 형태로 지불되는 기금의 활용에도 적용되어야 한다. 고전적인 사례는 개인들에게 지불되는 실업 혜택이다. 취업 중이거나 실업 중인 노동자들의 행동을 러시아에서처럼 엄격하게 공공적으로 통제하지 않는 한, 실업 기금을 경제적으로 활용해야 할 필요가 있다. 이러자면 실업 급여는 실업자가 취업 당시 벌었던 임금보다 상당히 낮아야 한다. 미국 노동자 이직 통계 수치가 보여주듯이, 미국 내에는 자발적 혹은 비자발적 실업 인구가 상당히 많다. 이런 실업 인구의 부담은 취업 중의 임금에 대비하여 상대적으로 높은 실업 급여나 수당 때문에 점점 늘어날 전망이다. 이처럼 실업자가 많아지면 2,000억 달러 총생산의 가능성은 사라지게 된다.

2,000억 달러의 가능성을 달성하기 위해서는 또 다른 조건이 충족되어야 한다. "정치"와 관료가 그런 목적 달성을 방해해서는 안 된다. 기업의 가장 중요한 "행동 매개 변수" — 임금, 물가, 이자 — 가 정치 영역으로 넘어가 정치 논리에 의해 결정되거나 더욱 나쁘게 몇몇 계획 입안가의 구상대로 결정된다면, 기업 조직은 정상적으로 작동할 수가 없다. 이 점을 보여주기 위해 다음 세 가지 사례면 충분하리라 본다.

첫째, 현재의 노동 상황이 지속된다면 그것 자체로 2,000억 달러 목표와 그 너머의 목표로 나아가는 데 심각한 장애가 된다. 높은 임금률은 한 가지 사유에 불과하다. 기업가적 계획의 일탈이나 취업 중인 노동자들의 기강 해이도 역시 중요한 사유이다. 이런 조건들은 생산의 확대를 방해할 뿐 아니라, 고용도 실제 가능한 수준 이하로 위축시켜 다들 가능한 한 노동자를 고용하지 않으려는 심리를 갖게 만든다. 이런 조건들은 일종의 노동으로부터의 "이탈"을 유도하는 것이다.[10]

둘째, 독자들이 그 가치에 대해 어떻게 생각하든 간에 지금까지 시행되어 온 가격 통제는 생산 확대를 가로막는 또 다른 장애이다. 나는 스탈린 체제가 관료제에 대한 비판을 장려한다는 얘기를 들었다. 하지만 미국의 경우는 그렇지 못하다. 나는 기존의 예의를 존중하여, 많은 유능한 사람들이 물가 관리국OPA: Office of Price Administration에서 훌륭하게 근무하고 있다는 사실을 즉각 시인하겠다. 또 그리 유능하지 못한 다른 많은 사람들도 최선을 다하고 있다는 사실도 인정하겠다. 이 기구가 지금까지 쌓아올린 업적에 대하여 내 마음속에 어른거리는 의구심도 억압하기로 하겠다. 이 기구의 가장 현저한 실패는 그들이 통제하지 못하는 상황과 관련되어 있기 때문이다. 하지만 현재와 미래를 위해서 이것 한 가지만은 강조해야겠다. 임금률 제공 정책 플러스 가격 통제는 개인 기업의 완전 항복을 강요할 **의도**가 아니라면, 신속한 생산 확대를 방해하는 비합리적인 조치이다. 규제 기관은 정치적 영향력이 강한 생산자의 물가보다는 그런 영향력이 없는 생산자의 물가를 더욱 효과적으로 규제하게 될 것이다. 이런 사실에서 비롯된 상대적 가격 체계의 교란은 체제의 경제 효율성을 떨어트린다. 가격 규제는 경제 체제에 피해를 입히지만 **그것만으로는** 피해의 온전한 규모가 정의되지 않는다. 고비용 생산자를 "보조"하고 저비용 생산자를 "압착"하는 관행이 경제의 비효율성에 가하는 피해 역시 중요한 것이다.[11]

셋째, 여론을 등에 업은 관료제가 산업적 자치 ― 자기 조직, 자기 규제, 협동 등 ― 에 내보이는 지속적인 적개심도 생산 확대의 장애이다. 그것은 질서 정연한 발전을 저해하고, 경기 순환 정책의 많은 문제점들을 해결해 줄 경제 발전을 가로막으며, 궁극적으로 사회주의 체제로의 이행을 어렵게 한다. 관료제의 대변인들은 틀림없이 이런 비판을 근거 없다며 부인할 것이다. 기업가들의 공동 협력은 불법이고, 그런 협력이 "담합적인 생산 제한"의 의혹을 보이면 기소될 수도 있다는 이유를 내세울 것이다. 현재의 관행에 대한 이런 법률적 해석을 받아들인다 하더라도, 또 생산 제한과 반사회적 관행에 대한 공식적 이론들을 받아들인다 하더라도[12] 다음의 사실들은 여전히 진실이다.

(a) "생산 제한"의 개념은 가격과 생산 정책에 대한 상당한 산업적 협력을 포함한다. 또한 이런 협력은 생산에 무척 필요한 기능을 수행한다.

(b) 경계선상의 사례들, 그리고 공식 합의 없는 생산 제한의 요소가 개재되는 사례들과 관련하여 관료들이 공정하게 판단해줄지 확실치 않다. 관료들 중에는 기업의 문제에 어두운 사람도 있고, 또 그들이 단속하는 경제 체제와 "대기업"에 대하여 적대적인 사람도 있는 것이다.

(c) 일상적인 업무 관행과 생산 제한을 칼같이 구분하지 못해 기소될 우려가 언제나 있다. 이것은 당초 당국의 의도와는 다르게 기업의 행동에 나쁜 영향을 줄 수 있다.

위의 (c)항은 노동 트러블, 물가 관리국 트러블, "반트러스트" 트러블의 한 단면을 보여준다. 이런 트러블들은 기업과 관리의 에너지를 빼앗아감에도 불구하고, 충분한 주목을 받지 못했다. 새로운 제도적 데이터를 상대해야 하고 툭하면 이런저런 위원회 앞에 "출두"해야 하는 기업가들은 활동의 흐름이 끊겨서 기술적·상업적 문제들을 다룰 정력이 남아 있지 않게 된다. 경제학자들 열 명 중 한 명도 인간적 조직의 이런 "인간성의 요소"를 알아보지 못하는데, 이것은 그들의 기계적인 태도와 "실제 생활"과의 단절을 잘 보여준다. 합리적인 사람이라면 1945년의 신통치 못한 산업 생산의 구체적 지표를, 이런 인간성의 요소를 많은 원인들 중 **하나**로 반드시 지목할 것이다. 이것이 이야기의 전부는 아니다. 현재의 조건들에서 사업 수행의 성공 여부는 사업을 잘 꾸려나가는 능력에 달려 있는 것이 아니라 노동 지도자, 정치가, 공공 관리들과의 교제 능력에 달려 있다. 따라서 모든 종류의 전문가들을 고용할 수 있는 대기업들을 제외하고, 기업의 주도적 지위는 "생산자"로 채워지는 것이 아니라 "해결사"와 "고충 처리사"로 채워지는 것이다.

이런 행동 노선 위에서 수립된 정책은 제대로 굴러갈 수가 없다. 그것은 정의로운 분노의 폭풍 앞에 날아가버리거나 사보타주의 암초나 기타 여러 형태의 저항을 만나 좌절할 것이다. 이렇게 되면 총생산 2,000억 달러는 백일몽이나 다름없다. 하지만 반드시 이렇게 된다는 얘기는 아니다. 미국의 경제 엔진은 강력하여 **일부** 낭비와 비합리성을 견딜 수 있다. 가령 개별적 자유의 대가인, 일부 피할 수 있는 실업도 그런 낭비의 한 가지 사례이다. 정치가와 대중은 최근에 "되돌아서기"의 기미를 보이고 있다. 우리는 인간성의 신축적 특징을 잊어서는 안 된다. 이런 인간성의 측면은 이 책에서 이미 강조한 바 있다(특히 18장 2절). 뉴딜 정책과 전쟁 기간의 실험들은 확정적인 것이 아니다. 왜냐하면 산업 부르주아지들은 이런 조건들이 지속될 것이라고 기대하지 않았기 때문이다. 하지만 일부 "교훈"의 효과는 있었다. 따라서 최적 효과를 노리지 않고 일정 효과만 거두겠다고 한다면, 기존의 세제 정책을 소규모로 손보는 것이 필요한 조치의 전부일 것이다.[13] 다른 방향으로는 법률적인 보호가 비교적 소규모로 늘어날 것이다. 이것은 산업 관련법을 적절히 성문화함으로써 가능해질 것이고, 또 사업가가 일상적 활동에서 느끼는 분노의 독소를 어느 정도 제거할 것이다. 또한 규제 기관의 경험이 늘어나고, 그 기관의 직원들이 적절히 훈련받아 나머지 부분을 처리해줄 것이다.[14] 더욱이 미국은 얼마 전에 국가 산업 부흥법NRA: National Recovery Action 같은 법적 제도를 기꺼이 받아들였다. 노동 상황도 다소 위로를 받을만한 입장이다. 현재 구상되고 있는 정책 노선은 뉴딜 정책의 사회 개혁 중 주된 업적을 하나도 포기하지 않을 기세이고, 오히려 그것을 더욱 밀어붙일 경제적 기반을 제공하게 될 것이다. 연간 임금(연봉)은 2,000억 달러 생산의 목표에 장애가 될 수도 있음을 명심해야 한다. 특히 연봉 정책이 최대의 피해를 입히는 방식으로 도입·관리·지원되는 경우에는 말이다. 하지만 연봉 정책 그 자체는 아주 그럴듯한 제안이다.[15]

이런 필요한 조정이 실제로 이루어질 것이라고 내다보는 것은 상당한 낙관론을 필요로 한다. 과연 미국의 정치 상황이 이런 까다롭고 자기 부정적인 작업을 도입할 의지가 있는지도 의문이다. 화려한 구호도 없고, 세부 사항으로 들어가면 도처에 어려움이 도사리고 있으며, 아무리 열심히 추진해도 생색도 나지 않을 그런 작업 말이다. 미국 국민들은 이런 작업을 거뜬히 수행하는 미국 정부를 자랑스럽게 생각하겠지만, 막상 그 일을 담당하는 사람은 질색할 것이다.

(4) 이제 이행기의 문제들을 언급할 차례이다. 그 문제들은 다음의 측면에서만 우리의 주제와 관련이 있다. 이행기의 어려움들은 생산 확대를 준영구적으로 방해하고, 또 "가능성들의 예측"을 완전히 무의미하게 만드는 상황과 조치들을 유도할 수도 있다. 가장 분명하고 가장 심각한 사례는 인플레의 위험이다. 1920년의 도매 물가 지수는 1914년에 비해 약 2.3배였다. 이러한 증가는 제1차 세계대전의 전쟁 수행 노력의 결과로 발생했다. 제1차 세계대전 당시는 제2차 세계대전에 비해 상품과 서비스의 규모가 훨씬 작았을 뿐 아니라, 상품과 서비스의 단위나 재정 지원도 아주

합리적으로 이루어졌다. 현재와 같은 수요의 적체가 없었다. 또 세제 혜택을 주어서 투자자들이 전시 채권을 장기적으로 보유할만한 동기를 제공했다. 수정 총저축액(정기 예금과 당좌 예금의 총액 중에서 은행 간 예금과 미국 정부의 예금, 그리고 회수 중인 예금을 뺀 총액)과 은행 밖으로 풀린 총통화량의 합계는 1946년 4월 현재 1,740억 달러이다(1929년 6월에는 551억 7,000만 달러, 1939년 6월에는 609억 달러). 일반 대중이 보유한 국채 중에서 어떤 부분이 **부채 상환 이외의 목적으로** 현금화될지는 알 길이 없다. 합리적인 사람이라면 현재의 상황에서 이것이 무엇을 의미하는지 명확하게 인식할 것이다. 특히 정부가 무모할 정도로 고임금률을 추천하고 지지하는 상황에서는 말이다. 인플레는 고임금의 지불을 통해서 나타나는 것이기 때문이다.[16] 이 합리적인 사람은 인플레의 위험이 "전혀" 없다고 말하는 저술가[17]와 심각한 인플레가 목전에 다가와 있다고 말하는 저술가 중 누가 진실을 말하고 있는지 어렵지 않게 구분할 것이다. 우리의 논의에 소용이 되는 한 가지 사항을 여기서 만족스럽게 다룰 수 없다는 점을 감안하여 나의 개인적 의견을 하나 제시하고자 한다. 이것은 사안을 좀 더 명확하게 제시하기 위한 것이다. 1950년에는 1928년 수치보다 50퍼센트 높은 가격 수치를 목표로 하는 것이 **가능하다**고 본다(그 사이에 이 수치를 뛰어넘는 약진이 있을 것으로 본다). 따라서 가격 수준 움직임을 적응의 수단으로 활용하는 것이 **합리적**이라고 생각한다. 일반 물가의 상승에 대한 공포 혹은 그 후의 여러 해에서 하강할지 모른다는 공포는 크게 과장된 것으로 보인다. 하지만 불가피한 물가 상승을 이 한도 내에 유지하기 위해서는 다수의 조치들이 필요하다. 그 조치들은 모두 인기가 없고 소기의 결과를 내기 위해서는 보기 드문 경험과 능력을 필요로 한다. 그런 조치들 중 일부는 생산 확대의 속도를 어느 정도 늦출 것이다. 생산을 간섭하지 않고서는 위협적인 인플레에 맞설 수가 없다. 또 다른 물가 관리국을 설치하고 인플레의 위험이 없는 — 과격파들도 이 주장에 동의한다 — 소득에 대해 중과세하고 결과와 상관없이 임금률을 높여버린다면, 아주 걷잡을 수 없는 상황이 벌어질 것이다. 그러면 워싱턴 정부는 서투르고 무자비한 수단에 의존하게 될 것이다. 가령 평가 절하, 예금 "동결", "직접 통제"의 선언, "폭리를 취하는 자"와 "매점하는 자" 혹은 기타 다른 희생양들에 대한 처벌 등이 그런 조치이다. 물론 이런 무자비한 조치에 농부들을 건드리는 조치는 포함되지 않을 것이다. 이런 조치들은 경제의 좌판을 완전 뒤엎어서 2,000억 달러 총생산이 물 건너가는 것은 물론이고, 설익은 사회주의를 불러오게 될지도 **모른다**. 물론 다른 가능성들도 있다.

(5) 이제 많은 경제학자들이 전후의 **가장 절실한** 문제라고 생각하는 사항을 살펴보자. 그것은 어떻게 하면 적절한 소비를 확보하는가, 하는 문제이다. 지금까지 우리는 1950년의 2,000억 달러 총생산이라는 목표를 회의적으로 보게 만드는 이유들을 검토해왔다. 그런 이유들은 모두 사업 과정 **바깥에 있는** 장애물들이 길을 가로막는 가능성들에 근거한 것이었다. 사업 과정의 힘이 과연 그런 목표를 달성할 수 있겠는가, 하고 의문을 표시하는 많은 경제학자들이 있다. 이들 중 전부는 아니더라도 대부분이 특정한 정치적 혹은 과학적 신조에 입각하여 그런 견해를 표명했다. 우리는 이런 학자들을 현재 유행되는 용어인 정체론자라고 부르기로 하자.[18]

정체 이론의 대표적 유형은 고故 케인즈 경이 개발한 것이다. 이 이론을 현재의 사례에 적용하여 독자들이 지난 몇 년 동안에 나온 전후 수요의 예측들을 검토하면 상황을 금방 파악할 수 있다.[19] 그런 예측들을 내놓은 사람들은 우리의 목표와 유사한 수치를 제시했으므로, 논의의 편의상 2,000억 달러의 국민 총생산을 계속 가져가기로 하자. 그들은 우리보다 한결 낙관적인 예측을 한다. 그런 자본주의적 성취에 우호적인 환경 여건들의 필요성을 강조하지 않고,[20] 오히려 현재의 정치·행정·노동 관행이 그대로 지속되어도 그 목표(2,000억 달러)를 달성할 수 있다고 보기 때문이다. 실업이 최소한으로 그칠 것이라는 그들의 예측에 대하여 나는 반론을 제기하지 않겠다. 또 그들의 통계학적 방법론의 타당성에 대한 의심도 접어두기로 하겠다. 나는 순 국민 소득과 가처분 소득(세금과 공과금을 공제한 개인 소득의 총합)에 도달한 그들의 다양한 가설들도 있는 그대로 받아들이겠다. 좀 더 구체적으로 언급하기 위해 이 가처분 소득이 1,500억 달러 정도 되고, 기업의 분할되지 않은 이윤이 약 60억 달러가 된다고 해보자.[21]

전후의 수요, 그러니까 개별 가정이 소비재(새로운 주택은 제외)에 지불할 돈의 총액은 이렇게 파악할 수 있다. 제2차 세계대전 이전의 기간, 가령 1923~1930년까지의 자료에서 이 같은 소비재에 1인당 지출한 금액과 1인당 가처분 소득 사이의 평균적 관계 — 이 둘을 생계비 지수로 조정한 후에 — 를 구하여 1,500억 달러의 가처분 소득에 적용하면 된다.[22] 이렇게 하여 1,300억 달러가 나왔다면 우리는 200억 달러의 저축을 얻게 되고 기업의 분할되지 않은 이윤을 합치면 260억 달러를 얻게 된다. 그러면 이 돈이 빠져 나간 배출구, 즉 투자 기회(새로운 주택, 재고 추가, 장비와 설비, 해외 투자)를 살펴보는 것이 논의의 다음 순서가 되고 이어 이런 결론 혹은 주장에 이르게 된다. 이러한 배출구는 1950년 완전 고용의 수준에서 사람들이 저축하게 될 돈을 모두 빨아들이지 못할 것이다. 적어도 정부의 도움이 없다면 말이다. 따라서 국내에서 정부가 지출을 늘리거나, "해외 투자"를 강요하는 정부 조치의 필요성이 제기된다. 하지만 최근에 와서는 또 다른 권고안이 인기를 끌게 되었다. 현재의 상황에서 정부의 적자 재정을 옹호하는 사람은 조롱의 대상이 될 우려가 있으므로, 워싱턴 경제학자들은 방향을 선회하여 균형 예산을 추천하되, 높은 과세 수준에서의 균형 예산을 추천했다. 하지만 그들이 말하는 세금은 너무 누진적인 것이어서 저축의 위협이 주로 생겨나는 고소득층을 소멸시킬 정도이다. 이것은 다음과 같은 선전 구호와도 일치한다. (고액 소득 수령자의 저축 때문에), "현대 사회에서 실업의 궁극적 원인은 소득의 불균형이다."

이렇게 하여 많은 경제적·사회적 문제들의 해결안으로 여겼던 높은 수준의 국민 소득이 오히려 가장 심각한 문제가 되고 말았다. 고소득은 고저축을 의미하고, 이런 저축은 투자 기회에 의해 모두 흡수되지 않을 것이므로 경제가 설사 높은 수준의 소득과 취업을 달성한다 해도 그 수준을 계속 유지한다는 것은 불가능하다(재정 정책을 써서 인위적으로 유지하지 않는 한). 이러한 정체 이론은 넓게는 일반 여론의 지지를, 좁게는 실업계의 지지를 받았다. 사람들에게 "소득을 완전히 다 써버리게 하고" 또 "충분한 소비자의 수요"를 얻으면 만사형통이라는 견해처럼 평범한 것은 없다. 정부 지출이나 소득의 균등화 등 정치적 프로그램에 전혀 이권이 없는 총명한 사람이 왜 이런 문제에 관심을 갖는지 정말 흥미로울 따름이다. 정체 이론은 한번 비웃으면서 무시해버릴 그런 이론인데도 왜 그렇게 되지 않을까? 미국의 세일즈맨 심리와 제2차 세계대전 이전의 20년간의 경험이 그에 대한 설명이라고 본다.

정체 이론의 반대자들 중에는 국민 총생산(즉, 소득)이 예상보다 적기 때문에 투자 기회는 정체론자들이 주장하는 것보다 더 클 것이라고 얘기하는 사람들이 있는데, 이들은 핵심을 놓친 것이다. 정체론자들은 국민 총생산에 관한 한 지나치게 낙관적이지만 투자 기회에 대해서는 지나치게 비관적이다. 사실 이러한 예측 노선에는 많은 진실이 깃들어 있다. 1830년 당시에 철도鐵道 시대의 자본 수요를 예측하는 것은 불가능했고, 그 50년 뒤에는 전기電氣 시대의 자본 수요를 예측하는 것이 불가능했다. 하지만 결정적인 논의는 이보다 한결 간단한 것이다. 정체 이론은 개인들이 안정된 심리 법칙에 따라[23] 투자 기회가 있건 없건 저축을 한다는 원리에 바탕을 두고 있다. 분명 이것은 정상적인 판단이 아니다. 정상적인 사람들은 금전적인 이득 혹은 "투자재"의 서비스를 기대하면서 저축을 한다. 또한 전체 저축의 커다란 부분을 차지하는 기업의 저축도 특정한 투자 목적을 염두에 두고 이루어진다. 대체로 투자 결정이 선행하고, 투자 행위는 아주 종종 저축 결정을 선행한다. 어떤 사람이 구체적 투자 목적 없이 저축하는 경우에도, 투자 결정에 대한 지연은 그동안의 지체에 대한 소득 상실로 처벌되는 것이다. 따라서 이렇게 결론을 내릴 수 있다. 첫째, 사람들은 투자 기회를 보지 못하면 통상적으로 저축을 하지 않는다. 따라서 투자 기회가 사라지는 상황은 저축이 사라지는 상황이다. 둘째, 사람들이 "유동성 선호" ― 투자 의욕이 없는 저축 욕구, 즉 돈을 쌓아두려는 욕구 ― 의 경향을 보일 때에도, 이것은 특별한 이유들에 의해 설명이 되어야지, **그때그때 달라지는***ad hoc* 심리적 법칙에 호소하는 설명이 되어서는 안 된다.

그런 특별한 이유들은 실제로 존재한다. 그 이유들 중 하나는 순환적 불황의 깊은 계곡에서 아주 중요한 의미를 지닌다. 이런 불황은 평균 잡아 10년에 1년 정도의 빈도이다. 사태가 어둡게 보이고 사람들은 투자해 봐야 손실밖에 볼 것이 없다고 생각하는 때에, 사람들은 현재의 저축을 투자하지 않을 것이다(또 만기가 도래하여 찾아온 저축도 다시 투자하지 않을 것이다). 그들은 가격이 더 떨어질 때를 기다려 이익을 올리기 위해 투자를 미룰 것이다. 동시에 사업 부진이나 실업으로 인해 소득이 곧 감소될 것으로 생각하는 사람들은 저축을 줄이는 것이 아니라 오히려 늘일 것이다. 이것은 불황의 메커니즘에서 중요한 요소이며, 공공 적자 지출은 이런 "악순환"을 깨트리는 가장 효과적인 수단의 하나이다. 그러나 "과잉 저축" 이론에 대한 옹호는 이 불황을 바탕으로 전개되어서는 안 된다.

과잉 저축은 불황의 결과로 생겨난 것이므로 불황을 가지고서 그 현상을 설명할 수 없는 것이다. 하지만 불황은 케인즈 심리 법칙에서 말하는 심리적 설명을 낳았다. 1929~1932년의 대공황과 그로부터의 느린 회복은 여전히 모든 사람들의 마음속에 남아 있다. 심리 법칙과 그 법칙에 바탕을 둔 현금 쌓아두기 이론은 이 쓰라린 체험의 일반화일 뿐이다.[24]

따라서 불황-현금 쌓아두기는 우리의 일반적 명제(저축 결정은 투자 결정에 달려 있다)의 진정한 예외 사항이 되지 못한다. 그렇다고 반대로 투자 결정이 저축 결정에 달려 있는 것도 아니다. 왜냐하면 은행 융자에 의해 투자의 자금 지원을 할 수 있기 때문이다. 이 경우에는 저축을 말하는 것이 무의미하다.[25] 가짜 예외 사항 이외에 진짜 예외 사항도 있다. 그러나 어느 것이든 그리 중요하지는 않다. 진정한 예외 사항은 보물을 축적할 목적으로 쌓아두는 것인데, 인도, 중국, 이집트에서 널리 행해졌다. 또는 습관적 저축이 있다. 일단 저축의 버릇을 들이면 다른 습관들이 그러하듯이 저축할 필요가 없는데도 저축을 계속하게 되는 것이다.[26] 불황-현금 쌓아두기와 유사한 가짜 예외 사항의 경우는 아주 대규모의 단건 투자에 돈을 대기 위해 저축하는 것인데, 그 투자란 있을 법하지만 실제로는 그리 중요하지 않은 그런 사례이다. 또 비상사태나 노년에 대비한 "저축"이 있다. 이것은 심리적인 안정감을 제외하면 그 어떤 "소득"의 기회가 없는데도 계속 진행되는 저축이다.[27]

따라서 정체론자의 고민이 신경 써야 할 유일한 것이라면, 우리는 2,000억 달러의 목표에 도달하는 데 대하여 불안감을 느낄 필요가 없다. 그리고 한계 저축자에게 만족스러운 소득률 수준에서도 200억 달러(2,000억 달러 중 소비하고 남아서 저축으로 돌려진 돈)가 새로운 투자처에 의해 모두 흡수되지 못할 정도라면, 사람들은 그 차액을 즐겁게 소비해버리고 말 것이다. 사람들로 하여금 "소득을 완전히 써버리게 하는" 방안이나 기업과 개인 저축의 배출구에 대해서는 걱정할 필요가 없을 것이다. 특히 우리는 해외 투자를 강요하는 것이 불필요하다고 생각한다. 현재의 조건들에서 그런 투자를 옹호하는 것은 미국에 전쟁 배상금을 부과하려는 시도만큼이나 달갑지 않은 것이다.[28]

하지만 우리는 정부의 적자 지출 옹호론에 대해서는 동의해야 한다. 경기 순환 메커니즘에 내재된 원인이나 혹은 다른 원인으로 인해 "하향 누적 과정"의 위험은 상존한다. 가령 A의 생산 제한이 B의 동일한 행동을 유도하고 그리하여 경제 전반에 피해가 오는 상황이 되면 물가들이 하락하기 때문에 다른 물가도 하락하고, 실업은 더 큰 실업 사태를 유발한다. 이런 상황에서 특별한 다른 고려 사항들이 없는 한, 정부의 적자 지출은 "악순환"을 끊어주는 아주 효과적인 구제 방안이다.[29] 비상사태가 발생했을 때 소득을 발생시키는 정부의 지출을 반대해서는 안 된다. 하지만 뒷북을 치면서 이런 지출을 할 수 없이 해야만 하는 비상사태를 만들어내는 정책들에 대해서는 적극 반대해야 한다.

(6) 불행하게도 앞으로 실제 어떤 일이 벌어지겠는가 하는 예측의 문제라면, 우리의 결과는 정체론자의 그것과 별반 다르지 않다. 사람들의 저축 성향에 대해서는 두려워할 것이 없지만, 다른 요소들은 우려할만하다. 노동 불안, 가격 규제, 적대적인 행정, 비합리적인 과세 등은 정체론자들이 예측하는 소득과 실업의 결과를 가져올 것이고, 그리하여 정부가 할 수 없이 적자 지출을 해야 하는 상황이 벌어질 것이다. 우리는 심지어 사람들이 과잉 저축하면서 투자 결정을 미루는 상황을 목도하게 될 것이다. 우리는 하나의 가능성을 논의해왔다. 우리는 비즈니스(산업) 과정 내에는 그 과정의 실현을 방해하는 내재적 요소들이 없다는 것을 발견했다. 하지만 그 과정의 외부에 그 실현을 방해할 수 있는 요소들이 있다는 것도 발견했다. 이것 이외에 나는 실제 결과가 어떻게 될 것인지 알고

있다고 말하지 않겠다. 그 결과가 무엇이든 간에 그것은 미국뿐 아니라 전 세계 사회 상황에서 주도적 요소가 될 것이다. 하지만 앞으로 반세기 정도만 그러할 것이다. 또한 이 책에서 자세하게 언급했던 장기적 진단은 그런 현상으로부터 영향을 받지 않을 것이다.

3. 러시아 제국주의와 공산주의

우리의 진단과 관련 있는 또 다른 요소는 러시아가 연합국들에 대하여 승리를 거두었다는 것이다. 미국의 경제적 성공과 달리 이 승리는 하나의 가능성에 그치지 않을 것이며 당분간은 기정사실이 되었다. 러시아의 당초 입장은 그리 강력하지 않았다. 정치적 게임의 통상적인 규칙에 의하면, 러시아는 연합국들이 적당하다고 판단하여 부과하는 것을 그대로 받아들여야 할 입장이었을 뿐 아니라 새로운 국제 질서에서도 뒷좌석을 차지해야 할 형편이었다. 하지만 러시아는 차르 시절에는 생각할 수도 없었던 권력의 지위로 올라섰다. 이것은 영국과 미국이 소망했던 것과는 다른 결과였고, 또 두 나라가 이런 결과를 위해서 그토록 치열하게 싸운 것도 아니었다. 아무튼 러시아는 탁월한 성취를 이루었다. 러시아 정부 특유의 방법론 덕분에 러시아는 공식적 정복 이상으로 실제 권력을 확대했고, 그 권력을 실제보다 작아 보이게 만드는 데 성공했다. 그리하여 위험의 지점에서, 도피론자와 유화론자를 만족시키기 위해 내놓았던 가짜 양보 사항들은 그리 큰 희생이 아니었다. 때때로 그런 양보 사항들이 실제 소득을 가져온 것은 아니었지만, 견딜만한 것이었다.[30] 독자는 미국 정부가 1939년 이래 추진해온 정책이 무엇인지 잘 알 것이다. 그것은 민주주의의 확대, 공포와 결핍으로부터의 자유, 소국들의 권리 추진 등이었다. 이런 정책을 상기한다면, 실제로 벌어진 일은 영국과 미국을 상대로 거둔 러시아의 군사적 승리에 완전 항복한 것이나 다름없다.

첫째, 이런 결과는 설명을 필요로 한다. 몰개성적 요소들과 우연의 요소만 감안하는 역사 분석자는 이런 설명을 잘 하지 못할 것 같다. 몰개성적 혹은 객관적 요소들은 모두 러시아에게 불리한 것들뿐이다. 러시아의 거대한 군대도 많은 인구와 부유한 경제의 결과물이 아니다. 그것은 국민을 가난한 절대 복종 속에 묶어두고 미개발의 불충분한 산업 역량을 오로지 군사 목적에 집중시킬 만큼 힘이 셌던 한 사람(스탈린)이 만들어낸 것이었다. 행운과 천재의 상호 작용을 이해하지 못하는 사람은 엄청난 성공으로 결말난 일련의 긴 사건들에서 행운이 작용했다고 지적할 것이다. 하지만 그 일련의 사건들에는 볼셰비키 체제가 붕괴해버릴 수도 있는 아주 절망적인 상황들이 많이 내포되어 있다. 정치적 천재는 우호적인 가능성을 잘 활용하고, 비우호적인 상황을 완벽하게 중립화시키는 능력을 갖는다. 무엇보다 그런 나쁜 상황을 너무나 감쪽같이 극복하기 때문에 피상적인 관찰자들은 모든 상황이 종료된 후에 오로지 우호적인 가능성들만 보는 것이다. 최초의 거장다운 조치 — 독일과의 "이해"(히틀러와 맺은 독소 불가침 조약) — 이후에 벌어진 일들에서 우리는 거장의 솜씨를 약여하게 보게 된다. 스탈린이 러시아 내에서 비슷한 능력을 가진 경쟁자와 만나지 못한 것은 사실이다. 하지만 이것은 지도자들 — 이 경우에는 한 지도자 — 의 자질을 강조하는 역사 철학의 주장을 더욱 강화시킨다. 현실적 분석이 "몰개성적 이론"•에 해줄 수 있는 유일한 양보는 이런 것이다. 해외 정책의 경우 독재자는 민주적 지도자의 집중을 방해하는 여러 고려 사항들로부터 방해를 받지 않는다.[31]

둘째, 우리는 발전 사항들을 자세히 살펴봄으로써 이런 믿기 어려운

• 역사는 사람이 만드는 것이 아니라 사건과 상황이 만든다면서 개인의 역할을 인정하지 않는 이론.

상황이 어떻게 발생했는지 이해하게 되었다. 하지만 목전에 벌어진 이런 상황을 세계가 어떻게 참고 있는지 이해하는 데에는 도움을 주지 못한다. 이 문제는 미국의 태도로 환원된다. 피곤하고 굶주리고 러시아의 보복에 고스란히 노출된 유럽 대륙의 국가들은 의미 있는 저항 세력이 아니다. 러시아로부터 완전히 독립되어 있는 유럽 국가는 스페인뿐이다. 이 사실은 최근 러시아가 스페인을 대하는 태도에서 더욱 분명하게 드러났다. 스페인 못지않게 독립적일 것으로 기대된 프랑스는 국내에 프랑스 공산당이라는 러시아의 수비대를 두고 있다.[32] 영국은 그들 마음대로 행동할 수 있었더라면, 1941년 이후의 사건들이 지금과는 아주 달라졌을 것이고 영국의 모든 국민들은 현재의 정치 상황을 혐오와 우려의 시선으로 바라보았을 것이다. 이것을 보여주는 많은 징후들이 있다. 하지만 영국은 강력한 노선을 취할 수가 없었다. 만약 그렇게 했더라면 혼자서 러시아와 전쟁을 치러야 하는 모험을 감수할 수밖에 없었기 때문이다. 미국이 영국을 도와 참전할 가능성은 있었지만, 백 퍼센트 확실한 것은 아니었다. 왜?

다른 별에서 온 관찰자가 있다면 명예와 이해관계의 고려 사항에서 볼 때 다음의 사실은 너무나 명백하다. 즉, 미국은 인류의 대부분이 기본적 인권이라고 생각하는 것을 박탈당하는 상황, 전쟁이 억제하려고 했던 것보다 훨씬 많은 잔인함과 무법이 존재하는 상황, 미국의 대다수 국민들이 소중하게 여기는 원칙을 부정하는 정부의 수중에 거대한 권력과 특권이 집중되어 있는 상황 등을 용납하지 않으리라는 것은 너무나 분명하다. 만약 이 전쟁의 주된 결과가 가장 강력한 독재자(스탈린)를 두 군대(영국과 미국)의 견제로부터 해방시키는 것이었다면, 수백만 선남선녀들에게 형언하기 어려운 테러가 가해진 전쟁의 수행을 위해 미국 국민들이 희생을 감내하지는 않았을 것이다. 확실히 이 경우야말로 절반만 하다가 만 것이 아예 안 하는 것보다 못한 그런 경우이다. 게다가 나머지 절반은 수행이 가능할 뿐 아니라 비교적 쉬운 일이다. 왜냐하면 일본의 항복 이후, 미국의 군사적 힘과 기술, 그리고 경제적 위력은 도전의 대상이 없는 우위를 점하고 있기 때문이다.

하지만 다른 별에서 온 관찰자가 이런 노선으로 나아가야 한다고 주장한다면 그는 정치 사회학을 제대로 이해하지 못하는 것이다. 스탈린 통치하의 러시아에서 외교 정책은 차르 시대와 마찬가지로 외교 정책이다. 그러나 미국의 외교 정책은 곧 국내 정치이다. 이것은 워싱턴의 조언으로부터 유래하는 전통이다. 하지만 그것은 본질적으로 고립주의적이다. 이것 이외의 외교 정책을 펼치려는 복잡한 전통이나 담당 기관도 없다. 프로파간다에 의해 크게 흥분하면 미국은 해외에서의 간섭 정책을 수락하거나 행동에 나설 수도 있다. 하지만 미국은 곧 그런 정책에 피로를 느끼고, 실제로 지금 피로해 하고 있다. 현대 전쟁의 공포, 희생, 세금, 병역 의무, 관료적 규제, 전쟁 구호, 세계 정부의 이상 등에 피로를 느끼고 있으며, 통상적인 생활 방식으로 되돌아가고자 안달이 나 있다. 국가가 직접적으로 공격당할 위험도 없는 현 상황에서, 설혹 그런 간섭 정책을 원하는 정당이나 압력 단체가 있다고 해도 그건 정치적으로 위험한 것이다. 게다가 그것을 원하는 정당이나 단체가 보이지도 않는다. 독일과 나치 체제를 너무나 싫어해서 행동에 나섰던 사람들도 지금은 만족하고 있다. 그들은 한때 도피주의적이라고 비난했던 바로 그 논리를 가지고, 대對러시아 정책을 옹호하고 있다. 과거 그와 똑같은 정책을 히틀러의 독일에 대해서 사용했을 때에도 도피주의적이라고 비난했던 그들이 말이다. 우리가 미국 정치의 패턴을 형성하는 이해관계들을 살펴보면, 그들은 각자 이유는 다르지만 대러시아 유화 정책에 동의하고 있다. 농부들은 이런 문제를 신경 쓰지 않는다. 노조는 친親러시아 세력에 의해 영향을 받을 수도 있고, 또 받지 않을 수도 있다. 노조들 혹은 일부 노조는 러시아와의 전쟁을 적극적으로 방해할 수도 있고, 방해하지 않을 수도 있다. 우리는 찬부가 극명하게 갈리는 이 문제를 깊이 파고들 필요는 없을 것이다. 왜냐하면 이 문제와 관련하여 지금 이 순간, 정치가들에게 중요한 사실은 이런 것이기 때문이다. 즉, 1940년에는 참전에 찬성하지 않았던 노조가 지금은 결정적으로 반전 입장인 것이다. 흥미로운 사실은, 거의 같은 얘기를 재계에 대해서도 해볼 수 있다는 것이다. 그들의 태도는 감정이나 의도상 친러시아적이지는 않지만, 실제 효과는 친러시아적이다. 과격파 지식인들은 부르주아지가 소비에트 공화국의 멱살을 잡으려 한다고 말하기를 좋아한다. 그들은 러시아와의 전쟁을 미국 대기업이 사회주의에 대하여 거는 전쟁이라고 묘사할 것이다. 그것처럼 비현실적인 얘기는 없다. 재계는 전쟁 구호, 과세, 규제에 지쳐 있다. 러시아와의 전쟁은 현재 재계에 우호적인 흐름을 끊어놓을 것이고, 더 많은 세금과 규제를 의미하게 될 것이다. 그것은 노조를 더욱 강력한 입장에 앉혀놓을 것이다. 그것은 국내 사업을 교란시킬 뿐 아니라 아주 매혹적인 종류의 유망한 사업 기회도 날리게 만들 것이다. 전쟁이 없다면 소련은 아주 큰 고객이 될 것이다. 소련은 지금껏 대금 지불을 미룬 적이 없었다. 많은 부르주아지의 반사회주의적 확신은 이런 사실에 의해 흔들리고 있다. 바로 이것이 부르주아 정신이 움직이는 방식이다. 자신을 죽이려 드는 교수형 집행자의 밧줄 앞에서도 자신의 이익만 생각하는 것이다. 하지만 부르주아지가 이런 불쾌한 태도를 그들 나름대로 합리화하는 것은 그리 어려운 일이 아니다. 러시아가 앞으로 한두 나라를 더 합병한다고 해서 그게 무슨 대수인가? 러시아가 원하는 것을 모두 줘버려라. 그러면 러시아는 더 이상 얼굴을 찌푸리지 않게 될 것이다. 그리고 20년이 지나면 러시아는 우리와 마찬가지로 민주적이고 평화를 사랑하는 나라가 될 것이다. 게다가 스탈린은 그 무렵이면 이미 사망해버렸을 것이다.[33]

여기서 재차 강조하고 싶은 사항이 있다. 이 책은 독자들을 어떤 확정적이고 실제적인 결론 사항으로 이끌어가려는 목적을 갖고 있지 않다. 단지 여러 유익한 분석 자료들을 제시하여 독자 스스로 실제적인 결론에 도달하도록 이바지하려는 것이다. 더욱이 우연의 요소가 작용하고 새롭고 예기치 않은 요소들이 많이 끼어드는 문제들에 있어서, 예측은 예언이나 다름없는 것이 되고 그리하여 과학적 객관성을 확보하기 어렵다. 이런 전제가 확고하게 이해되었다는 것을 확신하면서, 나는 지금까지의 논의를 요약하는 형태로 합리적인 결론을 내려보고자 한다. 하지만 이것은 **생각을 잘 정리하려는 것**pour fixer les idees 이외에 다른 목적은 없다. 이것을 다르게 표현하면 이렇다. 우리가 지금 하려는 것은 이 책에서 지금까지 사회주의와 관련하여 죽 해왔던 것을 다시 하려는 것이다. 즉, 관측 가능한 경향들로부터 어떤 추론을 이끌어내려는 것이다.

우리가 지금껏 관찰해온 사실들은 이런 것을 보여준다. 스탈린이 일생일대의 실수를 저지르지 않는 한, 앞으로 수년 동안 전쟁은 없을 것이다. 러시아는 방해를 받지 않고 자원을 개발하고, 경제를 재건하고, 절대적이든 상대적이든 세상이 지금껏 본 적이 없는 거대한 전쟁 기구를 구축할 것이다. 이러한 추론을 다소 제약하기는 하겠지만 무용한 것으로 만들지는 못하는 단서 조항으로는 이런 것이 있다. **엄청난** 규모의 공격 행위 — 너무나 엄청나서 동조자들조차도 그것을 "방어" 행위라고 설명하지 못할 그런 공격 행위 — 는 하시라도 전쟁을 촉발시킬 수 있다. 하지만 이런 가능성에 대하여 다음 세 가지 사실을 겹쳐놓아야 한다. 첫째, 스탈린 체제의 외교 정책은 그 조심성과 참을성이 가장 두드러진 특징이다. 둘째, 스탈린 체제는 참을성을 발휘함으로써 얻을 것이 많다. 셋째, 제국주의적 성공의 정상에 있으므로 스탈린 체제는 참을성을 발휘할 여유가 있으며, 진정한 위험의 징조가 있거나 최근처럼 "보다 확고한 어조"에 직면한다면,³⁴ 외곽의 전초 기지 하나둘쯤 포기할 여유가 있다. 하지만 이런 전망은 약 10년간의 재구축 기간이 지나가면 구체적으로 달라질 수도 있다. 그때쯤이면 전쟁 기구는 사용 준비가 완료될 것이고, 그것을 사용하지 않기는 점점 어려워진다. 게다가 영국이 볼셰비즘을 포용하지 않고, **추가로** 전통적 지위(식민 대국의 지위)를 모두 포기하지 않는다면, 독립 영국의 존재는 나폴레옹 독재 체제에 눈엣가시였던 것처럼 러시아 독재자에게도 참을 수 없는 게 될 것이다. 반대로 러시아의 독재 체제 또한 영국에게 참을 수 없는 존재가 될 것이다. 처칠이 경고하는 것의 본질은 바로 이런 사실을 똑바로 알아야 한다는 것이고, 또 이것이 이미 시작된 군비 경쟁의 근거인 것이다.

하지만 이 모든 것을 평가하기 위하여 또 다른 사항을 명심해야 한다. 평화 시에나 혹은 장래의 전쟁 시에, 또는 전쟁은 아니지만 전쟁의 위협이 만연한 중간 상태에서, 전 세계의 공산당이나 공산당 단체는 자연스럽게 러시아의 외교 정책에 아주 중요한 존재가 된다.³⁵ 따라서 공식 스탈린주의가 최근에 자본주의와 사회주의 사이의 임박한 갈등을 선전하는 일에 열을 올리는 것은 그리 놀라운 일도 아니다. 이 프로파간다는 또한 세계 혁명이 임박했다고 하면서, 전 세계 어디에서든 자본주의가 존속하는 한 영구적인 평화는 불가능하다고 선전하고 있다. 이러한 프로파간다가 러시아의 관점에서 보면 유익하고 필요한 것이겠지만, 이것이 가장 중요한 문제를 흐려놓고 있다는 사실을 깨닫는 것이 더 중요하다. 그럼 중요한 문제는 무엇인가? 그것은 러시아의 제국주의이고,³⁶ 제5열(러시아 제국 내부의 사회주의자들)이라는 고려 사항을 제외한다면, 사회주의와는 아무런 상관도 없다. 스탈린 체제는 본질적으로 군사적 독재 체제이다. 강한 규율을 가진 단일 정당이 통치하고 언론의 자유를 인정하지 않기 때문에 파시즘의 결정적 특징 한 가지를 가지고 있고,³⁷ 마르크스가 자본주의를 비판하면서 지적했던 것처럼 대중을 수탈한다. 우리는 이런 스탈린 체제를 민주적 사회주의라고 주장하는 미국 지식인들을 이해할 수도 있고, 또 동정할 수도 있다. 하지만 그들의 이런 주장이 믿어지리라고 생각하는 그들의 기대 속에 암시되어 있는 우리의 지성에 가해지는 모욕에 대해서는 분노하지 않을 수 없다. 스탈린 체제가 유럽 전역과 아시아에 널리 퍼지려는 가시적 경향을 사회주의의 확대 경향과 동일시하는 것은 아주 곤란하다. 러시아 체제의 확대가 통상적 의미의 사회주의 확대를 의미한다고 볼 수 없기 때문이다. 그것이 사회주의로 둔갑하느냐 마느냐 하는 것은 러시아 독재 체제의 실제적인 혹은 추정적인 이해관계에 달려 있다(27장 4절 참조). 이것은 유사한 사례인 스탈린 체제의 종교 정책에 의해 예증된다. 당초 독재자는 종교가 인민의 아편이라고 비난했다. 그러나 독재자는 세계 일부 지역에서 러시아 정교가 공산주의나 노조 세계 연맹(1945)보다 더 유익한 외교 정책의 수단임을 깨닫자마자, 러시아가 "그리스도를 사랑하는 국가"라고 선포하고 나섰다. 차르 시대에 있었던 "성스러운 종교회의 의장" 자리에 새로운 총대주교 — 이 사제는 즉각 동유럽의 여러 나라를 열심히 순방하면서 포교 활동을 펼쳤다 — 가 임명되었고, 그와 함께 "러시아 정교회 사무 협의회"의 의장으로 공산당원이 임명되었다. 러시아가 외교 정책의 전략적 견제를 느끼지 않는 나라들에서는 산업의 국유화가 성사될 가능성이 많다. 국영화된 산업은 독재자가 관리하기도 수탈하기도 좋고, 또 반체제의 중심지가 될 수도 없기 때문이다. 그 외의 다른 가능성은 현재로서는 생각하기 어렵다. 그렇지만 이런 동기가 다른 가능한 동기들을 완전 제압할 것인지 여부는 말하기가 어렵다.[38] 러시아의 권력이 궁극적으로는 진정한 사회주의의 발전에 장애가 될 수도 있다.

따라서 러시아 문제와 사회주의 문제를 혼동하는 것은 — 그런 혼동이 러시아를 돕기 위한 술수가 아닌 한 — 세계의 사회적 상황을 오해하는 것이다. 러시아 문제는 사회주의 문제와 관련하여 오로지 다음 두 가지 방식으로만 관련을 맺는다. 첫째, 상황의 논리상 공산당 그룹이나 비공산당 그룹 내의 친공산당 세력은 노동 정치학을 과격화시킬 것이다. 하지만 이것이 늘 그런 것은 아니다. 가령 프랑스 공산당은 두 가지 중요한 국유화 조치에 반대표를 던졌다. 하지만 전체적으로 보다 자본주의 국가들을 혼란에 빠트려야 한다는 바로 그 목적 때문에 계속하여 그런 상황의 논리가 힘을 얻을 것이다. 둘째, 전쟁이 벌어질 경우, 현대의 조건에서는 그 어떤 전쟁이 되었든 반드시 벌어지게 되는 사회적·정치적 결과가 수반될 것이다. 사회주의 국가와 자본주의 국가 사이의 전쟁이라는 사실은 별반 영향을 미치지 못할 것이다.

전후 발전 사항에 대한 추가 논평

세계 위기와 제2차 세계대전은 또 다른 "가속" 장치들이었고,
이번에는 그 존재가 미국에서도 느껴졌다.
그것은 자유 기업 시대의 사람들이 신봉했던 치유책이
안 통할지 모른다고 느끼는 그런 상황을 만들어냈다.
기업가 계급은 그런 치유책이 가져올 "조정"을 두려워하면서,
일련의 규제 조치들을 받아들였다.

영국에서 출간된 제3판(1949) 서문

이 새로운 판이 출간됨에 따라 이 책의 관점에서 지난 2년 동안 영국에서 있었던 발전 사항에 대하여 논평할 기회를 얻게 되었다. 말하자면, 내가 구축하려 했던 분석의 전반적 틀에다 이 논평을 끼워넣게 된 것이다. 나에게 주어진 시간과 공간을 생각할 때 이 논평은 **분산된 파편 조각**membra disjecta에 지나지 않는다. 하지만 이 글의 시작부터 독자들이 분명하게 이해해주기를 바라는 한 가지 사항이 있다. 나는 이 글에서 다른 나라의 정책을 비판할 의도나 "조언"을 내놓을 생각이 전혀 없다. 나는 그런 의도나 생각을 아주 주제넘은 일이라 생각한다. 혹시 이 글 중 어떤 부분이 그런 의도를 풍기는 것처럼 읽힌다면, 독자들은 그것이 아주 짧은 시간과 공간의 바람직하지 못한 결과들 중 하나라고 이해해주기 바란다.

이 서문을 읽기 전에 독자들은 이 책 19장 4절(행위, 즉 사회주의 채택 이전의 사회주의적 정책: 영국의 사례)과 28장 1절(영국과 정통파 사회주의)을 먼저 읽어주기 바란다. 나는 재판의 다른 부분들도 그러하지만, 이 부분들도 전혀 고치지 않았음을 밝힌다.

(1) 우리의 관점이나 혹은 다른 관점에서 보았을 때, 영국의 구도는 아주 복잡하다. 그 주된 특징들은 다음의 사실 때문에 흐릿해졌다. 사회적 이행의 과정은 또 다른 이행의 과정에 의해 간섭을 받는가 하면 간섭을 행하기도 한다. 국제 관계란 너무나 복잡하여 전쟁 경제에서 평화 경제로

의 이행을 언급한다는 것은 거의 불가능하다. 따라서 이 이행 과정은 억압된 인플레의 조건들 아래에서 수행되는 재조정의 과정이라고 부르는 게 더 좋을 것이다. 둘(사회화 과정과 재조정 과정) 사이의 논리는 뚜렷이 다르지만, 이 두 과정은 너무 긴밀하게 연결되어 있어서 별도 처리가 어렵다. 하지만 우리는 고르디우스의 매듭을 자르는 것처럼 이 둘을 구분하기로 하겠다. 우리는 비교적 편안한 마음으로 그렇게 할 수 있을 것이다. 현대의 보수적 정부(다음번 선거에서 이런 정부가 탄생한다면)는 노동관계가 중요한 사회 또 자유 기업의 "횃불이 꺼져서 연기가 되어가는" 사회 내의 주어진 상황에서 재조정을 관리해야 할 것이기 때문이다. 달리 말해서, 만약 노동당 정부가 보수당 정부로 교체된다면 — 내가 자신 있게 예측할 수 있는 문제는 아니지만 — 이런 교체는 열성 보수당원이 주장하는 것만큼 그리 큰 변화를 가져오지는 않을 것이다. 단, 국영화가 더 이상 진전되지 않을 것은 확실하다.

(2) 그러면 잠시 지난 2년 동안의 영국 경제 정책의 구성 요소들을 살펴보자. 이것들은 이 책의 19장 4절, "행위(사회주의 채택) 이전의 사회주의적 정책: 영국의 사례"에서 제시된 해석과 관련이 있다. 노동당 정부는 19장 4절에서 개요를 제시했던 국영화의 프로그램 내에서 잘 처신해왔고, 이 프로그램 중 가장 논쟁적인 사항 — 즉, 제6조 철강 산업의 국유화 — 에 관해서는 놀라운 절제력을 발휘하면서 다음 선거가 끝날 때까지 결정을 미루었다. 이러한 사회화 혹은 국영화 프로그램이 과연 사회주의적인 것이냐 하는 데 대해서는 의견 차이가 있을 수 있음을 솔직히 인정하겠다. 하지만 지금껏 실제로 행해져온 그 어떤 것도 사회주의적이라고 명명될 수 없다는 것을 확신한다. 왜냐하면 지금까지 실제로 행하거나 주장되어 온 대부분의 "계획"들이 특별히 사회주의적이라고 할 수 없기 때문이다. 실제 분석에 큰 도움이 안 되는, 아주 폭넓은 의미의 사회주의를 적용한다

면 모르겠지만 말이다. 일부 계획들과 그것들을 실천하기 위해 수행된 일부 연구 작업들은 사회주의의 방향을 가리키고 있기는 하다. 그러나 소득 계산이나 투입 산출 분석input and output analysis — 이 둘은 미국이 영국보다 훨씬 앞서 있다 — 이 가시적인 사회주의의 열매를 맺기 전까지는 오랜 세월이 흘러야 할 것이다.

  상황의 또 다른 측면은 더욱 중요하다. 지난 2년 동안 영국에서 벌어진 모든 일들 중에서 가장 인상적인 것은 사회주의적 노선으로의 전진에 대하여 저항이 약화되었다는 사실이다. 의회 내에서의 보수당의 반대는 통상적 의사 진행 절차 내에 머물렀고, 사회적 재편성의 문제보다는 2차적인 문제들, 가령 자유 무역, 아일랜드, 국가 예산 등이 보수당으로부터 더 많은 반응을 이끌어냈다. 의회 내에서나 전국적으로나, 사회 재편성의 문제를 평온한 시선으로 바라보는 보수당 내의 중요 세력들이 점점 늘어나고 있다. 물론 보수 언론들은 나름대로 비판 의견을 내놓았다. 예전에 자주 그랬던 것처럼, 국영화 프로그램을 반대하고 훈계하고 조롱했다. 중요 문제들이 논의 중일 때에는 비판적인 서적과 팸플릿 등이 많이 발간되었다. 통계에 밝은 관찰자가 "안 된다"라고 말하는 책들이나 페이지의 숫자로만 사안의 중요성을 따진다면, 그는 사회주의적 논쟁의 중요성을 그리 높이 평가하지 않을 것이다. 강대국은 자신이 확고하게 지지하는 원칙을 누가 공격해오면 아주 격렬하게 반응하는데, 이것은 분명 그런 반응이라고는 볼 수 없다. 이로 미루어 자유 기업의 원칙은 이제 더 이상 영국의 확고한 원칙들 중 하나가 아니다. 이제 아무도 사회주의에 대하여 도덕적 열정을 가지고 저항하지 않는 것이다. 그것은 공리적 주장의 관점에서 토론되어야 할 사항인 것이다. 물론 개별적으로 완강한 저항자가 없는 것은 아니지만, 그들은 정치적으로 지지를 이끌어낼 만큼 다수는 아니다. **이것은** 손가락이 갑자기 튀어 나와서 벽에다 글씨를 쓰는 것(구약

성서 다니엘 서 5장: 재앙의 전조)으로서, 자본주의의 정신은 사라졌다는 증거이다.

(3) 이러한 상황은 내가 1942년에 내린 진단을 뒷받침하는듯이 보이며, 또 이런 문제에 검증이 가능하다면, 그런 진단에 도달한 논증을 검증해주는 것이다. 나는 뛰어난 동료인 쥬크스 교수의 훌륭한 책을 존경과 경탄의 마음으로 읽었다.[01] 하지만 내 의견을 바꾸고 싶은 소망은 전혀 성취되지 않았다고 솔직히 고백할 수밖에 없다. 쥬크스 교수의 접근 방법은 사회주의의 문제를 다룬 것이라기보다 재조정 정책에 부수되는 분노를 좀 더 면밀하게 탐구한 것이다. 그 접근 방법은 이 책의 주장을 더욱 뒷받침하는 여러 증거들 중의 하나로 추가될 수 있다.

사회화 여부를 의회 민주주의의 장치에 의해 결정하는 가능성은 이미 확립되어 있다. 또한 점진적 사회화의 방법에 부수되는 특정 방식도 확립되어 있다. 최초에 이루어진 것들은 이런 가능성 혹은 방식의 확립이고 장기적인 추세의 지표에 지나지 않는다. 그렇지만 그것들은 민주적 사회화와 민주적 사회주의를 이해하는 방식을 분명하게 보여준다. 또한 **민주주의가 이 책의 22장에서 정의된 그런 개념이라면**, 사회주의와 민주주의가 양립할 수 있음을 보여준다. 이 책 23장에서 정치적 민주주의의 원칙 ― 정부는 유권자의 표를 얻기 위한 경쟁적 투쟁에서 생겨난다 ― 은 어느 정도까지 사상의 자유와 언론의 자유를 보장한다고 지적했으며, "그 나머지 자유들"과 관련해서 민주주의는 무관하다고 주장했다. 특히 경제와 관련된 "자유들", 가령 투자의 자유, 소비자 선택의 자유, 직업 선택의 자유 등에 대해서 우리는 현재 아주 실험적인 자료들을 눈앞에 두고 있다. 이런 자유들이 현재 정상적 조건하의 사회주의적 정부들이 요구하는 것보다 훨씬 더 제약을 받고 있다. 개인적 투자의 자유는 현대적 과세의 조건들 아래에서는 그 의미를 상당 부분 잃어버렸다. 우리는 투자가 또한 개인 영역에서 공공 영역으로 이전되었음을 — 우리 개인들이 그 결과에 대해서 어떻게 생각하든 간에 — 목격했다. 정상적 조건 아래에서 작동하는 사회주의적 공동체 내의 소비자 선택의 자유는 현재 영국 상황보다 훨씬 클 것이다. 그리고 기호嗜好의 신축성은 관찰자들이 생각하는 것보다 훨씬 크다. 실제적 제한의 필요성이 모든 사람들에게 분명하지 않을 때에도, 사람들은 그런 제한에 대해 분개하면서 구체적 저항에 나서지는 않는 것이다. 마찬가지로 직업 선택의 제한도 비교적 소수의 경우를 제외하면 "강제"로 느껴지지 않는다. 특히 허용된 선택의 리스트가 서로 다른 봉급의 리스트와 합리적으로 연결되어 있으면 더욱 그러하다. 정부의 "지시"를 받아들이도록 훈련된 사람들은 그런 제한을 별로 신경 쓰지 않는 것이다.

여기서 그럴 필요를 느끼지는 않지만 다시 한 번 같은 말을 반복해야겠다. 이상의 것들은 이미 확립되어 있는 사실로부터 가져온 추론들이지, 결코 나의 개인적 선호 사항을 표현한 것은 아니다. 개인적으로 나는 다른 문화적 형태를 선호한다.

(4) 이미 언급했듯이, 노동당 정부의 경제 정책에 대한 비판은 주로 "억압된 인플레의 조건 아래에서의 재조정 과정"에 대한 관리를 반대하는 것들이다. 정부와 관료는 초록색 양파의 권장 크기와 기타 이와 유사한 사안들에 자세한 규정을 제공함으로써 비판받을만한 자료를 제공했다. 또 설익은 행정적 결정, 조롱당하기 십상인 공식적 선언 등도 비판의 도마에 올랐다. 그들은 국가 경제 상황을 개선시킬 수 있는 많은 기업적 행위 혹은 기타 행위를 억압해왔다. 그들은 전후 재조정 작업이 파국으로 떨어지는 것을 피해왔으며, 실질 소득의 상승과 실업의 부재 덕분에 위기의 수년 동안 노동 문제를 그럭저럭 이끌고 왔다. 많은 경제학자들이 말하는 것처럼 이것이 경제 정책의 유일한 목표라면, 다른 관점들에서

볼 때 그 성공은 실패나 다름없다. 여기서 첨언하고 싶은 것은, 이것이 사람들이 생각하는 것처럼 미래를 완전히 무시하는 방법에 의해 달성된 것은 아니라는 점이다. 실제로 수행된 대규모 공공 투자는 개별 사안들을 놓고 보면 비판의 대상이 될 수 있다. 하지만 국가의 경제 장치를 활성화하려는 필요는 무시되지 않았다. 많은 경제학자들(그중에는 유명한 학자들도 있음)이 과잉 투자에 대하여 우려를 표명하기는 했지만 말이다. 그러나 우리는 여기서 단 한 가지 질문에만 관심이 있다. 영국 상황 중 바람직하지 않은 특징들을 마셜 원조의 기간 동안에 점진적으로 제거하는 과정이 우리의 문제, 즉 사회주의 대 자본주의에 어떤 영향을 미칠까? 이 질문을 다르게 표현하면 이러하다. 노골적 사회주의가 제공하는 해결안은 현실적 정치 방안이 아니고, 또 정반대 방향(자본주의)에서도 해결안을 찾을 수 없기 때문에, 영국이든 다른 나라든 사회주의는 쇠퇴하고 개인 기업의 제도가 또 다른 시한부 삶을 보장받을까?

이 질문에 대한 답변은 그리 어렵지 않다고 생각한다. 또 다른 세계대전이 벌어지지 않는 한, 쇠퇴가 있을 것이지만 그리 심각하거나 장기적인 것은 아니라고 본다. 개인 기업은 지금껏 잃은 터전을 어느 정도 회복하겠지만 그리 많이 회복하지는 못할 것이다. 근본적으로 사회 상황은 지금 그대로일 것이고, 개인 기업에 대한 족쇄가 충분히 벗겨져서 개인 기업이 구상대로 작동될 가능성은 거의 없다. 이런 결론에 도달하는 논증은 이 서문의 나머지 두 소절(5와 6)에서 개요가 제시될 것이다. 너무나 분명한 것이지만, 미국에 대한 진단과 예후는 영국과는 많이 다를 것이다. 일부 유럽 경제학자들은 미국에서 재조정 위기가 아닌 엄청난 규모의 붕괴가 벌어질 것이라는 소망을 품고 있다. 하지만 그 붕괴가 자본주의에 대한 **죽어가는 동물의 숨을 끊어주는 은총의 조치**_{coup de grace}가 될 가능성은 거의 없다. 미국 정치가 가까운 장래에 찾아올 거대한 가능성들에 대하여 어떠한 조치를 취하든 말이다.

 (5) 영국 상황에서 유지되기 어려운 특징들 중에, 나는 소비자와 생산자의 행동에 대한 제한이나 자세한 규제 사항은 포함시키지 않는다. 이것은 인플레의 효과를 진압하기 위한 방법이고 소기의 목적을 달성하면 저절로 사라지리라 본다. 또한 부분적으로 이미 사라지고 있다. 그러나 억압된 인플레의 상태는 그 자체가 보다 근본적인 어려움의 결과이다. 이런 어려움이 없었더라면 그 상태는 잘 알려진 전통적인 치유책으로 즉각 대응이 되었을 것이다. 특별 과세에 의한 과잉 예산의 편성(과잉 구매력을 감소시키기 위한 것)과 신용 정책 등이 그런 치유책들이다. 이런 수단들은 현재 사용되어 나름대로 성공을 거두고 있다. 하지만 현재 주어진 상황에서 이런 수단들은 전폭적인 효과를 낼 수가 없다. 왜냐하면 식품 보조금이 현재 그대로 남아 있는 한 예산을 과잉이 될 정도로 늘릴 수가 없기 때문이다. 또 고소득 계층과 관련하여, 과세의 가능성이 거의 탕진되었다. 영국에는 더 이상 "세금을 떼고 난 이후에도 부자"는 없는 상황이다. 게다가 높은 이자율은 거의 극복하기 어려운 저항에 부딪치고 있다. 하지만 근본적인 어려움은 소비 과잉이다. 즉, 실질 임금과 사회 보장의 실질 비용의 합산을 가리키는 것인데, 이 비용이 영국 경제의 현재 생산성 수준과 맞지 않게 높으며, 그리하여 영국 경제가 한 단계 도약하는 데 장애물이 되고 있다. 보통 이 문제는 좀 덜 고통스러운 방식으로 정식화된다. 그리하여 영국 국제 수지의 잔고가 영국의 경제 상황 구도에서 유지될 수 없는 특징 중 하나로 만들어지고 있다. 그리하여 마셜 원조 기간 동안에 달성해야 할 목표는 영국의 수출 흑자인 듯하다. 이렇게 되면 영국은 세계 경제에 다시 편입될 것이고 파운드화와 달러의 상호 교환성이 효과적으로 확보될 것이다. 문제를 이런 식으로 정식화하는 것은 오류가 아니다. 오히려 이런 정식화가 우리의 진단과는 다른 진단을 가져온다고 믿는 게 오류이

다. 그 목표에 달성하고, 또 달성 이후에는 외국의 도움이나 국내의 어려움 없이 거기에 머무르려면 영국의 국내 상황을 정상화하는 것이 꼭 필요하다. 이것은 조금만 생각하고, 초보적인 경제 상식만 있어도 충분히 알 수 있다. 영국의 국제적 지위의 강점을 중상주의적으로 활용하고, 또 규제적인 수출입 정책들을 편다면 뭔가 소득이 분명 있을 것이다. 마침내 목표가 눈앞에 보이면, 파운드화의 평가 절하는 그 목표를 향한 마지막 고비를 넘는 데 도움을 줄 것이다. 하지만 지속적 성공의 근본적 조건은 영국의 경제 과정을 재조정하는 것이다. 그 과정을 잘 정비하여, 국내 소비용 상품 및 수입을 지불할 상품과 서비스를 생산함과 아울러, 국내외에서 진정한 순 흑자를 생산해야 한다. 이것은 소비의 일시적 억압과 생산의 항구적 증가 없이는 달성될 수 없다. 이것은 차례로 인기 없는 공공 지출 억제 정책과 더 인기 없는 중과세 정책 없이는 성취될 수가 없다.

(6) 이러한 주장에 내포된 의미를 따져볼 때, 독자는 관련된 정치적 문제의 크기를 별 어려움 없이 짐작할 것이다. 목표는 많은 요점 사항들을 거치면서 까다로운 운신을 해야만 달성할 수 있다. 현재의 상황 아래서, 모든 조치는 노동계의 기존 기득권을 무조건 희생해야 만 소기의 성과를 거둘 수 있는 것이므로, 이렇게 해야만 최소한의 성공이라도 거둘 수 있다고 보는 게 합리적일 것이다. 하지만 최소한의 성공만으로는 자유 기업 사회를 재구축하는 데 충분하지 못하고, 또 그 사회가 자신의 기능을 제대로 발휘할 기회를 주지도 못한다. 이에 대한 증거가 필요하다면 1920년대의 체험이 충분한 증거가 되리라. 따라서 우리는 사회적 추세에 단절을 기대하기가 어렵다. 개인 기업이 숨 쉴 여유 기간은 보수당 정부든 노동당 정부든 생겨날지 모른다. 그런 숨 쉴 여유가 실제로 발생한다면 그것은 사회주의적 정책들과 전후 상황 변화의 기묘한 결합 때문에 생겨난

것일 뿐, 논리적으로 방어 가능하든 불가능하든 사회주의적 정책들에 대한 혐오감에서 생겨난 것은 아닐 가능성이 크다.

매사추세츠 주州, 케임브리지에서
1949년 4월

사회주의로의 전진[01]

1

이 세션의 주제는 **현재의 인플레 압력이 미국의 추후 경제에 어떤 영향을 미칠 것인가**, 이다. 이 세션에서 다룬 주제를 논의할 때에는 오해의 위험이 많으므로 그것을 최소화하기 위하여, 나는 먼저 몇 가지 사항을 정리해두고자 한다.

  1. 이 논문의 목적을 위하여 나는 (중앙 집중적) 사회주의를 이렇게 정의한다. 생산의 수단이 공공 기관에 의해서 통제되고, 무엇을 어떻게 생산하고 누가 어떤 보직을 맡을 것인가 또한 공공 기관이 결정하는 그런 사회 조직을 가리킨다. 그러니까 개인이 생산 수단을 소유하거나 개인이 관리하는 회사들이 생산 과정을 결정하지 않는 그런 사회 조직이다. 따라서 사회주의로의 전진이라는 말은 국민의 경제적 사건들이 사적 영역에서 공적 영역으로 옮겨가는 것을 의미한다. 물론 사회주의자들이나 반反사회주의자들도 이 주제에 대해서 그들 나름의 생각을 갖고 있다. 하지만 공공 기관이 생산 수단을 소유·관리하는 사회에서는 거대한 관료제가 없는 상황을 상상하기가 어렵다. 관료제는 오늘날 우리들이 가지고 있는 정치적 민주주의 기관들 — 가령 의회나 투표의 결과로 그들의 지위가 결정되는 정치적 관리들의 집단 — 에 의해 통제될 수도 있고, 아니면 통제를 받지 않을 수도 있다. 따라서 우리는 사회주의로의 전진을 국가가

개인 산업과 무역을 독차지해버리는 상황과 동일시해도 무방하다. 우리가 마르크스의 정부 이론을 감안한다면, 고전 사회주의 원리가 "국가의 소멸"이라고 불렀던 이 현상(사회화)이 갖고 있는 역설은 쉽게 해소가 된다. 사회주의는 행정적 의미의 분권화된 의사 결정을 배제하지 않는다, 라는 점을 감안해야 한다. 이것은 중앙 집중화된 군대의 관리가 예하 부대 사령관의 자율권을 부정하지 않는 것과 비슷하다. 마지막으로 사회주의는 우리가 랑게-러너Lange-Lerner 모델로 살펴본 경쟁적 메커니즘의 사용을 반드시(즉, 논리적 필연에 의하여) 배제하는 것도 아니다. 또 사회주의 사회에서는 소비자의 자유와 직업 선택의 자유가 제한될 수도 있으나, 백 퍼센트 그런 것은 아니다.

(2) 나는 사회주의를 옹호하지 않는다. 그 바람직함이나 바람직하지 못함을 논의할 생각도 없다. 또 그것을 "예언"하거나 예측할 생각도 아님을 밝혀두는 것이 더 중요하다고 생각한다. 관측 가능한 경향을 진단하고, 그 경향의 논리에 따라 사태가 전개되었을 때 어떤 결과가 올 것인지 진술하는 것 이상을 시도하는 예측은 초과학적인 예언이 되고 만다. 이 같은 진단과 진술은 그 자체로는 예후나 예측의 수준에 이르지 못한다. 왜냐하면 관측 범위 바깥에 있는 요소들이 개입하여 그 진단과 진술의 완성을 막아버리기 때문이다. 사회 현상은 천문학자들이 별들을 관측하는 것처럼 편안한 상황에서 관찰할 수 있는 그런 대상이 아니다. 게다가 관찰된 경향이라는 것이 설사 현재대로 전개된다 하더라도 한 가지 이상의 결과가 얼마든지 나올 수 있기 때문이다. 게다가 현재의 경향들은 여러 가지 저항을 받아서 제대로 전개되지 못하고 중간 지점쯤에서 엉거주춤하게 "고착"되어 버릴 수도 있다. 이 점을 하나하나 살펴보기로 하자.

첫째, 제정帝政 러시아의 총리였던 스톨리핀Pyotr Arkadyevich Stolypin, 1862~1911 시대에 유능하고 객관적인 관찰자가 있었다고 해보자. 그러면 그 관찰자는 레닌 체제 같은 것으로 전진하는 경향을 진단하지 못했을 것이고, 급속한 경제적 진화와 각종 사회 제도가 그 진화에 느리게 적응하는 사태를 예상하지 못했을 것이다. 볼셰비키 체제를 가져온 것은 제1차 세계대전의 발발과 그에 따른 군사적·행정적 붕괴 때문이었다. 이러한 사실에 대해서는 비과학적인 결정론이 들어설 자리가 없다. 둘째, 논의의 간편함을 위하여, 나는 사회주의 논의에서 중심을 차지하고 있는 중앙집중적 사회주의에 대해서만 언급하겠다. 하지만 다른 가능성들도 무시해서는 안 된다. 미국 노동조합의 관행은 길드 사회주의 형태도 완전히 배제할 수는 없음을 보여준다. 또한 일부 관찰 가능한 경향들은 전혀 사회주의가 아닌(적어도 이 글에서 다루는 그런 사회주의가 아닌) 사회 재구성 형태와도 양립할 수 있음을 보여준다. 가령 교황 회칙 **제40주년 해에** *Quadragesimo anno*(부채의 탕감과 대화합을 의미하는 대희년의 해에)는 가톨릭교회에 강력한 힘을 발휘하는 가톨릭 사회에서만 가능한 사회 재구성이겠지만, "전지전능한" 국가를 대신하는 사회주의에 대한 대안을 제시한다. 셋째, 대부분의 관찰 가능한 경향들은 완전한 성취를 아직 이루지 못하고 있다. 가령 미국에서 사회주의 체제가 들어서서 보조금으로 조성된 농부의 독립을 손대려고 한다면, 그 체제는 아마도 굉장히 용감해야 할 것이다. 미국에서는 "중소기업"의 지위도 대단히 강고하여 관료제가 감히 손대기 어려울 것이다. 따라서 상당히 넓은 분야가 타협적 조치에 의해서 어정쩡하게 봉합되어야 할 것이다.

하지만 이보다 더 중요한 다른 사항들이 있다. 경제적 관심이 개인 영역에서 공공 영역으로 이행되어감에 따라, 이런 이행을 선호하는 많은 충동들이 전체적으로 혹은 부분적으로 충족될 것이고, 그 결과 사회화 경향은 힘을 잃을 것이다. 일부 경제학자들은 이런 논평을 한다. 중앙 계획 경제로 점진적으로 이행해감에 따라 바람직하지 못한 결과가 나올 수도 있고 이것이 이행에 제동을 걸게 될 것이다. 나는 이 두 가지 가능성을 그다지 높게 평가하지 않는다. 특히 이행에 따른 바람직하지 못한 결과(주요 집행 그룹들이 느끼게 될)는 제동보다는 추진의 효과를 낼 것이라고 본다. 나는 이렇게 생각하는 이유들을 여기서 자세히 설명할 시간이 없다. 하지만 우리의 논의를 위해서 다음 사항을 지적해두는 것은 반드시 필요하다. 개입 기업이 앞으로도 존속하리라고 내다보는 논의들은 사회화 경향의 존재를 부정하는 것은 아니고, 단지 그 과정이 끝까지 진행되지 못할 것이라고 내다본다. 물론 이런 가능성(사회화의 실패)도 부정하지 못하므로, 우리의 논쟁이 공허한 말싸움으로 변질된 위험도 있다. 특히 미국에서 이렇게 될 가능성이 크다. 왜냐하면 미국은 공허한 말들이 먹혀들어가는 나라이고, 사회주의라는 용어가 소수 세력에게만 인기 있는 나라이기 때문이다. 또한 미국은 사회주의의 정신은 좋아하면서 그 용어를 싫어하여 그것은 자유주의니 뭐니 하면서 다른 용어로 바꿔 쓰기 때문이다.[02] 따라서 이 용어에 대하여 간단한 분류가 필요할듯하다.

(3) 자본주의 질서가 스스로를 파괴하는 경향이 있고 중앙 집중적 사회주의 ― 위에서 언급한 자질을 갖춘 ― 가 그 다음에 들어설 후계자인 것 같다, 라고 생각하는 이유들을 나는 다른 데서 설명한 바 있다. 여기서 그 이유들을 아주 간결하게 수박 겉핥기식으로 요약하면 다음 4가지이다. 첫째, 미국의 생산력을 개발하는 사업가 계급이 크게 성공한다. 이 성공은 모든 계급에 대하여 새로운 생활 수준을 창조하는데, 이 수준이 역설적으로 사업가 계급의 사회적·경제적 지위를 파괴한다. 이리하여 사업가 계급의 경제적 기능은 완전 소멸되지는 않지만 점점 소멸하여 관료화 경향에 복종하게 된다. 둘째, 자본주의적 활동은 본질적으로 "합리적"이기 때문에, 합리적 사고방식을 보급시키고 충성심이나 상명하복의 관계를 파괴한다. 그런데 생산 공장의 제도적인 리더십이 효율적으로 발휘되

기 위해서는 이런 충성심이나 복종심이 꼭 필요한 것이다. 그 어떤 사회 체제도 (법적으로) 동등한 계약 당사자들 간의 자유 계약의 네트워크에 의해서만 구성되지는 않는다. 그런 자유 계약에서는 (단기간의) 개인적인 공리주의적 목적만이 계약 체결의 이유가 되는 것이다. 합리적 사고방식은 이런 자유 계약을 권장하여 생산 공장의 효율성을 떨어뜨리고, 그리하여 자본주의 활동을 쇠퇴시킬 것이다. 셋째, 사업가 계급이 공장과 사무실의 일에 전념함으로써 독특한 정치적 체제와 지적 계급을 형성한다. 이 체제와 계급의 구조와 이해관계는 대기업에게서 점점 독립되어 마침내 대기업을 적대시하게 된다. 대기업은 점점 더 자기 자신을 막아내기가 어렵게 된다. 다른 계급의 사람들이 자신들의 단기적 이익을 주장하며 대기업을 공격하기 때문이다. 넷째, 이런 세 가지 사항의 결과로서 자본주의 사회의 가치 구도는 그 사회의 경제적 성공에 인과적으로 연계되어 있기는 하지만, 일반 대중의 마음을 사로잡지 못하며, 또한 "자본가" 계급에 대해서도 호소력을 잃게 된다. 사회 보장, 평등, 규제(경제적 규제) 등을 강하게 밀어붙이는 현대의 드라이브(추동력)들은 위의 네 가지 이유들로 간단히 설명될 수 있다.

　자본주의 사회의 붕괴 과정이 어느 정도까지 진행되었는지 알아보는 가장 좋은 방법은 이것이다. 즉, 사회주의에 대해서 백 퍼센트 반대하고, 또 사회화 경향을 부정하는 다수의 경제학자들과 사업가 계급 그 자체가 붕괴 과정의 의미를 어느 정도까지 받아들이는지 살펴보는 것이다. 사회화 경향을 부정하는 다수의 경제학자들도 다음 여섯 가지 사항에 대해서는 아무런 이의 없이 받아들인다. ① 불경기 혹은 불황을 막기 위한 다양한 안정화 정책. 완전 고용의 원칙까지는 아니더라도 기업 상황들을 상당 부분 공적으로 관리하는 현상. ② "더 큰 소득의 평등화를 추진하는 정책." 하지만 절대적 평등을 제외하고 어느 정도까지 평등화를 추진할 것인지는 불분명하다. 어찌 되었든 이와 관련하여 재분배적 과세 원칙을 수립했다. ③ 다양한 규제 조치들. 특히 가격과 관련하여 독점 금지 슬로건에 의해 자주 합리화된다. ④ 노동 시장과 화폐 시장에 관한 공공 통제. 통제의 방식은 아주 다양하다. ⑤ 현재 혹은 장래에, 공공 기업에 의해 충족되는 필요 영역의 지속적인 확대. 주로 무료이거나 아주 싼값에 충족된다. ⑥ 각종 유형의 사회 보장 법규. 스위스의 어느 산꼭대기에 경제학자들이 모여서 이런 모든 조치들을 비난했다는 얘기를 들었다. 하지만 이런 비난은 아무런 반응도 일으키지 못했다.

만약 내가 이런 정책들을 "비난"하거나 비판한다고 생각한다면 독자는 내 논의를 완전히 오해한 것이다. 나는 또한 이런 정책들의 일부 혹은 전부가 "사회주의적"이라고 생각하지도 않는다. 이것들 중 일부는 18세기의 보수파 혹은 전제주의적 통치자들도 옹호했던 정책이다. 다른 것들은 보수 정당들의 정강에 올라 있던 것이고, 뉴딜 시대가 오기 훨씬 이전에도 이미 시행되었다. 내가 여기서 강조하려는 것은, 우리가 자유방임의 자본주의로부터 아주 멀리 벗어났기 때문에 자본주의적 제도들을 규제하는 것이 가능하게 되었고, 또 그런 규제가 진정한 사회주의적 계획에서 개인 기업의 활동을 규제하는 것과 상당히 비슷해졌다는 것이다. 자본주의의 지속을 주장하는 경제학자들은 양자(자본주의와 사회주의) 사이의 차이점이 분명히 존속하리라고 강조할 것이다. 하지만 그들조차도 그 양자를 일치시킬 수 있는 중간 지점이 어디인지에 대해서는 의견이 일치하지 않는다. 하지만 그들은 마르크스가 인식하지 못한 다음 두 가지 사실을 인식하고 있다. 첫째, 자본주의 엔진은 높은 대중적 생활 수준을 무한정 약속하고, 또한 그 엔진의 생산 가능성은 무한하다. 게다가 그 엔진에 "수탈자(자본가)의 수탈"이 **없는** 무상의 서비스가 보충되었다. 둘째, 경제 엔진을 완전 멈추는 법 없이 자본가 계급의 이해를 어느 정도까지 수탈할 수 있게 되었다. 또한 경제 엔진은 어느 정도까지 노동자의 이해를 보살피는 쪽으로 운영 가능하게 되었다. 이러한 **노동주의적 자본주의**의 가능성을 발견하였으므로 그 경제학자들은 **이러한** 자본주의가 어떤 특정한 조건들 아래에서 무한정 지속할 것이라고 결론 내렸다. 물론 이런 일이 벌어질 수도 있으나, 그것이 내 주장을 부정하지는 못한다. 자본주의는 가정주부가 완두콩과 강낭콩 중 어느 하나를 선택함으로써 생산에 영향을 주는 그런 제도가 아니고, 또 젊은이들이 공장과 농장 중 어느 하나에서 일하기를 선택할 때 그로부터 영향을 받는 제도도 아니며, 공장 관리자가 어느 물품을 어느 정도 생산할 것인지 발언권을 주는 그런 제도도 아니다. 자본주의는 가치관의 도식이고, 인생에 대한 태도이며, 불평등과 가문 재산으로 이루어진 하나의 문명이다. 그러나 이 문명은 급속히 사라져가고 있다. 우리는 이 사실을 기뻐할 수도 있고 슬퍼할 수도 있다. 하지만 어느 경우든 그 사실에 눈을 감아서는 안 된다.

한 가지 진정한 문제가 남아 있다. 노동주의가 존속할 것이라고 내다보는 진단들은 사회의 생산력이 앞으로 엄청나게 증가하리라는 추론에 바탕을 두고 있다. 하지만 여기에는 한 가지 의문점의 요소가 있다. 과거의 성취는 많았든 적었든 족쇄 없는 자본주의의 성취였다. 다른 관련 사항들을 고려해보지도 않고서, 노동주의가 그러한 성취를 앞으로 계속할 것이라고 추정할 수는 없다. 정체주의자들의 주장을 지금 그대로 받아들일 필요가 없다. 개인 기업 체제가 **영구히** 족쇄를 차고, 또 부담 능력 이상으로 "규제"를 받는다면 정체주의자들의 주장이 실현될지도 모른다. 하지만 그렇게 될 가능성 때문에 심적 부담을 느낄 필요는 없다. 그 경우, 노골적인 사회주의적 해결 방안이 부상하게 될 것이고, 사회주의의 적들마저도 그것(사회주의)을 두 악惡 중 피해가 덜한 악으로 받아들이게 될 것이다.

2

한 사회 질서에서 다른 질서로의 이행은 꾸준하면서도 그 자체로는 완만한 과정이다. "평온한" 시대의 어느 일정한 기간을 연구하는 관찰자는 그 시대의 사회적 틀이 전혀 바뀌지 않는 것처럼 보일 것이다. 더욱이 그 과정은 종종 좌절을 겪게 되는데, 그 자체로 보면 관찰자는 저항하는 경향이 있다고 생각할 것이다. 하지만 우리는 반대로 가속화의 과정도 목격하는데 가장 뚜렷한 원인은 대규모 전쟁이다. 과거에 승전은 통치 계층의 권위를 높여주었고, 그 계층을 지탱하는 제도적 틀의 힘을 강화시켰다. 하지만 현대의 조건들에서는 더 이상 사정이 그렇지 못하다. 제1차 세계대전은 미국의 사회적 상황에 별로 영향을 미치지 못했다. 전쟁 노력이 대규모적이지도 않았고, 또 그 기간도 짧아서 항구적인 표시를 남겨놓지 못했다. 하지만 유럽의 사정은 달랐다. 정복당한 나라들에서는 사회적 틀이 불타버렸고, 사회주의적 재편을 향한 잠재적 경향이 표면화되었으며, 잠시 동안 세상을 휩쓸었다. 더욱 중요한 사실은 비록 규모는 작았지만 승전국들에서도 유사한 일이 벌어졌다는 것이다. 프랑스의 경우 부르주아 공화국은 더 이상 1914년 이전처럼 기능을 발휘할 수가 없었다. 영국에서는 아직 사회주의는 아니지만 사회주의 세력으로부터 영향을 받은 노동당이 약진하여 집권은 아니더라도 입각을 하게 되었다. 이 두 나라에서 개인 기업 체제에 대한 정계의 태도는 조용한 가운데 근본적인 변화를 겪었다.

그 전에 존재했던 사회화의 경향을 감안할 때 이것은 이해하기 쉬운 일이었다. 전쟁 경제 시절에 확립된 정책을 계속 수행하자는 목소리는 그다지 반응을 이끌어내지 못했고, 전쟁 당시의 규제책들에 대한 일반 대중의 반감으로 인해 그런 방향으로는 별로 진전이 없었다. 따라서 설사 그런 정책을 시도한다고 해도 성공할 수 없었고, 전쟁 이전의 정책으로 돌아간다는 것도 불가능했다. 이것은 영국의 금 본위 정책과 그 궁극적 실패에 의해서 확실하게 검증되었다. 더 이상 자유 기업의 세상이 아닌 세상에서 금 본위 제도 — 불쾌한 진실을 계속 지껄여대는 장난기 많은 아이 — 는 작동을 거부했다.

세계 위기와 제2차 세계대전은 또 다른 "가속" 장치들이었고, 이번에는 그 존재가 미국에서도 느껴졌다. 그것은 자유 기업 시대의 사람들이 신봉했던 치유책이 안 통할지 모른다고 느끼는(근거 있든 없든) 그런 상황을 만들어냈다. 기업가 계급은 그런 치유책이 가져올 "조정"을 두려워하면서, 일련의 규제 조치들을 받아들였다(물론 속으로는 내내 불평을 했다). 그 규제 조치는 1929~1933년의 대공황 체험이 재발하는 것을 막으려는 것이었고, 나중에 나온 조치들은 1921년의 전후 위기 같은 것의 재발을 예방하려는 것이었다. 기업가 계급은 지난 25년 동안 많은 것을 배웠으나 더 많은 것을 잊어버렸다. 또한 이 계급은 새로운 재정적 부담을 받아들였다. 50년 전 같았더라면, 그 시대의 저명한 경제학자들은 물론이고 사업가 계급도 이런 부담의 10분의 1도 견디기 어렵다고 생각했을 것이다. 하지만 사업가 계급이 이런 상황을 받아들이고 말고는 중요한 문제가 아니다. 노동계의 권력이 엄청나게 강해졌다. 노동계는 다른 집단들과 동맹하여 개인-이윤 경제의 가치 도식을 포기할 정도로 강해져서, 일부 과도한 경우를 미세하게 조정하는 것 이외에 과거의 자유방임 경제로의 복귀를 거뜬히 막아낼 정도가 되었다.

다시 반복해서 말하지만, 어떤 "사건들" 혹은 "전면전" 같은 중요한 사건들 혹은 그런 사건들로 인해 조성된 정치적 상황, 혹은 이 상황에 대한 개인이나 집단의 태도와 느낌 따위가 사회적인 역사의 장기적 윤곽을 결정하지 않는다. 이것은 훨씬 더 깊은 힘이 작용하는 문제이다. 하지만 나는 이렇게 생각한다. 그런 사건이나 상황은 보다 근본적인 경향을 가로

막는 장애들, 사회적 진화의 속도를 지체시켰을법한 장애들을 제거해줄 수 있다. 이렇게 말한다고 해서 사회주의자들이 이것(장애의 제거) 때문에 이러한 사건들을 반드시 환영하리라고 볼 수도 없다. 그런 사건들이 없었더라면 사회주의로의 진화는 더 느렸겠지만 그래도 꾸준히 진행되었을 것이다. 좌절이나 관리 불가능한 상황은 별로 벌어지지 않았을 것이다. 국가 생활의 다양한 분야에서 벌어진 발전 사항들 사이의 협력은 좀 더 완벽했을 것이다. 민주 정부의 원활한 기능을 위해서는 효율적인 야당의 존재가 반드시 필요하듯이, 제도적 변화에 저항하는 경제적 힘의 존재는 안전한 범위 내에서 이런 (사회화로의) 변화의 속도를 유지하는 데 필수적이다.

지금 사회적 변화의 가속을 밀어붙이는 가장 강력한 힘들 중 하나는 인플레이다. 많은 권위자들이 인플레처럼 사회의 틀을 위협하는 것은 없다고 말하고 있으므로, 이 점은 중언부언할 필요가 없을 것이다. 우리가 이 명제를 받아들인다면 무책임한 혁명가의 관점을 제외하고 모든 관점에서 볼 때, 인플레를 막아야 한다. 따라서 전후에 미국의 경제 과정을 조정하는 데 있어 가장 중요한 사항은 인플레를 어떻게든 막아서 그것이 추가로 인플레를 유발하는 일이 없도록 해야 한다. 하지만 현재의 세상에서 이런 조치를 취하기는 대단히 어렵다. 모든 사람이 이러한 정책의 단기적 결과를 두려워하고, 또 일부 조정 정책들 — 특히 화폐 임금률의 상승 없이, 예전에 통제했던 가격들을 풀어서 가격 인상을 허용하는 정책 — 은 "정치적으로 불가능"하기 때문이다.[03] 이러한 상황에서 취할 수 있는 조치는 뻔했다. 그리하여 1945년 이후에 취한 조치는 — 상호 비방을 하면서도 상당한 공통적 합의 아래 — 평화 시의 통제된 인플레이션이라는 처방에 의해 이행기의 여러 가지 어려움을 완화시키려는 것이었다. 군대에 대하여 높은 수준의 지출을 계속하고 또 유럽 원조 정책을 폄으로써 그 조치를 더욱 효과적인 것으로 만들었다. 이 모든 것들은 실제적으로 소기의 목적을 달성했다. 대부분의 사람들(물론 모든 경제학자들이 동의한 것은 아니지만)은 이렇게 생각했다. 엄청난 투자 요구를 가진 활기찬 경제 발전의 시기가 목전에 다가왔다. 이제 큰 혼란 상태는 피할 수 있고, 미국의 경제는 천천히 상승하는 가격 수준을 따라 확대된다는 희망을 가질 수 있게 되었다. 당분간 이러한 희망은 그리 황당무계한 것이 아니다. 해외에서 무슨 상황이 벌어지든 말이다(단, 또 다른 세계대전은 예외).

하지만 이런 희망적인 생각은 불길한 사실을 감안하지 않은 것이다. 높은 고용 수준에 있어서(우리는 마침내 완전 고용이라는 슬로건을 버린듯하다), 그 수준이 "자연적"인 것이든 혹은 높은 고용 정책에 의해 강요된 것이든, 임금 요구나 기타 요구는 고용의 화폐 비용을 증가시킨다. 이런 요구들은 불가피하며 또 인플레를 유발시킨다. 불가피하다고 말하는 이유는, 높은 수준의 고용이 그런 요구를 해서는 안 된다는 유일한 이유를 제거해버렸기 때문이다. 인플레를 유발시킨다고 말하는 이유는, 자원을 많이 활용하는 가운데 은행 융자와 가격 상승이 그런 요구를 만족시키는 아주 손쉬운 방법이기 때문이다. 비록 단체 협상은 개별 노조들과 하지만, 임금 인상 운동은 이제 전반적인 것이다. 그리하여 우리는 케인즈가 우려한 상황 속으로 끌려들어가고 있다. 즉, 화폐 임금률은 더 이상 생산이나 고용에 영향을 미치지 못하고, 화폐 단위의 가치에만 영향을 미치는 것이다. 노조 지도부와 정부의 상황을 살펴볼 때, 이런 메커니즘을 막을 장치는 없다. 이 메커니즘은 항구적인 인플레 압력을 가져올 것이다(특정 기업들의 특정 상황에 따라 예외가 있을 수 있다). 재무부를 상대로 점점 강해지는 요구와 대단히 누진적인 과세 방법은 이런 조건을 악화시켰지만, 그렇다고 해서 그런 조건을 만들어낸 것은 아니다.

지금껏 일어났고 앞으로도 일어날 가격의 급락이 인플레 압력을 억누르지 못한다는 것은 말할 필요가 없다. 전후의 농산물 가격 동향이나 기타 자명한 사례들은 별도로 하더라도, 이런 가격 급락은 모든 인플레의 진행 과정에서 특징적으로 발생했다. 이것은 제1차 세계대전 이후 발생한 독일의 인플레가 훌륭하게 예증한다. 이런 현상에 갑자기 "사로잡힌" 사람들은 디플레이션이 왔다고 소리쳐댈 것이고, 향후 경제 동향에 대하여 디플레이션 이외에는 아무것도 예측하지 못했던 우리의 동료 경제학자들도 그렇게 소리쳐댈 것이다. 하지만 이렇게 소리쳐댄다는 것은 실은 미국 산업의 생산력에 대한 찬양인 것이다. 그런 찬양의 의도가 전혀 없었던 만큼 이것이야말로 더 진지한 찬양인 것이다. 미국 산업이 엄청난 생산의 잠재력을 갖고 있기 때문에, 미국 사회를 위협하는 것은 인플레냐 혹은 디플레냐 하고 의심을 표명할 수 있는 것이다.

3

항구적 인플레 압력의 상태는 사회의 사회적 틀을 약화시킬 것이고, 또 파괴적 경향(이런 경향은 "자유주의적" 어구로 잘 포장되어 있다)을 강화시킬 것이다. 모든 유능한 경제학자들은 대규모 인플레가 그런 파괴적 경향을 조장한다고 입을 모아 말한다. 하지만 이게 이야기의 전부는 아니다. 이런 상황들에 대한 일부 표준 처방책들이 현재의 상황을 완화하는 게 아니라 오히려 악화시킨다. 이런 사실이 사람들에게 널리 이해되지 않은 듯하다. 따라서 이런 처방책들의 세 가지 유형을 논의하기로 하자.

(1) 인플레를 잡는 가장 정통적인 조치는 이자율이나 여신 할당 등을 통하여 대출의 수량을 억제하는 것이다. **자유 기업 경제의 정신에 입각하여 정상적 상태를 회복하고자 한다면**, 화폐 이자율이 저금리 정책의 압박으로부터 자유로워져야 한다. 그리고 이런 정상 상태로의 회복을 바라는 사람들에게 있어 자유로운 화폐 시장의 회복 — 혹은 재구성 — 은 아주

중요한 사항이다. 하지만 이것이 다음의 사실을 바꾸어 놓지는 못한다. 즉, 과거의 낮은 여신 정책에서 제한적인 여신 정책이 기대했던 것과는 전혀 다른 결과를 가져오리라는 사실 말이다. 논의의 편의를 위해서 과거의 여신 정책의 결과를 그대로 받아들인다 하더라도, 그 과거 정책은 모든 것이 신축적인 세상, 처방에 따른 불경기를 두려워하지 않는 세상에나 적용될 수 있는 것이다. 그런 세상에서는 이자율이 올라가면, 거래량, 화폐 임금, **고용**을 줄이는 것으로 믿어졌다. 하지만 이런 효과가 현재 상황에서는 벌어지지 않을 것이다. 설사 벌어진다 하더라도 그 효과를 중화시키기 위한 정부 조치가 즉각 나올 것이다. 달리 말해서 여신 제한은 현재 상황에서는 기업의 어려움만 배가시킬 뿐 아무것도 달성하지 못한다. 심지어 소비자의 대출을 제한하는 것도 이런 효과를 어느 정도 가져올 것이다. 따라서 이 분야에서는 뭔가 조치를 취할 수 있을 것이다.

(2) 세금을 인상하여 인플레를 잡으려는 처방도 유사한 어려움에 직면한다. 이것은 여신 제한 못지않게 정통적인 처방이지만, 여신 제한의 약발을 부정하는 일부 경제학자들이 이 처방을 선호한다. 소비에 대한 세금을 인상하면 뭔가 효과가 나는 것은 사실이다. 인플레의 상황에서는 이것이 훌륭한 케인즈 처방이 될 것이다. 하지만 인상이 되는 것은 법인세와 고소득자의 소득세이다. 따라서 인플레 압력에 대한 효과는 기껏해야 미미할 것이고, 심지어 없다고 해야 할 것이다. 왜냐하면 현재의 산업 발전율이 지속되고 또 현재의 장비 노후율이 지속된다면, 비非인플레적 금융 수단의 감소를 보충하기 위하여 인플레적인 은행 여신에 점점 더 의존할 것이기 때문이다. 반대로 산업 발전율과 장비 노후율이 감소된다면 당분간은 인플레 압력이 감소되겠지만, 장기적으로는 증가하는 것이다.[04]

(3) 세 번째 처방은 직접적인 통제이다. 가격을 고정시키고, 제품의 우선

순위를 결정하고, 기타(보조금)의 조치를 취하는 것이다. 왜 이 조치가 일부 대중들에게 인기가 높은지는 여기서 다루지 않겠다. 특히 관료제의 입장에서 보면, 이런 직접적 통제의 재도입은 그들이 잃어버린 땅을 다시 점령하는 것과 같다. 또한 노동조합은 이윤 항목의 정복을 위한 캠페인에서 결정적 우위를 점하게 된다. 그러나 기업은 오랫동안 열려 있던 퇴각로를 상실하게 된다. 기업에 대한 공격은 부분적으로나 전체적으로 가격 조정의 수단으로 회피해올 수 있었으니까 말이다. 아니면 정부의 허락에 의해 퇴각로를 확보해야 할 것이다. 하지만 생산 엔진을 개선시키는 수단을 확보할 목적으로 그런 허락이 떨어질 것이라고 믿을만한 근거는 없다. 달리 말해서 가격 통제는 개인 기업을 공공 기관에 항복시키는 것을 의미하며, 이것은 완전 계획 경제로 가는 커다란 발걸음인 것이다.

〚여기서 요제프 슘페터는 강연 노트를 중단했다. 이 강연을 들은 사람들은 강연 말미에 약간의 시간이 있었다고 말한다. 그래서 슘페터는 그 시간을 이용하여, 강연 초두에 말했던 미국 경제의 장래, 인플레 압박을 받는 현재 상태, 기존의 정치적 조건 등의 상관관계로 되돌아가서 내용을 간단히 요약했다. "아주 간결하게" 언급된 몇몇 사항들을 『자본주의 사회주의 민주주의』의 미국판 제2판 혹은 영국판 제3판에서 자세하고 길게 다루었다. 또 1948년 6월호 『국민 사업 Nation's Business』에 실린 논문 「아직도 인플레를 멈출 시간이 있다 There is Still Time to Stop Inflation」에서도 자세하게 언급했다.
다음의 문장은 강연을 들은 사람들의 기억과 강연에 사용된 노트에서 재구성한 것이다.〛

나는 예언하려고 하지 않는다. 단지 사실들을 파악하여 그 사실들이 가리키는 경향을 지적할 뿐이다.

항구적 인플레 압력은 관료제가 개인 기업 체제를 결국에는 정복해버리는 데 중요한 역할을 할 것이다. 관료제는 인플레의 결과로 나타나는 마찰과 정체停滯를 개인 기업 탓으로 돌리면서 추가적인 제한과 규제의 구실로 삼을 것이다. 나는 어떤 그룹이 의식적인 목적 아래 이런 노선을 걸어간다고 말하지 않는다. 하지만 목적이 완전히 의식적인 경우는 결코 없다. 대부분의 사람들이 완전 계획을 여러 많은 해악들 중에서 가장 미소微小한 악으로 생각하는 상황이 발생할 것이다. 또한 그들은 그것을 사회주의 혹은 공산주의라고 부르지 않을 것이다. 그들은 농부, 소매업자, 소규모 제조업자들에게는 약간의 예외를 인정할 것이다. 이런 상황에서 가치의 체계, 생활의 방식, 문명의 양태인 자본주의(자유 기업 체제)는 의미가 없어질 것이다.

미국은 대량 생산 능력의 재능을 가졌고, 과거 놀라운 성과를 올렸다. 이 생활 방식(자본주의)에 대한 낙관적 희망은 그 성과에서 나오는 것이다. 미국이 지금의 이 도전도 이겨낼지 어떨지 나는 확언할 수 없다. 또한 이런 상황을 일으킨 정책들이 번복될지 여부도 확언할 수 없다.

마르크스는 자본주의 사회가 붕괴하는 방식에 대해서 진단을 내렸지만, 이는 잘못된 것이었다. 하지만 자본주의가 결국 망하리라는 그의 예측은 잘못된 것이 아니었다. 정체주의자들은 자본주의 과정이 정체되는 이유에 대해서 잘못된 진단을 내렸다. 다만, 그들은 아직도 그 정체의 이유를 옳게 진단내릴 수 있다. 그렇게 하자면 공공 부문에서 충분한 도움을 받아야 할 것이다.[05]

1949년 12월 30일

■ 옮긴이의 말

창조적 파괴 혹은 자본주의의 특징

요제프 알로이스 슘페터Joseph Alois Schumpeter, 1883~1950는 300년 남짓한 경제학의 역사에서 아담 스미스, 카를 마르크스, 존 메이나드 케인즈, 토스타인 베블렌과 함께 5대 경제학자로 꼽히는 인물이며, 케인즈와 함께 20세기 경제학의 쌍두마차로 평가받는다. 케인즈는 현실 경제를 거시적으로 관찰하여 정부와 정당에서 취할 수 있는 구체적 경제 방안들을 많이 내놓은 반면, 슘페터는 주로 경제 이론을 바탕으로 한 경기 예측과 기업가 개인의 창의적인 경제 활동을 강조했다. 슘페터의 주요 저서로는 『경제 발전의 이론Theorie der wirtschaftlichen Entwicklung』(1912), 『경기 순환론: 자본주의 과정의 이론적, 역사적, 통계적 분석Business cycles: a theoretical, historical, and statistical analysis of the capitalist process』(1939)을 꼽을 수 있다. 그가 생애 만년(1942)에 펴낸 『자본주의 사회주의 민주주의』는 일반인을 위한 인문 교양서로, 경제와 정치를 평생 연구해온 노학자의 지혜가 오롯이 담겨 있는 역작이라 하겠다. 출간 즉시 많은 관심과 논쟁을 불러일으켰으며, 향후 수십 년 동안 사회학 및 경제학과 관련하여 이런 깊이 있는 정보를 담은 책자가 다시 나오기 어려울 것(『뉴 잉글리시 위클리New English Weekly』)이라는 평가를 받기도 했다. 슘페터는 1945년에 제2차 세계대전이 끝나자 전쟁의 파급 효과를 추가하여 재판(1947)을 펴냈고, 그의 사망

직후에 그동안의 관찰 결과를 보태 제3판(1950)을 펴냈는데 이것이 최종본이 되었다. 만약 슘페터가 갑자기 심장 마비로 사망하지 않았더라면 계속하여 이 책을 증보했을 것인데 참으로 아쉬운 일이다.

이 책은 출판 이후 그 시대의 가장 민감한 화두였던 자본주의 사회주의 민주주의를 폭넓게 분석·전망한 책으로 평가받아 독일, 프랑스, 이탈리아, 스페인, 네덜란드 등 유럽 7개국에서 번역되었고, 이웃 일본에서도 번역서가 나왔다. 한국 전쟁 이후인 1950년대와 1960년대에 자본주의 사회주의 민주주의에 관심이 많던 한국 독자들은 주로 이 일본어 번역판을 읽었다. 1980년대에 들어와 국역본 두 종이 나왔다. 하지만 독자들은 내용이 너무 어렵다, 난해한 부분에 주석이 있었으면 좋겠다, 전반적인 배경 파악이 잘 안 된다, 번역 문장이 너무 딱딱하다 등의 애로 사항을 호소하면서, 우리말로 쉽게 풀어쓴 『자본주의 사회주의 민주주의』의 필요성을 꾸준히 제기해왔다. 이 번역본은 슘페터가 영어로 집필한 원서를 직접 번역한 것으로, 번역 대본은 영국 언윈 유니버시티 북스Unwin University Books의 *Capitalism, Socialism and Democracy*(1970년 제3판 12쇄)이다. 원서는 영미의 여러 출판사들에서 현재 간행되고 있는데, 앞에 붙인 서문만 다를 뿐 모든 판본이 1950년에 나온 제3판을 저본으로 삼고 있어서 내용은 똑같다. 우리는 그중에서 초판, 재판, 3판의 서문이 모두 붙어 있는 언윈판을 선택하였다. 무엇보다도 여기 옮긴이의 말에서는 슘페터의 생애와 저작의 배경을 간결하게 제시하여 독자의 작품 이해를 돕는 한편, 간략한 해설을 실어서 독자들이 비평적 관점에서 이 책을 읽을 수 있도록 배려하였다.

저자의 생애

슘페터는 1883년 2월 8일 구舊 오스트리아-헝가리 제국인 합스부르크의 모라비아Moravia 주州 트리시Triesch에서 외아들로 태어났다. 아버지는 직물 제조업자로서 소규모 사업가였고, 어머니는 의사의 딸이었다. 4세에 아버지가 사망하자 어머니 요한나의 손에서 컸다. 어린 아들의 뛰어난 재능을 일찍이 알아본 어머니는 슘페터가 10세 되던 해에 오스트리아-헝가리 제국의 육군 중장과 재혼했다. 당시 어머니는 35세였고 중장은 65세였으니 아들의 교육과 출세를 위해서 어머니가 희생한 결혼이었다. 계부는 대단한 재산가였고 오스트리아 제국 의회 근처인 링스트라세Ringstraße에 대저택을 갖고 있었다. 슘페터는 10세부터 23세까지(어머니가 중장과 이혼하는 1906년까지) 이 집에서 성장했고 계부의 재력 덕분에 빈의 귀족 자제들이 다니던 사립학교 테레지아눔Theresianum을 다녔다. 이러한 가정환경 덕분에 그는 귀족적이고 보수적인 인생관을 갖게 되었고, 사석에서는 스스로를 가리켜 "엄청난 스노브a great snob"라고 말하기도 했다. 스노브는 속물이라고 해석되는 용어이나 속뜻은 귀족도 아니면서 귀족인 체하는 사람을 의미한다.

  어릴 적부터 공부에 두각을 나타내 고등학교를 졸업할 무렵에는 독일어, 영어, 프랑스어, 이탈리아어, 스페인어, 라틴어 등 6개 국어에 능통했다. 18세에 빈 대학 법정학부에 입학하여 처음에는 역사학과 사회학을 공부했으나 곧 경제학으로 전공을 바꾸었다. 대학 재학 시절 슘페터가 너무나 뛰어나자 교수들은 그의 재능을 가리켜 "신들로부터 받은 위험한 선물"이라고 말하기도 했다. 1906년에 빈 대학을 졸업하고 영국과 프랑스로 건너가 그곳의 경제학자들과 교류했다. 약간 이국적인 용모 덕분에 슘페터는 여성들에게도 인기가 높아서 바람둥이로도 소문이 자자했다. 24세가 되던 1907년에는 자신보다 열두 살 연상의 영국 여자 G. 시버와 결혼했으나 이것은 젊은 시절의 충동적 선택이었다. 게다가 가톨릭교도였던 슘페터는 개신교를 믿는 영국 부인과의 결혼 생활이 원만하지 못하여

13년 만에 결국 합의 이혼했다. 1907년에 영국 식민지이던 이집트 정부로부터 재정 고문관으로 초빙되어 카이로에 부임했다. 25세가 되던 1908년에는 최초의 주요 저서인 『이론 경제학의 본질과 주요 내용 Das wesen und der hauptinhalt der theoretischen nationalökonomie』을 발표하여 천재성을 널리 인정받았다. 젊은 시절의 슘페터는 장래에 이 세상 최고의 경제학자, 이 세상 최고의 플레이보이, 이 세상 최고의 기수騎手가 되겠다는 꿈을 가지고 있었다. 하지만 만년에 자기 자신을 평가하여 안타깝게도 그중 첫 번째 목표에만 얼추 비슷하게 접근했고, 그 나머지 것은 불확실하다고 말했다.

2년간의 이집트 근무를 마치고 빈으로 돌아와서는 체르노비츠 대학의 경제학 교수로 취임했다가 1911년에 그라츠 대학으로 옮겼다. 교수 생활을 활발히 하던 1912년에 걸작인 『경제 발전의 이론』을 발표했다. 1914년에 제1차 세계대전이 터지면서 당연히 전쟁에 나가야 했으나, 그라츠 대학의 유일한 경제학과 교수라는 이유로 징집이 면제되었다. 1913년부터 1914년까지 1년 동안 미국 컬럼비아 대학에 교환 교수로 초청되어서 처음으로 미국과 인연을 맺었다. 이때 경제학의 앞날은 유럽이 아니라 미국에 있다는 것을 깨닫게 되었고, 이후 미국의 경제·정치·사회 동향에 많은 관심을 기울이게 되었다. 이때의 인연으로 컬럼비아 대학으로부터 명예 학위를 받게 된다. 1918년에는 독일 사회 민주당 정부가 설치한 카를 카우츠키 영도하의 "사회주의화 심의회"에 초청 회원으로 참가하여 그동안 연구해온 사회주의에 대한 관심을 현실의 장에서 확인하게 되었다. 제1차 세계대전이 끝난 1919년(36세)에, 카를 레너를 총리로 하는 오스트리아 제1공화국 정부의 재무부 장관으로 취임했으나 사회주의자, 자유주의자, 관료들의 견제 때문에 제대로 일을 할 수가 없었다. 결국 그해 가을, 재직 7개월 만에 사임했다. 1921년, 그의 조기 사임을 미안하게 여긴 오스트리아 정부의 배려로 빈의 민간 은행인 비더만 은행의 총재로 취임했다. 이 당시 슘페터는 유망한 사업가를 눈여겨보았다가 자신의 전 재산을 그 사업가에게 투자했다. 그러나 1924년에 빈 증권 시장이 대폭락하면서 그가 투자한 회사는 도산했고, 슘페터는 전 재산을 날리고 큰 빚을 지게 되었다. 불과 3, 4년 사이에 정치와 경제에서 큰 실패를 맛보았으나, 이때의 경험을 바탕으로 실물 경제와 정치에 대해 더욱 깊은 관심을 가지면서 학문에 매진하게 된다.

1925년 빈에서 23세의 안나 라이징거와 재혼했다(42세). 그러나 육군 중장과 이혼한 후 혼자 살면서 지극 정성으로 아들을 뒷바라지해오던 어머니 요한나가 이 해에 세상을 떠났고, 그 6개월 뒤에는 아내가 출산 후유증으로 사망했으며 난산 끝에 태어난 아이도 불과 몇 시간 만에 세상을 떠나고 말았다. 슘페터는 이때 정신적으로 심각한 후유증을 앓게 된다. 당시 본 대학에 재직 중이던 슘페터는 각료로서의 실패, 가정 환경의 불우함, 학문적 환경의 답답함 등에 실의를 느끼고서 미국 쪽으로 눈을 돌린다.

그는 이미 1927~1928년과 1930~1931년, 두 번에 걸쳐 미국의 하버드 대학에서 초청 교수로 강연을 한 바 있었다. 당시 미국은 20세기의 강대국으로 막 성장하는 시기였고, 유럽의 인재들을 널리 초빙하면서 파격적인 대우로 이민을 권유하고 있었다. 이런 미국 측 권유에 마음이 움직인 슘페터는 1932년에 본 대학을 사임하고, 아예 미국으로 이주하여 하버드 대학의 교수로 취임했다. 생애 전반기에 많은 낭패를 겪었으나, 히틀러가 독일의 정권을 거머쥐고 오스트리아를 합병하기 4개월 전에 도미한 것은 그야말로 커다란 행운이었다. 미국으로 건너갈 당시에는 낙담한 상태였으나 강대국으로 발돋움하는 미국에서의 생활은 그에게 낙관적이면서도 강력한 의욕을 안겨주었다. 이때의 학문적 결실이 총 1,095페이지에 달하는 두 권짜리 대작 『경기 순환론』(1939)이다.

이 책은 혁신을 키워드로 하는 경기 순환의 이론을 현실 데이터와 연결시켰다. 또 장기, 중기, 단기의 3가지 사이클의 조합을 통하여 현실의 경기 순환을 설명하는 3사이클 합성 이론을 주장했다. 당시 영미 경제학계는 케인즈의 거시 이론이 일세를 풍미하고 있었고, 그런 만큼 이 대작은 주목을 받지 못했다. 더 나아가 슘페터의 경기 순환 예측이 현실과 일치하지 않는다는 이유로 학계에서는 이를 실패작으로 평가했다. 평생의 노작이 홀대를 당하자 슘페터는 다시 한 번 깊은 실의에 빠진다. 자신을 이 세상 최고의 경제학자라고 자부하던 슘페터는 동갑이며 라이벌이었던 케인즈에게 학문적으로 밀린다는 생각을 받아들이기 어려웠다. 이때 미국인이면서 자신보다 열다섯 살 어린 세 번째 아내 엘리자베스 부디의 격려가 없었더라면 정신적 위기를 견뎌내기 어려웠을 것이다. 경제학 박사이면서 그 자신도 뛰어난 경제학자였던 엘리자베스는 이해심 깊은 동료애와 헌신적인 내조로 슘페터를 안정시켰고, 그가 사망하던 1950년까지 13년 동안 오로지 학문에만 전념할 수 있는 환경을 만들어주었다.

슘페터는 다시 한 번 실의를 딛고 일어서서 『자본주의 사회주의 민주주의』를 발표했다. 이 저서는 그가 평생 연구해온 사회주의에 대한 분석과 통찰을 자본주의와 민주주의의 문제에 연결시킨 대표작으로, 1942년 당시는 물론이고 제2차 세계대전 종전 후의 미소 대결 국면에서 많은 지식인들을 매혹시켰다. 모든 사람들이 세계가 어느 방향으로 나아갈 것인지 관심 많던 시절이었기에 이 주제는 시의적절했다. 슘페터는 계량 경제학에도 관심이 많아서 학회 창설에 힘쓰는 한편, 1937년부터 1941년까지 이 계량 경제학회의 회장직을 맡았으며, 1948년에는 미국 경제학회의 회장으로 취임했다. 1950년 1월 8일, 미국 경제학회의 회합을 마치고 코네티컷 타코닉의 집으로 돌아와 시카고 대학에서 요청한 강연의 원고를 작성하고 잠을 자던 중 심장 마비로 갑자기 사망했다. 그가 마지막으로 쓴 미완의 유고는 "사회주의로의 전진"이라는 제목이었는데 이 번역본의 맨 마지막에 부록으로 들어 있다. 그의 아내 엘리자베스 부디도 그 4년 뒤인 1954년에 남편을 따라 세상을 떠났다.

저작의 배경

슘페터는 1936년 1월 18일 미국 농무부에서 "자본주의는 살아남을 수 있을까?"라는 강연을 했는데, 그 후 이 강연에 사회주의와 민주주의의 주제들을 보강하여 『자본주의 사회주의 민주주의』라는 책을 펴내게 된다. 실제 집필은 1935년부터 1940년까지 5년 동안 이루어졌으며(14장의 주석 6에 의하면 1935년 여름부터 집필한 것으로 되어 있다), 책에서 이 세 '주의'를 골고루 다룬다. 슘페터는 많은 미국 지식인들이 공산주의에 경도된 것을 의아하게 여기면서 공산주의에 대한 정확한 지식을 전달하려 했다. 이어서 자본주의의 문제를 검토한 후, 자본주의의 대안으로서 사회주의, 그리고 사회주의와 민주주의의 양립 가능성을 검토해나간다.

저자가 이 책을 쓸 당시의 미국 상황은 이러했다. 미국은 경제에 관한 한 철저하게 레세-페르laissez-faire(자유방임주의) 정책을 운용하는 바람에 그 부작용으로 1928년에 대공황을 맞았다. 또 그에 맞서 나온 뉴딜 정책은 1938년 무렵에 제2단계로 접어들고 있었다. 이때 테네시 계곡 개발 공사 TVA가 한창 진행되면서 고용이 증대되었고, 미개발 자원을 충분히 활용하는 등 커다란 성과를 거두기도 했다. 노동 문제에서도 개혁이 단행되어 전국 산업 부흥법은 사상 최초로 노동자의 단체 교섭권을 인정하고 전국 노동국을 설치하여 노동 쟁의를 조정토록 하였다. 일명 '부유세법'을 제정하여 소득세의 누진세율을 높여 연 수입 500만 달러 이상에 대해 75퍼센트의 소득세를 부과했다. 뉴딜 정책은 단순히 경기 회복에만 주력한 것이 아니라 기존의 미국 정치·경제 제도를 대담하게 개혁하는 정책이었다.

계획 경제의 성격이 강한 뉴딜 정책 때문에 루스벨트 대통령은 보수 세력으로부터 사회주의자라는 비난을 받기도 했다. 또한 이 책의 재판과 3판이 나온 시점(1947~1950)의 유럽 상황 중 특히 영국에서는 애틀리 총리의 노동당 정부가 들어서서 주요 기업을 국유화하는 등 사회주의적 정책이 더욱 구체화되는 쪽으로 나아가고 있었다. 게다가 1917년에 공산주의 혁명을 일으킨 러시아는 제2차 세계대전에서 승리한 1945년 이후 공산주의의 세계화에 주력했다. 또 1949년에는 중국에 공산당 정부가 들어서면서 세계는 공산주의 세력과 자본주의 세력의 양대 축으로 재편되고 있었다.

이런 상황 탓인지 『자본주의 사회주의 민주주의』는 사회주의에 대해서 상당한 관심을 보인다. 저자는 세계대전 이후에 세계가 크게 재편되었다는 과거의 사례를 지적하면서 제1차 세계대전 이후에 러시아 혁명이 일어난 것처럼, 제2차 세계대전 이후에 영국과 미국에서 커다란 사회 변화가 일어나 결국 사회주의로 전진하지 않을까, 하고 조심스럽게 진단한다. 이런 주장을 담은 초판이 나온 이후 저자는 민주 진영으로부터 자본주의의 앞날을 너무 어둡게 보고, 사회주의의 잠재력을 과대평가한다는 비판을 받았다.

이와 관련하여 일본어 번역판(1951)의 서문에서 슘페터의 부인 엘리자베스 부디는 이런 말을 한다. "이 서문에서 한 가지 강조해두고 싶은 것은, 몇몇 사람들이 남편을 오해하여 사회주의자라고 생각했다는 점이다. 그러면서 그가 자본주의의 미래와 관련하여 패배주의자의 입장을 취한다고 비난했다. 하지만 그는 사회주의의 옹호자가 아니었다. 그는 무엇보다 자본주의의 생산력을 높게 평가했다. 다만 자본주의가 관료적 규제와 통제라는 족쇄에 너무 묶여 있어서 앞으로 효과적 기능을 발휘하지 못할 것으로 내다보면서 그것을 참담하게 생각했다. 남편은 자본주의의 존속에 대해서는 비관적이었다. 그렇게 생각하게 된 부분적인 이유는 자본주의를 믿는 사람들이 그것을 옹호하는 일에 별로 성의를 보이지 않았기 때문이다. 그는 사회주의가 불가피한 현상이라고 보지는 않았으며 현재의 상황이 견제 받지 않고 그대로 지속된다면 그 결과는 사회주의 비슷한 것이 되리라고 내다보았다. 남편이 비록 사회주의를 싫어했지만 객관적인 학자였기에 사회주의와 민주주의가 공존할 수 있고, 또 양립할 수 있음을 애써 보여주었다. 그렇지만 대부분의 나라들에서 사회주의가 민주적인 노선을 따라 발전할 것이라고는 기대하지 않았다. 강력하고 독재적인 중앙 집권적 권위로 노동자의 규율을 잡으려는 유혹이 너무나 크다고 보았기 때문이다."

슘페터는 사회주의 찬양자라는 비난에 대해, 자신은 환자(자본주의)의 심각한 증세를 진단하는 의사일 뿐 환자의 죽음을 바라는 장의사는 아니라고 항변한다. 죽을병에 걸린 사람에게 약을 처방하는 것도 중요하겠지만 그보다 먼저 그 자신이 중병에 걸렸다는 것을 인지시켜 살아야겠다는 각오를 심어주는 것이 더 중요하다며, 진단에 깊은 관심을 보인다. 그렇다면 사회주의에 대한 슘페터의 진의는 무엇인가, 하는 질문을 우리는 던지지 않을 수 없다. 저자의 생애를 언급하며 이미 밝혔듯이, 그는 평생 귀족적 취미를 가진 보수주의자였고, 빈에서 장관 재직 시에는 그러한 배경 때문에 사회주의자들로부터 따돌림을 당하기도 했다. 그런 그가 책에서 자본주의는 멸망하고 사회주의가 번성할 것이다, 라는 진단을 내렸다. 우리는 과연 이것을 어떻게 해석해야 할까?

여기에 대하여 하나의 해석은 평생 친영파親英派였던 슘페터가 제2차 세계대전 종전 후의 영국 상황이 사회주 쪽으로 흘러가는 것을 관찰하면서 "현재의 경향과 추세가 계속된다면"이라는 단서 아래 그렇게 진단했다는 것이다. 하지만 뒤집어 보면 그런 경향과 추세가 사라진다면 사회주는 성공할 수 없다는 얘기가 된다. 앞서 인용한 엘리자베스 부디의 해석이 여기에 속한다.

　다른 하나의 해석은 "이 작품 전체가 하나의 거대한 풍자"라는 것이다. 사회주의는 성공할 가능성이 별로 없지만, 자본주의의 분발을 촉구하기 위해 일부러 이렇게 말했다는 것이다(실제로 슘페터는 책에서 사회주의로의 전진을 진단하면서도 사회주의가 성공하지 못하는 여러 요인과 환경도 지적한다). 오하이오 주립 대학의 A.B. 울프 교수가 이런 주장을 편다. 풍자satire, 아이러니irony, 냉소sarcasm는 표면적으로는 긍정이지만 실제로는 부정을 말하는 수사법이다. 특히 풍자는 아이러니와 냉소를 적절히 사용하여 상대방(자본주의)의 악행이나 우행을 공격하는 것이다.

　나는 이런 두 해석을 검토하면서 프랑스의 소설가 발자크의 연작 소설 『인간 희극』에 대한 엥겔스의 진단이 생각났다. 『인간 희극』에는 무수한 주인공들이 등장하지만, 이 연작 소설의 진정한 주인공은 돈이라고 엥겔스는 말했다. 또한 발자크가 왕정을 지지하는 왕당파였지만, 사회 현실을 깊숙이 통찰하는 뛰어난 소설가였기 때문에, 19세기 프랑스의 사회 현실을 정확하게 묘사함으로써 향후 부르주아지(발자크가 싫어했던 돈 가진 세력)의 부상을 부지불식간에 예측하고 있다고 진단했다. 슘페터는 어쩌면 경제학의 발자크인지도 모른다. 그는 사회주의의 실현을 바라는 사람은 아니고, 단지 현재 상황에서는 사회주의로의 전진이 예측된다고 진단했을 뿐이다. 그렇다면 책 속에서 슘페터가 논의한 "현재의 추세와 경향"은 그 후 어떻게 되었나?

　우리는 이 질문에 대하여 우리 스스로 그 대답을 찾아야 할 필요를 느낀다. 실제로 저자는 우리가 이런 문제에 대하여 깊이 생각해볼 것을 권한다. 또한 그것이 독자들에 대한 진정한 봉사라고 말한다. 독자가 깊은 생각을 하고자 한다면 선입견에 사로잡힌 논의들에 현혹되지 말아야 한다는 충고도 빼놓지 않았다. 가령 배경을 자세히 알지도 못하면서 사회주의는 나쁜 것이며 공산주의는 그보다 더 나쁘다고 말하는 게 그런 경우이다. 이런 민감한 화제를 다룰 때, 우리는 "플라톤은 내 친구이지만 진리는 그보다 더 훌륭한 친구다<i>amicus Plato, sed magis amica veritas</i>"라는 라틴어 격언을 생각해보는 것이 좋을듯하다. 다행스럽게도 우리는 이 책의 예측과 그 후 실제로 벌어진 현실을 상호 비교해볼 객관적 자료를 가지고 있다. 저자는 책 속에서 비아 팍티<i>via facti</i>(사실의 길을 따라)라는 라틴어를 자주 쓰는데, 오랜 세월이 흐른 지금 우리는 그 비아 팍티를 걸어갈 수 있다.

저작의 해설

먼저 자본주의, 사회주의, 민주주의, 공산주의의 사전적 의미를 머리에 입력해두면 논의에 도움이 될듯하다.

 자본주의: 생산 수단의 개인 소유에 바탕을 둔 경제 제도. 자본과 노동을 투입하여 개인적 이윤을 추구하며, 국가는 이러한 개인의 경제 행위에 가능한 한 개입하지 않는 것을 전제로 한다. 자본주의가 현대적 중요성을 띄게 된 것은 18세기에 시작된 산업 혁명 이후의 일이며, 이때 영국에서 부르주아지(은행가, 상인들, 산업가)가 정치, 사회, 경제의 전면에서 지주 계급을 억누르고 그들을 대신하여 권력 중심에 나섰다.

 사회주의: 생산 수단의 개인 소유를 금지하고 재화와 서비스의 분배를 국가가 독점적으로 관리하는 경제 및 정치 제도. 생산 수단을 국가가 소유한다는 점에서 개인 소유를 허용하는 자본주의와는 정반대 입장에 있는 제도이다. 자본주의가 경쟁과 이윤을 강조한다면, 사회주의는 협동과 사회 복지를 강조한다.

 민주주의: 특정 계급(귀족)이나 독재자의 뜻이 아니라 국민 전체의 뜻에

따라 국정이 운영되는 제도. 국민이 직접적으로 혹은 간접적으로 국가의 제도를 통제할 수 있는 능력과 권리를 가져야 하며 국민들 사이의 평등을 중시한다. 또한 국민은 스스로 부과한 것이 아닌 모든 제약으로부터 자유로워야 하며, 꼭 필요한 제약은 평등의 원칙에 입각하여 과반수 이상의 동의에 의해 부과할 수 있다.

공산주의: 혁명적 수단에 의하여 자본주의 사회를 전복시켜 계급 없는 사회를 확립하고, 모든 재화를 사회적으로 공유할 것을 주장하는 사상. 카를 마르크스가 이 사상을 처음 주장했으며, 성공한 러시아 공산 혁명의 지도자 레닌이 내용을 일부 수정했다. 사회주의와 동일한 목적을 추구하지만, 다른 점은 점진적 발전(진화)이 아니라 혁명에 의하여 그 목적을 달성하려는 데 있다. 사회주의의 일종으로서, 마르크스가 자신의 사회주의를 공상적 사회주의와 구분하기 위해 공산주의라는 이름을 붙였다.

여기서 우리가 가장 검토하기 좋은 사상은 공산주의이다. 이 사상의 주창자인 마르크스와 엥겔스("마엥")는 과학적 사회주의라는 이론을 고안하여, 사유 재산 없는 평등한 사회는 반드시 생겨야 할 뿐 아니라, 경제의 자연 진화에 의하여 필연적으로 생겨날 수밖에 없다고 보았다. 찰스 다윈이 유기적 자연의 발전 법칙을 발견했다면, 마엥은 자신들이 확고부동한 역사(사회)의 발전 법칙을 발견했다고 생각했다. 자본주의 사회는 그 내재된 부패 때문에 결국 멸망하고, 그 대신 사유 재산과 국가가 없어지는 완전 평등의 공산 사회가 도래할 것이며, 그것이 역사의 종착점이라고 가르쳤다.

이 공산주의는 학자들의 머릿속에서만 존재하는 사상으로 그친 것이 아니라, 실제로 1917년에서 1987년까지 러시아 땅에서 실천되었다. 그러나 볼셰비키 혁명 이전에 자기 충족적인 삶의 전통이 없었던 러시아는 공산화 이후 사회주의 슬로건을 반복적으로 재해석하면서, 시민들과 그들의 재산에 대하여 무제한적인 권리를 주장했다. 따라서 러시아 공산주의는 차르 세습제라는 토양에 심어진 또 다른 독재 체제에 지나지 않았다. 독재 정권의 속성이 그러하듯이, 소련 공산당은 권위를 누그러뜨릴만한 여유가 없었고, 정권을 계속 유지하려면 폭력으로 통치할 수밖에 없었다. 그들은 소위 과학적이라는 자신의 사상이 잘못된 것임을 받아들이려 하지 않았다. 일이 뜻대로 풀리지 않을 때에는 잘못된 원칙을 양보할 생각을 하지 않고, 폭력을 더 강화하면서 좀 더 무자비하지 않았기 때문에 실패했다는 궤변을 늘어놓았다. 과학인 마르크스주의가 절대로 틀릴 수 없다는 환상도 실패를 부추기는 원인이었다. 소련 공산당이 폭력을 휘두를 대로 휘두르다가 스스로 그 폭력에 지쳐서 그것을 포기하고 개방(글라스노스트)과 개혁(페레스트로이카)에 나서자 그 정권은 곧 붕괴했다. 이것이 소련 공산당 정권 70년의 간단한 역사이다.

그렇다면 마엥이 망한다고 하던 자본주의는 어떻게 되었나?

근대 자본주의가 발달한 나라들은 영국을 비롯하여 대부분 중서부 유럽 국가들이다. 이 서구 국가들은 공산주의가 도래하기 이전에 이미 민권과 법치, 법률과 재산권에 대한 존중, 자유를 보호하고 사회 복지 서비스를 제공하는 정부에 대한 신뢰 등, 여러 가지 유연한 자기 충족적 제도를 갖추고 있었다. 이 서구 국가들은 공산주의가 지적한 자본주의의 약점들을 많이 희석시켜서 그것을 자유주의와 잘 구별되지 않을 정도로 만드는 데 성공했다. 가령 노동자들이 노조를 조직하고 의원 선거에서 의석을 차지하는 것을 보고 경계심을 갖게 된 자유 민주주의 국가들은 공산주의가 강조하는 프로그램인 사회 복지의 법률을 마련하기 시작했다. 사회 복지 법규는 실업 보험 및 의료 보험과 기타 몇몇 혜택을 주는 형식으로 제정되었으며, 그 결과 노동자 계급이 빈곤층으로 추락하는 것을 막을 수 있었다.

이렇게 되자 노동자들 혹은 프롤레타리아는 자본주의 체제의 전복보다는 그 현상 유지를 더 희망하게 되었으며 사회 혁명을 부르짖는 공산주의자들의 주장에 귀를 기울이지 않게 되었다. 노동자들의 이러한 행동은 "노동자는 국가가 없다"는 『공산당 선언』에서 멀리 벗어나는 것이었다. 이렇게 하여 노동자들은 자본주의 체제를 타파하는 일에 앞장서는 것이 아니라 오히려 그 체제 내에서 영향력 있는 정체 세력으로 자연스럽게 부상하여 독립적인 목소리를 내는 압력 단체가 되었고, 체제의 유지에 깊은 이해관계를 갖게 되었다.

이제 슘페터가 『자본주의 사회주의 민주주의』에서 주장했던 자본주의 소멸론을 간략하게나마 살펴보자. 슘페터는 마르크스와 마찬가지로 자본주의는 언젠가 망할 것이라는 진단을 내리기는 한다. 하지만 자본주의가 그 부실한 제도적 허점 때문에 망할 것이라는 마르크스의 진단은 19세기의 자본주의를 대상으로 했기 때문에 틀린 것이라고 지적하면서, 슘페터는 20세기의 자본주의가 너무 잘 나가서 결국 그것 때문에 망해버릴 것이라는 주장을 편다. 미국의 서브프라임 모기지 문제가 악화되고, 2008년 9월 15일 마침내 리먼 브라더스가 파산하면서 미국발 세계 경제 위기가 닥쳤을 때, 사람들은 슘페터의 이런 진단을 인용하면서 자본주의가 이러다가 망하는 것 아니냐는 우려를 표명하기도 했다.

과연 슘페터가 말한 대로 잘 발달된 자본주의 사회가 언젠가 사회주의화될까? 지금까지의 상황을 살펴보면 이 예측은 맞기도 하고 맞지 않기도 하다. 여기서 전후부터 지금까지 영국과 미국의 정치·경제 상황을 간략히 살펴보자. 1945년에 수립된 애틀리 총리의 노동당 정부는 산업의 국유화 프로그램과 사회 서비스의 확대를 적극적으로 추진했다. 영국 은행, 석탄 산업, 통신 시설, 민간 항공, 전기, 국내 운송업 등의 산업을 국유화했다. 1948년에는 철강 산업의 국유화를 시도했으나 1951년까지 미룰 수밖에 없었다. 그러던 1951년에 처칠의 보수당 정부가 들어서면서 오히려 트럭

운수업을 민영화했고, 더 나아가 철강 산업 중 한 회사만 남겨놓고 모두 민영화했다. 그러다가 노동당이 1964년에 다시 집권하면서 철강 산업을 다시 국영화했다. 하지만 1960년대와 1970년대에 영국은 무역 수지 악화, 파운드화의 불안정, 경제 성장의 지지부진, 인플레적인 임금과 가격 등으로 인해 국가 경제가 큰 어려움을 겪는다. 1979년에 보수당의 마가렛 대처가 총리로 취임하면서 영국의 경제 부진이 사회주의적 경향 때문이라고 진단하였다. 따라서 정부 차입을 줄이고, 정부 지출을 감소시키며, 국영 기업들의 민영화를 과감하게 추진했다. 그러나 한 번 기울어진 국가 경제를 회복하는 것은 쉬운 일이 아니었다. 아무튼 영국은 노동당 정부가 들어설 때마다 사회주의적 정책을 펼치려 했으나 그것이 결국에는 노조의 힘만 강화시켰고, 개인의 경쟁과 노력을 감소시켰으며, 국력을 쇠퇴하게 만들었다. 요약해서 말하자면, 슘페터 당시에 자본주의가 가장 발달한 나라(영국)에서의 사회화는 경제를 더 활성화시킨 것이 아니라 오히려 쇠퇴시켰다. 미국 또한 레이건 대통령이 집권하면서(1980년대) 레이거노믹스를 내세워 국가의 개입을 최소화하고, 세금을 내리고, 기업가의 창의를 격려하는 정책을 대대적으로 실시했다. 여기까지만 보면 슘페터의 진단이 틀린 것처럼 보인다. 하지만, 그 후에 전개된 상황은 그의 또 다른 진단을 뒷받침한다.

슘페터가 한평생 경쟁의식을 느꼈던 케인즈의 『고용, 이자 및 화폐에 관한 일반 이론 The General Theory of Employment, Interest and Money』(1936) 시대는 1970년대에 들어와 끝이 났다. 이 당시에는 정부가 아무리 개입하여도 경제 성장은 둔화되고, 어디서나 인플레가 심각했다. 그리하여 케인즈가 처방한 방식, 즉 정부가 적극 개입하는 경제 운용 방식은 더 이상 통하지 않는다는 인식이 널리 퍼져나갔다. 그리하여 1980년대에 들어와 슘페터의 아이디어가 다시 살아났고, 영미 두 나라는 산업의 탈규제화와 국영

기업의 민영화에 주력했다. 소위 대처-레이건 시대가 개막된 것이다. 이러한 현상을 두고서 1984년에 독일의 저명한 학자인 헤르베르트 기에르슈는 "이제 케인즈의 시대는 끝나고, 슘페터의 시대가 시작되었다"라고 말했다. 그리하여 1990년대에는 기업가 정신과 이노베이션이 무엇보다도 각광을 받게 되었다. 많은 산업 분야들, 가령 합성 화학, 제약 산업, 퍼스널 컴퓨터와 인터넷으로 상징되는 IT 산업은 슘페터 경제 사상(즉, 기업가의 이노베이션)의 무한한 가능성을 증언한다. 기업가의 이노베이션이란 무엇인가? 그것은 슘페터가 이 책의 7장에서 자본주의의 특징이라고 말했던 "창조적 파괴"인 것이다.

21세기에 들어와 케인즈보다 슘페터를 인용하는 언론인과 학자들이 점점 더 늘어나고 있고, 전 세계 경영 대학원의 단골 토론 주제인 기업가 정신, 이노베이션, 전략은 슘페터의 책을 빼놓고는 얘기가 되지 않는다. 네덜란드의 학자인 헨릭 빌름 램버스는 대학원생들에게 『자본주의 사회주의 민주주의』을 반드시 읽히는데, 이 책을 읽고 나면 학생들은 이구동성으로 "한 학기 동안 읽은 책들 중에서 가장 매력적이고 자극적인 책이 슘페터였다"라고 말한다는 것이다. 이렇게 볼 때, 자본주의의 소멸을 얘기하면서도 자본주의의 특징을 정확하게 짚어낸 슘페터는 이 책을 하나의 거대한 풍자로 제시한 게 아닐까, 하는 A.B. 울프 교수의 해석이 더욱 힘을 받게 된다.

그렇다면 자본주의가 이처럼 번성하는 21세기에 사회주의는 완전히 죽어버린 사상일까? 그렇지는 않다. 인류에게는 황금시대의 매혹을 잊어버리지 못하는 뿌리 깊은 동경이 있다. 예를 들어 고대 그리스의 시인 헤시오도스는 신화 속의 황금시대를 찬미했다. 이 시인에 따르면 황금시대의 사람들은 이득을 얻기 위해서 수치스러운 욕망에 이끌리는 법이 없었고, 모든 사람들에게 충분히 돌아갈 만큼 재화들이 많았으며, 인류는 영구적인 평화를 누리며 살았다는 것이다. 이 황금시대라는 주제는 수백 년이 흐른 뒤에 로마의 시인 베르길리우스와 오비디우스의 작품 속에서 다시 나타난다. 오비디우스는 세계가 "경계 말뚝과 울타리"를 전혀 몰랐던 그 시대를 동경하며 그것을 열렬히 노래했다. 이러한 황금시대는 그 후 이집트의 갈대밭, 그리스의 엘리시움, 스페인의 엘도라도, 도연명의 무릉도원, 토마스 모어의 유토피아 등으로 다양하게 변주되어왔다. 이런 유토피아에 대한 열망은 많은 사상가들을 사로잡았고, 심지어 21세기에 들어선 지금까지도 변함이 없다. 실례로 이는 현대 최고의 실천하는 지성인으로 꼽히는 노엄 촘스키(자유론적 사회주의자)의 마음을 사로잡는 화두이다. 또한 우리가 신문에서 자주 접하게 되는 이런 기사들은 사회주의적 관심을 환기시킨다.

"사하라 이남의 아프리카에 사는 사람들의 절반은 하루에 1달러도 안 되는 돈으로 살아가고 있다. 이것은 유럽의 암소에게 주어지는 보조금의 절반 수준이다."

"대략 전 세계 도시 거주민의 3분의 1이고, 전 세계 인구의 6분의 1에 해당하는 10억 명의 사람이 빈민가에서 살고 있다."

"최소한 10억 명의 사람이 하루 1달러도 못 되는 돈으로 살아가고 있는 반면, 소수의 최상위에 편중되는 부의 집중은 신기록을 수립했다. 2004년 3월 『포브스』는 미국 내 1억 달러 이상을 소유한 개인 혹은 가문이 2003년에 476명이던 것이 2004년에는 587명으로 늘어났다고 보도했다. 이들 억만장자의 재산을 모두 합친 금액은 1조 9,000억 달러라는 신기록을 작성했는데 이는 1년 사이에 5,000억 달러가 증가한 것이다."

이런 기사들을 읽으면 개인의 자유를 너무 강조하여 사회 공동체의 협동을 외면하는 그런 현상을 반드시 고쳐야겠다는 일종의 울분을 느끼게 된다. 이런 점들을 감안한다면, 자본주의와 사회주의는 결국 개인 대

사회의 문제로 환원된다. 정치학자 로베르트 미헬스는 "사회주의자는 성공할지 몰라도 사회주의는 결코 성공하지 못한다"라는 명제를 남겼는데, 이는 결국 어떤 사상이든 그 주체는 인간이고 그 실행 여부는 인간성의 문제로 귀결된다는 뜻이다. 실제로 슘페터도 이것을 중요하게 여겨서 18장과 21장에서 인간성의 요소를 다루고 있다.

인간성은 구체적으로 어떤 것인가? 인간은 잘 기억하는가 하면 반대로 잘 잊어버린다. 자신을 선이라고 생각하는가 하면 때로는 악이라고 비판한다. 남이 자신의 행복을 책임져주겠다고 하면 불쾌하게 생각하면서도 남이 실패하는 곳에서 성공하고 싶어 하며, 개인들 사이의 협동을 강조하면서도 남들보다 뛰어나기 위한 개인적 노력을 숭상한다. 자아를 소아와 대아로 구분하여 대아를 따라야 한다고 가르치면서도 실제로는 소아적으로 행동하는 경우가 허다하다. 이런 양면적 심리를 갖고 있기 때문에 과거의 어리석은 일을 다시 되풀이하는 속성이 있다. 가령 전쟁의 피해가 막심하다는 것을 잘 알면서도 계속 전쟁을 해온 것이 인간의 역사이다. 이것을 사회주의에 적용해본다면, 그것이 실행하기 어려운 사상이라는 것을 알면서도, 지금껏 실천되어온 사회주의와는 종류가 다른, 진정한 사회주의가 언젠가 지상에 출현할 것이라는 동경을 버리지 못한다. 이처럼 인간성이라는 명제는 양날의 칼과 같아서 인간이 어떤 상황에서 이러저러하게 행동하리라고 예측하는 것은 실제로는 50퍼센트의 확률에 머물 수밖에 없다.

슘페터가 이 책에서 말한 "창조적 파괴"라는 개념은 자본주의의 특징이요 본질을 짚은 핵심 용어이지만, 위에서 말한 양면적인 인간성에도 적용된다. 그러니까 인간은 파괴도 하지만 창조도 하는 존재이고, 창조를 하다보면 파괴도 할 수 있는 것이다. 다시 말해 영원히 창조만 하지는 못하고, 때로는 스스로를 파괴하는 충동에 사로잡힐 수도 있다. 이것은 정말 심오한 주제이다. 왜냐하면 슘페터가 경고했듯이 자본주의가 너무 발달하여 그 부작용이 극에 달하면 사회주의로의 테르미도르 반동이 얼마든지 벌어질 수 있기 때문이다. 리먼 브라더스의 사태는 이것을 잘 보여준다. 이런 점에서 사회주의 경계론을 편 슘페터의 예측은 오늘날에도 여전히 유효하다.

이제까지 네 가지 사상에 대하여 극히 원론적인 정의를 말했는데, 이것만 알아가지고서는 사실상 아무것도 모르는 것이나 마찬가지이다. 슘페터의 책은 이 사상들이 실제의 국면에서 어떻게 점검될 수 있는지 하나하나 짚어준다. 그는 어떤 특정한 결론보다는 그 결론에 도달하는 과정이 더 중요하다면서 이 사상들의 진행 과정을 상세히 설명한다. 특히 마르크스 사상의 허점을 지적한 1부는 아주 탁월하다. 또 사회주의의 청사진을 제시하는 3부도 흥미진진하다. 하지만 그보다는 이 책이 갖고 있는 탁월한 인문 교양서의 역할을 언급해야 할 것 같다. 이 책은 현대의 독자들에게 우리가 당면한 많은 문제들에 대하여 의문을 불러일으켜서 더 많은 공부의 길로 나아가게 한다. 바로 이 점 때문에 이 책은 오랜 세월 동안 꾸준히 읽혀온 것이다.

위대한 책은 작가보다 더 오래 살아남는데, 이 책이 강호의 연구자와 학생들에게 널리 읽혀온 것이 70년을 넘었으니 67세로 세상을 떠난 저자보다 이미 더 오래 살았다. 인류에게 개인주의(자본주의)와 사회주의라는 사상이 아예 사라지지 않는 한, 이 책은 앞으로도 계속 읽힐 것이다. 하버드 재학 시절, 슘페터 교수에게 배웠던 위대한 경제학자 폴 새뮤얼슨은 그 점을 지적하여 이런 말을 했다. "슘페터의 사망 이후 근 한 세기가 지나서야 우리는 비로소 슘페터의 저서를 진지하게 대하기 시작했고, 그 저서를 현대 사건의 살아있는 참고서로 여기게 되었다."

이 번역본에 대하여

마지막으로 이 번역본에 대해서 잠깐 언급하려 한다.『자본주의 사회주의 민주주의』는 이미 두 종류의 국역본이 나온 바 있다. 한 번역본(삼성출판사)은 1982년에 나왔고, 다른 번역본(한서출판사)은 1985년에 나왔다. 첫 번째 것은 5부가 생략된 채 발간된 불완전한 번역본이고, 그나마 역자가 해방 후인 1947년에 일본어 번역판이 나오기 전에 번역했다고 하는데, 그렇다면 1942년의 초판을 번역했을 가능성이 높다. 1947년은 너무 오래 전이고, 또 당시의 번역문이 요즘의 한글세대에게 얼마나 호소력을 가질 것인지 의문스럽다. 두 번째 번역본은 5부까지 포함한 완역본이기는 하지만, 나카야마와 토바타의 일본어 번역판(1951)을 참고한 것으로 보인다. 저작의 해설은 물론이고 엘리자베스 부디 부인의 서문과 번역 텍스트마저도 일어판과 너무나 유사하다.

사정이 이렇다보니 당연히 영어 원문을 대본으로 하여 이 고전을 읽기 쉬운 한국어로 다시 번역해야 한다는 필요성이 여전히 잔존하게 되었다. 나는 평소 자주 만나 뵙는 한국 서양사학계의 원로 이보형 선생에게 이 책에 대하여 여쭈어보았다. 선생도 한국 전쟁 후에 이런 주제들에 관심이 많아서 일본어 번역판을 읽었는데, 도무지 이해되지 않는 문장이 많아서 애를 먹었다고 한다. 일본어 번역판과 원서를 서로 비교해보니 왜 그랬는지 이해가 간다.

그것은 슘페터의 문장 때문에 그러하다. 그의 문장은 앞뒤 맥락을 파악하기가 매우 어렵다. 그가 구사하는 영어에는 모국어인 독일어의 영향이 강하게 남아있어서, 영미권 학자들이 잘 쓰지 않는 단어, 관용구, 표현, 구문 등이 자주 등장한다. 또 라틴어, 프랑스어, 이탈리아어, 스페인어 단어들도 즐겨 사용한다. 또한 저자의 박학다식한 사례와 고전 인용이 곳곳에서 튀어나와 번역자를 애먹인다.

슘페터의 원문은 분명 손쉽게 읽을 수 있는 영어 문장이 아니다. 이 때문에 원문을 축자 번역한 일본어 번역판은 애매모호한 문장이 많을 수밖에 없다. 이 번역본에서는 명료한 번역문을 구사하려고 애썼다. 원문의 뜻을 잘 전달하기 위해 필요한 곳에서는 과감하게 의역을 시도했고, 같은 뜻을 여러 번 다른 표현으로 반복하여 아주 긴 문장이 된 곳에서는 두세 문장으로 끊어서 금방 뜻이 드러나게 했으며, 유럽 출신 학자들이 즐겨 사용하는 길고 우회적인 완곡어법은 가능한 곳에서는 뜻이 분명한 직설법으로 바꾸었다. 그렇다고 해서 저자의 뜻을 임의로 바꾼 부분은 전혀 없다.

나는 슘페터의 까다로운 문장을 대학교 1, 2학년 학생들도 쉽게 읽을 수 있는 문장으로 옮기기 위해 많은 노력을 기울였다. 가급적 주석 없이 번역하도록 힘썼으나 번역만으로는 도저히 뜻이 전달되지 않는 곳에는 역자의 주석을 최소한의 범위 내에서 집어넣었다(다만 독자들의 이해를 돕고, 검색의 편의를 위해 이 책에 언급된 인물들의 이름을 원어로 적고, 생몰연대를 병기했다. 그들이 어느 시대를 살았으며 어떤 인물이었는지 한눈에 알아볼 수 있기를 바란다). 읽기 쉬운 번역서를 만들겠다는 의도가 독자들에게 널리 인정받는다면 역자로서는 그 이상의 보람이 없을 것이다.

추기

이 책의 번역을 완료한 것이 2011년 6월이었다. 그 후 막 교정 작업에 들어가려던 그해 7월에 한길사에서 이 책의 번역본이 출간되었다. 만약 내가 이 책의 번역을 시작하던 초창기에 한길사 책이 나왔더라면 번역을 중단했을 것이다. 그러나 이미 번역이 완료되었고, 원고가 출판사에 건너간 시점이어서 출간 여부를 놓고서 출판사와 나는 고민을 하게 되었다. 그런 고민 끝에 5년의 시간이 흘러갔다. 출판사에서는 고전 번역은 세대마다 새롭게 번역되는 경향이 있고, 또 좀 더 읽기 쉬운 책을 펴내겠다는 생각에서 이 책의 출판을 결심하게 되었다. 나도 오로지 읽기 쉬운 책을 번역하겠다는 일념으로 기존에 2종 번역본이 있는 하위징아의 『중세의 가을』을 펴내어 그 책이 독자의 사랑을 받는 것을 보고서 큰 격려를 받았다. 출판사와 나는 이런 생각을 바탕으로 이 책의 출판을 결정했다. 이제 이 책이 그 효용을 인정받아 낙양의 종이를 헛되게 하지 않기를 바라는 마음 간절하다.

■ 주석

1부 마르크스의 이론
프롤로그

01 마르크스 저서에 대한 참조는 최소한으로 국한할 생각이며, 그의 생애에 대해서는 어떠한 자료도 제공하지 않을 것이다. 이런 작업들이 불필요하다고 생각했기 때문이다. 마르크스의 저서나 생애에 대해서 알고 싶은 독자라면 관련 사전을 참조하면 될 것이다. 특히 『브리태니커 백과사전』(Encyclopedia Britannica)이나 『사회과학 대사전』(Encyclopedia of the Social Sciences)이 도움이 될 것이다. 마르크스 연구는 『자본론』(Das Kapital) 제1권부터 시작하는 것이 편리하다. 최초의 영역본은 엥겔스가 편집하고, S. 무어와 E. 에이블링이 번역한 것이다(1886). 최근에 엄청난 관련 자료들이 나오고 있지만, 나는 메링*의 전기가 가장 훌륭하다고 생각한다. 특히 일반 독자들의 입장에서는 말이다.

* 메링(Franz Mehring, 1846~1919)은 독일의 사회주의 역사가이자 문예평론가. 독일 공산당 창립에 참여했으며, 주요 저서로는 『카를 마르크스, 그의 일대기』(Karl Marx, The Story of His Life, 1918)와 『독일 사회 민주당사』(Geschichte der deutschen Sozialdemokratie, 1897~1898) 등이 있다.

1장 예언자 마르크스

01 마르크스주의의 종교적 특질은 적수들을 대하는 정통 마르크스주의자들의 태도에서 잘 드러난다. 다른 종교의 신자들이 그렇듯 마르크스교 신자들도 자신의 적수들이 오류가 아니라 죄악을 저지른다고 생각한다. 마르크스교에 반대한다는 것은 정신적으로나 도덕적으로 인정될 수 없는 일이다. 마르크스교의 메시지가 일단 계시되면 그에 대하여 토를 다는 일은 용납되지 않는다.

02 이러한 사실이 과장처럼 보인다면 『공산당 선언』의 권위 있는 영역본에서 인용해 보겠다. "부르주아지는…인간의 행동이 어떤 결과를 가져올 수 있는지 보여준 최초의 사람들이다. 그들은 이집트의 피라미드, 로마의 수도교, 고딕풍의 대성당…을 훨씬 능가하는 경이로움을 성취했다.…부르주아지는 모든 국가들을 문명 속으로 끌어넣었다.…그들은 엄청난 도시들을 창조했고…그리하여 많은 사람들을 전원생활의 무지에서 구제했다.…부르주아지는 채 백 년도 되지 않는 기간에 앞선 세대들을 모두 합친 것보다 더 거대하고 더 엄청난 생산력을 창조했다."

성취된 모든 업적을 **오로지 부르주아지**의 공로로 돌린다. 많은 부르주아 경제학자들이 주장하는 것보다 더 많은 공로를 인정하는 것이다. 바로 이것이 내가 이 문장에서 의미하는 바이다. 나의 뜻은 오늘날의 세속화된 마르크스주의의 견해나 현대의 비非마르크스 과격파인 베블렌 타입의 주장과는 아주 다른 것이다. 다시 강조하지만, 내가 이 책의 2부에서 다룬 자본주의의 성과는 바로 이런 뜻을 담고 있다.

2장 사회학자 마르크스

01 프루동의 『빈곤의 철학』(Philosophie de la Misère, 1846)을 맹공하면서 『철학의 빈곤』(Das Elend der Philosophie, 1847)이라는 제목으로 처음 발표했다. 또 다른 버전은 『공산당 선언』(1848)에 들어 있다.

02 이것은 베버의 종교 사회학 연구 중에서도 특히 베버 전집으로 재발간된 『프로테스탄트 윤리와 자본주의 정신』(Die protestantische Ethik und der Geistes des Kapitalismus)을 가리킨다.

03 독일어로는 Wissenssoziologie. 대표적인 학자는 셸러(Max Scheler, 1874~1928)와 만하임(Karl Mannheim, 1893~1947)이다. 독일 사회학 사전에 만하임이 쓴 글은 입문서 역할을 한다.

04 나는 여러 명의 가톨릭 과격주의자들을 만났는데, 그들 중에는 신부도 있었다. 그들은 모두가 독실한 가톨릭 신자였음에도 이런 견해를 취했다. 실제로 그들은 자신이 교리의 문제만 제외한다면 모든 면에서 마르크스주의자라고 말했다.

05 생애 만년에 엥겔스는 기꺼이 그것을 인정했다. 플레하노프(Georgii Valentinovich Plekhanov, 1856~1918, 러시아의 마르크스주의 혁명가)는 이 방향으로 좀 더 나아갔다.

06 독자들도 알겠지만, 어떤 사람이 갖고 있는 계급 의식 및 그 계급을 형성시키는 원인에 대한 생각이 곧 그 계급의 이해관계나 "그 계급" — 구체적으로 그 계급의 지도자나 구성원들 — 이 그 이해관계에 대해 생각하고 느끼는 방식을 결정하는 것은 아니다. 이런 사고방식은 장기적인 것과 단기적인 것, 정확한 것과 부정확한 것 등 다양하다. 그리고 집단 이해관계의 문제는 그 나름의 어려움과 함정이 가득하다. 이것은 우리가 연구하는 집단들의 본질적 성격과는 무관하다.

07 또 다른 사례는 제국주의의 사회주의적 이론인데 이 점은 곧 다룰 것이다. 바우어(Otto Bauer, 1881~1938, 오스트리아의 정치가로 독일과 오스트리아의 합병을

주장)의 『민족성 문제와 사회 민주주의』(Die Nationalitätenfrage und die Sozialdemokratie, 1907)는 이와 관련하여 언급할만하다. 이 책은 자본가와 노동자 사이의 갈등이라는 관점에서 오스트리아-헝가리 제국에 거주하는 다양한 민족들 사이의 적대감을 해석한 흥미로운 저서이다. 분석자의 수완은 훌륭하나 그것이 오히려 사용된 분석 도구의 부적절함을 보여준다.

08 『자본론』 제1권 26장 「원시적 축적의 비밀」 참조.

09 간단히 언급하자면, 고전 이론이 마르크스가 주장하는 것처럼 아주 잘못된 것은 아니다. 자본주의 초창기 단계에서 "저축"은 "원래의 축적"에서 중요한 방법이었다. 더욱이 이것과 똑같지는 않지만 유사한 또 다른 방법이 있었다. 17세기와 18세기의 많은 공장은 노동자가 손으로 직접 지은 오두막에 불과했으며, 그 안에는 아주 간단한 장비만 있었다. 이 경우에 필요한 것은 잠재적 자본가의 노동과 약간의 저축뿐이었다. 물론 그의 머리도 필요했겠지만.

10 마르크스 이외의 많은 사회주의 저술가들은 힘의 요소가 상당한 설명적 가치를 갖는다는 무비판적 자신감을 드러냈다. 또 그런 힘을 행사하는 구체적 수단의 통제력도 상당한 설명적 가치를 갖는다고 믿었다. 가령 라살레(Ferdinand Lassalle, 1825~1864, 독일의 사회주의자이며 노동운동 지도자)는 정부의 권위를 설명해주는 것은 총칼밖에 없다고 보았다. 그토록 많은 사람들이 이런 허약한 사회학의 허점을 꿰뚫어보지 못했다니 의아한 노릇이다. 총칼을 통제하는 것에서 권력이 나온다기보다는 권력을 잡게 되면 자연 총칼(과 그 총칼을 사용하려는 사람)을 지배하게 된다, 라고 말하는 것이 진실에 더 가깝다.

11 이것은 마르크스와 로트베르투스(Johann Karl Rodbertus, 1805~1875, 독일의 사회주의 경제학자) 이론 사이의 한 가지 유사점이다.

12 좀바르트(Werner Sombart, 1863~1941, 독일의 사회학자이자 경제학자)는 『근대 자본주의』(Der moderne Kapitalismus, 1902) 초판에서 이런 사례들을 적극 활용하려 했다. 하지만 원시적 축적이 전적으로 지대地代에서 나온다고 보는 것은 타당하지 않으며, 좀바르트 자신도 그것을 곧 깨달았다.

13 우리가 강탈을 상당 수준까지 인정하더라도 이것은 진실이다. 지식인들이 즐겨 말하는 것처럼 '모든 자본 축적은 강탈에 의해 이루어졌다'라는 속설의 수준에 아주 가깝게 강탈 행위를 인정하더라도 말이다. 실제로 강탈은 많은 시대와 장소에서 상업 자본 형성에 기여했다. 페니키아와 영국의 부富는 아주 흔한 사례이다. 하지만 이렇게 인정한다 하더라도 마르크스의 설명은 불충분하다. 왜냐하면 성공

적인 강탈은 결국 강탈자의 개인적 우월성에 달려있기 때문이다. 이 사실을 인정하는 순간, 아주 다른 사회 계층 이론이 나오게 된다.

3장 경제학자 마르크스

01 윌리엄 3세의 여자 친구. 윌리엄 3세는 생존 당시에 인기가 없는 왕이었으나, 그 무렵에는 영국 부르주아지의 우상이 되었다.

02 이것이 마르크스가 중요하게 여긴 것의 전부인지는 의문이다. 그는 아리스토텔레스와 똑같은 착각을 일으켰다. 즉 가치가 상대적 가격을 결정하는 한 가지 요인이지만, 상대적 가격(교환 관계)으로부터 독립적으로 존재하고, 또 그것(상대적 가격)과는 다른 어떤 것이라고 본 것이다. 상품의 가치는 곧 그 안에 들어간 노동의 가치라는 주장은 가치가 가격으로부터 독립되어 있다는 얘기 이외에 아무것도 아니다. 만약 가치가 곧 가격이라면, 리카도와 마르크스 사이에는 차이가 있다. 왜냐하면 리카도의 가치는 교환 가치, 즉 상대적 가격이기 때문이다. 이 사실을 특히 지적해둘 필요가 있다. 만약 우리가 이런 가치관을 받아들인다면 우리에게는 유지될 수 없고, 심지어 무의미해 보이는 그의 이론 상당 부분이 가능해질 뿐 아니라 또 의미 있게 되기 때문이다. 하지만 우리는 이런 가치관을 받아들이지 않는다. 일부 마르크스 연구자들은 이런 얘기를 한다. 노동이 "실체"이든 아니든, 마르크스의 노동-수량 가치는 총 사회 소득을 노동 소득과 자본 소득으로 나누기 위한 도구로 의도되었다는 것이다(이럴 경우 개별적 상대 가치는 2차적인 것이 된다). 설사 이런 얘기를 받아들인다 하더라도 사정은 나아지지 않는다. 왜냐하면 우리가 곧 살펴보겠지만, 마르크스의 가치 이론은 이런 나누기 작업도 제대로 수행하지 못하기 때문이다(이런 나누기 과업을 개별 가치의 문제로부터 분리시킬 수 있는지도 의문이지만 일단 분리시킬 수 있다고 치고).

03 두 번째 가설(전제)을 필요로 한다는 것은 특히 치명적이다. 노동 가치론은 훈련의 차이(습득된 기술)에 따른 노동의 질적 차이를 처리할 수 있다. 훈련 과정에 들어간 노동의 적정 할당량이 숙련 노동의 매 시간에 첨가되어야 한다. 그리하여 우리는 원칙의 범위를 벗어나지 않은 채, 숙련 노동자의 노동 1시간을 미숙련 노동자의 노동 여러 시간과 상응하는 것으로 만들 수 있다. 하지만 이 방법은 지력, 의지력, 육체적 역량, 민첩성 등에서 기인하는 "타고난" 노동의 질적 차이의 경우에는 통하지 않는다. 따라서 타고난 열등 노동자와 타고난 우등 노동자 사이에 존재하는 시간 가치의 차이를 감안해야 한다. 이 가치는 노동-수량 원칙으로는 설명되지

않는다. 실제로 리카도는 이런 차이를 감안했다. 리카도의 단순한 표현에 의하면 이러한 질적 차이는 시장 메커니즘의 작용에 의하여 적정한 관계를 유지하게 되리라는 것이다. 그리하여 우리는 노동자 A가 일한 1시간이 노동자 B가 일한 여러 시간에 상응한다고 말할 수 있다. 하지만 리카도는 한 가지 사실을 완전히 간과했다. 그런 식으로 논증했다는 것은, 그가 가치의 다른 원칙에 호소한 것이며, 실제로는 노동-수량 원칙을 포기한 것이다. 따라서 이 원칙은 자기의 텃밭 내에서 시작부터 실패했다. 그러니 노동이 아닌 다른 요소를 감안했을 경우의 실패는 불문가지인 것이다.

04 사실, 가치의 한계 효용 이론에서 다음의 사실이 도출된다. 균형이 존재하기 위해서는 각 생산 요소가 생산적 사용에 골고루 분배되어 있어야 한다. 그리하여 다른 생산 용도에 투입된 단위와 마찬가지로, 어떤 생산 용도에 투입된 마지막 단위는 동일한 가치를 생산해야 한다. 만약 단 한 종류와 품질의 노동 이외에 다른 요소들이 없다면, 모든 제품의 상대적 가치 혹은 가격은 그 제품 안에 투입된 인시(人時, man-hours)의 숫자에 비례할 것이다. 단, 이 경우에도 완전 경쟁과 이동성이 존재해야 한다.

05 "노동력"과 노동을 구분한 것 이외에, 베일리(Samuel Bailey, 1791~1870, 영국의 작가이자 철학자)가 『가치의 성질과 척도, 원인에 관한 비판적 담론』(A Critical Discourse on the Nature, Measure and Causes of Value, 1825)에서 어리석다고 판단한 해결안이다. 마르크스 자신도 이것을 몰랐던 것은 아니다(『자본론』 제1권 19장).

06 잉여 가치율(수탈의 정도)은 잉여 가치와 가변(임금) 자본 사이의 비율이다.

07 우리는 마르크스가 어떻게 그 지지대(支持臺)를 교체하려 했는지 나중에 살펴볼 것이다.

08 그러나 그중에는 건전한 요소가 있다는 것, 그리고 그 요소를 희미하게나마 인식했다는 것은 마르크스의 공로다. 이 점은 인정해야 한다. 오늘날 대부분의 경제학자들은 생산된 생산 수단이 완전 정태적(情態的) 경제에서 순이윤을 낳는다, 라고 생각한다. 하지만 이 사실은 그들이 생각하는 것처럼 의문의 여지가 없는 게 아니다. 실제로 생산된 생산 수단이 정상적으로 순이윤을 낳는 것처럼 보인다면, 그 경제는 정태적인 경제가 결코 아닌 것이다. 자본에 대한 순이윤을 주장한 마르크스의 논의는 이를 인식한 우회적 방식이었다.

09 이 문제에 대한 해결안을 마르크스는 육필 원고에 남겼다. 그의 친구 엥겔스는 이 육필 원고를 바탕으로 마르크스의 사후에 『자본론』 제3권을 편집했다. 따라서

우리가 갖고 있는 제3권은 마르크스 자신이 궁극적으로 말하고 싶어 한 것을 수록한 책은 아니다. 많은 비평가들은 엥겔스가 제3권을 내놓음으로써 제1권의 원리를 부정했다고 비판한다. 그러나 이러한 비판은 정당하지 않다. 이런 종류의 질문에서 그렇게 해야 하듯이 우리가 마르크스의 입장이 되어 본다면, 잉여 가치를 사회적 생산 과정에 의해 생산된 "덩어리"로 보고, 또 나머지를 그 덩어리의 분배 문제로 보는 것은, 그리 어리석은 일이 아니다. 이것이 어리석지 않다고 본다면, 제3권에서 주장된 상품의 상대적 가치가 제1권의 노동-수량 이론에 바탕을 둔 것이라고 주장할 수 있다. 따라서 렉시스(Wilhelm Lexis, 1837~1914, 독일의 통계학자, 경제학자, 사회과학자)와 콜(George Douglas Howard Cole, 1889~1959, 페이비언 협회 회원이었으며 길드 사회주의를 주장했던 영국의 경제학자. 주요 저서로 『노동의 세계』『영국 노동 운동사』『사회주의 경제학』등이 있다.)에 이르는 여러 저자들이 주장한 것처럼, 마르크스의 가치 이론이 그의 가격 이론으로부터 완전 분리되어 있다는 주장은 정확한 게 아니다. 마르크스는 이런 모순을 해결한다고 해서 득이 될 게 없다. 마르크스 체계에 있어서의 가치와 가격의 상관관계, 별로 흥미롭지 못한 가치-가격 논쟁에서의 일부 우수한 주장을 다룬 것으로는 『사회과학과 사회정책에 대한 기록』(Archiv für Sozialwissenschaft und Sozialpolitik, 1907)에 실린 보르트키비츠(Ladislaus von Bortkiewicz, 1868~1931, 주로 독일에서 활동했던 폴란드계 러시아 경제학자)의 논문 「마르크스 체계에서의 가치 계산과 가격 계산」(Wertrechnung und Preisrechnung im Marxschen System)을 참조.

10 예를 들어 한 군데에서 그는 이 주제에 관하여 그림 같은 수사를 구사하고 있다(『자본론』 제1권 654쪽, Everyman edition). 그의 수사법은 역사의 경제적 해석을 지향하는 저자로서는 좀 과도한 것이었다. "축적은 자본가 계급을 위한 모세 및 모든 예언자들이 될 수도 있고 아닐 수도 있다. 이러한 도피는 우리에게 괴상한 것으로 비칠 수도 있고 그렇지 않을 수도 있다." 마르크스의 경우, 이러한 유형과 스타일의 논의는 어떤 약점을 감추기 위한 연막이었다.

11 마르크스에게 있어서 저축 혹은 축적은 "잉여 가치를 자본으로 전환하기"와 같은 것이었다. 나는 이것을 문제 삼지 않겠지만, 개별적 저축 시도가 반드시 실질 자본의 증가를 의미하는 것은 아니다. 내가 볼 때, 마르크스의 견해는 나의 많은 동료 경제학자들이 취하고 있는 정반대 의견보다 진실에 더 가깝다. 그래서 나는 그 견해에 도전하지 않으려 한다.

12 물론 큰 소득에 비해 적은 소득의 저축률이 낮다. 그러나 소득이 곧 끊어지거나

줄어들 경우에는 저축률이 높아진다. 그 소득이 현재의 수치로 안정되어 있어서 지속될 것으로 예상되는 경우의 저축률에 비해서 그러하다.

13 어느 정도까지는 마르크스도 이 점을 인정한다. 하지만 임금이 올라가서 축적을 방해하게 되면, 축적률이 떨어진다고 마르크스는 생각했다. "왜냐하면 이윤의 자극이 둔화되어, 자본주의 생산과정의 메커니즘은 그것(메커니즘)이 일시적으로 만들어내는 장애를 제거하기 때문이다."(『자본론』, 제1권 25장 1절). 자기 자신의 균형을 잡으려는 자본주의 메커니즘의 **이러한** 경향은 의심의 여지가 없지만, 이것을 주장하려면 조심스러운 사전 조건이 필요하다. 하지만 여기에 흥미로운 사실이 하나 있다. 우리가 다른 경제학자의 저서에서 이런 경향을 발견할 때에는, 그것을 가장 비非마르크스적인 진술이라고 말한다는 것이다. 이것은 마르크스 논의의 주된 흐름을 크게 약화시킨다. 이 점이나 또 다른 점에 있어서, 마르크스는 놀라울 정도로 당대의 부르주아 경제의 족쇄들을 보여준다. 정작 마르크스 자신은 그런 족쇄들을 자신이 깨트렸다고 생각했지만 말이다.

14 물론 이것이 기술적 개선을 파이낸싱(자금 지원)하는 유일한 방법은 아니다. 하지만 이것은 마르크스가 생각한 유일한 방식이었다. 이것은 실제로 매우 중요하기 때문에 여기서는 그를 따르기로 하겠다. 하지만 다른 방식, 즉 은행 융자도 나름대로 어떤 결과를 불러일으킨다. 자본주의 과정을 정확하게 묘사하기 위해서는 이 은행 융자도 감안해야 한다.

15 마르크스에 따르면 이윤은 다른 이유로 하락할 수 있다. 즉, 잉여 가치율의 하락으로 이윤이 떨어질 수 있는 것이다. 이것은 임금률의 증가나, 법제화에 의한 일일 노동 시간의 축소 때문에 그러하다. 심지어 마르크스 이론의 관점에서도 다음과 같은 주장을 할 수 있다. 이것(이윤의 하락)은 "자본가들"로 하여금 노동력 대신에 노동력을 절약시켜주는 자본재를 선택하도록 유도할 것이다. 따라서 새로운 상품이나 기술 개발의 영향과는 무관하게, 투자가 일시적으로 늘어난다. 우리는 이 문제들을 자세히 파고들 수가 없지만 기이한 사건을 하나만 지적해두고자 한다. 1837년에 시니어(Nassau William Senior, 1790~1864, 경제학자였던 영국인 변호사)는 『공장법에 관한 논고』(Letters on the Factory Act)라는 팸플릿을 발간했다. 그는 여기서 노동 시간의 감소가 목면 산업의 이윤 파괴를 가져온다는 사실을 증명하려 했다. 『자본론』 제1권 7장 3절에서 마르크스는 시니어의 주장에 맹렬한 공격을 퍼부었다. 시니어의 주장은 실제로 아주 어리석은 것이었다. 하지만 마르크스는 그것을 공격해서는 안 되는 사람이었다. 왜냐하면 시니어의 주장은 마르크스

의 수탈 이론을 충실히 따른 것이기 때문이다.

16 『자본론』 제1권 25장 2절 참조.

17 마르크스가 볼 때, 종종 수탈 이론이라고 불리는 이 결론은 자본가들이 서로를 파괴하는 유일한 순수 경제적 기반이다.

18 대부분의 옹호자들이 그러하듯이, 이런 명백한 진술 뒤에 어른거리는 비판적 의도에 대항하기 위하여, 마르크스주의자들은 1차적인 방어 전략을 갖고 있다. 마르크스도 동전의 뒷면을 보았으며 상승하는 임금의 사례들을 "인식" 했다고 둘러대는 것이다. 실제로 그것을 인식하지 못하는 사람은 없었다는 것인데, 그 속뜻은 마르크스가 비판자들의 비판을 충분히 예상하고 있었다는 얘기이다. 마르크스처럼 다작을 하는 작가는 자신의 논의에다 풍부한 역사적 사례들을 집어넣는다. 그리하여 교회의 신부들 못지않게 자신을 변명할 수 있는 여지를 남겨둔다. 하지만 불편한 사실을 "인식"하기만 했을 뿐, 그것이 결론에 영향을 미치지 못했다면 그러한 인식이 무슨 소용인가?

19 이 아이디어는 마르크스 자신이 제안한 것이었지만, 자세히 개발한 것은 네오마르크스주의자들이었다.

20 이런 종류의 실업은 다른 것들과 분명 구분되어야 한다. 특히 마르크스는 경제 활동의 순환적 변화에 원인을 두고 있는 실업의 종류를 알아보았다. 이 두 실업은 서로 독립되어 있는 것이 아니다. 또 마르크스의 논의에서는 전자의 실업보다 후자의 실업에 더 의존하고 있기 때문에, 해석의 어려움이 발생한다. 그렇다고 모든 비평가들이 이 어려움을 인지하는 것은 아니다.

21 이것은 그 어떤 이론가에게도 분명할 것이다. **관련 자료의 소재지**sedes materiae인 『자본론』 제1권 15장 3, 4, 5절과 특히 6절(위에서 말한, 보상 이론을 마르크스가 다루고 있는 곳)을 참조해도 알 수 있고, 또 『자본론』 24장과 25장에도 같은 얘기가 반복되면서 부분적으로 다르게 표현되어 있다.

22 또는 그 의미를 상실하지 않은 채 수정될 수 있다. 이 논의에는 몇몇 의심스러운 사항들이 있다. 그것은 이 논의의 개탄스러운 테크닉 때문인데, 많은 경제학자들이 이 테크닉을 계속하여 사용하고 있다.

23 산업 예비군의 지속적인 창조를 강조하는 것은 물론 필요하다. 하지만 다음과 같이 상상하는 것은 마르크스의 문장과 의미를 공평하게 해석한 것이 아니다. 일부 비평가들은 이렇게 말한다. 즉 마르크스는 기계류의 도입이 노동자를 일터에서 쫓아내고, 그러면 쫓겨난 노동자는 개별적으로 실업 상태가 된다고 보았다는

것이다. 그는 쫓겨난 사람이 산업 예비군으로 흡수된다는 것을 부정하지 않았다. 하지만 매번 실업이 발생할 때마다 그것이 산업 예비군으로 흡수된다는 주장에 바탕을 둔 비판은 타겟(목표물)을 완전히 빗나간 것이다.

24 이 해석은 하나의 유행이 되었지만, 여기서는 두 저자만 언급하겠다. 한 저자는 이 해석의 수정판을 내놓았고, 다른 저자는 그 해석을 있는 그대로 유지해야 한다고 주장했다. 투간-바라노브스키(Mikhail Ivanovich Tugan-Baranovsky, 1865~1919, 러시아-우크라이나의 법률 마르크스주의자)는 『마르크스주의의 이론적 기초』 (Theoretische Grundlagen des Marxismus, 1905)에서 마르크스의 위기 이론을 비난했다. 반면에 도브(Maurice Herbert Dobb, 1900~1976, 영국 케임브리지 대학의 마르크스주의 경제학자)는 『정치 경제학과 자본주의』(Political Economy and Capitalism, 1937)에서 이 해석에 보다 동정적이었다.

25 이 문제에 관한 엥겔스의 다소 평범한 견해는 그의 논쟁적인 책 『오이겐 뒤링의 과학의 변혁』(Herrn Eugen dührings Umwälzung des Wissenschaft, 1878)에 잘 표현되어 있다. 이 견해가 표현된 문장은 사회주의 문헌에서 가장 자주 인용되는 구절 중 하나가 되었다. 그는 이 책에서 위기(공황)의 형태를 아주 선명하게 묘사했고, 그것은 대중 강연의 목적으로는 딱 좋은 것이었다. 그는 또 해명을 필요로 하는 의견도 제시했는데, "시장의 확대는 생산의 확대를 따라가지 못한다"라는 것이었다. 그는 또 푸리에의 견해인 **과다함에 의해 발생하는 위기** crises plethoriques라는 자명한 어구에 대해서도 승인하듯이 인용했다. 하지만 마르크스가 10장 부분을 집필했고, 그리하여 이 책에 대하여 책임을 공유한다는 사실은 부정할 수가 없다. 나의 스케치에 들어 있는, 엥겔스에 대한 몇몇 논평들이 그를 다소 얕잡아보는 것임을 인정한다. 이것은 안된 일이지만, 이 훌륭한 인물의 공로를 깎아내리려는 의도는 아니었다. 하지만 엥겔스가 지적으로나 이론적으로 마르크스에 비해 많이 뒤떨어진다는 사실은 솔직하게 인정해야 한다. 과연 엥겔스가 마르크스의 의미를 언제나 정확하게 파악했는지도 의문이다. 따라서 우리는 그의 해석을 조심스럽게 사용해야 한다.

26 1907년의 영역판 『자본론』, 제2권 476쪽을 참조하고, 아울러 『잉여 가치 학설사』 (Theorien über den Mehwert), 제2권 3장을 참조할 것.

27 비전문가에게는 이 진술보다는 그 반대가 더 명백한 사실처럼 보일 것이다. 따라서 아무리 많은 지면이 있다 하더라도 이 진술을 정립하는 것은 쉬운 일이 아니다. 독자가 이 진술의 진실을 스스로 납득하는 가장 좋은 방법은 기계류에 대한 리카도

의 논의를 연구하는 것이다. 리카도가 서술한 과정은 어느 정도 실업을 야기할 수는 있지만, 그 체제의 궁극적 붕괴를 제외하고는, 무한정 지속될 수 있는 것이다. 마르크스도 이 점에 대해서는 동의했을 것이다.

28 이 점에 대해서 마르크스만 이렇게 생각한 것은 아니었다. 그는 이런 접근 방법의 허약함을 알았을 것으로 보아야 한다. 이 주제에 대한 그의 언급은 제3권에 나오는데, 그의 최종 견해를 적어놓은 것이라고 볼 수 없다.

29 『자본론』 제1권 25장. 이 문장 바로 다음에, 마르크스는 현대의 경기 순환론 연구자들에게 익숙한 방향으로 한 걸음 더 나아간다. "효과는 이어서 원인이 된다. 전체 과정의 변화하는 사건들은, **늘 그것들의 조건들을 재생산하면서**(저자인 슘페터의 강조) 주기성의 형태를 취한다."

30 엥겔스는 여기서 한 발 더 나아갔다. 마르크스의 제3권에 대한 엥겔스의 노트는 그가 장기적인 경기 파동의 존재를 의심했다는 걸 보여준다. 하지만 그는 1870년대와 1880년대의 불황 속에 깃든 번영의 상대적 허약함과 불황의 상대적 강렬함을 장기적 파동의 불황 효과라기보다는 구조적 변화로 해석하려 했다(현대의 많은 경제학자들이 전후의 발전 사항, 특히 지난 10년의 발전 사항에 대하여 엥겔스처럼 해석하고 있다). 하지만 엥겔스의 견해는 장기적 순환을 다룬 콘드라티예프*의 저서를 예고한다.

* 콘트라티예프(Nikolai Dmitrievich Kondratiev 또는 Kondratieff, 1892~1938)는 『장기 파동론』(The Major Economic Cycles, 1925)의 저자로, 50년을 주기로 물가 파동이 일어난다는 '콘드라티예프 파동'을 주장한 러시아의 경제학자.

31 이 점을 납득하기 위하여 독자는 이 책의 67쪽의 인용문(『자본론』 제1권 32장의 문장)을 다시 읽어보면 될 것이다. 마르크스는 이 아이디어를 종종 만지작거렸지만, 이것을 전적으로 받아들이지는 않았다. 이것은 의미심장한 일이다. 일반화의 기회를 포기하는 것은 그의 방식이 아니기 때문이다.

32 『금융 자본론』(Das Finanzkapital, 1910). 힐퍼딩 이전에도 여러 가지 2차적 정황에 근거한 의심의 목소리들이 있었다. 즉, 마르크스가 자신이 확립했다고 생각하는 경향들을 과도하게 활용했고, 또 사회 진화가 자신의 주장보다 훨씬 더 복잡하고 모순되는 과정이라고 마르크스가 생각했다는 것이다. 여기서는 베른슈타인(Eduard Bernstein, 1850~1932, 독일 사회 민주당의 일원으로 사회 민주주의 정치 이론가)만 언급하면 충분하다. 이 책의 26장을 참조할 것. 하지만 힐퍼딩의 분석은 이런 정상 참작 사유를 호소하지 않는다. 그는 원칙과 마르크스의 터전에 입각하여

마르크스의 결론을 공격한다.

33 이 명제는 종종 경기 변동은 시간이 갈수록 순탄해진다는 명제와 혼동된다(심지어 이 명제의 저자도 그러하다). 이것은 그럴 수도 있고 아닐 수도 있다(1929~1932년의 불황은 이것을 부정하지는 않는다). 하지만 자본주의 **체제**의 보다 견고한 안정성, 즉 가격과 수량의 시계열상의 안정된 행태가 공격을 견뎌내는 자본주의적 **질서**의 보다 견고한 안정성을 의미하는 것은 아니다. 이 둘은 서로 연결되어 있지만 동일한 것은 아니다.

34 마르크스의 충직한 제자들이 마르크스가 역사적 경제학파의 목표를 설정해주었다고 주장한다면, 그 주장을 간단히 물리치기는 어렵다. 하지만 슈몰러 학파(역사학파)의 작업은 마르크스의 주장과는 상당히 독립되어 있는 것이었다. 따라서 마르크스의 제자들이 오로지 마르크스만이 역사를 합리적으로 설명할 수 있었고, 역사학파 사람들은 의미도 모른 채 사실만 기술했다고 주장한다면, 그것은 그릇된 주장이다. 역사학파 사람들도 분석을 할 줄 알았기 때문이다. 역사학파의 일반론이 덜 포괄적이고, 그들이 내세우는 이야기가 덜 선별적이기는 하지만, 그것이 오히려 그들의 장점이 되는 것이다.

4장 역사의 의미를 가르치는 마르크스

01 전형적인 마르크스 경제학자의 태도를 넘어서서, 마르크스 저서의 모든 문장을 액면 그대로 받아들이는 마르크스 숭배자들 사이에서 이런 비전문가적인 요소가 특히 눈에 띈다. 이것은 아주 의미심장한 일이다. 각국의 마르크스 그룹에 훈련된 경제학자 1명이 있다면 비전문가는 3명의 비율로 구성되어 있다. 그리고 이 경제학자도 이 책의 1부 서론에서 정의했던 그런 의미로만 마르크스주의자이다. 다시 말해 그는 마르크스의 사당에서 예배를 올리지만, 자신의 연구를 할 때에는 그 사당에 등을 돌리는 것이다.

02 일부 마르크스주의자들은 이렇게 대답할 것이다. 비非마르크스 경제학자들은 우리 시대를 이해하는 데 기여할 것이 별로 없다. 그런 점에서 마르크스의 제자는 한결 나은 위치에 있다. 아무것도 말하지 않는 것과 틀린 것을 말하는 것 중에 어떤 것이 더 좋은지는 논외로 하자. 우리는 마르크스주의자들의 그런 대답이 진실이 아님을 명심해야 한다. 비마르크스 성향을 가진 경제학자와 사회학자들은 개별적 문제들에 대하여 상당한 기여를 했다. 마르크스의 가르침을 오스트리아 학파, 왈라스 학파, 마셜 학파 등의 가르침과 비교해본다면, 그런 대답은 전혀

나올 수가 없다. 이 학파들의 구성원들은 대부분의 경우 경제 이론에 관심이 많았다. 따라서 이 학파들의 업적은 마르크스의 종합과 비교될 수 있는 것이 아니다. 오로지 마르크스의 이론적 장치와 비교 가능할 뿐인데, 이런 면에서 이들 학파가 훨씬 우위를 점한다.

03 노예를 얻기 위해 혹은 현지 노동력을 얻기 위해 추장에게 건네는 사치품들을 생각해 보라. 논의를 간결하게 하기 위해 다음 사실은 고려하지 않기로 한다. 즉 우리가 생각하는 자본 수출은 두 나라 사이의 전반적 무역의 일환으로 발생할 것인데, 이 무역에는 우리가 현재 생각하고 있는 특정 과정과 무관한 상품 거래도 포함되는 것이다. 이런 상품 거래들은 당연히 자본 수출을 크게 촉진시키지만 그 원칙에 영향을 미치지는 않는다. 나는 다른 형태의 자본 수출도 무시하겠다. 현재 논의 중인 이론은 국제 무역과 금융의 일반 이론으로 의도된 것이 아니기 때문이다.

04 우리에게 강요된 공허한 동어 반복의 위험은 개별 사례들에 의해 잘 예증된다. 가령 프랑스는 알제리, 튀니지, 모로코를 정복했고, 이탈리아는 아비시니아(에티오피아)를 무력으로 점령했다. 하지만 이렇게 한 데에는 어떤 뚜렷한 자본주의적 이해관계가 있는 게 아니었다. 그런 이해관계의 존재를 확정하는 것은 대단히 어려운 일이고, 또 그 후에 그런 이해관계가 정부의 압력에 의해 아주 느리고 불만족스럽게 진행되었다. 이것이 별로 마르크스적인 상황처럼 보이지 않으면, 이런 식으로 답변할 것이다. 잠재적인 혹은 예상된 자본주의적 이해관계의 압력 아래 조치가 취해졌고, 결국에는 그 밑바닥에 자본주의적 이해관계 혹은 객관적 필요가 "엄연히" 깃들어 있었다, 라고 말이다. 그런 다음에는 그런 주장을 뒷받침하는 증거를 찾아 나서게 되는데, 그런 식으로 찾다보면 증거가 영 없는 것도 아니다. 왜냐하면 자본주의적 이해관계라는 것은 다른 이해관계와 마찬가지로 주어진 모든 상황으로부터 영향을 받고, 또 그런 상황을 이용하기 때문이다. 게다가 자본주의 조직의 특정 조건들은 언제나 몇 가지 특징들을 제시하는데, 이런 특징들을 별 무리 없이 국가 팽창 정책과 연계시킬 수 있는 것이다. 이처럼 황당한 증거 수집에 나서게 되는 것은 선입견 때문이다. 선입견이 없다면 그런 수집에 나서지 않을 것이다. 아니, 그렇게 수집하려고 애쓸 필요도 없다. 그냥 "내가 그렇게 생각하기 때문에 사실이 그렇다"라고 말해버리면 그만이다. 내가 말하는 동어 반복적 설명이란 바로 이것이다.

05 각 나라가 실제로 식민지를 "착취"했다는 사실을 강조하는 것 또한 충분하지

못하다. 왜냐하면 그것은 한 나라 전체가 다른 나라 전체(혹은 모든 계급들이 다른 모든 계급들)를 착취한 것이기 때문이다. 이런 착취는 마르크스가 의미하는 착취와는 종류가 다르다.

06 그들이 늘 경제학에만 국한하여 처신하는 것은 아니다. 그들이 다른 문제에까지 나서면 그 결과는 영 신통치가 않다. 따라서 제임스 밀(James Mill, 1773~1836. 영국 경제학 교과서의 전통적 구성이 된 생산·분배·교환·소비의 4분법을 처음으로 사용한 영국의 경제학자·철학자·역사학자로 존 스튜어트 밀의 아버지)의 순수 경제 서적이 특별한 가치를 가지는 것은 아니지만 그럼에도 수준 이하라고 하면서 내칠 수가 없는 것이다. 진짜 한심한 난센스 — 그것도 아주 진부한 난센스 — 는 정부와 관련된 주제들을 다룬 그의 논문들에서 발견된다.

07 이 미신은 많은 단순한 사람들이 믿고 있는 또 다른 미신과 동격이다. 또 다른 미신의 내용은 이러하다. 선량하지만 단순한 일부 사람들은 현대의 역사를 다음과 같은 가설 위에서 설명한다. 이 세상 어딘가에 아주 현명하고 사악한 유대인들의 위원회가 있으며, 이 위원회가 국제 정치는 물론이고 모든 정치를 배후에서 조종한다는 것이다. 마르크스주의자들이 이 미신을 믿는 것은 아니지만, 그렇다고 그들이 믿는 미신이 이것보다 수준이 높다고 할 수도 없다. 여기서 솔직하게 고백하는 바이지만 나는 이런 두 가지 미신에 직면했을 때, 나 자신에게 만족스러운 답변을 내놓지 못해 애를 먹는다. 이것은 미신을 사실이라고 주장하는 사람들을 상대로 그 주장을 부인하기가 대단히 어렵기 때문만은 아니다. 이런 사람들에게는 국제적 사건이나 그 담당자들에 대한 직접적인 정보가 없기도 하지만, 그보다는 불합리한 사항을 인지하는 능력 자체가 아예 없기 때문에 나는 그들을 상대로 만족스러운 답변을 하지 못하는 것이다.

08 이 책의 2부 프롤로그 참조.

09 이 책의 3장 (7) 참조.

10 이 책의 3부 5장 참조.

11 이 점은 추후의 참조를 위해서도 주목해야 할 필요가 있다. 우리는 이 주제로 거듭 되돌아올 것인데, 특히 "시간의 충만함"의 기준을 다룰 것이다.

12 카를 카우츠키는 『잉여 가치 학설사』 서문에서 1905년의 러시아 혁명을 마르크스적 사회주의 혁명이라고까지 주장했다. 하지만 그 혁명에서 사회주의적이라고 할만한 것은 소수 지식인들이 사용한 마르크스적 선전 구호뿐이었다.

13 이 논의를 한층 더 밀고 나갈 수 있다. 노동 가치설에는 구체적으로 사회주의적인

것이 없다. 이 이론의 역사적 발전을 잘 알고 있는 사람들이라면 누구라도 이것을 인정할 것이다. 착취 이론에 대해서도 같은 얘기를 할 수 있다(단 이 이론을 홍보하는 선전 구호는 예외). 마르크스가 말한 잉여의 존재는 우리가 문명 속에 포함시키는 모든 요소들이 생겨나기 위한 필요조건이었다. 이 사실은 부정하기가 어렵다. 사회주의자가 되기 위해 반드시 마르크스주의자가 되어야 할 필요는 없다. 사회주의자가 되려는 사람은 마르크스주의자가 되는 것만으로는 불충분하다. 그 어떤 과학적 이론이든 사회주의적 결론 혹은 혁명적 결론을 억지로 각인시킬 수 있다. 하지만 과학적 이론이라고 해서 반드시 사회주의적 결론 혹은 혁명적 결론을 내포해야 하는 것은 아니다. 그리고 그 어떤 사회적 이론도 우리를 사회적 분노(영국의 극작가 버나드 쇼가 어디선가 사용한 용어) 속에 가두어두지 않는다. 물론 그 이론의 저자가 우리를 흥분시키기 위해 일부러 애를 쓰는 경우에는 예외이겠지만.

2부 자본주의는 살아남을 수 있는가?
5장 총생산량의 증가율

01 명백하지만 불쾌한 진실을 다루는 또 다른 방법이 있다. 즉, 그 사소함을 비웃어버리는 것이다. 또한 이런 비웃음은 반박의 기능을 발휘한다. 왜냐하면 일반 대중은 그런 비웃음이 (명백하지만 불쾌한 진실을) 부정할 방법이 없다는 것을 교묘하게 은폐하고 있다는 걸 모르기 때문이다. 이것은 사회 심리학의 역설적 사례이다.

02 번스(Arthur Frank Burns, 1904~1987), 『1870년 이후 미국에서의 생산 추세』(Production Trends in the United States Since 1870), 262쪽.

03 우리는 여기서 이 문제를 다룰 수는 없으며, 다음 장에서 이 문제를 간략하게 언급할 것이다. 이 주제를 자세히 다룬 졸저 『경기 순환론』(Business Cycles), 제9장 참조.

04 퍼슨스(Warren Milton Persons, 1878~1937), 『경기 순환의 예측』(Forecasting Business Cycles), 제11장 참조.

05 이 정도의 허용치는 실제로는 너무 큰 것이다. 밀스(Frederick C. Mills) 교수는 1901~1913년 사이에 3.1퍼센트, 1922~1929년 사이에 3.8퍼센트라고 보았다(건설 분야는 제외). 『미국에서의 경제적 추세』(Economic Tendencies in the United States, 1932) 참조.

06 "소비"는 자동차, 냉장고, 주택 등 내구 소비재의 취득을 포함한다. 우리는 일시적

소비재와 소위 "소비자 자본"이라는 것을 서로 구분하지 않았다.

07 그러니까 1인당 평균 실질 소득은 1.625퍼센트의 복리로 증가할 것이다. 제1차 세계대전 이전의 한 세기 동안 영국에서는 1인당 실질 소득이 거의 이 비율로 증가했다. 스탬프(Lord Stamp), 『부와 담세 능력』(Wealth and Taxable Capacity) 참조할 것. 이런 일치를 크게 신빙해서는 안 될 것이다. 하지만 이런 수치는 우리의 계산이 그리 황당무계한 것이 아님을 보여준다고 생각한다. 『국민 산업 회의국 연구 총서』(National Industrial Conference Board Studies), 제241호, 표 1, 6~7쪽에는 이런 문구가 보인다. 연방 준비 은행이나 국민 산업 회의국의 생계비 지수로 계산된 1929년의 1인당 국민 소득은 1829년의 4배이다. 이 자료 또한 영국과 유사한 결과를 보여준다. 물론 그 신빙성에 대해서는 의문의 여지가 있지만 말이다.

08 스탬프, 『부와 담세 능력』 참조. 통계 정보가 충분히 나와 있는 모든 나라들에서는 동일한 현상이 관찰된다. 관련 자료들에 나오는 다양한 기간의 경기 순환 효과를 그 통계 정보로부터 제거해버린다면 말이다. 파레토가 고안한 소득분배(혹은 소득 불평등) 측정 기준은 반박의 여지가 있다. 하지만 그런 사실(소득 불평등) 자체는 그런 단점과는 무관하게 존재한다.

09 이것들은 경기 순환에 관한 문헌들 중에서 주로 콘트라티예프의 이름과 관련 있는 "장기 파동"이다.

10 이것은 농산품에도 적용된다. 저렴한 대량 생산은 주로 대규모 자본주의적 기업의 작품이었다(철도, 운송, 농기계, 비료).

11 그 시리즈는 자주 도식화되고 분석되었다. 예를 들어 피구(Arthur Cecil Pigou, 1877~1959)의 『산업 변동』(Industrial Fluctuations) 또는 졸저 『경기 순환론』을 참조할 것. 어느 국가나 그 이하로는 내려가지 않는 최소한의 실업이 있고, 그 위에 순환 운동이 겹친다. 순환 운동 중 가장 강력한 것은 약 9년 내지 10년의 주기를 갖는다.

6장 그럴듯해 보이는 자본주의

01 이 명제는 일반 원리로서 그 어떤 **역사적** 시계열에도 적용된다. 왜냐하면 역사적 선후 관계라는 개념 자체가 경제 구조 내에서의 취소 불가능한 변화들을 암시하기 때문이다. 이 변화들은 당연히 특정 경제 수량의 법칙에 영향을 미친다. 따라서 아주 소극적인 추론의 경우에도 이론적 정당화와 통계적 처리가 필요한 것이다. 우리의 사례는 다음 사실에 의해 뒷받침된다. 생산량 계열에 의해 표현되는 포괄적

혼합물 내에서, 개별 사항들의 특이성은 어느 정도까지 서로의 의미를 상쇄시킨다.

02 이 책에서 사용된 '고전 경제학자들'이라는 용어는 1776년과 1849년 사이에 저서를 펴낸 영국 경제학자들을 가리킨다. 아담 스미스, 리카도, 맬서스, 존 스튜어트 밀 부자 등이 대표적이다. 최근에 고전 경제학자들이라는 말을 좀 더 폭넓은 의미로 사용하기 때문에 이런 단서를 명심하는 것이 필요하다.

03 나는 마르크스의 경우 이론과 비전을 구분하는 것이 중요하다고 강조했다. 사물을 정확한 관점으로 바라보는 능력(비전)과 정확하게 추론하는 능력(이론)은 서로 별개라는 사실을 명심하는 것이 중요하다. 이 때문에 아주 훌륭한 이론가인 사람도 완전한 헛소리를 지껄이는 것이 가능해진다. 특히 구체적인 역사적 패턴을 전반적으로 진단하는 문제에서 이런 일이 벌어진다.

04 마셜의 『경제학 원리』(Principles of Economics, 초판 1890)와 빅셀의 『정치 경제학 강의』(Lectures on Political Economy, 스웨덴어 초판 1901, 영역본 1934)를 특히 주목할만하다. 이 두 책은 형성기의 경제학자들에게 많은 영향을 미쳤고, 또 실용 정신에 입각하여 이론을 다루었다. 순전히 과학적 근거만을 고려한다면 왈라스(Marie Esprit Leon Walras, 1834~1910)의 저서를 더 우선시해야 할 것이다. 미국 학자로는 클라크(John Bates Clark, 1847~1938), 피셔(Irving Fisher, 1867~1947), 타우시그(Frank William Taussig, 1859~1940) 등을 주목할만하다.

05 이 책의 8장 (6)에서 더 논의하겠지만, 여기서 간략히 위 문장의 뜻을 밝히고자 한다. 이윤 경제의 메커니즘을 분석해보면, 완전 경쟁하에서 생산자의 이윤 추구가 생산을 극대화 한다는 원칙에 예외 사항들이 발견된다. 또 이 원칙의 증명은 다른 전제들을 요구하고 있어서 결국 이 원칙은 진부한 얘기로 추락해버린다. 다음 두 가지 사항을 고려해볼 때 이 원칙의 실제적 가치는 크게 훼손된다.

(1) 이 원칙은 증명 가능한 한도 내에서는 정태적 균형 상태에만 적용된다. 자본주의 현실은 무엇보다도 변화의 과정이다. 이런 변화를 감안하지 않고서 경쟁적 기업의 성과를 평가하는 것은 문제가 있다. 따라서 경쟁적 기업이 정태적(변화 없는) 상황에서 생산을 극대화할 것이냐 말 것이냐 하는 문제는 실제 현실과는 무관한 것이 되어버린다.

(2) 빅셀이 진술한 원칙은 마셜의 야심적인 원칙을 다소 정리한 형태로서, 경쟁적 산업은 욕망의 극대 만족 상태를 창출하는 경향이 있다는 주장이다. 이 원칙은 우선 관찰 불가능한 욕망이라는 심리적 기전을 언급하고 있으나 이에 대해서는 반론을 제기하지 않기로 하겠다. 아무튼 이 원칙 또한 진부한 얘기로 환원된다.

사회 내의 여건과 제도가 어떻든 간에, 인간의 행동이 합리적이라면 결국 주어진 상황을 최대한 활용한다는 그런 얘기다. 이것은 결국 합리적 행동을 정의하는 문제가 되어버리며, 인간은 원래 합리적이므로 결국 사회주의적 사회를 건설하게 될 것이라는 이론과 비슷한 이야기인 것이다. 최대 생산의 원칙 또한 이와 마찬가지이다. 이 원칙들은 경쟁적 개인 기업의 미덕을 구체화하지 않는다. 이렇게 말한다고 해서 그런 미덕이 존재하지 않는다는 뜻은 아니다. 단지 그런 미덕이 경쟁의 **논리**에는 내재하지 않는다는 뜻이다.

06 현대인들의 태도를 암시라도 하듯이, 아담 스미스는 상인의 이해관계와 대중의 이해관계 사이에는 커다란 차이가 있다고 강조했다. 대중의 이해관계에 대한 음모가 상인들의 디너파티에서는 언제라도 생겨날 수 있다고 그는 생각했다.

07 쿠르노의 『부富 이론의 수학적 원리에 관한 연구』(Recherches sur les Principes Mathématiques de la Théorie des Richesses, 1838).

08 이 때문에 후대의 불완전 경쟁 이론이 마셜에게까지 소급될 수 있다. 그는 이 현상을 자세히 언급하지는 않았지만, 그것을 자세하게 언급한 사람들보다 더 정확하게 그 현상을 꿰뚫어보았다. 무엇보다도 그는 이 현상의 중요성을 과장하지 않았다.

09 특히 체임벌린(Edward Hastings Chamberlin, 1899~1967)의 『독점적 경쟁 이론』(Theory of Monopolistic Competition, 1933)과 로빈슨(Joan Violet Robinson, 1903~1983)의 『불완전 경쟁의 경제학』(The Economics of Imperfect Competition, 1933)을 참고할 것.

7장 창조적 파괴의 과정

01 사실, 이런 관찰과 정리가 완벽하게 만족스러운 것은 아니다. 불완전 경쟁 이론은 통상적으로 중요한 많은 사례들에 대하여 충분한 주의를 기울이지 않는다. 그런 사례들 속에서 불완전 경쟁(정태적 이론으로 파악된 것)은 완전 경쟁의 결과에 접근하고 있는 것이다. 이렇게 완전 경쟁에 접근하고 있지 않은 다른 사례들도 나름대로 보상을 제공한다. 그런 보상은 생산지수에는 들어가지 않으나 생산지수가 측정하려고 의도하는 것에 기여한다. 가령 품질과 서비스로 명성을 얻어 자신의 시장을 지키는 회사가 그런 경우이다. 하지만 논의를 간단하게 하기 위하여, 우리는 이 원리의 존립 근거에 대해서는 문제 삼지 않을 것이다.

02 엄밀하게 말해서 이런 혁명들이 끊임없이 이루어지는 것은 아니다. 혁명은 산발적

인 돌진으로 벌어지는데 그 중간에는 비교적 평온한 시기도 존재한다. 하지만 그 과정은 전반적으로 끊임없이 작동한다. 늘 혁명이 벌어지거나 아니면 혁명의 결과를 흡수하는 과정이 있는데, 이 둘이 합쳐져서 이른바 경기 순환을 만들어낸다.

03 그처럼 바뀌어질 수 있는 것은 경제적 성과에 대한 우리의 평가이지 도덕적 판단에 대한 것은 아니다. 그 자율성 때문에, 도덕적 승인 혹은 불승인은 사회적(혹은 다른 어떤 것) 결과에 대한 우리의 평가와는 완전 무관하다. 하지만 우리가 공리주의 같은 도덕적 체계를 채택한다면 얘기는 달라진다. 공리주의는 **그 정의로 살펴볼 때**ex defintione 도덕적 승인 혹은 불승인을 사회적 결과에 대한 평가와 연계시키기 때문이다.

04 이것은 불완전 경쟁의 설명에서 자주 만나게 되는 공리에 의해서도 제시된다. 그 공리에 따르면 불완전 경쟁의 조건 아래에서 생산 규모나 상거래 규모는 불합리할 정도로 작아지는 경향이 있다. 그러나 불완전 경쟁이 현대 산업의 주된 특징이므로, 우리는 이런 이론을 내세우는 사람들이 과연 어떤 세상에서 살고 있는지 의아해진다. 그래서 위에서 언급한 대로, 그들은 아주 피상적이고 주변적인 사례들만 머릿속에 갖고 있는 게 아닐까 하는 생각도 든다.

05 소규모 소매업은 환경이나 개인 등의 특정한 조건들 때문에 그들(대기업)의 공격 위협에 대해서 반응을 할 수가 없고, 그래서 그들의 공격 위협은 통상적인 규율의 효과를 갖지 못한다. 왜냐하면 소규모 소매업은 비용 구조에 너무 손발이 묶여 있기 때문이다. 소매업 상인이 아무리 자신의 피할 수 없는 한계 내에서 관리를 잘 한다고 해도, 그는 경쟁자의 사업 방식에 적응할 수가 없다. 경쟁자들은 소매업 상인이 물건을 떼오는 가격에 그들의 물건을 팔아버리는 것이다.

8장 독점 기업의 행동

01 이론가들은 이 가능성을 인정하는 사람들이 커다란 오류를 저지른다고 생각하기 쉽다. 그러면서 은행, 개인 저축자, 소득세(공공 기업의 경우)에서 빌려오는 자금이, 제한적 정책에서 거둬들이는 잉여 이윤으로부터의 자금보다 더 합리적이라고 증명하려 들 것이다. 어떤 행동 패턴에서는 이론가들의 이런 주장이 옳다. 하지만 다른 행동 패턴에서는 그들의 주장이 틀렸다. 나는 자본주의나 러시아식 공산주의가 후자(다른 행동 패턴)에 속한다고 생각한다. 요점은 이런 것이다. 이론적 고려 사항들, 특히 단기적 종류의 이론적 고려 사항들이 문제 해결에 기여는 하겠지만

문제를 해결하지는 못한다. 이러한 점은 이 책 3부에서 다룰 것이다.
02 특히 "가격의 등가等價"를 유지하려는 정책은 의미가 없을 뿐 아니라 폐해가 가득하다. 이 점을 증명하기는 쉬운 일이다.
03 일부 경제학자들은 이런 장치들이 발전에 장애가 된다고 생각한다. 또 이런 장애는 자본주의 사회에서는 필요할지 모르나 사회주의 사회에서는 존재하지 않을 것이라고 본다. 이런 주장에는 일리가 있다. 하지만 그것이 다음의 명제에 영향을 미치지는 못한다. 이윤 경제에서 특허 등에 의해 제공되는 보호는 전반적으로 볼 때 경제를 촉진시키는 요소이지 억제하는 요소가 아니다.
04 여기에 이런 제한 조건을 부과하면, 위의 명제가 일으킬 수도 있는 죄과의 정당한 원인이라는 것이 없어지게 된다. 이런 제한 조건이 분명하게 이해되지 않는 분을 위해 이런 말을 되풀이하고 싶다. 모든 사례에서 그러하듯이, 이 경우에 도덕적 측면은 경제적 논의로부터 전혀 영향을 받지 않는다. 나머지 측면들에 대해서 말해보자면, 심지어 범죄적 행위를 심리함에 있어서도, 문명국가의 판사나 배심원은 그 범죄 행위의 궁극적 목적을 감안한다. 그리고 그 범죄 행위가 사회적으로 바람직한 효과를 가지고 있는가의 여부에 따라 죄질의 심리에 영향을 미친다. 또 다른 반론은 좀 더 정곡을 찌르는 것이다. 기업이 그런 불공정한 수단을 써야만 성공을 거둘 수 있다면 그것 자체가 사회적 이익에 반反하는 것이 아닌가, 하는 반론이다. 이런 견해를 뒷받침하기 위해 아주 간단한 논의를 세울 수가 있다. 하지만 그것은 아주 엄정하게 **다른 조건들이 동일하다면**ceteris paribus의 단서를 통과한 것이어야 한다. 다시 말해 창조적 파괴(자본주의의 현실)의 과정을 배제하는 조건들에서나 통하는 얘기이다. 우리가 논의하고 있는 관행을 특허와 비교해본다면 양자(독점과 특허)의 유사성이 쉽게 이해될 것이다.
05 이 점에 대하여 좋은 사례가 있는데 우리의 일반적 논의를 상당 부분 예증해준다. 그 사례는 자동차 산업과 레이온(인견) 산업의 전후 역사이다. 자동차 산업은 "편집된" 경쟁의 성격과 가치를 아주 잘 보여준다. 이 산업의 전성기는 1916년경에 끝났다. 그 후에도 다수의 회사들이 이 시장에 진출했지만, 1925년에 이르러 대부분 도태되었다. 치열한 생존 경쟁에서 3개 회사만 살아남았고, 현재는 이 회사들이 자동차 매출의 80퍼센트 이상을 차지하고 있다. 그들은 기득권의 장점에도 불구하고 정교한 판매 기법과 서비스 조직 등 엄청난 경쟁의 압력을 받고 있다. 제품의 수준을 유지 혹은 개선하지 못하거나 독점적 담합을 시도하려 들면 곧바로 새로운 경쟁자를 불러들이게 된다. 이들 3사는 경쟁적이라기보다 협조적인 방식으로

움직인다. 그들은 특정한 공격적 방식은 자제한다(이런 공격 방식은 완전 경쟁하에서도 존재하지 않는다). 3사는 서로 경쟁함으로써 판매 일선에서 점수를 딴다. 이런 방식이 이제까지 근 15년 동안 지속되어왔다. 만약 이 기간 동안에 이론적 완전 경쟁의 조건들이 지켜졌다면, 더 좋고 더 값싼 자동차가 일반 대중에게 제공되었을까? 또 더 높은 임금과 안정된 고용이 노동자들에게 제공되었을까? 인견 산업은 1920년대가 전성기였다. 이 산업은 기존 상품이 이미 충분히 점령되어 있는 영역에 도입될 때의 특징을 보여준다. 또한 자동차 산업의 경우보다 더 분명하게 그런 상태에서 요구되는 정책들을 보여준다. 물론 두 산업 사이에는 많은 다른 차이들이 있다. 하지만 근본적으로 사정은 유사하다. 인견의 수량과 품질이 확대되었다는 것은 모두가 알고 있는 상식이다. 개개의 시점에서 이런 발전을 주도했던 것은 제한 정책이었다.

06 불행하게도 이런 진술은 정부 규제에 대한 철저한 반대만큼이나 정책에 대한 합의를 가로막는 장애물이다. 사실, 그것은 논의를 아주 쓸쓸한 것으로 만들어버린다. 정치가들, 관리들, 경제학자들은 "경제적 충성파"의 (정부 규제에 대한) 전면적인 부정은 견뎌낼 수 있다. 하지만 그들의 업무 능력에 대한 의심, 특히 사람들이 관료적·사법적 정신이 작용한다고 생각할 때 갖게 되는 의심은 그들을 훨씬 견디기 어렵게 만든다.

07 이 정의는 우리의 목적을 위해서는 충분하지만 다른 목적에는 충분하지 못하다. 1937년 『정치 경제학 저널』(Journal of Political Economy) 10월호에 실린 험프리(Don D. Humphrey)의 논문 「가격 경직성의 본질과 의미」(The Nature and Meaning of Rigid Prices, 1890~1933), 그리고 『정치 통계 리뷰』(Review of Economic Statistics) 1938년 5월호에 게재된 메이슨(Edward Sagendorph Mason, 1899~1992)의 논문 「가격 경직성」(Price Inflexibility)을 참조할 것. 메이슨 교수는 가격 경직성이 일반적인 생각과는 달리 증가하지 않았고, 또 40년 전보다 더 크지도 않다고 말한다. 이런 결과는 현재 널리 유통되고 있는 경직성 이론의 일부 의미를 무효로 만든다.

08 일반적으로 말해서, 가격이 완전 경쟁의 조건하에서 떨어지는 것처럼 그렇게 떨어지지는 않는다. 이것은 **다른 조건들이 동일하다면**의 조건에서나 진실이다. 이 단서가 이 명제로부터 실제적인 중요성을 빼앗아버린다. 나는 앞에서 이 점을 지적했고, 이어지는 (5)에서 다시 언급할 것이다.

09 복지의 관점에서 보자면, 우리의 정의와는 다른 정의를 채택하는 것이 적절하다. 그런 다음 주어진 수량의 소비자 제품들을 구매하기 위해 돈을 벌어들이는 노동

시간의 관점에서 가격 변화를 측정해야 한다. 또 제품의 품질 변화도 감안해야 한다. 우리는 앞서 논의를 해오는 과정에서 이미 이렇게 했다. 그 결과 장기적인 하향 신축성이 드러나는데, 이것은 참으로 인상적이다. 가격 수준의 변화는 또 다른 문제를 야기한다. 그런 변화가 화폐의 영향을 반영하는 것이라면, 경직성 탐구의 목적을 위해서는 그런 변화를 제거해야 한다. 하지만 그런 변화가 생산의 모든 라인에서 증가된 효율성의 종합적 효과를 반영하는 것이라면, 그것을 제거해서는 안 된다.

10 여기서 말하는 단기간이라는 것은 일반적으로 사용하는 "단기간"이라는 용어의 의미보다 훨씬 더 긴 기간을 의미한다. 때때로 10년 혹은 그 이상이 걸린다. 단 하나의 사이클이 있는 것이 아니라 다양한 기간의 동시다발적 사이클들이 있다. 그중 가장 중요한 것은 평균 9년 반이 걸린다. 가격 조정을 필요로 하는 구조 변화는 중요한 사안일 경우 이처럼 장기간에 걸쳐 벌어진다. 엄청난 변화는 이보다 더 긴 기간을 통해서만 모습을 드러낸다. 알루미늄, 인견, 자동차 가격 등을 공정하게 평가하기 위해서는 약 45년 동안 관찰해야 한다.

11 이렇게 하는 가장 좋은 방법은 관련된 **모든** 전제 조건들을 면밀히 검토하는 것이다. 강력한 사례들뿐 아니라 일어나기 쉬운 약한 사례들까지도 모두 포괄해야 한다. 가격 인상에서 나오는 이윤은 도산을 회피하기 위한 수단일 수도 있고, 생산을 중단해야 하는 필요성 때문일 수도 있다. 이 두 가지는 전체 지출의 감소보다 더 강력하게 하향 "악순환"을 유발한다. 전체 지출의 감소에 대한 논평도 참조할 것.

12 이론가들은 이 점을 이렇게 설명한다. 불황에서의 수요 곡선은 모든 가격 지지대를 제거해버리면 아주 급격하게 하향 곡선을 그린다.

13 부수적으로 다음 사항을 주목해야 한다. 현재 논의 중인 제한적 관행(이것이 상당 정도로 존재한다고 보고)은 사회 복지에 관하여 보상적 효과가 없지 않다. 사실, 발전의 장애에 대해서 말하는 비판가들이 동시에 자본주의적 발전의 속도에 부수되는 **사회적** 손실들을 강조한다. 특히, 그 속도가 실업을 가져오고, 속도를 좀 느리게 가져가면 실업이 어느 정도 완화된다고 말한다. 그렇다면 기술의 진전이 그들이 볼 때 너무 빠른 것인가, 아니면 너무 느린 것인가? 그들은 마음의 결정을 내려야 한다.

14 그 논의가 정확하다고 할지라도 다음 주장을 뒷받침하기에는 충분하지 못하다. 제시된 조건들 아래서 자본주의는 "기술적 진전과 양립할 수 없다"라는 주장

말이다. 몇몇 사례들에 있어서, 그 논의가 증명하는 것은 새 방법이 도입되는 데에 통상적인 시차 지연이 있다는 것뿐이다.

15 물론 다른 많은 요소들이 있다. 몇몇 원칙의 문제들을 다루는 데 있어서 거론된 토픽들을 모두 공정하게 대한다는 것은 불가능하다. 독자들은 이 점을 양해해주기 바란다.

16 이른바 이들 독점은 최근에 침략국에게 일정한 필수품을 제공하지 말자는 제안과 관련하여 수면 위로 떠올랐다. 이 문제의 교훈은 하나의 유사성에 의하여 우리 문제와 관련을 맺게 된다. 처음에 그런 무기의 가능성이 많이 고려되었다. 하지만 이 문제를 더 깊이 생각한 결과, 사람들은 그런 필수품의 리스트가 줄어드는 것을 발견했다. 왜냐하면 문제의 지역에서 생산될 수 없거나 대체될 수 없는 물품들이 아주 적다는 게 분명해졌기 때문이다. 그리하여 이런 생각이 생겨나게 되었다. 단기적으로 그들 침략국에 대하여 어느 정도 압력을 가할 수 있을지 모르지만, 장기적 발전은 그 리스트의 물품들을 모두 (압력용으로는) 무용지물로 만들어 버리게 될 것이다.

17 아담 스미스와 고전 경제학자들은 후대의 경제학자들에 비해 그런 무비판적 태도를 용서받을만한 근거를 더 많이 갖는다. 왜냐하면 그들의 시대에는 현대적 의미의 대기업이 등장하지 않았기 때문이다. 하지만 그렇다 하더라도 그런 무비판적 태도는 너무 심한 것이었다. 이렇게 된 것은 대체로, 그들에게 만족스러운 독점 이론이 없었기 때문이다. 그래서 그들은 이 용어를 다소 무분별하게 사용했다(아담 스미스와 심지어 시니어까지도 토지 임대료를 독점 소득으로 생각했다). 또 그들은 독점 사업자의 수탈권을 거의 무제한적이라고 생각했는데, 이것은 극단적인 사례들에서도 물론 맞지 않는 얘기이다.

18 이러한 사례는 이 용어가 불법적으로 사용되는 방식을 보여준다. 농업의 보호와 농산물의 독점은 완전 별개의 것이다. 투쟁은 보호와 관련된 것이지, 있지도 않은 지주와 농부의 카르텔에 관한 것이 아니었다. 농업의 보호와 싸우는 데 있어서 이 용어를 좀 더 격려해줄 필요가 있었다. 그렇게 하는 데 있어 보호주의자를 독점 옹호자라고 부르는 것처럼 간단하면서도 좋은 방법이 따로 없었다.

19 특수한 유형의 두뇌 우수성은 대체로 아주 분명하게 드러난다. 그러나 열등한 두뇌들은 그 소유자들이 완전 무시될 때에는 그것을 인정하려 들지 않는다. 그리고 일반 대중과 기록을 담당하는 경제학자들의 마음은 우수한 두뇌보다 열등한 두뇌 편을 든다. 이것은 비용과 품질이 준(準)독점적으로 결합되어 있는 이점을 에누리하

여 보려는 경향과 관련이 있다. 과거에는 이런 비용과 품질의 결합을 과장해서 선전하는 경향이 있었다면, 현재에는 그것을 낮추어 보려는 경향이 있다.

20 미국의 알루미늄 회사는 위에서 정의한 전문적 의미의 독점 기업이 아니다. 그 주된 이유는 이 회사가 수요 스케줄을 스스로 키워야 했기 때문이다. 이 사실만으로도 이 기업은 쿠르노-마셜 도식의 독점 행위와 일치하지 않는다. 그러나 대부분의 경제학자들은 이 회사를 독점 기업이라고 부르고 있다. 더 좋은 사례가 없기 때문에, 이 주석의 편의를 위하여 우리도 그들의 주장을 따르기로 하자. 1890년에서 1929년까지 이 독점 기업의 기본 제품 가격은 약 12퍼센트 떨어졌다. 미국 노동통계국(B.L.S: Bureau of Labor Statistics)의 도매 물가 지수를 적용하면, 가격 수준은 약 8.8퍼센트 떨어졌다. 생산은 30메트릭 톤에서 10만 3,400메트릭 톤으로 증가했다. 특허에 의한 이 기업의 보호는 1909년에 정지되었다. 이 "독점 기업"을 비용과 이윤의 측면에서 비판하고 있는 논의들은 다음 사항을 당연한 것으로 간주한다. 즉, 만약 다수의 경쟁하는 기업들이 허용되었더라면 그들도 비용 절감 연구, 생산 장치의 경제적 발전, 제품의 새로운 사용법 교육, 낭비적 요소의 회피 등에서 이 독점 기업 못지않게 성공적이었을 거라고 가정하는 것이다. 독점을 비판하는 사람들은 모든 논의에서 이런 가정을 당연시한다. 다시 말해 현대 자본주의의 추진력 요소가 저저 생기는 것이라고 가정하고 있다.

21 앞의 (1) 참조.

22 우리는 이 주제에 대해 깊이 논의할 수 없으므로, 독자들은 1935년 『경제 저널』(Economic Journal) 3월호에 실린 칸(Richard Ferdinand Kahn, 1905~1989)의 논문 「이상적 생산량에 대한 소고小考」(Some Notes on Ideal Output)를 참조할 것. 이 논문은 이 주제를 상당 부분 커버하고 있다.

23 동태(dynamics) 라는 용어가 느슨하게 사용되면서 많은 다른 의미를 갖게 되었다. 위의 정의는 프리슈가 정식화한 것이다.

24 동태 이론의 결정적 특징은 그 이론이 적용되는 경제 현실의 본성과는 아무런 관련도 없다. 그것은 특정 과정에 대한 연구라기보다 일반적인 분석 방법이다. 우리는 그것(동태 이론)을 정태적 경제를 분석하는 데에도 사용할 수 있다. 이것은 발전하고 있는(동태적) 경제를 정태론의 방법으로 분석할 수 있는 것("비교 정태론")과 마찬가지이다. 그리하여 동태 이론은 창조적 파괴의 과정을 특별히 인식할 필요도 없고, 또 그렇게 하지도 않았다. 우리는 창조적 파괴를 자본주의의 본질이라고 보는데도 말이다. 동태 이론은 자본주의 과정을 분석하는 데에서 발생하는

메커니즘의 많은 문제들을 정태 이론보다 더 잘 다룰 수 있다. 하지만 이것은 그 과정 자체에 대한 분석은 아니고, 주어진 상태와 구조의 개별적 교란 사항들과 기타 교란 사항들을 다룰 뿐이다. 따라서 자본주의 진화(발전)의 관점에서 완전경쟁의 기능을 판단한다는 것은, 그 기능을 동태 이론의 관점에서 파악하는 것과 같은 게 아니다.

9장 사냥 금지의 계절

01 이 진술이 완전히 만족스럽지는 않지만 우리의 목적을 위해서 이 정도면 충분하다. 전체적으로 볼 때 세계의 자본주의 영역은 그 무렵 크게 발달했으며, 그 반대의 경향(자본주의를 방해하는 경향)이 작용하는 한도를 초월하여 발전했다.

10장 투자 기회의 소멸

01 5장 102~103쪽 참조.
02 졸저인 『경기 순환론』(Business Cycle) 제15장 참조.
03 이것은 인구의 절대수가 약간 감소하는 현상에 대해서도 진실이다. 이런 현상은 얼마 지나지 않아 영국에서 벌어질 것으로 예상된다. 1935년의 『런던 케임브리지 이코노믹 서비스』 특별 보고서(London and Cambridge Economic Service, Special Memorandum), No.40에 실린 찰스(Enid Charles, 1894~1972)의 「임신과 사망률의 현재 동향에 미치는 영향」(The Effect of Present Trends in Fertility and Mortality) 참조. 인구수가 상당히 감소하면 추가적인 문제가 발생한다. 우리는 이것을 무시할 것이다. 왜냐하면 우리가 다루고 있는 시간 범위 내에서는 이런 문제가 벌어지지 않으리라고 보기 때문이다. 하지만 경제적, 정치적, 사회-심리적 문제들이 인구 노령화에 의해 제기된다. 이런 현상들이 이미 나타나고 있지만 — 실제로 "노인들의 로비"라는 것이 있다 — 우리는 이 문제 역시 다룰 수가 없다. 은퇴 연령이 그대로인 한, 경제에 기여하는 바 없이 부양해주어야 하는 사람들의 비율은 15세 이하의 인구가 감소하는 비율에 의해 영향을 받지 않을 것이다.
04 많은 경제학자들이 다음과 같은 생각을 품고 있는 듯하다. 즉, 인구 **그 자체의** 증가는 투자 요구의 또 다른 원천이라는 것이다. 새 노동자들에게 도구와 그 보완물인 원료를 주어야 할 것이 아닌가? 라는 얘기이다. 하지만 이것은 명백하지가 않다. 인구 증가가 임금을 압박하지 않는 한, 투자 기회의 증가 예상은 동기가 결핍되어 있다. 인구 증가가 임금을 압박하는 경우일지라도, 고용인구 1인당의

투자 감소가 기대될 뿐이다.
05 클라크(Colin Clark, 1905~1989)의 『국민 소득과 지출』(National Income and Outlay, 1937), 21쪽 참조.
06 17세기 이후 미래 인구에 대한 예측은 거의 언제나 틀렸다. 여기에 대해서는 나름대로 이유가 있다. 심지어 맬서스의 원리에 대해서도 변명의 여지는 있을 수 있다. 그렇다고 그 원리가 아직까지도 살아남아야 할 이유가 있는 것은 아니다. 19세기 후반 맬서스의 인구 법칙 중 가치 있는 부분이 그 한정 조건이었다는 건 누구에게나 자명했다. 20세기의 첫 10년 동안에 그 법칙이 엉터리로 드러났다. 하지만 케인즈 같은 전문가도 전후 시대에 이 원리를 되살리려고 애썼다! 1925년에 이르러 라이트(H. Wright)는 그의 인구론 저서에 다음과 같이 썼다. "단순한 인구수의 증가를 두고서 문명의 소득을 낭비하고 있다." 왜 경제학들은 철이 들지 않는 것일까?

11장 자본주의 문명

01 이런 유형의 연구는 훨씬 오래 전으로까지 소급된다. 하지만 나는 새로운 단계가 레뷔-브륄(Lucien Lévy-Bruhl, 1857~1939)로부터 시작되었다고 생각한다. 특히 그의 저서 『열등 사회의 심리 기능』(Les fonctions mentales dans les sociétés inférieures, 1909)과 『초자연적인 것과 원시적 심리의 본성』(Le surnaturel et la nature dans la mentalité primitive, 1931)을 참조할 것. 전자와 후자 사이에는 커다란 입장 차이가 있는데, 그 이정표는 『원시적 심성』(La mentalité primitive, 1921)과 『원시적 심리』(L'âme primitive, 1927)에서 찾아볼 수 있다. 우리의 논의를 위해서 레비-브륄은 특히 유용한 학자이다. 그는 우리의 주장 — 실제로 그의 작업은 이 주장에서 시작한다 — 을 전폭적으로 공유하고 있기 때문이다. 그 주장은 이러하다. 사고방식의 "집행적" 기능과 인간의 심리 구조는 부분적으로 그가 활동하는 사회 구조에 의해 결정된다. 레비-브륄은 이런 주장을 정립하면서 마르크스보다는 콩트로부터 영향을 받았지만, 이는 우리의 논의와는 무관하다.

02 이 문장에 대하여 한 호의적인 비판가가 나에게 이런 조언을 해주었다. 이렇게 말하면 물리학자의 "힘"도 주술적 장치가 되므로, 이것은 아마도 나의 의도가 아닐 것이라고. 하지만 그게 바로 내가 뜻하는 바이다. 힘이라는 용어를 "상수常數에다가 변위變位의 제2차 미분을 곱한 것"으로 정의한다면 얘기는 달라지겠지만 말이다. 본문 중 이 문장의 다음다음 문장을 참조할 것.

03 명백한 반대를 방어하기 위하여 이러한 칸트적 표현을 선택했다.

04 이 요소는 좀바르트에 의해 강조되었으며, **그의 방식을 따라**suo more 지나치게 강조되었다. 복식 부기는 길고 구불구불한 길의 마지막 단계였다. 그 바로 전 단계는 때때로 재고를 파악하여 손익 계산을 해보는 관행이었다. 『토스카나 향토사 총서』(Biblioteca Storica Toscana, 1932) 제7권에 실린 사포리(A. Sapori)의 글을 참조할 것. 루카 파치올리(Luca Pacioli)의 부기에 관한 논문(1494)은 출판 연도로 봤을 때 중요한 이정표를 제공한다. 국가의 역사와 사회학을 살펴보는 데 있어서 합리적 부기가 18세기까지 공공 자금의 관리에 도입되지 않았다는 사실을 파악하는 것이 중요하다. 또 18세기에 도입되었지만 불완전한 상태였으며 "중상주의 경제 정책적" 부기의 원시적 형태였다.

05 우리는 중세의 사회 구조를 정태적인 것 혹은 경직된 것으로 보려는 경향이 있다. 파레토의 용어에 따르면, 끊임없는 **귀족 제도의 순환**circulation des aristocracies이 있었다. 서기 900년의 최상류층은 1500년에 이르러 사실상 사라졌다.

06 사실상 메디치 가문도 예외가 아니었다. 그들은 막강한 부 덕분에 피렌체 공화국의 통제권을 획득했지만, 이 가문의 역할을 설명해주는 것은 그 통제권이었지 가문의 부 그 **자체**가 아니었다. 아무튼 그들은 중세의 최상류층에 오른 유일한 상인 가문이었다. 진짜 예외는 자본주의의 진화가 새로운 환경을 **창조했거나**, 혹은 중세의 사회 계층을 완전히 붕괴시킨 경우이다. 가령 베네치아와 네덜란드의 자본주의 진화가 그런 경우이다.

07 **직접적인** 목표를 가리킨다. 왜냐하면 지난 몇 페이지에 걸친 분석은 다른 목적들을 위해서도 우리에게 도움이 될 것이기 때문이다. 자본주의와 사회주의라는 커다란 주제를 진지하게 토론하는 데 있어서 그 분석은 근본적인 것이다.

08 심지어 마르크스 자신도 그 당시에 이미 지나갔거나 지나가고 있는 조건들을 언급함으로써 자신의 주장을 강화하는 것이 바람직하다고 생각했다. 그의 시대에는 이런 종류의 비난이 오늘날처럼 그리 어리석은 것은 아니었다.

09 우리는 1부 4장에서 이미 제국주의에 관한 마르크스의 이론을 다루었다. 이를 참조할 것.

12장 허물어지는 보호 장벽들

01 분트*는 이것을 목적의 이상異狀 생식生殖(Heterogonie der Zwecke)이라고 불렀다.

* 분트(Wilhelm Maximilian Wundt, 1832~1920)는 현대 심리학의 창시자 중 한

명으로 알려진 독일의 철학자이자 의사, 생리학자.
02 갈리카니즘*은 이것의 이데올로기적 반사 행동에 지나지 않는다.
  * 갈리카니즘(Gallicanism)은 프랑스의 가톨릭교회가 교황권을 제한하며 신학적으로나 정치적으로 독립하려 했던 경향이나 사상.
03 이러한 추론의 노선은 이 책의 4부에서 다시 다룰 것이다.
04 그러나 몇몇 정부들은 이 문제를 의식했다. 독일 제국의 정부는 이러한 종류의 합리화와 적극적으로 싸웠으며, 이제 미국에서도 이와 같이 하려는 강력한 경향이 있다.

13장 점점 커지는 적개심

01 내가 합리화하다(rationalize)라는 동사를 두 가지 다른 의미로 사용했다고 해서 혼동을 일으키지 말기 바란다. 산업 공장은 지출 단위당 생산 효율이 높아지면 "합리화"되는 것이다. 우리의 행동에 대하여 이유들을 제시하면 우리는 스스로를 "합리화"하는 것이다. 단, 그 이유는 우리의 가치 기준을 충족시켜야 한다. 여기서 우리의 진정한 충동이 무엇이었는지는 무관한 문제이다.
02 모든 사회 체계는 반항에 대해서 민감하다. 또, 모든 사회 체계에서 반항을 일으켜 성공을 거두면 크게 수지가 맞는다. 따라서 반항은 지력과 완력을 필요로 한다. 특히, 중세 시대에 더욱 그러했다. 하지만 그들의 상급자를 상대로 반역을 일으킨 무사 귀족들은 개인이나 개인의 지위를 공격했을 뿐, 봉건 제도 자체를 공격한 것은 아니었다. 전반적으로 봤을 때 봉건 사회는 그 사회 체계에 대한 공격을 의식적으로나 무의식적으로나 권장하지 않았다.
03 섭섭하게도 『옥스퍼드 영어 사전』은 내가 지식인이라는 용어에 부여하고 싶은 의미를 열거하지 않았다. 다만 "지식인들의 저녁 식사"라는 표현은 제시하고 있다. 또 "지성의 탁월한 능력"에 대해서는 영 다른 방향으로 해석하고 있다. 나는 당황했지만, 그렇다고 내 목적에 도움이 될만한 또 다른 용어를 발견할 수도 없었다.
04 웰링턴 공작의 말은 제닝스(L.J. Jennings)가 1884년에 편집한 『크로커의 논고』(The Croker Papers)에 나온다.
05 피에트로 아레티노(Pietro Aretino), 1492~1556.
06 하지만 영국에서는 팸플릿 작가의 영향력과 중요성이 17세기에 크게 증대했다.
07 윌크스가 거둔 성공의 중요성을 내가 과장했다고 판단하는 정치사가는 없을 것이다. 다만, 그를 프리랜스(free lance)라고 부르거나, 또 그가 집단의 후원을 받았을

뿐 개인으로부터는 후원을 받은 게 없다는 주장에 대해서는 반론이 있을지도 모른다. 그는 초창기에 분명 동아리들(coterie)로부터 격려를 받았다. 하지만 자세히 검토해 보니, 이것이 결정적으로 중요한 것이 아니라고 생각된다. 그가 후에 받은 지원, 금전, 영예는 그가 예전에 대중을 상대로 해서 얻은 성공과 지위의 결과였다.

08 대규모 신문사의 출현과 최근의 발전은 내가 강조하고자 하는 두 가지 사항을 예증한다. 첫째, 사회 형태를 구성하는 **모든** 요소는 다양한 측면, 관계, 효과를 갖는다. 따라서 간단하면서도 일방적인 명제를 허용치 않는다. 둘째, 단기적 현상과 장기적 현상을 구분하는 것이 중요하다. 단기냐 장기냐에 따라 때때로 정반대의 명제들이 진실로 성립되기 때문이다. **대규모** 신문사는 대부분 자본주의적 기업이다. 이렇게 말한다고 해서 그 신문사가 자본주의 이해나 다른 계급의 이해를 대변한다는 **의미**는 아니다. 하지만 때로는 대변할 수도 있다. 그들은 다음과 같은 동기들 때문에 그렇게 하는데, 그 중요성은 다소 제한적이다. 첫째, 신문은 자본가 그룹의 이해와 견해를 홍보해주기 때문에 그 그룹으로부터 지원을 받는다(하지만 신문사의 매출이 크고 많으면 이런 요소는 줄어든다). 둘째, 신문은 부르주아 독자의 취향을 맞추는 기사를 써댔고, 이것은 1914년까지는 맞는 얘기였다. 하지만 그 이후에는 점점 정반대 방향(대중 영합적)으로 나아가고 있다. 셋째, 광고주들은 자신들의 비위에 맞는 신문 매체를 선택하나, 이 일에 대하여 사무적인 태도를 보인다. 넷째, 신문사의 오너들은 매출과 상관없이 일정한 보도 방향을 고집할 수 있다. 하지만 이것도 어느 정도까지이다. 그들은 매출과 관련된 금전적 이해와의 갈등이 깊어지면 오래 버티지 못한다. 달리 말해서 대규모 신문사는 지식인(언론인) 그룹의 지위를 높여주고 영향력을 증대시키는 가장 강력한 도구이다. 하지만 대기업 신문사가 지식인 그룹의 완벽한 통제 아래 있는 것은 아니다. 고용과 더 넓은 의미의 대중, 그리고 "조건이 달린 광고" 등을 그들이 마음대로 하지 못하는 것이다. 이런 것들은 주로 단기적으로 중요한 사안들이다. 자기 하고 싶은 대로 하는 더 큰 자유를 위한 싸움에서 개별 언론인들은 쉽게 패배를 당한다. 그리하여 이런 단기적 측면 — 그리고, 과거 조건들에 대한 지식인 그룹의 기억 — 이 지식인들의 마음속에 깊이 각인되고, 또 그들(언론인 지식인들)이 노예 같은 신분에서도 고상하게 순교하고 있다는 일반 대중에게 그려 보이는 그림의 색깔을 결정하는 것이다. 하지만 실제에 있어서는 정복의 그림인 것이다. 이 경우에 정복과 승리는 다른 많은 경우들과 마찬가지로 패배의 모자이크이다.

09 현재 이러한 발전은 대부분의 사람들에 의하여 다음과 같은 이상의 관점에서 관찰된다. 즉, 그 이용을 위하여 끌어들일 수 있는 모든 사람들에게 적합한 유형의 교육 시설을 만든다는 이상이다. 이 이상은 아주 강력하게 지지되어서 그에 대한 의심은 흔히 무례한 것으로 받아들여진다. 이러한 상황은 그 이상에 반대하는 사람들의 논평들(때때로 너무 경박한)에 의해서도 개선되지 않고 있다. 우리는 여기서 교육과 교육 이상들의 사회학에 속하는 아주 복잡한 문제들과 부딪히지만, 우리는 지면의 한계 때문에 그 이상들을 공격하지 못한다. 그런 이유로 나는 위의 문단을 두 개의 객관적이고 반박 불가능한 진부한 원리들에만 국한시켰던 것이다. 그리고 이 원리들은 우리의 논의에 당장 필요한 것이다. 물론 이 원리들은 옆으로 젖혀두어야 하는 더 큰 문제들을 처리해주지 못하므로, 이것은 내 설명의 불완전함을 보여준다.

10 독자들은 이런 이론들이 비현실적이라는 사실을 보게 될 것이다. 설사 자본주의의 사실들과 사랑받는 애인의 미덕이 비판가나 사랑하는 애인이 믿는 그대로라고 할지라도 말이다. 대부분의 사례에서 비판가나 애인이 아주 진지하다는 사실을 주목하는 것이 중요하다. 심리-사회적 혹은 심리-신체적 메커니즘은 대체로 에고(자아)의 각광을 받지 못하는 것이다. 단, 에고가 승화의 가면을 쓸 때는 예외이다.

11 5부에서 이 모든 것을 더 예증하고, 또 더 언급할 것이다.

12 이것은 지식인들도 그렇다고 봐야 한다. 특히 그들의 출신 계급 혹은 그들이 경제적으로나 문화적으로 소속되어 있는 계급을 적극 옹호하는 것이다. 이 주제는 23장에서 다시 다룰 것이다.

13 가령 26장을 참조할 것.

14장 자본주의의 해체

01 많은 사람들이 이 사실을 부정할 것이다. 이렇게 부정하는 것은 회사에 대한 인상이 과거의 역사에서 나오기 때문이다. 또 과거의 역사가 만들어낸 선전 구호도 일조했다. 사실 과거에는 거대 기업이 일으킨 제도적 변화가 아직 나타나지 않았던 것이다. 어쩌면 사람들은 기업 활동이 자본주의적 동기를 불법적으로 만족시킨 광범위한 사례를 생각하는지도 모른다. 하지만 이것은 나의 주장을 오히려 도와준다. 기업 활동에서, 중역들이 봉급과 보너스 이외의 수입을 올리기 위해서 불법적 혹은 준準불법적 관행에 의존해야 한다는 사실은 무엇을 말해주는가? 그것은 기업의 구조적 아이디어가 자본주의의 동기에 혐오증을 갖고 있음을 보여준다.

02 현대의 부모 자식 관계는 가정생활이라는 안정된 틀의 붕괴로부터 영향을 받는다.
03 대량 생산된 제품을 점점 더 구매하기 쉬워지면서 소비자의 예산에도 영향을 미치게 된다. 이러한 영향은 대량 생산된 제품과 주문 생산된 제품 사이의 가격 차이에 의해 더욱 커진다. 임금 수준이 높아지면서 주문 생산된 제품에 대한 수요는 증가하고, **이에 발맞추어**pari passu 주문 생산된 제품의 상대적 선호도는 줄어든다. 다시 말해 자본주의 과정이 소비를 민주화하는 것이다.
04 브레멘 지역의 오래된 집에 새겨져 있는 명문銘文.
05 경제 문제들과 관련하여 "국가는 장기적 견해를 취할 수 있다"라는 말들을 한다. 그러나 천연자원의 보존 등 초당파적인 몇몇 문제들을 제외한다면, 국가는 장기적 견해를 취하는 적이 거의 없다.
06 1935년 여름에 이것을 집필했다.
07 이 때문에 이 장과 앞의 두 장에서 내가 제시한 사실과 논의는 나의 예측에 피해를 입히지 못한다. 나는 향후 50년 동안 자본주의 진화의 경제적 결과가 무엇인지 예측했던 것이다. 1930년대는 자본주의가 마지막으로 숨을 몰아쉰 시기였던 것으로 판명될지 모른다. 현재의 전쟁(제2차 세계대전)으로 인해 이렇게 될 가능성은 점점 높아진다. 하지만 마지막 숨을 몰아쉬는 시기가 아닌 걸로 판명될 수도 있다. 아무튼 자본주의가 또 다시 성공적인 진전을 성취하지 못할 **순수 경제적 이유들**이라는 것은 있을 수 없다. 내가 명확하게 해두고 싶은 것은 바로 이 점이다.

3부 사회주의는 작동할 수 있는가?
15장 사전 준비 작업
01 근대 이론에서 가격은 단순한 생산 계수로 정의된다. 또 기회비용이라는 의미에서의 비용도 일반적인 논리 범주일 뿐이다. 우리는 이 문제를 곧 다룰 것이다.
02 그 반대로 말해볼 수도 있다. 사람은 경제적인 문제 때문에 사회주의를 옹호하면서, 반대로 문화적인 이유 때문에 사회주의를 증오할 수도 있다.
03 역설적으로 들리겠지만, 개인주의와 사회주의가 반드시 상호 배타적인 개념은 아니다. 사회주의적 조직 형태가 "진정으로" 개인주의적 인성의 실현을 보장한다고 주장할 수도 있다. 실제로 마르크스 사상은 그렇게 주장한다.

16장 사회주의 청사진
01 1920년에 발표된 그의 논문은 1935년에 하이에크(Friedrich August von Hayek,

1899~1992, 오스트리아 태생의 영국 경제학자이자 정치철학자)가 편집한 『집산주의 경제 계획』(Collectivist Economic Planning)에 영어로 실려 있다. 1937년에 『사회주의』(Socialism)라는 제목으로 번역된 그의 저서 『공동체 경제』(Gemeinwirschaft)도 참조할 것.

02 바로네 이전에 십여 명의 학자들이 해결안을 암시했다. 그들 중에서 특히 다음 두 사람은 권위자이다. 비저(F.von Wieser)의 『자연 가치론』(Natural Value, 1893년; 독일어 원본은 1889년)과 파레토의 『정치 경제학 강의』(Cour d'Économie politique, 제2권, 1897년)를 참조할 것. 두 학자는 상업주의 사회와 사회주의 사회에서 벌어지는 경제 행동의 원리는 같다고 보았고, 여기서 그 해결안을 도출했다. 무엇보다도 파레토의 추종자였던 바로네가 처음으로 이 해결안을 자세히 고안했다. 『경제 저널』(Giornale degli Economisti)에 실린 파레토의 논문 「집산주의 국가에서의 생산청」(Il Ministro della Produzione nello Stato Collectivista, 1908)을 참조할 것. 이 논문의 영역본은 위의 주석 1에서 소개한 하이에크 편집의 『집산주의 경제 계획』에 실려 있다.

풍성한 후기 저작들에 대해서는 일일이 다룰 수도 없고, 또 그럴 필요도 없다. 나는 중요한 몇몇 저서들만 열거하겠다. 테일러(Fred M. Taylor)의 「집산주의 국가에서의 생산 지침」(The Guidance of Production in a Socialist State), 『미국 경제 리뷰』(American Economic Review, 1929년 3월호); 티슈(K. Tisch)의 『사회주의 공동체…에서의 경제 계획과 분배』(Wirtschaftsrechnung und Verteilung im…sozialistischen Gemeinwesen, 1932); 자센하우스(H. Zassenhaus)의 「계획 경제론」(Theorie der Planwirtschaft), 『정치 경제 저널』(Zeitschrift für Nationalökonomie, 1934); 특히 랑게(Oskar Lange)의 「사회주의 경제론」(On the Economic Theory of Socialism), 『경제 연구 리뷰』(Review of Economic Studies, 1936/7). 랑게와 테일러가 같은 제목으로 1938년에 단행본으로 발간하였음; 러너(Abba Ptachya Lerner)의 논문에 대해서는 추후 주석에서 다시 언급할 예정임.

03 만약 현대 이론가들이 이런 표현에 반대한다면, 더 정확한 표현을 사용할 수도 있을 것이다. 하지만 거기에는 불필요한 완곡어법이 따를 수밖에 없다. 이런 완곡어법은 우리의 논의에 아무런 도움도 주지 않는다, 라는 점을 현대 이론가들이 고려했으면 좋겠다.

04 이렇게 말한다고 해서, 그것이 합리성의 또 다른 정의에서 살펴본 요구 사항을 완수하지 못한다는 뜻은 아니다. 현재 논의 중인 장치가 다른 것들과 어떻게 비교되

는지에 대해서는, 여기서 아무런 주장도 펴지 않는다. 이에 대해서는 다시 곧 언급할 것이다.

05 이 원칙은 선택의 일반적 논리에서 나온 것이었지만, 보편적으로 받아들여지지는 않았다. 그러다가 러너가 다수의 주석과 논문을 발표하면서 이 원칙을 강조했고, 또 그것을 옹호하며 싸웠다. 그의 논문 대부분은 『경제 연구 리뷰』(Review of Economic Studies)와 『경제 저널』(Economic Journal, 1937년 9월호)에 실려 있다. 러너의 논문들은 사회주의 경제 이론에 공헌한 바가 많으며, 차제에 독자들에게 그의 논문을 알리는 바이다. 선택의 논리로 볼 때, 위의 조건은 가격을 단위당 총비용과 같게 한다는 원칙에 우선한다. 특히 이 둘이 서로 갈등을 일으킬 때에는 그러하다. 하지만 이 둘의 관계는 다른 것들에 대해서 혼란을 일으킴으로써 다소 흐릿해졌으며, 그리하여 여기서 해명해둘 필요가 있다.

한계 비용은 생산이 약간 증가할 때 반드시 발생하는 총비용의 증가분을 의미한다. 우리가 이 비용을 어느 일정 기간에 연계시키지 않는다면, 한계 비용은 언제나 불확정적이다. 따라서 문제가 정시에 출발하는 기차에 손님을 몇 명 더 태우는 것이라면, 한계 비용은 없거나 있더라도 아주 적다. 이것을 단기적 — 한 시간, 하루, 한 주 등 — 관점에서 살펴본다면 이렇게 표현할 수 있다. 이 경우, 윤활유와 석탄 등을 포함하여 거의 모든 것이 일반 비용에 포함되며, 이 일반 비용은 한계 비용으로 잡히지 않는다. 하지만 장기간이 될수록 많은 비용 요소들이 한계 비용으로 잡히게 된다. 먼저 주요 비용(prime cost)이라는 것이 생겨나고, 이어 사업가가 일반 비용이라고 부르는 항목이 점점 늘어난다. 아주 장기적으로 보거나, 지금은 없지만 앞으로 생겨날 산업 단위를 계획할 때, 일반 비용의 범주에 들어가는 것은 거의 없게 되고, 감가상각을 포함하여 거의 모든 것이 한계 비용으로 잡히게 된다 (철도의 경우에는 이런 원칙이 테크놀로지의 조건, 즉 철도는 아주 거대한 단위로서만 존재한다는 불가분성indivisibility에 의해 다소 수정된다). 따라서 한계 비용은 (한계적) 주요 비용과 반드시 구분된다.

그런데 우리는 종종 현재 논의 중인 조건을 다음과 같은 규칙에 결부시킨다. 즉, 자본가와 마찬가지로 사회주의 관리자들도 일정 시기에 이르러 합리적인 행동을 하기 위해 과거의 것은 모두 잊어버린다는 규칙 말이다. 다시 말해 사회주의자들은 결정을 내리는 데 있어서 기존 투자의 장부 가치를 감안하지 않는다는 얘기이다. 그러나 이것은 어떤 특정 상황 내에서 단기간에 벌어지는 행동을 설명할 때에나 맞는 규칙이다. 사회주의자들이 고정 비용이나 일반 비용으로 굳어지게 될 요소들을 아예 무시한다는 얘기는 맞지 않다. 이런 요소들을 무시해버린다면, 노동 시간과 자원 단위에 관련해서는 비합리적인 행동을 초래하는 게 된다. 특히 그것들(노동 시간과 자원 단위)을 사용하는 다른 용처가 있는 경우에 일반 비용의 생산에 들어가는 그것들의 수량을 잘못 판단하게 된다. 하지만 사태가 계획에 따라 원만하게 진행될 경우에, 그것들을 감안한다는 것은 곧 가격을 단위당 총비용과 같게 한다, 라는 뜻이 된다. 예외 사항은 불가분성의 기술적 장애나 계획에서 벗어난 사건들에 의한 것뿐이므로, 이들 계획의 논리는 후자의 원칙(가격을 단위당 총비용과 같게 한다는 원칙)에 의해 그런대로 표현되었다고 본다. 단기적으로 볼 때 산업을 손해 보며 운영하는 것이 합리적이지만, 그것이 논리의 필수적인 부분은 아닌 것이다. 다음 두 가지 이유 때문에 이 사실을 주목해야 한다.

첫째, 이것은 부정되어 왔다. 가격을 언제나 **단기적** 한계 비용(감가상각 제외)과 같게 하고, 또 일반 비용(가령 다리를 짓는 비용)이 세금에 의해 지원된다면, 복지 비용은 장기적으로 늘어날 것이라는 주장까지 나왔다. 책의 본문에서 제시된 우리의 원칙은 이것을 의미하지 않으며, 또한 그렇게 하는 것은 비합리적이라고 본다.

둘째, 1936년 3월의 포고에서 러시아 중앙 당국은 다수의 산업들에 대하여 그때까지 시행되었던 보조금 제도를 폐지했다. 그러면서 가격을 생산물 단위당 평균 총비용(여기에 축적을 위한 추가분을 가산)과 같게 하라고 명령했다. 이 포고의 첫째 부분(보조금 폐지)에 대해서는 이렇게 말할 수 있다. 비록 아주 정확한 조치라고는 할 수 없더라도, 둘째 부분(가격을 생산물 단위당 평균 총비용과 같게 함)의 부정확한 정식화가 초래하는 것보다는 덜 부정확한 것이다. 둘째 부분에 대해 말하자면, 우리가 급속한 발전의 필요성이라는 조건을 감안한다면, 이 조치에 대한 명백한 반대도 많이 누그러들 것이다(독자는 자본주의를 옹호한 이 책의 2부 논의를 상기하기 바란다). 따라서 소비에트 정부가 보조금 정책(손해 보며 투자한 정책)을 실시한 것이나, 그것을 1936년에 폐지한 것이나 **둘 다** 이해가 가는 조치이다.

06 여기에는 중요한 예외 사항들이 있으나, 우리의 논의에는 영향을 미치지 않는다.
07 **새로운** 투자와 관련해서만 문제가 발생한다는 것을 주목할 것. 정태적 과정을 진행시키기 위해 필요한 투자는 다른 비용 항목과 마찬가지로 정확하게 제공될 것이다. 특히, 이자는 없을 것이다. 이자에 대한 사회주의자들의 태도가 균일하지 않다는 것을 이 기회에 기록해둔다. 생 시몽(St. Simon)은 이자를 당연시했다. 마르

크스는 그것을 사회주의적 사회에서 배제했다. 일부 현대의 사회주의자들은 그것을 다시 인정한다. 러시아의 관행은 이자를 인정한다.
08 8장 참조.
09 하지만 그것은 입증 가능한 맥시멈(최대한)이며, 그런 유형의 사회주의가 갖고 있는 경제적 합리성을 확립한다. 이것은 경쟁적 맥시멈이 경쟁적 경제의 합리성을 확립해주는 것과 같은 이치이다. 어느 경우든 이것은 그리 큰 의미를 갖지 못한다.
10 이 때문에 마르크스는 로빈슨 크루소 경제학에 상당한 관심을 보였을 것이다.
11 이것은 비사회주의적 성향을 가지고 있으면서도 사회주의의 논리적 가능성을 받아들이는 대부분의 학자들이 취하는 노선이다. 로빈스(L. Robbins) 교수와 하이에크 교수가 이런 견해를 가진 대표적 학자들이다.
12 일부 저자들은 균형이 도달되는 과정이 완전 경쟁의 상태에서 벌어지는 경우와 **동일하다**, 라고 말한다. 하지만 이것은 그렇지 않다. 가격 변화에 반응하여 단계적으로 조정하는 것은 쉽사리 목표를 놓칠 수 있다. 이 때문에 나는 책 본문에서 "근거 있는" 시행착오라고 말했다.
13 이것이 자본주의 경제에서 이루어지고 있는 한, 사회주의를 향한 가장 중요한 발걸음이다. 사실 그것은 이행기의 어려움을 점진적으로 감소시키며 그 자체가 이행기 단계의 도래를 보여주는 징후이다. 이런 경향에 맞서서 무조건 싸우려드는 것은 사회주의와 싸우려는 것과 마찬가지이다.

17장 청사진들의 상호 비교

01 이 손실들은 자세히 조사해보면 사라지는 것이지만, 비록 사라지지 않는다 하더라도 추론에 의해 과도하게 진술된다. 게다가 이런 손실들은 특정 사회 조직과는 무관하게 발생한다. 자본주의 제도 내에서 벌어지는 이런 손실이 모두 그 제도에서 기인하는 손실이라고 볼 수는 없다.
02 이런 규칙은 자명한 것인데도 빈번하게 위반된다. 가령 지금 이 순간의 소련 경제 성과를 종종 제1차 세계대전 참전 직전의 차르 시대의 그것과 비교한다. 하지만 벌써 25년의 세월이 흘렀기 때문에 이런 비교는 의미가 없다. 유의미한 비교가 되려면 1890~1914년의 수치에 바탕을 둔 추론된 추세상의 가치들과 비교해야 한다.
03 실질 소득의 자본주의적 흐름과 사회주의적 흐름은 어느 정도까지 다른 상품들을 포함하지만, 또 다소 다른 비율로 공통적인 상품들을 포함한다. 아울러 가처분

소득의 분배 변화에 대한 추가적 가설이 없기 때문에 그 차이의 중요성을 측정하는 것도 불가능하다. 이런 이유 때문에 둘 사이의 비교는 미묘한 이론의 문제를 야기한다. 만약 사회주의 사회에 비하여 자본주의 사회에서 더 많은 와인을 생산했지만 빵은 더 적게 생산했다면, 어떤 소득의 흐름이 더 큰 것인가? 이런 질문에 답변하려 들면, 동일한 사회적 테두리 속에서 어떤 한 해의 소득과 그 다음 해의 소득을 비교하는 데(다시 말해, 총생산량 지수를 구성하는 데) 있어 여러 가지 어려운 점들이 확대된 형태로 제시된다. 하지만 우리의 논의를 위해서는 다음의 정의가 **이론적** 문제를 충분히 충족시킨다고 본다. 즉, 양자의 평가에 있어서 두 가격 체계 중 어느 것이 사용되든 간에 한쪽의 소득 흐름이 다른 한쪽의 소득 흐름보다 더 많은 화폐 총액을 발생시키는 경우에는(오직 이 경우에만) 다른 한쪽의 소득 흐름보다 더 크다고 정의하는 것이다. 만약 한쪽의 소득 흐름이, 가령 자본주의적 가격 체계에 의하여 양자를 평가했는데 보다 큰 숫자가 나왔음에도 반대로 사회주의적 체계로 평가하여 보다 작은 숫자가 나왔다면, 그 두 개의 소득 흐름을 실제로 동등한 화폐 총액을 산출한 것으로 정의하여 서로 동등하다고 보는 것이다. 다시 말해, 그 차이가 그다지 의미 있는 것이라고 보지 않는 것이다. **통계적** 문제는 이 정의에 의해서 해결되지 않는다. 왜냐하면 우리는 두 개의 흐름을 동시에 우리 앞에 대령시킬 수 없기 때문이다.

본문의 이 문장에 왜 **장기적**이라는 표현을 집어넣었는지, 그 이유는 7장의 분석으로 분명해졌을 것이다.

04 우리는 때때로 사회주의 사회의 구성원이 되는 특혜를 누리기 위해 사회주의적 계획의 명백한 단점들을 간과하게 된다. 진정한 사회주의적 감정을 정식화하고 있는 이 논의는 겉보기처럼 그리 불합리한 것은 결코 아니다. 그것은 실제로 다른 모든 논의를 피상적인 것으로 만든다.

05 우리가 이렇게 폐기한 논의는 다음과 같은 의미로 읽힐 수도 있다. 다른 조건들이 동일하다면 사회주의적 극대화는 경쟁적 극대화보다 더 크다. 두 극대화의 순전히 형태적인 성격 때문에 이 둘을 비교하는 것은 의미가 없다. 이 점은 앞선 고려 사항들로부터 명백하게 밝혀졌을 것이다.

06 미국은 이 테스트에서 가장 좋은 점수를 얻는 나라이다. 19세기까지 혹은 1914년 이전까지 대부분의 유럽 국가들에서 이 문제는 복잡하다. 그들의 높은 소득은 전前자본주의적 근원에서 나왔으나 자본주의적 진화에 의해 흡수되었다.

07 몰턴(H.G. Moulton), 레빈(M. Levin), 워버튼(C.A. Warburton)의 공저 『미국의 소비

능력』(America's Capacity to Consume, 1934) 206쪽을 참조할 것. 이 수치는 지나치게 개괄적이며 직업과 투자의 소득뿐 아니라 부동산 판매 소득과 소유 주택의 임대료 등을 모두 포함한다.
08 사회주의 당국이 이런 저축과 선물을 다른 목적에 사용할지도 모른다는 사실은 논의에 영향을 미치지 못한다.
09 전적으로 투자 소득으로만 구성된 소득은 그 수령자의 경제적 게으름을 보여주는 것이 아니다. 왜냐하면 그의 일이 그의 투자에 구체화되었을 수 있기 때문이다. 이에 대한 강의실 내의 예증은 좀 더 긴 논의를 수행할 것이다. 가령 어떤 사람이 자신의 육체 노동으로 한 필지의 땅을 개간한다고 해보자. 그런 다음 그가 거두어들이는 소득은 "인력으로 만들어진 설비에서의 소득"이고, 경제학자들이 말하는 준準지대이다. 만약 토지 개간이 영구적인 것이라면, 그 소득은 지대 자체와 별반 다를 게 없게 된다. 따라서 불로 소득처럼 보일지라도 실제로는 임금의 한 형태이다. 여기서 말하는 임금이란 개인의 생산적 노력에서 나오는 소득을 가리킨다. 일반적으로 말해서 그의 노력은 소득을 확보하기 위한 것이었지만, 그 소득은 임금의 형태를 취할 수도 있는 것이다(그렇다고 반드시 임금의 형태를 취한다는 얘기는 아니다).
10 8장 참조.
11 세금을 클럽 가입 회비나 혹은 의사의 서비스를 받기 위해 내는 돈 정도로 해석하는 이론이 있다. 이런 이론은 사회 과학의 이 부분이 과학적인 생각의 습관으로부터 얼마나 멀리 벗어나 있는지 보여준다.
12 예외 사항들도 존재하지만 실제로는 문제되지 않는다.

18장 인간성의 요소

01 아이디어, 도식, 모델, 청사진 등도 이상을 품는다. 하지만 논리적 의미에서만 그렇게 할 뿐이다. 이러한 이상은 비본질적 사항들을 배제할 뿐이다. 그러니까 불순한 것이 섞이지 않은 디자인이라는 뜻이다. 물론 그 안에 무엇이 들어가야 하고, 결과적으로 무엇을 일탈로 보아야 할 것인가는 논쟁의 여지가 있는 문제이다. 이것은 분석적 테크닉의 문제가 되어야 하지만, 그럼에도 불구하고 사랑과 미움이 그 안에 끼어들게 된다. 사회주의자들은 자본주의의 청사진에 가능한 한 경멸적 특징을 많이 집어넣으려 할 것이다. 반反사회주의자들은 사회주의 청사진에 똑같은 행동을 할 것이다. 양측은 가능한 한 그들의 오점을 "은폐"하려 할

것이고, 그를 위해 비본질적이고 회피 가능한 일탈을 상대방의 청사진 속에 집어넣으려 할 것이다. 양측이 어떤 특정 사례에 대하여 어떤 현상을 일탈이라고 합의해 놓더라도, 자신들의 시스템 혹은 상대방의 시스템이 일탈한 정도와 범위에 대해서는 합의하지 못할 것이다. 가령 부르주아 경제학자들은 자본주의에서 마음에 들지 않는 것이 있으면 뭐든지 "정치적 간섭" 탓으로 돌리는 경향이 있고, 사회주의자들은 그런 정치적 간섭이 자본주의 과정의 불가피한 결과이고 또 자본주의 엔진이 만들어낸 상황이라고 진단하기를 좋아한다. 나는 이런 어려움들을 잘 알고 있으나 그것들이 내 설명에 영향을 미치리라고 보지 않는다. 전문적인 독자들은 나의 설명이 그런 어려움을 피해가는 방식으로 이루어졌음을 알아볼 것이다.

02 네오마르크스주의자들 중에서 주요 죄인은 막스 아들러(Max Adler, 1873~1937)이다. 이 사람의 이름을 오스트리아 사회주의에서 유명한 다른 두 명의 빈 출신 아들러와 혼동하지 말기 바란다. 한 사람은 오스트리아 사회당의 창건자이며 지도자인 빅토어 아들러(Victor Adler, 1852~1918)이고, 다른 한 사람은 그의 아들 프리츠 아들러(Fritz Adler; Friedrich Adler, 1879~1960)로서 오스트리아 총리였던 슈튀르크(Karl von Stürgkh, 1859~1916) 백작을 암살한 자이다.

03 6장 참조. 부르주아 계급의 모범적 개인은 지능이나 의지에 있어서 산업 사회 내의 다른 계급의 모범적 개인보다 우수하다. 이것을 통계적으로 입증할 수는 없지만, 자본주의 사회 내의 사회적 선택 과정을 분석하면 그런 결론이 나온다. 그 과정의 성격이 우수함이라는 용어를 이해하는 방식을 결정한다. 다른 환경들을 유사하게 분석함으로써, 역사적 정보가 알려진 모든 지배 계급에 대해서도 그런 말을 할 수가 있다(지배 계급의 모범적 개인은 다른 계급의 모범적 개인보다 우수하다). 그렇게 되는 이유는 다음 두 가지로 설명할 수 있다. 첫째, 인간 사회를 구성하는 분자들은 각자 그 상대적 자질에 따라서 올라가거나 내려간다는 가설에 부합하는 방식으로, 자기들이 태어난 계급 내에서 올라가거나 내려간다. 둘째, 그들은 이런 방식으로 소속 계급의 경계선을 넘어서 올라가거나 내려간다. 현재보다 높은 계급으로의 상승이나 하강은 원칙적으로 1세대 이상의 세월이 걸린다. 따라서 인간 사회를 구성하는 분자들은 개인들이라기보다 가문들이다. 이 때문에 개인에 집중하는 관찰자들은 능력과 계급 지위의 상관 관계를 놓치기 일쑤이며, 그 둘(능력과 계급)을 서로 대비시키기까지 하는 것이다. 개인들은 각자 다른 위치에서 인생을 출발한다. 따라서 아주 뛰어난 개인적 자질의 경우를 제외하고는, 능력과 계급 지위의 상관관계는 어떤 양태를 지시할 뿐, 많은 예외의 여지를 남겨둔다.

우리가 개인들이 연결 고리를 이루는 전체적 연쇄를 살펴보지 않는다면, 능력과 계급 지위의 상관관계는 그리 분명하게 드러나지 않는다. 물론 이러한 사실들은 나의 요점을 확립해주는 것은 아니지만, 이 책의 틀 내에서 그 요점을 확립하려면 어떻게 움직여야 하는지 방향을 제시해준다. 독자들은 『사회 과학을 위한 아카이브』(Archiv für Sozialwissenschaft, 1927)에 실린 나의 논문 「인종적 동질 환경 내에서의 사회 계급 이론」(Theorie der sozialen Klassen im ethnisch homogenen Milieu)을 참조하기 바란다.

04 이 책의 1부에서 이미 지적하였듯이, 이것은 『공산당 선언』의 **고전적인 장소**locus classicus에서 마르크스 자신도 인식한 바였다.

05 이 점에 대해서는 이 책의 23장 426쪽, 독일 사회화 위원회의 심리 사항에 대한 논평을 참조할 것.

06 러시아에서는 이렇게 주장해야 하는 또 다른 이유가 있다. 거기서는 도깨비가 속죄양이 되었다. 트로츠키를 위시하여 러시아의 모든 지도자들은 이 도깨비를 어떻게 이용해야 하는지 잘 알았다. 국내외 일반 대중의 무신경을 교묘하게 이용하면서, 그들은 러시아 내에서 벌어지는 모든 경멸스러운 것들의 주범으로 "관료제"를 지목했다.

07 24장 참조.

08 이것의 중요성은 결코 과장될 수 없다. 이것이 사회주의 형태의 몇몇 유형을 위한 합리적 방책으로 확립된다면 말이다. 규율은 노동 시간의 질과 양을 개선시킨다. 뿐만 아니라 규율은 제1급의 경제화 요소이다. 그것은 경제 엔진의 바퀴에 기름을 쳐주고, 또 낭비를 크게 줄여주고, 생산 단위당 들어가는 총노력을 감소시킨다. 현행 관리의 효율성은 물론이요, 계획의 효율성도 크게 향상시킨다. 현재의 조건에서 가능한 것보다 훨씬 높은 수준으로 말이다.

09 11장 183쪽 참조.

10 피켓 시위(picketing) 같은 관행을 격려하는 정도의 관용은 아직 수명이 다하지 않은 과정의 유익한 이정표이다. 미국의 법률이나 행정적 관행은 특히 흥미롭다. 왜냐하면 오랫동안 지연되어온 변화가 단시간에 불쑥 튀어나온다는 사실로 인해 관련 문제들이 아주 강조되기 때문이다. 정부가 노동자 문제를 대하는 태도에는 노동 계급의 단기적 이해관계 이외에 다른 사회적 이해관계가 있을 수도 있다. 하지만 이런 사실을 전혀 의식하지 못한다는 것은, 내키지 않지만 중요하다고 여겨 채택하는 계급 투쟁 전략만큼이나 특징적이다. 이것은 미국의 정치적 상황으

로 설명될 수 있다. 미국은 그 외의 다른 방식을 써서 프롤레타리아를 효과적인 조직으로 조련할 수 있는 길이 없는 것이다. 그렇다고 미국 노동 상황의 예증적 가치가 그로 인해 상당 부분 훼손되는 것은 아니다.

11 이러한 규율의 붕괴는 대부분의 역사적 사례들에서 발생했다. 가령 그런 붕괴가 1848년 혁명 기간 동안 파리에서 시도되었던 준(準)사회주의적 실험이 실패한 직접적 원인이었다.

19장 이행기

01 1935년에 발간된 『비즈니스 저널』(Journal of Business) 제8권 275쪽에 실린 크럼(W.L. Crum) 교수의 「회사 지배의 집중」(Concentration of Corporate Control)을 참조할 것.
02 난폭한 사회화는 공식적 지위를 획득한 용어이다. 각 공장의 노동자들이 공장 관리자들을 몰아내고, 스스로 공장의 모든 일을 장악하는 사태를 말한다. 이런 사회화는 책임감 있는 사회주의자들에게는 악몽이다.
03 마르크스 텍스트는 그들을 명백하게 지지하고 있지는 않다. 독자들이 『공산당 선언』을 정독한다면 가장 관련 깊은 문장에 "점진적으로"라는 당황스러운 표현이 들어가 있음을 발견할 것이다.
04 여기는 나의 개인적 선호 사항을 말할 자리가 아니다. 다만 이런 진술은 전문가의 의무 때문에 나온 것임을 이해해주기 바란다. 또 이렇게 진술했다고 해서 내가 이 제안을 좋아한다는 뜻도 아니다. 내가 만약 영국인이라면 있는 힘을 다해 오히려 그런 제안을 반대할 것이다.

4부 사회주의와 민주주의

20장 문제 제기

01 마르크스의 사회 계급 이론은 개인과 집단의 권력을 순전히 경제적 관점에서 정의한다. 하지만 개인과 집단의 권력은 그런 관점에서만 정의될 수는 없다. 이것이 마르크스의 논의를 받아들일 수 없는 근본적 이유이다.
02 25장에서 나는 마르크스가 민주주의의 문제를 개인적으로 어떻게 보는지 언급할 것이다.
03 나는 러시아어를 모른다. 위의 문장들은 모스크바에서 발간되었던 독일어 신문 기사를 충실하게 번역한 것이다. 이 신문의 러시아어 텍스트 번역에 대해서는

반론이 제기될 수도 있다. 그 신문은 러시아 당국이 전적으로 승인하지 않은 자료를 게재할 입장이 아니었다.

04 이러한 상황들은 5부에서 더 충실하게 다룰 것이다.

05 여기서는 국내 정치에 대한 사회주의 정당의 태도에만 국한하겠다. 비사회주의자나 비노동조합원에 관한 이들 정당의 관행과 노동조합의 관행은 더욱 설득력을 갖지 못한다.

06 이 저명한 오스트리아 지도자들 중 한 사람의 발언을 쉽게 말하자면 이런 뜻이다. 오스트리아 지도자들은 식량을 전적으로 자본주의 국가들에 의존하는 나라에서 볼셰비키 혁명을 일으킨다는 것이 대단히 어렵다는 사실을 잘 알고 있었다. 또 프랑스와 이탈리아의 군대가 사실상 오스트리아 국경과 인접하고 있었다. 하지만 헝가리를 통한 러시아의 압력이 더욱 거세어진다면 그들은 당을 분열시키지 않고 국가 전체를 볼셰비키 진영으로 유도할 것이라는 뜻이다.

07 이 진술에 대한 증거로 한 가지 사례를 들겠다. 수에토니우스(Suetonius)는 네로(Nero)의 전기인『황제들의 생애』(De vita Caesarum) 6권에서 네로의 전반기 치세를 결점 없고 심지어 칭송할만한 것이라고 진단한 후, 이어서 네로의 후반기 실정을 언급했다. 수에토니우스는 네로가 기독교인들을 박해한 사건을 후반기가 아니라 전반기의 업적에 포함시키면서 칭송받을 행정 조치였다고 기술했다. 수에토니우스는 당시 로마 사람들의 의견(혹은 의지)을 이렇게 표현한 것이었으리라. 네로의 동기가 로마 시민들의 비위를 맞추기 위한 것이었다고 짐작하는 것은 그리 황당무계한 일이 아니다.

08 교황들의 유대인 보호 태도는 **비록 유대인일지라도**Etsi Judæis:1120라는 회칙에 잘 드러난다. 교황 칼릭스투스 2세(Calixtus II)의 후계자들은 이 정책을 거듭하여 확인했고, 그에 따라 저항을 받았다. 군주들이 유대인을 보호한 것은 유대인을 축출하면 아주 필요한 국가 세수가 그만큼 줄어들기 때문이었다.

09 특히 민주주의가 독재 제도에 비하여 언제나 양심의 자유를 더 잘 보장할 것이라는 얘기는 진실이 아니다. 모든 재판들 중에서 가장 유명한 예수 재판을 보라. 빌라도는 유대인들의 관점에서 보면 독재 제도의 대변인이었다. 하지만 그는 자유를 보장하려 했고, 결국에는 민주주의에 굴복했다.

10 23장 참조.

11 볼테르가 제시한 국민의 정의는『영국 국민에 관한 논고』(Letters Concerning the English Nation, 영국 출간 1733년; 피터 데이비스에Peter Davies에 의한 1926년

초판 복사본, 49쪽)에서 참조할 것. "인류 중에서 가장 많고, 가장 유용하고, 가장 고결하면서도 가장 존경해야 할 부분은 과학을 연구하는 사람, 상인, 장인 등 폭군이 아닌 모든 사람들이다. 바로 이런 사람들을 국민이라고 한다." 현재 "국민"(people)이라는 말은 "대중"(masses)이라는 말과 거의 같은 뜻으로 쓰인다. 그러나 볼테르의 국민 개념은 미국 헌법에서 말하는 국민의 개념에 더 가깝다.

12 이렇게 하여 미국은 동양인을, 독일은 유대인을 시민권에서 배제한다. 미국 남부에서 흑인들은 종종 투표권을 박탈당한다.

13 볼셰비키가 볼 때 비非볼셰비키는 다 같은 범주이다. 따라서 볼셰비키 당의 지배 **그 자체를** 가지고 소비에트 공화국을 비민주적이라고 할 수는 없다. 다만 볼셰비키 당이 비민주적으로 관리될 때에만 그렇게 부를 수가 있다. 그리고 실제로 비민주적으로 관리되고 있다.

14 인구수가 적고 사람들이 지역적으로 집중되어 있는 것이 필수적이다. 문명의 원시성과 사회 구조의 단순함은 이보다는 덜 필수적이지만, 그래도 민주주의의 기능을 크게 촉진시킨다.

15 로버트 필머 경(Sir Robert Filmer, 1588~1653)의 『파트리아르카』(Patriarcha, 1680)는 영국 정치 철학에서 왕권신수설을 주장한 마지막 주요 저서라고 볼 수 있다.

16 이러한 계약들은 **법적 허구 혹은 법에 의한 허구**fictiones juris et de jure이다. 하지만 한 가지 현실적인 유사 계약이 있었다. 즉, 6세기와 12세기 사이에 널리 행해졌던 중세 영주에 대한 자유 부동산 보유자의 임의적·계약적 복종이 그런 계약이었다. 자유 부동산 보유자는 영주의 사법권과 자신에게 부과된 경제적 의무를 받아들였다. 그는 완전 자유민으로서의 지위를 포기했다. 대신 그는 영주로부터 보호와 기타 혜택을 받았다.

17 마찬가지로 기소 행위를 "국민 대 아무개"로 한다고 해서 그 안에 어떤 법적 의미가 들어 있는 것은 아니다. 기소를 하는 법인法人은 국가이다.

18 이것은 영국의 경우에 특히 명백하며 무엇보다도 존 로크(John Locke)의 경우가 그러하다. 정치 철학자로서 로크는 일반적 논의라는 위장 아래 제임스 2세를 공격하면서 "명예" 혁명을 일으킨 휘그(Whig) 당 친구들을 옹호했다. 로크의 논리는 실용적 함의(명예혁명의 성공)가 없더라면 경멸의 대상도 되지 못할 그런 추론을 벌였던 것이다. 정부의 목적은 국민의 복지이다. 이 복지는 개인 재산의 보호가 주된 골자이며, 이 때문에 사람들은 "사회를 형성한다." 이런 목적으로 사람들은 만나서 공동의 권위에 복종하는 본원적 계약을 맺는다. 하지만 이 계약은

깨어지고, 재산과 자유는 위태롭게 되며, 저항은 정당화된다. 그런 경우란 언제인가? 솔직하게 말하자면 휘그 귀족들과 런던 상인들이 그들의 재산과 자유가 위태롭다고 생각하는 경우이다.

19 전반적인 방향 설정을 위해서는 켄트(Kent)의 『철학적 급진주의자』(Philosophical Radical)와 월러스(Graham Wallas)의 『프란시스 플래이스의 인생』(The Life of Francis Place), 그리고 스티븐(Leslie Stephen)의 『영국 공리주의자들』(The English Utilitarians)을 참조할 것.

21장 민주주의의 고전 이론

01 내각 각료(국무위원)의 공식적 이론은 이런 것이다. 그는 자신이 맡은 부서에서 국민의 의지가 잘 반영되는지 감독하는 사람이다.

02 "최대 행복"의 의미는 아주 진지한 의문의 대상이다. 이러한 의문이 제거되고 어떤 집단의 경제적 만족의 총합에 확정적 의미가 부여된다고 할지라도, 최대 행복은 여전히 주어진 상황과 가치 평가에 따라 상대적이다. 그런 상황과 가치 평가를 민주적 방식으로 변경 혹은 타협하는 것은 불가능하다.

03 이것은 고전적 민주주의 이론과 대중적 민주주의 신념의 대단히 평등주의적인 특징을 설명해준다. 평등이 어떻게 윤리적 원리의 지위를 얻게 되었는지는 나중에 설명할 것이다. 인간성에 대한 사실적 진술로서는 그 어떤 의미에서도 평등은 진실이 될 수가 없다. 이런 사실을 인식한 나머지, 그 원리는 종종 "기회의 평등"을 의미하는 것으로 다시 정식화되었다. 하지만 기회라는 단어에 내재된 난점들을 무시한다 하더라도 이런 재정식화는 그다지 도움이 되지 않는다. 각자의 표가 문제의 결정에서 동등한 무게를 지니려고 한다면, 중요한 것은 정치적 행동에서의 잠재적 성취도가 아니라 실제적 성취도이기 때문이다.

민주적 선전 문구 때문에 불평등이 곧 "불의"와 비슷하게 되었다는 점을 지적해두고 싶다. 이것은 성공하지 못한 사람들의 심리 상태에서 아주 중요한 요소이고, 그런 사람들을 이용하려는 정치가들의 단골 무기이다. 이것을 보여주는 가장 기이한 증후 중 하나가 고대 아테네의 도편 추방 제도였다. 이 제도는 때때로 기이하게 활용되었다. 도편 추방은 대중 투표에 의해 어떤 개인을 추방시키는 제도인데, 반드시 어떤 구체적 이유가 있어서 추방되는 것은 아니었다. 그것은 때때로 불편할 정도로 뛰어난 시민을 제거하는 방법으로도 활용되었다. 그 뛰어난 개인이 "한 사람 이상의 몫을 해낸다"고 느껴졌기 때문에 추방되었던 것이다.

04 이 용어(프로파간다)는 여기서 본래의 의미로 사용되었고, 지금 널리 퍼져 있는 의미로는 사용되지 않았다. 요즘에는 '프로파간다'라고 하면 싫어하는 원천으로부터 나온 어떤 진술을 가리킨다. 이 용어는 원래 congregatio de propaganda fide(로마 교황청의 포교성성布教聖省)에서 나온 것으로서, 가톨릭 신앙을 널리 퍼트리기 위한 추기경들의 위원회를 가리키는 이름이었다. 그 자체로는 경멸적인 의미가 없었으며, 특히 사실의 왜곡을 의미하지도 않았다. 가령 우리는 어떤 과학적 방법을 위해서 프로파간다를 할 수 있다. 이 경우 프로파간다는 어떤 특정한 방향으로 사람들의 행동이나 의견에 영향을 끼칠 목적으로 제시되는 사실이나 논증을 가리킨다.

05 두려움에 떨었지만 입법 기관들은 이 정책에서 나폴레옹을 지지하지 못했다. 그리고 나폴레옹이 신임하던 일부 부장副將들은 이 정책을 반대했다.

06 나폴레옹의 관행에서 다른 사례들도 이끌어낼 수 있다. 그는 전제적 군주였다. 자신의 왕조의 이해관계와 해외 정책이 관련되지 않는 한에서만 그는 자신이 보기에 국민들이 원하고 바라는 것을 실천하려고 애썼다. 북이탈리아를 통치하는 문제에 대해 외젠 보아르네*가 물어왔을 때 그는 이런 식으로 하라고 조언했다.
* 외젠 보아르네(Eugène Rose de Beauharnais, 1781~1824)는 나폴레옹의 의붓아들로 장군이자 이탈리아 총독.

07 이것은 영국의 매력적인 과격파 인사였던 그래이엄 월러스*가 집필한 솔직하면서도 매혹적인 책의 제목이다. 그 후에 이 주제에 대하여 많은 책자들이 발간되었고, 또 인간성을 좀 더 명확하게 꿰뚫어 볼 수 있게 해주는 많은 상세한 사례 연구들이 나왔다. 그럼에도 불구하고 이 책은 아직까지도 정치 심리학의 최고 입문서로 꼽힌다. 저자는 고전 이론을 무비판적으로 수용하는 태도에 대해 솔직하게 반대한다고 밝혀놓고 나서, 그 다음에 나와야 할 명백한 결론을 내리지는 않았다. 이것은 정말 놀랍다. 왜냐하면 월러스는 과학적 사고방식의 필요성을 강조했고, 또 브라이스 경*을 비난했기 때문이다. 특히 월러스는 브라이스 경이 환멸을 안겨주는 사실들의 구름들 속에서 푸른 하늘만 보기로 "완고하게" 결심한 사실을 질책했다. 월러스는 이와 관련하여 이렇게 말하고 있는듯하다. 기상학자가 처음부터 푸른 하늘만 보겠다고 작심하고 나선 것을 우리가 어떻게 하겠는가? 하지만 월러스의 저서를 구성하는 많은 부분들이 브라이스 경과 비슷한 논거에 입각하고 있다.
* 그래이엄 월러스(Graham Wallas, 1858~1932)는 영국의 사회주의자, 페이비언 협회Fabian Society의 리더였으며 런던 경제 대학London School of Economics의

공동 설립자.

* 브라이스 경(Lord Bryce; Viscount James Bryce, 1838~1922)은 "정당이 없으면 민주주의도 없다"고 주장한 자유주의 정치가이자 법학자, 역사학자.

08 독일어 Massenpsychologie(군중 심리학)은 하나의 경고를 안겨준다. 군중 심리학과 대중 심리학을 혼동해서는 안 된다. 전자는 그 안에 계급의 함의를 갖고 있지 않으며, 노동자의 생각과 느낌을 연구하는 것과는 무관하다.

09 이 문장에서 비합리성은 어떤 주어진 소망에 대하여 합리적으로 행동하지 않는 것을 의미한다. 그것은 관찰자가 파악하는 소망 그 자체의 합리성을 가리키는 것은 아니다. 이것은 주목해야 할 중요한 사항이다. 경제학자들은 소비자들의 비합리성을 평가하는 데 있어서 이 둘을 혼동함으로써 비합리성을 과장한다. 가령 여공이 입고 있는 화려한 옷은 대학 교수에게는 비합리적인 행동의 표시로 보일 것이다. 교수는 광고 효과가 저런 행동을 일으켰다고 생각할 것이다. 하지만 실제로 여공이 그 옷을 정말로 원했을 수 있다. 만약 그렇다면 이 화려한 옷에 대한 지불은 위의 의미에서 볼 때, 아주 합리적이다.

10 이 수준은 시대와 장소에 따라 다를 뿐 아니라, 특정 시대와 장소에서는 상이한 산업 부문과 계급들 사이에서도 다르다. 보편적 합리성의 패턴이라는 것은 없다.

11 생각의 합리성과 행동의 합리성은 서로 다른 두 사항이다. 생각의 합리성이 반드시 행동의 합리성을 보장하지는 않는다. 의식적인 사고 작용 없이 또는 행동의 근거를 정확하게 정립하는 능력과는 무관하게 행동의 합리성이 정립될 수도 있다. 인터뷰와 설문 방식을 사용하는 관찰자는 종종 이 사실을 간과하여 행동의 비합리성이 갖는 중요성에 대하여 과장된 생각을 품게 된다. 이것은 우리가 종종 만나게 되는 과장된 진술의 또 다른 원천이다.

12 명확하고 진정한 의지를 언급하는 데 있어서, 나는 이것을 모든 종류의 사회적 분석에 적용되는 궁극적 데이터로 여기는 것은 아니다. 물론 의지는 사회 과정과 사회 환경의 산물이다. 내가 여기서 의미하는 것은 그 의지가 경제학자가 수행하는 어떤 특정한 목적의 분석에서는 하나의 데이터로 사용될 수 있다는 점이다. 가령 경제학자는 어떤 순간에 "주어진" 기호嗜好나 필요로부터 가격을 추출할 수 있고, 그 다음에는 그것을 더 이상 분석하지 않을 수도 있다. 마찬가지로 우리는 그것(의지)을 조작하려는 시도와는 무관하게 어떤 순간에 존재하는 확정적이고 진정한 의지를 말할 수 있다. 물론 이 진정한 의지는 프로파간다의 영향을 포함하여 과거의 환경적 영향의 결과라는 것을 우리는 알고 있다. 진정한 의지와 조작된 의지(아래

참조)의 구분은 까다로운 문제이고, 또 모든 사례와 모든 목적에 적용될 수 있는 것도 아니다. 여기서는 그런 구분을 돋보이게 하는 아주 상식적인 사례를 지적하면 충분할 것이다.

13 현대 자본주의의 대규모 부패 가능성을 고려하지 않았기 때문에 벤담주의자들은 이것을 완전히 간과했다. 그들은 경제 이론에서 저지른 오류를 정치 이론에서도 반복했다. "국민들"은 자신들의 개별적 이익에 대해 가장 잘 알고 있고, 또 이런 이익과 국민 전체의 이익이 일치한다고 아무 거리낌 없이 말했다. 물론 그들은 이렇게 말하기가 쉬웠다. 의도적인 것은 아니었지만 실제로는 그들이 부르주아 이해관계의 관점에서 철학을 했기 때문이다. 부르주아 이해관계는 직접적인 뇌물보다는 근검절약하는 국가로부터 더 큰 이득을 얻을 수 있다.

14 윌리엄 제임스(William James, 1842~1910. 미국의 실용주의 철학자이자 심리학자)의 "날카로운 현실 감각"(pungent sense of reality). 그래이엄 월러스는 이 점이 상당히 중요하다고 강조했다.

15 다음 사실을 자문해보면 요지가 분명하게 드러날 것이다. 왜 브리지 게임 테이블에 앉은 사람들 사이에서는 다른 상황, 가령 비정치가들이 정치적 토론을 할 때보다 더 많은 지성과 총명한 분석이 등장하는가? 브리지 테이블에서 우리는 명확한 과제를 갖는다. 먼저 우리에게 규율을 안겨주는 규칙이 있고, 또 성공과 실패는 분명하게 규정된다. 우리는 무책임하게 행동할 수 없다. 그런 실수는 금방 드러나고 그 대가가 따르기 때문이다. 하지만 일반 시민들의 정치적 행동에는 이런 조건들이 지켜지지 않는다. 그리하여 일반 시민은 자신의 직업에서 보여주는 기민함과 판단력을 정치 분야에서는 보여주지 못한다.

16 12장 참조.

17 이런 분출의 중요성을 의심할 수는 없다. 하지만 그 진정성에 대해서는 의심해볼 수 있다. 분석해보면, 많은 경우에 그런 분출은 국민의 자발적 행동에서 나오는 것이 아니라 어떤 그룹의 행동에 의해 유도되었음을 알 수 있다. 이 경우 그런 분출은 우리가 다루려 하는 현상의 (두번째) 클래스에게 들어가게 된다. 하지만 좀 더 완벽한 분석을 하면 그런 분출의 밑바닥에 있는 심리-기술적 노력이 드러나지 않을까, 하는 점에 대해서는 확신할 수가 없다.

18 선별적 정보는 그 자체로 정확할지라도 진실을 말함으로써 거짓말을 하려는 시도이다.

19 만약 문제들을 좀 더 빈번하게 국민투표로 결정했더라면, 그 한계는 더욱 분명하게

드러났을 것이다. 정치가들은 자신들이 왜 이 제도를 그토록 싫어하는지 분명하게 알고 있을 것이다.
20 그 유사성을 주목하라. 사회주의의 신념은 어떤 사람들에게는 그리스도교의 신념을 대체하는 것이고, 다른 사람들에게는 그 보충물이다.
21 이런 반론이 나올 수도 있으리라. 평등이라는 말에 **일반적** 의미를 부여하는 것이 아무리 어렵다 할지라도, 전부는 아니더라도 대부분의 사례들의 맥락으로부터 그런 의미를 추출해낼 수 있다. 가령 게티스버그 연설이 행해지던 때의 주변 상황으로부터 이런 추론을 이끌어내는 것이 가능하다. "모든 인간은 자유롭고 평등하게 창조되었다는 명제"를 통해 링컨은 노예제에 내포된 불평등에 반대하여 법적 신분의 평등을 말한 것이었다. 이러한 의미는 명확하다. 왜 그런 명제가 도덕적으로나 정치적으로 구속력 있는 것이 되어야 하는가, 라는 질문에 "왜냐하면 모든 사람은 그 본성상 다른 사람과 똑같기 때문이다"라고 대답하기를 거부한다면, 우리는 그리스도교 사상이 제공하는 신성한 계율에 의존해야 한다. 이러한 해결안은 "창조되었다"에 내포된다고 이해될 수 있다.
22 노골적인 독재 체제로 끝나버린 야당 세력들은 예외로 인정해야 할 것이다. 하지만 이런 세력들도 대부분 역사적으로 볼 때 민주적 방식으로 성장했고, 또 국민의 승인을 바탕으로 통치하려 했다. 카이사르*는 평민들에 의해 살해되지 않았다. 그를 암살한 귀족 출신의 과두 세력들 또한 민주적 선전 구호를 사용했다.

* 카이사르(Gaius Julius Caesar, 기원전 100~44)는 갈리아 전쟁을 이끌었으며 공화정을 파괴하고 제정帝政의 기초를 닦은 로마 공화정 말기의 정치가이자 장군. 영어로는 시저로 읽는다.

22장 또 다른 민주주의 이론

01 "행정부"(executive)라는 불명확한 단어는 잘못된 방향을 가리키고 있다. 하지만 이 단어를 기업의 "임원"이라는 뜻으로 사용하면 명확해진다. 기업의 임원은 주주들의 의지를 "시행"하기(execute) 때문이다.
02 아래에서 다룰 네 번째 사항을 참조할 것.
03 2부에서 우리는 이것에서 생겨나는 문제들의 구체적인 사례를 다루었다.
04 나는 제외시키지 말아야 할 방법들도 제외했다. 가령 국민들의 암묵적인 동의나 **마치 권고를 받은 것처럼**quasi per inspirationem 정치적 리더십을 획득하는 경우이다. 후자(권고 받은 것)는 기술적인 측면에서만 다를 뿐 투표에 의한 선출이나

마찬가지이다. 하지만 암묵적 동의 또한 현대 정치학에서 중요성이 없는 것은 아니다. 당 대표가 **당내에서** 휘두르는 권력은 그의 리더십에 대한 암묵적 동의에 바탕을 두고 있는 것이다. 비교의 관점에서 말하자면 이런 세부 사항들은 이러한 스케치에서는 무시될 수 있다.

05 경제 분야에서와 마찬가지로 공동체의 법적·도덕적 원칙들에는 **약간의** 제한이 내포되어 있다.

06 여기서 말하는 자유란 누구나 섬유 공장을 시작할 수 있는 것과 같은 그런 자유를 의미한다.

07 비례 대표를 반대하는 논의는 헤르멘스(Ferdinand A. Hermens, 1906~1998, 독일 출신의 미국 경제학자) 교수가 제기했다. 1938년 11월호 『사회 연구』(Social Research)에 실린 그의 논문 「민주주의의 트로이 목마」(The Trojan Horse of Democracy)를 참조할 것.

08 우리는 논의의 편의를 위하여 이렇게 할 것이다. 그 현상은 우리의 도식에 완벽하게 들어맞는다.

09 이것은 개략적으로 볼 때만 진실이다. 정상적 상황이라면 유권자는 투표를 통해 한 사람의 지도자만을 인정하는 집단에게 권력을 안겨줄 것이다. 하지만 그 집단에는 그들 나름의 정치적 영향력을 갖는 두 번째, 세 번째의 지도자들이 있으며, 지도자는 이들을 적당한 각료직에 임명할 수밖에 없다. 이 사실을 곧 언급하겠다. 또 다른 점도 명심해야 한다. 최고 지위에 오른 사람은 일반적으로 강력한 개인적 역량을 갖춘 사람이다. 그렇다고 언제나 그런 것은 아니다(우리는 이 점을 곧 다룰 것이다). 따라서 "지도자"라는 용어가 그에 해당하는 개인이 언제나 리더십의 자질을 갖추었다거나, 개인적으로 지도를 할 자격이 충분하다는 뜻을 반드시 내포하는 것은 아니다. 리더십의 자질이 부족한 사람이 집권하기에 유리한 정치적 상황들도 있다. 반대로 강력한 개인적 지위의 확립에 불리한 정치적 상황들도 있다. 따라서 어떤 정당이나 혹은 여러 정당의 연합체는 지도자가 없을 수도 있다. 하지만 다들 알다시피 이것은 병적인 상태이고, 패배의 전형적 원인이다.

10 우리는 선거인단을 무시해도 좋을 것이다. 미국의 대통령을 총리(수상)라고 부르면서 나는 미국 대통령의 지위가 다른 민주 국가들의 총리와 근본적으로 유사하다는 점을 강조하고 싶다. 그렇다고 내가 차이점을 최소화하려는 것은 아니다. 그런 차이점들 중 일부는 실제적이라기보다 형식적인 것에 지나지 않지만 말이다. 그런 차이점들 중 가장 덜 중요한 것은 미국 대통령이 프랑스 대통령의 의례적

기능을 수행한다는 점이다. 가장 중요한 차이점은 미국 대통령이 의회를 해산하지 못한다는 사실이다. 하지만 프랑스 총리도 의회 해산권은 없다. 반면에 미국 대통령의 지위는 영국 총리의 그것보다 강력하다. 이는 그의 리더십이 의회 내에서 과반수 의원을 갖고 있는가, 하는 사실과는 무관하기 때문이다. 법적으로 볼 때 말이다. 그러나 실제로는 과반수를 갖고 있지 못하면 심하게 견제를 당한다. 또한 미국 대통령은 각료를 거의 자기 마음대로 해임할 수 있다. 미국의 장관은 영국식 의미의 장관(minister)이라고 할 수 없으며, 미국 장관의 명칭처럼 비서(secretary)에 지나지 않는다. 따라서 미국 대통령은 총리일 뿐 아니라 유일한 장관이라고 말할 수 있다. 우리가 영국 각료의 기능과 미국 의회 내 여당 의원들의 대표 기능 사이에 유사점을 찾지 않는다면 말이다.

민주적 방법을 사용하는 다른 나라들과 미국에 존재하는 이런 많은 특이점을 해석하고 설명하는 데에는 별다른 어려움이 없다. 하지만 지면을 아끼기 위해 우리는 영국 제도만 주로 생각할 것이고, 다른 모든 민주적 제도는 중요한 "변형"이라고 볼 것이다. 지금까지 민주 정부의 논리는 영국식 관행 내에서 가장 잘 발휘되었다(물론 법적 형태에서는 그렇지 못하지만), 라는 이론에 입각해서 말이다.

11 내가 의회를 국가 기관으로 정의했다는 점을 상기할 것. 순전히 형식적(법적) 논리를 위해 이렇게 정의했지만, 이 정의는 다른 민주적 방법의 개념과도 잘 들어맞는다. 따라서 의회의 의원직은 각료직이나 마찬가지이다.

12 예를 들어 이 방법은 1918년 붕괴 때 오스트리아에서 채택되었다.

13 일부 인사들이 그렇게 하는 것처럼, 이런 제도에서 각료직에 대한 적성이 별로 중요한 기준이 아님을 개탄하는 것은 논의의 본질이 아니다. 민주 정부에서는 정치적 가치가 주된 기준이고, 각료직에 대한 자질은 부수적 사항이다. 아래 23장 참조.

14 만약 프랑스의 경우처럼 총리에게 이런 권한이 없다면, 의회 내의 **파벌들**이 지나친 독립성을 얻게 되어 의회가 어떤 인사를 수락하는 것과 유권자가 그 사람을 수락하는 것 사이에 상관성이 약화되거나 파괴된다. 이것은 의회 내의 밀실 게임이 발호하게 되는 상황이다. 우리의 관점에서 볼 때, 이것은 정치 기구의 의도에서 일탈하는 것이다. (프랑스 대통령을 지낸) 레몽 푸앵카레(Raymond Poincare, 1860~1934)도 같은 의견이었다.

물론 이런 상황은 영국에서도 발생한다. 총리의 의회 해산권 — 정확하게는 군주에게 의회의 해산을 "조언"하는 권리 — 은 의회 내 파벌들이 그것에 반대하거나 혹은 선거가 총리의 의회 장악을 강화시켜 주지 않으면 작동하지 못하게 된다. 다시 말해 총리는 전 국민을 상대로 총선을 치르기보다는 의회 의원을 상대하는 일에 더 공을 들이게 된다. 정부가 수립되고서 몇 년이 지나면 이런 상태가 주기적으로 발생했다. 하지만 영국의 제도 아래에서 이런 일탈은 오래 갈 수가 없다.

15 러시아-터키 전쟁에 의해 야기된 문제들의 잠정적 해결과 쓸모없는 키프로스 섬의 획득이 그 자체로 정치술의 걸작이라는 뜻은 아니다. 하지만 그것들은 국내 정치의 관점에서 화려한 성공이었다. 그것은 일반 시민들의 자부심을 높여주었고, 호전적 애국주의의 분위기에서 정부의 전망을 한결 밝게 해주었다. 만약 디즈레일리가 베를린에서 돌아온 직후, 의회를 해산했더라면 총선에서 이겼을 것이라는 게 전반적인 여론이었다.

16 총리직에 대한 공식적 인정이 1907년까지 미루어졌다는 것은 영국식 일처리 방식의 특징이다. 1907년에야 비로소 궁정에서 공식 석차席次에 총리직이 등장했다. 하지만 총리직은 민주 정부만큼이나 오래된 것이다. 민주 정부는 어떤 구체적 조치에 의해 도입된 것이 아니라 전반적 사회 과정의 일환으로 서서히 진화해왔기 때문에, 그 개략적 출생 일자나 시기를 말하기는 어렵다. 민주 정부의 태아 상태를 보여주는 많은 사례들이 있다. 무엇보다도 이 제도가 윌리엄 3세(William III)의 치세 시에 시작되었다고 보기가 쉽다. 다른 영국인 왕들에 비해 너무 권력이 허약해서 이런 판단을 뒷받침하기 때문이다. 하지만 이에 대한 반론은 그 당시 영국은 "민주주의가 아니었다" — 독자는 우리가 민주주의를 투표권으로 정의하지 않는다는 것을 상기할 것 — 라는 지적이 아니라, 찰스 2세(Charles II) 치하의 댄비(Thomas Osborne, 1632~1712, Lord Danby)가 태아적(초창기) 사례였다는 주장에서 나온다. 게다가 윌리엄 3세는 이 제도를 찬성한 적이 없었고, 여러 일들을 성공적으로 단독 처리했다. 우리는 총리를 단순한 고문관으로 혼동해서는 안 된다. 그들이 군주와 아무리 가깝고 또 권력 공장의 중심부에 위치해 있다고 해도 말이다. 가령 리슐리외(Richelieu), 마자랭(Mazarin), 스트래퍼드(Strafford) 같은 사람들이 그런 경우이다. 앤 여왕 시절의 고돌핀(Godolphin)과 할리(Harley)는 분명 전환기의 사례들이다. 그 당시나 정치사가들에 의해 널리 총리로 인정되는 최초의 인물은 로버트 월폴 경(Sir Robert Walpole)이었다. 월폴 경, 뉴캐슬 공작(혹은 그의 동생 헨리 폴럼Henry Pelham 혹은 둘 다), 셸번 경(Lord Shelburne), 대大 피트(elder Pitt; 외무장관으로 **실제로** 우리의 요구 사항에 가장 가깝게 다가간 인물)에 이르기까지, 이런 사람들은 필수적 특징의 한두 가지 사항이 결여되어 있었다. 외형상

최초로 충분한 자격을 갖춘 인물은 소小 피트(younger Pitt; 대 피트의 아들)였다. 로버트 월폴 경이나 후에 그렌빌 백작(2nd Earl Granville, 1690~1763)이 되는 카터릿(John Carteret) 당시에 사람들은 총리직을 민주 정부의 본질적 기관으로 보지 않았다. 다시 말해 위축된 조직을 찢어버리고 다시 생겨나는 새로운 조직이라고 보지 않았던 것이다. 오히려 여론은 그 조직을 암 세포라고 생각했고, 국가의 안녕과 민주주의에 해가 된다고 보았다. 월폴의 적수들을 그를 가리켜 "단독 장관" 혹은 "제1장관"이라는 비난성 호칭을 퍼부었다. 이 사실은 의미심장하다. 이것은 새로운 제도가 맞게 되는 저항을 보여준다. 이것은 또한 이 제도가 고전적 민주주의 이론과 양립할 수 없다는 점을 보여준다. 고전 이론은 실제로 우리가 말하는 정치적 리더십과는 무관하고, 총리직이라는 정치 현실과도 어울리지 않는 것이었다.

17 글래드스턴 자신은 그 이론을 강력히 지지했다. 선거에서 패배한 1874년에도 그는 여전히 의회를 만날 것을 주장했다. 해임의 선고를 내리는 것은 의회의 몫이었기 때문이다. 물론 이것은 아무런 의미도 없었다. 마찬가지로 그는 군주에 대한 절대적 복종을 공언했다. 여러 전기 작가들은 가장 민주적인 지도자의 이런 공손한 태도에 경이감을 표시했다. 그러나 빅토리아 여왕은 이런 전기 작가들보다 판단력이 더 뛰어났다. 여왕은 1879년부터 글래드스턴에 대하여 강력한 혐오감을 표시했다. 전기 작가들은 여왕의 이런 태도를 디즈레일리의 나쁜 영향 탓으로 돌렸으나 실은 글래드스턴의 민주적 사상을 꿰뚫어본 듯하다. 여기서 우리는 디즈레일리의 절대적 복종 공언이 두 가지 의미를 내포한다고 볼 수 있다. 자기 아내를 공손하게 대하는 남자는 대체로 평등에 바탕을 둔 남녀 간의 동지 의식을 받아들이지 않는 사람이다. 공손한 태도는 사실 그런 동지 의식을 회피하기 위한 수단이다.

18 총리직의 발전에 비해서 내각의 발전은 제도적 본질의 변화를 망라하는 역사적 연속성에 의해 윤곽이 더욱 흐릿해졌다. 오늘날까지 영국의 내각은 법적으로 추밀원의 한 부분으로 되어 있다. 물론 추밀원은 전前 민주적 시대의 정부 기관이었다. 하지만 이런 표면 아래에서 전혀 다른 기관이 발전해왔다. 우리가 이러한 사실을 깨닫게 되면 내각의 연대가 총리직의 그것보다 더 앞선다는 것을 발견한다. 배아 형태의 내각은 찰스 2세의 시대에도 존재했다. 그 한 사례는 "카발(cabal)" 장관직이고, 다른 한 사례는 "템플(Temple) 실험과 관련된 4인 위원회"이다. 하지만 윌리엄 3세 치세 시의 휘그 "잔토(junto)"가 아무래도 최초의 내각으로 거론되어야 할 것이다. 앤 여왕의 통치 시기 이후 내각의 구성원과 기능에 대해서는 사소한 의견 불일치 사항들이 있었을 뿐이다.

19 때때로 정치가들은 선전 구호의 안개에서 벗어나기도 한다. 반론을 제기할 수 없는 경박성의 사례에 대한 일화를 하나 소개하겠다. 정치가 로버트 필 경은 정치의 성격을 특징짓는 말을 했다. 그는 휘그 정부의 자메이카 정책에 대하여 의회에서 승리를 거두고 나서 이렇게 말했다. "자메이카는 처음으로 출발시키기에 좋은 말馬이었다." 독자들은 이 말을 깊이 생각해보기 바란다.

20 이것은 영국 관행뿐 아니라 비시 정권* 이전의 프랑스와 파시스트 정권 이전의 이탈리아 관행에도 그대로 적용된다. 하지만 미국은 경우가 다르다. 중요 정책에 대하여 행정부가 패배했다고 하여 미국 대통령이 사직하지는 않는다. 왜냐하면 다른 정치 이론에 입각하고 있는 미국 헌법이 이런 논리에 따라 의회의 관행이 전개되는 것을 허용하지 않기 때문이다. 사실 이 논리는 때때로 자기주장을 하고 나선다. 중요 정책에서 패배하면 미국 대통령이 사직하지는 않지만 그의 입장이 많이 약화되어 리더십의 지위에서 밀려나게 된다. 이것은 한동안 비정상적인 상황을 만들어낸다. 하지만 미국 대통령이 차기 대통령 선거에서 이기거나 지거나 함으로써 갈등이 해결되는데, 이런 방식은 영국 총리가 의회를 해산함으로써 유사한 상황에 대처하는 방식과 별반 다르지 않다.

*제2차 세계대전 당시 나치가 프랑스 비시(Vichy) 지방에 수립한 괴뢰 정권.

21 이와 관련하여 아주 의미심장한 영국식 기법을 하나 소개하겠다. 두 번째 독회에서 어떤 주요한 의안을 찬성하는 의원의 과반수가 극히 적은 숫자로 떨어질 때, 이 의안은 보통 심의가 진행되지 않는다. 첫째, 이러한 관행은 잘 발달된 민주 국가에서 적용되는 과반수 원칙의 중요한 한계를 보여준다. 민주 국가에서 소수가 언제나 과반수에게 복종해야 한다는 것은 옳은 표현이 아니다. 둘째, 심의 중인 의안에 소수가 언제나 과반수에게 복종하는 것은 아니지만, 내각이 계속 집권할 것인가의 문제와 관련해서는 거의 언제나 과반수에게 복종해야 한다(여기에도 예외가 있기는 하다). 주요 정부 조치에 대한 두 번째 독회에서의 투표는 신임 투표와 그 법안의 연기를 지지하는 투표와 겹치게 된다. 만약 그 법안의 내용만 중요한 것이라면, 그 법안이 성문법이 되지 않는 한, 그 법안에 대한 지지 투표는 별 의미가 없었을 것이다. 하지만 의회의 주된 임무가 내각의 권력 유지에 있다면, 이러한 전략은 금방 이해될 것이다.

22 위의 사항을 가장 잘 보여주는 대표적인 사례는 체임벌린(Joseph Chamberlain, 1836~1914)이 1880년대에 아일랜드 문제에서 취한 노선이다. 그는 결국 글래드스턴을 이겼다. 하지만 공식적으로는 열렬한 지지자 자격으로 선거 운동을 시작했

다. 이 사례는 장본인의 힘과 총명함에 있어서 이례적이다. 모든 정치 지도자들이 알고 있듯이, 평범한 사람들에게서만 충성심을 기대할 수 있다. 이 때문에 위대한 정치가들, 가령 디즈레일리는 주위에 2급 인물만 포진시켰던 것이다.

23 지금껏 시도되지 않은 문제는 제1급의 전형적 사례이다. 정부 여당과 야당의 그림자 내각은 어떤 문제가 굉장한 잠재력을 갖고 있음을 알면서도 그냥 내버려두는데, 그 전형적인 이유는 이런 것이다. 그 문제를 다루기가 기술적으로 까다롭고, 또 그 문제가 일으킬 분파적 난점에 대한 두려움이 있기 때문이다.

23장 도출된 추론

01 물론 관련 사례들은 많다. 아주 시사적인 사례는 프랑스 하원(chambre)과 상원(senat)의 법률가들이다. 뛰어난 정치 지도자들 중 몇몇도 위대한 변호사들이었다. 가령 발데크-루소*와 푸앵카레*가 그런 경우이다. 하지만 전반적으로 봤을 때 법조계에서의 성공과 정계에서의 성공은 함께 가지 않는다. 단, 법률 회사의 대표 동업자가 중진 정치가여서 자주 관직에 진출한 덕분에 법률 회사가 기적적으로 스스로의 힘으로 운영되는 경우는 무시하기로 한다.

* 발데크-루소(Pierre Marie Rene Ernest Waldeck-Rousseau, 1846~1904)는 프랑스의 공화주의 정치인.

* 푸앵카레(Raymond Poincaré, 1860~1934)는 대독 강경 정책을 펼쳤던 변호사 출신의 프랑스 9대 대통령.

02 이 논의는 13장 2절에서 다룬 지식인들의 지위 및 행동의 분석과 연결되어 있다.

03 이런 견해는 종종 경박하거나 냉소적이라는 이유로 무시당한다. 하지만 사석에서는 점쟁이의 비웃음이나 살만한 선전 구호에 입 발린 서비스를 해대는 것이야말로 경박하거나 냉소적인 것이다. 게다가 문제의 견해는 겉보기처럼 정치가들의 품격을 손상시키지도 않는다. 그것은 이상이나 의무감을 배제하지 않는다. 사업가들과 비교해보면 이러한 점이 더욱 분명해질 것이다. 내가 다른 곳에서 말한 것처럼, 사업 환경에 대해서 잘 아는 경제학자는 의무감이나 서비스 및 효율성의 이상이 사업 행동과 무관하다고 말하지 않는다. 하지만 그 동일한 경제학자가 사업 행동을 이윤 동기에 바탕을 둔 도식으로 설명한다 해도 틀렸다고 할 수 없으며, 그것은 그의 권리에 속하는 문제이다.

04 아주 의미심장한 사례를 하나 제시하겠다. 제1차 세계대전(1914~1918)의 원인을 연구하는 학자는 오스트리아 대공의 암살에서 선전 포고에 이르기까지 영국 정부

가 보여준 수동적인 태도에 놀라게 된다. 물론 전쟁을 피하기 위한 노력이 없었다는 얘기는 아니다. 하지만 그 노력은 아주 비효율적이었고 기대에 훨씬 못 미치는 것이었다. 당시 애스키스* 총리 정부가 전쟁을 피할 의사가 없었다는 이론으로 이런 수동성을 설명할 수도 있다. 만약 이 이론이 불만족스럽다고 판정된다면(나도 불만족스럽다고 생각한다), 우리는 또 다른 이론으로 내몰리게 된다. 즉, 영국 각료들이 정치 게임에 너무 몰두한 나머지 국제 상황의 위험 수위를 제대로 파악하지 못했고, 정작 파악했을 때에는 너무 늦었다는 이론이다.

* 애스키스(Herbert Henry Asquith, 1852~1928)는 1908년부터 1916년까지 영국의 총리를 지낸 정치가.

05 나는 "성공"을 이렇게 정의한다. 민주적 과정은 비민주적 방법을 강제하는 상황을 만들어내지 않고서 꾸준하게 그 자신을 복제하는 것이다. 민주적 과정이란, 정치적으로 중요한 이해 집단들이 장기적으로 용납할 수 있는 방식으로 현행 문제들을 다루는 과정이다. 하지만 나는 모든 관찰자가 그 과정의 결과를 승인해야 할 필요는 없다고 본다.

06 18장에서 관료제에 대하여 몇 가지 논평을 했는데 그것을 참조하면 독자는 다음 사실을 확신하게 될 것이다. 세 가지 측면 모두에서 관료제가 제공하는 답변은 그 어떤 의미에서도 이상적이라고 할 수 없다. 독자들은 이 용어가 대중들의 어법語法 속에서 일으키는 연상에 의해 너무 과도하게 영향을 받지 않기 바란다. 아무튼 그 답변은 유일하게 현실적인 답변이다.

07 우리는 고대 로마의 용어를 잘못 사용하는 습관이 있다. 고대 로마의 독재관 제도는 여러 세기에 걸쳐 발전해왔으며, 현대의 독재 제도와 유사한 점이 있다. 그렇다고 이 유사점을 너무 강조해서는 안 된다. 고대 로마의 공화정 시대에는 율리우스 카이사르만 이 독재관 제도를 이용했을 뿐이다. 술라*의 독재관 취임은 헌법 개정이라는 일회적 목적을 위한 한시적인 조치였다. 그 외에 "정규 규칙에 따라" 독재관에 취임한 경우는 없다.

* 술라(Lucius Cornelius Sulla Felix, 기원전 138~78)는 기원전 82년부터 기원전 79년까지 독재관을 지낸 로마의 장군이자 정치가이다. 원래 독재관의 임기는 6개월이었으나 술라는 이 임기를 철폐하여 사실상 종신 독재관이 되었다. 하지만 자신이 곧 죽을 것이라는 예언을 믿어서 스스로 물러났다.

08 여기서 반드시 언급해두어야 할 사항은, 일부 자본주 회사들이 민주주의의 원칙에서 일탈한 사례가 있다는 사실이다. 이렇게 수정을 해두면, 이 진술은 고전

민주주의 이론의 관점으로 보나 우리의 민주주의 이론의 관점으로 보나 모두 진실이 된다. 첫 번째 관점에서 볼 때 결과는 이렇게 된다. 개인 기업의 손에 있는 수단은 종종 국민의 의지를 좌절시키는 데 사용된다. 두 번째 관점에서 볼 때 결과는 이렇게 된다. 그런 개인 기업의 수단이 종종 경쟁적 리더십의 메커니즘을 간섭하는 데 사용된다.

09 산업적 민주주의 혹은 경제적 민주주의는 많은 준準유토피아 저서들에 등장하는 용어이다. 너무 자주 나오다보니 그 정확한 의미가 모호해졌다. 나는 그것이 주로 다음 두 가지를 의미한다고 생각한다. 첫째, 노동조합이 산업 관계를 지배한다. 둘째, 노동자를 공장의 이사회나 기타 견제 기구에 대표로 참여시켜서 제왕적 공장을 민주화시키는 것이다. 이렇게 하는 것은 기술 개선 사항의 도입, 회사의 일반적 정책, 공장 내의 규율 확립 방법, "채용과 해고" 등에 대하여 노동자의 발언권을 강화하기 위함이다. 이윤 공유는 우선순위상 그 다음에 해당되는 요구 사항이다. 사회주의 체제에서는 이런 경제적 민주주의가 가뭇없이 사라져버릴 것이다. 이것은 겉보기처럼 그리 불쾌한 것도 아니다. 그때가 되면(사회주의가 되면) 이런 종류의 민주주의가 보장하려는 이해관계가 자연스레 없어질 것이다.

5부 사회주의 정당들의 역사적 스케치

프롤로그

01 이런 사항들 중 하나를 이미 다른 곳에서 다루었다. 20장 참조.

24장 사회주의의 초창기

01 샤를 푸리에*의 유사한 계획에 대해서도 같은 말을 할 수 있지만, 아무도 그 계획을 사회주의적이라고 평가하지 않았다. 왜냐하면 사회적 생산물 중 겨우 12분의 5만 노동자에게 돌아가고 나머지는 자본가와 관리자에게 돌아가기 때문이다. 이것이 현실을 감안한 실제적 계획이기는 하나, 이런 이상 상태에서 노동자들의 처지가 자본주의 사회보다 더 못하다는 것은 흥미로운 일이다. 가령 제2차 세계대전 이전의 영국에서(바울리A.Bowley, 『산업 생산물의 분배The Division of the Product of Industry』, 1921, 37쪽 참조) 160파운드 이하의 임금과 봉급은 제조업 및 광업 분야에서 순생산 가치의 62퍼센트를 차지했고, 160파운드 이상의 봉급을 계산에 포함시키면 68퍼센트를 차지했다. 물론 푸리에의 이상은 1차적으로 경제에 관한 것은 아니었지만, 경제 분야만 놓고 보면 그의 개혁주의적 이상이 자본주의

사실에 대하여 얼마나 무지한가를 보여준다.

* 샤를 푸리에(Francois Marie Charles Fourier, 1772~1837)는 생산자 협동조합을 주축으로 해서 상업이 존재하지 않는 자유로운 생산자 중심의 협동 사회를 제시했던 프랑스의 공상적 사회주의자.

02 무식한 사회주의 신봉자의 신념 속에는 비합리적이거나 환상적인 요소들이 많이 들어 있다. 그러나 이것 때문에 훈련된 사회주의자는 그 요소들을 물리치려고 애를 쓰지만 잘 성공하지 못한다. 사회주의가 대중에게 호소하는 것은 합리적으로 정립된 사상이기 때문이 **아니라**, 부르주아와 사회주의 경제학자들이 입을 모아 비난하는 신비적 이단들 때문인 것이다. 그리하여 이런 이단들로부터 거리를 두려고 하는 사회주의자는 자신을 휩쓸어가려 하는 파도를 별로 고마워하지 않는다. 그는 또 그런 힘이 다른 목적에 봉사하게 되는 위험을 두려워한다.

03 이 구절의 정확한 의미를 파악하기 위하여 독자는 이 책의 1부와 2부에서 다루었던 논의를 참조할 것. 여기서는 두 가지를 의미한다. 첫째, 진정한 사회적 힘은 바람직함이나 바람직하지 않음과 무관하게 사회주의에 기여하고, 그리하여 사회주의는 실용적 명제의 특성을 띠게 된다. 둘째, 사정이 이렇기 때문에 사회적 노선을 따르는 당 활동에 대한 **현재의** 공간이 있는 것이다. 둘째 의미는 25장에서 다룰 것이다.

04 26장 참조. 마르크스주의자들은 당연히 이러한 현상이 진정한 현상의 파생물에 지나지 않거나 혹은 프롤레타리아의 전진 운동에서 나오는 부수적 효과라고 대답할 것이다. 프롤레타리아의 전진이 곧 그런 파생적 현상을 가져오는 상황이라면 이것은 맞는 얘기이다. 그러나 다음과 같은 의미라면 마르크스주의자들의 대답은 반론(페이비언 사회주의는 진정한 사회주의가 아니다)이 되지 못한다. 즉, 마르크스주의자들의 답변이 프롤레타리아와 국가 사회주의 사이에는 일방적 관계 혹은 순수한 인과 관계가 있다는 뜻이라고 한다면, 반론을 구성하기는 하겠지만 이는 틀린 반론이다. 2부에서 묘사한 사회적-심리적 과정은 아래로부터의 압력이 없어도 국가 사회주의와 페이비언 사회주의를 만들어내기 때문이다. 그 과정은 심지어 **그런 아래로부터의 압력을 만들어내기까지 한다**. 우리가 곧 살펴보겠지만, 동료 동반자들이 없는 사회주의가 과연 존재할 수 있겠느냐고 묻는 것은 타당하다. 사회주의(노동조합 유형의 노동 운동과는 뚜렷이 구분되는 사회주의)는 부르주아 출신의 지적인 지도자가 없다면 존재할 수 없다는 것은 너무나 확실하다.

25장 마르크스 생존 당시의 상황

01 20장과 23장 참조.
02 1848년에 얻은 정서적 사고방식으로 인해 마르크스는 그 자신을 추방한 비민주적 체제를 공정하게 대하기는커녕 이해하기조차 어려웠을 것이다. 하지만 객관적 분석이 이루어졌다면 1848년의 성취와 가능성을 드러내주었을 것이다. 하지만 이 경우 이런 분석은 마르크스의 능력 범위를 넘어서는 것이었다.
03 내가 아는 어떠한 언어도 이 단어를 명사로 인정하지 않는다. 하지만 이 단어를 명사로 사용하는 것은 아주 유용한 문법위반이다.
04 마르크스주의자들이 툭하면 프롤레타리아 군중(Lumpenproletariat)에 대해서 말하는 경향이 있음을 기억할 것.
05 그는 심지어 인터내셔널 협의회의 의장으로 활약하기도 했다. 이것은 의미심장한 일이다. 왜냐하면 그는 노조의 연맹과 동맹을 적극 추진하는 사람들 중 하나였기 때문이다. 그는 런던 노동자 회의의 조직자 중 일인이었고, 또한 도시 노동자의 투표권을 위해 싸우는 개혁 동맹의 임원이기도 하였다.
06 가령 메르디스(C.M. Meredith)가 1914년에 영어로 번역한 베네데토 크로체*의 『역사적 유물론과 마르크스의 경제학』(Materialismo Storico ed Economia Marxista)을 참조할 것.
* 베네데토 크로체(Benedetto Croce, 1866~1952)는 파시즘을 도덕적 질병이라고 비판했던 이탈리아의 역사 철학자이자 비평가.

26장 1875년에서 1914년까지

01 라살레의 주된 처방은 정부 지원하에 노동자들을 생산자 협동조합들로 조직하는 것이었다. 이 조합들은 개인 산업과 경쟁하여 결국에는 그 산업을 제거할 것이다. 이것은 너무 유토피아적인 구상이었기에, 이에 대한 마르크스의 혐오감을 이해하기는 어렵지 않다.
02 이 정당은 독일 제국 의회의 397석 중 110석을 차지했다. 부르주아 그룹들이 동질적인 대규모 정당들을 조직하지 못했기 때문에 이 의석수는 그 숫자 이상의 의미를 가지게 되었다.
03 보수 캠프에서 친노조 경향이 나타난 것을 특히 주목할만하다. 애슐리 경(Lord Ashley)이 이끄는 그룹과 잉글랜드 청년 그룹(Young England Group; 디즈레일리의 토리 민주당)을 구체적인 사례로 들 수 있다.

04 이 조치가 국가의 권위와 사유 재산 제도를 신봉하는 사람들에게 어떻게 비칠지 현재로서는 알아내기 어렵다. 이 조치는 평화로운 피케팅에 대하여 음모법의 적용을 완화시켰는데 폭력 행위를 암시하는 노조 활동을 법적으로 인정해주는 것이나 마찬가지이다. 또, **불법 행위**에 의한 손해 배상 소송에서 노조 기금을 면책시키는 것은 노조가 사실상 잘못을 저지를 수 없다고 법을 제정하는 것이나 마찬가지이다. 이 조치는 사실상 노조에게 국가의 권위를 일부 떼어준 것이고, 또 노조에게 특혜의 지위를 부여한 것이다. 그리하여 고용주 협회에 부여했던 형식적인 면제 확대는 노조에 대항해서는 아무 소용도 없어졌다. 하지만 이 법안은 보수당이 집권 중이던 1903년에 설립된 왕립 위원회(Royal Commission)의 보고 결과이다. 보수당 대표인 밸포어(Balfour)는 3차 독회의 연설에서 이것을 아무런 망설임 없이 받아들였다. 1906년의 정치적 상황이 이런 태도를 설명해준다. 하지만 이것은 나의 논지에 아무런 영향도 미치지 못한다.

05 신노동조합주의는 정규적이고 안정적인 노조 조직의 확산을 의미한다. 이 조직은 1890년대 중반까지 숙련 노동자들에 국한되어 있었고, 직업적 자부심과 그들보다 못한 미숙련 노동자들에 대하여 부르주아적 우월감을 보였다(1880년대의 지도자 중 한 명인 크로퍼드Crawford는 숙련 노동자와 프롤레타리아 대중 사이의 간극을 자주 강조했다). 프롤레타리아 대중은 그들의 협상력에 대하여 확신이 없었기 때문에 사회주의적 프로그램으로 기울었다. 그 프로그램은 이렇게 가르쳤다. 파업만으로는 안전한 무기가 될 수 없으며, 정치적 행위가 수반되어야 한다. 그리하여 노조의 하층 세력과 정치적 행위에 대한 노조의 태도 사이에 연결고리가 생겨났고, 또 하층 노조들이 사회주의에 경도되었다. 그리하여 1889년의 대규모 항만 노동자 파업 몇 년 뒤에 노조 대의원 회의는 사회주의적 결의안을 통과시키기 시작했다.

06 이 그룹은 회원 수가 3,000명에서 4,000명을 넘은 적이 없었다. 또한 실제 세력은 이 회원 수가 보여주는 것보다 작았다. 핵심 활동 세력은 총회원의 10~20퍼센트를 넘지 않았다. 이 핵심 세력은 배경이나 전통 혹은 다른 면에서 부르주아 출신이었다. 대부분의 구성원들은 경제적으로 독립되어 있었다. 최소한의 먹을 것은 가지고 있었다는 뜻에서 말이다.

07 1905년에 공장 노동자 수는 대략 150만 명이었다.

08 이 분석은 역사적 필연과 개별 리더십이 역사적 과정에서 수행하는 역할에 대하여 많은 의문을 불러일으킨다. 나는 러시아가 가차 없는 필연에 의해 제1차 세계대전으로 이끌려 들어갔다고 보지는 않는다. 우선 세르비아 문제와 관련된 이권은

그리 크지 않았다. 또한 1914년의 국내 상황은 군사적 침략 정책을 최후의 수단으로 삼을 만큼 급박하지도 않았다. 물론 세르비아 문제는 민족주의자들을 자극했고, 국내 상황은 일부 극단적 반동주의자들을 자극했다. 이 두 세력은 나름대로 속셈을 갖고 있었다. 하지만 마지막 차르의 시절에 약간의 신중함과 단호함을 발휘했더라면 참전을 피할 수도 있었을 것이다. 사태의 귀추가 분명해져서 고를리체(Gorlice) 전투 이후에는 군사적 성공의 희망이 사라졌다. 하지만 이때에도 대재앙을 피하는 것이 아주 어려웠겠지만 불가능하지는 않았다. 군주제가 붕괴된 이후에도 케렌스키(Kerensky) 정부가 자원을 잘 관리하고, 동맹국의 요구에 굴복하지 않았더라면 상황을 구제할 수도 있었을 것이다. 하지만 케렌스키 정부는 절망적인 마지막 공격 명령을 내렸다. 부르주아 반란 이전의 차르 사회, 그리고 그 후의 부르주아 사회는 마비 상태에 빠져서 다가오는 불운을 쳐다보기만 했다. 이런 마비 상태는 설명하기 어려운 만큼이나 명확했다. 한 그룹의 무능력과 다른 그룹의 정력 및 능력을 이제 우연으로 돌릴 수 없게 되었다. 러시아의 경우, 구체제는 그 무능력 때문에 완벽한 붕괴의 상황을 감당하지 못했는데, 안타깝게도 그 상황은 충분히 피할 수도 있었다.

독자들은 러시아 사회주의와 환경 조건에 대한 나의 분석이 트로츠키의 그것과 일치하지 않음을 발견할 것이다(이스트먼M. Eastman이 번역한 트로츠키의 『러시아 혁명사History of the Russian Revolution』, 1934 참조). 하지만 나와 트로츠키의 의견이 **아주 전적으로**toto caelo 다른 것은 아니다. 트로츠키도 혁명 운동이 "다른 차르"의 시절에 벌어졌더라면 어떻게 되었을까, 하고 가정했다. 하지만 그는 이런 가정에서 나올법한 명백한 추론을 거부했다. 그러나 트로츠키는 마르크스 원리가 개성의 요소를 억압하지 않는다는 것을 알았다. 그가 러시아 혁명을 진단하는 데 있어서 개성의 중요성을 인정하지 않는듯하지만 말이다.

09 레닌이 직접 범죄 세력들과 접촉한 것은 아니었지만, 그의 부하들이 현장에서 접촉했다. 그리하여 러시아 본토와 폴란드에서 전과자 행동대가 결성되었다(사실상의 "수탈", 즉 강도 행위를 수행하는 돌격대). 이것은 순전히 강도 행위였으나 서방의 지식인들은 그 구차한 "이론"을 받아들였다.

10 우리의 목적을 위해 잘 알려진 스토리의 세부 사항을 추가로 논평할 필요는 없다. 다음의 간단한 언급이면 충분할 것이다. 레닌은 러시아 사회당을 굴복시키지 못했다. 시간이 흘러갈수록 사회당 지도자들은 그에게서 멀어졌다. 사회주의의 원칙을 포기하지 않은 채 연합 전선을 펴려던 그들의 소망 때문에 상황이 어려워진

것이다. 이런 사정은 플레하노프의 동요가 잘 말해준다. 하지만 레닌은 자신의 그룹을 단결·복종시키는 데 성공했을 뿐 아니라, 1905년 혁명과 그 후의 여파가 일으킨 노선에 자신의 그룹을 적응시키는 데도 성공했다. 그리하여 레닌 지지자들이 두마(Duma: 제정 러시아 의회)에 들어가게 되었다. 그는 또 제2인터내셔널과도 접촉하여 일정한 지위를 유지했다(아래 참조). 그는 제2인터내셔널에 세 번 참석했고, 그 본부에서 한동안 러시아 정당의 대표로 일했다. 만약 레닌의 사상과 활동이 러시아 사회주의자들에게 영향을 미친 것처럼 다른 나라의 사회주의자들에게도 영향을 주었더라면, 이러한 활동은 불가능했을 것이다. 당시에 인터내셔널과 서구의 사회주의자들은 레닌을 좌파 그룹에 속한 뛰어난 인물로 여겼다. 그리고 어떤 점에서는 그를 인정하고 다른 점에서는 인정하지 않으면서 불굴의 극단주의를 지향하는 인물 정도로 평가했다. 이렇게 하여 그는 정치 영역에서 이중적 역할을 수행했으며, 그것은 차르 체제의 이중적 역할과 비슷했다. 차르 정부는 국제 문제에서 국제적 중재와 안보를 중시했지만, 국내에서는 전혀 다른 태도를 보였던 것이다.

레닌의 이러한 성취와 사회주의 사상에 대한 기여 — 트로츠키의 기여와 마찬가지로 대부분 평범한 것이었다 — 는 사실 별것 아니었다. 그 때문에 그는 사회주의자들의 선두 주자로 평가받지 못했다. 그가 위대해진 것은 러시아가 제1차 세계대전 중에 붕괴하면서부터이다. 그것은 여러 가지 상황들이 독특하게 결합된 결과였다. 그는 자신의 무기를 잘 활용하여 그 무기가 적절한 것임을 입증했다. 이렇게 보면 라스키* 교수가 『사회과학 백과사전』(Encyclopaedia of the Social Sciences)의 울리아노프(Ulyanov; 레닌) 항목에서 그를 칭송한 것은 이해할만하다. 지식인들은 때때로 그 시대의 우상 앞에 엎드릴 수밖에 없는 것이다.

* 라스키(Harold Joseph Laski, 1893~1950)는 영국 노동당에서 활동했던 정치 이론가이자 경제학자.

11 "프런티어"(frontier)의 존재는 마찰의 가능성을 크게 줄여준다. 이 요소가 중요하기는 하지만 그 중요성이 과대평가된듯하다. 산업 진화의 속도는 새로운 산업 프런티어를 창조한다. 이런 사실은 짐을 싸서 서부로 떠나는 것보다 훨씬 더 중요하다.

12 이 제도는 상식에 부응하고, 또 미국의 조건에도 부합한다. 그것은 이 제도가 산별 노조와 그 노조를 지지하는 과격 지식인들에게 눈엣가시 같은 존재였다는 사실로도 증명된다. 최근에 공식화된 우리 시대의 슬로건들은 이렇게 주장한다. 회사 노조는 노동자의 이익을 효과적으로 대변하려는 노력을 분쇄하기 위해 경영

자들이 만들어낸 나쁜 것이다. 이러한 견해는 프롤레타리아의 호전적 조직이 곧 도덕적 원리를 구체화한 것이라고 믿는 관점에서 보면 이해할만하다. 또 우리의 목전에서 성장하고 있는 기업 국가의 관점에 볼 때도 그럴듯하다. 하지만 이러한 견해는 역사적 해석을 왜곡하는 것이다. 경영자가 이런 조직을 육성하고, 또 그들과 보조를 함께한다고 해서 과거의 사실마저 배제되거나 부정되지는 않는다. 과거에 회사 노조와 그 전신들은 필요한 기능을 많이 수행했고, 또 통상적인 의미에서 볼 때 노동자들의 이해관계에 봉사했다.

13 기관차 엔지니어 조합의 스톤(Warren Sanford Stone)은 마지막으로 언급한 측면에서 좋은 사례이다. 또한 독자들은 곰퍼스*의 사례도 머릿속에 떠올라 더 이상 언급할 필요가 없을 것이다. 그렇다고 위의 사항이 다음의 것을 의미한다고 보아서는 안 된다. 가입비가 비싸고 대기인 숫자가 많은, 좀 기이해 보이는 노조가 미국에서의 유일한 노조는 아니었다. 이민자들은 유럽의 다양한 노조를 수입해왔다. 이와는 무관하게, 유럽에서 발견되는 노조와 비슷한 형태의 노조가 미국에서도 발전했다. 가령 여러 가지 조건들이 좋은 지역, 그러니까 비교적 오래된 지역과 안정된 산업 분야에서 그런 노조가 생겨났던 것이다.

* 곰퍼스(Samuel Gompers 1850~1924)는 미국의 노조 지도자로 사회주의적 정책을 거부하면서 많은 임금, 짧은 노동 시간, 더 많은 자유를 노동자의 투쟁 목표로 삼았다.

14 이 점은 다음 사실에 의해 입증된다. 레닌은 그로서는 이례적일 정도로 드 레온의 저작과 사상에 대하여 경의를 표시했다.

15 이것은 대부분의 유럽 정부들이 다른 태도를 취하던 시절에 수행되었다. 그렇다고 이것이 대서양 이쪽(미국)의 "낙후성"을 초래한 것은 아니다. 미국에서는 기업가 계급의 사회적·정치적 위신이 다른 나라들보다 더 높다. 결과적으로 미국의 민주제는 프러시아의 융커 정부와 비교해볼 때 노동 문제를 좀 더 비좁게 바라본다. 우리는 이런 점에 주목하면서 우리의 도덕이나 인간적 기준에 따라 판단할 수 있을 것이다. 또한 이것을 공공 행정의 미발달, 온화한 수단으로는 다스려지지 않은 요소들의 존재, 경제 발전을 밀고나가려는 미국의 단호한 의지 등의 탓으로 돌릴 수도 있을 것이다. 이렇게 되면 문제는 전혀 다른 측면으로 부각될 것이다. 심지어 부르주아의 눈가리개(편견)에서 완전히 자유로운 정부 기관에게도 그렇게 부각될 것이다.

16 이탈리아와 스페인의 생디칼리슴도 별 차이가 없다. 단지, 문맹자의 숫자가 늘어나

면서 아나키즘적인 요소가 크게 증가하여 진정한 특징을 왜곡시킬 정도이다. 이 요소는 그 나름 중요하지만, 그렇다고 지나치게 강조되어서는 안 된다.

17 그는 파업 지도자들을 옹호함으로써 "좌파들" 사이에서 출세를 했다. 그가 발데크-루소 내각에 들어갔을 때 그는 "사회주의 좌파"라고 명명된 60명의 구성원 중 뛰어난 인물이었다. 하지만 그는 부르주아 과격파 인사들도 똑같이 잘 할 수 있는 그런 일들만 했다. 나중에 건설부 장관(1909)이나 국방부 장관(1912)이 되어 그가 보여준 행동은 그의 적들이 말하는 것처럼 그렇게 단절적인 행위가 아니었다. 나중에 그가 국민 연합(bloc national)과 동맹하고, 또 1920년 이후 대통령이 되어 좌파 연합(cartel des gauches)과 갈등을 벌인 것은 별개의 문제이다. 하지만 이 문제들도 나름대로 정당화된다.

18 졸리티*의 삼고초려(1903, 1906, 1911)에도 불구하고 이탈리아 사회주의자들은 입각 권유를 거절했다.

*졸리티(Giovanni Giolitti, 1842~1928)는 1892년부터 1921년 사이에 총리를 다섯 번이나 역임하며 중도 정부를 주도했던 이탈리아의 자유주의 정치가.

19 나는 제정 독일의 특징을 잘 보여주는 이 단체의 짧은 역사서를 독자들이 읽어주기를 간절히 바란다. 하지만 이 책은 영어로 번역되지 않았고, 앞으로도 그럴 것이다. 이 책의 저자는 수십 년 동안 이 학회의 주간이었으며 그의 솔직한 이야기는 아주 인상적이다. 프란츠 뵈제(Franz Boese)의 『사회 정치 학회사』(Geschichte der Vereins für Sozialpolitik, Berlin, 1939) 참조.

20 여기서 분명하게 밝히지만, 이 서술이 이러한 정책의 주된 입안자가 빌헬름 2세라고 말하려는 것은 아니다. 그는 하찮은 군주가 아니었다. 빌로우(Bülow) 총리가 의회에 나가서 "당신들이 무엇이라고 말하든, 독일 황제는 속물이 아니다"라고 말했는데, 그는 이런 평가를 받을만한 그런 군주였다. 황제가 그에게 국정의 기술을 가르친 단 한 사람(비스마르크)과 싸웠던 것은 사실이다. 하지만 그런 태도를 비판하려는 사람은 다음 사실을 기억해야 한다. 그 싸움은 주로 사회주의자들의 박해에 관한 것이었으며, 황제는 박해를 중단시키고 싶어 했다. 또 사회적 입법의 커다란 프로그램을 발족시키고 싶어 했다. 우리가 황제의 연도별 행동에서 그의 의도를 재구축해본다면, 황제는 그 당시의 커다란 문제들에 대하여 종종 타당한 견해를 갖고 있었다는 결론에 도달하게 된다.

21 행정적인 분노가 없었던 것은 아니었다. 사회주의자들은 행정적 분노라고 이름 붙일만한 모든 것을 활용했다. 그러나 1890년에서 제1차 세계대전까지의 사회주

의 운동의 역사가 보여주듯이 이런 행동은 그다지 큰 소득을 올리지 못했다. 더욱이, 이러한 종류의 분노는 "박해받는" 당에 서비스가 되는 것이었다.
22 여기서 흥미로운(거의 미국적인) 현상 하나를 소개하겠다. 이 정당은 그 안에 경제적·사회적 질문들에 대하여 다양한 의견을 갖고 있는 사람들을 당원으로 포섭하고 있다. 그리하여 완고한 보수주의자에서 과격한 사회주의자에 이르기까지 다양한 사람들이 활약한다. 하지만 미국의 정당은 아주 강력한 정치 엔진이다. 아주 다른 유형, 출신, 욕망을 가진 극단적 민주주의자와 극단적 권위주의자가 가톨릭교회에 대한 충성심 하나로 아주 원만하게 협조하고 있는 것이다. 이런 협조는 마르크스주의자들의 부러움을 이끌어낼 법하다.
23 랴자노프*는 이 책의 편집자가 엥겔스의 텍스트를 멋대로 편집했다는 점을 증명했다. 그렇다고 이 논증이 그의 파괴적인 편집에 영향을 받지는 않는다. 쿠니츠(Joshua Kunitz)가 영어로 번역한 랴자노프의『카를 마르크스와 프리드리히 엥겔스』(Karl Marx and Friedrich Engels, 1927) 참조.

* 랴자노프(David Riazanov, 1870~1938)는 러시아 출신의 마르크스주의 이론가.

24 우리의 논의와 관련 있는 베른슈타인의 두 책은 다음과 같다. 1909년에 하비(Edith C. Harvey)가 영어로 옮긴『사회주의의 전제와 사회 민주당의 임무』(Die Voraussetzungen des Sozialismus und die Aufgaben der Sozialdemokratie, 1899)와『사회주의의 역사와 이론』(Zur Geschichte und Theorie des Sozialismus).
25 그때 이후,『새로운 시대』(Neue Zeit)의 창설자이자 편집자이며, 마르크스 이론에 대하여 다수의 논을 써낸 카우츠키는 종교적 관점으로 기술될 수 있는 그런 입장을 취했다. 그는 수정주의에 반대하여 "혁명적" 교리를 옹호했고, 볼셰비키 이단자들에 반대하여 정통 교리를 옹호했다. 그는 교수 스타일의 남자였으며, 베른슈타인만큼 사랑받지 못했다. 하지만 당내의 양측 세력은 그들의 챔피언을 도덕적 수준뿐 아니라 지적 수준에서도 찬양했다.
26 여기서 내가 오스트리아라 함은 오스트리아-헝가리 제국의 서쪽 절반을 가리킨다. 이 서쪽 절반은 1866년부터 그 나름의 의회와 정부를 갖고 있었다(그러나 정부 부처에 외무부와 전쟁부는 없었다). 서쪽 정부는 동등한 자격으로 동쪽 절반의 의회 및 정부와 협력했다. 헝가리는 공식 명칭이 "성 스테판의 성스러운 왕관의 나라들"(the countries of the Holy Crown of St. Stephen)이었다. 헝가리 사회 민주당은 오스트리아를 흉내 냈지만, 그만한 수적 우위를 점하지는 못했다.
27 당시 브론슈타인(Bronstein)이라는 가명을 썼던 트로츠키는 가끔 그들 사이에

나타났으며, 그들의 영향을 받은듯하다.
28 사회주의자들이 정부를 돕기 위해 거듭 써먹은 장치는 이것이다. 민족주의적인 의사 방해자가 의회를 마비시켜 업무가 정지되면, 사회주의자들은 예산에 대하여 "긴급" 안건을 내놓는다. 긴급 동의안이 통과된다는 것은 이런 뜻이다. 그 긴급 안건에 다수의 찬성자가 있는 한(예산에 관해서), 의사 절차의 형식적 규칙과 상관없이 의사 방해자는 더 이상 방해를 하지 못하고 그 결정에 따라야 한다.
29 내 생각에 주된 어려움은 독일계 정당이 이 문제에 대하여 강경한 입장을 취했기 때문에 발생했다. 오스트리아 사회주의자들의 망설임은 중요도에서 두 번째로 밀려났다. 오스트리아 관료제와 늙은 황제에 대한 혐오감은 기껏 연립 내각을 방해한 제3의 요소였다.

27장 제1차 세계대전에서 제2차 세계대전까지

01 영국 노동당은 1914년에 평화를 주장한 유일한 세력이었다. 하지만 노동당도 나중에는 전쟁 연합에 참여했다.
02 이 때문에 승전국들은 강제로 부과된 평화 조약의 한 조문 형태로 도덕적 문제를 결정하려 했다. 그것은 불공정할 뿐 아니라 어리석었다.
03 그렇게 하지 않으면 국가적 대의를 약화시킬 것이라는 얘기는 진실이 아니다. 몰리 경의 사임은 영국에 피해를 주지 않았다.
04 많은 사람들이 현재는 다르게 생각할 것이다. 이것은 우리가 자유 민주주의의 오래된 계류점繫留点에서 얼마나 멀리 떠나왔는지를 보여준다. 국민적 단합을 도덕적 원칙으로 격상시키는 행위는 파시즘의 중요한 원칙 하나를 받아들이는 것이다.
05 어느 정도까지 이것을 비사회주의적 개혁의 성공 덕분으로 돌릴 수 있다.
06 독립 사민당이 비타협적인 마르크스주의자들로만 당원을 충원하지 않았다는 사실은 주목할만하다. 카우츠키와 하제는 이 부류에 속하는 사람들이었지만, 그들에게 합류한 많은 사람들이 이 부류는 아니었다. 가령 베른슈타인과 기타 수정주의자들이 합류했지만, 그들의 동기는 마르크스 신앙에 대한 존경심이 아니었다. 그렇다고 이것을 의아하게 여길 필요는 없다. 사회주의자가 과반수의 행동 노선을 부정하는 이유들 중에는 정통 마르크스주의만 있는 것은 아니었다. 이 수정주의자들은 영국 총리 램지 맥도널드의 노선을 공유했다.
07 1910년에서 1918년까지의 유권자 증가는 여성 투표권과 선거 자격 간소화 덕분이

었다.

08 그 전에 스위스에서는 두 번의 대회가 있었는데 치머발트 대회(Zimmerwald, 1915)와 키엔탈 대회(Kienthal, 1916)가 그것이다. 이 대회들은 당초의 의도와는 다르게 전혀 다른 색깔을 얻게 되었다. 그 이유는 대회 참석자들이 공식 정당의 대표가 아니었기 때문이었다. 나는 이 문제를 뒤에서 다시 다루겠다.

09 이런 정식화는 18세기의 외교관 뺨치는 수법이었다. 최고의 장애는 계급 투쟁이었다. 대륙의 그룹들은 이것이 없으면 안 된다고 보았고, 영국의 그룹은 이것을 견딜 수가 없었다. 따라서 함부르크 대회에서 조직이 합병되었을 때, 독일어와 프랑스어 텍스트에서는 Klassenkampf(계급 투쟁의 독일어)와 lutte des classes(계급 투쟁의 프랑스어)가 유지되었으나 영어 텍스트에서는 이것이 알아볼 수 없는 완곡어법으로 대체되었다.

10 참전 문제를 두고서 영국과 독일에서 벌어진 분열은 다른 문제였고, 또 일시적으로만 중요했을 뿐이었다. 1916년에 카를 리프크네히트와 로자 룩셈부르크에 의해 결성된 스파르타쿠스 동맹은 독립 사회당이 허용하는 것 이상으로 참전에 적극 반대했다. 시간이 흐르면서 스파르타쿠스 동맹은 점점 더 참전에 적대적인 태도를 취했지만, 그때에도 공식적으로는 적어도 기존 에르푸르트 강령의 정신을 고집하는 것 이상으로 나아가지는 않았다. 내가 아는 한 리프크네히트나 룩셈부르크는 당과 완전 절연하지는 않았다. 특히 룩셈부르크는 볼셰비키적인 실천을 아주 무자비하게 비판하는 사람들 중 하나였다.

11 이런 행운에 대하여 볼셰비즘은 독일 참모 본부의 덕을 보았으리라 여겨진다. 참모 본부의 지령에 의해 레닌은 러시아로 돌아갈 수 있었다. 이에 대하여 1917년의 러시아 혁명에서 레닌이 했던 역할을 너무 과장하는 것이라고 말한다면, 그 상황에서 다른 행운의 요소들도 있었다. 이런 것들은 역사의 변덕스러움을 우리에게 가르쳐준다.

12 레닌의 시대에 행정 권한은 레닌이 영도하는 정치국, 트로츠키가 지휘하는 군사 위원회, 제르진스키가 지휘하는 비밀경찰 체카(Cheka), 이렇게 셋에게 있었다. 이 세 기관은 소비에트 국가의 헌법에는 나오지 않는 기관이었다. 헌법은 "인민 위원들의 소비에트"에 그런 권한을 부여했다. 어쩌면 이 세 기관을 이론적으로는 당의 조직이라고 불러야 할 것이다. 하지만 당은 곧 국가였다.

13 공산주의자들은 민주주의를 버린 것처럼 손쉽게 반反군국주의와 비非개입주의도 내버렸다.

14 헝가리 사례(벨라 쿤의 정부)는 아주 교훈적이다. 상류 계급들의 마비와 농민들의 무관심 덕분에 지식인들의 소소그룹이 아무런 저항도 받지 않고 권력을 잡을 수 있었다. 그들은 이상한 집단이었다. 그들 중 일부는 병적인 증세를 보였다(이런 사정은 바이에른에서도 마찬가지였다). 그들은 이런저런 정부의 직무를 감당할 수 없었다. 하지만 그들은 자기 자신과 그들의 신조에 대하여 무한한 자신감을 갖고 있었고, 그 어떤 테러 방식에도 반대하지 않았다. 그것이면 충분했다. 그냥 놔두었더라면 그들은 이런 황당한 쇼를 계속 연출했을 것이다. 하지만 연합국들은 루마니아 군대를 움직여(혹은 명령하여) 그들을 내쫓았다.

15 서방 국가들이 러시아에서 다양한 반혁명 작전들, 특히 데니킨*과 브랑겔*을 성의 없이 지원함으로써 어리석고 불충분한 짓을 저질렀다는 얘기는 의심스러운 것이다. 내가 볼 때, 그들이 상황을 예리하게 판단하였든 혹은 행운 덕분이었든 간에, 그들은 원한 만큼 얻었다. 그들은 중요한 순간에 소비에트의 권력을 중화시켰고, 이어 볼셰비즘의 전진을 막았다. 이것보다 적게 지원했더라면 그들의 사회 시스템이 위태로워졌을 것이다. 더 많이 지원했더라면 값만 비싸고 별 소득 없는 장기적 노력이 들어가야 했을 것이고, 그것은 그들의 목적을 저지했을 것이다.

* 안톤 데니킨(Anton Ivanovich Denikin, 1872~1947)은 제1차 세계대전에 장군으로 참전했고, 2월 혁명 이후 서방과 서남방면군 사령관을 지냈다. 코르닐로프의 반反혁명 반란에 가담하여 체포되었으나 탈출하여 남부 러시아 백군 사령관이 되었다. 이후 연합국의 지지를 얻어 공방전을 펼쳤으나 패퇴하여 1920년에 프랑스로 망명했다.

* 표트르 브랑겔(Baron Pyotr Nikolayevich Wrangel or Vrangel, 1878~1928)은 러시아 황실 근위대의 장교였으며 10월 혁명 이후 백군에 가담하였다. 데니킨의 뒤를 이어 백군 사령관에 올랐으나 붉은 군대에 패하여 1920년에 유럽으로 망명했다.

16 캔터베리 대주교의 책에서 표명된 감정은 "러시아 실험" 따로, 그 실행 방식 따로, 라는 원칙에 의해서 옹호될 수는 없다. 스탈린 체제가 정말로 끔찍한 이유는 수백만 희생자들을 학살했다는 데 있지 않다. 오히려 **그 체제가 살기 위해서는 그렇게 할 수밖에 없다**, 라는 사실에 있다. 달리 말해서, 그 원칙과 실행은 불가분의 관계인 것이다.

17 이것은 특히 미국 내의 공산당 그룹 혹은 그룹들에 해당된다. 미국의 정치적 조건들은 공식적인 공산당의 성장에 우호적이지 않다. 카운티 단위의 공산당원이 모집 공고를 내봐야 응모하는 사람들이 별로 없다. 하지만 공산당 요소의 중요성은

공식 당의 당원 숫자로만 측정할 수 없다. 골수 공산당원이거나 동반자인 지식인들은 그 당에 들어가야 할 이유가 없다. 그들은 차라리 당 밖에 남아 있는 것이 더 유리하다. 그들은 당원증을 가지지 않은 채, 여론 형성 위원회나 행정 단체의 요직에 머무는 것이 당에 더욱 잘 봉사하는 길이기 때문이다. 또 필요할 때는 자신이 공산당원이 아니라고 자유롭게 말할 수 있는 이점도 있고 실제로도 공산당원이 아닌 것이다. 이런 보이지 않는 그룹들은 모스크바의 지령 없이는 단합된 행동을 하지 못한다.

18 이것은 자본주의가 내부적인 이유들로 인해 붕괴한다는 이론이 미국 내에서 선호되는 이유를 부분적으로 설명한다. 10장 참조.

19 나는 또 다른 가능성으로 러시아 노선의 기본적 재구축을 논의하자는 것은 아니다. 왜냐하면 이런 시도는 아주 빠르게 혼란과 반혁명으로 빠져들 것이 너무나 분명하기 때문이다.

20 더욱이 당 전략의 관점에서 보면, 그것은 완고한 과격주의보다도 더 보수주의자들을 어렵게 만든다.

21 이 프로그램은 주로 은행업과 특정 주요 산업들의 사회화만 겨냥하고 있다. 따라서 정통 사회주의의 노선을 따르는 것이 아니다. 하지만 그 당시 상황에서는 진정한 사회주의로 홍보된 반면 맥도널드의 프로그램에는 "개혁적"이라는 딱지가 붙었다. 이 딱지는 고전적 용례에 의하면 독립 노동당(ILP)의 프로그램에도 그대로 적용될 수 있다.

22 독자는 1926년의 총파업에 대한 논평을 바랄 것이다. 양당은 이 사태의 상징적 중요성을 최소화하는 것이 자신들에게 도움이 된다고 판단했다. 그리하여 이 사태에 대한 공식 이론이 그런 관점 아래 수립되었다. 일련의 전략적 오류가 그런 상황을 만들어냈고, 그러자 노조 총대회는 "엄포"를 놓았으며, 보수당 정부는 그 위협을 "허풍"이라고 부르면서 맞섰다. 이것이 공식 이론이지만, 실은 그 이상의 의미를 갖는다. 만약 이 총파업이 성공했더라면 정부의 권위와 민주주의에 어떤 결과를 가져왔을지 한번 상상해보라. 그런 의미에서 총파업은 1급의 역사적 사건이었다. 만약 총파업이 성공했더라면 노조는 영국의 실권자가 되었을 것이고, 다른 정치적·사법적·경제적 권력은 노조에 빌붙어 간신히 기생하는 존재가 되었을 것이다. 이런 강력한 지위에서 노조는 예전 그대로의 상태를 유지하지 않았을 것이며, 또한 노조의 지도자들은 갑자기 그들에게 맡겨진 절대 권력을 휘둘렀을 것이다.

우리의 목적을 위하여 다음 두 가지 점만 언급하겠다. 첫째, 위에 언급된 상황 중에서 특히 노조의 보통 구성원들 사이에 불만이 널리 퍼진 것은 많은 불순 세력들이 조장한 탓이었다. 이 불만은 총파업의 원인과 커다란 관계가 있다. 둘째, 총파업은 노동당의 권력에 피해를 입힐 것으로 예상되었으나, 실제로는 그렇지 않았다. 오히려 노조의 실패는 대중의 과격화를 가져왔고, 그리하여 당이 1929년에 승리하는 원동력이 되었다.

23 두 사람의 유사성은 정치적·경제적 상황뿐 아니라 정치적 세부 사항까지 폭넓다. 다만, 필 경은 1836~1839년의 위기가 끝난 **후에** 총리직에 들어간 이점이 있었다. 두 사례 모두에서 과감하게 모험을 걸어서 마침내 과감하게 승낙을 얻어낸 당의 분열이 있었고, 또 두 지도자 모두 "배신자들"로 여겨졌다.

24 이런 사실에 직면하면 사회주의자들은 다음과 같은 두 가지 주장으로 위로를 얻는다. 첫째, 비사회주의 봉급생활자는 아직 진정한 정치적 위치를 발견하지 못한 길 잃은 양이지만, 곧 그 위치를 발견하게 될 것이다. 둘째, 그들은 고용주가 그들에게 가하는 무자비한 압력 때문에 당에 가입하지 못하고 있다. 첫 번째 주장은 마르크스 신앙을 믿지 않는 사람들에게는 먹혀들지 않을 것이다. 우리는 사회 계급 이론이 마르크스 사상의 연쇄에서 가장 허약한 연결 고리임을 앞에서 살펴본 바 있다. 두 번째 주장은 객관적 사실에 비추어볼 때 완전 허위이다. 다른 시대에는 사정이 어떠했는지 몰라도, 1920년대의 독일 고용주들은 중요도가 떨어지는 몇몇 사소한 예외 사항들을 제외하고는 직원들의 투표에 영향을 미칠 입장이 아니었다.

28장 제2차 세계대전의 파급 효과

01 프랑코 체제는 당시의 필요에 의해 19세기 스페인에 잘 확립되어 있던 제도적 패턴을 복제했다. 프랑코는 그 이전의 나르바에스(Narvaez), 오도넬(O'Donnell), 에스파르테로(Espartero), 세라노(Serrano) 등이 했던 것을 따라 했다. 스페인은 불운하게도 국제 파워 게임에서 가련한 축구공 신세가 되어 자기주장을 할 수 없게 되었다. 이렇게 된 것은 아주 간단한 사태의 구도를 은폐한 프로파간다 때문이다.

02 이 명제는 이러한 정책이 국민 소득의 크기와 장기적 증가율에 아무런 영향을 미치지 못한다고 주장한다. 이 점은 독자들도 알아볼 것이다. 특히 이 명제는 다음의 가능성을 배제하지 않는다. 즉, 노동자는 임금이 완전 평등화될 경우 장기적으로 총소득에서 전보다 적은 실질 임금을 받게 된다. 그러니까, 마르크스의 잉여 가치가 "자본가" 계층에 모두 돌아갈 때, 노동자들이 받았을 실질 임금보다

적은 실질 임금을 받게 될 가능성 말이다.

03 『미국 경제 리뷰』(American Economic Review, Papers and Proceedings of the 53d Annual Meeting, February, 1941년 237쪽 이하) 드 베흐(de Vegh)의 아주 교훈적인 다음 논문 「저축, 투자, 그리고 소비」(Savings, Investment, and Consumption)를 참조할 것. 거기에 설명되어 있듯이, 보유 총액이 계산된 데이터는 완전 면세의 정부 증권에서 나온 소득을 제외했고, 자본 소득은 포함시켰다. 더욱이 이 총액은 지불된 총 소득의 수치와 엄격하게 일치하지는 않는다. 그러나 비교 가능한 수치의 지표로 간주될 수 있을 것이다. 내가 왜 이 지수를 『소득 통계』(Statistics of Income)로부터 곧바로 취하지 않았는지 그 이유는 분명하다. 하지만 비교 연도의 선택은 설명을 요한다. 1929년은 소득세와 공과금을 제외한 이후 5만 달러 이상의 소득이 절대 맥시멈이었던 해였다. 1936년은 첫째로 1937~1938년의 불경기로부터 영향을 받지 않은 마지막 해였고, 또한 둘째로 1939년부터 나타난 전쟁의 영향으로부터 완전히 자유로운 해였다.

04 다른 나라들 사이의 비교는 까다롭고 또 설득력이 높지도 못하다. 소득세에 관련된 1940년 4월 4일의 러시아 법은 이렇게 규정하고 있다. 연간 1,812루블의 낮은 소득도 이 법의 적용을 받았다. 또 연간 30만 루블 이상의 고액 소득은 소득세가 50퍼센트였다. 가장 낮은 소득은 무시하고 1,812~2,400루블 그룹을 표준으로 삼아 연간 소득 2,000루블을 모델로 삼아보자. 최상위 소득 그룹이 보유하는 표준 소득이 15만 루블이라고 해보자(30만 루블은 최상위 소득 그룹의 하한 금액이었다). 그러면 최상위 소득이 최하위 소득의 75배가 된다. 설사 1940년도의 미국 측 최하급 수치를 1,000달러로 잡더라도(구매력이 아니라 소득 스케일의 상응한 지위로 잡은 것), 우리는 미국의 **보유** 소득의 소득 분배에서 엄청난 불공정, "권력의 집중"(소득의 집중으로 측정된 것)을 발견하지 못한다. 이 보유 소득은 전쟁 재정의 필요에 따라 감소된 소득 부분과는 별개의 것이다. 그리고 빈스토크(G. Bienstock), 슈바르츠(S.M. Schwarz), 유고프(A. Yugov) 등이 『산업 관리』(Industrial Management)라는 저명한 책에서 제시한 러시아 관련 자료는 이러한 견해를 뒷받침한다. 다른 많은 세부 사항들도 동일한 방향을 가리킨다. 가령 미국의 전문직들은 전에 집안에 가정부를 둘 수 있었으나 지금은 그런 특혜를 누리지 못한다. 하지만 러시아의 동일한 전문직들은 그런 특혜 — 무수히 많은 가전제품들 — 를 누리고 있다. 그러나 이 모든 것은 소득 계정에 나타나지 않는 장점들을 설명하지 못한다. 러시아 공장 관리자의 권력과 사회적 지위 — 고소득을 높이 평가하는 이유들 중 하나

— 는 미국 산업가의 그것을 훨씬 능가한다.

이런 아이디어의 뒤떨어짐은 참으로 흥미롭다! **이제** 많은 선량한 미국 사람들은 50년 전에 존재했으나 지금은 더 이상 존재하지 않는 사회적 불평등에 대하여 경악과 분노를 표시한다. 사물은 변하지만 슬로건은 변하지 않는다.

05 이 가능성을 실현하기 위해서 주 40시간 근무와 병목 현상 시의 잔업을 가정했다. 하지만 완전 고용은 가정하지 않았다. 완전 고용의 정의, 그리고 특정 정의를 만족시키는 고용 규모 추산은 아주 다양하여 통계적 문제뿐 아니라 미묘한 이론적 문제도 수반한다. 여기서 나는 이렇게 말하는 것으로 만족하겠다. 미국 노동 시장의 조건 아래서, 또 노동 인구가 1950년에 6,100만 명이 된다고 보면(군대의 200만에서 300만 포함), 나는 **통계적으로** 실업 중인 남자와 여자의 숫자가 그해(1950)에 500만 내지 600만 이하가 되리라고 보지 않는다. 이 수치는 진정한 비자발적 실업(즉, 그 어떤 정의를 적용해도 비자발적 실업이 되는 비자발적 실업) 이외에, 절반쯤 비자발적 실업과 단순 통계적 실업까지도 포함하는 것이다. 이 수치는 "감추어진" 실업을 포함하지 않는다. 나는 이것이 그해의 2,000억 달러 목표와 양립한다고 믿는다. 그것은 자본주의 체제에 들어 있는 악덕과는 무관하고, 자본주의 사회가 노동자들에게 부여하는 자유와 관련이 많다. 완전 고용을 다룬 윌리엄 베버리지(William Beveridge)의 책에서도 명령과 강요를 은근히 암시하는 부분들이 있다. 추가해서 말하건대, 나는 1950년을 순환적 번영의 해로 본다. 만약 그렇지 못한다면, 우리의 논의는 번영하는 그 다음 해(1951)를 가리키는 것으로 이해되어야 한다. 좋은 해든 나쁜 해든 평균 잡아서(통계적으로) 실업은 500만 내지 600만보다 높았다. 어쩌면 700만에서 800만까지 될 것이다. 이것은 그리 놀랄 사항이 아니다. 왜냐하면 곧 설명되겠지만, 실업자에 대한 적절한 대비를 세울 수 있기 때문이다. "정상적" 실업을 넘어가는 과도한 실업은 자본주의 경제의 경기 순환적 변동이 주요인이다.

06 높은 생산 수준으로 운영되는 시스템에 대하여 10~12퍼센트의 감가상각률은 그리 높은 수치가 아니다. "신규" 투자에 대하여 8~10퍼센트를 감안하는 것은 확실히 충분하며, 대부분의 예측가들에 따르면 지나치게 과도하다. 아래의 (5)를 참조할 것.

07 현재의 논의를 위해서 상품과 서비스에 대한 공공 지출과 "전이" 지출을 구분할 필요는 없다. 하지만 대략적으로 말해서 300억 달러 중 상품에 250억 달러, 서비스에 50억 달러로 나누어볼 수 있다. 이것은 퇴역 군인 연금(1950)과 기타 혜택을

감안하지 않은 것이다. 이 문제는 별도로 다루어져야 할 것이다.
08 세입은 가격 수준에 비례하여 변화한다고 추정할 수 없다. 우리의 논의는 개략적인 아이디어를 얻기 위한 것이므로, 이런 단순화 가설을 취하도록 하자.
09 이와 정반대 주장을 펴는 이론은 아래 (5)에서 다룰 것이다.
10 생산의 증가와 고용의 증가는 같은 것으로 취급되지 않음을 주목해야 한다. 일정한 한도 내에서는 생산을 줄이지 않고 고용을 줄이거나, 생산을 증대하지 않고 고용을 늘리는 것이 가능하다. 현재의 문헌에서 생산과 고용이 비례적으로 변화하는 것처럼 보이는 이유는 케인즈 체제의 근본적인 특징들 중 하나에서 발견될 수 있다. 케인즈 체제는 단기적 인과 관계의 사슬에만 집중한다. 여기에는 이런 전제가 작용한다. 산업 장비의 수량과 품질은 일정하고, 그래서 생산 요소들의 결합은 유의미할 정도로 변화하지 않는다. 만약 이게 사실이라면(단기간에는 사실일 수 있다), 생산과 고용은 함께 변화하지만 비례적으로 변화하지는 않는다.
우리의 논의는 화폐 임금률의 변화가 정반대 표시의 고용 변화에 원인이 될 수 있다는 것이었다. 미국 화폐 임금률의 높은 수준은(특히 1930년대에) 미국 실업의 주요 원인이었다고 나는 생각한다. 만약 고임금 정책이 계속된다면 장래에 유사한 결과가 벌어질 것이라고 예상할 수 있다. 이 명제는 케인즈를 비롯해 다른 경제학자들의 가르침과 배치되는 것이므로 여기에서 정립할 수는 없다. 우리의 현재 목적을 위해서 1950년도만 감안하고 그 이후의 연도를 감안하지 않는다면, 이보다 강도가 떨어지는 명제로 충분할 것이며, 그것은 고故 케인즈 경의 동의를 얻어냈을 것이다. 향후 4년 동안 미국의 현재 조건들이 지속되고 또 가격의 추가 상승에 의한 보정이 없다면, 높은 임금률은 생산과 고용에 나쁜 영향을 미칠 것이고, 특히 고용에 더 큰 피해를 입힐 것이다.
11 제1차 가격 통제법을 대통령이 거부하고, 그 한 달 뒤 급속한 통제 완화를 지지하는 법률이 통과되었다. 나는 이런 혼란으로부터 어떤 결과가 나올 것인지 알지 못한다. 하지만 나는 현행 물가 관리국이 효율적인 평화 경제를 가로막고 있다고 생각한다. 또 현재의 혼란이 가져올 결과가 가격 통제를 유지해야 한다는 주장을 지지하는 증거로 활용될 것이라고 본다. 따라서 나는 독자들에게 다음 두 가지를 고려해볼 것을 요청한다. 첫째, 가격 통제 폐지 주장은 이행기의 대비도 없이(아무도 이런 것을 기대하지 않는다) 무조건 그것을 폐기하자는 주장이 아니다. 둘째, 이런 패배에 반응하여 물가 관리국이 합리적인 이유가 아니라 단지 인기가 없다는 이유로 어떤 대상을 골라서 보복적 조치를 가한다면 가격 통제법 **그 자체의** 폐기와

는 전혀 무관한 결과가 생겨날 수 있다. 인플레의 문제에 대해서는 아래 (4)를 참조할 것.

12 물론 이런 이론들은 받아들일 수가 없다. 이 이론들은 넓은 범위의 관행들을 커버하고 있으나, 그 관행들은 사법 제도에 의해 당연히 불법화되어야 할 것들이다. 이에 대해서는 모두 동의하리라 본다. 하지만 이것 이외에 또 다른 범위의 관행들이 있는데, 이에 대하여 법적 정신은 대중적 편견이 요구하는 태도를 그냥 따른다. 사례들의 중요한 원천은 가격 차별이다. 아주 유능한 경제학자도 어떤 특정 사례의 장기적 효과들을 **모두** 분석하는 데 상당한 어려움을 겪을 것이다. 만약 정의가 법적·대중적 슬로건이나 시위 "드라이브"에 근거하여 이루어진다면, 반反차별적 태도에 포함된 건전한 상식의 요소는 완전히 사라져버리고 말 것이다. 불법 차별이 **모든** 관련자에게 이익이 되는 사례는 — 경제학에 대하여 초보 지식이 있는 사람이라면 이런 사례들을 알 것이다 — 봐주기 위한 선별적 기소는 선의에 바탕을 둔 방식이기는 하나, 결국에는 가장 고약한 임의적 방식이 되어버릴 수도 있다. 우리는 지나가듯이 이런 말을 해두고자 한다. 분명 이러한 사태를 시정하는 방법들을 제시할 수 있다.

13 가령 다음과 같은 조치들이면 실질적으로 충분할 것이다. 이것은 일련의 가능한 방법들 중 구체적 사례를 보이려는 것이다. (a) 회사에 귀속하는 수익 중에서 개인에게 지불되는 부분에 대하여 이중 과세를 면제한다. 영국의 관행에 비추어볼 때, 이것은 "정의로운 분노의 폭풍"을 정당화시키지 않는다. 이것은 독일의 관행이고, 독일 경제학자 아돌프 바그너(Adolf Wagner, 1835~1917)가 내놓은 순전히 형식적인 논의에 따른 것이다. (b) 과세 소득에서 투자된 개인 소득만큼을 공제하는 것이다. 어빙 피셔(Irving Fisher, 1867~1947)는 그 **저축된** 부분(특히 인플레의 위험에 대비하여)이 공제되어야 한다고 말했는데 나는 그의 의견에 동의한다. 하지만 케인즈파의 감정을 상하게 하지 않기 위하여 나는 투자된 부분에만 국한하기로 하겠다. 기술적 어려움은 크지 않으며 적어도 극복하지 못할 정도는 아니다. (c) 장기간에 걸친 손실을 전면적으로 공제해주기 위해 가능한 여러 가지 방법들을 채택한다. (d) 판매세나 매출세를 국유화하거나 체계화하여 관리한다. 이것은 러시아 경배자들을 화나게 하기보다는 즐겁게 할 것이다. 러시아의 판매세율을 일별하면, 1940년 모스크바에서 팔리는 최고급 밀가루는 1파운드 당 31센트, 루블화를 달러화로 환산하는 것이 쉬운 일이 아니므로 감자 소매가격의 62퍼센트, 설탕 소매가격의 73퍼센트, 소금 소매가격의 80 퍼센트이다(『공공 재정Openbare

financiën』, No.1, 1946년에 실린 핸셀P. Haensel의 「소비에트 금융Soviet Finances」 참조). 러시아처럼 가난한 사람들이 많은 나라에서 판매세는 커다란 고통일 것이다. 하지만 미국처럼 풍요한 나라에서 적당한 비율의 판매세를 적용한다면, 판매세는 공공 재정의 유익하면서도 좋은 도구가 된다. 특히 판매세는 저소득 그룹들에게 혜택을 주는 재정 목적으로 알맞다. 사람들에게 큰 부담을 주지 않으면서 50억 달러 내지 60억 달러를 거둘 수 있다. 하지만 주 정부와 지방 정부는 세금의 국유화 ― 여기에 "도입"이라는 말은 부정확하다 ― 에 따르는 세수의 손실을 보상받아야 하고, 또 기존 소비세에 대한 조정도 필요하므로, 연방 재무부의 순소득은 약 20억 내지 30억 달러가 될 것이다. 그리하여 판매세에 소비세를 합치면 총 90억 달러 내지 100억 달러가 된다. (e) 처자식을 위하여 부동산세를 국유화하거나 대폭 인하한다. 이렇게 하는 이유는 기존의 세법이 과도한 징수(수탈)로 인해 자본주의 도식의 중요한 요소(사유 재산) 하나를 제거하기 때문이다. 초경제적 이유들로 인해 이런 수탈을 찬성하는 사람은 그의 입장에서 보면, 이런 취지로 헌법 개정을 지지하는 것이 옳다. 고故 케인즈 경의『고용, 이자 및 화폐의 일반 이론』의 373쪽에 발견되는 경제적 논의 ― 혹은 그에서 파생된 논의 ― 를 근거로 이런 수탈을 찬성하는 사람은 아주 잘못된 것이다.

우리는 여기서 **정치적** 이해를 만족시키는 문제를 다루는 게 아니다. 지금까지 회사들에서 나온 대부분의 세제 개혁 제안들은 아주 소극적인 것이었다. 우리의 논의와 관련하여, 그 회사들이 얼마나 잘 "훈육"되었는지 보여주는 듯하다.

14 나는 여기서 우리의 논지뿐 아니라 여러 논지들에 비추어 중요한 사항을 지적하고 있다. 훌륭한 관료제는 천천히 성장하며, 임의로 창조되지 않는다. 미국의 관료 기관들은 급속 성장의 병증을 보인다. 그래서 나는 그런 자세를 일시적으로 자제하는 정책이 공공의 이해뿐 아니라 관료 자신의 이해에도 도움이 된다고 생각한다. 무엇보다도 워싱턴 관료제는 제자리를 찾지 못했다. 관료가 상급자를 무시한 채 그들 자신의 프로그램을 추구하고, 자기 자신을 개혁가라고 생각하면서 하원의원, 상원의원, 기타 정부 기관의 관리들을 직접 접촉하는 일이 자주 벌어진다. 누구도 근원을 알지 못하는 어떤 아이디어가 튀어나와 맹렬하게 추진된다. 이런 방식으로 행정을 펴는 것은 혼란과 실패를 가져올 뿐이다.

15 이 점을 예증하기 위하여 최근의 역사 한 토막을 상기해보자. 1930년대의 뉴딜 정책 추진가들은 개혁 대 회복이라는 슬로건에 대하여 비웃어버리는 대응책을 수립했다. 비웃는다는 얘기는 그들이 그 슬로건 안에 일말의 진실이 있음을 의식했

다는 얘기이다. 사실 정치적 슬로건으로서 이것은 아주 공정한 것이었다. 그 슬로건은 "개혁"이 추진되는 엉성하고 무책임한 방식을 지적한 것이지, 개혁의 공식 목표를 지적한 것은 아니었다. 우리는 현재 동일한 입장에 있는데, 안타까운 점은 다음과 같은 사실이다. 어떤 사람들이 볼 때, 자본주의 경제 과정에 입히는 피해야 말로 그들이 가장 좋아하는 개혁의 특징이다. 피해 없는 개혁은 그들에게 매력적이지 않다. 자본주의의 성공을 보장하는 정책이 수반된 개혁, 이것이야말로 그들에게 벌어질 수 있는 최악의 것이다.

16 독자들은 다음 사실을 파악하기 바란다. 이 특별한 진술은 케인즈주의를 그대로 따른다. 따라서 워싱턴 경제학자들의 찬성을 이끌어낼 것이다.

17 우리는 이들 중에 전후 수요의 예측가들 일부를 포함시켜야 하며, 이들은 다음과 같이 예측한다. 정부의 전쟁 수요 상당 부분이 중지된 직후에 불경기와 만연된 실업이 발생할 것이다. 그리하여 적자 지출의 요구가 따라 나올 것이다. 이 단기 예측에 대해서는 『경제 통계 리뷰』(Review of Economic Statistics)에 게재될 시프(E. Schiff)의 논문을 참조할 것. 장기 예측은 아래 (5)에서 다룰 것이다.

18 정체 이론의 일반적 측면에 대해서는 10장을 참조할 것.

19 그중에서 가장 중요한 사항은 다음 자료에서 비판적으로 분석되었다. 『미국 경제 리뷰』(American Economic Review)』, 1945년 9월호에 실린 하트(A.G. Hart)의 「모형 구성과 재정 정책」(Model Building and Fiscal Policy). 따라서 더 이상의 참고 자료는 필요하지 않다.

20 이것이 개인 기업에 대한 엄청난 찬양이라는 사실을 그들이 알고 있는지, 나는 때때로 의아한 생각이 든다.

21 이 수치들은 전후 수요 측정자들이 내놓은 어떤 한 수치를 요약한 것으로서, 내가 제시한 수치는 아니다. 이 수치는 우리가 2절에서 추론한 실험적 수치와 일치하지도 않는다. 과거의 시대들에 적용된 절차에 대해서는 — 여기서는 가설이 사실로 대체되어 있다 — 『연방 준비제도 이사회 월보』(Federal Reserve Bulletin), 1946년 4월호, 436쪽을 참조할 것. 하지만 다음 두 가지 사실을 주목해야 한다. 첫째, 이 수치들은 현재의 달러 가치로 표시되어 있다. 둘째, "개인들의 순저축"의 거대한 액수는 "정상적" 시대의 저축률과는 무관하다. 1937, 1938, 1939, 1940년의 수치들조차도 무비판적으로 받아들여서는 안 된다. 상무부가 정의한 저축의 정의를 반드시 감안해야 한다.

22 실제로 이 절차는 그보다 훨씬 복잡하다. 사용된 소급 방정식은 시간 경과에

따라 발생 가능한 변화들을 감안해야 하는 추세 요인을 포함하고 있다. 또 연기된 수요와 유동 자산의 축적에 대해서도 감안해야 한다. 하지만 중요한 논점에만 집중하기 위해 우리는 이것을 자세히 따지지 않을 것이다.

23 이 심리적 법칙은 이렇게 말한다. 소비에 대한 공동체의 지출 C(또 저축하려는 금액 S)는 국민 소득 Y에 달려 있다. Y가 $\triangle Y$만큼 증가하면 C는 $\triangle C<\triangle Y$ 혹은 $\frac{\triangle C}{\triangle Y}<1$만큼 증가한다. 이것이 진정한 케인즈 가설이고 소비 함수라고 알려져 있다. 하지만 케인즈는 다음의 가설을 가끔 사용한데 반해, 그의 추종자들은 빈번하게 사용했다. 즉, 소득이 늘어나면 저축 **비율도** 늘어난다는 가설이다. 이것은 어디까지나 가설일 뿐이다. 이것을 가리켜 심리적 법칙이라고 하는 것은 용어의 남용이다. 경제학에서 심리적 법칙이라는 것은 믿을 수 없는 것이다. 이 명제는 우리가 빵 조각을 먹으면 먹을수록 또 다른 빵 한 조각을 먹으려는 욕망의 강도가 줄어든다는 명제만큼이나 법칙의 소리를 들을 자격이 없다.

24 특정 전시戰時 요인들과 함께 위의 논의를 채택한다면, 유동 자산의 전시 축적을 설명할 수 있을 것이다. 인간성에는 충족되지 않는 축적의 욕구가 있다는 가설에 의존하지 않고서도 말이다.

25 그러나 우리의 명제는 독자들이 생각하는 것처럼 그리 간단치가 않다. 특히 독자들이 케인즈의 『고용, 이자 및 화폐의 일반 이론』(1936)이 발간된 이래 전개되어온 논의를 잘 모른다면 더욱 간단하지 않다. 그것은 "고전 이론"(튀르고, 아담 스미스, 존 스튜어트 밀)의 오래된 정리를 반복한다기보다는 오히려 닮았고, 또한 고전 이론을 만족시킨 논리로는 유지되지 않는다. 그것을 명확하게 정립하기 위해서는 길고 지루한 논의가 필요할 것이다. 게다가 이 논의는 전개하기가 아주 힘들 것이다. 그것은 새롭고 흥미로운 결과를 내놓지 못하면서 1930년대에 공들여 쌓아올린 것을 파괴해버릴 것이다. 여기서는 지면이 부족하기 때문에 이 문제를 길게 다루지 못한다. 하지만 후회스럽기도 하고 자연스럽기도 한 오해를 불식시키기 위해 한 가지 사항은 언급해야겠다. 우리의 명제는 정체 이론이 저축의 요소에 바탕을 둘 수 없다는 것을 보여주었다. **이런 의미에서** 저축의 문제는 없다고 말할 수도 있겠으나, 그렇다고 해서 **다른 의미에서도** 저축의 문제가 없다고 말하려는 것은 아니다. 다른 의미들에서는 문제가 있다. 가령 문제의 대부분은 증권 매입에 투자된 개별 저축과 관련이 있다. 이 저축은 기업들이 공장과 설비를 확충하기 위해 빌려온 은행 융자를 상환하는 데 들어갔다. 하지만 이것은 별개의 문제이다.

26 지속적인 저축 습관은 부르주아의 인생 도식에서 뿌리 깊은 것이다. 특히 청교도적

부르주아는 지속적으로 저축을 한다. 이런 사실은 중대한 것처럼 보일지도 모른다. 하지만 투자 기회의 소실은 이런 저축 습관을 비합리적인 것으로 만든다. 외부 요건들이 없는 상황에서 투자 기회의 소실은 느린 과정이 될 것이고, 그동안 충분히 적응이 이루어질 것이다. 지속적인 저축 습관이 비합리적이지만 경제 상황에서 하나의 감안 요소가 될 것이라고 주장하는 워싱턴 경제학자들은 다음과 같은 부담스러운 두 가지 대안 중 하나에 직면하게 된다. 하나는 1930년대의 상황이 불경기 저축의 상황이었음을 인정하는 것이다(이렇게 되면 세속적 정체 이론은 포기해야 한다). 다른 하나는 투자의 매력이 외부적 요인에 의해 비교적 갑작스럽게 감소했다는 것이다. 그런데 그 외부 요인은 다름 아닌 그들(워싱턴 경제학자들)이 지지한 정책들이었다. 만약 그들이 두 번째 대안을 선택한다면 나로서는 반대할 이유가 없다.

27 이것이 중요하지 않은 것은 다음 두 가지 사실 때문이다. 첫째, 이 저축은 현재 고갈되고 있다(하지만 국민 소득과 인구 연령 분포에 따라 증감이 정확한 균형을 이루지는 않을 것이다). 둘째, 저축이 있다면 그것은 금전적 소득을 노린 것이다. 전체 "공급" 중에 그런 동기를 가지지 않은 저축이 있다는 사실은 과잉 저축에 대해서 아무것도 설명하지 않는다. 이 케이스는 더 이상의 강화를 필요로 하지 않는다. 하지만 현대의 조건들 아래서 보험은 비상 저축의 목적을 달성하는 데 필요한 액수를 크게 줄인다. 과거에 노년을 위한 대비나 처자식을 위한 대비는 통상적으로 "큰돈"의 저축을 의미했다(물론 투자를 하지 않고 그대로 쌓아둔다는 뜻은 아니다). 이제 이런 대비는 "소비를 억제하여" 보험금을 마련하는 것으로 실천된다. 따라서 지난 25년 동안 보험금이 증가했다는 사실은 정체론자들의 저서가 주장하는 것과 정반대의 현상을 보여준다.

28 도덕적 혹은 정치적 근거에서 미국 사람들이 커다란 희생을 해야 한다, 라고 주장하는 것은 나의 의도도 아니고 또 그걸 암시할 생각도 없다. 하지만 이 주장은 도덕적·정치적 근거 위에서 솔직하게 제기되어야 하고, 의심스러운 경제를 바탕으로 하여 이런 희생의 현실을 부정해서는 안 된다. 과잉 저축의 일부분이 수익은 물론이고 상환조차 되지 않을 채널로 직접 흘러들어가게 된다는 주장이 있다. 이런 주장은 대단히 음험한 것이다. 왜냐하면 이런 정책을 반대해야 할 계급이 그것을 냉큼 받아들일 것이기 때문이다. 정부 보증의 제도 아래에서, 개별 기업가들은 모험을 거의 걸지 않을 것이다. 그리고 기업가는 국가적 손실에 대하여 아무런 의미도 부여하지 않을 것이다. 그 지출이 확보하는 고용 때문에 이 손실이 실제로는

국가적 이익이 된다, 라는 얘기를 듣는다면 말이다.

29 이 때문에 당초의 머리(Murray) 법안(나중에 법으로 제정된 형태뿐 아니라)이 **순수 경제적 고려 사항에 관한 한**, 아주 훌륭하다고 말할 수 있다. **어떤** 상황이 되었든, 소득을 발생시키는 정부 지출을 도매금으로 비난하는 행위는 이해할만하다. 이런 도구의 사용이 일단 허용되면 온갖 사법적·행정적 무책임을 불러오는 문이 활짝 열릴 것이라고 생각하는 사람들은 이런 비난을 할만하다. 그러나 순수 경제적 관점에서 보자면 그런 비난은 타당하지 않다.

30 가령 러시아의 완전 통제하에 있는 폴란드 같은 국가들 — 우리가 독립국으로 인정하기를 주장하는 국가들 — 에 대한 외관상의 독립 허용은 국제단체들 내에서의 러시아 투표권을 늘려주는 것이 된다. 그리하여 러시아 정부가 받게 될 보조금이나 융자금이 늘어나게 된다. 만약 러시아가 폴란드를 지금 즉시 합병해버린다면 러시아는 현재보다 훨씬 더 취약해질 것이다.

31 우리는 이 지점에서 역사 사회학자들 사이의, 또 역사가들 사이의 오랜 논쟁을 만나게 된다. 따라서 내가 영웅 숭배를 하는 것도 아니고, "역사는 개인에 의해서 만들어진다"는 슬로건을 채택하는 것도 아님을 밝혀야 할 필요가 있다. 우리의 논의에 사용된 방법론은 결국 다음의 것 이상이 되지 못한다. 사건들의 역사적 과정을 설명하는 데 있어서 우리는 아주 방대한 데이터를 사용한다. 이런 데이터로는 한 나라의 기후, 토지의 비옥도, 크기 등이 있다. 또 단기적으로 볼 때 그 나라 인구의 질적인 측면도 있다. 하지만 인구의 특징만이 정치인들의 자질을 결정하지는 않는다. 또 리더십의 특징을 결정짓지도 않는다. 이 두 가지는 별로도 분류해야 한다. 다르게 말하면 이렇게 된다. 어떤 주어진 상황에서, 국정을 담당한 사람의 지력과 완력은 그 나라 광석의 철분 정도 혹은 몰리브덴이나 바나듐의 함유 여부만큼이나 객관적인 자료이다.

32 이 사실은 아주 흥미롭다. 프랑스 국민들이 그들의 해방을 환희와 감사의 심정으로 받아들이고 곧바로 민주 프랑스의 재건에 착수하리라고 믿는 미국 국민들이 많을 것이다. 그러나 우리는 레옹 블룸(Léon Blum)이 완곡하게 말한 **피곤한 회복**con-valescence fatiguée을 발견한다. 쉬운 영어로 말하자면, 프랑스 국민들은 민주적 방법으로 작업하는 데 대하여 보편적으로 싫증을 느끼고 있는 것이다. 프랑스에는 수적으로 비슷하고, 또 민주적 노선에 따라 효율적인 정부를 구성할 능력이 없는 세 정당이 있다. 인민 공화 운동(가톨릭당과 드골당), 정규 사회당, 공산당이 그것이다. 여기서 다음 세 가지 사항만 지적하면 적절하리라 본다. 첫째, 프랑스에는

"자유주의적" 그룹이 사실상 전무하다. 둘째, 미국 정치가들이 마음을 열고 협력할 수 있는 그룹이 없다. 셋째, 이것이 가장 중요한데 공산주의자들의 힘이 세다. 이처럼 힘이 센 것은 많은 프랑스 국민이 갑자기 공산주의자로 개종했기 때문이 아니다. 원칙의 관점에서 볼 때 많은 프랑스 국민들은 공산주의자가 될 수 없다. 그 외에 **그때그때 달라지는**ad hoc 공산주의자가 있다. 그들은 국가적 상황을 감안하여 공산주의자가 된 것이다. 다시 말해 이들은 친親러시아적이다. 그들은 러시아를 "오늘날의 위대한 사실"로 여긴다. 즉, (재건 달러와는 별개로) 정말 중요한 나라, **가까이 해야 할 필요가 있는**il faut s'accrocher 나라, 프랑스가 다시 태어나기 위해서는 향후의 투쟁에서 영국과 미국에 맞서서 한편이 되어야 할 나라로 여긴다. 프랑스 국민들은 그 향후의 투쟁이 곧 세계 혁명 비슷한 것으로 이어지리라 생각한다. 사정이 이러하다보니 흥미로운 문제들이 많이 발생한다! 하지만 이 문제를 자세히 다룰 수 없어서 유감이다. 나의 독자들이 이런 논의를 좇지 않을 것으로 생각하면서 마음의 위안을 삼는다.

33 마지막 문장들은 모두 인용문이다. 이것들은 인터뷰 질문에 대한 답변이 아니고, 대답한 사람도 인터뷰로 여기지 않았기 때문에 시사하는 바가 크고, 더욱 가치 있다. 이 말을 한 사람은 그로 인해 자신의 심리 과정이 노출된다는 의식 없이 그런 말을 했다. 일종의 비논리적이고 반半의식적인 태도로서 **자기 자신을 위해 합리화**하고 있었던 것이다. 순진하기 짝이 없는 세 번째 문장을 제외하고, 이와 아주 유사한 말들을 여러 번 들었다. 거의 모든 경우에, 화자의 비합리적인 태도(1939~1941의 태도와 모순되는 것을 포함하여)가 그 화자에게 지적되었다. 어느 경우든 화자는 논리적인 답변이나 반응을 보이지 못했다. 그는 (a) 사람 좋은 듯이 당황하는 표정을 짓거나, (b) 그 비판을 받아들이는듯한 무기력한 자세를 취하면서도 동시에 "그래서 어쨌다는 거요?"하는 제스처를 보였다.

이 섹션 앞부분에서 언급했던 점에 비추어 볼 때, 현실로부터의 네 번째 도피 방식에는 뭔가 있다는 점을 첨언하고 싶다. 내가 주장했듯이 러시아 지도자의 능력이 사람들 사이에서 아주 희귀하게 발견되는 것이 사실이라면, 자연의 조치가 앞으로 많은 문제를 적절히 해결해줄 듯하다. 단지, 이 논의에 **뭔가 있는 것**이 인정된다면, 그런 논의를 너무 많이 써먹을지 모른다는 얘기도 해두어야 한다. 어떤 점에서 보면, 뛰어난 능력을 갖춘 적수는 그렇지 못한 적수보다 상대하기가 쉽다. 이것은 결코 역설이 아니다. 게다가 스탠더드 정유회사 같은 회사를 창립하는 데에는 1급의 천재가 필요하지만, 일단 창립되어 굳어진 이후에 그 회사를 운영하는 데에는 그런 천재가 필요하지 않다. 러시아의 세기는 일단 시작이 되면 거의 저절로 그 과정을 굴러갈 것이다.

34 이 논의의 타당함을 예증하기 위하여, 이런 세 가지 사실들 중 그 어느 것도 1939년 당시의 독일에는 존재하지 않았다는 것을 말하고 싶다. 일부 독자들은 세 번째 사실과 관련하여 이것을 부정할 것이다. 적어도 뮌헨 회담 이후에는 이런 인내의 자세를 보이지 않았다고 말할 것이다. 하지만 이렇게 보는 것은, 독일의 야망에 대한 우리의 태도가 러시아의 현재 야망에 대한 우리의 태도와 사뭇 다르기 때문이다. 정치적 관점에서 볼 때 결정적인 사항은 이런 것이다. 독일은 당시 자국 영토를 충분히 회복하지 못했다. 반면, 필요하다면 스탈린 체제는 민족적으로는 외국이나 다름없는 영역들에 대하여 타협만 하면 되었다. 이렇게 하는 것은 훨씬 쉬운 일이었다. 더욱이 텍스트에서 언급된 "보다 확고한 어조"는 추가 침략을 막아내기 위한 최후의 수단이었다.

35 이어지는 논의와 관련해서, 미국 내의 공산주의 제5열(동조자)이 얼마나 강력한지 살펴보는 것은 불필요한 일이다. 아무튼 그 세력은 통계 수치나 노동자 집단의 선언에서 알 수 있는 것보다 훨씬 강하며, 무시할 수준은 아니다. 이 점에 대한 논의와 전쟁 노력의 효율성에 관련된 친러시아 태도에 대한 논의는 이제 무가치해졌다. 이렇게 된 것은 이해관계자의 과대 진술이나 과소 진술 때문이기도 하고, 논의의 참가자가 이 문제를 명확하게 규정하지 않았기 때문이기도 하다. 우리가 이미 살펴본 바와 같이, 어떤 사람의 태도는 감정이나 의도가 친러시아적이지 않으면서도 그 효과에 있어서는 친러시아적일 수 있다. 이런 모든 변종들 — 그중 일부는 전쟁이 선언될 경우 그 사람의 행동과는 무관하다 — 은 모두 조심스럽게 구분되어야 한다.

36 제국주의라는 용어는 대중적 정치 이론 중에서 가장 오용되는 것들 중 하나이다. 따라서 여기서 이 용어가 어떻게 사용되었는지 정의해두는 것이 필요하다. 나는 약 30년 전에 발간된 논문에서 이 현상을 분석했고, 또 정교한 분석에 합당한 정의를 내린 바 있으나, 우리의 제한된 목적을 위해서는 그것이 불필요하다고 생각한다. 따라서 아주 부적절하지만 다음의 정의면 충분하리라 본다(이 정의는 우리가 이 책의 4장과 11장에서 사용한 이 용어의 정의와 양립하는 것이다). 제국주의는 자기 동족이 아닌 집단에게 그들의 의사에 반하여 정부의 통제권을 확대하려는 정책이다. 러시아는 전쟁 전에 외몽고와 핀란드에 이런 정책을 썼고 전쟁 중과 전쟁 후에는 모든 경우에 이 정책을 사용했다. 요점은 이 정책에는 내재된 한계가

없다는 것이다. 그 안에 어떤 동기가 깃들어 있다는 것은 맞지 않는 얘기이다.
37 이것은 오용에 의해 확정적 의미를 잃어버린 또 다른 용어이다. 미국에서 파시스트라는 용어는 그 말을 사용하는 화자 혹은 기록자가 싫어하는 정책, 그룹, 나라를 가리킨다. 그러나 우리의 텍스트에서는 이 책에 제시된 정치 이론(22장)에 따라 경쟁적 리더십에 대한 독점적 리더십의 정치 방법을 가리킨다. 이렇게 말한다고 해서 스탈린주의가 히틀러주의나 이탈리아 파시즘과 모든 측면에서 "같은 것"이라는 뜻은 아니다.
38 독자들은 이 점을 알아주기 바란다. 위의 논의에서 명시되었거나 암시된 사실 관계 진술은 모두 러시아 공식 자료에 의해 검증 가능한 것이다. 우리의 논의, 즉 러시아 체제의 성격에 관한 우리의 진단과 관련된 모든 것은 사실로 확정될 수 있다. 나는 이렇게 하는 데 있어서 도전을 받을 가능성이 있는 사실들은 아예 사용하지 않았다. 나는 이 체제의 성격을 잘 밝혀주지만 사실 관계에 의문이 제기될 수 있는 자료들은 사용하지 않았다. 가령, 정복 혹은 통제 지역에서의 학살, 한 사슬에 매인 그루지야의 옥외 노동 죄수들, 강제 수용소 같은 것은 언급하지 않았다. 이런 잔학한 사건들을 전혀 언급하지 않아도 우리의 논의는 아무런 영향도 받지 않는다.

전후 발전사항에 대한 추가 논평
영국에서 출간된 제3판(1949) 서문
01 1948년에 발간된 쥬크스*의 『계획에 의한 시련』(Ordeal by Planning). 나의 주장에 대한 그의 공손한 비판에 대하여 감사를 표한다. 하지만 비판당한 주장들 중에서 나의 주장을 찾아보기는 어려웠다고 고백할 수밖에 없다. 가령, 기업가 정신이 지금 당장 어느 지역에서 쇠퇴하고 있다는 것이 아니라, 계산 가능한 것의 범위가 꾸준히 확대되기 때문에 기업가 기능이 쇠퇴할 것이라고 말하고 싶다. 또 군사적 리더십의 여지가 아직 남아 있음을 부인하는 것도 아니다. 다만, 이 리더십이 예전의 리더십을 의미하지는 않는다는 것이다. 가령 총탄이 날아오는데도 불구하고 아르콜 다리 위에 우뚝 서 있던 나폴레옹의 리더십 같은 것은 아니라는 얘기다.
* 쥬크스(John Jewkes, 1902~1988)는 영국의 고전적 자유주의 경제학자.

사회주의로의 전진
01 요제프 슘페터는 이 연설, "사회주의로의 전진"을 1949년 12월 30일 뉴욕에서

열린 미국 경제학회에서 발표했다. 하지만 미리 준비된 원고가 아니라 노트를 보면서 연설을 했다. 그는 이 노트들을 학회 『보고서와 의사록』(Papers and Proceedings)을 위해 고쳐 썼으며, 사망 하루 전날 저녁에 논문을 거의 완성했다. 그는 다음날(1950년 1월 8일)에 이 원고를 최종 마무리하여, 월그린(Walgreen) 재단 강연에서 낭독하기 위해 시카고로 떠날 예정이었다. 이 논문은 초고이지만 그의 다른 저서들이 그러하듯이 직접 손으로 쓴 원고였다. 갑자기 사망하는 바람에 그는 미세한 수정을 가하지 못했고, 또 결론 부분의 문단을 쓰지도 못했다. 구두점을 추가하거나 틀린 철자를 고치는 등의 교정 작업을 우리는 최소한으로 억제했다. 결론 부분의 간단한 문단은 그의 아내가 노트와 기억에 의존하여 제공했다.

02 분명한 이유에서 이것은 공산주의라는 용어에 더 잘 적용된다. 러시아의 경우를 제외하면, 공산주의라는 용어는 사회주의와 동의어로 사용되어야 한다.

03 다른 대안의 노선은 다른 가격과 화폐 임금을 축소하는 것인데, 이것은 "정치적으로 가능성"이 더 낮을 뿐 아니라, 심각한 불황을 야기하지 않으면서 수행하기란 훨씬 더 어렵다.

04 나는 이 논의가 왜 과격한 친구들에게 깊은 인상을 주지 못하는지 쉽게 이해할 수 있다. 그러나 몇몇 훌륭한 경제학자들의 다음 입장을 이해하기는 어렵다. 그들은 우리의 산업 엔진의 실패를 확신하면서, 동시에 미국과 영국에서 인플레와 싸우기 위한 가능한 수단들 중의 하나로 산업 투자의 축소를 든다. 또한 일부 완고한 보수주의자들의 의견은 비웃어줄만한 가치조차 없다. 그들은 높은 세금과 누진 과세가 인플레의 위험을 촉진하니까 세금의 감면(적당한 시점에서의)이 그 위험을 감소시킨다고 주장하고 있다.

05 미국 경제학회의 허가를 얻어서 이 글을 여기에 다시 수록했다. 이 글은 원래 학회의 『보고서와 의사록』(1949년 12월)을 위해 집필했었다.

찾아보기

가정의 해체 226-230
가족 동기 231
가치 이론(마르크스) 614 616
갈리카니즘 637
강단 사회주의자들 483
강도 행위를 수행하는 돌격대 668
게드Jules Guesde 476 478 494 497
게티스버그 연설 656
경쟁
   독점적 121
   불완전 120
   약탈적 122
   완전 118-120 134-135
   운영 방식 127-128
경제적 권력의 집중 676
경제적 복지 270
경직된 가격 135 151
계급 투쟁 35-37 43 62 88-89 222 299 307
   468-469 489-491 648 674
고비노Joseph-Arthur de Gobineau 35
고전 경제학자들 38 89 116-120 626 632
고타 강령 449 452
공동선 281 320 355-360 375 380
공리주의 185-186 207 210 231 352-253
   357-360 375 628
『공산당 선언』 25 35-36 68 84 91 159 335
   432 445 523 611 648-649
공산주의 241-242 319 326 339-340 438 459
   501-511 553
공산주의자(제3)인터내셔널 503 506
공상적 사회주의 26 92 456 600
과격한 사회주의자 672

과잉 생산(력) 85 132 147 152 275-276
과잉 저축 550-552 685
과점 121-123 127 275
과학적 사회주의 26 92
관료제 196 223-224 264 280 292-293 314
   326-327 390 409-411 419 543 574 588 648
   663
국민에 의한 정부 349 363
국민의 의지 350 355-365 358 371-373 652
   664
군국주의적 사회주의 525
군중 심리학 364 654
궁핍화 (이론) 46 63-69 82 158
규율 297-307
그리스도교 사회주의 434
글래드스턴William Ewart Gladstone 182
   387-389 660 661
급진주의 사회당 474
기업가 기능 188-190 689
기업전략 126 132 137 151 269

낭만주의 353
내각 356 389-393
내각의 각료 356 381 390 392
노동 기사단 470-471
노동자 총연맹 480 500
노동자와 사회주의자 인터내셔널 504

다 빈치Leonardo da Vinci 179 181
뎁스Eugene V. Debs 471
도브Maurice Herbert Dobb 619
도편 추방 652

독립 노동당 453 457 503 531 676
독일 사회 민주당 339-340 419 592 620
독일 사회화 위원회 419-420 648
독점
   단기적 독점 148
   성격 144-146
   이론 146-147
독점적 경쟁 121
독점적 관행 130-154
뒤르켐David Emile Durkheim 35
드 레온Daniel De Leon 471-473 670
드로말Gabriel Dromard 176
디즈레일리Benjamin Disraeli 326 387-388 519 659-660 662

라살레Ferdinand Lassalle 55 326 441-443 452 613 665
라파르그Paul Lafargue 476
랑게Oskar Lange 641
러너Abba Ptachya Lerner 641 642
러시아 외교 정책 550 559
러시아 제국주의 553-561
레닌Vladimir Il'ich Lenin 243 323 337-338 464-466 505-507 525-536 668-669 670 674
레뷔-브륄Lucien Levy-Bruhl 635
로버트 오웬Robert Owen 430
로버트 필Robert Peel 146 388 517 519 661 677
로빈슨Joan Violet Robinson 627
로즈Cecil John Rhodes 86
로트베르투스Johann Karl Rodbertus 48 50 68 613
루스Charles Frederick Roos 149
룩셈부르크Rosa Luxemburg 83 199 321 488 674

르봉Gustave Le Bon 364
리보Theodule Armand Ribot 363
리카도David Ricardo 47-52 55 58 64-66 149 614-615 620 626
리프크네히트Karl Liebknecht 321 674
리프크네히트Wilhelm Liebknecht 452

마녀 사냥 342-343
마르크스Karl Marx 19-95 125 156 162 175 193 203 218 234 289 311 334-335 429 432 451 456-465
마르크스 위기 이론 71
마르크스 혁명 95
마르크스주의 종교적 측면 21
마르토프L. Martov; Yuly Osipovich Tsederbaum 466
마셜Alfred Marshall 119-120 148-149 162 570-571 626 627
만하임Karl Mannheim 612
맥도널드James Ramsay MacDonald 497 500-501 515-520 532 676
맨체스터주의 482
맬서스Thomas Robert Malthus 55 66 635
머리 법안 686
메디치 가문 636
메이슨Edward Sagendorph Mason 630
멘셰비키 464
모어Sir Thomas More 429-430
목적의 이상 생식 636
물가 관리국 542-543 547 680
미국 노동 총연맹American Federation of Labor 468
미국 대통령의 지위 657-658 661
미제스Ludwig Edler von Mises 248

민주주의
　고전적 이론 355-359
　민주주의와 사회주의 그룹 337-341
　민주주의와 정부 에너지의 낭비 399-401
　민주주의의 정의 380-381
　법적 이론 350-351
　부르주아 414-417
　사회주의 체제 하에서의 민주주의 414-423
　성공의 조건 404-406
　정의의 어려움 345-351
　직접 민주주의 348-350
밀John Stuart Mill 23 149 294 352 454 684
밀랑주의 478

바로네Enrico Barone 248 641
바뵈프Gracchus Babeuf; Francois Noel Babeuf 433
바이마르 공화국 406 535
바쿠닌Mikhail Aleksandrovich Bakunin 431 449 463 479
반유대주의 343
반지성주의 480-481
반혁명 작전 675
버크Edmund Burke 395 408
번스Arthur Frank Burns 624
베른슈타인Eduard Bernstein 32 488-490 620 672 673
베를레프슈Baron Hans Hermann von Berlepsch 482
베버Max Weber 30 58 612
베버리지William Henry Beveridge 533 679
베벨August Bebel 445 452 486 490-492 495-496

베일리Samuel Bailey 615
벤담Jeremy Bentham 244 303
보르트키비츠Ladislaus von Bortkiewicz 616
보호 계층 206 233
보호주의(네오 마르크스주의) 84 89
복식 부기 178 636
볼셰비키 242 306 321 337 464 506-507 525 574 650-651
볼테르Voltaire: Francois-Marie Arouet 216 650
분트Wilhelm Maximilian Wundt 636
불멸의 신의 회칙(교황) 487
불완전 경쟁 49-50 55 627 628
불황-현금 쌓아두기 551
블랑Jean Joseph Charles Louis Blanc 434
블랑키Louis Auguste Blanqui 444
비례 대표 385 530 657
비스마르크Otto Eduard Leopold von Bismarck 441 482 484-485
빅셀Johan Gustaf Knut Wicksell 119-121 626
빅토리아 시대의 가치관 226
빈 인터내셔널 503-504
빌헬름 2세 482 485 671

사회 계급 이론(마르크스) 34-35 40-43 521 649 677
사회 정책 학회 483
사회주의
　경쟁체제 260-261
　문화적 불확정성 245
　순수 논리 247-259
　정의 240
산업 민주주의 420
산업 예비군 65-66 618-619
산업 예비군 이론 64 66

산업 혁명 107 110 599
상업주의 사회 266 270 272 280-282 300 394 641
새로운 사물의 회칙(교황) 487
생디칼리슴 240 474-480
생산 지표 102
생산청 ☞ 중앙청
생시몽Saint-Simon 431-432
성숙한 사회화 311 327
세계 산업 노동자 동맹 471-473
세계 혁명 507-509 524-525 559 687
세이Jean- Baptiste Say 70
소득의 불균형 549
소렐Georges Sorel 480-481
쇼George Bernard Shaw 212 624
수에토니우스Suetonius 650
수정주의 489-491 673
수탈 67 71 158 193 244 334 434 560 579 682
수탈 이론 618
슈몰러Gustav von Schmoller 35 73 93
슈테른버그Fritz Sternberg 83
스미스Adam Smith 89 120 145 278 626 627 632 684
스웨덴 사회주의 459-460
스타하노프주의 307
스탈린Iosif Vissarionovich Stalin 319 337 466 508-510 529 554-560 675 688-689
스탬프Lord Stamp 625
스톤Warren Sanford Stone 670
스티븐스Uriah Smith Stephens 470
스파르타쿠스 동맹 674
시니어Nassau William Senior 617
시스몽디Jean Charles Leonard Simonde de Sismondi 48 68

실업 109-111 279 361 382 541 549-550 552 618-619 631 679
심리적 상부 구조 175

아나키즘 431 476 479 671
아들러Fritz Adler 340 647
아들러Max Adler 83 647
아들러Victor Adler 491-492 647
아리스토텔레스 345 614
앙시앵 레짐 195 462
에르푸르트 강령 452 674
에지워스Francis Ysidro Edgeworth 148
엥겔스Friedrich Engels 31 36 63 69 82 94 438 442-447 488 611 612 615 616 619 620 672
역사의 경제적 해석 29-35 41 489-490 616
역사적 유물론 ☞ 역사의 경제적 해석
영국 노동당 520 525 529-531 673
영국 사회 민주 연맹 456
영국은행의 국유화 531
오스트리아 사회당Austrian socialist party 647
오저George Odger 448
왈라스Marie Esprit Leon Walras 621 626
원시적(최초의) 축적 38 40
월러스Graham Wallas 652 653 655
웰링턴Duke of Wellington 212 637
윌크스John Wilkes 216-217 637
유권자(의 역할) 356 360 363 368 380-387 411-413
윤리적 제국주의 525
융커들Junkers과 독일 공무원 482
의회
　법적 성격 351-352
　기능 382
인구 과잉 47

인센티브 257
일하지 않는 부자 273-274
임금 철칙 55
입헌군주제 381
잉글랜드 청년 그룹 666 ☞ 토리 민주당
잉여 가치 54-61 615 616 677

자본 절약 172-173
자본의 유기적 구조 62
자본주의
   고전적 이론 115-118
   새로운 나라들 158-159
   성과 157-159 187
   인구의 증가 157
   정부조치 156
   진화 과정 152
   기술의 발전 160
   황금 157
자본주의 붕괴 234
자본주의의 대재앙 ☞ 필연적 붕괴 이론
자유 계약 203-205 578
자유로운 진입 150-151
자유주의적 사회주의 526
재산의 증발 228
정체주의자 580 588
정통파 사회주의 248 311 320 450 478 528 530-535
제1인터내셔널 432 448-449 493
제1차 5개년 계획(1928년) 306
제2인터내셔널 437 493-505 669
제국주의 이론(마르크스) 83-89
제임스William James 655
조레스Jean Leon Jaures 476-477
족쇄 자본주의 286 301 306 309 318
존 로크John Locke 651

좀바르트Werner Sombart 613 636
중도(가톨릭)당 586
중앙 집중적 사회주의 537 574 576-577
중앙청 241 247 251-256 263-265 276 282 305 314-316 321-324
쥐글라Joseph Clement Juglar 71
지식 사회학 30 612
지식인
   실업과 지식인 219-220
   정의 210-212
   지식인들의 사회학 210-223
   지식인의 영향 221-223
   초창기 역사 213-215

차티스트 (운동) 209 434 441 453
철학적 과격파 353 454
체임벌린Edward Hastings Chamberlin 627
총리 386-393 400-401 407
총파업(1926년) 676-677
치머발트 대회 505 674

카우츠키Karl Johann Kautsky 83 264 419 490 497 592 623 672 673
칸Richard Ferdinand Kahn 633
케네François Quesnay 47
케인즈John Maynard Keynes 162 547 551 584 586
케인즈주의 683
코브던Richard Cobden 394
콘트라티예프Nikolai Dmitrievich Kondratiev 620 625
콩쿠르 형제 182
쿠르노Antoine Augustin Cournot 120 627
클라크Colin Grant Clark 166 635
클라크John Bates Clark 626

키엔탈 대회 505 674
키지Agostino Chigi 180

타우시그Frank William Taussig 48
테르미도르주의 510
테일러Fred M. Taylor 641
테일러주의 366
토리 민주당 666
토마스Norman Mattoon Thomas 337
톰프슨William Thompson 433
투간-바라노브스키Mikhail Ivanovich Tugan-Baranovsky 619
투자 기회
    투자 기회와 포화 164
    투자 기회와 출산율 저하 165-166
    투자 기회와 새로운 땅 167-169
    투자 기회와 기술의 발전 170
투자 기회의 소멸 이론 162-174 225 312
트로츠키Leon Trotsky 295 326 466 506-511 648 668 672 674

파레토Vilfredo Pareto 363 625 636 641
파치올리Luca Pacioli 635
"패배주의"라는 비난 15
퍼슨스Warren Milton Persons 102 624
페라라Francesco Ferrara 149
페이비언 436 453-458 474 616 653 665
평화주의 185
포사도프스키Arthur Graf von Posadowsky Wehner 482
폴마르Georg von Vollmar 490 496
푸리에Francois Marie Charles Fourier 619 664-665
푸앵카레Raymond Poincare 658 662
프랑스 공산당 555 561

프랑크푸르트 결의안(1922년) 504
프로이트Sigmund Freud 176 363
프로파간다 185 360-361 556 559 653 654
프롤레타리아의 독재 333-335 423
프루동Pierre-Joseph Proudhon 431 612
프리슈Ragner Anton Frisch 149 633
플레하노프Georgii Valentinovich Plekhanov 464 612 669
피구Arthur Cecil Pigou 625
피셔Irving Fisher 626 681
필머Sir Robert Filmer 651
필연적 붕괴 이론 72

하디James Keir Hardie 453
하이에크Friedrich August von Hayek 640 641 644
함부르크 대회 504 674
합리적 문명 176 220
합리적 사고방식 577-578
항만 노동자 파업(1889년) 667
해석의 정신착란 176
헝가리 사회 민주당 672
헤겔주의 441
헤르멘스Ferdinand A. Hermens 657
호이스만스Camille Huysmans 503
화이트칼라 219 520-521
효율성 276-282
후거Jakob Fugger 180
힉스John Richard Hicks 149
힐퍼딩Rudolf Hilferding 72 83 92 620